云南省研究生优质课程建设项目、云南师范大学研究生核心课程建设项目资助出版

|博士生导师学术文库|
A Library of Academics by
Ph.D. Supervisors

中国古代历史编纂学

白 云 著

光明日报出版社

图书在版编目（CIP）数据

中国古代历史编纂学 / 白云著 . -- 北京：光明日报出版社，2022.11
ISBN 978-7-5194-6918-4

Ⅰ.①中… Ⅱ.①白… Ⅲ.①中国历史—古代史—历史编纂学 Ⅳ.①K220.7

中国版本图书馆 CIP 数据核字（2022）第 214311 号

中国古代历史编纂学
ZHONGGUO GUDAI LISHI BIANZUANXUE

著　　者：白　云	
责任编辑：黄　莺	责任校对：郭思齐　李佳莹
封面设计：一站出版网	责任印制：曹　净

出版发行：光明日报出版社
地　　址：北京市西城区永安路 106 号，100050
电　　话：010-63169890（咨询），010-63131930（邮购）
传　　真：010-63131930
网　　址：http://book.gmw.cn
E - mail：gmrbcbs@gmw.cn
法律顾问：北京市兰台律师事务所龚柳方律师
印　　刷：三河市华东印刷有限公司
装　　订：三河市华东印刷有限公司
本书如有破损、缺页、装订错误，请与本社联系调换，电话：010-63131930

开　　本：170mm×240mm	
字　　数：637 千字	印　　张：35.5
版　　次：2024 年 6 月第 1 版	印　　次：2024 年 6 月第 1 次印刷
书　　号：ISBN 978-7-5194-6918-4	
定　　价：165.00 元	

版权所有　　翻印必究

目 录
CONTENTS

引　言　历史编纂学遗产的重要价值 ………………………………………… 1

上编　中国古代历史编纂学的产生和发展

第一章　中国古代历史编纂学的发展轨迹 ……………………………… 13
　第一节　从口耳相传到历史记事 ………………………………………… 13
　第二节　历史编纂学的起步：先秦 ……………………………………… 16
　第三节　历史编纂学趋于成熟：两汉 …………………………………… 28
　第四节　历史编纂学的大发展：魏晋南北朝 …………………………… 34
　第五节　历史编纂学的繁荣：隋唐宋元 ………………………………… 40
　第六节　历史编纂学的反思和总结：明清 ……………………………… 45

第二章　学术思潮嬗变与历史编纂学的变革 …………………………… 51
　第一节　诸子之学与先秦历史编纂学 …………………………………… 52
　第二节　黄老思想与汉初历史编纂学 …………………………………… 54
　第三节　经学独尊与汉代正统史学 ……………………………………… 59
　第四节　儒释道交融碰撞与魏晋隋唐修史之风的盛行 ………………… 64
　第五节　理学思潮与宋元明历史编纂学 ………………………………… 69
　第六节　经世实学与明清历史编纂学 …………………………………… 72

中编　中国古代历史编纂形式

第一章　史书体裁和体例 ……………………………………………… 81
　　第一节　史书的体裁 …………………………………………………… 81
　　第二节　史书的体例 …………………………………………………… 84
　　第三节　名与实之争 …………………………………………………… 86
　　第四节　继承与创新的自觉意识 ……………………………………… 89

第二章　编年体和纪传体 ………………………………………………… 92
　　第一节　编年体 ………………………………………………………… 92
　　第二节　纪传体 ………………………………………………………… 111

第三章　典制体和纪事本末体 …………………………………………… 140
　　第一节　典制体 ………………………………………………………… 140
　　第二节　纪事本末体 …………………………………………………… 149

第四章　史注、史评和史考 ……………………………………………… 156
　　第一节　史注体 ………………………………………………………… 156
　　第二节　史评体 ………………………………………………………… 173
　　第三节　史考体 ………………………………………………………… 183

第五章　国别体、地志体和学案体 ……………………………………… 188
　　第一节　国别体 ………………………………………………………… 188
　　第二节　地志体 ………………………………………………………… 190
　　第三节　学案体 ………………………………………………………… 200

第六章　谱牒和笔记 ……………………………………………………… 206
　　第一节　谱　牒 ………………………………………………………… 206
　　第二节　笔　记 ………………………………………………………… 211

第七章　类书和丛书 ············ 216
第一节　类　书 ············ 216
第二节　丛　书 ············ 221

下编　中国古代历史编纂学思想

第一章　《春秋》学与传统编年体的史学观念 ············ 233
第一节　《春秋》的史法和史义 ············ 233
第二节　《左传》：叙事与论史相结合 ············ 249
第三节　《汉纪》："通比其事，例系年月" ············ 259
第四节　《资治通鉴》："因丘明编年之体，仿荀悦简要之文" ············ 268
第五节　实录体及其编纂观念 ············ 282
第六节　纲目体及朱熹的编纂学思想 ············ 292
第七节　《春秋》学与历史编纂学 ············ 300

第二章　从前四史看纪传体编纂观念的变化 ············ 323
第一节　《史记》：司马迁的"通变"思想与一家之言 ············ 323
第二节　《汉书》：班固的皇朝意识与"断代为书" ············ 337
第三节　《三国志》：陈寿的全局意识与人物品第 ············ 345
第四节　《后汉书》：范晔的类例思想与整体史观 ············ 355
第五节　纪传体编纂观念的演变 ············ 363

第三章　典制体编纂观念的进步 ············ 379
第一节　《通典》："统括史志，会通古今" ············ 379
第二节　《通志》："会通之义，自得之书" ············ 386
第三节　《通考》："变通张弛之故" ············ 394
第四节　"三通"与典制史的发展 ············ 401

第四章　纪事本末体史书的编纂观念 ············ 410
第一节　《通鉴纪事本末》："区别其事而贯通之" ············ 410
第二节　《宋史纪事本末》："论次宋事而比之" ············ 416
第三节　《明史纪事本末》："广稽博采，勒成一编" ············ 420

  第四节　"因事命篇"与"尽事之本末" ································ 425

第五章　学案体与黄宗羲的编纂学思想 ································ 430
  第一节　学案体的创立 ·· 430
  第二节　黄宗羲的历史编纂学思想 ·· 431

第六章　史注、史考、史论中的历史编纂观念 ···················· 437
  第一节　经世致用的治史宗旨 ·· 437
  第二节　鉴往训今的史学功用 ·· 445
  第三节　直笔求真的撰述原则 ·· 453
  第四节　博采慎择的取材标准 ·· 466
  第五节　辞达为上的表述要求 ·· 472
  第六节　谨严灵活的书法义例 ·· 476

第七章　刘知几的历史编纂学思想 ·· 483
  第一节　"辨其指归，殚其体统" ·· 483
  第二节　"多讥往哲，喜述前非" ·· 485
  第三节　"六家二体" ·· 486
  第四节　"五志三科" ·· 489
  第五节　"博采善择" ·· 490
  第六节　"叙事为先，简要为主" ·· 491
  第七节　"直书"与"曲笔" ·· 493
  第八节　"史才三长" ·· 496
  第九节　"生人之急务，国家之要道" ······························· 497
  第十节　"求实录"与"扬名教" ·· 498

第八章　章学诚的历史编纂学思想 ·· 504
  第一节　"史学所以经世" ·· 505
  第二节　"六经皆史" ·· 510
  第三节　"史法"与"史意" ·· 516
  第四节　"记注"与"撰述" ·· 522
  第五节　"史德"与"文德" ·· 525

第六节 "通史"与"通变" ………………………………… 530
第七节 "志乃史体" ……………………………………… 532

余 论 中国古代历史编纂学的二重性 ……………………… 536

后 记 ……………………………………………………………… 555

引 言

历史编纂学遗产的重要价值

　　历史学是人们对客观历史的记录和撰述。而人们记录和撰述客观历史是讲究方法和理论的，这些方法和理论就构成了历史编纂学。故历史编纂学实际上就是关于记录和编纂历史著作的具体方式、具体方法的学问，涉及史书的编纂形式、史书的内容、史书的文字修饰，举凡史料的搜集、整理、鉴别和筛选，史书体裁的选择，史书的体例安排，史书的文字表述技巧等，都属于历史编纂学。[①] 这是一门研究、解释和编纂历史的理论和方法的学问。中国自古以来就有十分发达的历史编纂学，在中国史学史研究中占有极其重要的地位。就连西方学者也不得不感叹"中国'历史作家'的层出不穷、继续不断，实在是任何民族所比不上的"[②]，"中国是全世界最伟大的有编纂历史传统的国家之一"[③]。这份辉煌的历史编纂学遗产是值得重视、总结和借鉴的。

　　我国丰富而厚重的历史编纂学不仅承载了史学遗产，更记录了社会进步，反映着史学发展，体现了时代特色，传承了人类文明。合理继承这份史学遗产具有十分重要的现实意义。

一、记录社会进步

　　中国历史编纂学遗产十分丰富，编纂形式多姿多彩而源远流长。最早有记言、记事两种形式，后来随着历史记载内容的不断丰富和史学的发展，史学家们逐渐创造出了编年体、纪传体、典制体、纪事本末体、史注体、史评体、史考体、学案体以及图表、谱牒、笔记等众多形式，从不同的角度记载了人类社会发展的各个方面，全面而连贯地反映了中国悠久的历史文化和文明进程。

　　编年体，是以时间线索为中心，按年月日顺序记事的史书体，是中国古代重要的史体之一。在《隋书·经籍志》史部分类中，编年体曾以"古史"为

[①] 乔治忠，姜胜利. 中国史学史研究述要[M]. 天津：天津教育出版社，1996：5.
[②] 黑格尔. 历史哲学[M]. 王造时，译. 北京：生活·读书·新知三联书店，1956：161.
[③] 李约瑟. 中国科学技术史：第一卷：导论[M]. 北京：科学出版社，1990：74.

目，从《旧唐书·经籍志》和《新唐书·艺文志》开始，才将"古史"类改为"编年"类，此后历代因之。编年体萌芽于先秦（《春秋》《左传》），发展于两汉魏晋南北朝时期（《汉纪》《后汉纪》）。进入隋唐，由于编年体自身的局限性、封建国家的文化专制以及纪传体体例的优势和"正史"地位的确立，编年体一度陷入低落时期。宋元明清之际，编年体重新崛起，迎来了鼎盛时期（《资治通鉴》及通鉴学）。编年体史书除传统编年体外，还有起居注、实录、长编、纲目等支派。编年体史书具有历史线索清楚、内容简练、叙事不重复、适宜存录史料以及便于传播和普及历史知识等重要特点。自先秦以来，我国历代史学家编纂了大量编年体史书，足以系统地反映我国古代治乱兴衰的政治史，也记录了众多古代经济、文化等方面的重要史实。

纪传体，是以人物活动为中心来叙事的史书体，这是继编年体之后崛起的一个极为重要的史体。纪传体萌芽于战国时期，确立于西汉司马迁《史记》，后经东汉班固《汉书》改进和规范，成为中国封建社会编修史书的典范，代代相承，直至明清，久盛不衰，形成了纪传体史籍系统，仅"正史"就积数26部。纪传体史书具有历史悠久、内容丰富、体例严谨、规模宏大等重要特点。纪传体本身就是一种综合体裁，包含本纪、史表、书志、世家、列传、论赞，各体都具有特定的含义和功用。"本纪"是全书之纲，以王朝顺序为次，编年记事，反映历代国家大事；"世家"和"列传"是对"纪"的补充和具体说明；"史表"是联系"纪""传"的桥梁，用表格记录各个时期历史事件发生的时间，揭示历史发展线索；"书志"记载各种典章制度，可视为分门别类的专史；"论赞"则品评所记历史人物或历史事件。各体相对独立，又彼此关联，各有区域、功用，可分可合，合中有分，分中有合，形成了一个有机的整体。纪传体史书能够多角度、多层次、全方位地揭示社会历史，在全面反映中国历史和传统文化方面具有典型性，在中国史学史上享有崇高的地位。

典制体，旧称"政书体"，是以记载典章制度为中心的史书体，专门记载历代政治、经济、文化等典章制度。典制体和编年体、纪传体、纪事本末体一样，有着悠久的历史。"政书"类目虽在明清时期才正式出现和成为定制，但其源头可追溯至《尚书》和"三礼"。汉代，司马迁于《史记》中创设书志专详典制，而后历代因袭之。唐代，典制体的发展进入辉煌时代，杜佑《通典》开创了典制通史，将数千年典制熔于一炉。同时，断代典制史（会典、会要）也纷纷出现。唐代至明清，典制史方兴未艾，数量多而品类全，无论是典章制度通史，还是典章制度断代史，乃至纪传体文献中的书志，都形成了由古而今、上下贯通、代代相承的系统。因而，典制体史书成为典制之府库，完整地记载了我国历代典章制度的沿革变迁，脉络分明。

纪事本末体，是以事件为中心，标立题目，按时间顺序叙述事件始末的史书体，也是中国古代重要的史书体之一。这种体裁起源于先秦，正式确立于南宋袁枢所撰《通鉴纪事本末》，尔后承作不断，与编年体、纪传体一样能自成系统，具有由远而近地反映中国古代历史的突出作用。纪事本末体史书具有简约清楚、因事命篇、查阅方便、可读性强，能够包举历代重大历史事件，且更接近现代章节体史书的特点。

其他众多的史书体裁如史注、史评、史考、学案、图表、谱牒、笔记等，也都从不同的层面、不同的角度记录了社会或文化等方面的进步。唯其如此，人们才可以"居今识古""述往思来"。

二、反映史学发展

史学研究的种种成果有赖于历史编纂的恰当运用，如此才得以行世和流传，任何丰富的研究成果最终都要落实到历史编纂上，通过这一载体容纳和表述出来，达到传播和交流的目的。白寿彝先生曾指出："史书的编撰，是史学成果最便于集中体现的所在，也是传播史学知识的重要的途径。历史理论的运用，史料的掌握和处理，史实的组织和再现，都可以在这里见个高低。刘知几所谓才、学、识，章学诚所谓史德，都可以在这里有所体现。"① 因此，历史编纂学的发展实际上反映着史学的发展。

史书的体裁和体例，是历史编纂学中最基本、最重要的两个问题。其含义联系密切，又各有侧重。一般说来，一部史著的体例安排应与它的体裁相适应，因此，不同体裁的史著往往具有各自的体例特点。但二者又不完全一致，如不同体例的史著，有时采取同一体裁；而不同体裁的史著，有时在体例上又互相渗透。

史书的体裁，是指史书的外部表现形式。中国古代史书体裁源远流长而丰富多彩，从最早的"左史记言，右史记事"，到编年体产生、纪传体创立，以及典制体、纪事本末体、史注体、史评体、史考体、学案体、图表、谱牒、笔记等的纷纷出现，使中国史书的表现形式越来越丰富。先秦出现了编年体、国别体，西汉创立了纪传体。魏晋南北朝时期，史注、史评、史考、方志、谱牒等形式纷纷涌现。《隋书·经籍志》即以史书内容和体裁相结合为原则，将这一时

---

① 白寿彝. 中国史学史：第一卷 先秦时期：中国古代史学的产生 [M]. 上海：上海人民出版社，2006：17.

期的史部书分为十三类：正史、古史、杂史、霸史、起居注、旧事、职官、仪注、刑法、杂传、地理、谱系、簿录。唐代刘知几《史通》将古代史书归为"六家""二体""十流（偏记小说等十种）"，而《史通》本身即开创了史评体。中晚唐有典制体、会要体的崛起，宋代有纪事本末体和纲目体的创立，明清有学案、史论和图表的发展。此外，历代尚有数量众多的笔记、野史、杂说等。清修《四库全书总目》将中国古代史部书分为十五类：正史、编年、纪事本末、别史、杂史、诏令奏议、传记、史钞、载记、时令、地理、职官、政书、目录、史评。这些都足证中国古代史书体裁的多样和丰富。"中国古代史书以其丰富的内容和多样的表现形式，全面而连贯地反映了中国历史的进程，这在世界各国的古代、中世纪史学上是罕见的。"①

史书的体例，简称"史例"，是指史书的内部组织结构和表述上的要求。史例在很大程度上关系着史书质量的高低好坏，刘知几《史通》和章学诚《文史通义》对此论述尤详。刘知几认为，"史之有例，犹国之有法。国无法，则上下靡定。史无例，则是非莫准"②，把史例和国家大法看得同等重要；章学诚则针对人们过于拘泥于史书体例而提出了"史不拘例""因事命篇"，认为既要讲求体例，又不能拘泥于体例。二者都对中国古代史书的编撰起了重要的推动作用。

在史书编撰中讲究体例，是中国史学的古老传统。中国古代较早的史学著作《春秋》就很注意体例，注重"属辞比事"，形成了"春秋笔法"；司马迁将先秦各种处于萌芽中的体裁加以改造而归于一书，著成《史记》，创造了纪传体的体例，班固《汉书》和范晔《后汉书》则发展和完善了纪传体体例；荀悦著《汉纪》"通比其事，例系其年"，袁宏著《后汉纪》连类而举，重视叙述人物，发展了编年体史书的体例等，都是重视史书体例的表现。中国史书体例名目之多，远在体裁之上，最为重要的有断限、标目、编次，如何记时、记地、记人，载言、载文、征引、议论、注释、附录等。其中，断限、标目和编次是关于史书内部的组织结构问题，决定史书的框架和层次安排；记时、记地、记人，载言、载文、征引、议论、注释、附录等，是关于史书内容的具体表述要求和写作技巧问题。一部史书应有统一的体例，这是反映完整的史事、贯彻作者著述思想的表现形式。

在中国史学发展史上，一方面，各种史书体裁之间相互扬弃，不断产生出

---

① 瞿林东. 中国简明史学史 [M]. 上海：上海人民出版社，2005：141.
② 刘知几. 史通通释：卷四 [M]. 浦起龙, 通释. 王煦华, 整理. 上海：上海古籍出版社，2009：81.

新的体裁；另一方面，每一种史书体裁均自成体系，其内部的体例结构不断丰富和完善。白寿彝先生在谈到编年体、纪传体、纪事本末体时强调："这三种体裁的区别，只是就其主要形式来说的，并不是互不相干的，而且，这三种体裁也是不断发展的，并不是一成不变的……这些体裁的发展，是跟整个史学的发展分不开的。"① 这里既讲到体裁之间的相互关系，又讲到体裁自身的发展（即内部体例结构的变化），还讲到体裁发展与史学发展的关系。如编年体从《春秋》到《资治通鉴》，纪传体从《史记》到《清史稿》，典制体从《通典》到《清朝续文献通考》等都在体例上有很大的发展和变化，从而不断适应社会发展和时代进步的需要，满足了日益丰富的历史内容之表述要求。中国古代历史编纂学呈现出辩证发展的规律，各种史书体裁的创立、创新和发展，反映了中国史学不断发展的历史。换言之，中国古代史学发展史，从某种意义上说，就是一部历史编纂学辩证发展的历史。而其中史注体、史评体、史考体、学案体等的出现，本身就是我国古代史学研究深入发展和研究水平提高的重要表现与直接后果。这种对以往史学的总结、研究、审视和回顾，又能动地推动着史学的发展和繁荣。

三、体现时代特色

史著的编纂形式，受到史著内容的制约，有什么样的史著内容，就有什么样的史著形式。而史著内容，取决于史学家对社会历史现象的认识，是史学家对大量史料进行精心研究的结果，其归根结底是社会发展的表现，是时代特色的反映。由于社会是不断发展变化的，人们对历史的研究和认识也是不断进步的，因而史著的编纂形式也不是固定不变的。"任何历史编纂形式的发展都是人们认识历史之方法与途径发展的反映，而这种编纂形式的出现又必然反过来启发更多的人采用新的方法与视角去认识历史，以丰富自己的智慧。"② 先秦时期，史学研究内容只限于帝王的言行，因而人们把历史看作一个时间上的连续过程而大多采用编年体来记载。汉代开始，随着以生产活动为中心的各种人类实践活动的发展，史学研究的内容和范围不断拓展，出现了综合记载历史的纪传体。在此后的历史发展中，每当一种新生事物出现时，史著形式总是或多或少地发生相应的变化。以纪传体史书为例，从《史记》到《清史稿》，两千多年来代代相承、有条不紊，形成了纵贯古今的"二十六史"，在总的体裁方面没

---

① 白寿彝. 白寿彝史学论集：上［M］. 北京：北京师范大学出版社，1994：523.
② 瞿林东. 历史·现实·人生：史学的沉思［M］. 杭州：浙江人民出版社，1994：65.

有多大变化，但其内部的体例结构却时时在变化。如《汉书》取消了"世家"，《晋书》创设了"载记"（记十六国史事）；《后汉书》增设"逸民传""列女传"，《晋书》增设"忠义传""孝友传"，《新五代史》增设"家人传""义儿传"，《宋史》增设"道学传"，《明史》增设"流贼传""土司传"，《清史稿》增设"畴人传""藩部传"；《宋书》增设"符瑞志"，《魏书》增设"释老志"，《新唐书》增设"兵志"，《辽史》增设"营卫志"，《清史稿》增设"交通志""邦交志"等。这种体例结构的变革，既是史学家个人思想的反映，更是时代需要的反映，在更深的层次上则表明了史学同社会的密切关系。

白寿彝先生曾指出，中国史学史上有一个传统："在中国历史遇到一定显著变化以后，总有带总结性的历史名著出现。春秋战国之际，《春秋》这部书写成了，总结了春秋时期242年的历史。汉在汉武帝时完成了史无前例的统一，司马迁写出了130卷的《史记》，总结了自传说中的黄帝以至汉武帝时的历史。唐中叶是中国封建社会内部有了较多变动的时期，刘知几写了《史通》，总结了前人编写历史的经验，而杜佑写了《通典》，总结了唐中叶以前的典章制度。北宋结束了五代的纷争，司马光主编了到五代为止的《资治通鉴》。宋元之际和明清之际都是中国政治史上很大的变局，马端临编撰了《文献通考》，王夫之写了《读通鉴论》《宋论》，顾炎武编撰了《日知录》和《天下郡国利病书》，黄宗羲写了《明夷待访录》。"① 不同时期不同时代的特点总在历史编纂形式上有不同的反映。

当然，史著形式又具有自己的相对独立性：一则史著的内容总是随着社会生活的变化而不间断地变化着，而史著形式一经确立便具有相对的稳定性，会在一定时期内保持不变；二则形式表现内容具有一定的灵活性，不同的历史内容可用同一种史著形式来反映，而同一历史内容也可用不同的史著形式来表现；三则形式对内容具有一定的反作用，形式适应内容需要，就能充分、恰当地反映内容，反之，则有损内容的表现。这三个方面都已被中国史学发展史所充分证明。"一部史书，只有具备了恰当的体裁和严谨的体例，才能从容地反映出所记史事和人物的面貌。"②

四、传承人类文明

历史著作是历史编纂学的具体表现形态，它综合和记录了人类文明，积累

---

① 白寿彝.白寿彝史学论集：上[M].北京：北京师范大学出版社，1994：464.
② 瞿林东.历史·现实·人生：史学的沉思[M].杭州：浙江人民出版社，1994：126.

和发展了人类文明。举凡天文地理、文治武功、士农工商、文采风流、生产经济、物性事理、风俗民情、品德操守，无不罗列其间。丰富多彩、形式多样的历史著作可谓包罗千有、总括万殊，荟萃了人类一切智慧的言行和功业。中国丰厚的历史编纂学遗产不仅承载着优秀的史学遗产，而且系统地传承了中华文明。

瞿林东先生曾指出："如果从文化的观念来看史学的话，可以认为史学具有双重的文化品格。从狭义的文化说，作为精神产品的史学，是文化的一个方面；从广义的文化说，正是因为史学最全面地反映了文明时代人类文化发展的面貌。"所以，史学既是文化的一部分，又是文化演进的记录或载体。比如《春秋》《左传》《国语》等书较多地记载了春秋时期人们在政治、军事、祭祀、伦理、礼法、风俗、民族等方面的活动和观念；以《史记》《汉书》为宗的纪传体（综合体）史书，则记载了前人在历史创造或文化创造中更多方面的活动和观念，对今天所说的物质文化、制度文化和精神文化都有不同程度的记载。① 人们之所以能"鉴往知来""思接千载""视通万里"，从历史中获得知识、思想、智慧和经验，受到真善美的教育等等，都与这份史学遗产有关。所以马克思、恩格斯才会说："我们仅仅知道一门唯一的科学，即历史科学！"②

五、历史编纂学遗产的合理继承

我国不仅有丰富的历史编纂学遗产，历代学者也极为重视对这份珍贵遗产的继承。每一种新史书体裁的创立、每一次史书体裁自身的创新发展，都是对既有史书编纂传统的认真研究总结和批判继承，否则便无从谈创新。编年体是我国古老的史书体，它的产生即是综合和借鉴了之前的记言、书事的记载形式；纪传体的创立，就是司马迁将先秦各种处于萌芽中的史书体裁体例加以研究总结、加工改造而归于一书的结果；纪事本末体的创立，既吸收了编年、纪传二体之长，又克服了二体之缺，是南宋袁枢在研究总结编年、纪传二体的基础上，继承刘知几、皇甫湜"尽事之本来"的撰述思想而创立的，因事命篇，各详起讫，"文省于纪传"而"事豁于编年"；典制体则渊源于上古的《尚书》和"三礼"，上承纪传体史书中的"书志"等。荀悦、司马光等对编年体的改进和发展，班固、范晔等对纪传体的改造和规范……无一不蕴含着对既有历史编纂学

---

① 瞿林东. 历史·现实·人生：史学的沉思 [M]. 杭州：浙江人民出版社，1994：126-127.
② 马克思恩格斯选集：第一卷 [M]. 北京：人民出版社，1995：66.

遗产的研究总结和借鉴。

辩证地看，各种体裁的史书都有其辉煌成就，又有其不容忽视的局限性。如编年体，时序明晰，叙事精练，一目了然，但简于叙事，多有阙疑，国典朝章，无所依附；纪传体，网罗一代风云人物，包举大端，巨细无遗，但同为一事，分在数篇，断续相离；纪事本末体，事有终始，原委具备，但孤立成章，事不相属，有失综合贯通；甚至近代章节体，也有得有失，其条分缕析，融会贯通，长于综合，但又以论带史，易失其真。因此，对待历史编纂学遗产，应当合理继承，取择优选用、扬长补短、综合创新之态度。唯其如此，方能再现和阐明中国历史变迁的万千气象，铸就富有中国气派之历史学。

近现代以来，章太炎主张用表、典、记、考纪、别录等五种体例来阐明历史（《中国通史略例》），梁启超主张用年表、载记、志略、传志四种体例来撰写历史（《中国史叙论》），都在合理继承历史编纂学遗产方面做了积极探索，他们都力图在继承传统的基础上进行改造、融合，推陈出新，但最终都未能实现用综合体编撰《中国通史》的愿望。而当代著名历史学家罗尔纲、张舜徽、白寿彝等则在具体的史书编撰实践中很好地继承了我国丰富的历史编纂学遗产。

罗尔纲先生在撰述《太平天国史》的过程中，对传统史书体裁尤其是对纪传体做了认真研究、批判继承和改造，经过长达近30年艰苦探索，把纪传体改变成由叙论、纪年、表、志、传五体结合而成的综合体。"叙论"概括全书，"纪年"记国家大事，"表"探明繁赜的史事，"志"记典章制度，"传"记人物。五个部分相互配合，各司其职，"使一部史书，既有理论性的阐述，又有丰富的内容"①。

张舜徽先生在73岁高龄以后以一己之力独自撰成《中华人民通史》②。全书分地理编、社会编、创造编、制度编、学艺编、人物编六个部分，每部分又包括若干问题，纵横交错，上下贯通，从整体上系统地概述了中华民族的历史。这是一部综合体通史，是张先生在总结和继承我国史书编纂传统的基础上，结合新的时代条件和要求而创造的通史编纂新体例。它既打破了纪传体以帝王将相为中心的体系，又消除了章节体以理论肢解史实的弊端，"合众家之长，成一家之言，创立了一种全新的史学编纂体例"③。

白寿彝先生主编《中国通史》，把自己多年来对史书体裁的研究思考所得与

---

① 罗尔纲. 我对综合体史书体裁的探索［J］. 历史研究，1987（1）：134.
② 张舜徽. 中华人民通史：上、中、下［J］. 武汉：湖北人民出版社，1988-1989.
③ 谢贵安. 在历史学视角及体例的转折点上：张舜徽先生《中华人民通史》研究［J］. 武汉教育学院学报（哲学社会科学版），1989（4）：83.

史书编纂实践相结合，批判地吸收了古今各种史书体裁的优势，创立了序说、综述、典志、传记相互配合的通史编纂体裁。"序说"开宗明义，"综述"阐明历史发展总向，"典志"剖析历史现象，"传记"总括人物群像，多层次地反映历史，论述了中国自远古至中华人民共和国成立之前的历史。这是 20 世纪"中国通史"编纂中规模最大、成就最高、体例最合理的一部辉煌巨著。[①]

三位著名史学家对历史编纂学的探索与实践有以下特点：一是重视继承和创新；二是重视理论与实践的结合；三是着力于对"通"的把握；四是关注人民大众等。他们的探索与实践，为我们更好地继承丰富的历史编纂学遗产树立了榜样，更说明了历史编纂学遗产所具有的重要价值。

2002 年年底，工程浩大的清史编纂工作正式启动。2004 年 5 月，国家清史编纂委员会初步确定以"新综合体"来纂修清史，由通记、典志、传记、史表、图录五大部分构成总体框架，总计约 3000 万字。"通记"分为清建立、入关、康熙之治、雍正改革、乾隆统一中国、清朝中衰、外国侵略和农民战争、清自强运动、最后衰亡 9 卷。"典志"分为天文历法、地理、人口、民族、法律、农业、手工业、商业、外贸、交通、财政、学术、西学、诗文小说、戏曲书画等 35 志 39 卷。"传记"分为 22 卷，将记载约 3000 人的传记。"史表"29 卷。"图录"10 卷，主要反映清朝的舆地、生产、商贸外贸、军事、民俗、建筑、艺术、宗教、历史人物肖像等情况，其中肖像包括画像和照片。可见，清史的纂修同样是合理继承我国优秀历史编纂学遗产，并根据时代特点进行创新的结果，再一次充分说明我国古代历史编纂学遗产在今天所具有的魅力和价值。

[①] 白寿彝. 中国通史：第一卷：导论［M］. 上海：上海人民出版社，1995：310-328.

上 编 01

中国古代历史编纂学的产生和发展

第一章

中国古代历史编纂学的发展轨迹

第一节 从口耳相传到历史记事

一、口耳相传与结绳、书契

世界各地各民族中,在文字产生之前是没有文献的。那时,人们在生产、生活中传递信息、交流思想需要依靠两种比较原始的形式:一种是口耳相传,一种是结绳和书契。口耳相传经历了"有声无音"和"有言无文"这两个漫长时期。"有声无音"阶段,人与动物较相似,表达感情仅仅依靠口腔发声和身体的动作;在"有言无文"阶段,人们通过口中发出的不同声音来交流思想、沟通感情。口述、耳听、脑记、再口传,是口耳相传的基本特征。口耳相传的内容,往往是一些给当时人留下深刻印象的自然现象或者给他们的生存和发展带来严重影响的事件,并且在长期流传过程中被日益神化。许多古代神话传说,最初都是以口耳相传的方式流传下来的,例如,盘古开天、女娲补天、精卫填海、后羿射日、大禹治水等。这种记忆当然不可能完全可靠和真实,人们往往不断夸大、神化罕见的自然现象或心目中的超人、伟人。如说伏羲"蛇身人首",在位120年,"作瑟""制嫁娶之礼",发明刻木记事、八卦、针灸等;炎帝"人首牛身",在位120年,"作五弦之琴"、"为六十四卦"、"教天下耕种五谷"、尝百草治病等;黄帝在位100年,作舟车、筑宫室、制衣裳(古代分上衣下裳)、作甲子、创文字、占日月、演算数等。这些都不是真实的历史。由于当时生产力低下,人们的观察能力有限,以致人们对往事的记忆从一开始就与事实不同,已经带有了神话色彩。加之口头传播过程中必然会产生很多变异,传播的次数越多,走样的可能性越大。但"传说反映了先民的历史记忆与历史意识的萌生，传说也保存了若干古史的踪影"①，这种判断肯定了传说的合理性。例如，三皇的传说，大约是二三十万年前到六七千年前从原始人类到母系氏族公社历史留下的影子。在母系氏族社会末期，创造了以"彩陶"为代表的"仰韶文化"。五帝的传说，大约反映了四五千年前父系氏族公社的概貌，这个时期创造了以"黑陶"为代表的"龙山文化"。三皇五帝的传说故事，有一定的历史性质，"反映出人类对于自身力量的朦胧意识和自身的历史的最早的记忆"②。神话传说是原始先民原始历史意识的流露，是传播历史知识的最原始的形式之一，世界上任何民族的古老历史往往都离不开神话传说。

由于口耳相传时讲者和听者必须同时到场，受到时间和空间的限制，在社会活动中随之又产生了结绳和书契两种帮助记忆的新方法。结绳与书契不受时空限制，对唤起记忆有积极帮助，因而这两种记事方式几乎在全世界各个民族的早期阶段都有出现。《易经·系辞》云："上古结绳而治，后世圣人易之以书契。"郑玄注《周易》：上古"结绳为约。事大，大结其绳；事小，小结其绳。"《老子·第八十章》云："小国寡民，使有什伯之器而不用，使民重死而不远徙。虽有舟舆，无所乘之；虽有甲兵，无所陈之；使民复结绳而用之。"《庄子·胠箧》云："昔者容成氏、大庭氏、伯皇氏、中央氏、栗陆氏、骊畜氏、轩辕氏、赫胥氏、尊卢氏、祝融氏、伏牺氏、神农氏，当是时也，民结绳而用之。"甚至到新中国成立前后，我国部分少数民族中仍然存在这种记事方式，如独龙族、傈僳族、哈尼族等。③

在世界各地，如秘鲁的印第安人使用的绳结（quips）由一根单色主绳和多条各色细绳组成，在不同绳子的不同部位打上不同形状的结或环，便能表示形形色色的事物和意见；夏威夷原住民有一种用结绳法记录的"税入簿"，"但它的缺点便是除收租吏以外不能索解，收租吏本人须跟绳而走，以便解释它"④。

与结绳相近的是契刻记事，即在竹、木等材料上刻画痕迹或符号来记录事件。它和结绳记事一样，是一种曾在世界各地被广泛使用的记事方法，且发挥作用的时间更长。《尚书·序》云："古者伏牺氏之王天下也，始画八卦、造书契，以代结绳之政，由是文籍生焉。"《史记·三皇本纪》云："太昊、伏牺氏造书契，以代结绳之政。"据介绍，直到20世纪初，广西南丹县大瑶寨还在使

---

① 瞿林东. 中国史学史纲［M］. 北京：北京出版社，1999：115.
② 瞿林东. 中国史学史纲［M］. 北京：北京出版社，1999：116.
③ 林耀华. 原始社会史［M］. 北京：中华书局，1984；李家瑞. 记云南几个民族记事表意的方法［J］. 文物，1962（1）：12-15.
④ 林惠祥. 文化人类学［M］. 上海：商务印书馆，2017：458-459.

用刻竹记事。云南的许多少数民族，如独龙族、怒族、基诺族、布朗族、佤族、景颇族等，在民间活动中仍保留了这类刻木记事方法。① 但契刻记事仍然未能解决结绳记事留下的难题，且不能独立地传递信息。如果没有通晓契刻符号的"译者"，契刻就成了天书。

可见，结绳记事和契刻记事都只限于粗线条的、简单的记忆。一旦遇到复杂的现象或重要的感受，就无法记录、传递并保存下来。因此，无论口耳相传，还是结绳与书契（刻契），都不是真正的历史记录，更不是历史文献。唯有文字产生以后，关于历史的记载和描述才比较全面、丰富，且更加真实。

二、甲骨卜辞与金文记事

现在已知我国最早的文字记事是殷商时期的甲骨卜辞，这是商朝最重要的记事行为。当时，崇信天帝的殷人在行事之前利用甲骨占卜，占卜完毕后再将提问、解答和应验结果刻记在甲骨上，从而形成了问事、卜事性质的奇特记事。记录卜辞的甲骨在事后被作为档案收藏，就形成了"册"和"典"。② 故《尚书·多士》云："惟殷先人，有册有典。"作为最初的有意识的文字记事，甲骨卜辞对后世叙事产生了深远的影响。一是赋予叙事高度的严肃性乃至神圣性。《史记·龟策列传》载，"五帝、三王发动举事，必先决蓍龟"③，使命的重大使记事变得神圣、严肃、唯真唯诚，后世的"书法无隐"、"良史"要求、史德修养就是从这里发展出来的。二是创立了一种能够容纳基本叙事因素的文字组织形式。甲骨卜辞一般包括前辞、命辞、占辞和验辞四个部分，对时间、地点、人物、事件发生情况等记事要素已有涉及，为后世书面形态的叙事提供了发展基础。但这些要素还都处于朦胧状态，如时间表述欠规范、地点标示不够明晰、人物多为笼统的泛指、事件一般只记发生与否的结果而缺乏对事件过程的叙述等。三是带来了一种简洁经济的叙事风格。作为载体的甲骨，空间相对局促，事件只能择要而记，行文则必须简省。这实际上启导了后世"常事不书"、简要

---

① 李家瑞. 记云南几个民族记事表意的方法［J］. 文物，1962（1）：12-15.
② 来新夏先生认为，"册"和"典"不是简牍，而是龟骨连缀的象形，这些成套的记事甲骨代表着中国图书的先驱形式。来新夏，等. 中国古代图书事业史［M］. 上海：上海人民出版社，1990：12.
③ 司马迁. 史记：卷一百二十八：龟策列传［M］. 点校本二十四史修订本. 北京：中华书局，2013：3892.

为主的"尚简"传统。四是开启了一种从问答导入正文的叙事程式。① 甲骨卜辞中有问有答,言事兼记,这直接影响了我国早期历史记事中"左史记言,右史记事"传统的形成。

甲骨文之后有金文,又称铭文、钟鼎文,是指铸造或刻凿在青铜器上的文字。商朝末期到西周时期,青铜冶铸业臻于成熟,成为古代灿烂文明的物质象征。这一时期,"国之大事,在祀与戎",因而,青铜器中兵器和礼器(彝器)所占比重很大。铸刻在青铜器上的铭文,是研究西周历史的宝贵资料。郭沫若认为"彝铭除少数伪器触目可辨者外,则虽一字一句均古人之真迹也"②。与甲骨文相比,金文的历史记载更为成熟。一是叙事性增强了,出现了叙事文体的正规化和多样化,有徽记、祭辞、册命、训诰、记事、追孝、约剂、律令、媵辞、乐律等十余种格式,记事涉及面广。二是叙事规模扩大了,信息增多了。铭文中数十字以上到百来字、数百字的屡见不鲜,最长的毛公鼎铭文达497字,初步保证了记事的连续性和一定的完整性。三是对时间、空间的表述更为清晰。开始注重对事件过程的描述。四是已经意识到历史记载的目的。金文中所谓"子子孙孙永宝用"之语句,说明对历史记载的目的开始有了一定的认识。金文历史记载的进步,说明这一时期人们的历史意识又有了新的发展。

甲骨文与金文作为早期文字记载的材料,具有十分重要的史料价值,是我们祖先献给人类文明的一大历史遗产。然而,无论是甲骨文还是金文,都还只是简单的片段的历史记事。这一时期,历史记载的自觉意识尚未形成,人们的历史意识还处在一种朦胧的原始阶段。

第二节 历史编纂学的起步:先秦

当历史记事拥有了自觉的意识,历史编纂学就开始起步了。我国历史编纂学起步于先秦时期。这一时期,无论在史书体裁、编撰体例、史书笔法,还是在历史观方面,都为后世史学的发展奠定了基础、开辟了道路。

---

① 傅修延.先秦叙事研究:关于中国叙事传统的形成[M].北京:东方出版社,1999:42-50.

② 郭沫若.郭沫若全集:第七卷:考古编:两周金文辞大系图录考释(一)[M].北京:科学出版社,2002.

一、史籍的产生

先秦时期，史籍已正式产生。史籍的产生，主要起源于人们记事及人类对自己经历的反思认识过程。史籍的出现，有三个必备的前提：文字、历法和史官。

文字，是记录史料的载体，是保存史料最重要的形式（其他还有实物遗迹、图像和口头传说等），是一切史籍产生的先决条件，任何历史文献都是随着文字的产生而逐渐出现的。文字起源于图画，最初的图画都与原始宗教（自然崇拜和祖先崇拜）有关。郑樵在《通志·六书略》中说："书与画同出，画取形，书取象；画取多，书取少。凡象形者，皆可画也；不可画则无其书矣……六书也者，皆象形之变也。"[1] 正确指出了文字的产生及其发展规律。一般认为，文字最早见于商朝，殷商甲骨文是我国有文字可考历史的开始。甲骨文是商朝后期的文字，其文字结构已相当成熟，不可能是原始文字。郭沫若先生推论说："中国文字到了甲骨文时代，毫无疑问是经过了至少两三千年的发展。"[2] 20世纪80年代的考古发掘证实了这一点。一是在河南舞阳贾湖新石器遗址出土了有契刻符号的甲骨，比殷墟甲骨文早4000多年；[3] 二是在西安市长安区斗门镇花园村的龙山文化遗址中发现了原始时期的甲骨文，比殷墟甲骨文早1200~1700年，经专家辨认，已经能释读"退""万""羊"等字[4]。由此推知，夏朝已经有了文字和文献记录（因为殷墟时代上溯至夏初，才八九百年历史）。

历法，是以纪年纪月纪日来标明时间位置的。历法的出现是人类不断探索、点滴积累、长期与自然做斗争的结果。一般认为，历法最早始于夏朝，最早的历法是《夏小正》，所以今天的农历仍称"夏历"。实际上，《夏小正》已经是比较成熟的历法。可以肯定，在夏之前就有历法的存在和运用。20世纪80年代以来，以著名民族学家、历史学家、彝族学者刘尧汉先生为首的中华彝族文化学派研究并发现了彝族"十月太阳历"，是我国已知最早的历法。其源自远古伏羲时代，与图腾密切相关，曾是夏朝使用过的历法，殷周时期在民间仍在运用。"十月太阳历"根据太阳"运动"定冬夏，以北斗柄"指向"定寒暑，准确反映了季节的变化规律。彝族"十月太阳历"将每年分为10个月，每月36天，

---

[1] 郑樵. 通志：六书略：象形 [M]. 中华书局，1987：488.
[2] 郭沫若. 奴隶制时代：古代文字之辩证的发展 [M]. 北京：中国人民大学出版社，2009：195.
[3] 侯红光. 贾湖遗址契刻符号早于甲骨卜辞 [N]. 光明日报，1987-12-17.
[4] 西安又出土一批原始时期甲骨文 [N]. 光明日报，1987-03-19.

以十二属相轮回记日。一年分五季，以土、铜（金）、水、木、火（五行）代表，每季两个月，分雌雄（即公母）。一月土公，二月土母；三月铜公，四月铜母；五月水公，六月水母；七月木公，八月木母；九月火公，十月火母。30个属相周为一年，共360天，余下5~6天为"过年日"。刘尧汉等先生以科学具体的分析证实《夏小正》不是农历（阴阳历），而是略有改动的彝族"十月太阳历"①。换言之，在夏朝以前，中国已存在并使用过"十月太阳历"。彝族"十月太阳历"的发现，无疑是中国古代史学的巨大突破，为研究上古史和古代文学史留下的许多不解之谜提供了新的钥匙。自商朝开始，我国实行了阴阳历，历经春秋战国时期的四分历法、秦朝的颛顼历到太平天国的天历，我国历代行用过的历法共66种，其中较著名的有10余种。

史官，是记载史事的主体。史学与史官密不可分，这是我国古代史学的特点之一。许慎《说文解字》云："史，记事者也，从又持中。"清末文字学家吴大澂进一步解释说："史，记事者也，象手执简形。"② 又，手也；中，"册"之省体，指简册。所以，"史"字最初之义就是指古代记事的官吏，即史官，他们负责职掌记录时事、起草公文、保管文书。史官是最早的文化人，即知识分子，有读书、藏书、写书、献书之责。我国古代史学之所以如此发达，与我国古代史官设置之早、地位之尊、史官制度之健全分不开。史载："夏太史令终古，出其图法，执而泣之。夏桀迷惑，暴乱愈甚，太史令终古乃出奔如商。"③ 太史令终古就是当时的史官。殷商之时，史官之职更为明确具体。甲骨文中的"尹""史""作册""卿史""御史"都是当时史官的职称。西周时期，史官设置更完备，分工已经比较细致，《周礼·春官》记载，周王室设有五史，即大史（右史）、小史、内史（左史）、外史、御史，各掌其职，甚至一般诸侯国也设有史官。据《左传》所载，齐、卫、晋、鲁、郑有大史，晋、楚、秦有左史、史，鲁有外史，齐有南史等。总之，从夏商开始就有了正式的史官，现存《尚书》《逸周书》《周礼》《左传》《国语》《史记》《汉书》等典籍中都有大量关于商周史官的记载。史官的产生也同原始宗教（自然崇拜、祖先崇拜）有关，是从巫祝中分裂发展而来的。因而早期史官的职责也大体分为两大类：一是掌管占卜、天文、历法；二是掌书王命、记录帝王言行、保管文书档案、据典劝谏等。

---

① 刘尧汉.中国文明源头新探［M］.昆明：云南人民出版社，1986；刘尧汉，卢央.文明中国的彝族十月历［M］.昆明：云南人民出版社，1986；陈久金，卢央，刘尧汉.彝族天文史［M］.昆明：云南人民出版社，1986.
② 吴大澂.说文古籀补：卷三［M］.万有文库本.上海：商务印书馆，1936：46.
③ 吕不韦.吕氏春秋：卷十六：先识［M］.高诱，注.上海：上海书店，1986：179.

最迟在夏商时代，文字、历法、史官都已产生。有了文字，就有了记录历史的手段和条件；有了历法，就能准确地推算时间；有了史官，就使史事记录和史料保存成为可能。所以，最迟从商周开始，史事就被史官记录并有意识地保存下来，成为日益丰富的历史资料，再经逐步整理、编撰，便成了史书。先秦历史文献正式出现，并随着历史的发展而日渐丰富和繁荣。同时，史官在记录史事、整理编撰历史文献的过程中逐渐形成了编纂史书的体例、记事的观点和方法，因而产生了初期的史学。

最晚在商周时期已有典籍流传，尤其是春秋战国之际，思想解放、"百家争鸣"、重视修史，使我国史学逐渐从神学中独立出来，出现了许多重要的典籍，奠定了中国史学发展的基础，在史理、史例、笔法上都为后世史学开辟了新的局面。《国语》《左传》《铎氏微》《竹书纪年》《世本》，以及经孔子整理过的"六经"即《诗》、《书》、《礼》、《易》、《乐》（失传）、《春秋》等，都是这一时期的重要历史文献。同时，题名为"春秋""志""记""史记""谱牒""书""经""箴""微""典"等的史学著作也大量涌现（今大多失传）。这些历史文献大体又可归为依时、依地、依人等而记载的基本形式，成为后世历史编纂学发展的源头。

二、依时序事

依时序事即按时间顺序来记载历史、编撰史书，这是先秦时期史书编纂的主流形式，实际上就是我国最早的史书体裁——编年体。《汉书·艺文志》记载："古之王者，世有史官，君举必书"，"左史记言，右史记事，事为《春秋》，言为《尚书》"。古之"春秋"含义较多，其中最普遍的一个义项便是编年史的代称。"春秋"之作，"其先出于三代，按《汲冢琐语》记太丁时事，目为《夏殷春秋》"①。依刘知几之说，大约在商周时期就已经有"春秋"之作了，可惜商朝及其之前的编年史书未能流传下来。

春秋战国时期，编年史书逐渐增多。《左传》记载：晋国韩宣子聘鲁，"见《易》《象》与《春秋》"②。墨子也明确提到"吾见百国《春秋》"，如"周之《春秋》""齐之《春秋》"等③。孟子则云："晋之《乘》，楚之《梼杌》，

---

① 刘知几. 史通通释：卷一：六家 [M]. 浦起龙，通释. 王煦华，整理. 上海：上海古籍出版社，2009：6-7.
② 左传：昭公二年 [M] //杨伯峻. 春秋左传注. 北京：中华书局，2009：1226.
③ 墨子：明鬼 [M] //吴毓江. 墨子校注. 北京：中华书局，2006：192.

鲁之《春秋》，一也。"① 可见，这一时期除周王室拥有"春秋"外，各诸侯列国已有名目繁多的编年体史籍。由此推知，先秦时期编年体史书已经产生，并获得了较大发展，几乎独霸当时的史坛，成为当时的史学主流。遗憾的是，秦朝以后，特别是秦始皇焚书，使"先王坟籍，扫地皆尽"②，一度活跃于史坛的"百国春秋"几乎绝迹，有幸流传下来的只有《春秋》《左传》《公羊传》《谷梁传》《竹书纪年（辑本）》等寥寥数种。

《春秋》是我国现存第一部真正意义上名副其实的编年体史书，由孔子依《鲁春秋》并博采诸国之"春秋"修订而成。孔子修《春秋》的政治目的，是欲以记载历史变迁的史事来教育子弟和后世，同时，用史籍记载的事实来惩罚乱臣贼子，恢复正常的社会秩序。孔子开创了私人修史之风，并第一次提出了事、义、文的概念，为中国古代史学理论奠定了基础。所谓"事"，指史实；"义"，指修史的宗旨、观点；"文"，指表达观点、记载史实的文字。

《春秋》的重要特点如下。一是遵从时序。"以事系日，以日系月，以月系时，以时系年"，严格按照时间顺序记载了从鲁隐公元年（前722）至鲁哀公十四年（前481）共242年的史事，还按鲁国国君"十二公"——隐、桓、庄、闵、僖、文、宣、成、襄、昭、定、哀的顺序分年记事。这种以时间为纲、以史事为纬的记事方式，井然有序，线索清楚，避免了叙事的重复，便于考察时代变迁的大势和探寻历史发展的规律。《春秋》奠定了我国编年体史书的编纂格局。

二是崇尚简约。《春秋》叙事，简明扼要，不作"累篇咸载"。刘知几有云："夫国史之美者，以叙事为工，而叙事之工者，以简要为主。简之时义大矣哉！历观自古，作者权舆，《尚书》发踪，所载务于寡事；《春秋》变体，其言贵于省文。"③《春秋》注重"属辞比事"。"属辞"强调辞达，突出重点，字斟句酌，做到"文约指博"又"婉而成章"，往往用最简单的文字表达对事件性质、人物善恶的基本看法。如，同记战争，有"侵""入""战""伐""灭"等概念，潜师掠境为"侵"，造其都城为"入"，声罪致讨为"伐"，两军相接为"战"，毁其宗庙社稷为"灭"。又如，同是记杀，有"诛""弑""杀"之别，杀有罪者为"诛"，臣子杀君父为"弑"，处死无罪者为"杀"。字里行间，

---

① 孟子. 离娄下［M］//杨伯峻. 孟子译注. 北京：中华书局，2006：192.
② 魏徵，等. 隋书：卷四十九：牛弘传［M］. 点校本二十四史修订本. 北京：中华书局，2019：1464.
③ 刘知几. 史通通释：卷六：叙事［M］. 浦起龙，通释. 王煦华，整理. 上海：上海古籍出版社，2009：156.

蕴涵微言大义,暗寓褒贬态度。"比事",即排比史事,不仅按时间顺序排比史事,而且要比事之大小,以体现记事的宗旨。记事的多寡详略,均与名分有关。凡事关纲常伦理,虽细微而不遗漏;反之,事虽大也未必记载。"属辞比事"就是所谓的"春秋笔法",这对中国史学"尚简"传统的形成影响广泛而深远。

三是体现宗旨。孔子修《春秋》的宗旨十分明确。孟子曰:"世微道衰,邪说暴行有作,臣弑其君者有之,子弑其父者有之。孔子惧,作《春秋》。《春秋》,天子之事也。是故孔子曰:'知我者其惟《春秋》乎!罪我者其惟《春秋》乎!'"交代了孔子作《春秋》的时代背景、方法、主观动机和客观效果,指出孔子将所作《春秋》视为"知我""罪我"的最重要的事业,是以一般平民身份而行"天子之事"。孟子曰:"孔子成《春秋》而乱臣贼子惧。"① 即孔子是为了拨乱反正、安定天下秩序而修《春秋》。这就是人们称道的《春秋》的"微言大义",寓褒贬、示臧否、明善恶,使《春秋》成为中国第一部具有法典意义的史著。"义"的核心是修王道、正名分。孔子曰:"天下有道(秩序),则礼乐征伐自天子出;天下无道,则礼乐征伐自诸侯出。自诸侯出,盖十世希不失矣;自大夫出,五世希不失矣;陪臣执国命,三世希不失矣。天下有道,则政(政权)不在大夫。天下有道,则庶人不议。"② 这是对《春秋》之"义"的最好注解,也是孔子一生为之奋斗的最高政治理想,王道就是他的理想国。而欲修王道,则必先正名分,规定各种身份不同的人应该干什么、不应该干什么,"必也正名乎!""名不正,则言不顺;言不顺,则事不成;事不成,则礼乐不兴;礼乐不兴,则刑罚不中;刑罚不中,则民无所措手足。故君子名之必可言也,言之必可行也。"③ "君君、臣臣、父父、子子"④,为君不君,为臣不臣,乱之本也⑤。反映了其鲜明的等级思想和伦理观念。

后世十分重视阐发《春秋》的"微言大义"。《左传》称:"《春秋》之称,微而显,婉而辞。上之人能使昭明,善人劝焉,淫人惧焉。是以君子贵之。"⑥ 说明了史学的功用和修史宗旨,《公羊传》云:"君子曷为为《春秋》? 拨乱世,反之正,莫近于《春秋》。"⑦ 强调了《春秋》的特点和作用。司马迁进一步论

---

① 孟子:滕文公下[M]//杨伯峻.孟子译注.北京:中华书局,2006:155.
② 论语:季氏[M]//杨伯峻.论语译注.北京:中华书局,1980:174.
③ 论语:子路[M]//杨伯峻.论语译注.北京:中华书局,1980:134.
④ 国语:齐语:天子致胙于桓公[M].上海:上海古籍出版社,1978:245.
⑤ 论语:颜渊[M]//杨伯峻.论语译注.北京:中华书局,1980:128.
⑥ 左传:昭公三十一年[M]//杨伯峻.春秋左传注.北京:中华书局,2009:1513.
⑦ 公羊传:哀公十四年[M]//杜预,等,注.春秋三传.上海:上海古籍出版社,1987:536-537.

述说:"上无明君,下不得任用,故作《春秋》垂空文以断礼义,当一王之法。"孔子要用《春秋》作为治国的统一大法,以达到"拨乱世,反之正"的目的。司马迁甚至把《春秋》的社会作用比作一场社会变革,"孔子知言之不用,道之不行,是非二百四十二年中,以为天子仪表,贬天子,退诸侯,讨大夫,以达王事而已矣"。"桀、纣失其道而汤、武作,周失其道而《春秋》作,秦失其道,而陈涉发迹,诸侯发难。"司马迁认为:"《春秋》辨是非,故长治于人","采善贬恶,推三代之德"①。《春秋》"约其文辞而指博"②,"上明三王之道,下辨人事之纪,别嫌疑,明是非,定犹豫,善善恶恶,贤贤贱不肖,存亡国,继绝世,补弊起废,王道之大者也"。"《春秋》者,礼义之大宗也。"③将孔子治史与治国、治身、治世的思想统一了起来。而后这种观念逐渐被世人所认识和接受,形成了"经世致用"的优良治史传统,在中国古代历史编纂学和史学批评史上产生了深远影响。

总之,孔子修《春秋》,意义重大。他按照自己的史观和方法取舍材料,变记注为修撰,把死的历史变成了活的历史,对后世史学的发展进步有着重要的推动作用。其修撰之《春秋》,无疑是中国史学发展史上的里程碑。

当然,《春秋》的局限也很明显。一是惩恶劝善与亲亲尊尊思想的矛盾冲突。一方面要修王道、正名分,维护封建等级制度和社会秩序,另一方面又充斥着"天王狩于河阳""公薨"之类的曲笔之辞,反映了孔子褒贬人物的不彻底性。二是文辞之间体现褒贬,往往束缚作者思想,限制对史实的详细记载,最终有害史书的史料价值。三是记事过于简略。《春秋》常常一条一事,最少的一条一字,多数一条十数字,最多的一条仅45字。共记242年的历史,仅有18000多字,平均每年74字。"经而无传,使圣人闭门思之,十年不能知也。"④

由《春秋》到《左传》,编年体有了突破性的发展。第一,改进了记事的方法。《春秋》只标事纲,不记具体内容,如同流水账簿;《左传》则以《春秋》为纲,原原本本地叙述事件的起因、经过、结果,对人物形象、性格、行为、思想都有深入的刻画和描绘,而且语言简明雅致,记事生动、真实、感人,

---

① 司马迁.史记:卷一百三十:太史公自序[M].点校本二十四史修订本.北京:中华书局,2013:3975,3977.
② 司马迁.史记:卷四十七:孔子世家[M].点校本二十四史修订本.北京:中华书局,2013:2340.
③ 司马迁.史记:卷一百三十:太史公自序[M].点校本二十四史修订本.北京:中华书局,2013:2975,2976.
④ 桓谭.新辑本桓谭新论:卷九:正经篇[M]//朱谦之,校辑.新编诸子集成续编.中华书局,2009:39.

读来脍炙人口，一扫《春秋》的枯燥无味。第二，叙事与论史有机结合。《左传》不仅记事，而且带有政论；不仅记载了社会现象，而且揭示了历史的内幕，使人更深刻地看到了事件的本质，从而使《左传》成为叙事论史较成熟的编年史，这是其显著特点。《左传》论史的主要方式有三种：一是以"君子曰"直接发论；二是借用前人或伪托前人的话来发论；三是用当事人或有影响的人物的话来评论。这就改变了《春秋》一心追求"属辞""微言大义"的方法。第三，记言与记事相得益彰。甲骨卜辞已有记言和记事的苗头；青铜铭文有了发展，且记言重于记事。《诗经》记言色彩浓烈；《尚书》《国语》以记言为主；《春秋》则只记事而无记言。总体上看，《左传》之前的历史记载以记言为主，记事为辅，记事比较零散。《左传》则将记言和记事有机结合，灵活处置，或事多言少，或事少言多，或言事相兼，以实际记载需要而灵活安排，使记言与记事相得益彰。第四，思想性提高了。《左传》对人与神、王道与霸道、法治与礼治、变革与守旧等的认识，都比《春秋》进步得多。①

纵观先秦，"依时序事"的编年体史籍经历了一个从无到有、由简而繁、初步发展的阶段。它从萌芽状态的只言片语，发展到《左传》的洋洋18万言；从殷商时期只用干支记事，发展到东周的"百国春秋"，不仅内容日益丰富，著作数量也与日俱增，已经初具后世编年体的规模。但先秦时期的编年史仍存在不少问题：一是文字简约；二是逐条记事，前后不相联属。即便较成熟的编年史《左传》，也存在"记事却详，于道理便差"的缺点。《公羊传》《谷梁传》更是"于义理上有功，然记事多误"②。因此，从总体上说，先秦时期的编年体还处于萌芽起步阶段。

三、依地载事

依地载事即按地域、分国别记载历史，编纂史书，这也是先秦时期史书编纂的主要形式之一，因其显著特征是"以国为别"，故称国别体。寻其源流，始于《国语》。

《国语》相传为春秋时期的左丘明所作。刘知几云："《国语》家者，其先亦出于左丘明。既为《春秋内传》，又稽其逸文，纂其别说，分周、鲁、齐、晋、郑、楚、吴、越八国事，起自周穆王，终于鲁悼公，别为《春秋外传·国语》，

---

① 详见本书"下编"第一章第二节"《左传》：叙事与论史相结合"。
② 黎靖德. 朱子语类：卷八十三：春秋 [M]. 北京：中华书局，1986：2152.

合为二十一篇。"①《国语》记述了从西周穆王十二年征犬戎（约公元前 967）到智伯灭亡（前 453）500 余年的历史，总计 21 卷，分国而记，总括了八国史事。其中，《周语》3 卷、《鲁语》2 卷、《齐语》1 卷、《晋语》9 卷、《郑语》1 卷、《楚语》2 卷、《吴语》1 卷、《越语》2 卷。由于记载晋国史事最多，故又有"晋史"之称。

《国语》的突出特点：一是分国记事，分记八国史事。《周语》始于穆王，终于敬王；《鲁语》始于庄公长勺之战，终于春秋末年；《齐语》专记管仲辅助齐桓公称霸之事；《晋语》始自武公，终于昭公；《郑语》仅记史伯与桓公之"语"；《楚语》始自庄王，终于白公之乱；《吴语》《越语》均记夫差与句践之事。二是记言为主。《国语》主要通过当时一些名士和贵族的言论，借以品评人物和分析史事。全书八语 196 条，几乎条条以记言为主，力求通过人物的言论、对话来反映历史事件或说明一种观点。三是史料丰富。《国语》不是著述体史著，而是资料汇编性质的史书，保存了古代许多颇具价值的珍贵史料。《国语》可与《左传》相参证、互为补充。因《左传》以记鲁国史事为主，又名《春秋内传》；《国语》分记八国史事，故称《春秋外传》，是研究中国古代史不可或缺的重要史料。刘知几说："其文以方《内传》，或重出而小异。然自古名儒贾逵、王肃、虞翻、韦曜之徒，并申以注释，治其章句；此亦《六经》之流，《三传》之亚也。"②

《国语》之外，先秦依地而载的史书尚有《战国策》《战国纵横家书》等。后世也有不少效仿者，传世名作如陈寿《三国志》，分记魏、蜀、吴三国史事，既是纪传体名著，也可视为国别体名著，是纪传体断代分国史；东晋常璩的《华阳国志》12 卷，述上古至公元 347 年（东晋穆帝永和三年）巴蜀地区的史事；北魏崔鸿的《十六国春秋》102 卷，记东晋时期黄河流域十六国政权的史事；东汉袁康、吴平的《越绝书》，赵晔的《吴越春秋》；清代吴任臣的《十国春秋》等。当然，由于国别体史书未能像纪传体、编年体、纪事本末体那样系统而又完整地记载自古而今的历史史料，更因其体例局限，只能在有"国"可"别"时才能成书，这就决定了国别体史书的自身特点和在史坛上的地位，其在中国史学发展史上未能得到充分发展。尽管如此，国别体史书中平等的史观、

---

① 刘知几．史通通释：卷一：六家［M］．浦起龙，通释．王煦华，整理．上海：上海古籍出版社，2009：13．

② 刘知几．史通通释：卷一：六家［M］．浦起龙，通释．王煦华，整理．上海：上海古籍出版社，2009：13-14．

灵活的体例等，在编纂学上仍有其积极意义和重要启示。

四、依人述事

先秦时期还孕育着一种"依人述事"的重要记事形式，成为后世以人为中心叙事的纪传体的先河。

纪传体是我国传统史书体裁中最重要的史书体。历史地追踪其源流，商周时期，纪传体史籍已开始孕育。这一时期有关历史记载的四要素——时间、地点、人物、事件始末已有所反映，并表现出日趋完善的态势[1]，这为纪传体等各种形式的史籍编撰提供了最起码的条件。春秋战国时期是纪传体史籍的萌芽时期，特别是战国后期出现的《世本》，是纪传体史籍萌芽的最显著的标志。

《世本》的作者和成书时间，已难考知。根据裴骃《史记集解·赵世家》征引，该书称赵王为"今王"，推知《世本》一书大致是战国时赵王迁时期（前235—前228）史官的私人撰述。班固《汉书·艺文志》著录"《世本》，十五篇"。并自注云："古史官记黄帝以来，迄春秋时诸侯大夫。"唐初《世本》已佚三分之二；大约北宋年间，古本失传，宋《崇文总目》已不见著录。

今本《世本》，是后人从各种古书的引文中辑录而成的。最早是南宋高似孙在《史略》中著录的《古世本》，尔后清张澍著录《世本辑本》、王谟著录《世本辑本叙录》、秦嘉谟著录《世本辑补》。此外，清人钱大昭、孙冯翼、洪饴孙、茆泮林、雷学淇等都做过辑录工作。今本《世本》包括：帝系、纪、世家、传、谱、居、作、氏姓、谥法等。其中"帝系"记载黄帝以来尧、舜、禹等古帝王的世系。"纪""世家""传"分别记帝王、诸侯、卿大夫三种人的主要事迹。"谱"有"王侯谱"和"卿大夫谱"两种，"王侯谱"记载夏、商、周三代及鲁、宋、齐、卫、秦、晋、郑、陈、蔡、楚、韩、赵、魏、吴、燕、杞、滕、邾、郯等20国国君的世系，"卿大夫谱"专记各国卿大夫的世系。"居"记帝王都邑。"作"记重要的创造发明。"氏姓"记各姓氏的来源及世系。"谥法"阐述谥号的含义。《世本》中的"帝系""谱"重在编年，"纪""世家""传"重在记事。并且，"帝系""谱""纪""世家""传"记述的中心是人。"居""作""氏姓"和"谥法"则具有后世史书中"志"的性质。通览《世本》，可谓时间上贯通古今，上起黄帝、下讫春秋；内容上包罗万物，举凡人物、典志、表谱都有记叙，显示了社会生活的全貌。《世本》已具我国纪传体通史的雏形了。司马迁著《史记》创立了纪传体，分本纪、世家、列传、表、书等五体，

---

[1] 已详上一节"从口耳相传到历史记事"。

就是仿效了《世本》，甚至《世本》中的具体内容也成了《史记》重要的参考资料来源。《世本》对我国纪传体的创立和推动中国古代史学的大发展，意义非同寻常。

五、其他编纂形式的萌芽

"依时序事""依地载事""依人述事"等是先秦历史记载的主要形式，此外，先秦时期还孕育了多种史书编纂形式的萌芽。

比如，典制体的源头可追至《尚书》和"三礼"。《尚书》中有《尧典》记载尧禅让的事迹，反映了与中国原始社会末期有关的社会制度；有《禹贡》篇专记地理，有《吕刑》篇专讲刑法等。"三礼"更是记载先秦典章礼仪制度的专书。《尚书》和"三礼"都可视为典制体的源头。

又如，以记事件为中心的纪事本末体，最早可上推至《尚书》中的《金縢》《顾命》《康诰》等篇，都已经按"因事命篇"的模式来写，首尾毕具，条理清晰。如《金縢》篇记载周武王病危，其弟周公旦祷告上天，表示愿以身相代，事后将祷词秘藏于金縢之中。武王去世后，太子即位（周成王）。周成王听信小人煽动，怀疑周公另有私心，直到偶然见到周公当年的祷词才疑虑全消。故章学诚指出："若夫纪事本末，其源于《尚书》。"① 但此时记事情节简单，且多为单篇形式散见史书。迄春秋战国，记事内容日渐丰满、形象，传神之作每每出现，《左传》《战国策》中都有许多精彩的记事。《左传》记事，长于写战争，凡战争的起因、时间、地点、经过、结局均有系统交代，已经具备了纪事本末体的基本条件。《战国策》中更是常见"因事命篇"、详其始末的篇章。但此时"事具本末"还只是一种叙事手段而已。

又如，史评体，早在先秦时期，就已经萌芽。孔子《春秋》中的一字褒贬的笔法，其实就是一种史评形式。只是那时的史评尚处于低级阶段，一般散见于史书中的某些篇章之中，往往是只言片语，就事论事，或者融合在记事之中，不够明确，但已经开始滋生出史评意识。《左传》则用了比较明确的形式"君子曰"来对史实或史籍发表议论和看法。如《左传·成公十四年》载："君子曰：'《春秋》之称，微而显，志而晦；婉而成章，尽而不污，惩恶而劝善，非圣人谁能修之！'"《孟子》则从事、文、义等范畴把握《春秋》，常常是政论中带有史论。但《左传》"君子曰"尚缺乏系统性，就事论事性质明显；而《孟子》

---

① 章学诚.文史通义校注：外篇一：方志立三书议[M].叶瑛，校注.北京：中华书局，1994：576.

于政论中附有史论，亦不具备独立性。二者都不是从史学发展的角度提出评论的，也不具有调整史学发展的明确目的，所以还不是自觉意识下的史学评论。这个时期还只是史评体的萌芽时期。

又如，史注体，即对前代史籍进行训诂、解释。追源溯流，可上溯到先秦。在先秦历史文献中，说话人自己或著作者本人在行文中偶尔会夹杂一些解释性的话语，往往以正文形式、插说形式出现。例如：《易·丰卦》："丰，大也。"《左传·成公二年》："贪色为淫。"《左传·庄公三年》："凡师一宿为舍，再宿为信，过信为次。"《谷梁传·僖公二十八年》："水北为阳，山南为阳。"《孟子·滕文公下》："《书》曰：'洚水警余'。洚水者，洪也。"《国语·齐语》："五人为伍""二百人为卒""二千人为旅""二万人为军"；又："五家为轨""十轨为里""四里为连""十连为乡"。《礼记·曲礼》："天子死曰崩，诸侯曰薨，大夫曰卒，士曰不禄，庶人曰死"等。这类解释性的文字注解可称为"正文插说体"，零碎驳杂而不成系统，注文本身就是正文的一部分，具有注解的性质，现代意义上的"史注"正是滥觞于先秦正文插说体。但这还远不是后代体式的史注，只能算原始的、雏形的、萌芽中的史注。

此外，先秦时期还有一种以一书传述另一书，或在一书中以一篇解释另一篇，甚至下段解释上段的注解形式，可称为"正文传述体"。其特点是以原书（原篇）作为传述纲要而另写新作。如"春秋三传"对《春秋》的传述，《水经注》对《水经》的解释等，是以一书解释另一书；《管子》一书中的《牧民》与《牧民解》、《形势》与《形势解》、《立政》与《立政九败解》、《明法》与《明法解》，《墨子》一书中的《经上》与《经说上》、《经下》与《经说下》等，均是同书之中以一篇传述另一篇；而《韩非子》中的《内储说》上下、《外储说左》上下、《外储说右》上下等，则是同篇中下段对上段进行解释。正文传述体史注适应了早期特定文献的解释需要，它没有也不可能大量使用和发展，但它对后世补阙体的影响很大。要之，先秦正文传述体和正文插说体虽与成熟的史注范式相去甚远，但于先秦开创了史注的先河，史注的基本形态、基本方法和术语均已初步形成。可以说先秦时期是史注的萌芽时期。

综上所述，先秦历史编纂学对后世史学具有"发凡起例"的奠基之功，在史书体裁、编撰体例、史书笔法、历史观念等诸多方面，都为中国古代历史编纂学的发展开辟了道路。但由于社会客观因素的制约，先秦史学在体例、体裁、内容、范围、语言、文字等方面都还存在一些问题，所以，从总体上来看，尚处于萌芽创始阶段。中国古代历史编纂学才刚刚起步。

第三节　历史编纂学趋于成熟：两汉

两汉时期，我国古代历史编纂学已经走向成熟。纪传体的正式创立和规范，以及编年体的发展和成熟，是这一时期历史编纂学发展的两件大事。此外，其他多种史书编纂形式也呈现出良好的发展势头。

一、纪传体的创立和规范

先秦时期是编年体史书产生、发展并独霸史坛的时期，编年体史书是当时史学的主流。秦代以后，中国结束了长期分裂割据、战乱不休的局面，进入了空前统一的多民族的中央集权的封建帝国时期，疆域辽阔、人口增多，民族融合不断加强，社会经济迅速发展，封建制度也日趋严密复杂。在这种新的形势下，统治者迫切需要从历史书中去总结前朝前人的经验教训，以求统治的长治久安；同时想借助修史来宣扬自己的文治武功，以垂训万世。于是以司马迁《史记》和班固《汉书》为代表的纪传体史书便应运而生。纪传体史书避免了以往编年体史书的缺点，能更好地满足统治者的需要。纪传体包含纪、传、表、志等诸体，其中纪、传以详治乱兴衰之迹，可为帝王将相树碑立传；表、志以详典章经制之沿革，可为统治者提供治世遗训。纪传体史书网罗全面，体例严谨而灵活，能从不同的角度全面地反映社会生活，因此很快得到了统治者的首肯，取得了独尊的地位，成为历代封建统治者编修史书的范式（"正史"）。

《史记》是纪传体的开创之作。司马迁提出了"究天人之际，通古今之变，成一家之言"的著述宗旨，开创了综合本纪、表、书、世家、列传等于一书的纪传体通史体例。《史记》130卷，约52万字，记事起于传说时期的黄帝，讫于汉武帝刘彻，上下约3000年。其中，"本纪"12篇，计有五帝、夏、殷、周、秦、始皇、项羽、高祖、吕后、文、景、今上。"网罗天下放失旧闻，王迹所兴，原始察终，见盛观衰，论考之行事，略推三代，录秦汉，上记轩辕，下至于兹"，是全书的总纲，意在"原始察终，见盛观衰"，阐述兴亡大势。"表"10篇，分世表、年表、月表，起自三代，讫于太初，意在解决"并时异世，年差不明"的问题，明载头绪纷繁的历史事件之发生年月。"书"8篇，计有礼、乐、律、历、天官、河渠、封禅、平准，涉及礼乐制度、历法、天文、地理、重大祭祀、社会经济等诸多方面，意在明其"损益""改易"之迹，明"承敝通变"之状。"世家"30篇，意在记述那些作为王朝或皇朝的"辅拂股肱之臣"

的"忠信行道，以奉主上"的史事，写出了地方和朝廷的关系及其变化。"列传"70篇，专门为古往今来"扶义俶傥，不令己失时，立功名于天下"① 的各阶层历史人物立传，写出了他们形形色色的心态和面貌。从历史编纂学的角度看，《史记》创立了完整的纪传体史书体例，突出了人物在历史中的地位，开创了通史新体裁的恢宏气象，树立了历史与文学相结合的典范，是中国史学发展史上划时代的史学巨著。

继《史记》之后，东汉班固撰成《汉书》，沿袭《史记》体例又有所创新，对纪传体体例做了巨大而周密的改造工作。《汉书》专记西汉一朝历史，全书100卷80余万言。计有帝纪12卷，表8卷，志10卷，列传70卷。与《史记》相比，《汉书》有以下编撰特点：第一，"断代为书"，突出了西汉皇朝史的地位。班固父子以五德终始说为依据，反复申言"刘氏承尧之祚""唐据火德，而汉绍之""汉绍尧运，以建帝业"，旨在从政治上突出刘汉皇朝的历史地位。不过，班彪意在续迁书，而班固则为尊汉，故反对把汉皇朝的历史"编于百王之末，厕于秦、项之列"。《汉书》"起元高祖，终于孝平、王莽之诛"，包括西汉一代史事。且以"书"为名，有仿效《尚书》之意。他希望《汉书》对于汉朝来说，也是一种"巍巍乎其有成功也，焕乎其有文章"的关系。这是秦汉大一统以来，皇朝意识不断增强在历史撰述上的突出的反映。② 第二，规范体例，确立了"正史"楷则。《汉书》既因《史记》体例，又对其做了精心的组织和改进，使纪传体体例变得更加严密、整齐、完整。如严密了本纪的含义，确定了本纪"系日月以成岁时，书君上以显国统"的原则。完善了表、志。《汉书》设"八表"，其中六表取材于《史记》，新创了《百官公卿表》和《古今人表》。《汉书》设"十志"，丰富和发展了《史记》的"八书"，其中"六志"取材于《史记》，新创《刑法》《五行》《地理》《艺文》四志。"十志"贯通古今，是后世《通典》《文献通考》等典章制度通史的开端。规范了列传体例。《汉书》改《史记》"列传"为"传"，取消"世家"，归于列传，纠正了《史记》中各类列传的混杂编排等。清代史学家章学诚称："迁《史》不可为定法，固《书》因迁之体，而为一成之义例，遂为后世不祧之宗焉。"③ 第三，内容恢宏，结构严谨。班固自谓，他对高帝、惠帝、高后（即吕后）、文、景、武、昭、宣、

---

① 司马迁．史记：卷一百三十：太史公自序［M］．点校本二十四史修订本．北京：中华书局，2013：3999.
② 瞿林东．中国史学史纲［M］．北京：北京出版社，1999：201.
③ 章学诚．文史通义校注：内篇一：书教下［M］．叶瑛，校注．北京：中华书局，1994：50.

元、成、哀、平12世230年历史,"综其行事,旁贯《五经》,上下洽通,为春秋考纪、表、志、传,凡百篇"。这概括了《汉书》的内容、结构和思想。在内容上,包含了西汉皇朝的全部史事,首尾完整,始末清晰。结构上,它分纪、表、志、传四个部分。纪、表,叙历史大事和历史进程;志,述典章制度;传,写各种人物兼及少数民族的历史。"综其行事,旁贯《五经》,上下洽通"反映了班固在撰述上的思想和要求。颜师古注云:"固所撰诸表序及志,经典之义在于是也。"① 唐代史学批评家刘知几称:"如《汉书》者,究西都之首末,穷刘氏之废兴,包举一代,撰成一书。言皆精练,事甚该密,故学者寻讨,易为其功。自尔迄今,无改斯道。"② 瞿林东先生认为,自司马迁撰纪传体通史,至班固"包举一代,撰成一书",即随着《史记》《汉书》这两部反映大一统政治局面的历史巨著的问世,中国封建王朝历史撰述的主要形式即"正史"的格局从此确立下来。刘知几说的"自尔迄今,无改斯道",不仅是对前600余年的史学的总结,也是对后千余年的史学的预见。③

二、编年体的发展和成熟

春秋战国时期,编年体史书已经奠定了自己的基础,尤其是《左传》的产生,标志着编年体史书的改进和发展。两汉时期,编年体史籍在原有的基础上又获得了较大发展并日臻成熟。特别是东汉荀悦撰成《汉纪》,首创断代编年史,是其对历史编纂学的重要贡献。此后形成了编年体与纪传体相互竞争、自由发展的良好局面,推动了史学的发展。

《汉纪》是以班固《汉书》为基础改编而成的,其编纂方法和别具特色的评论,在中国史学史上占有重要地位,梁启超称"此现存新编年体之第一部书"。④《汉纪》的编纂特点有二:一是叙事贯彻"撮其举要""务从省约"(选择要点和典型材料、尽力节省文字和压缩篇幅)的原则,精于斟酌剪裁之功。把80多万字的《汉书》改编为18万字的《汉纪》,并完整保留了西汉王朝的重要典章制度、人物、事件,不愧为"简要之文",足见作者"举要""省约"之功的精到。二是记叙与评论相结合。记叙史实,材料基本出于"正史"旧文,

---

① 班固.汉书:卷一百:叙传[M].北京:中华书局,1962:4235,4236.
② 刘知几.史通通释:卷一:六家[M].浦起龙,通释.王煦华,整理.上海:上海古籍出版社,2009:20-21.
③ 瞿林东.中国史学史纲[M].北京:北京出版社,1999:203.
④ 梁启超.中国历史研究法:过去之中国史学界[M]//饮冰室合集(专集73).北京:中华书局,1989:19.

而史料编排却独具匠心，颇有开创之功。评论方式虽上承《左传》《史记》《汉书》等，却青出于蓝而胜于蓝，多得后人好评。范晔称其"论辩多美"；唐太宗称其议论深刻广博，探讨了治国之术和经验，充分阐明了处理君臣关系的道理。①

《汉纪》的出现使编年体更加成熟、完善。《春秋》开创了编年体，《左传》改进了编年体，而《汉纪》则可视为编年体的成熟之作，它给编年体的发展开辟了通往顶峰的道路。一是完善了编年体的叙事之法。《汉纪》吸收了纪传体的优良编写方法，使编年体摆脱了刻板地按时间顺序记事的原始方法，创立了机动、灵活的记人、记事、记制度的新的编年记事方法，在兼顾时序本位的前提下，尽可能地写出重要人物的生平、重要事件的始末。记人物，采用追前叙后的方法，把纪传体长于记人的优良记叙法用于编年体的编纂中，这正是荀悦为编年体开辟的一条新路子。记事件，继承《春秋》《左传》的"比事"方法，并进一步完善，"通比其事，例系年月"，用类分事件的方法，排比历史事件，形成了链索式的记事方法，而且运用得极为娴熟。《汉纪》还用附记法（以"是岁"提示），把一些无法考证确切时间的制度、人物、事件记入某年之末或之中，避免了史实的遗漏。二是完善了史论的方法。《汉纪》吸收了《左传》史论的三种方式，并在议论、说理、感情表达等方面做了创新，风格独具，从此奠定了编年体史论形式的基本格局。荀悦的评论，往往因人而发、因事而论，形式灵活机动，少则十多字，旨在点出问题，也有数十字、几百字，甚至长达八九百字或逾千字的评论。内容以论汉王朝治国之本、兴亡成败之经验为主，多说理透彻、政见精辟，而且痛心、悲愤、切齿之恨常溢于言表。

总之，两汉时期，由于具有良好的物质条件、学术环境和丰富的史料，编年体史籍获得了较大发展而日趋成熟，对后世影响较大。这一时期不但拥有纪传体皇朝史，也确立了编年体皇朝史，成为后世"正史"编修的典范。②

三、多种史书编纂形式良好的发展势头

以典制体为例，两汉时期，随着社会的发展进步和各种制度的日益复杂化，记载典章制度更为社会所需要，因此，史学家们开始借鉴《尚书》、"三礼"的体例，于纪传体史书中创设了"书志"一门，专详典章制度。首创者司马迁说：

---

① 刘昫. 旧唐书：卷六十二：李大亮传 [M]. 北京：中华书局，1975：2388.
② 刘知几等把《史记》《汉书》以后修撰的编年体和纪传体皇朝史都视为"正史"，即编年体是古"正史"、纪传体是今"正史"。见刘知几《史通》卷十二《古今正史》。

"礼乐损益，律历改易，兵权山川鬼神，天人之际，承敝通变，作八书"①，分记天文、地理和典制。东汉班固继承和发展了司马迁的"八书"，在《汉书》中改"书"为"志"，作"十志"。刘知几评论说："夫刑法、礼乐、风土、山川，求诸文籍，出于《三礼》。及班、马著史，别载书志。考其所记，多效《礼经》。"② 章学诚有云："班固承迁有作，而《禹贡》取冠《地理》，《洪范》特志《五行》。"③ 梁启超也云："纪传体中有书志一门，盖导源于《尚书》，而旨趣在专记文物制度。"④ 以上论点都说明"书志"的创立源于《尚书》、"三礼"。自迁、固创"书志"以记典制以来，历代因之，承袭不改，成为纪传体史书中不可分割的一部分，对后世影响深远。在"二十六史"中，有19部有书志，只是各史书志的名目例目不尽相同而已，"司马迁曰书，班固曰志，蔡邕曰意，华峤曰典，张勃曰录，何法盛曰说。名目虽异，体统不殊。亦犹楚谓之梼杌，晋谓之乘，鲁之春秋，其义一也"⑤。另外，欧阳修《新五代史》的"考"、郑樵《通志》中的"略"，其实都是"书志"的别名。"书志"的创立，是人们重视典章制度在学术领域中的直接反映，它使历代典制内容的记载更加丰富、更加条理化，以致形成了有关政治、经济、文化等内容的一门门专史，成为后世研究典章制度的最重要的文献。而两汉"书志"的创立，直接影响了后世典制体的创立。

  以史注体为例，两汉时期史注开始走向成熟，其标志是：注解家在先秦已有史注的基础上，集其所长，发扬光大，创造了与现代史注形式基本无异的史注形式——注疏体。注疏体形式是对前代史籍作随文释义的解释，其侧重于字、词、名物、典故等诠释的同时，辅之以史实的增补、考辨和人事的评论。或一人注或众人注，或始注或补注，或自注或他注，注原文、注注文，注多注少皆可，不受限制，十分灵活方便，最具适用性，适合于所有古籍文献的注解，成为人们注释和理解异时异地作品的有力工具。故一经诞生即趋成熟，并立刻确

---

① 司马迁. 史记：卷一百三十：太史公自序［M］. 点校本二十四史修订本. 北京：中华书局，2013：3999.
② 刘知几. 史通通释：卷三：书志［M］浦起龙，通释. 王煦华，整理. 上海：上海古籍出版社，2009：51.
③ 章学诚. 文史通义校注：内篇一：书教上［M］. 叶瑛，校注. 北京：中华书局，1994：32.
④ 梁启超. 中国历史研究法：过去之中国史学界［M］//饮冰室合集（专集73）. 北京：中华书局，1989：21.
⑤ 刘知几. 史通通释：卷三：书志［M］. 浦起龙，通释. 王煦华，整理. 上海：上海古籍出版社，2009：52.

立了它在注解文献中不可移易的重要作用，成为千载楷则，历代优秀的注疏体史注不可胜数。注疏体的开山之作是西汉初年毛公的《毛诗诂训传》，东汉经学家郑玄将其发扬光大，遍注群经，皆用此体，是为集大成者。两汉之时的经史之注无一不是用注疏体。汉代以后近两千年来的发展历程中，注疏体一直是最典型、最便利的史注范式。①

以史评体为例，两汉时期，我国史评体的发展已初具规模。汉初统治者汉高祖刘邦为了总结历史经验，曾命陆贾论秦之所以亡、汉之所以兴，陆贾"乃粗述存亡之征，凡著二十篇。每奏一篇，高帝未尝不称善，左右呼万岁，号其书曰《新语》"②。贾谊著名的《过秦论》，从历史事实出发，针对一个朝代的兴亡，纵论秦的成败，为汉王朝提供统治的经验教训。司马谈《论六家要旨》，对先秦学术做了总结评论，已初见史评的自觉意识。司马迁在《史记》中仿《左传》"君子曰"而作"太史公曰"发表评论，内容自成体系，体例严谨周密，深具笔法义例，首创论赞体史评，为后世史学家竞相仿效，成为后世史学评论发展的一种主要形式。东汉班彪的《史记后论》"斟酌前史而讥正得失"，班彪的《王命论》和延笃的《战国策论》讨论朝代兴亡、史事得失和人物事件，都是很有名的史事评论。可见，两汉时期，史学评论已经具有较完整的系统，史评体规模已经初步形成。

以史考体为例，两汉时期是史考体的形成草创阶段。这一时期对古籍的注释考订日渐增多，如孔安国传《尚书》、毛彦传《诗经》、郑玄笺注《诗经》和"三礼"、赵岐注《孟子》、河上公的《老子章句》、王逸的《楚辞章句》、何休的《春秋公羊经传解诂》、高诱注《战国策》和《吕氏春秋》、服虔与应劭注解《汉书》等。另外，刘向、刘歆父子在校订古籍时写出了《别录》和《七略》，班固著《汉书》时辟有《艺文志》，都对古籍进行过一番考订辨析。尽管如此，注史考史之作与其他史籍相比，仍寥若晨星，而且以注解字句、注解音义和讲解义理为主，刘向父子又着意于校雠，内容比较单一，反映出这一时期史考体刚刚由萌芽状态中脱胎出来，正处在它的形成草创阶段。

两汉时期纪传体的正式创立和规范，编年体的发展和成熟，以及多种史书编纂形式的竞相发展，为魏晋南北朝时期历史编纂学的大发展奠定了良好基础。

---

① 徐流，白云，蒋经魁. 史籍导读与史料运用［M］. 重庆：西南师范大学出版社，1997：342-345.

② 司马迁. 史记：卷九十七：郦生陆贾列传［M］. 点校本二十四史修订本. 北京：中华书局，2013：3252.

第四节　历史编纂学的大发展：魏晋南北朝

　　魏晋南北朝时期，总体上是一个社会动荡不安的乱世时期，分裂割据近 400 年，四方割据政权之间、民族之间、阶级之间以及统治阶级内部之间的矛盾和斗争此起彼伏、纵横交错、复杂而尖锐。但各自为政的各个政权的统治者，都在千方百计地设法证明自己政权的合法性，都在寻找治国安邦、维持统治的良策，因而争相修史和完善史官制度，使修史之风盛起，大大推动了史学的发展。同时，各族人民在反压迫、反分裂的斗争中，推动了社会政治经济的发展，促进了民族的融合，加速了少数民族的封建化进程，从政治、经济、文化、思想等多方面为史学家撰修史书提供了丰富的素材。因此，继《史记》《汉书》之后，又出现了《三国志》《后汉书》等杰出的史学名著。这一时期史学出现了多途发展的气象，表现为史风大盛、史学家辈出、史书数量剧增而种类繁多。①

一、史学取得独立地位

　　先秦至两汉，经、史尚未分家，史书还处于经书的附庸地位（附"春秋"之后）。魏晋南北朝时期，由于史书数量剧增、种类繁多、卷帙浩大，在图书分类目录上才自然形成了独立的部类（史部）。西晋荀勖编《中经新簿》，以甲（经）、乙（子）、丙（史）、丁（集）四部来著录图书，经、史正式分家了，史书开始摆脱附庸于经学的地位，成为一门独立的学科。东晋李充著《晋元帝四部书目》，重编四部秩序，"五经为甲部，史记为乙部，诸子为丙部，诗赋为丁部"②，将史书提至仅次于经书的第二位，并获得社会的承认，史学的地位因此确立下来。唐修《隋书·经籍志》，按经、史、子、集四部名称和顺序著录图书，使李充的四部分类法明确固定下来，历经宋元明清而不改。至今，我国各大图书馆的古籍目录，仍大体依此四分法。

　　"史学"一词，也是在这一时期正式产生的。公元 319 年，后赵石勒初立基，以"任播、崔濬为史学祭酒"③，这是我国历史上第一次出现"史学"一词。南朝宋文帝元嘉十五年（公元 438），更建儒学、玄学、史学、文学四学馆，

---

① 瞿林东. 中国史学史纲 [M]. 北京：北京出版社，1999：223.
② 见《昭明文选·任彦昇王文宪集序》注引臧荣绪《晋书》。
③ 房玄龄，等. 晋书：卷一百卷五：石勒载记 [M]. 北京：中华书局，1974：2735.

以著作佐郎何承天主持史学。至宋末元初，复置总明观，内设玄学、儒学、文学、史学四科。上述历史表明，"史学"从这一时期开始，作为一门独立的学科，逐渐受到了统治阶级的重视。

二、"正史"修撰的繁盛

《隋书·经籍志》记载，这个时期"世有著述，皆拟班、马，以为正史，作者尤广。一代之史，至数十家"。此"正史"，仅限于《史记》和历代纪传体皇朝史范围；而刘知几《史通·古今正史》篇则将《史》《汉》以下，不论纪传、编年，凡记一代皇朝之史，皆称"正史"。这里取《史通》之意，将断代纪传体和编年体纳入其间。初步统计如下：

撰述东汉史12种。在吴，有谢承《后汉书》130卷；在晋，有薛莹《后汉记》100卷，司马彪《续汉书》83卷，华峤《汉后书》97卷，谢沉《后汉书》120卷，张莹《后汉南记》55卷，袁崧《后汉书》100卷；在南朝，有宋刘孝标《后汉书》58卷、范晔《后汉书》90卷（今本有10篇子卷，合100卷），有梁萧子显《后汉书》100卷。共种纪传体东汉史。另有2种编年体东汉史，一是晋袁宏《后汉纪》30卷，一是晋张璠《后汉纪》30卷。以上13种东汉史，大多遗失，今仅存范晔《后汉书》、袁宏《后汉纪》以及司马彪《续汉书》中的8志30卷。

撰述三国史14种。最早是三国史学家所撰之本国史，有魏鱼豢《魏略》50卷、蜀王崇《蜀书》、吴韦昭《吴书》55卷（纪传体）。其后，有晋朝史学家所撰各国史，其中魏史有王沉《魏书》44卷（纪传体）、孙盛《魏氏春秋》20卷（编年体）、阴澹《魏纪》12卷（编年体）、孔衍《汉魏春秋》9卷（编年体）、梁祚《魏国统》20卷；蜀史有王隐《蜀记》7卷、谯周《蜀本纪》、习凿齿《汉晋春秋》；吴史有张勃《吴录》30卷、环济《吴纪》9卷。而以三国为一史者，则有晋陈寿《三国志》。以上14种三国史，自《三国志》出，诸家尽废。南朝宋人裴松之兼采众书，作《三国志注》，保存了丰富的三国史事，为世所重，乃与《三国志》共存，流传至今。

撰述晋史甚多，今可考者23种。出于晋人所撰12种，出于南朝宋、齐、梁三朝史学家所撰11种。其中纪传体12种，有晋王隐《晋书》93卷、虞预《晋书》44卷、朱凤《晋书》14卷、谢沉《晋书》（卷帙不详）、何法盛《晋中兴书》78卷、谢灵运《晋书》36卷，齐臧荣绪《晋书》110卷，梁萧子云《晋书》102卷、萧子显《晋史草》30卷、郑忠《晋书》7卷、沈约《晋书》111卷、庾铣《东晋新书》7卷。编年体11种，即晋陆机《晋纪》4卷、干宝《晋纪》23卷、曹嘉之《晋纪》10卷、习凿齿《汉晋春秋》47卷、邓粲《晋纪》11卷、孙盛《晋阳秋》32卷，宋刘谦之《晋纪》23卷、王韶之《晋纪》10卷、徐广《晋纪》45卷、檀道鸾《续晋阳秋》20卷、郭季产《续晋纪》5卷。上述23种晋史多非晋代全史，或记西晋，或述东晋，唯臧荣绪《晋书》是比较完整的晋史，但又未能包含与东晋并存的十六国史。其后，唐初唐太宗时下诏重修《晋书》，《晋书》修成而诸家晋史皆废。清人汤球、黄奭致力于已佚诸晋史的辑录工作，颇有成绩。今人乔治忠采汤、黄二人所辑佚文中之编年体部分，合为《众家编年体晋史》一册，并作校注，刊行于世，足可参考。①

撰述十六国史30种。唐初史学家从正统观念出发，认为十六国君主"推奉正朔""假名窃号"，故将其史列为"霸史"。②刘知几《史通·古今正史》视之为"正史"。今天看来，十六国史撰述，无疑当是这个历史时期的"正史"撰述的一部分。十六国史多数是当时人及北朝人所作，少数为东晋南朝人所撰，计有30种，或记一国，或记数国，或通记十六国。通记十六国者以崔鸿《十六国春秋》最为知名。《十六国春秋》是反映十六国史事的一部总结性著作。自宋以后，十六国诸史皆散失无存。清人汤球有《十六国春秋辑补》，庶可窥其一斑。

撰述南朝史22种。于宋史，有宋徐爰《宋书》65卷、佚名《宋书》61卷，齐孙严《宋书》65卷，梁沈约《宋书》100卷，以上为纪传体；编年体宋史有齐王智深《宋纪》30卷、梁裴子野《宋略》20卷、王琰《宋春秋》20卷。于齐史，则多撰于梁朝，有萧子显《齐书》60卷、刘陟《齐纪》10卷、沈约《齐纪》20卷、江淹《齐史》13卷，以上为纪传体；编年体齐史有吴均《齐春秋》30卷、王逸《齐典》5卷，以及齐人熊襄《齐典》10卷。于梁史，有梁谢昊《梁书》100卷，陈许亨《梁史》53卷，北周萧欣《梁史》100卷，以上为纪传体；编年体梁史有梁萧韶《梁太清纪》10卷，北周刘璠、陈何之元《梁典》30卷。于陈史，有纪传体3种，都是陈人所撰，即陆琼《陈书》42卷、顾野王《陈书》3卷、傅縡《陈书》3卷。以上宋、齐史各7种，梁史5种，陈史3种，共22种；今仅存沈约《宋书》、萧子显《齐书》（后人称《南齐书》）2种，其余皆散失。

北朝史撰述仅寥寥数种，即北魏初年邓渊等受命著《国记》10余卷；太武

---

① 汤球，黄奭. 众家编年体晋史［M］. 乔治忠，校注. 天津：天津古籍出版社，1989.
② 《隋书·经籍志》史部"霸史"篇后序说："自晋永嘉之乱，皇纲失驭，九州君长，据有中原者甚众。或推奉正朔，或假名窃号，然其君臣忠义之节，经国字民之务，盖亦勤矣。而当时臣子，亦各记录。"这里主要就是指十六国史撰述。

帝拓跋焘时，命崔浩等撰成《国书》30卷；北齐魏收等撰纪传体《魏书》130卷；北齐崔子发撰编年体《齐纪》30卷等。今传世者仅魏收《魏书》。瞿林东先生认为：南朝史撰述寥落，这也是魏晋南北朝时期的皇朝史撰述高潮中的一个例外。①

可见，这一时期断代纪传史和断代编年史撰述盛极一时，前所未见。

三、通史著作的撰述

魏晋南北朝时期出现了通史的编纂，意义不凡，值得一提。一是梁武帝命史学家吴均等撰成《通史》600卷（一说620卷），属于纪传体，记三皇至南齐史事。此书主要抄据《史记》及西汉以后各种史书而成，新见不多，价值不高。梁武帝称"此书若成，众史可废"。结果众史未废，此书却未流传下来。但梁武帝提倡通史，力图恢复通史撰述的做法，值得重视，"通史"一词正是始于此。二是北魏元晖召集史学家崔鸿等撰成《科录》270卷，记上古到东汉末年史事，编纂形式非纪传、非编年，而是"以类相从"，取相似之事共为一科，故称《科录》，"以类相从"的编纂思想值得重视。此书也未流传下来。这两部通史都没能流传到后世，但其恢复通史写作的尝试和努力有积极意义。

四、史注的大发展

史注与史学发展关系密切，魏晋南北朝时期的史注有了很大发展。在纪传体史书中，注《史记》有南朝宋裴骃《史记集解》、徐广《史记音义》，南朝梁邹诞生《史记音义》等；注《汉书》有三国吴韦昭《汉书音义》、晋晋灼《汉书集解》、齐陆澄《汉书注》、梁刘显《汉书音》、刘孝标《汉书注》，陈萧该《汉书音义》等；注《三国志》有南朝宋裴松之《三国志注》，北魏卢宗道《魏志音义》；注《后汉书》有梁刘昭《后汉书注》、陈萧该《范汉音》、臧竞《范汉音训》、北魏刘芳《后汉书音》等。编年体史书中，有南朝宋刘彤注干宝《晋纪》、北魏崔浩《汉纪音义》等。杂史注有魏王肃、吴韦昭、虞翻《国语注》，晋孔晁《国语注》《逸周书注》，晋郭璞《山海经注》《穆天子传注》，北魏郦道元《水经注》，梁刘孝标《世说新语注》等。足见三国两晋南北朝时期注史受到了人们的普遍重视，涌现出众多优秀的史注作品，而且史注内容十分丰富，或注明字音、解释词语、校勘文字，或注释地理、诠释名物典故，尤其

---

① 以上统计主要参据瞿林东著《中国史学史纲》（北京出版社1999年版），第228-233页。

重视增补事实、纠纰攻谬、评人论事等。其中裴松之《三国志注》开创了补阙体史注形式，以史料的补充、史实的考订和见解的阐发为主，兼及音义训诂，影响大、价值高。裴注条其异同、补其阙漏、疏其详略、正其谬误、详其论辩，① 引书多达 210 种，开创了一路注史新风，确立了史注式史学批评方式，注与原著具有同样的价值。其后刘孝标《世说新语注》、郦道元《水经注》，宋陶岳《五代史补》、元人胡三省《资治通鉴注》、清彭元瑞和刘凤诰《五代史记补注》，近人吴士鉴《晋书斠注》等多所效法和继承，足堪重视。

史注本身就是一种重要的史书体裁。魏晋南北朝时期史注大发展的现象，非常值得作为一个课题进行专门研究。

五、史学评论的发展

魏晋南北朝时期，我国史评体在两汉的基础上不断向前发展并逐步走向成熟。这一时期，我国史学摆脱了附庸于经学的局面，成为独立的学科。在史评领域开始涌现出各种类型的专文、专著。如西晋张辅的《马班优劣论》、晋干宝的《史议》，又如晋人何琦的《论三国志》、徐众的《三国志评》、王涛的《三国志序评》、刘宝的《汉书驳议》等，都是对具体史书的剖析评论。裴松之《三国志注》中也有许多评论。宋人刘祥的《宋书·序录》，历说诸家晋史；南朝昭明太子萧统的《昭明文选》设立了"史论"一目，收入史论 9 篇，这是使史评走向专门化的一种尝试。特别是南朝梁刘勰的《文心雕龙·史传》篇，综论孔子至晋朝历代史著的源流、得失、体例、内容和编纂方法等，是我国史学史上第一篇较系统的史学理论论文，可视为一部简明的史学史著作，成为我国史评体走向成熟的重要标志。《史传》篇在史学批评史和历史编纂学上均具有突出的地位。

六、传记的大量涌现

此前的人物传记都在纪传史体史书中，而东汉以来门阀士族的形成，以及察举制、九品中正制推举人才的品评需要，使得魏晋南北朝时期品评人物成风，人物传记大量涌现，独立成书。可分四类：其一，别传，即个人的传记。一是"别乎正史而名之"，于纪传体史书外别为之传；二是"分别"或"区别"，每一个别传，都代表了传主与众不同的性格。《隋书·经籍志·史部》"杂传"类

---

① 裴松之. 上三国志注表 [M] // 陈寿. 三国志. 北京：中华书局，1982：1417.

著录有高士、逸士、逸民、高隐、高儒、止足、孝子、孝德、孝友、忠臣、良吏、名士、文人、列士、童子、知己、列女、美妇等传，都属于别传。逯耀东先生考论这一时期的别传多达 210 种。① 其二，家传，即家族氏族的传记，《隋书·经籍志·史部》"杂传"著录《李氏家传》至《何氏家传》共 29 种，大多为两晋南北朝人所撰。南朝梁刘孝标《世说新语注》引用家传 8 种，其中《荀氏家传》《袁氏家传》《李氏家传》《谢车骑家传》《顾恺之家传》5 种为《隋志》未著录者。两相合计为 34 种，今已基本不存世，但在《宋书》《魏书》的列传中还可见其踪影。其三，同一地方的人物传记，如《会稽先贤传》《襄阳耆旧传》《益部耆旧传》。其四，同一类型的人物传记，如《高士传》《名士传》《良吏传》。此类也可归入别传。这一时期还有许劭《月旦评》、刘邵《人物志》，专讲评论人物的标准。此时人物传记的发展，既与当时的政治情况有关，又与魏晋时代个人意识的觉醒有关。②

七、谱学著述的兴盛

魏晋南北朝时期，形成了一门专门研究家谱、世系的学问，即谱学。这源于魏晋时代门阀士族的兴盛。这时期的谱学著述有全国性的，有地方性的，也有家族性的。一般说来，东晋、南朝全国性的统谱较多，北朝则地方性的统谱较多。东晋、南朝全国性统谱多记士族高门，如《姓氏英贤谱》100 卷、《百家谱》30 卷、《十八州谱》710 卷等。北朝全国性统谱则多记鲜卑贵族，如《后魏辨宗录》《后齐宗谱》等。地方性统谱，南朝有《关东关北谱》《益州谱》等，北朝有《冀州诸姓谱》《洪州诸姓谱》等。家族性谱状多为名门望族，如《谢氏谱》《杨氏谱》等。谱学著作多为私撰，也有官修。《隋书·经籍志》著录魏晋时代谱学著作 34 种，而《世说新语注》引用谱学著作 46 种，其中 43 种《隋志》未著录，可见魏晋南北朝时期谱学著作著述之富和亡佚之多。谱学著述是魏晋南北朝乃至隋唐时期我国史学发展史上一种特殊的史书写作形式。

---

① 逯耀东. 魏晋史学的思想与社会基础 [M]. 北京：中华书局，2006：74.
② 逯耀东先生分析说："魏晋的史学，尤其代表魏晋史学特质的杂传，是个人意识自觉下的产物。但魏晋时代个人意识的觉醒，却是以儒家思想失去原有的权威为前提的。由于旧的权威失去原有的作用，于是在传统约束下的个人，开始对过去的偶像发生怀疑，经过自我的反省后，而发现自我的存在，最后终于从传统的束缚中解放出来。这是汉晋间发展的过程中所出现的特殊现象，也是魏晋史学脱离经学而独立的基础，更是魏晋别传兴起的动力。"见逯耀东著《魏晋史学的思想与社会基础》第 4 页。

八、地方史的发展

这一时期地方史志的撰述有了很大的发展。严格地讲，地方史与地方志既有区别也有联系，即地方史重在叙述历史，而地方志重在记载现状。当然方志中也少不了要记沿革，但这不是记述重点。在历史上有方志也有地方史，起源很早，最早可追至《尚书·禹贡》。正式的地方史当从东晋常璩《华阳国志》开始，"华阳"取自《尚书·禹贡》："华阳黑水惟梁州。"梁州之地为今天四川和陕西的一部分，《华阳国志》因所记为《禹贡》九州之一梁州地区的历史，故取此名。所记从上古到东晋，内容分三部分：一是历史地理。地理沿革、郡县设置的变化，山川、物产、风俗，特别是按地区把30多个少数民族情况做了较详细记载。二是政治史。从上古到东晋此地区的政治历史，特别注意割据政权，如东汉初的公孙述，东汉末的刘焉、刘璋，三国时的刘备、刘禅，东晋初的李特、李雄等。三是人物传记。从西汉到东晋初年共记390多人，其中妇女50多人。[①] 总体上说，这一时期的地方史撰述较多但存留较少。

综上所述，魏晋南北朝时期是历史编纂学的大发展时期，呈现出多元化的发展趋势。历史编纂学的发展反映了史学的发展，瞿林东先生称这一时期是史学的多途发展时期。[②] 吴怀祺先生称这一时期"是横广式的发展"，认为两汉史学是中国传统史学思想的高峰，形成了传统史学民族性的基本特征，而魏晋南北朝史学则在许多方面推进了中国史学，为传统史学奠定了基本规模和格局。[③]

第五节 历史编纂学的繁荣：隋唐宋元

隋唐宋元时期，是我国封建社会高度发展时期，从公元581年隋灭陈统一全国到1368年元朝灭亡，历时780多年。这一时期，我国封建经济空前发展，科学文化也随之繁荣昌盛，我国古代史学也正是在这一时期达于鼎盛。高质量、大部头的史学巨著纷纷出现，新的史书体裁纷纷创立，编年体的发展被推到了高峰，前代历史编纂学成就得到了系统的理论总结。

---

① 杨翼骧. 中国史学史讲义 [M]. 姜胜利, 整理. 天津：天津古籍出版社, 2006：62.
② 瞿林东. 中国史学史纲 [M]. 北京：北京出版社, 1999：223.
③ 吴怀祺, 林晓华. 中国史学思想通史：总论先秦卷 [M]. 合肥：黄山书社, 2005：125.

一、"正史"编纂的突出成就

这一时期修成了"二十四史"中的 15 部,其中,唐朝完成《晋书》《陈书》《梁书》《北齐书》《周书》《隋书》《南史》《北史》8 部,五代后晋完成《旧唐书》1 部,宋朝完成《新唐书》《旧五代史》《新五代史》3 部,元朝完成《宋史》《辽史》《金史》3 部。这样辉煌的"正史"编纂成就,与这一时期封建政权加强对史学阵地的控制、设馆修史、统治集团历史意识和史学意识的增强分不开。

隋文帝曾"以魏收所撰书,褒贬失实,平绘为中兴书,事不伦序",命魏澹"别成魏史"。而魏澹所撰《魏书》"以西魏为真,东魏为伪",隋文帝"览而善之"。① 又于开皇十三年(593)下诏:"人间有撰集国史、臧否人物者,皆令禁绝。"② 禁止私人修史,设史馆修史,宰相监修。但由于统治时间短暂,成效渺渺。隋统治者还推崇皇朝史《汉书》,掀起了"《汉书》学"高潮。

唐高祖武德四年(621)议修"六代史",令狐德棻上书建议修撰梁、陈、魏、齐、周、隋"六代史",他说:"近代已来,多无正史","当今耳目犹接,尚有可凭,如更数十年后,恐事迹湮没","如文史不存,何以贻鉴今古?"唐高祖采纳了令狐的建议,武德五年(622)即颁发了《命萧瑀等修六代史诏》,令诸大臣分工撰述。此次修史,因诸多原因,未得结果,但为后来的修史活动奠定了思想基础。唐贞观三年(629),唐太宗亲自把史馆移于禁中(皇宫之中),正式设立史馆,确立了官修史书制度,亲自抓修史工作。同时诏修五代史,贞观十年(636)五代史即告成。贞观二十年(646)唐太宗又下达《修晋书诏》,"令修国史所更撰《晋书》",贞观二十二年(648)《晋书》修成。

元世祖即位之初,翰林学士王鹗议修辽、金二史,建议说:"自古帝王得失兴废,班班可考者,以有史在。""宁可亡人之国,不可亡人之史。若史馆不立,后世亦不知有今日。"元世祖"甚重其言,命国史附修辽、金二史"③。

总之,隋唐宋元时期设馆修史,宰相监修,统治集团重视修史。加之这一时期史学家的历史意识和史学意识更加趋于深化,史学家的忧患意识、会通意识、史学批评意识和历史认同意识等都有明显的表现与发展。这一切都推动了

---

① 魏徵,等. 隋书:卷五十八:魏澹传 [M]. 北京:中华书局,2019:1595,1598.
② 魏徵,等. 隋书:卷二:高帝纪下 [M]. 北京:中华书局,2019:42.
③ 苏天爵. 元朝名臣事略:卷十二:内翰王文康公 [M]. 丛书集成初编本,上海:商务印书馆,1936:197.

历史撰述和历史思想的发展，是这一时期史学发展极盛的重要条件。

二、多种新史体的创立和发展

这一时期，由于史学家的努力，出现了许多前所未见的新型史籍，其中最杰出的是典制体、史评体、纪事本末体和纲目体。

典制体，是分门别类记载历代典章制度的史书体裁。唐开元末年，著名史学家刘知几之子刘秩，始以《周礼》六官的形式，杂取群经诸史和百家之言，撰为《政典》35卷。其后，唐代宰相杜佑，凭借自己历任中央和地方要职、对历代政治经济制度比较熟悉的有利条件，取刘秩《政典》为蓝本，扩大记述范围，"博取五经、群史及汉魏六朝人文集、奏疏之有裨得失者，每事以类相从，凡历代沿革，悉为记载，详而不烦，简而有要，元元本本"①。上起传说中的黄帝，下讫唐玄宗天宝末年，分门别类地编排组织，历时30余年，撰成《通典》一书，分为九典及若干子目，把历代典章制度详加叙述，源流分明，开创了典制体史书编纂的新体裁。《通典》是我国第一部典章制度通史，它的出现，大大推动了典制体史书的发展。《通典》结构严谨而富于变化；会通与分门相结合；重视前人的"论议得失"与阐发本人的历史评论相结合，是他在历史编纂上的显著特点和大胆创新。②《通典》之后，续作、仿作不断，形成了"九通""十通"。另外，在《通典》的直接影响下，从唐朝起还产生了大量专记一个朝代或一定时期的典章制度的"会要""会典"类史书。③

史评体，是史学评论专著，对史书记述史事的观点、态度、方法等进行评论，分析其得失并提出自己的见解和主张。唐朝刘知几《史通》的问世，标志着这一体裁时的正式创立。④

纪事本末体，是以记事为中心、专题叙事的史书体裁，由南宋袁枢《通鉴纪事本末》首创，依司马光《资治通鉴》改编而成。⑤ 从此，在中国古代形成鼎足而立的三大史书体裁（编年、纪传、纪事本末）。

---

① 永瑢，等.四库全书总目：卷八十一：通典[M].北京：中华书局，1965：694.
② 瞿林东.杜佑评传[M].桂林：广西教育出版社，1996：73-86.
③ 详见本书"中编"第三章第一节"典制体"和"下编"第三章"典制体编纂观念的进步"。
④ 详见本书"中编"第四章第二节"史评体"和"下编"第七章"刘知几的历史编纂学思想"。
⑤ 详见本书"中编"第三章第二节"纪事本末体"和"下编"第四章"纪事本末体史书的编纂观念"。

纲目体，是编年体的一种变种，是以时间和史事大纲为线索的史书体裁。朱熹以"纲为提要，目为叙事"，"纲"仿《春秋》，"目"效《左传》，撰成《资治通鉴纲目》，创立了纲目体。①

此外，传记体、方志体、大型类书以及"三通"以外的会要、会典等各种体裁的史书也纷纷问世，使这一时期的史书编纂呈现出一派春意盎然的勃勃生机。

三、通史编修的辉煌业绩

撰修通史是中国史学的传统。通史撰述萌芽于战国时期的《竹书纪年》《世本》，汉代司马迁总结和继承前代编纂经验，"通古今之变，成一家之言"，撰著了中国史学上第一部气势恢宏的纪传体通史，被梁启超称为"中国通史之创始者"②。魏晋南北朝时期，"断代为书"的皇朝史撰述兴盛，通史落寞。隋唐宋元时期，通史撰述复兴，鸿篇巨制不断出现，体裁多样，研究领域拓展了，通史的影响扩大了。清朝史学家章学诚总结说：

> 梁武帝以迁、固而下，断代为书，于是上起三皇，下讫梁代，撰为《通史》一编，欲以包罗众也。史籍标"通"，此滥觞也。嗣是而后，源流渐别。总古今之学术，而纪传一规乎史迁，郑樵《通志》作焉。统前史之书志，而撰述取法乎官《礼》，杜佑《通典》作焉。合纪传之互文，而编次总括乎荀、袁，司马光《资治通鉴》作焉。汇公私之述作，而铨录略仿乎孔、萧（孔逭《文苑》百卷、昭明太子萧统《文选》三十卷），裴潾《太和通选》作焉。此四子者，或存"正史"之规，或正编年之的，或以典故为纪纲，或以词章存文献，史部之通，于斯为极盛也。③

指出秦汉以降，通史的撰述得失相间，至唐、宋而臻于极盛，尤其《通志》《通典》《资治通鉴》《通选》四家，都是精于义例、自为一体、渊源有自的通史著作，涵盖了纪传体、编年体、典制体、文征体等多种体裁形式。其中，司马光主编的《资治通鉴》是我国第一部编年体通史，杜佑所撰《通典》是我国第一部典章制度通史，郑樵所撰《通志》是《史记》之后的又一部纪传体通

---

① 详见本书"下编"第一章第六节"纲目体及朱熹的编纂学思想"。
② 梁启超．要籍解题及其读法：史记［M］//梁启超．国学要籍研读法四种．北京：国家图书馆出版社，2008：182.
③ 章学诚．文史通义校注：卷四：内篇四：释通［M］．叶瑛，校注．北京：中华书局，1994：373.

史。还有元朝马端临所撰《文献通考》，是我国第二部典章制度通史；南宋袁枢依司马光《资治通鉴》改编而成的《通鉴纪事本末》，是我国第一部纪事本末体通史等。这些著述充分继承、发扬和发展了古代史学家的"会通"思想。

上述作品《资治通鉴》294卷，另有《资治通鉴目录》30卷，《资治通鉴考异》30卷。记事上起战国初三家分晋，下讫五代末年，内容丰富、取材谨慎，编撰方法优良，为后人保存了丰富的历史资料，留下了宝贵的编撰史书的方法和范例。

《通鉴纪事本末》42卷，断限与《资治通鉴》同，起自"三家分晋"，终于"世宗征淮南"，以事件为记述的中心，共记1362年史事，编有239个事目，66个附目，总计305事。

《通典》200卷，记事始自上古，终于唐天宝末年，分门别类历述了各代典章制度的沿革变迁，收集资料广泛，叙述谨严，对后世影响深远。

《文献通考》348卷，是继杜佑《通典》后的又一部典章制度通史巨著。叙述了上古至南宋宁宗嘉定末年历代典章制度的沿革，体例上沿袭《通典》，但史学价值却远超《通典》。尤其是编撰方法上的"叙事为文""论事为献"的做法，开创了后世历史考证学的先河。

《通志》200卷，是继司马迁《史记》之后的又一部纪传体通史，上起三皇，下至隋末，是一部时间上贯通古今、内容上无所不包、充分体现"会通"思想的历史巨著。尤其其中的"二十略"，内容丰富，发凡起例颇具见解，是全书的精华所在。所以，《通志》又与典章制度通史《通典》《文献通考》合称"三通"。

这一时期通史编修的辉煌成就，充分反映了史学家自觉研究、总结和编纂历史的强烈意识。

四、编年体发展达于鼎盛

编年体源自先秦并独霸先秦史坛。汉魏时期，编年体不断发展和成熟，但由于汉朝以来纪传体文献的产生及其尊崇地位的确立和编年体自身的缺点，编年体在隋唐一度低落。宋元时期，编年体再度崛起，达于鼎盛，其标志是司马光主编《资治通鉴》。他创立了一套优良的编撰方法：先编"丛目"，即按年月顺序进行史料搜集和排比；再理出"长编"，即对"丛目"所列史料进行初步整理、鉴别和修正；最后"订稿"，由司马光根据"长编"所载，进一步考其异同、抉择去取、修改润色。这套方法为历史编纂学留下了宝贵的经验。司马光改进了叙事的方法，主要采用提纲法、追叙法、连类法、带叙法；司马光还革新了纪年（《论正闰》），建立了考异的方法（《资治通鉴考异》）等。总之，司马光主编《资治通鉴》，改进了编年体，记事连贯，内容丰赡，史文精彩，将编年体的发展推到了高峰。后世学习和研究《资治通鉴》蔚然成风，续（续写）、仿（仿制）、节（节本）、论（论述）、改（改写）、考（考订）、研（研究）、注（注释）等相关作品层出不穷，代不乏人，以致形成了一门专门的学问——通鉴学。

五、历史编纂学的理论总结

唐朝产生了我国第一部史学理论专著《史通》，对我国古代史学成就，包括史学方法、历史观、史学思想、史学家修养、史学源流、修史常识等内容进行了全面、系统、深入的探讨和总结，是中国古代史学进入繁荣昌盛阶段的重要标志。梁启超云："自有左丘、司马迁、班固、荀悦、杜佑、司马光、袁枢诸人，然后中国始有史；自有刘知几、郑樵、章学诚，然后中国始有史学矣。"[①]《史通》共20卷，分内、外篇，各10卷。内篇39篇，现存36篇，主要阐述史书的体例和编撰；外篇13篇，论述史官建置沿革和史籍源流，兼评古人得失。《史通》的主要贡献在"内篇"，"内篇"有系统，各篇之间有关联，主要讲历史编纂学。刘知几对上古到唐初的史籍编撰事业以及史学理论上取得的成就，对史书记述史事的观点、态度、方法等进行了评论，分析它们的得失，提出改造旧史和创新史书编撰的主张。刘知几对历史编纂学理论的自觉总结对后世历史编纂学的发展起了重要的指导作用。[②]

第六节　历史编纂学的反思和总结：明清

由于历史和现实的诸多原因，明清时期的历史编纂学出现了总结和反思的趋势。明清时期学者开始对前代史籍进行大规模的研究和总结，其成就之大，范围之广，前无古人，最主要、最辉煌的成就表现为整理旧籍、汇编新书和纂修专史等多方面。

---

① 梁启超．中国历史研究法：过去之中国史学界［M］//饮冰室合集（专集73）．北京：中华书局，1989：25.
② 详见本书"下编"第七章"刘知几的历史编纂学思想"。

一、传统史书编纂形式的继承和发展

在纪传体上,明清时期修成"二十四史"中的最后两部《元史》和《明史》。明修《元史》修撰时间短,前后两次修纂不及一年时间,错误、遗漏、混乱、重复现象严重,但仍保存了元朝历史的资料,是研究元史的必读之书。清修《明史》是"二十四史"的殿军之作,也是"二十四史"中修纂时间最长、修纂规模浩大的一部史书,是除"前四史"外比较好的一部"正史"。

编年体受《资治通鉴》的影响,此时期修成《宋元通鉴》《明通鉴》等。最有名的是毕沅主编的《续资治通鉴》,前后20年时间成书,价值较高,上接《资治通鉴》。

纪事本末体在明清时期进入了大发展的黄金阶段,有明朝陈邦瞻的《宋史纪事本末》和《元史纪事本末》,清朝李有棠的《辽史纪事本末》《金史纪事本末》、谷应泰的《明史纪事本末》以及杨陆荣《三藩纪事本末》、高士奇《左传纪事本末》、魏源《圣武记》等。这些史书在仿效之中时有创新,使纪事本末体的编撰方法日趋完善详备。如陈邦瞻的《宋史纪事本末》《元史纪事本末》和谷应泰的《明史纪事本末》三部史书,在编纂思想上强调本朝政权的正统地位,重视寻找历史鉴戒供当权者"观览";在取材和编撰方法上,袁枢《通鉴纪事本末》只取材于《资治通鉴》一书,而这三部书却取材于多种史书。其中宋、元二史纪事本末主取纪传体断代史《宋史》《元史》,兼及辽、金史及其他编年体史书。《明史纪事本末》比官修《明史》成书早80余年,取材于多种明代史料,"广稽博采,勒成一编"①,史料价值很高。尤其是把纪事本末体从抄书发展到编著,其编纂学价值更高。又如:宋、元、明三部本末史之后,清朝高士奇《左传纪事本末》、张鉴《西夏纪事本末》、李有棠《金史纪事本末》《辽史纪事本末》等书,仍以为统治者提供"政治得失""讲求治道"原则为修史指导思想,而在取材和编纂上却明显地表现出取材务求齐全、编撰务求完整的思想。纪事本末体史书已经从单一的编纂事件本末,发展到辨章学术、考镜源流的阶段,加上前"九通"形成了编纂与学术研究相结合的本末体史著。

典制体上,继承前人"三通",清代官修了"六通",即"续三通":《续通志》《续通典》《续通考》,清三通:《清通志》《清通典》《清通考》,共"九通"。加上民国时期刘锦藻编《清续通考》,形成了"十通"。

---

① 谷应泰. 明史纪事本末:自序[M]. 北京:中华书局,2015:1.

二、历代史籍的研究整理

整理旧籍，是明清学者尤其是清代学者的一个重要成就。简单说来，可概括为增、辑、考、改。

增，即增补。前代已有，如班昭、马续为《汉书》补写"八表"和《天文志》，南梁刘昭补《后汉书》"八志"，宋代熊方为《后汉书》补充了年表16卷。但增补最多的则是清朝学者。在王钟麒主编的《二十五史补编》中，补表志者有四五十种之多，其中绝大部分为清人所作。知名者如洪亮吉《十六国疆域志》，姚振宗《隋书经籍志考证》，丁国钧、文廷式等人的《补晋书艺文志》，钱大昕、倪灿等人的《补辽宋西夏金元史艺文志》，郝懿行的《补宋书食货志》等，特别是著名史学家万斯同，竟以一人之力补写了《历代史表》和《历代职官表》。这些补史之作，在很大程度上弥补了旧史的缺陷，方便后人研究和应用。

辑，就是辑佚。古代史籍历经沧桑，残缺亡佚者极多。辑佚就是从存世古籍中钩沉有关资料，重新组织编排，使之尽量恢复原书旧貌的一种重要手段。宋人高似孙即开始辑佚。明朝以降，辑佚作品日多，知名的如吴琯的《古今逸史》，屠乔孙的《十六国春秋》，范钦的《今本竹书纪年》。而最大规模的辑佚则是在清代，官方从《永乐大典》中就辑出佚书590种，收入《四库全书》的有388种，存目百余种，较著名的有《东观汉纪》《旧五代史》《宋会要》《元朝秘史》《续资治通鉴长编》《九章算术》等。同时，私人辑佚也盛极一时，成绩丰厚，较有名者如马国翰《玉函山房辑佚书》总计632种768卷，黄奭的《汉学堂丛书》总计215种219卷，严可均的《全上古三代秦汉三国六朝文》746卷，辑出上古至隋3497名学者的散佚作品。

考，即考证。主要是对史籍的注解、考释、校勘、订误等。清代学者在考证上用力极勤，不少人终生从事考证，范围极广，举凡经、史、子书，几乎无所不考，从而铸就了清代历史考证学的辉煌。以考经为例，阮元有《十三经注疏校勘记》343卷、《皇清经解》1412卷，王先谦《续皇清经解》1315卷，徐乾学《通志堂经解》1781卷等。考史，如乾嘉著名学者王鸣盛的《十七史商榷》100卷，钱大昕《廿二史考异》100卷，赵翼《廿二史劄记》36卷，武英殿本《廿二史考证》515条，洪颐煊的《诸史考异》18卷，王先谦的《汉书补注》100卷、《续汉书补注》30卷以及《后汉书集解》130卷等。另外，俞樾的《诸子平议》、姚际恒的《古今伪书考》、崔述的《考信录》以及康有为的《新学伪经考》等也享有一定的名声。这一时期，形成了以顾炎武、黄宗羲、王夫之、顾祖禹等为代表的"经世致用派";以王鸣盛、钱大昕、赵翼等为代表的"求实派",专门考证事实,是乾嘉考据学的正宗;以崔述等为代表的"疑古辨伪派"等。历史考证取得了辉煌的成就。

改,就是改编旧籍。这一工作主要是基于世人学习和研究的需要,或在形式上改革旧籍体裁、体例,乃至疏通文字,或在内容上进行补充。改编之举,明清以前已有,如东汉荀悦改编纪传体《汉书》为编年体《汉纪》,南宋袁枢改编《资治通鉴》为《通鉴纪事本末》等。相比之下,清朝的改编更为突出,用力更勤。例如,有关五代十国的历史,前代史籍或失之粗疏,或失之偏颇。清人吴任臣摒弃《宋史》和新旧《五代史》封建正统观念及民族偏见,为"十国"改写出《十国春秋》,不仅在体例上有变化,史料上也有较多补充。又如对《元史》的改编,原《元史》210卷,是明人宋濂等奉敕撰定,前后编修不及一年。由于时间仓促,不仅讹误纰缪极多,史料亦极单薄,例如像《元朝秘史》和耶律楚材《西游录》之类的重要史料亦未加征引。是书一出,史界哗然。以后学者遂不辞辛苦,重新搜集史料,掀起了一个改编《元史》的热潮。在这方面成就较大而有影响的著作有邵远平的《元史类编》42卷、魏源《元史新编》95卷、屠寄的《蒙兀儿史记》16卷以及洪钧的《元史译文证补》等。而成就最大的首推柯劭忞的《新元史》257卷,不仅订正了旧《元史》中的许多纰缪,还补充了明清学者的研究成果以及国外的研究资料。

三、类书和丛书的汇编

汇编类书和丛书,明清以前已屡见不鲜,如唐朝欧阳询等的《艺文类聚》100卷、虞世南的《北堂书钞》170卷,北宋李昉等纂的《太平御览》1000卷,王钦若、杨亿等编《册府元龟》1000卷等类书,以及宋朝左圭辑的《百川学海》、俞鼎孙和俞经编的《儒学警悟》等丛书。但就规模之大、范围之广、体例之精、内容之富,则明清两代堪称其冠。

类书,是博采群书有关资料,分类纂录编排而成的书籍。明清两代十分重视类书的编纂,中国最大的类书《永乐大典》和《古今图书集成》就是在这个时期编定的。《永乐大典》成书于明初,先后参加编写的有解缙、姚广孝、王景等2119位学者。全书22877卷,凡例目录16卷,约有3.7亿字,装成11095册。这是中国最大的一部类书,也是举世罕见的百科全书。该书"以《洪武正韵》为纲,每字之下,详列各书,或以一字一句分韵,或析取一篇,以篇名分韵;或全录一书,以书名分韵。元以前之佚文秘典,往往全部收入。故能分门排纂，凑合成部，各自为书"①。《永乐大典》卷帙浩繁，引书达七八千种之多，现存 730 卷，为后世保存了许多珍贵的文献资料。至清代修《四库全书》时，从《永乐大典》中辑出古书数百种。《古今图书集成》成书于清代，由陈梦雷、蒋延锡等编纂。全书计有正文 1 万卷，目录 40 卷，另附考证 24 卷，总计 1.6 亿字，是我国现存最大的类书。全书分为 6 汇编，33 典，6109 部。每部内容又分汇考、总论、列传、艺文、纪事杂录及补编诸项。全书资料宏富、编排得当，为后人学习和研究古代历史文化提供了很大的方便。

丛书，是将群书汇合为一，并冠以总名的套书。中国古代丛书始自南宋俞鼎孙的《儒学警悟》，明朝开始，获得了较大的发展。影响较大者如陶宗仪的《说郛》、陈继儒的《宝颜堂秘笈》、程荣的《汉魏丛书》、以及毛晋的《十三经》《十七史》《津逮秘书》等。至清朝，丛书的编纂工作得到了长足的发展，不仅数量多，质量高，而且规模也日益增大。知名的有《昭代丛书》《百子全书》《平津馆丛书》《知不足斋丛书》《抱经堂丛书》《正谊堂丛书》《武英殿聚珍版丛书》《涵芬楼秘笈》《学津讨原》《墨海金壶》等。规模最大的丛书则是《四库全书》，纪昀为该书总纂官，参加编校和缮写的人员多达 4168 人。《四库全书》分经、史、子、集四大部分，分订为 36304 册，约 79309 卷，10 亿字。同时还编纂了《四库全书总目》200 卷，《四库全书简明目录》20 卷。尽管在编纂过程中，官方寓禁于征，毁掉了不少珍贵文献，但《四库全书》在整理、总结和保存古代历史文化遗产方面的杰出贡献不可抹杀。《四库全书》存目图书 6793 种，20 世纪 90 年代由北京大学出版社出版了《四库全书存目丛书》，收存目书 4000 多种。

四、古代史学理论的系统总结

明清学者在史学理论上有多方面的贡献。明末清初三大儒王夫之、顾炎武、黄宗羲，提倡"经世致用"的史学，要求"史书之作，鉴往所以训今"②。王夫之的《读通鉴论》评论了众多历史事件和历史人物，系统反映了作者的进步历史观；《宋论》专评宋代史事，以史为鉴的思想更加深刻。王夫之的这两部著作，采用观点与史料相结合的形式，探讨了历史的运动规律，从而发展了我国的史论，是古代历史评论的最高成就。顾炎武的《日知录》，表面上是一部读史

---

① 郭伯恭. 四库全书纂修考［M］. 民国丛书节四编（41）. 上海：上海书店，1937：9.
② 顾炎武. 顾亭林文集：卷六：答徐甥公肃书［M］. 四部备要：第 84 册. 北京：中华书局，1989：134.

笔记，但实际上大量篇幅都在讨论历史问题，特别是在治史方法和历史编纂方面提出的诸多见解，对中国史学的发展具有积极作用。黄宗羲的《明夷待访录》阐明了其对于历史的批判性见解和进步的历史观，《明儒学案》和《宋元学案》则是作者对古代学术史的总结成果，代表了中国古代学术史著作的最高成就。黄宗羲的这几部著作都是为"经世"而作。三大史考名著王鸣盛《十七史商榷》、钱大昕《廿二史考异》、赵翼《廿二史劄记》，在史学理论上都有特殊贡献，对历史编纂学多有论述。特别是清朝章学诚的《文史通义》成就最卓著。

章学诚对中国传统史学理论作了系统总结，他的《文史通义》涉及历史理论、史学理论、历史编纂学理论、史学批评方法论等众多领域，是继唐代刘知几《史通》之后又一部重要的史学理论专著。从历史编纂学的角度看，章学诚主张"史学经世"，倡言"六经皆史"，提出了"史法"与"史意"、"记注"与"撰述"、"史德"与"文德"、"通史学家风"、"别识心裁"、"因事命篇"、"志乃史体"等诸多涉关历史编纂学和史学批评的方法论原则，也提出了许多关于史书体裁改革和创新的设想，对今天的史学研究和历史撰述仍有诸多借鉴和参考价值。章学诚的史学理论建树，代表了中国古代史学理论发展的最高阶段。

总体上看，中国古代历史编纂学于先秦起步，两汉趋于成熟，魏晋南北朝获得了大发展，隋唐宋元进入繁盛阶段，明清以来逐步走向反思和总结。历史编纂学的这一发展轨迹不仅反映了史学的发展，更体现着社会的发展和时代的需要，在更深的层次上表明了史学同社会的密切关系。

第二章

学术思潮嬗变与历史编纂学的变革

历史编纂学的产生和发展表明，史学与社会的关系十分密切。历史编纂学的变革、发展与时代变迁、社会进步密切相关，甚至可以说，时代变迁和社会进步决定着历史编纂学的变革和发展。孟子说："王者之迹熄而《诗》亡，《诗》亡然后《春秋》作。晋之《乘》，楚之《梼杌》，鲁之《春秋》，一也。其事则齐桓、晋文，其文则史，孔子曰：'其义则丘窃取之矣。'"① 瞿林东先生分析道：孟子所言"是指出了政治形势和史书编写之间的联系，即涉及历史进程和史学发展的关系；指出了历史编撰所包含的事、文、义三个基本方面，并用孔子的话强调了'义'的重要。孟子关于历史进程和史学发展的关系的思想，包含着史学是一定历史时代的产物的认识，即认为《诗经》代表一个时代，这就是'王者之迹'；《春秋》代表另一个时代，这就是齐桓、晋文之世。孟子概括了史书应当包括事、文、义三个方面，而又不把它们作同等看待，突出了'义'的地位，这实际上是提出了史学上的三个重要范畴及其相互关系的认识"②。这里，所谓"王者之迹"，是指禹汤文武等以仁义治天下的时代。当这样的圣王不再出现时，太平盛世没了，诗人及其诗也就随之不复存在了，正所谓"汤武之隆，诗人歌之"③，"昔成、康没而颂声寝，王泽竭而诗不作"④。王者之迹熄后，诸侯纷争四起，于是有关各诸侯国的历史记载也随之而兴，"晋之《乘》，楚之《梼杌》，鲁之《春秋》"等，故所谓"诗亡然后《春秋》作"。这些"春秋"一类的史书所记内容都是春秋时代霸主的功业，即"其事则齐桓、晋文"。"其事"是指齐桓公、晋文公等重要历史人物及其活动。司马谈临终前嘱咐司马迁："今汉兴，海内为一统，明主贤君忠臣死义之士，余为太史而弗论

---

① 孟子. 离娄下 [M] //杨伯峻. 孟子译注. 北京：中华书局，2006：192.
② 瞿林东. 中国古代史学批评纵横 [M]. 北京：中华书局，1994：4-5.
③ 司马迁. 史记：卷一百三十：太史公自序 [M]. 点校本二十四史修订本. 北京：中华书局，2013：3977.
④ 萧统. 昭明文选. 卷一：两都赋二首并序 [M]. 北京：中华书局，1977：1.

载，废天下之史文，余甚惧焉，汝其念哉!"① 这里，司马谈讲了当时的社会变化，希望司马迁把这种变化记载下来，撰成史著，即通过"史文"来反映"汉兴"的历史。

孟子和司马谈的话，都反映了历史进程与史书编纂的关系，已包含把史书看作社会历史的反映的思想。

前述中国古代历史编纂学产生、发展、演变的轨迹，直接反映了史学的发展进程，更体现了社会的发展和时代的需要。社会变化与历史编纂学的关系：首先，社会的发展进步为史书编纂提供了丰富的史料。其次，史书编纂如实地记录了社会进步。通过史著，可以更好地了解过去社会发展变化的客观情况。再次，社会进步影响了历史撰述的内容和形式的变化，二者关系密切。这里，将从另一个角度——学术思潮上来探析社会变迁与历史编纂学发展的关系，揭示学术思潮变化对历史编纂学的影响。

历史编纂学的发展受到诸多因素的影响和制约，既深受社会变迁的影响，也深受学术思潮变化的影响。而一定时代的学术思潮是一定时代社会生活的反映，它随社会生活的演替而演替，随时代的变化而变化，是时代的风向标。学术思潮变化对历史编纂学的影响尤其表现在哲学思潮上。一定时代哲学的发展水平，不仅直接影响人们对历史的认识与解释，而且影响人们对史学研究方法的掌握和运用。

第一节　诸子之学与先秦历史编纂学

先秦是中国学术的原创期。这一时期，诸侯国林立、战乱不止，尤其春秋战国500多年，诸侯之间互相竞争、兼并，社会大动荡、大分裂、大变革。但在乱世之中，学术多元、百家纷争的盛况出现了。"这是中国学术的创始时代，更是它的黄金时代。没有政治的高压与禁锢，没有定于一尊的思想要屈从，士人人格能独立，学术可自由，故高明之见解、深邃之思想，纷呈迭现。"②

建构于乱世之中的诸子之学，研究学术不是为了娱乐消遣，不是"为了知

---

① 司马迁. 史记：卷一百三十：太史公自序 [M]. 点校本二十四史修订本. 北京：中华书局，2013：3973.
② 张立文，主编. 陆玉林，著. 中国学术通史（先秦卷）[M]. 北京：人民出版社，2004：1.

而追求知识",而是要解决现实人生和社会政治问题。玄远之思、高妙之论,都会落实到人间事务。诸子学术并不缺乏知识论和形而上的思考,但是形而上的思想与现实事务牢牢结合在一起。诸子之中也有人用心去整理和传授知识,但主要目的并不是为了知识性的纯学术,而是传"道"。先秦诸子对宇宙自然、社会政治、历史文化、思想人生乃至鬼神灵异的分析、论证与解说,既不迷信传统旧说,也不盲从权威高论,虽或依直观感悟,但更重理性分析。独立探索和理性精神,成为先秦学术的主导。①

汉代学者对先秦诸子之学做过很好的总结。司马谈著《论六家要旨》,对先秦学术做了一次系统总结,提出了"家"的区分,总括百家学说为六家:阴阳、儒、墨、法、名、道。认为阴阳家言吉凶禨祥,"使人拘而多所畏",但其推定春夏秋冬"四时之大顺,不可失也";儒家以六艺为教条,"博而寡要,劳而少功",但其言君臣父子之礼,序夫妇长幼之别,"虽百家弗能易也";墨家倡言节俭,过分吝啬,尊卑无别,"俭而难遵",但其言"强本节用",是"人给家足之道","虽百家弗能废也";法家不辨亲疏贵贱,一断于法,"严而少恩",但其言尊主卑臣,职责分明,"虽百家弗能改也";名家"使人俭而善失真",但其"正名实,不可不察也";司马谈推崇道家,全面肯定道家使人精神专一,能够应物变化。认为道家"因阴阳之大顺,采儒墨之善,撮名法之要,与时迁移,应物变化,立俗施事,无所不宜,指约而易操,事少而功多"。他甚至独尊道家,批评儒术"主倡而臣和,主先而臣随",把人主看作天下之仪表,造成"主劳而臣逸",以致"神大用则竭,形大劳则敝,形神骚动,欲与天地长久,非所闻也"。他还特别指出:六家之学虽"所从言之异路,有省不省耳",但"此务为治者也"②,其目的都是致力于治理天下,体现出朴素的唯物主义思想。《论六家要旨》对六家的区分和精要评述,对后世影响甚大。

刘向、刘歆父子在此基础上做了发展,将古代学术流派区分为十家,即儒家、道家、阴阳家、法家、名家、墨家、纵横家、杂家、农家、小说家,后四家属新增。并认为:"诸子十家,其可观者九家而已",因为小说家乃"街谈巷议、道听途说者之造成也",为"君子弗为也"。故十家之中,只有九家比较重要。这就是后世所称的"十家九流"。班固继承了刘氏父子的"十家九流"之说。"十家九流"之说的核心有二:一是认为诸子十家俱出于王官;二是认为各

---

① 张立文,主编.陆玉林,著.中国学术通史(先秦卷)[M].北京:人民出版社,2004:2.
② 司马迁.史记.卷一百三十:太史公自序[M].点校本二十四史修订本.北京:中华书局,2013:3965-3966.

家之学"亦《六经》之支与流裔"。① 这不仅抬高了官学,也抬高了"六经"的地位。

先秦史学便是在诸子纷争的背景下真正发展起来的,在历史编纂学上,出现了多元并发的态势。如"依时序事"的"百国春秋";"依地载事"的《国语》《战国策》《战国纵横家书》;"依人述事"的《世本》等。又如,《尚书》和"三礼"孕育了典制体的萌芽;《尚书》中的《金縢》《顾命》《康诰》等篇"因事命篇",首尾毕具,条理清晰。《左传》《战国策》记事,多见详述事件始末的篇章,可谓开纪事本末体之先河;而《春秋》的"一字寓褒贬"、《左传》的"君子曰"、《孟子》于政论中附史论,则滋生了史评意识;史注体源头,也要追溯到先秦,先秦已有正文插说体、正文传述体等史注体式。②

在历史观上,随着人们历史意识的不断增强,出现了各种各样的历史观念。如老子的"复古史观"、孟子及阴阳家的"历史循环论"、孔子及《周易》的"变易史观"、《韩非子》及《礼记》中的"朴素进化论"、墨子的"圣王史观"(英雄史观)、孟子的"重民史观"等。这些史观有进步的,也有保守的,有正确的,也有错误的,它们都是人们在认识历史过程中的产物,显示出了史学兴起阶段的生气。③

在史学功用上,先秦诸子提出了史学具有"鉴戒得失""惩恶劝善""施政治国""修身养德"等观点,对后世史学的发展及人们对史学社会功能的认识影响很大。

总之,在百家纷争的诸子之学的影响下,先秦史学在史书体裁、编撰体例、史书笔法、历史观念等诸多方面,都显示出了勃勃生机,为中国古代历史编纂学的发展开辟了道路。

第二节 黄老思想与汉初历史编纂学

秦始皇一统天下,结束了诸国纷争的局面,实现了政治上的统一。西汉的继起,则巩固了这种政治上的大一统。政治上的大一统,必然要求意识形态领域中的大一统与之相适应。因之,结束诸子纷争,进行思想统一,已成势之所

---

① 班固. 汉书:卷三十:艺文志 [M]. 北京:中华书局,1962:1746.
② 详见本书"上编"第一章第二节"历史编纂学的起步:先秦"。
③ 瞿林东. 中国史学史纲 [M]. 北京:北京出版社,1999:154.

趋。在这种形势下，道家以其恢宏博大的宇宙体系，天地人一体的整体思维方式，兼容并蓄的包容精神和"见素抱朴""法天贵真"的求真求实观念，逐渐受到人们的重视。加之秦末和楚汉之际战争的破坏，使各地经济凋敝，人口锐减，生产力下降，"自天子不能具钧驷，而将相或乘牛车，齐民无藏盖"①。恢复经济、发展生产，成为刘汉皇朝的首要任务。秦王朝的速亡，又使最高统治者意识到：只重"刑罚"而不尚"教化"，十分危险。于是，主张顺其自然、无为而治的道家黄老之学盛行于世，逐渐成为统治思想和官方学术，成为最高统治者治理国家、统御百姓的理论依据。实际上，司马谈《论六家要旨》已经表现出了推崇道家甚至独尊道家的意识。

所谓黄老之学或黄老思想，其实就是一种假托黄帝之言、崇尚老子之术的思想，是早期道家学说与黄帝崇拜相结合的产物。② 在社会政治方面，他们继承了老子无为而治的政治学说，同时综合融会了道家与儒、墨、名、法诸家的学说，如儒家的礼义仁爱思想、名家的形名思想、法家的法制思想等。特别是它强调的无为，抛弃了老庄学说中的消极倾向，注入了积极主动、不断进取的思想因素，使其更加贴近现实，成为一种较为理想的入世治世学说。如此，黄老之学在刘邦建国到汉武帝独尊儒术的70年时间里，风靡一时，被奉为统治思想和官方学术。史载："孝惠皇帝、高后之时，黎民得离战国之苦，君臣俱欲休息乎无为，故惠帝垂拱，高后女主称制，政不出房户，天下晏然。"③ "文帝本修黄、老之言，不甚好儒术，其治尚清净无为。"④

在这一背景下发展起来的秦汉史学，必然带有黄老之学的鲜明个性。其中，尤以司马迁《史记》最具典型性。司马迁《史记·太史公自序》全文收入了《论六家要旨》，继承了其父推尊道家的思想，并将黄老思想贯穿全书。作为《史记》一书核心思想的"究天人之际，通古今之变"的"通变"思想，就是

---

① 司马迁．史记：卷三十：平准书［M］．点校本二十四史修订本．北京：中华书局，2013：1703．
② 黄老之学，本来是道家学派的一个分支，大体产生于战国中期。它最初有两个发源中心，一个在北方的齐国，以稷下学士如宋钘、尹文、田骈、接子、慎到、环渊等为代表。现存《管子》中的《内业》《白心》《心术上》《心术下》及传世的《慎子》等，即属于稷下黄老学派的著作。另一个发源中心在楚国，其代表著作是1973年长沙马王堆汉墓出土的帛书《黄帝四经》及传世的《文子》等。后来，两个学派逐渐合流。《吕氏春秋》的部分篇章也涉及黄老之学的思想。黄老学派吸收和改造了老子关于道的学说以及辩证法思想等，其中的稷下黄老学者则进一步提出了精气说。
③ 司马迁．史记：卷九：吕太后本纪［M］．点校本二十四史修订本．北京：中华书局，2013：515．
④ 应劭．风俗通义校注：卷二：正失［M］．王利器，校注．北京：中华书局，2010．

对黄老之学的继承和发展。

"究天人之际"，就是探究天与人的规律和关系，这是司马迁撰述《史记》的宗旨之一，具有划时代的革命性意义。《史记》创立了以记人物为中心的纪传体，通过对天人关系的探究，表现出了明显的重人事的思想。而道家在探究人类认识自然、改造世界、促进社会发展的轨迹和规律方面，做出过巨大的贡献。道家强调"天道自然"，将"先天地生"而为"万物之宗"的"道"当作自己理论的最高范畴，司马迁正是以这种自然主义思想为指归的，他在《悲士不遇赋》中说的"无造福先，无触祸始，委之自然，终归一矣"，正是这种思想的反映。

春秋战国时期的诸子各家如老子、孔子、墨子、庄子、荀子、韩非子等，都讲到"天"及天道，他们从不同的角度提出问题和作出解释，回答并得出不同的结论，创立了不同的学派。但只有老子把"道"作为最高范畴，进行集中阐发。老子"天道观"的重要特点，一是认为"天"是自然的、无为的、没有意志的。这一认识，包含了对天神上帝崇高地位的怀疑。二是认为"天道"是循环的。天道不是静止的，而是永远在变化。可见，道家从老子开始就十分重视事物发展变化的普遍性与绝对性，认为作为万物本原的道，总是在不断运动、变化之中。老子甚至认为"反者道之动"，即事物无不向其反面转化，如"物或损之而益，或益之而损"（《老子》第四十二章）。"祸兮，福之所倚，福兮，祸之所伏"（《老子》第五十八章）。"金玉满堂，莫之能守；富贵而骄，自遗其咎"（《老子》第九章）；"甚爱必大费，多藏必厚亡"（《老子》第四十四章）；"曲则全，枉则直；洼则盈，敝则新；少则得，多则惑"（《老子》第二十二章）。道家对"变革"的思考，比诸子百家来得深刻、透彻，道家"贵时""主变"。"贵时"就是把握社会变化的节奏，而"主变"即是参与社会的变革。司马谈在《论六家要旨》中评价道家对变革的态度是"与时迁移，应物变化""因时为业""因物与合""圣人不朽，时变是守"。面对社会变革，道家并不都是墨守成规的；也不是开历史的倒车，想回到小国寡民的时代去。

本于道家的"贵时""主变"之说，"通变"思想成为司马迁思考历史过程的深邃思想。他将历史盛衰作为一个过程来把握，强调从完整的历程去认识历史，把握历史发展的规律。一部《史记》写出了"时势之变""兴亡之变""成败之变""穷达之变"等，充分反映了司马迁"极人变""观事变""略协古今之变""志古自镜""述往思来"的"通变"思想。《史记》是一部"通古今之变"的佳作。"通古今之变"，既是司马迁著史的宗旨，也是他对自己的史学体系的集中概括。一方面要"通古今"，考察、贯通人类历史的发展；另一方面要

"通变化",探究历史之变,即揭示历史是如何演进的,古今历史是如何变化的。司马迁认为,宇宙间万事万物都处于变化之中,只有用变的观点才能探究事物发展的规律。他说:"无成执,无常形,故能究万物之情","天人之际,承敝通变"①,要用"变""渐"这种发展变化的眼光来看待人类社会的历史。这些显然与道家讲对立面相互转变的观点是相通的。而其强调历史发展所遵循的根本规律是物极必反、祸福变化等,在一定程度上又再现了老子的辩证法思想。司马迁还注重从物质、经济的变动上说明历史的"通变"是一种必然,强调历史的盛衰、霸业的兴起与衰落、民间风俗特征的变化,都是社会经济变化的体现。《货殖列传》就充分说明了这一点。所以,《史记》的"通古今之变"有着更为深邃的内涵。

本于道家黄老之说,司马迁始终坚持认同和赞颂社会政治变革。在《六国年表序》中,他肯定了战国之权变,肯定了秦朝之变异,对忽视秦朝历史作用的做法予以批评,认为是缺少历史眼光的短视:"秦取天下多暴,然世异变,成功大……学者牵于所闻,见秦在帝位日浅,不察其终始,因举而笑之,不敢道,此与以耳食无异。悲夫!"② 为了考察惠景之间的历史兴衰,司马迁作《惠景间侯者年表》,"咸表终始,当世仁义成功之著者也"。他还称引《老子》之语,颂赞适应这种历史变化的政治人物。如《刘敬叔孙通列传》曰:"叔孙通希世度务制礼,进退与时变化,卒为汉家儒宗。'大直若诎,道固委蛇',盖谓是乎?"

司马迁提出"述往事,思来者"。《史记》记载了上起轩辕黄帝下至汉武帝太初年间上下三千年的历史,是一个不断变易的历史。《史记》上限断自《五帝本纪》之首的黄帝,同样是受道家特别是黄老学派的黄帝崇拜之影响。司马迁在记述黄帝功业时,表现出对道家思想的尊崇和认同。他说:"维昔黄帝,法天则地,四圣遵序,各成法度;唐尧逊位,虞舜不台;厥美帝功,万世载之。作《五帝本纪》第一。"③ 又说:黄帝"顺天地之纪,幽明之占,死生之说,存亡之难"④。黄帝"法天则地""顺天地之纪"云云,与《论六家要旨》概括的道家"与时迁移,应物变化"的思想是一致的。

---

① 司马迁.史记:卷一百三十:太史公自序[M].点校本二十四史修订本.北京:中华书局,2013:3969,3999.
② 司马迁.史记:卷十五:六国年表序[M].点校本二十四史修订本.北京:中华书局,2013:830.
③ 司马迁.史记:卷一百三十:太史公自序[M].点校本二十四史修订本.北京:中华书局,2013:3979.
④ 司马迁.史记:卷一:五帝本纪[M].点校本二十四史修订本.北京:中华书局,2013:7.

甚至司马迁历史发展观中的辩证法思想所带有的循环色彩，即所谓"物盛则衰，时极而转，一质一文，终始之变也"①"三王之道若循环，终而复始"②"盖三王之正若循，穷则反本"③等，这种循环运动的思想也是本于老子之说。

综上所述，《史记》一书贯穿着黄老思想，这就难怪班氏父子要批评司马迁"其论术学，则崇黄老而薄五经"，"论大道，则先黄老而后六经"，"是非颇缪于圣人"。④

值得注意的是，司马迁推崇黄老但并不鄙薄儒学，他对儒学儒经也很重视。当上大夫壶遂问"昔孔子何为而作《春秋》"时，司马迁是这样回答的：

> 夫《春秋》，上明三王之道，下辨人事之纪，别嫌疑，明是非，定犹豫，善善恶恶，贤贤贱不肖，存亡国，继绝世，补敝起废，王道之大者也。
> ……《春秋》辨是非，故长于治人。
> ……《春秋》以道义。拨乱世，反之正，莫近于《春秋》。《春秋》文成数万，其指数千。万物之散聚皆在《春秋》。《春秋》之中，弑君三十六，亡国五十二，诸侯奔走不得保其社稷者不可胜数。察其所以，皆失其本已。故《易》曰'失之毫厘，差以千里。'故曰：'臣弑君，子弑父，非一旦一夕之故也，其渐久矣。'故有国者不可以不知《春秋》，前有谗而弗见，后有贼而不知；为人臣者不可以不知《春秋》，守经事而不知其宜，遭变事而不知其权。为人君父而不通于《春秋》之义者，必蒙首恶之名；为人臣子而不通于《春秋》之义者，必陷篡弑之诛、死罪之名。其实皆以为善，为之不知其义，被之空言而不敢辞。夫不通礼义之旨，至于君不君，臣不臣，父不父，子不子。夫君不君则犯，臣不臣则诛，父不父则无道，子不子则不孝。此四行者，天下之大过也。以天下之大过予之，则受而弗敢辞。故《春秋》者，礼义之大宗也。⑤

司马迁高度评价了孔子作《春秋》的重要意义，将《春秋》视为礼义的源

---

① 司马迁．史记：卷三十：平准书［M］．点校本二十四史修订本．北京：中华书局，2013：1730.
② 司马迁．史记：卷八：高祖本纪［M］．点校本二十四史修订本．北京：中华书局，2013：489-490.
③ 司马迁．史记：卷二十六：历书［M］．点校本二十四史修订本．北京：中华书局，2013：1497.
④ 班固．汉书：卷六十二：司马迁传［M］．北京：中华书局，1962：2737-2738.
⑤ 司马迁．史记：卷一百三十：太史公自序［M］．点校本二十四史修订本．北京：中华书局，2013：3975-3976.

泉和归宿。他借回答孔子修《春秋》以明志，表明自己意在继《春秋》之事业，创一代之大典，成一家之言。① 司马迁以高超的史识，把历史置于天人和古今之变的演化流程之中，高屋建瓴，力求找出其发展变化的规律，"究天人之际，通古今之变"，"网罗天下放失旧闻，王迹所兴，原始察终，见盛观衰"②。他的《史记》不仅贯穿了黄老思想，也渗透了儒家学说，甚至破格撰写了《孔子世家》，以及《仲尼弟子列传》《孟子荀卿列传》《儒林列传》等，恰好表明司马迁能够以开放的思想、开明的态度、求实的作风来撰写历史，成就了《史记》在思想上、学术上的伟大辉煌。

《史记》之外，汉初陆贾的《楚汉春秋》、贾谊的《过秦论》等重要史学论著，总结秦亡汉兴的历史经验教训，为统治者提供有益的借鉴，也都不同程度地汲取或反映了黄老思想。

第三节　经学独尊与汉代正统史学

黄老思想仅仅适应了西汉建国初期的社会现实要求，在很大程度上只是一种不得已而为之的权宜之计，带有很大的消极成分。汉初意识形态上的全面统一和思想一贯的纲领始终未能形成。

公元前141年，刘彻继位，是为汉武帝。这年冬天，其诏令向天下贤良之士策问治国之道。董仲舒对以"罢黜百家，独尊儒术"，他说："《春秋》大一统者，天地之常经，古今之通谊也。今师异道，人异论，百家殊方，指意不同，是以上亡以持一统；法制数变，下不知所守。臣愚以为诸不在六艺之科、孔子之术者，皆绝其道，勿使并进。邪辟之说灭息，然后统纪可一而法度可明，民知所从矣。"③ 董仲舒根据大一统的普遍法则，提出了思想必须大一统，诸子百家通通统一到孔子的儒术。只有思想统一了，才会有统一的法度、统一的行动准则，也才会巩固、维持政治上的统一。这是西汉"罢黜百家，独尊儒术"最早的明确说法，因其深刻揭示了思想专制对于维护国家秩序的重要性，故深得汉武帝欣赏。由此，汉武帝开始黜废贤良中的非儒之士，设立五经博士，任用儒学士人，树立儒家经典的权威地位。经学成了汉代政治活动的指导思想和理

---

① 详见本书"下编"第二章第一节"《史记》：司马迁的通变思想与一家之言"。
② 司马迁.史记：卷一百三十：太史公自序［M］.点校本二十四史修订本.北京：中华书局，2013：3999.
③ 班固.汉书：卷五十六：董仲舒传［M］.北京：中华书局，1962：2523.

论基础。

为适应当时巩固封建统治的需要，董仲舒还进一步神化儒家学说，建构了一个集神权、君权、父权、夫权于一体的封建神学体系，核心便是"天人感应"论，宣扬天的意志，君权神授。

汉朝独尊儒术之后，儒家取得了尊崇地位，儒家思想成了一统天下思想的统治思想，但内部的分歧和斗争却更加激烈。有今文经学派与古文经学派之争论，有被立于学官的今文经学内部的纷争，儒生对经书的理解和解释也往往不一致。为此，汉朝为了统一学术思想界对经书的解释，召开了许多专门的讨论会，其中影响最大的是西汉宣帝甘露三年（前51）的石渠阁会议和东汉章帝建初四年（79）的白虎观会议，对神学的经学化和经学的神学化产生了重要影响，作为统治思想的儒家思想进一步被神化了。

儒术独尊和儒家思想的神化，对于古代史学的发展极为不利，甚至使史学在某种程度上成为为统治者歌功颂德、加强专制统治的工具，严重阻碍了史学的健康发展。封建正统史学正是适应这样的思想统一、儒学独尊而诞生的，代表作便是班固《汉书》、荀悦《汉纪》和东汉官修《东观汉记》。

如果说《史记》是汉初黄老思想盛行之下的产物，那么《汉书》则是封建神学正宗思想形成后代表汉代儒家正宗思想的作品。

《汉书》是我国历史上第一部纪传体断代史，其编纂形式继承了司马迁的《史记》，但其思想却与《史记》大异其趣。

班固生于汉光武帝建武八年（32），卒于汉和帝永元四年（92）。其"采撰前记，缀集所闻，以述《汉书》"。但死时尚有"八表"及《天文志》未完成，汉和帝便命他的妹妹班昭就东观阁藏书续写，后又命马续继班昭而成之。班固参加了白虎观会议，并奉命主编成《白虎通》（或称《白虎通义》）。《白虎通》体现了当时官方的意志，也代表了班固自己的思想，核心是唯心主义神学观。而《汉书》的撰修无疑贯彻了这一思想。班固批评司马迁《史记》"其是非颇缪于圣人，论大道则先黄老而后六经，序游侠则退处士而进奸雄，述货殖则崇势利而羞贱贫，此其所蔽也"[1]。其认为修史当以"圣人"之是非为是非，以儒家经典的标准为标准，完全是站在刘汉王朝的立场上来评人论事，"宣汉"思想浓烈。《汉书》处处把儒家经典奉为圣尊，认为儒家"六艺"，皆"王教之典籍，先圣所以明天道，正人伦，致至治之成法也"[2]。《汉书·艺文志》于各类

---

[1] 班固.汉书：卷六十二：司马迁传[M].北京：中华书局，1962：2737-2738.
[2] 班固.汉书：卷八十八：儒林传序[M].北京：中华书局，1962：3589.

典籍中，首叙儒家"六艺"，次叙诸子十家九流之书。十家之中，又首叙儒家，称其"于道最为高"，其余九家，除小说家外，"合其要归，亦《六经》之支与流裔"。

班固继承和发挥了西汉后期刘向、刘歆父子创始的五行相生、汉为尧后之说，建立起神秘的唯心主义的正统史观。他为了替刘汉王朝的统治服务，宣扬只有刘汉得天之正统，在王朝更替问题上提出了一个"正统"的观念。正统即得天之统。班固是正式用正统观念来指导史书编纂的第一人。他曾作《典引篇》，说刘汉统治者是尧的后人，认为刘汉"盖以膺当天之正统，受克让之归运"，"皇家帝世，德臣列辟，功君百王，荣镜宇宙，尊无与抗"[①]，目的是要在政治上突出刘汉王朝的历史地位，对司马迁《史记》"乃以汉氏续百王之末"深为不满。如《汉书·高帝纪》几乎全部抄自《史记·高祖本纪》，但在文末增写了一段"赞"，在《汉书·叙传》里又为它写了一段序言，说刘邦之所以能做皇帝，是由于"汉承尧运，德祚已盛，断蛇著符，旗帜上赤，协于火德，自然之应，得天统矣"，神化刘汉统治，宣扬刘汉皇权来自天授。甚至在《汉书·高帝纪》赞中考出了一个具体而又系统的"汉绍尧运"的刘氏家族的世系来，使《汉书》变成了一部充满神秘色彩的刘姓皇帝的家谱。又如，班固把董仲舒从《史记·儒林列传》中分离出来，单独立传，传中全文收录董仲舒鼓吹天人感应和他的政治主张的《天人三策》，占《董仲舒传》篇幅的十分之九，表现出了对董仲舒神学迷信思想的赞同和鼓吹，其思想上与司马迁的差距显而易见。

班固批评"司马迁著《史记》，成一家之言，至以身陷极刑，故微文刺讥，贬损当世，非谊士也"，全心全意地为封建等级制和君主集权专制辩护。如《史记·游侠列传》热情赞扬游侠急人之难的高尚道德和反抗封建专制的精神；《汉书·游侠传》则批判游侠破坏封建礼法，宣扬"民服事其上，而下无觊觎"的等级制度和君主集权专制制度不容丝毫动摇。《史记·货殖列传》主张经济上的自由竞争，鼓励人们致富，明确表示著此篇的目的，是要介绍"贤人"致富之道，明确榜样，供人们效法，《汉书·货殖传》仅增加元帝至王莽间富者事400余字，其余文字全是删节《史记·货殖列传》而成，但表现了和《史记》完全相反的思想，大肆宣扬经济上的封建等级制度，主张国家对经济生活的严格控制。

可见，班固有强烈的皇朝意识和"宣汉"思想，在《汉书》的纪、传、

[①] 范晔. 后汉书：卷四十：班固传[M]. 北京：中华书局，1965：1377，1381.

表、志中，充满着唯心主义天人感应的神学思想，这是《汉书》编纂的主导思想，也是班固思想的主要方面。《汉书》是儒学独尊下的产物，满足了封建大一统王朝的需要，故而成为历代"正史"修撰的范本。其长期受到推崇，正在于它的封建正统思想。[①]

《汉书》全书贯穿着唯心主义天人感应的神学思想和封建正统思想。这正是《汉书》备受封建统治者重视的原因。当年汉明帝看了班固的初稿，就"甚奇之"。而《汉书》成书后，汉和帝即命经学家马融"伏于阁下"，从班昭受读。在整个封建社会里，《汉书》也一直处于"与《五经》相亚"的地位。

正因为如此，《汉书》的主要成就，不在思想观点上，而在其编纂方法上。班固开创了包举一代的纪传体断代史，重点突出帝王将相的作用，符合封建统治阶级的政治需求，故而影响深远。由此而后，每换一个朝代，就写一部前朝的断代史，至清朝便形成了"二十四史"。"二十四史"都是纪传体，《史记》和《南史》《北史》以外，又都是断代史。班固开创的断代纪传体遂成为我国古代史书的主要体裁，是封建正统史学的象征。

长期以来，人们总把迁、固并称，《史记》《汉书》连举，甚至在相当时间内，《汉书》地位超越了《史记》。这一方面得益于《汉书》在编纂方法上对纪传体的规范和创新，另一方面更在于它的正统思想。

如果说《汉书》是纪传体皇朝史，那么荀悦依《汉书》改编而成的《汉纪》则是编年体皇朝史。

《汉纪》以《汉书》的纪为纲，大量吸收传的材料，又吸收一些表、志的文字，按年月的次序排列起来，保存了《汉书》的基本内容。其材料几乎全取自《汉书》，但辞约事详，本末明晰，省约易习，有便于用，遂大行于世。

从历史编纂学上看，《汉纪》发展了编年体，当是无疑。但在思想上，《汉纪》与《汉书》如出一辙。荀悦所宣扬的仍然是"汉绍尧运"、汉家永得"天统"的思想。所以他不仅完全继承了班固在《汉书》中宣扬的天人感应的神学思想和封建正统观念，并且有所发展。如《汉纪》卷一正文开头，用了近500字，详述刘向父子的五德相生之说，以证刘汉继尧之运。卷三十末尾，又用1400余字，载班彪对隗嚣的说辞及其《王命论》，反复论证"神器有命"，首尾呼应，甚至强调非命谋叛必遭天罚的观点。又如，荀悦把80万言的《汉书》改编成18万字《汉纪》，文字减少了四分之三，删削很大。但对于《汉书》中所记载的灾异祥瑞，《汉纪》不但全部保存，而且还有所补充，甚至声称记"天地

[①] 详见本书"下编"第二章第二节"《汉书》：班固的皇朝意识与断代为书"。

灾异"是《汉纪》的一个重要内容。具体记录中,又简于记"灾"而详于记"异",且常附以天人感应的解说。统计《汉纪》全书,记灾祥怪异和阴德报应、相命、望气、卜筮之灵,竟近400处,2万多字,占去全书文字的九分之一。荀悦还精心炮制"天人三势说",以驳斥否定天人感应的"反道之论"。他认为,世间万物统摄于三种态势:"夫事物之性,有自然而成者;有待人事而成,失人事而不成者;有虽加人事终不可成者,是谓三势。凡此三势,物无不然。"而这"三势",皆出于上天的安排。① 其天人感应的神学思想和封建正统观念显露无遗。

尤为重要的是,荀悦把编写历史同封建政治自觉地结合起来,宣称所著《汉纪》旨在"综往昭来",通过论载西汉一朝"明主贤臣,规模法则,得失之轨",供统治者借鉴。② 他提出:"夫立典有五志:一曰达道义,二曰彰法式,三曰通古今,四曰著功勋,五曰表贤能。"所谓"达道义",即宣扬地主阶级的伦理道德。"彰法式",即突出统治者中的正面典型和典章制度中的成功部分。"通古今",即注意阐述封建统治兴衰成败的过程,使之能为当今的政治斗争所用。"著功勋""表贤能",即表彰统治阶级的代表人物。所谓"立典五志",即写史应达到的5条标准。又说:"凡《汉纪》,有法式焉,有鉴戒焉,有废乱焉,有持平焉,有兵略焉,有政化焉,有休祥焉,有灾异焉,有华夏之事焉,有四夷之事焉,有常道焉,有权变焉,有策谋焉,有诡说焉,有术艺焉,有文章焉。"③ 以这16个方面的内容来具体贯彻"五志"的要求。荀悦提出的撰史标准和具体内容,更加鲜明地体现了他的封建正统史观。

汉朝成书的《东观汉记》,是我国最早的一部官修史书,也是一部纪传体的本朝史,成于众人之手,所记内容为东汉历史。因其修撰于宫禁之中,又有"监典"者,史官"各拘于时而不得自尽"(刘知几),难以独立思考、尽情发挥,故书中充满浓厚的天人感应的神学思想和封建正统观念。对于东汉自光武帝至灵帝的11位君主,几乎无例外地加以美化和神化,歌颂他们出生时"有赤光室中""有神光赤蛇嘉应,照耀于室内",吹捧他们"幼而聪明睿智,容貌庄丽""圣表有异"等,认为刘氏皇帝的子孙都是天生的圣人,是上天派来统治人间的。而对农民起义领袖如王匡、王凤、陈牧等,甚至新莽末年与刘秀争天下的群雄如隗嚣、公孙述等,则一律予以贬斥,另创"载记"一体来记述他们的

---

① 荀悦. 汉纪:卷六:高后纪 [M] //两汉纪. 北京:中华书局,2002:85.
② 荀悦. 汉纪:卷三十:孝平皇帝纪 [M] //两汉纪. 北京:中华书局,2002:547.
③ 荀悦. 汉纪:卷首:汉纪序 [M] //两汉纪. 北京:中华书局,2002:2.

史事。"载记"的创立是《东观汉记》的一大发明，它专门记载所谓"专兵窃据""偏方潜乱"之类的人物，放置于列传之后，以示声讨。这是封建正统观念在史学体例上的明显表现。

《东观汉记》还记载了大量的灾异祥瑞和谶纬迷信，并把灾祥、图谶和人事联系在一起。如嘉禾生，凤凰集，则刘秀降生；谶言"刘氏当复起，李氏为辅""刘秀当为天子"，则刘秀即帝位。宣扬天人感应的迷信神学，是东汉王朝的思想政策，《东观汉记》深深地打上了这种官方思想的印记。

总之，汉代经学独尊，儒家思想取得了统治地位，史书编纂被纳入了正统之中，从维护汉王朝的统治出发，宣扬正统，附会天人感应，宣扬君权神授，曲笔阿附，秉笔直书的史学传统遭到了不同程度的破坏，直至明清，延而未改，是中国史学发展上的重大遗憾。

第四节　儒释道交融碰撞与魏晋隋唐修史之风的盛行

公元220年，曹丕代汉称帝后，魏、蜀、吴三国鼎立局面逐渐形成。此后出现了西晋与东晋的分裂、南朝与北朝的对峙，长期处于割据混战的状态之中，直到杨坚取代北周称帝建立隋朝，并于公元589年灭陈，全国方告统一。从曹丕代汉称帝至隋灭陈统一全国，首尾共370年，是为三国两晋南北朝时期。

在这370年中出现了30多个政权，此起彼灭，朝代更替频繁，战争连绵不断。其间虽然也有相对安定的时候，但极为短暂。各种社会矛盾尖锐复杂，互相交织，斗争激烈。秦汉以来400多年的政治一统局面彻底被破坏，"儒术独尊"的思想一统局面也被打破了。相应地，意识形态领域呈现出种种思潮相互论难的复杂局面，经学、玄学和佛学在论争中占据了主流。

经学是对儒家经典的阐发与议论。汉儒治经，以名物训诂为主，演变到这时，业已走向烦琐和迷信。东汉经师秦近君训释《尚书》，"说《尧典》，篇目两字之说，至十余万言；但说'曰若稽古'，二三万言"[1]。这种烦琐的经学，"致令学者难晓，虚诵问答，唇腐齿落而不知益"[2]。北齐颜之推批评道："空守

---

[1] 新辑本桓谭新论：卷九正经[M]．朱谦之，校辑．北京：中华书局，2009：38．
[2] 魏徵，等．隋书：卷三十三：经籍志一[M]．点校本二十四史修订本．北京：中华书局，2013：1069．

章句，但诵师言，施之世务，殆无一可。故士大夫子弟，皆以博涉为贵，不肯专儒。"①尤其东汉时经学又和谶纬神学结合起来，走向迷信。三国两晋南北朝时期，便有了谶纬之禁："宋大明中，始禁图谶，梁天监已后，又重其制。及高祖受禅，禁之逾切。炀帝即位，乃发使四出，搜天下书籍与谶纬相涉者，皆焚之，为吏所纠者至死。自是无复其学，秘府之内，亦多散亡。"②谶纬之禁，宣告东汉以来的经学神学化走到了尽头。经学衰落了，儒学的权威下降了，各种异端思想便趁势而起。魏晋玄学即由此而兴。

魏晋玄学主张"以无为本""得意忘言""以寡治多""无为而治"，使民"无心于欲""无心于为"，推崇《老子》《庄子》《周易》三书，视之为"三玄"，在社会上刮起了一股清谈之风。但清谈玄学祖尚虚无，放荡不羁，以无事为贵，以痛饮为快，"高谈庄老，说空终日，虽云谈道，实长华竞"③。大都是虚无缥缈的说教，严重脱离实际。玄学"贵无""贱有"，又容易使人懒散颓废，不尽职守，放弃现行制度，破坏统治秩序。故魏晋玄学发展到南北朝时，就逐渐衰落下去，被佛教和道教所取代。

佛教于东汉传入我国，为统治阶级所重视、改造和利用。佛学与玄学结合，如佛教的《般若经》的空宗学说被玄学化，从玄学"本无"观念出发，佛教的因果报应学说被进一步发挥。佛教受到了当时各阶层的欢迎，迅速盛行起来。

在佛教广泛传播的同时，南北朝时期又出现了为门阀士族地主阶级服务的贵族道教。他们反对民间道教，为了满足贵族腐化享乐、长生不死的奢望，他们宣扬炼丹、服药，并吸收了佛教宗教学说的因果报应思想，在当时贵族中深具影响。

思想界儒、释、道互相争斗，难定一是，思想统治相对宽松。由于经学、玄学、佛学过于空洞，难以在治国用兵中切实发挥作用，史学的作用便逐步得以展现。加之各个分裂政权为了说明自己政权的合法性，都力图从史学中寻找证据，故而竞相修史，使史学出现了多途发展的趋势。

唐初修《隋书·经籍志》，著录南朝梁、陈，北朝齐、周及隋等五代官私书目所载典籍，史部书达874部16558卷，足见当时史学发展的盛况。"二十四史"中，就有5部成书于这一时期。在图书分类目录上，"史部"正式独立，取

---

① 王利器.颜氏家训集解（增补本）：卷三：勉学[M].北京：中华书局，1993：176-177.
② 魏徵，等.隋书：卷三十三：经籍志一[M].点校本二十四史修订本.北京：中华书局，2013：1603.
③ 房玄龄，等.晋书：卷七十七：殷浩传[M].北京：中华书局，1974：2044.

得仅次于经学的地位，史学开始成为一门独立的学科。按经、史、子、集的名称和顺序著录图书，直至宋、元、明、清而不改。"史学"一词，也在这个时期正式产生了。

三国两晋南北朝时期史籍繁多，《隋书·经籍志》"剖析条流，各有其部"，区分为13类，即正史、古史、杂史、霸史、起居注、旧事、职官、仪注、刑法、杂传、地理、谱系、簿录。13类之中，最多的是杂传类，217部1286卷；最少的旧事类，也有25部404卷，足见当时史书种类的繁多、治史范围的广泛以及历史编纂学的发达。① 这无疑为唐宋时期史学的繁荣兴盛奠定了坚实的基础。传世名著有《三国志》《后汉书》《魏书》等，这些史著的编纂无不受到当时学术思潮的影响。

《三国志》，西晋陈寿撰，他既继承了《史记》《汉书》的传统，又根据三国历史实际进行了创新，反映出陈寿总揽三国历史的全局意识和注重人物品评的编纂特点。② 陈寿所处的时代，经学的正统地位已不复存在，故《三国志》的封建正统思想比较淡薄。但在书中仍大肆宣扬天人感应和皇权神授的迷信思想，为巩固封建统治制造理论。在历史人物的品评中，也有过分夸大杰出人物历史作用之处，不同程度地暴露了陈寿的唯心主义英雄史观。

《后汉书》，南朝宋范晔撰，全书贯彻了"正一代得失"的编纂宗旨和"以类相从"的类例思想，是范晔编纂学思想的极好体现。但《后汉书》中流露出的封建正统思想和士族意识十分明显，恰与《三国志》淡化封建正统思想形成了鲜明的对比。《后汉书》还对儒学和谶纬神学大肆渲染，认为东汉儒学虽然繁杂，"然所谈者仁义，所传者圣法也。故人识君臣父子之纲，家知违邪归正之路"③。范晔有无神论思想，但在《后汉书》中又做了有神论的宣传。范晔的思想主流是反对佛教、图谶和阴阳禁忌的，但在书中又有很多地方表现出对符瑞、气运、期数、阴德等的迷信和肯定，深受这一时期儒、释、道交融碰撞的影响。

南朝齐沈约的《宋书》、南朝梁萧子显的《齐书》、北齐魏收的《魏书》等，都有鲜明的时代烙印。沈约的《宋书》充斥着神秘主义的思想，特别是《天文》《符瑞》《五行》三志中，集中宣扬了天命思想和王权神授的理论，同时对佛教的迷信和渲染也充满书中。萧子显的《齐书》大力宣扬天命论和佛教的因果报应观点，甚至把佛法鼓吹成超越于儒、道、法各家之上的最好的大法。

---

① 详见本书"上编"第一章第四节"历史编纂学的大发展：魏晋南北朝"。
② 详见本书"下编"第二章第三节"《三国志》：陈寿的全局意识与人物品第"。
③ 范晔. 后汉书：卷七十九：卢植列传 [M]. 北京：中华书局，1965：2589.

魏收的《魏书》宣扬了许多宗教迷信思想，宣传因果报应和天命论，记载祥瑞、灾变，充满着神秘主义思想，具有很鲜明的神学史观。其中的《释老志》，记载了北魏佛、道的流行，反映了当时佛、道盛行的客观现实，具有时代特色。

总之，魏晋南北朝时期的史书编纂充斥着玄学、佛学和道教等宗教迷信思想和天人感应的唯心主义思想，打上了十分鲜明的时代烙印。由此可见，一个时代的学术思潮对历史编纂学所产生的影响。

至隋唐，政治上结束了南北朝分裂割据的局面，实现了全国统一。但思想仍相对开放，在思想领域出现了以孔孟儒学为正统，儒、释、道三家并立的局面。唐朝统治者对魏晋南北朝以来流行于社会上的儒、释、道思想都积极支持和提倡。孔子被封为"文宣王"，孔孟之书也相继被奉为经典；老聃被封为"玄元皇帝"，老庄之书也成了开科取士的依据；佛教不再拘泥于外来经典，基本走上了独立发展的道路，形成了中国特色的佛教，深入影响到当时社会的各个阶级、阶层，成为当时最有影响的意识形态。在这种文化氛围下，史书编纂呈现出一种盛大气象，取得了显著的成就，并带有鲜明的时代特色。从编纂学上来看，以下几点最值得重视。

一是唐太宗三次诏修史书和设史馆于皇宫之中，显示了政治家深刻的历史意识和宏大的修史气度。唐太宗李世民（599—649）是中国封建社会史上极负盛名的一代明君。他的文治、武功，他的政治风范所产生的作用，对开创持续百余年的盛唐局面有重大的影响。他在位23年，始终对史学给予特别关注。其一，贞观三年（629），亲自把史馆移于宫中，正式设立史馆，确立了官修史书制度，亲自抓修史工作。其二，贞观三年诏修五代史，贞观十年（636）《五代史》告成。其三，贞观十七年（643），诏修《五代史志》。其四，贞观二十年（646）下达《修晋书诏》，"令修国史所更撰《晋书》"，贞观二十二年（648）《晋书》修成。唐太宗从认识和实践两个方面，为史学发展作出了杰出贡献。

二是"览前王之得失，为在身之龟镜"的修史宗旨。唐太宗提出："大矣哉，盖史籍之为用也！"[①] "夫以铜为镜，可以正衣冠；以古为镜，可以知兴替；以人为镜，可以明得失。朕常保此三镜，以防己过。"[②] 五代史（《梁书》56卷，姚思廉撰；《陈书》36卷，姚思廉撰；《北齐书》50卷，李百药撰；《周书》50卷，令狐德棻等撰；《隋书》85卷，魏徵等撰）和《五代史志》的修纂，充分体现了这一编纂指导思想。

---

① 董诰，等，编．全唐文：卷八：修晋书诏［M］．北京：中华书局，1983：94．
② 刘昫，等．旧唐书：卷七十一：魏徵传［M］．北京：中华书局，1975：2561．

三是《晋书》"敦励风俗"的编纂思想。到唐朝，儒家学说中曾经被削弱的那一套天理性命、伦理纲常，逐渐居于正统思想地位。宣扬伦理纲常，用以"敦励风俗"，突出孝道，把忠与孝有意识地紧密联系起来，自然成为编纂《晋书》的基本思想。为了维系和神化皇权，《晋书》还注入了强烈的天命论思想。《晋书》的这种变化，深刻地反映了封建史学依附于封建政治的基本特征，对后世官修正史产生了消极影响。

四是李延寿《南史》《北史》"编年以备南北""天下一家"的编纂观念。李延寿继承了父亲的著述之志，一改南北朝时期史学家的"南书谓北为'索虏'，北书指南为'岛夷'"的做法，贯穿了"天下一家"的历史观念和文化观念。①《南史》80卷，记南朝宋、齐、梁、陈四朝历史；《北史》100卷，记北魏、北齐、周、隋四朝历史。二书均为纪传体，无表志。打破了朝代的断限，综合记述错综复杂的南北朝历史，具有通史性质，成就很高，在唐初所修8部正史中最值得注意。

五是刘知几的史学理论和历史编纂学思想。刘知几所著《史通》是我国古代第一部史学理论专著，对中唐以前的史学发展作了系统总结，提出了一套较为完整的史学理论，包括治史宗旨、历史观和历史编纂学等重要内容。他认为，史学"乃人生之急务，为国家之要道"，把史学看作治理国家、统治人民不可或缺的重要工具，反复申述"史之为用"。在历史编纂学上，刘知几提出了"六家二体说""博采善择论""五志三科论""史才三长论""书法直笔论"等重要思想。② 而《史通》本身又开创了史评体的编纂形式。在中国史学发展史上，《史通》无疑是一部具有划时代意义的著作，其对以往史学工作作出的批判性和建设性的理论总结，体现了一位优秀史学家的自觉精神，对后世史书编纂和史学发展均产生了深远影响。

六是杜佑《通典》"统括史志，会通古今"的编纂指导思想和原则。他对历代正史中的"书志"详做分析，从经世致用的主旨出发，抛弃了与"经邦""致用"关系不大的天文、历法等诸门，选定食货、选举、职官、礼、乐、兵、刑、州郡、边防九门为基本内容。名目上或因袭旧志，或自作新创，但内容无不广采"《五经》群史"加以补缀，成就了完备的典制体通史，力图通过对典章经制"融合错综，原始要终"的考察，探索出历史发展进步的原因。他开创

---

① 《北史》卷一百《序传》云："太师少有著述之志，常以宋、齐、梁、陈、魏、齐、周、隋，南北分隔，南书谓北为'索虏'，北书指南为'岛夷'，又各以其本国周悉，书别国并不能备，亦往往失实。常欲改正，将拟《吴越春秋》，编年以备南北。"
② 详见本书"下编"第七章"刘知几的历史编纂学思想"。

了一种全新的史书编纂形式——典制体，走出了一条与已经规范化、程式化的正史所不同的治史道路，为史学的发展注入了新的血液。

第五节 理学思潮与宋元明历史编纂学

宋明时期是中国学术的造极期。唐末藩镇割据，五代十国混战，社会再次陷入大分裂、大动乱局面，针对纲常失序、道德沦丧、理想失落、精神迷茫的价值颠覆与意义危机，学者在"佑文"的文化氛围中，"先天下之忧而忧，后天下之乐而乐"，着手重建伦理道德、价值理想和精神家园。宋明新儒学完成了儒、释、道三教长期冲突融合而和合转生，把三教的兼容并蓄的学术整合落实到"天理"上。程颢"自家体贴"出的"天理"二字，开创了理学学术新思潮、新时代。理学学术思潮所关注的是理、气、心、性问题的义理探究，这一理学学术的转向，使"道德之意"成为道德形而上学，让"天人感应"转换为天人本无二的"天人合一"，使"玄冥之理"成了"净洁空阔的世界"，让"性情之原"转变为"心统性情"。宋明学术体现出"致广大，尽精微，综罗百代"的恢宏态势，映射出激荡融摄、心智精进、实现理想、生机勃勃的精神气象。或以性即理，或以心即理，或以气即理，理学各派争奇斗艳、相得益彰；濂、洛、关、涑、新、蜀以及道南、闽、湖湘、象山、金华、永嘉、永康等学派，各呈异彩、绚丽多姿。这是中国学术史上学派最盛、学术水准最高的时代。

北宋在重文的学术环境中，在尊师重道的激荡下，民族精神和生命智慧释放出来，打破了汉唐以来"疏不破注"的"家法""师法"的网罗，破除了《五经》为圣人之言的迷信，揭起了"疑经改经"的大旗，以义理解经的宋学取代以训诂考据解经的汉学，迎来了经学的新时代。宋明兴建学校，培养士子；广开书院，讲学授徒，成为尊师重道和各学派立言、研究和传播学说的基地。学者们以深沉的忧患意识和崇高的历史使命，激发出"为天地立心，为生民立命，为往圣继绝学，为万世开太平"的豪迈气概，把宋明学术推向造极的境域。①

受宋元明时代学术思潮的影响，这个时期的史学发展和史书编纂不能不深刻地反映着上述时代精神和特质。在历史编纂学思想上，突出地表现为会通的气象、理学的渗透、资治的强化等。

---

① 以上多参据张立文．中国学术通史：总序[M]．北京：人民出版社，2004：11．

其一，会通的气象。理学"求理"，其思维特征之一就是通天通地、贯古贯今，这种思维特征反映在史学中，则表现为一种"通识"意识。这一时期产生了许多通史巨著，代表了这一时期史学发展的最高水平，这些著作都是在"通识"意识指导下而写成的。如司马光主编的《资治通鉴》是我国第一部编年体通史；郑樵所撰《通志》是《史记》之后的又一部纪传体通史；元代马端临所撰《文献通考》，是我国第二部典章制度通史；南宋袁枢依司马光《资治通鉴》改编而成的《通鉴纪事本末》，是我国第一部纪事本末体通史等。司马光要"鉴前王之兴衰，考当今之得失"，郑樵要"极古今之变""同天下之文"，马端临要穷探"变通张弛之故"，袁枢要"区别其事而贯通之""尽事之本末"，朱熹要"错综温公之书"使其"纲举目张"，都充分继承、发扬和发展了古代史学家的"会通"思想。其中袁枢《通鉴纪事本末》、朱熹《资治通鉴纲目》还分别创立了纪事本末体和纲目体，对后世史书编纂产生了重大影响。

其二，理学的渗透。尤以司马光《资治通鉴》、朱熹《资治通鉴纲目》等最突出。司马光撰修《资治通鉴》的熙宁、元丰年间（1068—1085），正是北宋理学全面兴起的时期。著名的北宋"理学五子"周敦颐（1017—1073）、邵雍（1011—1077）、张载（1020—1077）、程颢（1032—1085）、程颐（1033—1109）都活跃于这一时期。诚意、正心、修身的内在反省日渐为学者们所重视，由"知天而知人"的理学主题日渐确立。司马光在"洛阳修史"期间，理学史上的这几个重要学者，如邵雍、程颢、程颐也都长期定居于此，远在关中的张载也时常至洛阳访学。在"理学五子"中，除周敦颐以外，其余四人都与司马光保持着密切的交往。如司马光与邵雍的"讲道切磋直，忘怀笑语真"①；熙宁十年"（邵）雍疾病，司马光、张载、程颢、程颐晨夕候之。将终，共议丧葬外庭"②。张载去世后，司马光作诗《张子厚先生哀辞》，长达320字，表达了对张载人品学识的钦赞，对张载理学思想特别是性命之说和礼论的推崇，寄托了对张载的哀思。司马光与"二程"的关系尤为密切，司马光和程颢共在朝廷，知契很深；③ 司马光与程颐"相知二十年"，其中有15年时间正是"司马文正在洛修史日"。司马光与理学诸子的相知和学术交谊，使他们在信仰、知识、思想上互为认同。南宋朱熹甚至将司马光直接列于北宋"理学五子"中，称"有'六先生'之目"。胡适更认为"司马光为理学的开山祖师"。司马光的史学思

---

① 邵伯温．邵氏闻见录：卷十八 [M]．康震，校注．西安：三秦出版社，2005：236．
② 脱脱，等．宋史：卷四百二十七：邵雍传 [M]．北京：中华书局，1985：12728．
③ 脱脱，等．宋史：卷四百二十七：程颢传 [M]．北京：中华书局，1985：12715．

想中有着浓厚的理学精神,一是"古今之道不变"的历史观;二是"天子之职莫大于礼"的纲常名分决定论;三是"以史明道"的编纂思想;四是"不书符瑞""治人而不治天"的排斥天命迷信、强调人事作用的思想①等。

朱熹《资治通鉴纲目》的编撰目的在于"资政"和"明理"。该凡例明确规定,要把取"《春秋》之义"与"法《春秋》用字"有机地结合起来,使《资治通鉴纲目》一书成为宋代义理史学的典范。"义理为重",是朱熹历史编纂学思想的核心,他所论治史准则、治史目的、治史态度以及史书的取材标准、编纂原则、表述要求等,无不纳入理学轨道中进行阐述,强调正统、尊崇圣贤。他评论古今史著、古今史学家、历史人物,无不以理学思想为基准。这使朱熹的史学思想带有浓重的理学色彩,在史学批评史和历史编纂学上有其积极贡献。但其局限性也正是这浓厚的理学色彩。而封建统治集团及朱子后学恰恰利用和突出了朱熹史学思想中的落后因素,以致后世学者对朱熹史学思想的评价也往往失之偏颇。②

其三,资治的强化。中国古代有责任感的史学家都具有明显的忧患意识,这种忧患意识在历史撰述和史学思想上的表现则是对史书"资治"作用的强调。"孔子惧,作《春秋》",孟子之"生于忧患而死于安乐",司马迁的"物盛而衰,固其变也",唐朝吴兢著《贞观政要》义在"惩劝"等。宋元明时期,史学家们的忧患意识与资治思想更加强烈和突出。由于宋代立国的积贫积弱,士大夫阶层的忧患意识显得格外突出。范仲淹在《岳阳楼记》中写道:"先天下之忧而忧,后天下之乐而乐",成为千古名句,在当时和后世影响很大。而史学家的忧患意识则具有强烈的历史感和责任感。司马光《历年图序》云:"自古以来,治世至寡,乱世至多。得之甚难,失之甚易。"这是一种史学家以史为鉴,以说明治国艰难的忧患意识。司马光《资治通鉴》旨在"鉴前世之兴衰,考当今之得失",故"专取关国家盛衰,系生民休戚,善可为法,恶可为戒者,为编年一书",具有强烈的资治意识。理学家兼史学家的朱熹,明言自己治史的目的是"要就事物上见得本来道理,即与今日讨论制度、较计权术者,意识功夫迥然不同",批评"论事而不求理"的学者。③ 他说:"味圣贤之言以求义理之当,

---

① 这与理学家们的认识是一致的。如"二程"提出:"治乱在国,不可归之命。"(《二程外书》卷五)朱熹主张:"天下之事,千变万化,其端无穷,而无一不本于人主之心者。"(《晦庵先生朱文公文集·卷一一·戊申封事》)
② 详见本书"下编"第一章第六节"纲目体及朱熹的历史编纂学思想"。
③ 朱熹. 朱子大全:卷五十四:答康炳道[M]. 四部备要:第57-58册. 北京:中华书局,1989:191.

察古今之变以验得失之机,而必反之身以践其实者,学之正也。"[1] 反对把史学仅仅当作简单的记事书事,反对视史学为单纯的记诵之学。强调学者当"考之于经,验之于史,而会之于心,以应当世无穷之变"[2]。主张读史穷理,将读史与修身齐家治国平天下的经世事业紧密结合。他通过撰写《资治通鉴纲目》,创立了一种更为简洁、更易明理的纲目体。袁枢撰《通鉴纪事本末》寄寓了他的"爱君忧国之心,愤世疾邪之志",时人杨万里称:"今读子袁子(即袁枢)此书,如生乎其时,亲见乎其事,使人喜,使人悲,使人鼓舞。未既,而继之以叹且泣也!"[3] 道出了史学家的忧患意识和资治思想产生的社会影响与重要作用。宋元明时期的当代史或本朝史的撰述,突出地反映了史学家的忧患意识与资治思想,如两宋史学家李焘撰《续资治通鉴长编》980 卷(今存520 卷)、李心传撰《建炎以来系年要录》200 卷、徐梦莘撰《三朝北盟会编》250 卷等,都是作者的"忧世""泣血"之作。明末史学家谈迁著《国榷》,将作者自己对明朝前途的深深忧虑,积淀为对明朝历史的严肃反思。

第六节 经世实学与明清历史编纂学

明朝中叶以后,中国传统思想文化领域发生了一次大的嬗变,这就是由崇尚心性义理的"宋明理学"转变为"明清经世实学"。"经世实学"的主要特征是"崇实黜虚""经世致用"。之所以说这是"一次大的嬗变",简略地说,"宋明理学"主要偏重"内圣之学",而"明清经世实学"主要偏重"外王之道";在"修、齐、治、平"的层面上,理学更为关注心性修养,实学则更为关注治平方略。虽然"宋明理学"并不否定"外王之道",也不否定"治平方略"。但理学的基本学术理念是"宇宙间一理而已","理"普遍地流行于天、地、人之中,不仅天人可以相通,而且人性、人伦、人类社会的政治原理、运作程序等都是相通的,即"知人即可知天""内圣即可外王""修身即可以治国平天下"。这样,在其理论建构中,就不能不明显地存在着重修身而轻治平、重理(道德

---

[1] 朱熹. 晦庵先生朱文公文集:卷十二:己酉拟上封事[M]//朱子全书. 上海:上海古籍出版社,2002:619.
[2] 朱熹. 晦庵先生朱文公文集:卷十三:癸未垂拱奏札一[M]//朱子全书. 上海:上海古籍出版社,2002:632.
[3] 袁枢. 通鉴纪事本末:卷首:杨万里通鉴纪事本末序[M]. 北京:中华书局. 1955:1.

伦理）而轻实（实际事务、实际效用）的倾向，也就不可避免地出现了"高谈心性，极高明之至，一涉政务，便空疏之极""空谈性理、轻视务实之风弥漫士林"的弊端，① 甚至走向漠视国计民生的极端道德主义。

"宋明理学"的这些弊端，恰恰成为"明清经世实学"抨击的对象。以王艮、何心隐、李贽为首的泰州实学就是这股批判思潮的主要代表。从王艮的"尊身立本""百姓日用是道"，到何心隐的"无欲则无心（理）"，到李贽的"童心—真心"说、"穿衣吃饭即是人伦物理"，都对人的个体存在价值和主体地位极为重视，强调人的心灵自由、个性解放，肯定人的物质私欲，提倡一种与理学极端道德主义所不同的、合乎人生实际的理论。尤其是"异端之尤"李贽对假道学的揭露与抨击、对孔孟权威的质疑与非议，更是轰动大江南北，在当时的思想文化界乃至整个社会都造成了一种崇尚自我、反伪存真的风气。泰州实学之后，社会思潮沿着由"真"而"实"的方向发展。以经世致用，讲求治平、"外王"，"家事、国事、天下事，事事关心"为特征的"东林实学"和"复社实学"相续而起，进一步推动了实学思潮的发展和高涨。

清人入主中原后，为稳定其统治，继承元明，仍然以程朱道学为国家意识形态。程朱道学进一步被权威化、教条化。"存天理、灭人欲"成为其学术的话语霸权，程朱道学沦为"以理杀人"的工具。清统治者为了泯灭汉族知识分子的民族正统感和文化优越感以及对清统治的不满或反抗意识，便大造文字狱，实行文化恐怖主义。康熙初年的庄氏《明史》案、戴名世《南山集》案，株连之广，杀戮之惨，使得恐怖气氛笼罩朝野；雍正时短短13年，有案可查的文字狱就有20多次；乾隆时文字狱更是层出不穷，捕风捉影，罗织罪名，株连所及，老师学生、亲朋好友，都在所难免。文人学子只好埋首于故纸堆中，从事训诂、考据，逃避敏感的学术追求，由此带来了乾嘉汉学的兴盛。故龚自珍诗云："避席畏闻文字狱，著书都为稻粱谋。"② 再者，清初学者在检讨、反思明亡原因时，往往归咎于陆王心学的空疏不实，"由蹈空而变为敷实"，这也是考证之学独盛的原因之一。由于知识精英们都投身于考证之学，以致清朝经学和考证之学都取得了空前的成果，为学术的承传和繁荣做出了特殊贡献。明清时期的经世实学思潮的发展和高涨，在文化领域中产生了广泛而持久的影响。

---

① 李泽厚. 中国古代思想史论［M］. 北京：生活·读书·新知三联书店，2008：231-280.

② 龚自珍. 龚自珍全集：第九辑：咏史［M］. 北京：中华书局，1959：471.

这一时期，由于历史学与经世实学思潮在学术理念和文化精神上的高度一致，① 形成了历史学与经世实学思潮相辅相成、互为促进的发展态势。一方面，"经世""资治"的史学为明清经世实学提供了丰厚的思想载体，某些重要的史学流派甚至成为明清实学的一个组成部分；另一方面，明清经世实学的基本精神和学术取向、文化立场和知识信仰等，又深刻地规定和影响着这一时期史学发展的走向和面貌。如实学思潮中的人文启蒙精神与"程量今古，独出胸臆"（焦竑《藏书序》）的史评类著作的发达；"学必致用"的实学原则与当代史研究的繁荣；"学必多艺"的实学思想与史学研究领域的拓展和史学向社会深层的转移；"六经皆史"与客观准确的上古史研究；"泰西（欧洲）实学"的传入与外国史研究的兴起……至于明清时期野史稗乘的极度繁荣，乾嘉朴学的盛极一时，史学理论、史学方法的某些突破性进展等，更是与明清实学思潮有着千丝万缕的文化关联。②

实学思潮中的人文启蒙思想体现为人的自主意识的觉醒、精神自由的追求，怀疑精神、批判精神和对社会、历史的剖析以及对未来民主社会的朦胧向往等。诸如此类的人文启蒙思想，在史学领域中的直接反映就是"程量今古，独出胸臆"的史评类著作的大量涌现。李贽的《藏书》《续藏书》《批点皇明通纪》，张溥的《历代史论》《宋史论》《元史论》等，王夫之的《宋论》《读通鉴论》，熊伯龙的《无何集》，龚自珍的《古史钩沉论》《明良论》等，就是其中的代表之作。这些史评著作既成为实学启蒙思想的文本载体，又体现着这一时期人们对千古历史的重新认识。

经世实学思潮推动了人们对当朝史的研究，带来了当代史著述的繁荣。重要著作有：郑晓《吾学编》，邓元锡《明书》，何乔远《名山藏》，朱国祯《皇明史概》，薛应旂《宪章录》，张铨《国史纪闻》，雷礼《皇明大政记》，谭希思《明大政纂要》，陈建辑、沈国元订《皇明从信录》，陈建《皇明资治通纪》，谈

---

① 王夫之《读通鉴论》卷六《光武帝》云：史书乃"最关致治世用之书"，应著"经世之大略"。陆世仪《读史笔记自序》云："凡经皆休，凡史皆用。不知经，内圣之学不明；不读史，外王之道不具。二者不可偏废也。"都揭示了史学与实学在文化精神和学术理念上的一致。这种一致首先就体现在"经世致用"的文化精神上。实学的基本特征是崇实黜虚，崇尚"实功""实行"，侧重治国平天下的"外王"之道，要求学术经世致用，为现实服务。而经世致用一向是我国史学的重要传统。史著除了要担当一代王朝、一个民族的集体记忆功能外，还要为当世提供劝诫、借鉴，使统治者"知兴替""正得失"，明治国安邦之理。从《史记》到《资治通鉴》，史学经世致用的功能一直受到高度重视。

② 田昌五. 国学举要：史卷[M]. 武汉：湖北教育出版社，2002：210-212.

迁《国榷》，徐学聚《国朝典汇》，陈子龙等主编《明经世文编》，蒋良骐《东华录》，赵翼《皇朝武功纪盛》，钱仪吉《碑传集》，陆耀《切问斋文钞》，魏源《皇朝经世文编》《圣武记》《道光朝洋艘征抚记》等。

明清经世实学思潮冲击着传统的"重道轻艺"观念，使学术突破了"经"本位的范围，向经史子集等更为广博的文化领域发展，表现出一种宽广的文化视野。"学必多艺""士农工商皆应通晓""如天文、地理、河渠、兵法之类，皆切用于世，不可不讲"① 成为实学思想家的共识，也成为这一时期治史的原则，使史学研究领域大为拓展。一是史地学类著作大量出现。顾炎武的《天下郡国利病书》、顾祖禹的《读史方舆纪要》是其优秀代表。二是边疆史地学的开拓和发展。龚自珍、张穆、何秋涛、吴钧、丁谦等人都在这方面颇有建树。龚自珍有《西域置行省议》《北路安插议》《御试安边绥远疏》《蒙古水地志序》《蒙古台卡志序》《蒙古像教志序》《蒙古声类表序》《东南罢番舶议》等多种论著，提出"经史之方，譬用药也""至夫展布有次第，取舍有异同，则不必泥乎经史"等主张②，经世思想浓烈。张穆的《蒙古游牧记》、何秋涛的《朔方备乘》、姚莹的《康輶纪行》，也都是边疆史地的代表性著作，皆针对现实问题而发，为经世致用而作。三是科技人物传的撰述。《畴人传》46 卷，收录了自黄帝至清代的中国科学家 243 人，附外国科学家 37 人，共计 280 人，"以谂来学，俾知术数之妙，穷幽极微，足以纲纪群伦，经纬天地，乃儒流实事求是之学"③。此后，又有罗士琳《续畴人传》、诸可宝《畴人传三编》、黄钟骏《畴人传四编》等相继而出，在科技人物这个史学领域的薄弱环节做出了贡献。四是专门的经济史著作大量出现。仅《明史·艺文志》史部故事类著录诸书，有关经济史的就占半数以上，名目有会计、田赋、均役、厂库、漕政、盐政、屯田、荒政等；地理类著录的有治河、水利诸书，也与经济史有密切联系。刘隅、吴山《治河通考》，潘季驯《河防一览》，伍余福《三吴水利论》，归有光《三吴水利录》，王圻《东吴水利考》，沈启《吴江水利考》，邵宝《漕政举要录》，杨宏《漕运通志》，黄承元《河漕通志》；徐光启《农政全书》《农遗杂疏》，张国维《农政全书》，林希元《荒政丛言》，贺灿然《备荒议》，俞汝为《荒政要览》，史启蛰《两淮盐法志》，王圻《两浙盐志》，朱廷立《盐政志》，周孔教《救荒事宜》，钟化民《赈豫纪略》等，丰富多彩。史学家已越来越注重从社会

---

① 陆世仪.思辨录辑要：卷一 [M] //文渊阁四库全书：第 724 册.上海：上海古籍出版社，1990：15.
② 龚自珍.龚自珍全集 [M].北京：中华书局，1959：117.
③ 阮元.畴人传：序 [M].扬州：广陵书社，2009：1.

经济的角度去考察各个领域的历史，史学随之一步步走向社会深层。五是外国史的研究和著述大量增多，如魏源《海国图志》，王韬《普法战纪》《法国志略》《扶桑游记》《漫游随录》，黄遵宪《日本国志》，梁廷枏《海国四说》，徐继畬《瀛寰志略》等。

经世实学思潮促成了考据学的兴盛。清乾嘉时期，实学思潮的表现形式与内容悄然一变，一种以整理、考订古籍为主的考据学——朴学，迅速占领学坛，实学开始进入了一个曲折发展的时期。站在实学思潮史的角度上，朴学被称为"考据实学"，因其埋头古籍的整理和考订，只在古籍的"真"与"实"上下功夫，与以往注重经世致用的实学不同，又被称为"书本上的实学"。书本上的实学与经世致用的实学有着共同的渊源。自明儒杨慎因不满于宋儒以意解经的学风，致力于训诂章句，首开明清考据学之新风，焦竑、陈第紧接其后，构成明中后期实学思潮的一个分支，重在求史料之"实"。清初黄宗羲、顾炎武等人倡导"经世致用"，但"经世致用"也要从原始儒经中寻求指导。顾炎武提出"读九经自考文始，考文自知音始"的治学原则，为朴学提供了方法论上的指导。中经阎若璩、胡渭，至戴震、惠栋达到高峰，形成乾嘉朴学学派。朴学朴实求真的学风，与实学思潮"崇实黜虚"的总体特征是一致的。朴学实事求是、无征不信的治学宗旨与方法，与实学求真求实的文化精神也有相通之处。

这一时期，多数史学家都在运用朴学的训诂考证方法，本着"史非一家之书，实千载之书。祛其疑，乃能坚其信，指其瑕，益以见其美"的信念，"实事求是，护惜古人之苦心"①，各自从不同的侧重点，校勘古籍，纠谬史事，形成了考证史学、考信史学等流派。王鸣盛的《十七史商榷》、赵翼的《廿二史劄记》、钱大昕的《廿二史考异》、崔述的《考信录》等，就是其中最负盛誉的著作。

明清经世实学思潮推动了史学的繁荣，也促进了中国古代史学理论的总结、创新和发展。在治史原则与目的上，"经世致用"成为史学家撰写、研究历史的原则与目的。如李贽提出"经史相为表里"的主张；② 王夫之提出"所贵乎史者，述往以为来者师"的主张；③ 王鸣盛提出作史读史"总期于能得其实"的主张。④ 在历史观上，王夫之从"理"与"势"的辩证统一上来解释历史的变化，表现出一种历史进化的思想；章学诚继承了柳宗元、王廷相、王夫之等人

---

① 钱大昕. 廿二史考异：序 [M]. 上海：上海古籍出版社，2004：1.
② 李贽. 焚书：卷五：经史相为表里 [M] //焚书 续焚书. 北京：中华书局，2009：214.
③ 王夫之. 读通鉴论：卷六：光武 [M]. 北京：中华书局，1975：350.
④ 王鸣盛. 十七史商榷：序 [M]. 上海：上海书店出版社，2005：1.

重"势"的观点,认为历史发展有其必然的规律,即"不得不然之势""势有所尽,理有所正,虽圣人有所不能强也"①。在治史的手段与方法上,提出了贯通与博学、讲求实证、求真与致用、德才学识等要求。②

综上所述,学术思潮的变化与历史编纂学的变革关系密切。先秦时期诸子纷争,历史编纂学也多源并发,显示出了勃勃生机,为中国古代历史编纂学的发展开辟了道路。西汉初黄老思想的主导地位,使这一时期的史书编纂不同程度地渗透着黄老之学。汉朝经学独尊,儒家思想取得了统治地位,史书编纂被纳入了正统之中,正统史学正式确立。魏晋南北朝隋唐时期,儒、释、道互相争斗,碰撞交融,难定一是,思想统治的相对宽松带来了史学的多途发展和繁荣。宋元明时期,理学盛行,使史学发展和史书编纂呈现出明显的会通气象、理学渗透、强化资治等思想意识。明朝中叶以后,思想文化领域发生了由崇尚心性义理的"宋明理学"到崇实黜虚的"经世实学"的大嬗变,时代学风为之一转,史学与经世实学思潮在学术理念和文化精神上的高度一致,形成了这一时期史学与经世实学思潮相辅相成、互为促进的发展态势,深刻影响了这一时期历史编纂学的走向和面貌。

---

① 章学诚. 文史通义新编新注:内篇四:说林 [M]. 仓修良,编注. 杭州:浙江古籍出版社,2005:221.
② 田昌五. 国学举要:史卷 [M]. 武汉:湖北教育出版社,2002:210-248.

中编 02

中国古代历史编纂形式

第一章

史书体裁和体例

史书的体裁和体例，是史著编撰中首先遇到的两个重要问题，也是历史编纂学中两个最基本的概念。它们都属于史著的形式范畴，其含义联系密切，又各有侧重。一般来说，一部史著的体例安排应与它的体裁相适应，因此，不同体裁的史著往往具有各自的体例特点。但二者又不完全一致，如不同体例的史著，有时采取同一体裁；而不同体裁的史著，有时在体例上又互相渗透。中国古代史书体裁丰富多彩、史书体例名目繁多，学者们于此多有论述，如白寿彝主编《史学概论》、吴泽主编《史学概论》、瞿林东著《中国简明史学史》等对此都有涉及。但在现实中，不少人仍将二者混为一谈，认为体裁即体例、体例就是体裁。故有再辨析之必要。

第一节 史书的体裁

史书体裁，简称"史体"，是指史书的外部表现形式。中国古代史籍浩如烟海，史书的体裁源远流长而多姿多彩。最早有记言、记事两种形式，即所谓"左史记言，右史记事"。后来，随着历史记载内容的不断丰富和史学的发展，史学家逐渐创造出了编年体、纪传体、典制体、纪事本末体、史注体、史评体、史考体、学案体以及图表、谱牒、笔记、长编、纲目等多种形式。先秦出现了编年体、国别体，西汉创立了纪传体。魏晋南北朝时期，史评、史考、史钞、史注、方志、谱牒等形式纷纷涌现，《隋书·经籍志》即以史书内容和体裁相结合为原则，将这一时期的史部书分为了十三类：正史、古史、杂史、霸史、起居注、旧事、职官、仪注、刑法、杂传、地理、谱系、簿录。唐朝刘知几《史通》将古代史书归为"六家""二体""偏记小说十种"，而《史通》本身即开创了史评体。中晚唐有典制体、会要体的崛起，宋朝有纪事本末体和纲目体的创立，明清有学案、史论和图表的发展。此外，历代尚有数量众多的笔记、野史、杂说等。清修《四库全书总目》将中国古代史部书分为十五类：正史、编年、纪事本末、别史、杂史、诏令奏议、传记、史钞、载记、时令、地理、职官、政书、目录、史评。多姿多彩的体裁形式从不同角度表现了丰富的历史内容，从而全面且连贯地反映了中国悠久的历史文化和文明进程。

——编年体，是以时间线索为中心、按年月顺序记事的史书体，是中国古代重要的史体之一。《隋书·经籍志》史部分类中，编年体曾以"古史"为目，从《旧唐书·经籍志》和《新唐书·艺文志》开始，才将"古史"类改为"编年"类，此后历代因袭之。编年体萌芽于先秦，发展于魏晋南北朝时期。进入隋唐，由于编年体自身的局限性、封建国家的文化专制，以及纪传体体例的优势与其正史地位的确立，编年体陷入了低落时期。宋元明清之际，编年体重新崛起，迎来了鼎盛时期。编年体史书除传统编年体外，还有起居注、实录、长编、纲目等支派。编年体史书系统地反映了我国古代治乱兴衰的政治史，也记录了众多古代经济、文化等方面的重要史实。

——纪传体，是以人物活动为中心来叙事的史书体，这是继编年体之后崛起的一个极为重要的史体，是中国特有的一种史书体裁。纪传体萌芽于战国，确立于西汉司马迁《史记》，后经东汉班固改进和规范，成为中国封建社会编修史书的典范，代代相承，直至明清，久盛不衰，形成了纪传体史籍系统，仅正史就积数26部，可谓历史悠久、内容丰富、体例严谨、规模宏大，在全面反映中国传统文化方面具有最大的典型性，在中国史学史上享有崇高的地位。纪传体文献有正史与别史之分、通代与断代之别、官修与私修之制，当辩证视之，不宜厚此薄彼。

——典制体，旧称政书体，是专门记载历代政治、经济、文化等典章制度的专书。典制体和编年体、纪传体、纪事本末体一样，有着悠久的历史。"政书"类虽在明清才正式出现和成为定制，但其源头可追至《尚书》和"三礼"，汉朝司马迁、班固则于《史记》《汉书》中创设"书志"专详典制（《史记》中称"书"，《汉书》改称"志"），而后历代因袭之。唐朝，典制体的发展进入辉煌时代，杜佑《通典》开创了典制通史，将数千年典制熔于一炉；同时，断代典制史（会典、会要）也纷纷出现。唐朝至明清，典制史方兴未艾，数量多而品类全，形成了典制体史书系列，较完好地保存了历代国典朝章。

——纪事本末体，是以事件为中心，标立题目，按时间顺序叙述事件始末的史书体，也是中国古代重要的史书体之一。这种体裁起源于先秦，正式确立于南宋袁枢所撰《通鉴纪事本末》，尔后承作不断，与编年体、纪传体一样能自成系统，具有由远而近地反映中国古代历史的突出作用。

——史注体，是对前代史籍进行训诂、解释的史书体裁。史注发端于先秦，成熟于两汉，魏晋至隋唐时期大发展并趋于完备，清及晚近达于鼎盛。2000多年来，史注陈陈相因，形成了浩博繁复的史注遗产，也形成了自己特有的体式和内容，大体可分为：正文插说体、正文传述体、注疏体、补阙体、论文体。史注具有化难为易、化不明为明、化不理解为理解等重要功用，保存了丰富而珍贵的历史资料，蕴含着丰富的史学思想。但古代史注往往存在阶级偏见和时代观念的局限，存在疏而不破和空谈义理的现象，存在增字为训的错误，存在失考、疏漏和望文生义的问题，甚至考证烦琐等，必须以批判的眼光视之。

——史评体，是研究和评论史书、史学家与史学的史书体，也是中国古代一种重要的史书体。史评体的出现，是我国古代史学研究深入发展和研究水平提高的重要表现与直接后果。这种对以往史学的总结、研究、审视和回顾，对推动史学的发展和繁荣具有非常重要的意义。"史评"类目始设于宋朝，但史评体在先秦已开始萌芽，两汉初具规模，魏晋南北朝走向成熟，唐朝刘知几《史通》问世以后进入了发展的黄金时期。

——史考体，是对历史事实和历史典籍进行辨析考证的史书体裁。因其侧重考察论证历史事件的真相、史料的真伪及其价值、名物制度的源流，以及对古书的注释、考证、校勘、订谬、辨伪等而得名。史考源于史学家对前代典籍的编订和注疏，其萌芽于先秦，草创于两汉，魏晋南北朝隋唐时期进入了大发展阶段。宋朝受到前所未有的重视，考证方法进步、成果多、范围广、著作丰富。元明时期受义理之学的影响，史考领域很少有人问津。清代统治者实行文化专制，广大知识分子明哲保身，专务历史考证，稽古而不问政事，带来了考据学的勃兴，史考达到了鼎盛时期。史考对史学的发展和繁荣具有积极的指导作用。但古代史考著作多为封建学者所撰，都存在时代局限和阶级偏见，加之史考学者考证烦琐、博古而不通今的现象尤烈（以清朝最为突出），今人对待史考文献当持审慎态度，批判地继承。

——学案体，是以专记学派的承传流衍为特色的史书体，采用以人物为中心分立学案的编纂体例写成，属于学术史之范畴。学案体渊源久远，先秦诸子之述学、汉唐纪传体史籍中《儒林传》等的诞生和发展、佛家宗史和灯录的风行，都可视为学案体的源头。但直到清朝黄宗羲《明儒学案》，才使学案体正式成为一种独立的史书体。此后仿作应运而生，蔚为大观，形成了学案体史书系列。

此外，历代还编纂了众多的谱牒、笔记、方志等史著，大大丰富了中国古代史书的表现形式。

在中国史学发展史上，各种史书体裁的创立、创新和发展，呈现出了否定之否定的辩证发展规律，反映了中国史学不断发展的历史。从某种意义上说，中国史学发展史就是一部史书体裁辩证发展的历史。

第二节 史书的体例

史书体例，简称"史例"，是指史书的内部组织结构和表述上的要求。史例在很大程度上关系到史书质量的高低好坏，刘知几《史通》和章学诚《文史通义》对此论述尤详。刘知几认为，"史之有例，犹国之有法。国无法，则上下靡定。史无例，则是非莫准"，把史例和国家大法看得同等重要。章学诚则针对人们过于拘泥于史书体例而提出"史不拘例""因事命篇"，既要讲求体例，又不能拘泥于体例。这都对中国古代史书的编撰起了推动作用。

在史书编撰中讲究体例，是中国史学的古老传统。中国古代较早的史学著作《春秋》就很注意体例，注重"属辞比事"，形成了"春秋笔法"；司马迁将先秦各种处于萌芽中的体裁加以改造而归于一书，著成《史记》，创造了纪传体的体例，分本纪、世家、表、书、列传五体，班固《汉书》和范晔《后汉书》则发展和完善了纪传体体例；荀悦著《汉纪》"通比其事，例系其年"，袁宏著《后汉纪》连类而举，重视叙述人物，发展了编年体史书的体例等，都是重视史书体例的表现。中国史书体例名目之多，远在体裁之上，最为重要的有断限、标目、编次，如何记时、记地、记人，载言、载文、征引、议论、注释、附录等。其中，断限、标目和编次，是关于史书内部的组织结构问题，决定史书的框架和层次安排；记时、记地、记人，载言、载文、征引、议论、注释、附录等，是关于史书内容的具体表述要求和写作技巧问题。一部史书应有统一的体例，这是反映完整的史事、贯彻作者著述思想的表现形式。

——断限，指史书内容的时间范围，即史书所记史事的起讫年代。不论编撰通史还是断代史，都有一定时间范围的限定，这是修史中不可忽视的问题。《春秋》记事上起鲁隐公元年（前722），下至鲁哀公十四年（前481），这就是《春秋》的断限。司马迁《太史公自序》云："余述历黄帝以来至于太初而讫，百三十篇"，明确交代了《史记》的断限。中国古代史学家十分重视著史的断限问题，刘知几《史通》专辟"断限"一篇作了详细论述。

——标目，即标出史书各部分的题目。这是史书编撰中的一个重要问题。首先，标目是对全书各部分主要内容和思想观点的高度概括，要求准确恰当，反对含混不清或名实相违。其次，标目是全书的眉目，要求简明扼要、引人注目。

——编次。编次与标目密切相关,包括对史书的内容分门别类和确定各部分的编排顺序。分类是否恰当、编排次序是否合理,直接影响史书质量的高低。史书的编次并不是单纯的技术性问题,它也直接反映了作者的历史见解。如杜佑《通典》分历代典制为九大门类,就是以"将施有政"为依据,按照治国的轻重缓急,由本到末、由内到外的次序进行编排的,体现了其内在的逻辑性,反映了杜佑卓越的历史见解。中国古代史学家在编次问题上多受正统观念影响,今天当从历史实际出发,把历史方法与逻辑方法结合起来。

——记时。时,即时间。时间因素的叙述在史书编撰中十分重要,因为任何历史都可以看作一个时间上的连续过程。严格按照时间顺序来考察历史的发生、发展及其规律,是历史学研究的一个重要特点。故在历史编纂中一方面要提供叙述历史实事的时代背景,另一方面必须按照时间因素来组织历史材料、揭示历史发展的内在联系。时间因素是史学的基础,如果离开了时间因素的叙述,任何历史记载都将失去其存在的意义。

——记地。地,指地点(空间)。一切历史活动,既有时间上的连续性,又有空间上的广延性。因此,在史书的编著中记时与记地具有同等重要的意义。中国古代史学家在这方面已经积累了许多宝贵的经验,如写人记事注意交代具体地点,重视历代政区建置及其沿革的记载,甚至对记地问题有了更宏观的认识,认为历史的发展都不同程度地受地理条件的影响等。

——记人。人是社会活动的主体,是历史的创造者。任何历史记载都离不开对人物的记载,只是不同体裁的史书对人物的处理有着不同的要求,但都把人物和一定的历史时代相联系,都力图通过人物来展现某一历史时代的社会面貌。因为任何个人都不可能脱离时代和社会而生活。纪传体史书本身更是以记载人物活动为中心的。今天在历史编著中来记述历史人物,又有新的时代要求,尤其要正确处理好写个人与写群体的关系,既写个人的传记,也要写群体的历史;既要写劳动群众,又要突出有代表性的历史人物等。[1]

——载言与载文。言指历史人物的语言,文指当时人写成的文章和著作。在编纂史书时,适当地引用历史人物的语言或选录当时人的作品,不仅有利于表现人物,也有益于反映某些时代风尚。载言、载文的原则要求是精当。"精",指运用历史人物的语言、文章要少而精,不可滥用。尤其是载文,更应当精选,切忌冗长繁杂。"当",指选用的语言、文章要恰当,要有助于叙述史事,描写

---

[1] 吴泽. 史学概论[M]. 合肥:安徽教育出版社,2000:219.

人物，或者有助于反映时代特征和社会风气。①

——征引。征引是指对史料或他人有关言论的引证。征引方式一般有"明引"和"暗引"。"明引"，即直接引用史料原文或他人议论的原话；"暗引"，即"略其文而用其意"。无论哪种方式的征引，都以忠于原文或原意为原则，都要求扼要精当，反对断章取义、曲改比附。

——议论。议论是史学家对史事或人物发表的评论。这在中国有着古老的传统，《左传》的"君子曰"、《史记》的"太史公曰"、《汉书》的"赞曰"、陈寿《三国志》的"评曰"、欧阳修《新五代史》的"呜呼"等，都是作者对有关史事和人物的总结、评议，具有归纳总结、画龙点睛的功用，充分体现了作者的立场、观点和思想感情。从形式上看，议论有篇前论、篇末论和夹叙夹议的篇中论。

——注释。注释是对史书正文的一种补充，或解释史书原文，或补充正文疏漏，或考异史事真伪，或自注或他注。都以重应用为原则，为读者指示阅读古籍的正确门径，力避空泛的议论和僵死的概括。

在中国史学发展史上，一方面，各种史书体裁之间相互扬弃，不断产生出新的体裁。另一方面，每一种史书体裁均自成体系，其内部的体例结构不断丰富和完善，如编年体从《春秋》到《资治通鉴》，纪传体从《史记》到《清史稿》，典制体从《通典》到《文献通考》《清朝续文献通考》，纪事本末体从《通鉴纪事本末》到《明史纪事本末》等，都在体例上有很大的发展和变化，从而不断适应社会发展和时代进步的需要，满足了日益丰富的历史内容之表述要求。也呈现出辩证发展的规律。"一部史书，只有具备了恰当的体裁和严谨的体例，才能从容地反映出所记史事和人物的面貌。"②

第三节　名与实之争

与史书体裁体例密切相关的是史学中的名与实之争。名，即名称、名声、名义；实，即实际、实质、实在。名与实本是中国古代哲学的一对重要范畴，主要揭示理论与实践、名称与实际、形式与内容的关系。中国古代史学批评家将其引入史学批评，旨在阐述史著形式与内容的关系。这也是历史编纂学的一

---

① 白寿彝. 史学概论［M］. 银川：宁夏人民出版社，1983：177.
② 瞿林东. 中国简明史学史［M］. 上海：上海人民出版社，2005：151.

个重要问题。

　　史著的形式主要是指史书的体裁和体例。史著内容的决定和制约了史书的体裁和体例，有什么样的史著内容，就有什么样的史著体裁和体例。而史著内容，取决于史学家对社会历史现象的认识，是史学家对大量史料进行精心研究的结果。由于人们对历史的研究和认识是不断发展变化的，因而史著的体裁和体例也不是固定不变的。先秦时期，史学研究内容只限于帝王的言行，因而人们把历史看作一个时间上的连续过程而大多采用编年体来记载；汉朝开始，随着以生产活动为中心的各种人类实践活动的发展，史学研究的内容和范围不断拓展，出现了综合记载历史的纪传体；在此后的历史发展中，每当一种新生事物出现，史著形式总是或多或少地发生了相应的变化。同时，史著形式又具有自己的相对独立性，一是史著的内容总是随着社会生活的变化而不断地变化，而史著形式一经确立便具有相对的稳定性，会在一定时期内保持不变。二是形式表现内容具有一定的灵活性，不同的历史内容可用同一种史著形式来反映，而同一历史内容也可用不同的史著形式来表现。三是形式对内容具有一定的反作用，形式适应内容需要，就能充分、恰当地反映内容；反之，则有损内容的表现。这三个方面都已被中国史学发展史所充分证明。

　　古往今来，名与实有相统一的时候，故有名副其实、实至名归、名不虚传之称；也有相分离的时候，故有名不副实、名存实亡、徒有虚名之喻。春秋战国时期，"礼崩乐坏"，名与实相分离，名存实亡的现象极为普遍，于是孔子提出："必也正名乎！""名不正，则言不顺；言不顺，则事不成；事不成，则礼乐不兴；礼乐不兴，则刑罚不中；刑罚不中，则民无所措手足。故君子名之必可言也，言之必可行也。君子于其言，无所苟而已矣！"① 试图以"正名"来纠现实之偏，调整好社会关系，恢复原有的伦理秩序。墨子则提倡"取实予名""以名举实"②。孔子之重"正名"与墨子之重"取实"，形成对立的、难以调和的局面。于是乎，"名与实"之争在春秋战国时期即形成了名实大论战、名辩思潮，对后世产生了深刻影响。

　　刘知几将名与实这一哲学范畴引入史学批评，是为纠偏，纠史学编撰中"名实无准"的弊端，以规范史著的形式和内容。他说："孔子曰：'唯名不可以假人。'又曰：'名不正则言不顺'，'必也正名乎！'是知名之折中，君子所

---

① 论语：子路［M］//杨伯峻．论语译注．北京：中华书局，1980：133-134.
② 墨子：小取［M］//孙诒让．墨子间诂．北京：中华书局，1986：379.

急。况复列之篇籍，传之不朽者邪！"① 刘知几十分重视史著形式，认为"史之有例，犹国之有法。国无法，则上下靡定；史无例，则是非莫准"②。《史通》一书，主要讲的是历史编纂学，即史著的形式。《六家》《二体》篇，从史书的内容和形式上阐述史学的起源，《杂述》篇讲史学发展的多种形式；《载言》《本纪》《世家》《列传》《表历》《书志》《论赞》《序例》《题目》《断限》《编次》《称谓》《序传》等篇，以纪传体史书的结构、体例为主讨论史书的表现形式；《采撰》《载文》《补注》《因习》《邑里》《言语》《浮词》《叙事》《核才》《烦省》等篇，讲史书的编撰方法和文字表述要求；《品藻》《直书》《曲笔》《鉴识》《探赜》《模拟》《书事》《人物》《点烦》等篇，讲史著撰述的原则等等。

　　刘知几提出，"名以定体，为实之宾，苟失其途，有乖至理"，③ 强调必须"名实相允"④。坚持名由实定，实是第一位，名是到二位，是很正确的。为了改变史书编撰中"名实无准"的现象，刘知几先从概念上对史体、史例、史目、称谓等进行了界定，如《载言》篇云："古者言为《尚书》，事为《春秋》，左右二史，分尸其职。"界定《尚书》为记言体、《春秋》为记事体。《本纪》篇云："盖纪者，纲纪庶品，网罗万物。考篇目之大者，其莫过于此乎？及司马迁之著《史记》也，又列天子行事，以本纪名篇"；"盖纪之为体，犹《春秋》之经，系日月以成岁时，书君上以显国统"；"又纪者，既以编年为主，唯叙天子一人。"从三个方面界定了"本纪"，即"本纪"是帝王的传记，是按年月顺序编撰的帝王大事记。《世家》篇云："案世家之为义也，岂不以开国承家，世代相续？""盖欲抑彼诸侯，异乎天子，故假以他称，名为世家。"即"世家"是记那些开国承家、世代相续的诸侯王的。《列传》篇云："夫纪传之兴，肇于《史》《汉》。盖纪者，编年也；传者，列事也。编年者，历帝王之岁月，犹《春秋》之经；列事者，录人臣之行状，犹《春秋》之传。《春秋》则传以解经，《史》《汉》则传以释纪。"即"列传"是人臣之传，是用来补充说明本纪的。在界定这一系列概念后，刘知几就运用"求名责实""考名责实""循名责

---

① 刘知几. 史通通释：卷四：称谓［M］. 浦起龙，通释. 王煦华，整理. 上海：上海古籍出版社，2009：99.

② 刘知几. 史通通释：卷四：序例［M］. 浦起龙，通释. 王煦华，整理. 上海：上海古籍出版社，2009：91.

③ 刘知几. 史通通释：卷四：题目［M］. 浦起龙，通释. 王煦华，整理. 上海：上海古籍出版社，2009：85.

④ 刘知几. 史通通释：卷四：称谓［M］. 浦起龙，通释. 王煦华，整理. 上海：上海古籍出版社，2009：100.

实"的方法对史著内容和形式进行系统考察,力求纠正史中"为例不纯""名实无准"等弊端,这确实有利于规范史书的编纂形式。如批评《吕氏春秋》(吕不韦)、《楚汉春秋》(陆贾)"惟次篇章,不系时月,此乃子书杂记,而皆号曰春秋",以及《魏略》《梁史》"巨细毕载,芜累甚多,而俱榜之以略"都是"名实不副";批评"班固撰《人表》,以古今为目。寻其所载也,皆自秦而往,非汉之事。古诚有之,今则安在?"① 等,都有积极的意义。但这种以事先确定的概念为尺度反过来衡量评论对象,检验其是否名副其实,则过于拘泥,无疑是强求事实迁就概念,缺少灵活变通,具有极大的局限性。如指出《尚书》记言又记事,"为例不纯"②;司马迁立《项羽本纪》《陈胜世家》及为帝王之先世立本纪等,"疆理不分""再三乖缪""有乖名实"③ 等,则是不足取的。可见,刘知几将"名与实"引入史学批评领域,用以揭示史著形式与内容的关系,具有重要的理论贡献。尤其是刘知几在中国史学史上第一次对唐初以前的史书体裁体例进行了系统而完整的研究总结,推动了中国古代史学的发展和繁荣,其功伟烈。但其名实观却自相矛盾,其对史籍的评价也是得失相参。对此应以辩证的态度来加以认识。

相比较而言,清朝章学诚提出"史不拘例""因事命篇",强调史学家修史不应该为"成法""类例"所拘而失去创新。追求"体圆用神",使史书形式和内容相互统一、相互观照。主张内容决定形式,形式要适应内容,所谓"夫史为记事之书。事万变而不齐,史文屈曲而适如其事,则必因事命篇,不为常例所拘,而后能起讫自如,无一言之或遗而或溢也"④,发展了刘知几名实观的积极方面,具有重要理论意义和现实意义。

第四节　继承与创新的自觉意识

时代学术思潮的变化深深地影响了历史编纂学的发展,这是不言而喻的。

---

① 刘知几. 史通通释：卷四：题目 [M]. 浦起龙, 通释. 王煦华, 整理. 上海：上海古籍出版社, 2009：85.
② 刘知几. 史通通释：卷一：六家 [M]. 浦起龙, 通释. 王煦华, 整理. 上海：上海古籍出版社, 2009：2.
③ 刘知几. 史通通释：卷一：本纪 [M]. 浦起龙, 通释. 王煦华, 整理. 上海：上海古籍出版社, 2009：33-34.
④ 章学诚. 文史通义校注：内篇一：书教下 [M]. 叶瑛, 校注. 北京：中华书局, 1994：52.

而在中国史学发展进程中，有一股来自史学内部的自主继承和创新的强烈意识，也在推动史学的发展。这种意识，在我国历史编纂学发展中体现得尤为明显。

一个时代的史学家，总是受到时代的支配，同时又要超越时代的限制。他们一方面主动传承前代学者的思想认识，另一方面又不满意前代以来形成的现实，总要设法超越前代。正是这种继承与创新的自觉意识，推动了历史编纂学的进步。

我国古代不仅史书体裁丰富多彩、历史悠久，而且有重视史书体裁创新的良好传统。表现为新史书体裁的创立、旧有史书体裁的创新发展，以及史书内容、编纂思想的创新等，每一次创新和发展，都离不开对既有史书体裁的认真研究总结和批判继承，否则便无从谈创新。编年体是我国古老的史书体，它的产生就综合和借鉴了之前的记言、书事的记载形式；纪传体的创立，就是司马迁将先秦各种处于萌芽状态的史书体裁加以研究总结、加工改造而归于一书的结果（包含借鉴编年体之长）；纪事本末体的创立，既吸收了编年、纪传二体之长，又克服了二体之缺，是南宋袁枢在研究总结编年、纪传二体的基础上，继承刘知几、皇甫湜"尽事之本来"的撰述思想而创立的，因事命篇，各详起讫，"文省于纪传"而"事豁于编年"；① 典制体则渊源于上古的《尚书》和"三礼"，上承纪传体史书中的"书志"等。甚至荀悦、司马光等对编年体的改进和发展，班固、范晔等对纪传体的改造和规范……无一不蕴含着对既有史书体裁的研究总结和借鉴。可以认为，中国古代史书体裁继承、创新和发展的历史，就是一部对史书体裁研究的历史，这种研究实践充分体现了历代史学家自觉继承和创新的强烈意识。

在中国史学发展史上，一方面，各种史书体裁之间相互扬弃，不断产生出新的体裁；另一方面，每一种史书体裁均自成体系，其内部的体例结构不断丰富和完善，适应了社会发展和时代进步的需要，满足了日益丰富的历史内容之表述要求。中国古代历史编纂学呈现出辩证发展的规律，各种史书体裁的创立、创新和发展，反映了中国史学不断发展的历史。换言之，中国古代史学发展史，从某种意义上说，就是一部历史编纂学辩证发展的历史。而其中史注体、史评体、史考体、学案体等的出现，本身就是我国古代史学研究深入发展和研究水平提高的重要表现与直接后果。这种对以往史学的总结、研究、审视和回顾，

---

① 章学诚．文史通义校注：内篇一：书教下［M］．叶瑛，校注．北京：中华书局，1994：51．

又能动地推动着史学的发展和繁荣。中国古代历史编纂学辩证发展的历史，反映了古代史学家继承与创新的自觉意识，而史学家继承与创新的自觉意识无不受时代发展的影响。归根结底，历史编纂学的变革发展是社会发展的表现，是时代特色的反映。社会的不断发展变化，导致人们对历史的研究和认识也在不断变化，史著的编纂形式和方法必然随之发生变化。

第二章

编年体和纪传体

第一节 编年体

编年体，是以时间线索为中心，按年月顺序记事的史书体，这是我国最早出现的史书体裁。《隋书·经籍志》史部分类中，编年体曾以"古史"为目，从《旧唐书·经籍志》和《新唐书·艺文志》开始，才将"古史"类改为"编年"类，此后历代因袭之。编年体，是中国古代重要的史体之一，几乎与纪传体并驾齐驱，封建统治者甚至认为"编年、纪传，均正史也"，但因"班马旧裁，历朝继作；编年一体，则或有或无，不能使时代相续"。① 所以，编年体未能取得正史的荣誉。尽管如此，先秦以来，我国历代史学家仍然撰写了大量编年体史籍，其间有通代编年史，也有断代编年史，足以系统地反映我国古代治乱兴衰的政治史，也记录了众多古代经济、文化等方面的重要史实。因而，认真总结和研究编年体史书的发生、发展及其规律，了解和掌握这类书的基本情况，对继承我国古代文化遗产和深入研究祖国历史，具有十分重要的意义，对今天的史书编纂实践也具有借鉴和启迪。

一、编年体源流

（一）编年体的产生——先秦时期

在"三大史体（编年体、纪传体、纪事本末体）"中，以编年体的历史最为悠久，早在先秦时期，我国编年体史书就已萌芽起步了。《汉书·艺文志》记载："古之王者，世有史官，君举必书"，"左史记言，右史记事，事为《春秋》，言为《尚书》"。古之"春秋"含义较多，其中最普遍的一个义项便是编

---

① 永瑢，等. 四库全书总目：卷四十七：史部：编年序 [M]. 北京：中华书局，1965：418.

年史的代称。"春秋"之作,"其先出于三代,按《汲冢琐语》记太丁时事,目为《夏殷春秋》"①。依刘氏之说,大约在商周时期就已经有"春秋"之作了。可惜商朝及其前的编年史书未能流传下来。

春秋战国时期,编年史书逐渐增多。《左传》记载:晋国韩宣子聘鲁,"见《易》《象》与《鲁春秋》"②。墨子也明确提到"吾见百国《春秋》",如"周之《春秋》""齐之《春秋》"等。③ 孟子曾说:"晋之《乘》,楚之《梼杌》,鲁之《春秋》,一也。"④ 可见,这一时期除周王室拥有"春秋"外,各诸侯国已有名目繁多的编年体史籍。由此推知,先秦时期编年体史书已经产生,并获得了较大发展,几乎独霸当时的史坛,成为当时的史学主流。遗憾的是,秦朝以后,特别是秦始皇焚书,使"先王坟籍,扫地皆尽",⑤ 一度活跃于史坛的"百国春秋"几乎绝迹,有幸流传下来的编年史只有《春秋》《左传》《公羊传》《谷梁传》《竹书纪年》(辑本)等寥寥数种。

《春秋》是我国现存第一部真正意义上名副其实的编年体史书,由孔子依《鲁春秋》并博采列国"春秋"修订而成。孔子修《春秋》的政治目的,是欲以记载历史变迁的史事来教育子弟和后世,同时,用史籍记载的事实来惩罚乱臣贼子,恢复正常的社会秩序。孔子开创了私人修史之风,并第一次提出了事、义、文的概念,为中国古代史学理论奠定了基础。所谓"事",是指史实;"义"是指修史的宗旨、观点;"文",是指表达观点、记载史实的文字。

"义"的核心是修王道、正名分。子曰:"天下有道(秩序),则礼乐征伐自天子出;天下无道,则礼乐征伐自诸侯出。自诸侯出,盖十世希不失矣;自大夫出,五世希不失矣;陪臣执国命,三世希不失矣。天下有道,则政(政权)不在大夫。天下有道,则庶人不议。"⑥ 这是对《春秋》之"义"的最好注解,也是孔子一生为之奋斗的最高政治理想,王道就是他的理想国。而欲修王道,则必先正名分,即规定各种身份不同的人应该干什么、不应该干什么。"必也正名乎!""名不正,则言不顺;言不顺,则事不成;事不成,则礼乐不兴;礼乐不兴则刑罚不中;刑罚不中,则民无所措手足。故君子名之必可言也,言之必

---

① 刘知几. 史通通释:卷一:六家[M]. 浦起龙,通释. 王煦华,整理. 上海:上海古籍出版社,2009:6-7.
② 左传:昭公二年[M]//杨伯峻. 春秋左传注. 北京:中华书局,2009:1226.
③ 墨子:卷八:明鬼下[M]//孙诒让. 墨子间诂. 北京:中华书局,1986:204-211.
④ 孟子:离娄下[M]//杨伯峻. 孟子译注. 北京:中华书局,2006:192.
⑤ 魏徵,等. 隋书:卷四十九:牛弘传[M]. 点校本二十四史修订本. 北京:中华书局,2019:1464.
⑥ 论语:季氏[M]//杨伯峻. 论语译注. 北京:中华书局,1980:174.

可行也"①。"君君、臣臣、父父、子子",为君不君,为臣不臣,乱之本也。②反映了其鲜明的等级思想和伦理观念。

《春秋》注重"属辞比事"。"属辞"是强调辞达,突出重点,字斟句酌,做到"文约指博"又"婉而成章",往往用最简单的文字表达对事件性质、人物善恶的基本看法。如同记战争,有"侵""入""战""伐""灭"等概念,潜师掠境为"侵",造其都城为"入",声罪致讨为"伐",两军相接为"战",毁其宗庙社稷为"灭"。又如,同记杀,有"诛""弑""杀"之别,杀有罪者为"诛",臣子杀君父为"弑",处死无罪者为"杀"。字里行间,蕴含微言大义、暗寓褒贬。"比事",即排比史事,并通过史事的排比来体现其宗旨,记事的多寡详略,均与名分有关,凡事关纲常伦理,虽细微而不遗漏;反之,事虽大也未必记载。总之,孔子变记注为编修,按照自己的史观和方法取舍材料,把死的历史变成了活的历史,无疑是中国史学发展史上的里程碑,对后世史学的发展进步有着重要的推动作用。

当然,《春秋》的局限也是明显的,一是惩恶劝善与亲亲尊尊思想的矛盾冲突。一方面要修王道、正名分,维护封建等级制度和社会秩序,另一方面又充斥"天王狩于河阳""公薨"之类的曲笔之辞,反映了孔子褒贬人物的不彻底性;二是文辞之间体现褒贬,往往束缚作者思想,限制对史实的详细记载,最终有害史书的史料价值;三是"文约指博"的要求,必然造成记事过于简略,使圣人思之,"十年不能知也"。《春秋》常常一条一事,或一条十数字,最多的一条仅45字。共记242年的历史,仅有18000多字。

由《春秋》到《左传》,编年体有了突破性的发展。第一,改进了记事的方法。《春秋》只标事纲,不记具体内容,如同流水账簿;《左传》则以《春秋》为纲,原原本本叙述事件的起因、经过、结果,对人物形象、性格、行为、思想都有深刻的刻画和描绘。而且语言简明雅致,记事生动、真实、感人,读来脍炙人口,一扫《春秋》的枯燥无味。第二,叙事与论史相结合。《左传》不仅记事,而且带有政论,不仅记载了社会现象,而且揭示了历史的内幕,使人更深刻地看到了事件的本质。从而使《左传》成为叙事论史较成熟的编年史,这是其显著特点。《左传》论史的主要方式有三种:一是以"君子曰"直接发论;二是借用前人或伪托前人的话来发论;三是用当事人或有影响的人物的话来评论。这就改变了《春秋》一心追求"属辞"、微言大义的方法。第三,思

---

① 论语:子路[M]//杨伯峻.论语译注.北京:中华书局,1980:133-134.
② 论语:颜渊[M]//杨伯峻.论语译注.北京:中华书局,1980:128.

想性提高了。《左传》对人与神、王道与霸道、法治与礼治、变革与守旧等的认识，都比《春秋》进步得多。

纵观先秦时期，编年体史籍经历了一个从无到有、由简而繁、初步发展的阶段。它从萌芽状态的只言片语，发展到《左传》的洋洋18万言；从殷商时期只用干支记事，发展到东周的"百国春秋"。不仅内容日益丰富，著作数量也与日俱增，已粗具后世编年体的规模。编年史书之所以能从无到有、由少而多地发展，归根到底，离不开当时的社会背景。先秦时期，中国已进入铁器时代，生产力水平不断提高，文化事业也随之相应发展。第一，文化阶层日益扩大。东周以前，"学在官府""学不下移"。东周以后，文化垄断日益解体，私人讲学之风盛起，社会文化和教育开始流入民间。第二，文字著述的物质材料日益进步。殷商人使用的龟甲兽骨，基本上是纯自然物；西周金文则铸刻在经过特意加工的器物上；春秋战国时期竹木简策普遍应用。先秦编年史书正是在这些条件下日益发展起来的。

但是，先秦编年史问题较多，一是文字简约；二是逐条记事，前后不相联属。即便较成熟的编年史《左传》，也存在"记事却详，于道理便差"的毛病。《公羊传》《谷梁传》更是"于义理上有功，然记事多误"①。因此，从总体上说，先秦时期的编年体还处于萌芽起步阶段。

（二）编年体的发展——两汉魏晋南北朝时期

春秋战国时期，编年体史书已经奠定了自己的基础，尤其《左传》的产生，标志着编年体史书的改进和发展。两汉魏晋南北朝时期，编年体史籍在原有的基础上又获得了较大发展并日臻成熟。这一时期，造纸术的发明和普遍应用，为史学家修史提供了良好的物质条件。先秦时期的甲骨文、金文和竹木简策，不易书写，不易收藏、携带，使用不便，不利于史籍的发展；而用绢、帛作书写材料，价钱昂贵，难以推广。西汉发明了造纸术，经东汉蔡伦改进以后迅速推广开来，为史学的发展提供了前所未有的条件。这一时期，除两汉外，其他时期社会基本处于动荡分离的状态中，疆域分治，邦国林立，反而给学术文化带来了一个宽松自由的环境，于是自由竞争、私人修史蔚然成风。特别是自《史记》问世以后，纪传体史书虽然很快博得统治者的青睐，但仍未确立其"正史"地位，编年体得以与纪传体相互竞争，自由发展。自由竞争的学风，为编年体的发展提供了一个良好的学术环境。另外，秦汉以来，有文字记载的史料迅速增加，为史学家修史提供了充分的依据和营养，从而促进了整个史学（包

---

① 黎靖德．朱子语类：卷八十三：春秋［M］．北京：中华书局，1986：2152．

括编年体）的发展。其中尤其值得一提的是东汉荀悦的《汉纪》。

《汉纪》以班固《汉书》为基础改编而成，其编纂方法和别具特色的评论，在中国史学史上有一定的地位，梁启超称其为"现存新编年体之第一部书"①。《汉纪》的编纂特点有二：一是精于斟酌剪裁之功。叙事贯彻"撮其举要""务从省约"（选择要点和典型材料、尽力节省文字和压缩篇幅）的原则，把80多万字的《汉书》改编为18万字的《汉纪》，并完整保留了西汉王朝的重要典章制度、人物、事件，不愧为"简要之文"，足见作者"举要""省约"之功的精到。二是记叙与评论相结合。记叙史实，材料基本出于正史旧文，而史料编排却独具匠心，颇有开创之功。评论方式虽上承《左传》《史记》《汉书》等，却青出于蓝而胜于蓝，多得后人好评。范晔称其"论辩多美"；唐太宗称其议论深刻广博，探讨了治国之术和经验，充分阐明了处理君臣关系的道理。②

《汉纪》不但继承和发展了《左传》叙事、评论的方法，而且使之更加成熟、完善。《春秋》开创了编年体，《左传》改进了编年体，而《汉纪》则可视为编年体的成熟之作，它给编年体的发展开辟了通往顶峰的道路。《汉纪》对编年体发展的推动作用，一是完善了编年体的叙事之法。《汉纪》吸收了纪传体的优良编写方法，使编年体摆脱了刻板地按时间顺序记事的原始方法，创立了机动、灵活的记人、记事、记制度的新的编年记事方法，在兼顾时序本位的前提下，尽可能地写出重要人物的生平、重要事件的始末。记人物，采用追前叙后的方法，把纪传体长于记人的优良记叙法用于编年体的编纂中，这正是荀悦为编年体开拓的一条新路子。记事件，继承了《春秋》《左传》的"比事"方法，并进一步完善，"通比其事，例系年月"，用类分事件的方法，排比历史事件，形成了链索式的记事方法，运用得极为娴熟。《汉纪》还用附记法（以"是岁"提示），把一些无法考证确切时间的制度、人物、事件记入某年之末或之中，避免了史实的遗漏。二是完善了史论的方法。《汉纪》吸收了《左传》史论的三种方式，并在议论、说理、感情表达等方面做了创新，风格独具，从此奠定了编年体史论形式的基本格局。荀悦的评论，往往因人而发、因事而论，形式灵活机动，少则十多字，旨在点出问题，也有数十字、几百字，甚至长达八九百字或逾千字。内容以论汉王朝治国之本、兴亡成败之经验为主，多说理透彻、政见精辟，而且痛心、悲愤、切齿之恨常溢于言表。

---

① 梁启超．中国历史研究法：过去之中国史学界［M］//饮冰室合集（专集73）．北京：中华书局，1989：19．

② 刘昫．旧唐书：卷六十二：李大亮传［M］．北京：中华书局，1975：2388．

总之，两汉魏晋南北朝时期，由于具有良好的物质条件、学术环境，以及丰富的史料，编年体史籍获得了较大发展且日趋成熟。其主要标志是：

第一，这一时期编年体史籍数量丰富，往往一代之史众家竞修。如写晋史的编年家就有陆机、干宝、曹嘉之、习凿齿、邓粲、孙盛、刘谦之、王韶之、徐广、檀道鸾、郭季产等十一人，"或谓之春秋，或谓之纪，或谓之典，或谓之志，名各异，大抵皆依《左传》以为的准焉"。[1] 这一时期重要的编年体史籍有东汉荀悦《汉纪》30卷、东晋袁宏的《后汉纪》30卷、北魏崔鸿的《十六国春秋》102卷、梁裴子野《宋略》20卷等，对后世影响较大。

第二，这一时期的编纂水平逐步提高，日臻完善。首先，在史法上有创新。东汉荀悦提出著史有"五志"："一曰达道义，二曰彰法式，三曰通古今，四曰著功勋，五曰表贤能"；还有"十六条例"："有法式焉，有鉴戒焉，有废乱焉，有持平焉，有兵略焉，有政化焉，有休祥焉，有灾异焉，有华夏之事焉，有四夷之事焉，有常道焉，有权变焉，有策谋焉，有诡说焉，有术艺焉，有文章焉"[2]。晋人邓粲在史法上也有一定建树，他所著《晋纪》颇得史学家好评，流行当世。《文心雕龙·史传》曰："《春秋》经传，举例发凡。自《史》《汉》以下，莫有准的，至邓粲《晋纪》，始立条例。"可惜此书亡佚，无可查考。其次，在史义上有突破。"义"，是指"名教之本，帝王之义"，东晋史学家袁宏认为："今之史书，或非古人之心，恐千载之外，所诬者多。所以怅怏踌躇，操笔恨然者也。"[3] 从著述水平的角度来看，较之先秦是一个进步。遗憾的是，编年体的这种发展势头终因各种因素影响而未能善终。

（三）编年体的低落——隋唐时期

隋唐时期，是中国封建社会政治、经济高度繁荣并达于鼎盛时期，随之封建文化也发展到了高峰。我国古代史学正是在这一时期兴盛繁荣起来，在众多领域都取得了显著成就。如刘知几《史通》开创了史评体、杜佑《通典》创立了典制体、唐朝修成了"二十四史"中的8部等。偏偏编年体在这一时期出现了衰竭不振的局面，何以如此，主要有三方面的因素。

第一，编年体自身的局限性。隋唐时期，封建王朝高度发展，统治者尤其需要总结典章制度之优劣以"垂训鉴戒"，而编年体"详于治乱兴衰之迹，而略于典章经制，天文、地理、国典朝章，无所依附"，不能适应统治者垂训鉴戒的

---

[1] 刘知几. 史通通释：卷一：六家[M]. 浦起龙，通释. 王煦华，整理. 上海：上海古籍出版社，2009：11.

[2] 荀悦. 汉纪：卷首：汉纪序[M]//两汉纪. 北京：中华书局，2002：2.

[3] 袁宏. 后汉纪：卷首：后汉纪序[M]//两汉纪. 北京：中华书局，2002：1.

政治需要，因而得不到统治者的重视。

　　第二，纪传体体例上的优势和正史地位的确立。纪传体含纪、传、表、志等，刘知几云："《史记》者，纪以包举大端，传以委曲细事，表以谱列年爵，志以总括遗漏，逮于天文、地理、国典、朝章，显隐必该，洪纤靡失。"（《史通·二体》）。记人叙事，将政治、经济、文化等熔于一炉，浑然一体，网罗宏富，能够更好地体现统治者的政治意图。因而，纪传体地位日益上升，居于垄断史坛的地位。尤其《隋书·经籍志》首次将《史记》《汉书》等纪传体史书列为"正史"，使纪传体获得了至高无上的地位。相形之下，编年体受到排挤，史学家修史多宗纪传而弃编年。

　　第三，封建国家的文化专制。历史典籍"察往知来"和"垂训鉴戒"的功用历来为统治阶级所重视。因此，他们十分注意对史学阵地的控制，隋唐时期更是达到了空前的程度。特别是唐朝史馆修史制度正式确立，宰相监修、史臣记注，皆唯上司之意是从。史馆是封建王朝控制史学的一种官署，由官来写史，为官而写史，其目的是提供巩固统治的历史鉴戒，维护封建秩序，史馆的设置是封建文化专制主义加强的结果。由于隋唐时期统治阶级对史学阵地的严格控制，使私人修史急剧下降，不能很好地满足统治阶级垂训鉴戒政治需要的编年体随之陷入了低落时期。

　　总之，隋唐时期，我国古代编年体的发展陷入低落。从数量上看，这一时期的编年体史书见于《新唐书·艺文志》，有赵毅《隋大业略记》3卷、张太素《隋后略》10卷、柳芳《唐历》40卷、吴兢《唐春秋》30卷等20余种，但这些著作均已散佚殆尽；从内容上看，这一时期既没有先秦《春秋》《左传》一类的开创性著作，也缺乏两汉以来《汉纪》《后汉纪》《十六国春秋》之类颇具特色的作品；从规模上看，这一时期的编年史籍无法与先秦或两汉魏晋时期相比，更无法与同时期的纪传体等相比。可见，隋唐时期编年体史书在数量上和质量上均无重要建树，这一时期编年体史籍发展的总趋势是处于低落衰微之中。

　　（四）编年体的繁荣——宋元明清时期

　　宋元明清时期，编年史出现了空前繁荣的局面，迎来了自己的鼎盛时期。突出地表现出两大特点：第一个特点是编纂水平大大提高。这一时期最杰出的代表作是司马光的《资治通鉴》。司马光学识渊博，是继司马迁之后中国古代史学领域最伟大的史学家。所撰《资治通鉴》又得力于助手刘恕、刘攽、范祖禹等知名史学家的通力合作。《资治通鉴》编纂方法科学完善。先编"丛目"，

"稍与其事相涉者，即注之过多不害"①；再理出"长编"，"宁失于繁，毋失于略"；最后由司马光"定稿"，"研精极虑，穷竭所有，日力不足，继之以夜"。②因此，294卷之浩浩巨著犹如一气呵成。《资治通鉴》改进了叙事的方法。司马光"因丘明编年之体，仿荀悦简要之文"，又汲取和借鉴纪传体史书描写人物方面的特长，采用了多种叙事的方法，如提纲法、追叙法、连类法、带叙法等，将编年史的写作推进到了一个新的高度。司马光还改新了纪年，建立了考异的方法（《资治通鉴考异》）等。概而言之，《资治通鉴》的卓越贡献，一是创立了我国第一部叙事翔实完备的编年体通史。二是首创了集体编写、主编负责、助手分工协作、组织严密的编纂方法。三是第一次明确制定了编年史编纂的程序、选材标准和统一书法、体例的准则。四是完善了编年体史书的结构等。

第二个特点是编年史蓬勃发展。司马光的《资治通鉴》堪称中国古代编年体史籍发展史上的里程碑，将编年体史书的编撰水平推向了一个前所未有过的高度。由于《资治通鉴》一书质量上乘，影响深远，学习和研究《资治通鉴》一时蔚然成风，续（续写）、仿（仿制）、节（节本）、论（论述）、改（改写）、考（考订）、研（研究）、注（注释）等层出不穷，代不乏人，形成了一门专门的学问——通鉴学。从此，一度衰弱的编年体史书，又获得蓬勃发展。影响较大的著作有南宋李焘的《续资治通鉴长编》520卷，明薛应旂的《宋元资治通鉴》15卷，明王宗沐的《宋元资治通鉴》64卷，清毕沅的《续资治通鉴》220卷，以及宋刘恕的《通鉴外纪》10卷、刘时举的《续宋中兴编年资治通鉴》15卷、李心传的《建炎以来系年要录》200卷、徐梦莘的《三朝北盟会编》250卷，明谈迁的《国榷》100卷。

纵观宋元明清时期，在《资治通鉴》的影响下，编年体的发展又显示出了勃勃生机，发展速度之快、规模之大、数量之多、质量之高都是以往任何时代无法比拟的。毫无疑问，宋元明清时期是编年体发展的顶峰时期。

二、起居注和实录

除传统的编年体外，编年体史书还有一些分支，主要有：起居注、实录、长编、纲目。

（一）起居注和实录辩证

起居注和实录，均属于编年体范畴，二者与传统编年体史籍同源而异流。

---

① 司马光.司马文正公传家集：卷六三：答范梦得[M].上海：商务印书馆，1937：777.
② 司马光.资治通鉴：进资治通鉴表[M].北京：中华书局，1956：9607.

《四库全书总目·编年类》小序云："《隋志》史部有起居注一门，著录四十四部，《旧唐书》载二十九部，并实录为四十一部，《新唐书》载二十九部……稽其体例，也属编年，今并合为一，犹旧唐书以实录附起居注之意也。"起居注，是记录在位皇帝生活起居的言行录；实录，则是综计皇帝在位期间的大事记。二者自始至终都是以封建社会中的最高统治者皇帝为中心进行记录。因而，起居注和实录既有相似之处，又有不同之点。相似之处有四：一是记述内容都以皇帝为轴心；二是记述方式都以时间先后为顺序，所以都属于编年体；三是撰述者都为当时人奉敕编定；四是在写作形式上都属记注之作，在功用上都是古代撰写国史和正史的主要史料来源。所不同者有三点：一是记述范围有区别。起居注只记录皇帝言谈举止，范围较狭；实录则在记皇帝诸事之外，兼记一朝国政大事，范围较广。二是编纂水平有差异。起居注记录琐碎，记事混杂，言事相间，犹如流水账簿，仅是一些原始、初级的资料；实录则在起居注之基础上有所发展，一方面，内容比较丰富，是众采起居注、目录、时政记、诏令奏议、名人要事等写成。另一方面，体制年经事纬，汇总成编，十分接近传统编年史籍。三是在修撰时间上不同。起居注撰于当时，而实录则修成于后一代。当然，不论是起居注还是实录，在中国古代史学领域都有其积极意义。

（二）起居注的由来与发展

起居注起源很早。《左传》庄公二十三年云，"君举必书，书而不法，后嗣何观"；《汉书·艺文志》也曰："古之王者，世有史官，君举必书，所以慎言行，昭法式也。"杜预注《左传》对"君举必书"之"书"解释说"书于策"，这大约就是最初的起居注。据《周礼》所载，西周和春秋时期，周天子和各诸侯国国君身边，均有左、右史记其言动，"言则左史书之，动则右史书之"（或云"左史记言，右史记事"），大事记于简册，小事记于木牍。最早见于著录的起居注当推《隋书·经籍志》中的《穆天子传》，也名《周穆王游行记》，记述了当年周穆王驾驭八骏西经昆仑、会见西母王等事，全书共6卷。起居注真正定型并蓬勃发展，是在汉唐之际，自汉代开始，帝王皆"有起居注，日用动静之节必书焉"[①]，《汉书·艺文志》著录："《汉著记》一百九十卷"，唐颜师古注云："若今之起居注。"又有汉武帝时的《禁中起居注》，东汉明德马皇后所著的《明帝起居注》，以及《献帝起居注》。三国两晋南北朝，各帝王更为重视起居注的记注和修撰，除设专职官员掌修起居注外，还以政府名义组织人力汇

---

① 荀悦. 申鉴注校补：时事[M]. 黄省曾，注. 孙启治，校补. 北京：中华书局，2012：106.

编修饰成书，如裴松之、沈约、崔鸿、阳休之、魏收、柳虬等著名史学家或文人都参与过起居注的撰修，进而使这一时期的起居注成为历史学中的一个重要门类。所以才在《隋书·经籍志》中最早辟出了"起居注"这一类目，成为史部十三类之一（第五类），共著录起居注44部，1189卷，除《穆天子传》《汉献帝起居注》外，都是魏晋南北朝时期的起居注。

隋朝由于"朝廷播迁，图籍注记，多从散逸"①，见于著录的起居注仅《开皇起居注》60卷。唐朝起居注有了新的发展，开始分记事和记言两部分，以起居郎掌记事，"凡记事之制，以事系日，以日系月，以月系时，以时系年。必时书其朔日甲乙以纪历数，典礼文物以考制度，迁拜旌赏以劝善，诛伐黜免以惩恶"②；以起居舍人掌记言，"录天子制诰德音，如记事之制，以纪时政之损益"③。但唐朝起居注也由于安史之乱和兵火洗劫，存留至今的仅有温大雅《大唐创业起居注》一种。

五代有起居郎、起居舍人之设，甚至还专设起居院。但有名无实，设其位而虚其职，这种情况一直延续到宋初才置起居院于禁中，由起居郎、起居舍人分直崇政殿，别记言动，为起居注。然而，皇帝在正殿接见要臣时，记注官不得侍立，致使宋朝起居注难以备载当时的中枢机密。另外，宋朝规定：中央各机构的活动，凡有关封拜除改、沿革制置之事，须或隔五日，或隔十日，或隔一月，或隔一季而报送起居院，由起居院记入起居注。但供报缺漏、失实、延期等普遍存在，因此，起居注往往不能如期修撰，甚至缺略。宋朝起居注被作为重要档案而秘藏有司，故见于著录者极少，仅见《遂初堂书目》中的《孝宗起居注》，现存周密撰《乾淳起居注》（《说郛》本）、《玉海》中的淳祐《缉熙殿记注》。

元朝起居注"所录皆臣下闻奏事目"④，对皇帝的言行，反不记录，与前代起居注已大异其旨。

明朝初设起居注官掌其职，后以翰林院的修撰、编修、检讨等兼充记注起居，《万历起居注》至今尚存于世（藏于天津图书馆）。

---

① 魏徵，等.隋书：卷二六：百官上［M］.点校本二十四史修订本.北京：中华书局，2019：800.
② 李林甫，等.唐六典·卷八·门下省［M］.影印文渊阁四库全书：第595册.台北：台湾商务印书馆，1986：88.
③ 李林甫，等.唐六典·卷九·中书省［M］.影印文渊阁四库全书：第595册.台北：台湾商务印书馆，1986：97.
④ 孙承泽.春明梦余录：卷十三：皇史［M］.北京：北京古籍出版社，1992：162

清朝起居注有较严格的记载格式,在《清会典》中明确记载了其记载顺序:先载皇帝的起居,再依次记载谕旨、题奏、官员引见等。谕旨必须全载。题奏中奉旨依议及各部议奏报闻则不载。选授文武各官,不引见者不载,唯载奉特旨拣选者。记载起居注,要查对有关档案,以核实无误。每天所记起居注必须注明年月日及记注官的姓名,记完即入柜收藏,每月装订成册,满汉文各一,作为草本。然后,由总办记注官逐条查核增改,送翰林院掌院学士阅定。至次年再分月排纂,写上序跋,加盖翰林院印,方可藏入铁柜,年底再送入内阁大库收藏。清朝康熙以后的历代起居注都比较完整地保存于中国第一历史档案馆(其中康熙五十七年至康熙六十一年因起居注馆被撤而缺记),一部分藏于台北故宫博物院。

起居注之所以逐渐发展并确立类目,与皇帝重视、设官分治关系甚密。三国魏明帝太和年间,设著作郎,于掌修传统史籍之外,兼修起居注。西晋以中书著作郎兼掌起居注。北魏更于朝廷设起居注令史,以二人专修起居注。此后历代多所效仿,隋朝在内史省设起居舍人专司起居注。唐宋于门下省设起居郎,与中书省起居舍人分掌其事,将这一职司固定并完善起来。元朝以给事中兼修起居注,明朝也曾专设官员负责其事,清朝以翰林詹事等"旧讲官"兼任此职。由于设立专官,明确职守,为起居注的大量编撰创造了有利的条件,因而起居注之作连续不断,仅《隋书·经籍志》著录隋朝以前各代起居注就达53种。[①]可惜唐朝及以前的历朝起居注,除温大雅所撰《大唐创业起居注》3卷外,均已亡佚。唯唐至宋最为详尽,元、明以降,记述渐次简明,质量稍不如前。

(三) 实录的源流

实录是用编年记事方法专门为前朝执政皇帝编纂的史料长编,是编撰正史和编年史的底本,是介于记注和撰述之间的一种史籍编纂形式。"实录"一词,最早见于扬雄《法言·重黎》:"或问《周官》,曰:立事。《左氏》,曰:品藻。太史迁,曰:实录。"《汉书·司马迁传》说:"自刘向、扬雄博及群书,皆称迁有良史之材,服其善序事理,辨而不华,质而不俚,其文直,其事核,不虚美,不隐善,故谓之实录。"注称:"应劭曰:言其录实事。"可见,"实录"最初是指记事真实可信。但因司马迁《史记》一直被封建史学家尊为修史的典范,被扬雄、班固称为"实录",所以后世便有人以"实录"来名史,从而使"实录"逐渐成为一种记事的体裁。

实录的出现晚于起居注,欧阳修说:"实录起于唐也,自高祖至于武宗,其

[①] 李宗侗. 中国史学史 [M]. 北京:中国友谊出版公司,1989:7.

后兵盗相交，史不暇录。"① 王应麟说："实录起于萧梁，至唐而盛。杂取编年纪传之法而为之，以备史官采择。"② 又据《隋书·经籍志》记载，实录最早产生于南朝萧梁时期，见于著录的有周兴嗣撰《梁皇帝实录》3 卷（记梁武帝之事）及谢昊撰《梁皇帝实录》5 卷（记梁元帝的事情）等。实录起于南朝之梁当是可信的。周、谢二氏之后，实录之修历代相沿，直至清末，延续千年之久，使实录成为编年体体系中的一个特殊类别。

唐朝开始，设馆修史，实录的修撰也有了定规，即每一新君继位，都要诏令史官，根据前一皇帝的起居注、时政记、目录等书，重新加以汇总，修成一部前一皇帝的编年史，称为"实录"。此例一开，历代沿而不改，成为定制。自唐至清，历代都有实录，不仅数量丰富，编纂水平也大为提高。《新唐书·艺文志》著录的唐朝实录就有：敬播的《高宗实录》20 卷、《今上实录》20 卷，长孙无忌的《贞观实录》40 卷，许敬宗的《皇帝实录》30 卷，令狐德棻的《高宗后修实录》30 卷，韦述的《高宗实录》30 卷，武后《高宗实录》100 卷，魏元忠的《则天皇后实录》20 卷，吴兢的《中宗实录》20 卷，刘知几的《太上皇后实录》20 卷，韩愈的《顺宗实录》5 卷等。可惜经年历久，唐朝至元朝的实录仅幸存韩愈的《顺宗实录》5 卷和北宋钱若水等的《宋太宗实录》20 卷，余皆亡佚。所幸者，唐朝至元朝历代实录大多亡佚，但以往史学家多采入正史或引入编年史，如司马光《资治通鉴》称引不少唐朝各朝实录和五代实录。《旧唐书》本纪部分采引实录最多，《宋史》则多据宋朝实录和会要。加之唐韩愈《顺宗实录》保存完整（存于《韩昌黎文集》中），因此，我们仍可看到唐、宋、元等历朝实录内容、体例的大体情形。

明朝伊始，便于翰林院特设修撰、编修、检讨诸官，掌修国史，《明实录》就是明朝官修的编年体史料长编。从明太祖到熹宗十三朝都修有实录，计有 3045 卷，达 500 册，其中建文附太祖朝，景泰附英宗朝，思宗一朝为后人依谈迁的明朝编年史《国榷》补辑，"洪武实录"和"正德实录"后世曾改编过。清朝一代，曾专设实录馆，负责修前朝实录，且由大臣主持，皇帝御审"钦定"。实录修成后，一般按满、汉、蒙古三种文字缮写 5 份，分藏于北京皇史宬、内阁、乾清宫和沈阳崇谟阁。清朝实录，从清太祖（努尔哈赤）起，历太宗（皇太极）、世祖（顺治）、圣祖（康熙）、世宗（雍正）、高宗（乾隆）、仁

---

① 欧阳修. 宋本欧阳文忠公文集·卷一二四·崇文总目叙释［M］. 影印文渊阁四库全书：第 1103 册. 台北：台湾商务印书馆，1986：266.
② 王应麟. 玉海：卷四八：艺文［M］. 台北：大化书局，1977：49.

宗（嘉庆）、宣宗（道光）、文宗（咸丰）、穆宗（同治），直到德宗（光绪），凡十一朝实录，再加上《宣统政记》，影印122帙，共1220册。

（四）起居注和实录的价值与局限

实录和起居注仅属于记注之作而非著述之作，不免粗糙原始。但唯其"原始"，更显价值的珍贵。

第一，起居注和实录都是撰修正史和传统史籍（如编年体）的重要史料来源。高似孙说："实录之作，史之基也。史之所录，非籍此无所措其笔削矣。"①赵翼亦说："其总辑各实录事迹，勒成一家言，则又别有国史。"②吴缜《进新唐书纠谬表》说："暨五季天福之际，有大臣赵莹之徒，缀缉旧闻，次序实录，草创卷帙，粗具规模"，指出了唐实录与《旧唐书》的关系。

司马光修《资治通鉴》更是重视对唐实录的运用。他在《答范梦得》中指出，修长编必须先作丛目，作丛目的方法，首先是"将实录事目标出，其实录中事，应移在前后者，必已注于逐事下迄"。其次是"新旧唐书纪、志、传及《统记》《补录》并诸家传记小说以至诸人文集稍干时事者，皆须依年月注所出篇卷于逐事之下。实录所无者，亦须依年月添附"③。可见司马光是以唐实录作为丛目的底本，据此标出事目，注明关涉的各条史料来源，以便采择，足证实录对修史所起的重要作用。

第二，实录和起居注可补正史记载的缺漏。起居注和实录在文字上不甚修饰，但在内容上却要求详备，因而是修撰正史等的重要资料。然而，即便正史等传统史籍最大限度地采纳运用，也难以将起居注、实录囊括净尽，总是有所剪裁、有所舍弃。而且，取舍标准是从当时的需要出发，当时认为"有用"的东西，后世不一定"有用"。反之，当时被遗弃的"无用"之物，他时或许视为难求之史料。"有用"与"无用"是相对的。因此，起居注和实录的存在，具有弥补正史之功用。

第三，起居注和实录还可订正正史等传统史籍记载的讹误。起居注和实录大都是当代人所写的，具有原始性，史料价值较高。尤其起居注，一般除作者（史官）外，任何人不得接近，即使天子也不例外。"陛下若一见之，自此执笔

---

① 高似孙. 史略：卷三：实录［M］. 沈阳：辽宁教育出版社，1998：51.
② 赵翼. 廿二史劄记校证：卷十六：唐实录国史凡两次散失［M］. 北京：中华书局，1984：344.
③ 司马光. 司马文正公传家集：卷六三：答范梦得［M］. 北京：商务印书馆，1937：777.

者，须有回避，后世何以示信乎。"① 因而，史料真实可靠，能订正传统史籍中的一些错误记载。

当然，起居注和实录也有"不实"的缺陷。由于二者出自当时史官之笔，又是奉敕修撰，即使起居注在当时除作者外任何人不得接近，但在文化专制的封建时代，作者们"为尊者讳""为贤者讳"，"宁顺从以保吉，不违忤以受害"②的现象仍然存在，实录"不实"仍较普遍。史学家万斯同就明确指出：明代实录不可尽信。③ 史官们秉承统治者旨意，扬美隐恶，曲笔回护，记录不实之处较多。清实录在雍正至乾隆初曾改纂过太祖、太宗、世祖三朝实录，其后各朝实录也陆续奉皇帝旨多次修改，致使多处失实。

总之，起居注和实录是我国古代历史文化遗产的一部分，其性质属编年体史籍，对全面、深入地学习和研究古代历史具有较大的参考价值，但历代编撰较多而传世甚少，是古代文化的一大损失。

三、长编和纲目

长编和纲目，都是编年体的分支，在史学发展史上影响较大，甚至迄今仍有重要的现实意义。

（一）长编

长编方法创始于北宋大史学家司马光，本为司马光及其助手撰修《资治通鉴》的一个重要步骤（丛目、长编、定稿三步之一），后经南宋李焘的继承和发展，使之由一种写作步骤（程序或方法）一跃成为一种新的史学体制，再经李心传、徐梦莘的发展和完善，成为后世史学家尊奉的准则。这既有李焘的首创之功，又是长编法自身的特点所决定的。

关于长编法的基本特点，司马光在《答范梦得书》中做了详细说明，他说："其修长编时，请据事目下所该记新旧纪、志、传及杂史、小说、文集，尽检出一阅。其中事同文异者，则请择一明白详尽者录之；彼此互有详略，则请左右采获，错综诠次，自用文辞修正之，一如《左传》叙事之体也；此并作大字写出。若彼此年月、事迹有相违戾不同者，则请选择一证据分明、情理近于得实

---

① 赵翼. 廿二史劄记校证：卷十九：天子不观起居注 [M]. 北京：中华书局，1984：398.

② 刘知几. 史通通释：卷七：直书 [M]. 浦起龙，通释. 王煦华，整理. 上海：上海古籍出版社，2009：179.

③ 万斯同. 群书疑辨：卷十二：读太祖实录 [M] 续修四库全书本. 上海：上海古籍出版社，2002：623.

者修入正文，余者注于其下，仍有叙述所以取此舍彼之意（先注所舍者，云'某书云云'。'某书云云'，'今按某书证验云云'。或无证验，则'以事推理之云云，今以某书为定'；若无一考其虚实是非者，则云'今两存之'。其实录、正史未必可据，杂史、小说，未必皆无凭，在高鉴择之）。"又说："大抵长编宁失之繁，毋失之略。"① 其一，详尽搜集相关资料，并做系统全面的审察，为资料的鉴别和筛选奠定基础。其二，认真处理不同性质的材料，详辨虚实是非，尤重事理证据。"事同文异者，则请择一明白详尽者录之""彼此互有详略，则请左右采获，错综诠次，自用文辞修正之""若彼此年月、事迹有相违戾不同者，则请选择一证据分明、情理近于得实者修入正文，余者注于其下，仍有叙述所以取此舍彼之意"。其三，审慎对待官私著述。"其实录、正史未必可据，杂史、小说，未必皆无凭，在高鉴择之"，即要深入研究官私著述，以学术眼光和严肃态度"高鉴慎择"。其四，长编的总原则是详尽占有资料，"宁失之繁，毋失之略"。长编法的这些方法和特征，是《资治通鉴》成为千古名著的重要原因之一。

南宋史学家从形式上和治史精神上继承了司马光创制的长编法，又有所创新和发展，使之成为一种独立的史书体裁。李焘的《续资治通鉴长编》，李心传的《建炎以来系年要录》，徐梦莘的《三朝北盟会编》《建炎以来诏旨》及《靖康要录》等都是长编体编年史的代表作。

李焘的《续资治通鉴长编》，严格按照司马光由丛目到长编的写作程序，恪守长编法的义例和体制。一是充分收集资料；二是认真考辨取舍；三是悉用司马光所创义例。使《续资治通鉴长编》一书成为一部高质量的长编体当代史。"文简（李焘）以宋臣言宋事，独能断南、董之笔，授《春秋》之义，发愤讨论，使众说咸归于一，厥功不在司马氏下矣。"② "宋儒史学，以文简（李焘）为第一。盖自司马君实（光）、欧阳永叔（修）书成，犹有非之者，独文简免于讥驳。"③

徐梦莘的《三朝北盟会编》自称"其辞则因元本之旧，其事则集诸家之说，不敢私为去取，不敢妄立褒贬，参考折衷，其实自见"，"使忠臣义士、乱臣贼

---

① 司马光.司马文正公传家集：卷六三：答范梦得[M].万有文库本.上海：商务印书馆，1937：777.
② 孙原湘.天真阁集：卷四三：李氏续通鉴长编跋[M]//清代诗文集汇编.上海：上海古籍出版社，2010：459.
③ 朱彝尊.曝书亭集：卷四五：书李氏续通鉴长编后[M].上海：世界书局，1934：547.

子善恶之迹，万世之下不得而掩没也"①。他的做法是：其一，详尽罗列原始资料，以示记载之异同；于每年月记事之前先立目概括叙述，反映了作者的态度和倾向。其二，有意识地在目下罗列资料，"仍其旧""集其说"，使各种历史记载完整地呈现在读者面前，以见记载的异同。徐梦莘的做法，反映了他治史不囿于前人旧体的精神。

李心传的《建炎以来系年要录》，远承司马光，近学李焘之《续资治通鉴长编》，对长编有所发明和会心，使该书成为一部体例严谨、内容丰赡翔实的信史。一方面，李心传在动笔之前，广泛收集各种材料，《建炎以来系年要录》引书多达四五百种；另一方面，李心传严格遵守"高鉴慎择"的原则，"参之以事而无疑，考之以时而可据"，而后取之。②尤其对私家著述的研究用功极深，从不盲从或轻易否定，认真考其由来、核其曲直。"可削者辨之，可信者存之，可疑者阙之"，把长编体的发展推至极妙。《四库全书总目》评曰："文虽繁而不病其冗，论虽歧而不病其杂，在宋人诸野史中，最足以资考证……大抵李焘学司马光而或不及光，心传学李焘而无不及焘。"③

可见，李焘、徐梦莘、李心传等都对长编有所发展。长编在今天的史学研究和史书编纂中仍有重要借鉴和启示意义，研究者们在撰写著述之前，往往会先编一个"史料长编"或"资料编年"。

（二）纲目

纲目是编年史中演变出的一个分支，始于南宋朱熹的《资治通鉴纲目》。司马光的《资治通鉴》长达294卷，近400万字，鸿篇巨制，令人难以卒读，故朱熹"取司马温公编年之书，绳以《春秋》记事之法，纲举而不烦，目张而不紊"④。"盖表岁以首年，而因年以著统；大事以提要，而分注以备言"⑤，创立了一种新的史书体——纲目体。每叙一事，必先标列提要，以大字书写、顶格编排，叫作"纲"；其次叙述具体内容，用小字分注、低格编排，叫作"目"，故称"纲目体"。"纲"如《春秋》之为"经"，是对"目"（传）的提要；"目"如《左传》之为"传"，是对"纲"（经）的阐发叙述。这种体裁有纲有

---

① 徐梦莘.三朝北盟会编：自序[M].上海：上海古籍出版社，2019：1-2.
② 李心传.建炎以来系年要录：卷一六五：绍兴二十三年冬十月丁丑注[M].上海：上海古籍出版社，2020：318.
③ 永瑢，等.四库全书总目：卷四十七：建炎以来系年要录[M].北京：中华书局，1965：426.
④ 王懋竑.朱子年谱：卷二十八：卷一[M].台北：台湾商务印书馆，1982.
⑤ 朱熹.资治通鉴纲目：卷二十八：自序[M].北京：中国书店，2021：2.

目，条理清楚，简明扼要，是一种简化了的编年史体。钱大昕云："昔人所言'事增于前，文省于旧'，惟《通鉴》可以当之。朱文公之《纲目》虽因温公之书，无所增益，而义例谨严，犹能成一家之言。"①

纲目体有以下显著特点：一是重点突出。凡重要史实均大书提要，以区别于一般的史事。二是灵活方便。便于初学，便于普及，更便于作者在提要（"纲"）之下，对史实和义理进行充分发挥。从整体上看，全书的提要依次叙事，气势连贯；从局部上看，每一提要与其注文之间又互为表里，独立成章。每条注文的详略与否都不会影响史书的整体结构。梁启超认为："此法（纲目体）很容易，很自由，提纲处写断案，低一格作注解，文章上不必多下功夫，实为简单省事的办法。做得好，可以把自己研究的结果畅所欲言，比前法（《通鉴》）方便多了。虽文章之美不如前法，而伸缩自由，改动较易，为前法所不及"，"这体的好处，文章干净，叙述自由，看读方便。"② 三是有重要的垂训鉴戒的作用。南宋学者王应麟称"纲仿《春秋》而参取众史之长；目仿《左氏》而集合诸儒之粹……岁周于上而天道明，统正于下而人道定，大纲概举而鉴戒昭，众目毕张而几微著"③。清人胡克家《重刻元本资治通鉴序》曰："窃为史学家编年之有纲目，其书法褒贬，犹决事之谳断。"康熙、乾隆皇帝对此书评价更高，康熙不但下令将《资治通鉴纲目》译成满文，并亲自作序曰：其"纲仿《春秋》，目仿《左氏》，义例森严，首尾条贯，足以示劝惩而昭法戒。煌煌乎典章之总会，而治道之权术也"，自称"于《纲目》一书，朝夕起居之时，循环披览，手未释卷"④，亲自批注。乾隆即位之初，即规定乡试、会试策题"必令详引《纲目》中事迹人物"⑤，他说："编年之书，奚啻数十家百家，而必以朱子《通鉴纲目》为准。《通鉴纲目》盖祖述《春秋》之义，虽取材司马氏之书，而明天统，正人纪，昭鉴戒，著几微，得《春秋》大居正之义，虽司马氏有不能窥其藩篱者……自《纲目》成而义指正大，条理精密，后儒有所依据，

---

① 钱大昕. 潜研堂集：卷二十八：跋柯维骐《宋史新编》[M]. 上海：上海古籍出版社，2010：273-274.
② 梁启超. 中国历史研究法补编 [M]. 上海：上海古籍出版社，1987：170.
③ 王应麟. 玉海：卷四七：艺文 [M]. 台北：大化书局，1977：945-946.
④ 清实录：第五册：清圣祖实录：康熙三十年三月戊子 [M]. 北京：中华书局，1985：666.
⑤ 清实录：第九册：清高宗实录：乾隆元年五月甲寅 [M]. 北京：中华书局，1985：474.

踵而续之"①。以上道出了《资治通鉴纲目》着意仿《春秋》、尊正统、重名教及其对后世的影响。

正因如此,《资治通鉴纲目》一经问世,便备受推崇,风靡数代,经久不衰,使纲目体成为南宋以后最流行的一种史书体。据汤勤福先生统计,仅见于《四库全书总目》《千顷堂书目》和今人宋慈抱《两浙著述考》三书著录的纲目体史书,宋人6种,元人9种,明人44种,清人18种,时间不详者6种。② 如南宋陈均《九朝编年会要》、王幼学《资治通鉴纲目集览》、陈桱《通鉴续编》,明胡粹中《元史续编》、商辂《资治通鉴纲目续编》、南轩《资治通鉴纲目前编》,清康熙《御批通鉴纲目》、乾隆《御批通鉴辑览》和《通鉴纲目三编》、印鸾章《明鉴纲目》、杨陆荣《辽金正史纲目》、吴乘权《纲鉴易知录》等都是著名的代表作。近现代学者也用纲目体编写了不少史著,如:周维翰《西史纲目》、王国维《胡服考》和《汉魏博士考》、梁启超《中国文化史》、邓之诚《中华二千年史》、严耕望《唐五代时期之成都》、朱端强《万斯同与〈明史〉修纂纪年》等,都是纲目体优秀著作。

另外,朱熹《资治通鉴纲目》问世后,为其作注者也代不乏人。如南宋尹起莘的《通鉴纲目发明》、刘友益的《通鉴纲目书法》、汪克宽的《通鉴纲目考异》、徐昭文的《通鉴纲目考证》,明陈济的《通鉴纲目集览正误》、冯智舒的《通鉴纲目实质》等。更有明黄仲昭校刊本以7家注散入原书之内,流传至今。这些注本价值大小姑且不论,但对扩大纲目体的影响具有推动作用。

当然,朱熹首创纲目体时刻意仿效《春秋》和尊正统、重名教的著书宗旨等,也使纲目体史书的史料价值受到严重影响,今日当批判地给予继承。

四、编年体文献的价值和特点

编年体文献在中国史学史上具有重要的价值和特点(起居注、实录、长编、纲目的价值和特点见前述)。

第一,开创了编年体的编纂方法,对后世各种史书体裁有深刻影响。如纪传体吸收了编年体重视时序、"首年表事"、脉络清晰的优点,于纪传体中设"本纪",采用编年法,总述一朝的政治、军事、经济诸方面的重大事件;史评体吸收了编年体中的"史论"方法;纪事本末体、长编、纲目体更是直接由编

---

① 清实录:第十二册:清高宗实录:乾隆十一年闰三月丁巳御制明史纲目序[M].北京:中华书局,1985:407-408.
② 汤勤福.朱熹的史学思想[M].济南:齐鲁书社,2000:324-325.

年体演变发展出来的。甚至今天人们编写长编、纲目、大事记、年谱时仍在借鉴或沿用编年体的编纂方法。

第二，编年体文献具有"资鉴"和"讽教"的重要作用，在历史知识的传播和普及中具有特殊的作用，是学习和研究古代历史最直接、最简便的史书。

第三，历史线索清楚。编年体以时间为主线，史事与时间紧密结合，从而给人以明确的时间观念，容易明了史事发生和发展的时代背景及其因果关系。刘知几评曰："系日月而为次，列岁时以相续，中国外夷，同年共世，莫不备载其事，形于目前"①，即编年体以时间为序，可以将同年代同时期发生的各种大事统统揭示出来，编排井然有序，便于考见一个时代变迁之大势。

第四，内容简练，叙事不重复。编年体以"岁时""月日"作为记事之纲，"以事系日，以日系月，以月系时，以时系年"，年经事纬，避免了不必要的重复，节省了篇幅，具有"理尽一言，语无重出"的优点。② 因此，编年体适宜长编，时间愈长，记事愈多，部头愈大，就更能显示出编年体的这一优势。《资治通鉴》记事上起战国，下终五代，1362年的历史仅用近400万字、294卷的篇幅，是编年体史书编纂的最光辉的范例，文约事丰，贯通古今，更利于鉴前世之兴亡得失。

第五，适宜存录史料。作为中国历史上最古老的史书体裁，其起源于记注之业，亦最便于比次之功，编年体史书保存了大量珍贵的史料，如"长编""要录""会编"之类，至今仍是保存原始材料不可缺少的形式。如今天流行的"大事记"，实际上就是编年简史；"年谱"，更是个人的编年史。

当然，编年体文献也存在一些难以克服的缺点和不足。

第一，容易割断完整的史事。事件有大有小，有繁有简，无论大小繁简，从发生到结束都有一定的连续性。往往一件事或经数日数月，或历数年数十年乃至更长时间，按编年体来记述就不得不散记在数年或数十年之间，史事被自然分开，事件的前后联系被割断，造成"或一事而隔越数卷，首尾难稽"③，不利于读者了解完整的史事整体。所以，"编年体之纪述，无论若何巧妙，其本质总不离账簿式。读本年所纪之事，其原因在若干年前者，或已忘其来历；其结

---

① 刘知几. 史通通释：卷二：二体 [M]. 浦起龙，通释. 王煦华，整理. 上海：上海古籍出版社，2009：25.

② 刘知几. 史通通释：卷二：二体 [M]. 浦起龙，通释. 王煦华，整理. 上海：上海古籍出版社，2009：25.

③ 永瑢，等. 四库全书总目：卷四十九：通鉴纪事本末 [M]. 北京：中华书局，1965：437.

果在若干年后者，苦不能得其究竟。非直翻检为劳，抑亦寡味矣"①，即便像《资治通鉴》那样优秀的编年史书，采取了附记法、追叙法等加以补充叙述，也只能解决些局部问题，难以克服编年体与生俱来的这一重大缺陷。

第二，缺乏对国典朝章的记载。研究历史，离不开典章制度，无论是就封建统治者的治国安邦考虑，还是从后人反省历史、"古为今用"出发，国典朝章的意义都是十分重要的。然而，编年体文献长于反映政治上的治乱兴衰之迹，而略于揭示典章制度的沿革变迁，这正是编年体史书自身特点造成的一大弊端，使历代许许多多的典章制度无所依附。

第三，记事简略，史料不丰富，难以完整地反映社会情况。编年体年经事纬，能穷历史发展之梗概。但同年同时期发生的事情实在太多，不可能一一记载，更不可能一一详记。加之编年体史籍记事简略，必然造成众多史实被删节，不利于完整地反映社会情况。王安石称"《春秋》不过是断烂朝报"，是有一定道理的。直到司马光编著《资治通鉴》，才用"当初""初""当是时"等领引，进行"追述"或"插述"，在一定程度上弥补了编年体史书之不足。

第二节　纪传体

纪传体，是以人物活动为中心来叙事的史书体，这是继编年体文献之后崛起的一个极为重要的史体。纪传体萌芽于战国，确立于西汉，后经东汉班固改进和规范后，成为中国封建社会编修史书的典范，直至明清，久盛不衰、代代相承，是中国独有的史书体裁。

纪传体文献以司马迁《史记》和班固《汉书》为宗，历代蝉联而下形成了纪传体史籍系统，仅正史就积数26部，在中国史学史上享有崇高的地位。纪传体文献历史悠久、内容丰富、体例严谨、规模宏大，在全面反映中国历史和传统文化方面具有最大的典型性，理应去了解它、研究它、利用它，充分发挥其重要的现实意义。

---

① 梁启超．中国历史研究法：过去之中国史学界［M］//饮冰室合集（专集73）．北京：中华书局，1989：20.

一、纪传体源流

（一）纪传体的孕育和萌芽——先秦

纪传体是我国历史上最古老的史书体之一，为西汉司马迁所创立。但如果历史地去追踪溯源，纪传体却经过了一个孕育、萌芽、创立、规范和发展的历程。

商周时期，是纪传体史籍的孕育时期。这一时期有关历史记载的四要素——时间、地点、人物、事件始末已有所反映，并表现出日趋完善的态势，这为一切史籍特别是纪传体史籍的编撰提供了最起码的条件。

春秋战国时期，是纪传体史籍的萌芽时期。这一时期社会剧变，诸子纷争、士阶层兴盛，带动了历史学的大发展，出现了史论勃兴、新史层出的局面。如诸子史论、《左传》《国语》《世本》等史学名著和"百国春秋"不断涌现。特别是战国后期出现的《世本》，可以说是纪传体史籍萌芽的最显著的标志。

《世本》一书作者何人、成书何时，已难稽考。根据《史记·赵世家》"集解"征引，是书称赵王为"今王"，推知此书大约出于战国时赵王迁时期（公元前235—公元前228）的史官之手。

《世本》最早为西汉刘向校定，是两卷本，东汉时又有宋均《帝谱世本》和宋衷的《世本》注本，班固《汉书·艺文志》著录："《世本》，十五篇。"并自注云："古史官记黄帝以来，迄春秋时诸侯大夫。"其后《隋书·经籍志》《新唐书·艺文志》递相著录。唐朝以后，古本残缺，大约北宋年间，古本失传，宋《崇文总目》已不见著录。

今本《世本》，是后人从各种古书的引文中辑录而成的。最早是南宋高似孙在《史略》中著录的《古世本》，尔后清张澍著录《世本辑本》、王谟著录《世本辑本叙录》、秦嘉谟著录《世本辑补》。此外，还有清人钱大昭、孙冯翼、洪饴孙、茆泮林、雷学淇等都做过辑录工作。今本《世本》包括有：帝系、纪、世家、传、谱、居、作、氏姓、谥法等。其中"帝系"记载黄帝以来尧、舜、禹等古帝王的世系；"纪""世家""传"分别记载王、诸侯、卿大夫三种人的主要事迹；"谱"有"王侯谱"和"卿大夫谱"两种，"王侯谱"记载夏、商、周三代及鲁、宋、齐、卫、秦、晋、郑、陈、蔡、楚、韩、赵、魏、吴、燕、杞、滕、邾、郯等20国国君的世系，"卿大夫谱"专记各国卿大夫的世系；"居"记帝王都邑。"作"记重要的创造发明。"氏姓"记各姓氏的来源及世系。"谥法"阐述谥号的含义。由此观之，《世本》中的"帝系""谱"重在编年；

"纪""世家""传"重在记事;"居""作""氏姓"和"谥法"则具有后世史书中"志"的性质。通览《世本》,可谓时间上贯通古今,上起黄帝、下讫当世;内容上包罗万物,举凡人物、典志、表谱都有记叙,显示了社会生活的全貌。因而,《世本》已经是我国纪传体通史的雏形了。司马迁著《史记》创立了纪传体,分本纪、世家、列传、表、书等五体,即仿效于《世本》,甚至书中的具体内容也成了《史记》参考的重要资料来源。所以,《世本》的出现,对我国纪传体的创立和推动中国古代史学的发展都具有非常重要的意义。

(二) 纪传体的创立和规范——两汉

1. 纪传体的创立

纪传体的真正开创之作是司马迁《史记》,他写作《史记》的宗旨是:"究天人之际"——探讨天道与人事的关系;"通古今之变"——探究古今历史发展演变的趋势;"成一家之言"——形成有自己独立思想体系的一家之言。[①] 这里的"古"与"今",表明了他要考察的全部历史,并说明了"古"与"今"是有联系的,今天是由历史发展而来的,不能割断这种联系;"变",说明由古而今的历史进程是不断发展和变化的,人们的认识也应随之发展和变化;"通",则是表明他要把历史的变化作贯通的考察,以总结出历史发展变化的规律。所以,司马迁"网罗天下放失旧闻,王迹所兴,原始察终,见盛观衰""稽其成败兴坏之理",确立了以人物为中心的述史体系,写出了人在历史发展中的重要作用,从而决定了《史记》的结构和特点。

《史记》全书分为五体:12本纪、10表、8书、30世家、70列传,共130卷,52万多字。记事上起传说中的黄帝,下至汉武帝太初年间,反映了中国近三千多年的历史。《史记》所含五体虽然各有所本,非司马迁所始创,但司马迁借鉴《世本》体系,将先秦各种处于萌芽中的史体加以改造加工,归于一书,使之相互配合、各尽其用,成为一个完整的有机体,有利于从不同的角度来反映社会生活的全貌,为表述历史开辟了广阔的途径,这是司马迁的独创,是司马迁对中国史学的巨大贡献,充分反映了司马迁对历史发展的辩证认识。清人赵翼说:"司马迁参酌古今,发凡起例,创为全史。本纪以序帝王,世家以记侯国,十表以系时事,八书以详制度,列传以志人物。然后一代君臣政事,贤否得失,总汇于一编之中。自此例一定,历代作史者遂不能出其范围,信史学家

[①] 撰成有自己独立思想体系的史著,这只是司马迁"成一家之言"的一个重要方面。另一方面,是司马迁力图使史学摆脱附于经学的附庸地位,而成为意识形态领域里卓然自立的门类。这才是司马迁的宏大志向和追求。

之极则也。"① 此言极是。

《史记》五体不仅自成体系，而且浑然一体。其中，纪、表、书是全书的纲领。"本纪"提挈全书，其以王朝为次，用编年方法记述历代国家大事；"表"以时间为主，是联系纪、传的桥梁，用表格形式记载了各个时期重大历史事件发生的时间，以表明历史发展线索；"书"以制度为主，详记历朝典章制度的沿革发展。"世家"和"列传"则是对本纪、表、书所作的具体注释、补充和演绎。"可见史公创造力之雄伟，能笼罩千古也。"② 从历史编纂学的角度看，《史记》的突出贡献在于：一是确立了通史新体裁。在《史记》之前，《尚书》限于记载个别事件，《春秋》《左传》限于记载一个时代，《国语》《战国策》又限于地域。《史记》则上下贯通、包罗万象，是司马迁在前人的基础上加以组织、综合、发展和再创造而形成的纪传体通史体系。二是突出了人物在历史中的地位。司马迁强调人物在历史上的重大作用，突出了各种人物在文化创造上的功绩。他叙述人物，既不限于王侯将相，也不限于政治领域，而是涉及社会各阶层和各方面，既有帝王将相、富商贵族、官吏，也有教育家、哲学家、文学家，更有士、农、工、商、隐士、妇女、倡优、刺客、侠士及医卜、星相等。三是创立了完整的纪传体史书体例，成为后世正史的写作模式。四是树立了历史与文学相结合的典范。一方面，奠定了中国传记文学的基础，《史记》的本纪、世家、列传都是以描写典型历史人物为中心的人物传记，实为中国最早的传记文学作品。司马迁认真选材、精心剪裁和组织，通过生动的故事情节和通俗简洁的语言，深刻地刻画出人物的性格，塑造了各种人物的个性和典型性，反映了一定社会的复杂生活及其本质和面貌。另一方面，对后世散文影响巨大，《史记》之文雅俗并收，饱蘸情感，行文多用散行，挥洒自如，笔墨酣畅，简洁得当，豪放自然。后世历代文史大家如柳宗元、韩愈、苏轼、苏辙、苏洵、归有光、方苞等对《史记》的文章推崇备至。

2. 正史格局的形成

继司马迁《史记》之后，东汉班固撰成《汉书》，全书12帝纪、8表、10志、70列传，共100卷。上起汉高祖元年（前106），下至王莽地皇四年（23），记载了西汉王朝230年的历史。《汉书》沿袭《史记》，又有创新，不仅"断代为书"，而且对纪传体体例做了巨大而周密的改造工作。

---

① 赵翼. 廿二史劄记校证：卷一：各史例目异同［M］. 北京：中华书局，1984：3.
② 梁启超. 要籍解题及其读法：史记［M］//梁启超. 国学要籍研读法四种. 北京：国家图书馆出版社，2008：182.

第一，适应政治需要，"断代为书"，开创了"包举一代"的纪传体断代史体例。

班固博学多识，史学造诣很深，所处时代正是东汉前期，阶级矛盾相对缓和，社会生产力有了一定的恢复和发展。但各种尖锐的社会矛盾仍然存在，一是阶级矛盾并未消除。东汉政府并未解决农民的土地问题，大地主兼并土地仍很严重，因而农民的夺地斗争时有发生；二是统治阶级内部勾心斗角。东汉建立后，王室内部争权夺利的斗争日趋激烈，汉明帝时，夺权与反夺权的斗争连续不断。这些矛盾和斗争，使统治者越来越认识到，要稳定社会，减缓或防止各种矛盾的发展，不仅需要武力的镇压，更需要从思想上加强统治。尤其是统治者深深懂得，历史文献是治国的重要法宝，通过编撰历史，既可以反映当代统治者的政治意图，更能总结历史经验教训。所以，汉王朝尤其重视修史。班固正是在这样的历史条件下，遵明帝之旨，为"顺应天命，上承尧运"的汉朝编撰《汉书》的。

班固为了突出当朝，更多地反映本朝的利益，适应当时的政治需要，一改《史记》通史的做法而"断代为书"，以西汉皇朝兴衰为断限，突出了皇朝史的地位，内容恢宏，结构严谨。这样做具有便于著述、便于阅读、便于更好地体现统治者的意图，因此《汉书》一出，很快受到社会广泛认同，学术地位直线上升。由此而后，历代仿效，"二十六史"中，除《史记》是真正的通史外，其余基本上是断代史，纪传体断代史几乎成了"正史"的同义词，以致在古代史坛形成了"国史以纪传为准，纪传以断代为宗"的局面，足见班固首创纪传体断代史（皇朝史）的卓著功绩。

第二，整齐体例，确立正史楷则。

司马迁的《史记》发凡起例、参酌古今，开创了以人物为中心来叙事的纪传体史书体例，前无古人。但司马迁《史记》不免草创，在体例中仍有许多不尽完善之处。为此，班固撰《汉书》时，既因《史记》体例，又对其做了精心的组织和改进，使纪传体体例更严密、更整齐，以致后世史学家纷纷效法，以此作为修史的典范。

一是严密了本纪含义。本纪"系日月以成岁时，书君上以显国统"，是全书的纲领。《史记》和《汉书》都遵循"书君上以显国统"的原则，但在具体做法上，《史记》却不够严密。例如，汉朝第二位皇帝汉惠帝刘盈，17岁即位，因政治上不得意，母后独揽朝政大权，特别是吕太后残杀戚夫人和赵王之后，汉惠帝更是烦闷，忧郁成疾，不理朝政。因此，司马迁在《史记》中将汉惠帝当政数年间的史实统统纳于《吕太后本纪》之中。在《吕太后本纪》中又一再引用惠帝年号,这与本纪含义发生抵触,因为帝王年号是象征政权的标志。班固则认为,汉惠帝当政7年,"内修亲亲,外礼宰相",因而为刘盈增设了《惠帝纪》,把汉高祖刘邦死后、吕太后"称制"之前的国政大事置于《惠帝纪》中。吕太后是在汉惠帝死后,才"临朝行天子事,决断万机"①,在《惠帝纪》之后仍为吕太后立《高后纪》,记太后临朝8年的大事。这样安排,弥补了《史记·吕太后本纪》的不足,严密了本纪的含义,为后世史学家撰帝纪树立了榜样。

二是完善了表、志。《汉书》设"八表",其中《异姓诸侯王表》《诸侯王表》《王子侯表》《高惠高后文功臣表》《景武昭宣元成功臣表》《外戚恩泽侯表》六表取材于《史记》;新创《百官公卿表》和《古今人表》。《百官公卿表》较完整地记载了秦汉官制的沿革及汉朝公卿大臣的迁免,为后世《百官志》《职官志》《宰辅表》《官氏志》等开辟了道路,及时整理和反映了我国古代职官复杂的发展和沿革;《古今人表》记载了远古至楚汉之际的历史人物。

《汉书》设"十志",丰富和发展了《史记》的"八书"。其中有"六志"取材于《史记》,新创《刑法》《五行》《地理》《艺文》四志,且四志都是贯通古今。《刑法志》第一次系统记载了殷周以来到西汉末年法律制度的沿革发展;《五行志》记自然灾害和阴阳五行;《地理志》记远古至汉代的地理沿革,含郡县、封国设置、山川户口、民俗风情、海外交通等;《艺文志》记录了重要的图书及学术源流的发展,是我国现存第一部图书目录学著作。可见,经过班固较全面的调整和补充后,我国古代的政治、经济和文化等制度得以在"书志"中全面地体现出来,扩大了历史研究的领域。而且"十志"叙事,贯通古今,是后世《通典》《文献通考》等典章制度通史的开端。

三是规范了列传体例。列传在纪传体史书中所占比例很大,涉及范围极广,上自将相功臣、下至优伶商贾等社会各阶层的方方面面。班固《汉书》改《史记》"列传"为"传",并从体例上做了较大的改进。

其一,取消《史记》中的"世家",归于列传。《史记》五体:本纪、表、书、世家、列传,"世家"专门记载诸侯世系。汉初,从反面总结出秦朝灭亡与缺少"藩屏"相关,故设王侯二等封爵。后来由于社会逐渐稳定和封建大一统的政治需要,到汉武帝时,"王侯"几乎消灭殆尽,时过境迁,先秦侯国"兴师

---

① 班固.汉书.卷三.高后纪.颜注 [M].北京:中华书局,1962:95.

不请天子""政由五伯，诸侯恣行"①的局面已不复存在，因而专记侯国的"世家"一体也自然应当取消。班固正是顺应了这种形势的发展变化。

其二，纠正了《史记》中各类列传的混杂编排。《史记》和《汉书》中都立有大量的专传、合传、类传、民族传。所谓"专传"，即专为某人立的传；所谓"合传"，是为两人或两人以上立一传；所谓"类传"，是以类相从而立的传；所谓"民族传"，是专为边疆少数民族或相邻的亚洲古国立的传。这几种列传，在《史记》中次序杂乱，缺乏统一安排。传主的时代顺序亦混乱不一，如《屈原贾生列传》将楚国屈原与汉朝贾谊同传，《刺客列传》将鲁之曹沫与燕之荆轲并编。班固对此做了纠正，在《汉书》中，各传一般按时间顺序排列，而且先专传、合传，次类传、民族传。

其三，调整了《史记》中列传篇名的杂乱不一。《史记》70列传中，除少数类传外，多为专传、合传，专传、合传的名称极不统一。有的以姓标题，如《樊郦滕灌列传》（樊哙、郦商、夏侯婴、灌婴）；有的以姓名标题，如《袁盎晁错列传》；有的以字或世之称谓标题，如《伍子胥列传》《屈原贾生列传》；有的以爵位标题，如《穰侯列传》《淮阴侯列传》；有的以官职标题，如《张丞相列传》《李将军列传》等，名目繁多、混杂不一。班固《汉书》对此做了改革，各传名称除诸王传外，概以姓或姓名标题，统一了列传的篇名。

另外，《汉书》还树立了合传的典范。每一合传都有特定的含义，都严格遵守"以类相从"的原则，而且"合中有附"，凡遇人物事迹无几而又须叙述者，皆在传主名下附记，节省了笔墨，又不至于漏载史实，这一做法直接为后世所效仿。总之，经过班固的改造和创新，纪传体体例更加严密整齐，纪、传、表、志的基本形式成为定制，成为后世史官修史的楷模。因此，《汉书》体例的影响，远在《史记》之上。清朝史学家章学诚评曰："迁《史》不可为定法，固《书》因迁之体，而为一成之义例，遂为后世不祧之宗焉。"②

(三) 纪传体的大发展

继司马迁之后，东汉班固改良和完善了纪传体史书体例，使之成为定例。历代史学家循而不改，撰写了大量高水平的纪传体史著。隋唐之际，纪传体以纪、传、表、志俱全，载述完备翔实的优势和以帝王将相为中心的特点，深受

---

① 司马迁. 史记：卷十四：十二诸侯年表［M］. 点校本二十四史修订本. 北京：中华书局，2013：641.

② 章学诚. 文史通义校注：内篇一：书教下［M］. 叶瑛，校注. 北京：中华书局，1994：50.

统治阶级的推崇而获得正史的尊敬。"正史"之称始见于梁阮孝绪《正史削繁》，唐修《隋书·经籍志》率先将其列为史籍类目。其后，各史书《经籍志》或《艺文志》，以及各类目录书籍均列有正史一目。正史名目的确立，使纪传体成为我国各种史书体裁中地位最尊显的史体，代代相因而作，直至明清，形成了我国独有的纪传体史籍系统。在不同的历史时期，便形成了"三史""四史""十三史""十七史""二十一史""二十四史""二十六史"多种不同的称谓。

"三史"，最初是指司马迁《史记》、班固《汉书》及刘珍等的《东观汉记》。后来，范晔修成《后汉书》，唐开元以后，世人以《后汉书》取代了《东观汉记》。

"四史"，是指《史记》《汉书》《后汉书》和西晋陈寿的《三国志》。南北朝至唐贞观年间，是纪传体编纂的繁荣时期，其间先后修成正史《晋书》《宋书》《南齐书》《梁书》《陈书》《魏书》《北齐书》《周书》《隋书》9部断代史及《南史》《北史》2部通代史。五代后晋修《旧唐书·经籍志》将"四史"与《晋书》等9部断代史共13部列于正史类，合称"十三史"。延及宋朝，在"十三史"的基础上增入了《南史》《北史》及欧阳修所撰《新唐书》《新五代史》，合称"十七史"。

元明时期修成《宋史》《辽史》《金史》和《元史》，明嘉靖年间核刻史籍，将四部史籍合于宋人所谓"十七史"之后，遂有"二十一史"之称。

清初《明史》纂成，成二十二史，乾隆年间诏刊二十二史时，增《旧唐书》和北宋时修的《旧五代史》，构成了"二十四史"。

1922年，北洋军阀政府大总统颁令将柯劭忞所撰《新元史》列入正史，遂成了"二十五史"，由上海开明书店合刊排印。

1927年，清朝遗老赵尔巽等奉命撰成《清史稿》，因回护清廷而被禁止发行，未能列于正史。但因其体例与纪传体同，近代以来多将其与二十五史合称"二十六史"。

"二十六史"3791卷，近5000万字，记载了从远古黄帝到宣统三年（1911）4000多年的历史，保留了中国古代历代王朝有关政治、经济、军事、文化等多方面的材料，是研究中国古代历史的重要资料，因而有纪传体"全史"之美誉。

二、纪传体的体例

纪传体是以人物活动为中心综合载述历史的史书体。自西汉司马迁《史记》创立，东汉班固《汉书》规范之后，很快饮誉天下、长盛不衰。

从形式上看,纪传体虽有正史、别史之分,有通代、断代之别,在例目上也略有变化增减,但以本纪、列传为主体,包容时事制度、综合记载历史的成规一直相因恪守,代代相承,故而称纪传体。纪传体最基本的体例是本纪、史表、书志、世家、列传、论赞,各体都具有特定的含义和功用。这种结构形式,集中体现了纪传体史籍的两大特点:一是以人物为中心;二是诸体并存,兼包巨细,体大思精。"纪以包举大端,传以委曲记事,表以谱列年爵,志以总括遗漏,逮于天文、地理、国典、朝章,显隐必该,洪纤靡失,此其所以为长也。"① 著名史学家翦伯赞也说:"这种体裁,可以说是《尚书》等四种体裁之综合……已并编年、纪事、记言、分国诸体于一书,别而裁之,融而化之,使其相互为用,彼此相衔。以各家之长,济各家之短;而又益之以年历,总之以书、志,卓然成为一种新的历史体裁。"② 这些评述以比较的方法说明了纪传体集古代史学体裁之大成、以人物活动为中心、综合性编纂的体例特点。这种特点,既适应了封建统治的思想体系,更便于记录最丰富的历史内容,提供最全面的历史素材,因而它在众多史体中脱颖而出,取得了尊崇的地位,被封建王朝颁令为正史。

(一) 本纪

本纪,也称纪,是记载历代帝王和最高当权人物的传记。但其又不同于一般的人物传记,是比较特殊的帝王专传。表面上记帝王,实际上则是通过记帝王,以编年体的形式来反映这一时期的国政大事。因而本纪是全书内容的简明纲要,具有浓缩全书、提纲挈领的作用。

关于本纪的功用,东汉班彪最早揭示说:"司马迁序帝王则曰本纪。"③ 以后诸家解释,大致相似。如唐人司马贞说:"纪者,记也。本其事而记之故曰本纪。又纪,理也,丝缕有纪。而帝王书称纪者,言为后代纲纪也";④ 唐朝著名史学评论家刘知几云:"盖纪者,纲纪庶品,网络万物""纪之为体,犹《春秋》之经,系日月以成岁时,书君上以显国统""又纪者,既以编年为主,唯叙

---

① 刘知几. 史通通释:卷二:二体 [M]. 浦起龙, 通释. 王煦华, 整理. 上海:上海古籍出版社, 2009:25.
② 翦伯赞. 论刘知几的史学 [M]//翦伯赞. 史料与史学. 北京:北京出版社, 2005:188.
③ 范晔. 后汉书:卷四十:班彪传 [M]. 北京:中华书局, 1965:1327.
④ 司马迁. 史记:卷一:五帝本纪:索隐 [M]. 点校本二十四史修订本. 北京:中华书局, 2013:1.

天子一人。有大事可书者，则见之于年月；其书事委曲，付之列传"。① 参纪体例，考前人论述，本纪义项概有三点：一是以年月为序，反映国家大事；二是帝王传记，非帝王不得用本纪；三是叙事简练，不载琐碎。

然而，综观众多的纪传体史书，"本纪"的运用却常有破例。一是身非帝王而以"本纪"形式叙之。如《三国志》为从未做过皇帝的曹操立《武帝纪》，《晋书》为晋武帝司马炎的祖辈、父辈司马懿、司马师、司马昭立《宣帝纪》《景帝纪》《文帝纪》等。何以如此？概因这些人或成为时代的支配者，或是开国元老，或是皇帝的祖先。例如，项羽本系农民起义军领袖，巨鹿之战，一举摧毁秦朝主力，秦亡后自称西楚霸王，声名显赫，威震天下，但直至乌江自刎，始终没有称帝，《史记》却立了《项羽本纪》；吕太后是汉惠帝刘婴之母，汉高祖死后，刘婴即位，年仅17岁，吕太后大权在握，政出吕氏，故《史记》立《吕太后本纪》；东汉外戚专权，所以范晔《后汉书》改以往的《外戚传》为《皇后纪》，专门反映东汉各朝皇后、外戚事迹。这些人物均因成为时代的支配者而被给予本纪的"礼遇"。又如，曹操是三国著名的政治家、军事家，大权在握，多有建树，是曹魏政权的真正奠基人，虽未称帝，最终官职只是汉丞相，但陈寿在《三国志》中仍立了《武帝纪》；曹魏末期，司马懿父子独揽朝政大权，经过多年经营，为其后代司马炎（懿之孙）灭魏建晋奠定了基础，因而《晋书》为晋朝的开创者司马懿、司马师、司马昭分别立了《宣帝纪》《景帝纪》《文帝纪》；宇文泰未当过皇帝，但他把持西魏朝政，功业卓著，成为北周的真正奠基人，故在《周书》中立了《文帝纪》。以上都是开国元老，故也被给予本纪的"待遇"。再如，《魏书·序纪》追记了开国君主魏道武帝拓跋珪之先人力微为神元帝、沙漠汗为文帝、悉鹿为章帝、绰为平帝、弗为思帝、禄官为昭帝等，共追尊了28帝，都是父以子贵、祖因孙荣的特殊追尊者。《金史·世纪》及《世纪补》也如此。

二是身为皇帝却未以纪来记载。如西汉末年，王莽篡位后，改国号为"新"，改元"始建国"，正式登基称帝十余年，但《汉书》仅在全书列传之末以《王莽传》来记载其事迹。三国刘备于公元221年称帝于成都，国号汉，史称蜀汉；孙权于公元229年称帝于建业，国号吴。但在《三国志》中，未称帝之曹操以《武帝纪》记之，而称帝的刘备、孙权却被归入"列传"之中。《晋书》以"载纪"之体记"十六国"，《明史》以"诸王传"记南明诸帝都如此。

---

① 刘知几. 史通通释：卷二：本纪［M］. 浦起龙, 通释. 王煦华, 整理. 上海：上海古籍出版社，2009：35.

（二）列传

列传也简称"传"，是记天子以外社会各阶层典型人物的传记。一般分为专传、合传、类传、附传、四裔传。

专传，即专门为某一特定人物立的传记。多为历史上影响大的人物所立，包括声名显赫的王室贵戚、功勋卓著的将相功臣、特定领域的特殊人物及残害社稷的"大奸""大恶"，如《史记》之《伯夷列传》《平原君列传》《孟尝君列传》《李斯列传》，《汉书》之《董仲舒传》《司马迁传》《王莽传》，《后汉书》之《张衡传》，《旧唐书》之《魏徵传》，《清史稿》之《曾国藩列传》等。

合传，是为两人或两人以上历史人物合立的传记。或以类相从，或对照组合，将人品、性格、行事、性质等相近或差异较大的历史人物归于一传。既没有严格的人数限制，也没有严格的时代界限，组合灵活，有利于后人阅读时对照比较，把握人物特征。如《史记》之《孙子吴起列传》《仲尼弟子列传》《廉颇蔺相如列传》《老子韩非列传》，《汉书》之《萧何曹参传》《卫青霍去病传》《陈胜项籍传》《张骞李广利传》《张周赵任申屠传》，《晋书》之"八王传"等。

类传，顾名思义，是以类相从的列传。主要依据历史人物生平行事中的共同特征而设立。但其又有别于合传中以类相从的情况，其显著区别是，合传一般多以人名或其姓氏作传名，而类传均不以具体人名作传名，是以最能体现同一组人物特征的一些名词术语作传名。如《循吏传》《良吏传》《后妃传》（《皇后传》）《酷吏传》《儒林传》《孝行传》《忠义传》《货殖传》等。类传便于读者把握纷繁复杂的历史人物和历史现象。因此，深受一般读者的喜爱，对专家学者更具研究价值和启迪作用。

附传，是在主要人物之后附载相关人物的传记，目的是节省笔墨和篇幅，并揭示事件的历史背景、前因后果。附传形式较多，一种是以一人为主，以另一人相从的附传，如《史记·苏秦列传》，传主是著名的合纵家苏秦，附载其兄苏代先生；《后汉书·班彪列传》，传主是班彪，附载其子班固事迹，甚至有越传主。一种是以一人或数人为主，而以其他人相从的附传，如《汉书·卫青霍去病传》，在抗匈名将卫青、霍去病之后，附载了李息、公孙敖、李沮、张次公、赵信、赵食其、韩说、郭昌、荀彘、路博德、赵破奴等人的生平简历。还有一种是家族传，即将子孙附载于父辈之后，或将其父祖附载于子孙之后，这种附传源于《史记》"三十世家"，其后史书纷纷效法，不断发展，尤其自《晋书》开始，家族传大为发展。

四裔传，即民族传，是记载少数民族及邻国情况的一种传记，属于类传范畴。在"二十六史"中,除《三国志》《陈书》《魏书》《北齐书》缺四裔传外,其余诸史皆有相应传目,较系统地反映了我国历代周边少数民族的历史及邻国的情况,是我国纪传体史书的一大特点。如《史记》之《南越列传》《东越列传》《朝鲜列传》《西南夷列传》《大宛列传》,《汉书》之《西域传》《西南夷两粤朝鲜传》,《后汉书》之《东夷列传》《南蛮西南夷列传》《西羌传》《西域传》等,为后人研究我国古代各少数民族及有关邻国的历史提供了珍贵的参考资料。

列传在纪传体史书中所占比重最大,是纪传体史书的重要体例,具有四个显著特点:①

一是形象性。纪传体区别于编年体和纪事本末体的基本特征是记"人"。而在纪传体文献诸体例中,最重要、最基本的记人体例便是列传。一则由于列传所描绘的对象来自社会各阶层,是活生生的各式各样的典型人物;二则由于中国古代素有文史不分的传统,著名史学家们往往兼具深厚的文学造诣,因而也就决定了列传具有鲜明的形象性。在许多纪传体文献中,以列传反映的历史人物栩栩如生、有血有肉,颇为整部著作增色。列传的这一特征与纯学术性的史表、书志形成鲜明的对照。

二是注释性。刘知几云:"夫纪传之兴,肇于《史》《汉》。盖纪者,编年也;传者,列事也。编年者,历帝王之岁月,犹《春秋》之经;列事者,录人臣之性状,犹《春秋》之传。《春秋》则传以解经,《史》《汉》则传以释纪。"② 以《春秋》经、传之间的关系做比喻,确切地揭示了纪传体文献中"传以释纪"的关系,肯定了列传具有注释和演绎本纪的重要功用。本纪中大凡语焉不详的政治事件、军事战争、文化活动、科技成就等历史大事,通过有关人物列传的演绎,均可深入展开。因此,在任何一部纪传体文献中,列传的文字最多、篇幅也最大。

三是时代性。列传在选录对象上,选什么人、不选什么人;在反映形式上,是采用单传、合传,还是采用类传;在思想感情上,是表彰、爱护,还是揭露、鞭策。不仅反映了作者的立场、观点,也反映了历史人物活动的时代特征。尤其列传中的类传最具典型性,有时它们本身的名称就是某一社会时代风气的反映。如《后汉书》之《党锢》《独行》列传,《晋书》之《孝友》《忠义》列

---

① 王锦贵.中国纪传体文献研究[M].北京:北京大学出版社,1996:168-170.
② 刘知几.史通通释:卷二:列传[M].浦起龙,通释.王煦华,整理.上海:上海古籍出版社,2009:41.

传，《新唐书》之《藩镇列传》，《宋史》之《道学传》，《金史》之《释老传》以及《明史》之《阉党传》《流贼传》等，都在一定程度上反映了某一历史时期的特殊社会现象或时代风尚。

四是广泛性。列传的范围与本纪、世家不同。本纪述帝王，世家叙列国诸侯，皆统治阶级中的高层人物，具有很大的局限性。而列传所记涉及社会方方面面的人物，上自王公贵族，下至士农工商，近则本土，远或外国，凡是典型人物，悉为列传网罗之列。

（三）史表

史表也称"表""表谱"或"表历"，是纪传体史书中以表格形式简要勾勒史事及主要线索或轮廓的一种体例。由司马迁《史记》首创，在"二十六史"中有史表者10部、无史表者16部。

从时间概念上划分，史表可分为世表、年表、月表三大类，年表最常用。三类史表中，月表最详、年表次之、世表最略。一般地，时代久远、史料不足，难以准确记载，用世表，如《史记·三代世表》（夏、商、周）；年代较近，史料较多，便于记载，则用年表，如《史记·六国年表》；而史料丰富、便于准确记载，特别是数年间大事不断、影响巨大者，则以月表详细记载，如《史记·秦楚之际月表》。

史表从形式上划分，又可分为六大类：一是表国者，如《史记·六国年表》《史记·十二诸侯年表》《辽史·属国表》等，可窥各国"兴亡继及，盛衰臧否"①。二是表部族者，如《辽史·部族表》《新元史·氏族表》《清史稿·藩部世表》。三是表世系者，如《史记·三代世表》《新唐书·宰相世系表》《新唐书·宗室世系表》等。四是表职官者，如《史记·汉兴以来将相名臣年表》《汉书·百官公卿表》《新唐书·宰相表》《明史·宰辅表》《清史稿·军机大臣年表》等。五是表人事者，表人者如《汉书·古今人表》《辽史·公主表》《清史稿·公主表》《清史稿·皇子表》；表事者如《辽史·游幸表》《清史稿·交聘年表》等。六是表地域者，如《新唐书·方镇表》《新五代史·职方表》等。

在纪传体史书中，纪、传是人物传记，生动有趣，普遍受到读者欢迎，而表、志较为枯燥，除专业人员、史学爱好者外，很少有人问津。然而，表志的重要意义和功用不容忽视，郑樵盛赞"《史记》一书，功在十表，犹衣裳之有冠

---

① 司马迁．史记：卷十四：索隐述赞［M］．点校本二十四史修订本．北京：中华书局，2013：818．

冕，木水之有本原"①。概言之，史表具有三大功能：一是提要纪、传。纪、传记事叙人，形象生动，但往往过长而零散，不便读者把握史事的整体和全貌，辅之以史表，就可一目了然，穷其全局，所以史表具有寓繁于简、提要钩玄之功用。二是明了脉络。自古以来，史事众多，纵横交错，难以用文字一一表达，也难以理清头绪，改用史表，则可"于纷乱如丝之中，忽得梳通栉理"②，"使读者阅文便睹，举目可详"③；"使繁赜之物，归于简约，纠纷之事，达诸整齐"④。三是网罗遗漏。历史人物和历史事件多如牛毛，纪、传难以统揽，书不胜书，不少史事和人物因漏载而成为憾事。史表恰好弥补了这一缺憾。清朝学者顾炎武论曰："凡列侯将相、三公九卿，其功名著者，既系之以传，此外大臣无积劳亦无显过，传之不可胜书，而姓名爵里、存没盛衰之迹，要不容以遽泯，则于表乎载之。又其功罪事实，传中有未悉备者，亦于表乎载之。年经月纬，一览了如，作史体裁莫大于是"，"不知作史无表，则立传不得不多，传愈多，文愈繁，而事迹或反遗漏而不举。"⑤ 史表的运用，大大充实了史书的内容，丰富了史书的史料。

　　一部完整的纪传体史书，理应纪、传、表、志俱全，但"二十六史"中缺表者达16部。一是因史学家对史表认识不一，有人称赞，有人反对。赞者如郑樵，称《史记》一书"功在十表"⑥；章学诚称："班氏《古今人表》，史学家诟詈，几如众射之的；仆细审之，岂惟不可轻訾，乃大有关系之作，史学家必当奉为不祧之宗。"⑦ 贬者如刘知几，虽言史表"阅文便睹，举目可详"，但总体上对史表持否定态度，他说："以表为文，用述时事，施彼谱牒，容或可取，载诸史传，未见其宜"；"天子有本纪，诸侯有世家，公卿以下有列传。至祖孙昭穆，年月职官，各在其篇，具有其说，用相考核，居然可知。而重列之以表，

---

① 郑樵．通志：总序［M］．北京：中华书局，1987：1.
② 章学诚．文史通义新编新注：外篇三·与族孙守一论史表［M］．仓修良，编注．杭州：浙江古籍出版社，2005：797.
③ 刘知几．史通通释：卷十六：杂说上［M］．浦起龙，通释．王煦华，整理．上海：上海古籍出版社，2009：437.
④ 张舜徽．史通平议：卷二：表历［M］//张舜徽．史学三书平议．北京：中华书局，1983：31.
⑤ 顾炎武．日知录集释：卷二十六：作史不立表志［M］．黄汝成，集释．长沙：岳麓书社，1994：901-902.
⑥ 郑樵．通志：总序［M］．北京：中华书局，1987：1.
⑦ 章学诚．文史通义新编新注：外篇三：又与史余村［M］．仓修良，编注．杭州：浙江古籍出版社，2005：689.

成其烦费,岂非谬乎?"①刘知几认为著史当以文字立义,而不宜用"表历"排列。二是制表难度较大。纪传体史书中,写好纪、传相对较易,而作好志、表甚难。因志、表用言尚简,又要求立意深远,自然难为。加之,编制史表必须有充足的资料以资利用,没有勤奋搜索材料、认真整理文献的刻苦精神及甘坐冷板凳的吃苦精神,是难以作出史表的。

(四)书志

书志,也称"书""志"或"史志",是纪传体史书中专门记载典章制度的专篇。首创于司马迁《史记》(设"八书"),班固《汉书》改"书"为"志"(设"十志"),从此成为定制,以事为类,历代而下,形成了一个比较完整的系统,全面揭示了我国古代政治、经济、军事、文化等典制的沿革变迁,可以看作一门专史。

"书志"渊源上古,《尚书》中有《尧典》《舜典》记尧舜禅让的事迹,反映了中国原始社会末期有关的社会制度;有《禹贡》篇专记地理,有《吕刑》篇专讲刑法等。"三礼"更是记载先秦典章礼仪制度的专书。《尚书》和"三礼"就是"书志"的源头。西汉司马迁借鉴《尚书》和"三礼"的体制,于纪传体史书中创设了"书"一门,专详典章制度,他说:"礼乐损益,律历改易,兵权山川鬼神,天人之际,承敝通变,作八书。"②东汉班固承迁而作,改"书"为"志",规范了"书志"。使之成为定制。

在"二十六史"中,《三国志》《梁书》《陈书》《北齐书》《周书》《南史》《北史》7史缺"书志",其余19部均有"书志",只是各史书志的名目例目不尽相同而已,"司马迁曰书,班固曰志,蔡邕曰意,华峤曰典,张勃曰录,何法盛曰说。名目虽异,体统不殊。亦犹楚谓之梼杌,晋谓之乘,鲁谓之春秋,其义一也"③。欧阳修《新五代史》的"考"和郑樵《通志》中的"略",也都是"书志"的别称。之所以出现纪传体史书有的缺志,有的有志,是由于史学家对"书志"的认识、史学家的史才和史料问题所致。但总体上说,"书志"由《史记》《汉书》而下,呈现出一种蓬勃发展、日臻完善的趋势,是研究典制体、研究典制史不可缺少的珍贵史料。后世典制体的确立,正是"书志"从纪传体史

---

① 刘知几.史通通释:卷三:浦起龙,通释.王煦华,整理.表历[M].上海:上海古籍出版社,2009:48.
② 司马迁.史记:卷一百三十:太史公自序[M].点校本二十四史修订本.北京:中华书局,2013:3999.
③ 刘知几.史通通释:卷三:书志[M].浦起龙,通释.王煦华,整理.上海:上海古籍出版社,2009:52.

书中独立出来的结果。

(五) 世家

世家是纪传体史书中专门记载特殊社会上层人物的体例。"世家"首创于司马迁《史记》,他说:"二十八宿环北辰,三十辐共一毂,运行无穷,辅拂股肱之臣配焉,忠信行道,以奉主上,作三十世家。"① 世家一体,最初是专为诸侯而设立的,古人认为:诸侯位尊不若天子,但又不同于一般臣民,他们"即位建元,专制一国,绵绵瓜瓞,卜世长久"②,入诸本纪固然不妥;归于列传,也不适宜,因此专创世家一体以容载诸侯。刘知几说:"盖欲抑彼诸侯,异乎天子,故假以他称,名为世家","按世家之为义也,岂不以开国承家,世代相续"。③ 这种体例介于本纪和列传之间,具有上通下达的功用,上有注释、演绎本纪之功,下可视为若干列传之概要。

纪传体史书中的"世家"源于上古《世本》一书,创设于司马迁《史记》,凡30世家。但自班固《汉书》取消"世家",归于"列传"后,历代大都沿袭班固之辙,直至宋朝欧阳修编纂《新五代史》时才恢复"世家"之名。在"二十六史"中,设"世家"者有《史记》《新五代史》《宋史》《辽史》(称"外纪")和《晋史》(名"载记"),多是对割据政权的记载。

综观各史世家内容,所载均为历史上显著的风云人物。大约五种类型。

一是记贵族诸侯。司马迁《史记》中的《吴太伯世家》到《田敬仲完世家》16世家均属此类。其中,吴太伯、齐太公、鲁周公、燕召公、管蔡、陈杞、卫康叔、宋微子、晋、楚、越王句践、郑等12世家,是西周初年"封诸侯,建藩卫"时候的封国。他们虽各据一方,但与周王朝一直保持臣属关系,尊天子为天下共主,还承担着镇疆守土、交纳贡税及朝觐述职等义务。《郑世家》以下的赵、魏、韩及田敬仲完等四世家,皆崛起于战国。三家分晋、田氏代齐后,韩、赵、魏、齐逐鹿中原,举足轻重,致使周天子承认其为侯国,与周朝保持了表面上的君臣名分。

二是记皇亲国戚。包括两部分,即皇室贵胄和后妃外戚。前者如《史记》中的《楚元王世家》《荆燕世家》《齐悼惠王世家》《梁孝王世家》《五宗世家》

---

① 司马迁. 史记:卷一百三十:太史公自序[M]. 点校本二十四史修订本. 北京:中华书局,2013:3999.
② 刘知几. 史通通释:卷二:世家[M]. 浦起龙,通释. 王煦华,整理. 上海:上海古籍出版社,2009:38.
③ 刘知几. 史通通释:卷二:世家[M]. 浦起龙,通释. 王煦华,整理. 上海:上海古籍出版社,2009:38.

《三王世家》等，所写全是汉朝宗室贵族。后者如《史记》中的《外戚世家》，上起吕太后、下至武帝卫皇后及钩弋夫人，综记帝王所宠后妃及外戚事宜。

三是记公卿显宦。如《史记》中的《萧相国世家》《曹相国世家》《留侯世家》《陈丞相世家》《绛侯周勃世家》，所记萧何、曹参、张良、陈平、周勃都是西汉王朝的开国元勋，大权在握，影响甚大。

四是记特殊人物，是指在历史上具有特殊成就和影响的人物，他们既非贵族诸侯、公聊显宦，亦非皇亲国戚。如《史记》中的《孔子世家》《陈涉世家》等。

五是记割据政权，即记开国建元、占据一方的历史人物。如《晋书》设"载记"30卷，分国记述各民族统治者在北方建立的十六国史事。《新五代史》设"世家"10卷，分记十国之事，一国一卷；还设有《十国世家年谱》一卷，把五代和十国的关系从时间上统一起来了。《宋史》也以"世家"的形式分记南唐李氏、西蜀孟氏、吴越钱氏、南汉刘氏、北汉刘氏、湖南周氏、荆南高氏、漳泉留氏、泉州陈氏诸国史实。

（六）论赞

论赞是纪传体史书中品评历史人物或历史事件的一种体例。这一体例并非纪传体首创，早在《左传》中就有作者以"君子曰"表明己见；《公羊传》《谷梁传》中也有"公羊子曰""谷梁子曰"的评断。司马迁在《史记》中沿用了这一体例，取名"太史公曰"，其后历代效仿，陈陈相因。正如刘知几所云："《春秋左氏传》每有发论，假君子以称之。二传云公羊子、谷梁子，《史记》云太史公。既而班固曰赞，荀悦曰论，《东观》曰序，谢承曰诠，陈寿曰评，王隐曰议，何法盛曰述，扬雄曰譔，刘昞曰奏，袁宏、裴子野自显姓名，皇甫谧、葛洪列其所号。史官所撰，通称史臣。其名万殊，其义一揆。必取便于时者，则总归论赞焉。"① 另外，《后汉书》则"论""赞"并用，唐以后官修史书多称"史臣曰"，《晋书》以唐太宗御笔评点而特称"制曰"，欧阳修《新五代史》以"呜呼"二字发论，《宋史》《辽史》区别论、赞，本纪曰"赞"，列传曰"论"。所有这些，统称"论赞"。

论赞属于历史评论，具有归纳总结、画龙点睛之功用，能明确地揭示作者的主张、观点和思想感情。刘知几曰："夫论者所以辨疑惑，释凝滞。若愚智共

---

① 刘知几. 史通通释：卷四：论赞 [M]. 浦起龙，通释. 王煦华，整理. 上海：上海古籍出版社，2009：75.

了，固无俟商推。丘明'君子曰'者，其义实在于斯。"① 清朝学者浦起龙认为"论谓篇末论辞，赞谓论后韵语"。从形式上看，论赞有篇前论、篇末论及夹叙夹议的篇中论。

篇前论，一般是在正文之前以小序形式论述设立本篇的背景、内容、宗旨和意义等。如《史记》"十表"除《汉兴以来将相名臣年表》外，其余9表都设有篇前小序。《史记》中的儒林、循吏、滑稽、龟策、货殖等列传前也设篇前小序，或交代历史背景，或分析形势发展，或概评人物，或总结历史经验等。如《后汉书·宦者列传》篇前设小序，系统而简明地回顾了宦官的悠久历史，揭示了宦官之由来、设置及东汉后期宦官专权的严重危害，使读者一目了然。《新五代史》不少列传也设篇前序文侧重表明作者对某一问题的立场、态度，如《新五代史·唐六臣传》卷首序云："呜呼！唐之亡也，贤人君子既与之共尽，其余在者皆庸懦不肖、倾险狯猾、趋利卖国之徒也。不然，安能蒙耻辱于梁庭如此哉！"意在鞭挞降梁之"唐六臣"的卖国行为。

篇中论，就是在篇卷之中就某一具体史事发表见解，其最常见的方式就是夹叙夹议，《史记》《后汉书》是其典型。如《史记·货殖列传》谈到齐桓公任用管仲，"设轻重九府"，最终"九合诸侯，一匡天下"时，司马迁大发感慨："故曰：'仓廪实而知礼节，衣食足而知荣辱。'礼生于有而废于无。故君子富，好行其德；小人富，以适其力。渊深而鱼生之，山深而兽生之，人富而仁义存焉。""故曰：'天下熙熙，皆为利来，天下攘攘，皆为利往。'夫千乘之王，万家之侯，百室之君，尚犹患贫，而况匹夫编户之民乎！"又如《后汉书·宦者列传》："兄弟姻戚皆宰州临郡，辜较百姓，与盗贼无异"，"其淫暴无道，多此类也。"

篇末论，就是在篇末发表见解，这是纪传体文献中最常见也是最主要的论赞形式，往往带有画龙点睛、归纳总结、揭示文章主旨的整体把握的作用，因而常被人们视为论赞一词的同义词。纪传文献中的篇末论不仅较篇前论、篇中论用得多，而且也较篇前论、篇中论写得好，其中尤以《史记》《汉书》《后汉书》《三国志》《隋书》等著作的篇末论写得最为精彩。

在形式上，司马迁《史记》以"太史公曰"作引词，或补充史实，或评价历史人物，或总结经验教训，写得深刻、精练，富于感情，读来启人心智，余味无穷，为后世史学家争相沿用。如《项羽本纪》太史公曰："羽非有尺寸，乘

---

① 刘知几. 史通通释：卷四：论赞 [M]. 浦起龙，通释. 王煦华，整理. 上海：上海古籍出版社，2009：75.

势起陇亩之中，三年，遂将五诸侯灭秦，分裂天下，而封王侯，政由羽出，号为'霸王'，位虽不终，近古以来未偿有也。及羽背关怀楚，放逐义帝而自立，怨王侯叛己，难矣。自矜功伐，奋其私智而不师古，谓霸王之业，欲以力征经营天下。五年卒亡其国，身死东城，尚不觉寤而不自责，过矣！"比较客观地评价了项羽，既有赞扬又有批评，批评中包含着作者的惋惜之情。

班固《汉书》承前而作，直接改用"赞曰"作引词，开启后世纪传体文献"论赞"称谓之先例。班固的发论整齐严谨、典雅高华，甚为后代史学家推崇，南朝范晔慨叹"古今著述及评论，殆少可意者"，又惟赞"班氏最有高名"①。刘勰认为班固《汉书》"赞序弘丽，儒雅彬彬，信有遗味"②。刘知几也力赞"孟坚辞惟温雅，理多惬当。其尤美者，有典诰之风，翩翩奕奕，良可咏也"③。

范晔《后汉书》以"论曰""赞曰"为引词，也写得很有特色。刘知几指出："自兹（《汉书》）以降，流宕忘返，大抵皆华多于实，理少于文，鼓其雄辞，夸其俪事。必择其善者，则干宝、范晔、裴子野是其最也。"④ 范晔也自誉："吾杂传论，皆有精意深旨，既有裁味，故约其词句。至于《循吏》以下及六夷诸序论，笔势纵放，实天下之奇作"，"赞自是吾文之杰思，殆无一字空设，奇变不穷，同含异体，乃自不知所称之"，"自古体大而思精，未有此也"⑤。

陈寿《三国志》的论赞以"评曰"作引词，根据传主特点，进行定性、归类，品评历史人物扼要精当，也是"二十四史"中论赞的上乘之作。如评论曹操"运筹演谋，鞭挞宇内，揽申、商之法术，该韩、白之奇策，官方授材，各因其器，矫情任算，不念旧恶，终能总御皇机，克成洪业者，惟其明略最优也。抑可谓非常之人，超世之杰矣"⑥。评论刘备"弘毅宽厚，知人待士，盖有高祖之风，英雄之器焉"。"机权干略，不逮魏武，是以基宇亦狭"⑦。评论诸葛亮"可谓识治之良才，管、萧之亚匹矣……盖应变将略，非其所长欤"⑧ ……或褒

---

① 范晔. 后汉书：卷末：狱中与诸甥侄书 [M]. 北京：中华书局，1965：2.
② 刘勰. 文心雕龙注：史传第十六 [M]. 周振甫，注. 北京：人民文学出版社，1981：170.
③ 刘知几. 史通通释：卷四：论赞 [M]. 浦起龙，通释. 王煦华，整理. 上海：上海古籍出版社，2009：76.
④ 刘知几. 史通通释：卷四：论赞 [M]. 浦起龙，通释. 王煦华，整理. 上海：上海古籍出版社，2009：76.
⑤ 范晔. 后汉书：卷末：狱中与诸甥侄书 [M]. 北京：中华书局，1965：2.
⑥ 陈寿. 三国志：卷一：魏书：武帝纪 [M]. 北京：中华书局，1959：55.
⑦ 陈寿. 三国志：卷三十二：蜀书：先主传 [M]. 北京：中华书局，1959：892.
⑧ 陈寿. 三国志：卷三十五：蜀书：诸葛亮传 [M]. 北京：中华书局，1959：934.

或贬,都言之有据,评价比较客观,并常以类比方法说明问题。

《隋书》以"史臣曰"作引词,评价较精当,也是"二十四史"中论赞的优秀作品。

可见,论赞在纪传体文献中虽然不是一个独立的部分,却是一个颇具特色的体例,已经成为纪传体史书中不可分割的组成部分。论赞具有提要钩玄、揭示篇旨、增补资料、扩大新知、总结经验、殷鉴后人,帮助读者理解史书,了解史书作者的思想、观点、学术水平等重要功能。

总之,纪传体史书纪、传、表、志等诸体合一,多角度多层面地反映了社会历史,网罗宏富,记载全面,但始终以记人为中心。历代纪传体史书随时代变迁而有例目上的增减变化,但始终以本纪、列传为主体。"本纪"是记载历代帝王和最高当权者的特殊人物传记,"列传"是记载社会各阶层典型人物的传记。"二十六史"总计共4025卷,其中记载人物的传记(本纪、世家、列传)就多达2865卷,占71.2%,构筑起了"以人为中心"的述史体系,被誉为"纪传体全史"。

三、纪传体的特点和价值

(一) 纪传体优点

1. 历史悠久

西汉司马迁是纪传体的创始人,所著《史记》成书于公元前91年,距今已有2000多年的历史,世界罕有。西方史学家凯撒的《高卢战记》晚《史记》40年左右;西方第一部通史李维的《罗马史》晚《史记》约60年。特别是两汉以降,纪传体史书以《史记》《汉书》为宗,代代相承,形成了纵贯古今的"二十六史",毫无间断地揭示了中华民族自开天辟地以来的5000多年历史,使中国成为世界范围内唯一没有出现过文化断层的文明古国。纪传体文献在时间序列上的贯通性,对研究中国传统文化乃至整个人类文明都具有重要的意义和参考价值。

2. 内容丰富

不论是纪传体通史还是断代史,都是以人物为中心,诸体并述,所记内容极其广博。刘知几评曰:"《史记》者,纪以包举大端,传以委曲细事,表以谱列年爵,志以总括遗漏,逮于天文、地理、国典、朝章,显隐必该,洪纤靡失。"① 从地域上讲，纪传体史书详述中原本土史事，兼及周边邻国和少数民族政权；从记述事类来看，纪传体史书上至天文，下至地理，中及人类社会的政治、经济、军事、民族、文化、外交、科技、宗教、民俗，甚至动植物、鸟兽昆虫，应有尽有，无所不包；从记载的历史人物看，上至帝王、将相、贵族、皇妃国戚、宦吏，下至文人、学者、刺客、隐逸、列女乃至农工商贾等各类人物，涉及面相当广泛。纪传体文献以"纪、传、表、志"网络式的方式驾驭史料，多角度、多层次、全方位地揭示了社会历史。

3. 体例严谨

司马迁发凡起例，班固改造和规范后，使纪传体例"纪、传、表、志"井然有序。各体相对独立，又彼此关联，各有区域、各有功用，可分可合，合中有分，分中有合，形成了一个有机的整体。"纪"是全书之纲，以王朝顺序为次，编年记事，反映历代国家大事；"世家"和"列传"是对"纪"的补充与具体说明；"表"是联系纪、传的桥梁，用表格记各个时期历史事件发生的时间，揭示历史发展线索；"书"记载各种典章制度，可视为分门别类的专史。诸体合一，全面揭示社会历史。特别是纪传体史书上下相接、浑然一体，洋洋洒洒"二十六史"，体例严谨而始终如一，举世罕见。

4. 价值珍贵

纪传体"全史"中的大多史书，均在旧王朝灭亡不久撰修而成，如《隋书》《宋史》《明史》等。更有直接撰写当代之事者，如《史记》之记汉代史事。"全史"中的大多史书都较早地记载了距其不远的历史事件，保存了丰富的原始资料，而且代代相续，从未中断，因而价值珍贵，功垂千古。其中，以"前四史"为最优，次为《南史》《北史》《宋书》《新唐书》《明史》，再次为六朝至五代各史，最下为《宋史》《辽史》《金史》《元史》四史，尤以《元史》最芜杂。但作为研究历史的原始材料，各史系不同时代之史，都是宝贵的资料。

5. 规模宏大

纪传体史籍的鸿篇巨制比比皆是，如通史《史记》130卷、《通志》200卷。"二十六史"中除《陈书》36卷外，其余都在50卷以上。《旧唐书》《新唐书》《新元史》《明史》都在200卷以上，《宋史》则有496卷，《清史稿》长达529卷。特别是"二十六史"出自2000多年来有条不紊、默契配合的连续编纂，是

---

① 刘知几. 史通通释：卷二：二体［M］. 浦起龙，通释. 王煦华，整理. 上海：上海古籍出版社，2009：25.

举世罕见的大奇迹。

6. 可读性强

历史是人物创造的，人物是活生生的，纪传体以人物为中心的叙述方式，必然生动、故事性强。将史学与文学融为一体，是中国古代历史著作的一个特点，所以，纪传体文献又是典型的传记文学作品。特别是不少纪传体史书的作者自身具有深厚的文学造诣，因而他们的作品亦史亦文，挥洒自如，堪称优秀的文学佳作。如司马迁、班固、范晔、欧阳修等，千百年来，无数文人墨客无不为他们的作品所倾倒，无不从他们的著作中汲取丰富的文学营养。

（二）纪传体的局限

第一，不易看出历史发展的主线。纪传体文献以人物为主线叙事，难以明史事首尾，"同为一事，分在数篇，断续相离"①。

第二，文字易重复。或一事而复见数篇，"前后屡出"，史学家们虽采取"互见法"以纠正，但仍部分存在"一事两载"的毛病。

第三，强调"正统"，维护封建专制统治。司马迁《史记》已有正统理论的端倪，《六国年表》首列周朝，以正名分。《秦始皇本纪》之上有《秦本纪》，隐含司马迁以秦为战国之世的正统。班固《汉书》以"宣汉"为主旨，用神意史观解说汉朝统绪，鼓吹君权神授、汉绍尧运。陈寿的《三国志》，有尊魏为正统的倾向，称魏君为"帝"，而称蜀、吴之君为"主"。沈约《宋书》，用禅让的说法，既为宋讳，又为齐讳等。宣扬君权神授观点和英雄史观、美化帝王活动、贬斥人民之功、歧视少数民族等，都是纪传体史书的局限所在。

四、正史与别史

（一）正史

正史之义，有广狭之分。以广义而言，凡一切以纪、传、表、志为体例的纪传体史书皆称"正史"，从这个意义出发，则凡纪传体史籍都是正史；就狭义而言，只有经过皇帝钦定或封建国家认可和做出规定的纪传体史籍才是正史，这就是通常人们所说的正史。

"正史"之名，最早见于梁人阮孝绪所著《正史削繁》，但在史部中最先设"正史"类目者，则是唐朝魏徵等撰的《隋书·经籍志》。《隋志》将史部文献析为13类，第一类就是"正史类"，著录了《史记》《汉书》《后汉书》《三国

---

① 刘知几. 史通通释：卷二：二体［M］. 浦起龙, 通释. 王煦华, 整理. 上海：上海古籍出版社，2009：25.

志》《晋书》《周书》《齐书》等一大批纪传体史书。由此而后，无论官修、私修史书和史志书目都沿用此例，在史部首列"正史"，专门著录纪传体文献，正史也就成了纪传体文献的同义词。

至宋代，开启了皇帝"钦定"正史的先河，从此，只有那些最能反映封建正统观念并被皇帝钦定或朝廷恩准的纪传体史书，才有资格称"正史"。清朝乾隆年间，钦定了《史记》以下至《明史》共二十四部，皆为正史，称为"二十四史"，即《史记》《汉书》《后汉书》《三国志》《晋书》《宋书》《南齐书》《梁书》《陈书》《魏书》《北齐书》《周书》《南史》《北史》《隋书》《旧唐书》《新唐书》《旧五代史》《新五代史》《宋史》《辽史》《金史》《元史》《明史》。未被"钦定"和特意恩准的纪传体文献，另作归类，称为"别史"。民国时期，前清进士柯绍忞因《元史》粗疏多病，再撰成《新元史》，并得到北洋政府认可，明令列为正史，于是有了"二十五史"之称。此后，清朝遗老赵尔巽等人又奉命撰成《清史稿》，又出现了"二十六史"的称谓。形成了一套系统的纪传体正史体系，记录了中华民族悠久的五千年文明史，是研究历代政治、经济、军事、文化等的宝贵资料。

历史文献素有"垂训鉴戒""鉴往察来"的特殊功用。正史既然是封建皇帝钦定和朝廷恩准的，就必然会带上浓重的封建政治色彩，存在许多不容忽视的问题。

第一，封建传统观念严重。表现之一是强调封建正统。"二十六史"中除《史记》外，由班固《汉书》而下，都高举史学为封建正统服务的旗帜，难怪梁启超先生要感叹"二十四史非史也，二十四姓之家谱而已"[1]。梁氏之论虽有失公允，但仍有一定道理。表现之二是推崇君主神圣。正史宣扬君权神圣、帝王至高无上，替天行事，权力无边，号称"天子""圣人"，宣传封建的"三纲五常"，以"君君臣臣父父子子"为极则。表现之三是以胜败论英雄。正史中往往肯定、颂扬胜利者，誉之为英雄；否定、非议失败者，斥之为叛逆等。

第二，种族主义思想严重。一部"二十六史"，大都体现了内中国而外夷狄的狭隘种族思想，以帝王的种族为中心。晋以前，汉族人做中国的皇帝，因而史学家特别看重汉族，自称大汉，称其他各民族为蛮夷戎狄，大汉族主义突出，"寇""附""反""叛""乱"等字眼成了反映少数民族的专用语汇。晋以后，外族入主中原，于是正史中又出现了某个少数民族排斥汉族和其他民族的情形。封建史学家为迎合最高统治者的愿望，修史时曲笔回护、隐恶虚美、歪曲史实。

---

[1] 梁启超. 新史学[M]//饮冰室合集（专集9）. 北京：中华书局，1989：3.

狭隘的种族主义思想极不利于中华民族的大团结。

第三，唯心史观浓厚。正史是封建社会的产物，出于封建史学家之手，作史者本着维护封建统治的目的，处处体现着地主阶级的意志。正是由于这种时代和阶级的局限，唯心史观自始至终贯穿其间。一部"二十六史"，以帝王将相为中心，记载的是统治阶级的活动，很少叙及广大民众生活和斗争的史迹，鼓吹帝王将相是历史的创造者，是历史的主人。"其本在地，而上发于天"[1]，他们是在代天行事。作者者把历史的兴衰演进归结为五行相生相克、周而复始，以至无穷的运行作用（"五德始终"或"五德转移""五行之德"说），这是一种唯心主义的历史循环论。

第四，轻视对科学技术的记载。中国是四大文明古国之一，在古代世界科技领域里，中国人曾做出举世公认的突出贡献。早在汉朝，以农学、医学、天文学、算学四大学科为主体的实用科学体系已基本形成，地理学成就也很高。从技术发明领域看，殷周时期青铜冶炼、生铁冶炼技术已很高超。两汉时期，中国在炼钢、水利、造船、建筑、简单机械制造、制瓷、造纸、指南针、纺织等众多技术领域都居世界科学技术领先地位。唐宋时期，中国的印刷术更是世界科学技术领域的新奇迹等。但这样一个泱泱科技大国，正史却没给予应有的记载。在正史众多的人物类传中，唯独找不出科学家的类传；在正史中虽有《天文志》《律历志》《五行志》《地理志》等记载天文、律历、地理之学等，但记述极不系统，甚至常常夹杂大量迷信和糟粕。上述诸端，是我们阅读、运用正史时应当注意的。

（二）别史

别史是相对于正史而言，专门用来容纳正史以外的那些有较大影响和重要价值的史书的史部类目。因此别史类中不独有纪传体文献，还有编年体等其他体裁的史书。《四库全书总目》曰：《汉书·艺文志》本无是名，《战国策》《史记》均附见于《春秋》。"厥后著作渐烦，《隋志》乃分正史、古史、霸史诸目。然《梁武帝元帝实录》列诸杂史，义未安也。"于是，宋人陈振孙《直斋书录解题》遂首创"别史"一门，"以处上不至于正史，下不至于杂史者，义例独善，今特从之"。自"《史记》《汉书》以下，已列为正史矣"，其歧出旁分者，诸如《东观汉记》《东都事略》等，似又"不可以并列，命曰别史，犹大宗之有别子云尔"。[2] 此处所谈别史，主要是指正史以外的纪传体文献。

---

[1] 班固. 汉书：卷二十六：天文志 [M]. 北京：中华书局，1962：1273.
[2] 永瑢，等. 四库全书总目：卷五十：别史类序 [M]. 北京：中华书局，1965：445.

正史与别史，本无尊卑之分，只是由于封建中央集权的加强，官方意识进一步控制和渗透史学领域，统治者人为区别而造成的同源异流的奇怪现象。在别史中，许多纪传体史书都十分优秀，《东观汉记》和《通志》便是其中的佼佼者。因此，治史者不容忽视的别史党著作。

《东观汉记》，东汉刘珍等撰，这是一部东汉史官集体创作的纪传体东汉史，成书于几代人之手，历明帝、安帝、桓帝、灵帝数朝。汉明帝永平五年（62）诏班固、陈宗、尹敏、孟异等共撰《世祖本纪》，班固又独自撰成功臣、平林、新市、公孙述等事，作列传、载记共28篇。① 安帝时，刘珍、李尤、刘騊駼等奉命续成纪、表、名臣、节士、儒林、外戚等传。嗣后伏无忌、黄景等又奉命撰诸王、王子、功臣恩泽侯表和匈奴南单于传、西羌传、地理志。桓帝时命边韶、崔寔、朱穆、曹寿、延笃等续补表、传，至此时已完成114篇，规模初具。汉灵帝时，马日磾、蔡邕、杨彪、卢植、韩说等又补写纪、志、传数十篇。前后历163年才成书，共计143卷，此书因在宫廷藏书之处和史官修史之所"东观"完成，题名《东观汉记》。② 后遭董卓之乱，篇帙大多散落不存，元朝以后，全部散佚。今本24卷，是乾隆年间修《四库全书》时根据清人姚之骃所辑8卷佚文和《永乐大典》等典籍辑成。《东观汉记》记事出于东汉人之手，是比较原始的东汉史史料。曾被列为"三史"之一，范晔《后汉书》问世后，逐渐被挤出了"三史"的宝座。但《东观汉记》的巨大成就是《后汉书》所无法取代的。

别史中影响最大者是郑樵所撰《通志》，这是继司马迁《史记》后又一部质量很高的纪传体通史，凝集着郑樵毕生的心血。全书200卷，纪、传、表、志俱全，在时间上贯通古今，在内容上无所不包，充分体现了郑樵主张的"会通"思想。尤其是《通志》"二十略"内容丰富，发凡起例颇具见解，把历代典章制度、学术文化分门别类、探本溯源，形成了相应的专门学问。

五、通代与断代

通代史和断代史，是纪传体文献中的两种体裁。司马迁是纪传体通史的开山祖，班固是纪传体断代史的奠基人。他们都是中国古代最伟大的史学家，他们的著作《史记》和《汉书》成就辉煌，对后世影响深远。因此，后世史坛围

---

① 范晔. 后汉书：卷四十：班彪传［M］. 北京：中华书局，1965：1334.
② 魏徵，等. 隋书：卷三十三：经籍志二［M］. 点校本二十四史修订本. 北京：中华书局，2019：1082，1085.

绕迁史、班书展开了激烈的论争，形成了"主通派"和"主断派"。司马迁及其追随者，自然是"主通派"，如吴均、郑樵、章学诚、梁启超；班固及其追随者则属于"主断派"，杰出代表如刘知几、钱大昕等。

综观纪传体文献，则通史少而断代史多，但"主通派"与"主断派"之争却是旗鼓相当，难定高下。"主通派"以司马迁《史记》为旗帜，郑樵说："百川异趋，必会于海，然后九州无浸淫之患；万国殊途，必通诸夏，然后八荒无壅滞之忧；会通之义大矣哉！……司马氏世司典籍、工于制作，故能上稽仲尼之意，会《诗》《书》《左传》《国语》《世本》《战国策》《楚汉春秋》之言，通黄帝、尧、舜至于秦、汉之世，勒成一书，分为五体：'本纪'纪年、'世家'传代，'表'以正历，'书'以类事，'传'以著人，使百代而下，史官不能易其法，学者不能舍其书。六经之后，惟有此作"，由衷地赞美和推崇《史记》的"五体合一""会通古今"的精神。① 章学诚则更为具体地总结道："通史之修，其便有六：一曰免重复，二曰均类例，三曰便铨配，四曰平是非，五曰去抵牾，六曰详邻事。其长有二：一曰具剪裁，二曰立家法"②，引古论今地逐条揭示了通史体裁的"六便""二长"之优点，前所未见。近人梁启超也是"主通派"，他对郑樵、章学诚的论辩见解极为钦佩，"有《通鉴》而政事通，有《通典》而政制通"，"吾侪固深赞郑、章之论，认通史之修为不可已"③。

"主断派"以班固《汉书》为鼻祖。刘知几说："如《汉书》者，究西都之首末，穷刘氏之废兴，包举一代，撰成一书。言皆精炼，事甚该密，故学者寻讨，易为其功。自尔迄今，无改斯道。"④ 赞叹《汉书》发凡起例，"断代为书"。钱大昕也云："《汉书》刊《史记》之文，以从整齐，后代史学家之例皆由此出。《史记》一家之书，《汉书》一代之史"，认为班固《汉书》是取之于蓝"而胜于蓝"的不朽之作。⑤

"主通派"批评断代史存在重复迭出，"纪而复纪，一帝而有数纪；传而复传，一人而有数传"；批评断代史"失会通之旨"，"前王不列于后王，后事不接于前事，郡县各为区域而昧迁革之源；礼乐自为更张，遂成殊俗之政"，割离

---

① 郑樵. 通志：总序[M]. 北京：中华书局，1987：1.
② 章学诚. 文史通义校注：卷四：内篇四：释通[M]. 叶瑛，校注. 北京：中华书局，1994：375.
③ 梁启超. 中国历史研究法：过去之中国史学界[M]//饮冰室合集（专集73）. 北京：中华书局，1989：21，22.
④ 刘知几. 史通通释：卷一：六家[M]. 浦起龙，通释. 王煦华，整理. 上海：上海古籍出版社，2009：21-22.
⑤ 钱大昕. 潜研堂集：卷二十八：跋汉书[M]. 上海：上海古籍出版社，2010：266.

史事的前后联系；批评断代史从本朝利益出发，以维护当朝统治者为目的，很难有统一的是非标准，如"晋史党晋而不有魏""齐史党齐而不有宋"①，都是基本允当和实事求是的。

"主断派"同样指责通史分散、割裂史实，"每论家国一政，而胡、越相悬；叙君臣一时，而参、商是隔"②。"同为一事，分在数篇，断续相离，前后屡出"，"编次同类，不求年月，后生而擢居首帙，先辈而抑归末章，遂使汉之贾谊将楚屈原同列，鲁之曹沫与燕荆轲并编"③ 等，也都不无道理。

"主通派"与"主断派"都各有道理，但也都存在只见树木、不见森林的毛病。通史的优点是："六便""二长"，即免重复、均类例、便铨配、平是非、去抵牾、详邻事；具剪裁、立家法，颇便各阶层读者读书治学，更能为统治者提供治国安邦之鉴戒。缺点是：难以集中地全面地反映一朝一时的历史，史实也难以做到像断代史那样丰富详尽。加之通史工程浩大，编撰起来困难，这正是经传体通史著作微乎其微的原因。

断代史的优点是：能集中地突出地反映一朝一时之史实，而且可以直接联系本朝利害关系，因而深受当朝统治者的青睐；因为仅仅反映一个朝代一个时期的史实，因而内容相对丰富，材料也比较集中，深受广大读者欢迎。这正是纪传体史书中断代史多的原因。缺点是：难以揭示典章制度的沿革变化，典章制度"贵在会通古今，观其沿革"，"断代为书"，往往造成"源委不明"。

辩证地看，通史与断代史各有其短、各有其长，难决高下，不宜厚此薄彼。"通"与"断"应当互为补充，并行不悖。

六、官修与私修

纪传体史书中，既有正史与别史之分，又有通代与断代之别，还有官修与私修并存的现象。

官方修史之制，历史悠久，东汉明帝曾设令史于兰台，后移置图书于东观。诏令班固、刘珍等人集体修成《东观汉记》，可谓官方修史的开始。北魏时设修史局，以谷纂、山伟监修国史。北齐、隋朝也与此相类。但真正的官修史书制度是确立于唐朝，《旧唐书·职官志》记载："历代史官，隶秘书省著作局，皆

---

① 郑樵. 通志：总序［M］. 北京：中华书局，1987：1.
② 刘知几. 史通通释：卷一：六家［M］. 浦起龙，通释. 王煦华，整理. 上海：上海古籍出版社，2009：25.
③ 刘知几. 史通通释：卷二：二体［M］. 浦起龙，通释. 王煦华，整理. 上海：上海古籍出版社，2009：25.

著作郎监修国史。武德因隋旧制，贞观三年闰十二月，始移馆禁中，在门下省北。宰相监修国史，自是著作郎始罢史职。"唐朝以后，历代效法唐朝官修制度，特别是把正史的撰修大权牢牢控制在国家手中，完成了许多正史的编纂，"二十六史"中的《晋书》《梁书》《陈书》《北齐书》《周书》《隋书》《旧唐书》《旧五代史》《宋史》《辽史》《金史》《元史》《明史》《清史稿》等均属于官修史书。

私人修史现象，历史更悠久，孔子修订《春秋》首开私人修史之风。就纪传体而言，第一部正史——《史记》就是私修史著。司马迁以后，随着纪传体文献增多、地位提高和影响扩大，官方才一步步加强控制，特别是唐朝史馆制度确立后，官方几乎垄断了所有正史的撰修。尽管如此，"二十六史"中私修史书仍然具有与官修史书分庭抗礼的实力。《史记》《汉书》《后汉书》《三国志》《南齐书》《南史》《北史》《新五代史》《新元史》等都属于私修史书。

可见，在纪传体文献发展进程中，官修与私修现象同时并存。这两种不同的修史制度孰利孰弊、谁好谁坏，很难下决断。就官修史书而言，大体具备这些优点：一是修史人才济济。官修史书由政府出面组织，可以调动各类专家联手合作，各展其长，提高修史的质量。二是文献充分。官修史书由官方出面组织，可以依靠国家行政手段，凡所需文献资料均可由正常渠道获得。上自国家藏书、政府文件、各类档案，下至各种私人著述，尽可利用。与私修史书相比，在文献资料方面占有明显优势。三是利于保存文献。官修制度的产生，特别是唐朝史馆修史制度的确立，使后朝为前朝修史成为定例，完好地保存了各朝正史。但官修史书也存在不少弊端：一是不利史学家个人尽情发挥专长著史。由于官府和监修大臣的干涉，加之文人相轻的恶习，学术争鸣与思想自由受到限制，史学家很难发挥专长，撰出"独断之学"。甚至官府"择非其人"，必然降低史著的质量。二是削弱了史著的思想性。官修史书由官方组织，要求史书要体现朝廷意志和官方意识，史学家很难放手撰述，甚至曲笔回护，歌功颂德，必然造成史著的封建性加强而人民性削弱的现象。唐朝著名史学家刘知几直陈史馆修史"五不可"：其一，借以众功，旷费时日。"首白可期，而汗青无日"；其二，史料难求，不免阙略；其三，学风不正，易生忌畏，士多如林，志大才疏；其四，监修者众，无所适从；其五，指授不明，遵奉无准。[①]

从私修史书来看，也是有优点和不足。优点是：第一，史学家可以直抒胸

---

① 刘知几.史通通释：卷二十：忤时[M].浦起龙，通释.王煦华，整理.上海：上海古籍出版社，2009：554-556.

臆，尽情发挥，便于形成"别识心裁"的一家之言。与官修相比，私修者有一个相对"自由"的学术环境，因而私修史书往往少有忌讳而富有创造，易于形成各具特色的"独断之学"，著作质量高。第二，撰述方便。私家修史，自始至终都是作者一人，语言、文风、前后左右等各种关系都容易照应，抵牾讹谬也比官修史书容易避免。即便产生讹谬，也容易迅速、准确修正，不像众手修书风格各异，歧误多且难以准确发现和及时修正。第三，便于形成实录著作。私人修史，摆脱了政权的干预，史学家可以凭借个人的史德、史识，裁量人物、褒贬史事，写出较为客观的实录著作。如司马迁的《史记》被公认为实录佳作，纪传体前四史等是实录著作的例证。第四，便于发挥史学的鉴戒作用。私人修史打破"君举必书"的成规，视野更开阔，可以自由地选取扬善贬恶的史料，在更大范围内体现鉴戒意义。如司马迁"网罗天下放失旧闻，王迹所兴，原始察终，见盛观衰"，成就了"通古今之变"的"一家之言"，体大思精，是官修史书不可企及的。当然，私人修史也存在两大明显缺憾：一是人才问题。纪传体文献被称为"百科全书"式的史书，内容广泛，非博学多识者难以为之。勉强而为，必然影响质量。况且，像司马迁那样的博学"通才"，世所罕有。反之，官修史书，集众史学家之专长，分工合作，恰恰能避免这一私人修史的局限，这正是唐朝以后官修史书兴盛的根源所在。二是资料问题。"巧妇难为无米之炊"，没有充足的文献资料，难以写出高质量的史著来。私人修史，在文献资料上有局限，国家藏书、档案资料不易看到和参考，除非私修者身居史官之位，方可解除求借无门之苦。

综上所述，官修与私修是纪传体文献中存在的两种不同的修史方式，二者各有利弊，可以互为补充，不能绝对地肯定或否定哪种形式，更不能以官修或私修作为评判史书好坏的标准。官修与私修的利弊得失，可以作为今天修史、著述的重要借鉴。

第三章

典制体和纪事本末体

第一节 典制体

典制体，又称"典志体"，旧称"政书体"，是专门记载历代政治、经济、文化等典章制度的专书。我国典制体史书自成系统，较完好地保存了历代国典朝章，它和编年体、纪传体、纪事本末体一样，有着悠久的历史。如果把编年、纪传、纪事本末视为中国古代"三大史体"，那么典制体则当属于中国古代第四大史书体。因此，认真了解和掌握古代这类史书，认真总结和考察这类史书的发生、发展及其规律，对继承我国古代文化遗产，深入学习和研究祖国历史，是十分重要的。

一、典制体的源流

（一）政书类目的设立

"政书"之名，始见于明朝钱溥所撰《秘阁书目》，在钱氏之前，政书的类目尚无定名，或称"旧事"（《七录》《隋书·经籍志》），或称"故事"（《旧唐书·经籍志》《新唐书·艺文志》和《宋史·艺文志》等）。到清朝乾隆年间修《四库全书总目》时，沿用钱氏类名，并将过去书目中的"故事""旧事""典故""刑法""职官"之类的图书归于政书范畴，"政书"的类目从此正式确立。《四库全书总目》"政书类"小序曰："志艺文者，有'故事'一类。其间祖宗创法，奕叶慎守，是为一朝之故事；后鉴前师，与时损益者，是为前代之故事。史学家著录，大抵前代事也。《隋志》载《汉武故事》，涉及百官；《唐志》载《魏文贞故事》，横牵家传。循名误列，义例殊乘。今总核遗文，惟以国政朝章六官所职者入于斯类……惟旧我皇上制作日新，垂谟册府，业已恭登新籍，未可仍袭旧名。考钱溥《秘阁书目》有'政书'一类，谨据以标目，见综括古今之意焉。"这样，使古今记载典制之史书总括于一类之中，避免了过去循名误列、同类别出、只录前事、不登新籍等弊端，这是史书分类的一大进步。

(二) 典制体的源流发展

政书类目虽在明清才正式出现和成为定名，但有关典制内容的记载却由来已久，首推《尚书》"三礼"。《尚书》中有《尧典》记载尧禅让的事迹，反映了与中国原始社会末期有关的社会制度；有《禹贡》篇专记地理，有《吕刑》篇专讲刑法等。"三礼"更是记载先秦典章礼仪制度的专书。因此，《尚书》和"三礼"可视为典制体的源头。

秦朝以降，随着社会的发展进步和各种制度的日益复杂化，记载典章制度更为社会所需要。因此，史学家开始借鉴《尚书》、"三礼"的体例，于纪传体史书中创设了"书志"一门，专详典章制度。首创者司马迁说："礼乐损益，律历改易，兵权山川鬼神，天人之际，承敝通变，作八书"①，分记天文、地理和典制。东汉班固继承和发展了司马迁的"八书"，在《汉书》中改"书"为"志"，作"十志"。所以，刘知几说："夫刑法、礼乐、风土、山川，求诸文籍，出于'三礼'。及班、马著史，别载书志，考其所记，多效《礼经》。"② 章学诚曰："班固承迁有作，而《禹贡》取冠《地理》，《洪范》特志《五行》。"③ 梁启超也云："纪传体中有书志一门，盖导源于《尚书》，而旨趣在专记文物制度。"④ 这些都说明"书志"的创立源于《尚书》和"三礼"。自迁、固创"书志"以记典制以来，历代因之，承袭不改，成为纪传体史书中不可分割的一部分，对后世影响深远。在"二十六史"中，有19部有书志，只是各史书志的名目例目不尽相同而已，"司马迁曰书，班固曰志，蔡邕曰意，华峤曰典，张勃曰录，何法盛曰说。名目虽异，体统不殊。亦犹楚谓之梼杌，晋谓之乘，鲁之春秋，其义一也"⑤。另外，欧阳修《新五代史》的"考"，郑樵《通志》中的"略"，其实都是"书志"的别名。"书志"的创立，是人们重视典章制度在学

---

① 司马迁.史记：卷一百三十：太史公自序[M].点校本二十四史修订本.北京：中华书局，2013：3999.

② 刘知几.史通通释：卷三：书志[M].浦起龙，通释.王煦华，整理.上海：上海古籍出版社，2009：51.

③ 章学诚.文史通义校注：卷一：内篇一：书教上[M].叶瑛，校注.北京：中华书局，1994：32.

④ 梁启超.中国历史研究法：过去之中国史学界[M]//饮冰室合集（专集73）.北京：中华书局，1989：21.

⑤ 刘知几.史通通释：卷三：书志[M].浦起龙，通释.王煦华，整理.上海：上海古籍出版社，2009：52.

术领域中的直接反映，它使历代典制内容的记载更加丰富、更加条理化，以致形成了有关政治、经济、文化等内容的一门门专史，成为后世研究典章制度的最重要的文献。

进入唐朝，政书的发展也进入了辉煌时代。唐朝政治、经济、军事、文化等繁荣兴盛，形成一个盛大、文明、开放的封建大帝国。尤其是唐朝大一统局面的形成，使统治者极为重视政治、经济、历法、法律和封建礼仪等典章制度的制定与规范化，开始着手把典制沿革作为一个完整的历史发展体系来进行考察总结，以便形成一些可供当代统治者借鉴的经验教训。唐开元末年，著名史学家刘知几之子刘秩，始以《周礼》六官的形式，杂取群经诸史和百家之言，撰为《政典》35卷。其后，唐朝宰相杜佑，凭借自己历任中央和地方要职，对历代政治经济制度比较熟悉的有利条件，取刘秩《政典》为蓝本，扩大记述范围，"博取五经群史，及汉魏六朝人文集、奏疏之有裨得失者，每事以类相从。凡历代沿革，悉为记载，详而不烦，简而有要，元元本本"①。上起传说中的黄帝，下讫唐玄宗天宝末年，分门别类地编排组织，历时30余年，撰成《通典》一书，分为九典及若干子目，把历代典章制度详加叙述，源流分明，开创了典制体史书编纂的新体裁。《通典》是我国第一部典章制度通史，它的出现，大大推动了典制体史书的发展。《通典》结构严谨而富于变化；会通与分门相结合；重视前人的"论议得失"和阐发本人的历史评论相结合，是他在历史编纂上的显著特点和大胆创新。②

杜佑，字君卿，京兆万年县（今陕西长安）人，出生于名门世家，父祖均居官显位，杜佑18岁时以荫补济南参军，从此步入仕途，历仕唐玄宗、肃宗、代宗、德宗、顺宗、宪宗六朝，官至宰相之职，是唐朝中期著名的政治家和史学家。他熟悉国典朝章，为典制通史《通典》的编撰奠定了良好的条件。杜佑之前，中国史坛以编年、纪传二体居主导地位，"欲废其一，固亦难矣"③。然编年体"详于理乱兴衰之迹，而略于典章经制"④，纪传体虽辟"书志"一体专记典制，但有些纪传体史书不立"书志"，典制失载；多数纪传体史书虽有"书志"，却又断代为限，难明典制沿革。正如梁启超所云："各史既断代为书，乃发生两种困难：苟不追叙前代，则源委不明；追叙太多，则繁复取厌。况各史

---

① 永瑢，等. 四库全书总目：卷八十一：通典［M］. 北京：中华书局，1965：694.
② 瞿林东. 杜佑评传［M］. 南宁：广西教育出版社，1996：86.
③ 刘知几. 史通通释：卷二：二体［M］. 浦起龙，通释. 王煦华，整理. 上海：上海古籍出版社，2009：26.
④ 马端临. 文献通考：自序［M］. 北京：中华书局，2018：1.

非皆有志，有志之史，其篇目亦互相出入，遇所阙疑，斯见滞矣。于是有统括史志之必要。"① 杜佑正是顺应了这种时代要求，将历代纪传体史书中的典章制度融会贯通，并博采群籍，再辟新路，历 36 年之功撰成《通典》，开创了中国古代典制通史的编撰体例，正式确立了与编年体、纪传体鼎足而立的典制体，其功伟烈。《通典》记事上起唐虞，下讫唐肃宗、代宗，全书 200 卷，分为九典，乾隆《重刻通典序》云："每事以类相从，举其始终"，"由食货以边防，先养而后教，先礼而后刑，设官以治民，安内以驭外，本末次第，具有条理，亦恢恢乎经国之良模矣。"较好地体现了杜佑"征诸人事，将施有政"② 的撰述旨趣。

杜佑在编撰方法上不仅开创了典制通史，而且在行文中广泛采用"自注法"，注释难读难懂之字音字义、列举典故、补充史实、标明互见、考证史料、参酌先哲时贤之见，或说或议或评，阐明己见，更好地揭示了历代典章制度的发展变迁，这是在新的层次上对司马迁"究天人之际，通古今之变"的会通思想的继承和发展。因此，"其书大传于时，礼乐刑政之源，千载如指诸掌，大为士君子所称"③ "纲领宏大，考订该恰"④。李翰《通典序》称其"施于文学，可为通儒；施于政事，可建皇极"，确立了杜佑在政书编撰学上的卓越地位，对后世产生了深远的影响。

唐朝还有专详一个朝代典章制度的断代史，如长孙无忌等奉敕撰的《唐律疏议》30 卷、李林甫等奉敕撰的《大唐六典》30 卷，唐玄宗时官修的《大唐开元礼》150 卷，长孙无忌、房玄龄、魏徵等撰的《大唐仪礼》100 卷，长孙无忌、许敬宗等撰的《永徽五礼》130 卷，萧嵩撰的《开元礼义镜》100 卷，以及苏冕等编的《会要》40 卷和杨绍复等编的《续会要》40 卷等。

总之，典制体史书在唐朝已经真正崛起并迅速发展，之所以如此，至少有以下原因：一是从历史编纂学上看，由纪传体史书的"书志"发展到典制体，是史书体裁发展的必然结果。《通典》的体例，正是纪传体"书志"的扩大和发展，是书志从纪传体中分离出来，成为一种独立的史书体裁的结果。二是唐朝类书的发展为典制体的产生提供了方法上的借鉴。类书是采集群书资料加以分类编排的资料书，在唐朝有了很大的发展。类书往往将古代事物按天文、地

---

① 梁启超．中国历史研究法：过去之中国史学界［M］//饮冰室合集（专集 73）．北京：中华书局，1989：21.
② 杜佑．通典：自序［M］．北京：中华书局，2016：1.
③ 刘昫，等．旧唐书：卷一百四十七：杜佑传［M］．北京：中华书局，1975：3983.
④ 马端临．文献通考：自序［M］．北京：中华书局，2018：2.

理、人事、器物等分成若干类，每类之下又分若干子目，使采自群书的资料得以以类相从，各附其类，这种方法对杜佑启发很大。其《通典》以事类为中心，划分为九门及门下的若干子目，与类书的编纂方法极为相似。三是唐朝统治者重视典章制度的制定和规范化，推动了典制的研究，为史学发展开辟了新的领域。四是杜佑自身的经历和素养，是其创制《通典》的主观条件和前提。杜佑历任朝廷重臣，熟知国典朝章，唐玄宗称其"博闻强学，知历代沿革之宜；为政惠人，审群黎利病之要"。[①]

《通典》之后，继作不断，南宋初年郑樵撰成纪传体通史《通志》，其书志部分称"略"，凡"二十略"，把历代典章制度、学术文化分门别类探本索源，上起远古，下终唐朝（有的至宋朝），"百代之宪章，学者之能事，尽于此矣"[②]，这是《通志》一书的精华所在，性质近于《通典》，实为各典制的简编通史。宋末元初，马端临仿效《通典》体例撰成《文献通考》，这是继《通典》之后出现的又一部典章制度通史专著，记事上起远古传说时代，下至南宋宁宗时期，分为二十四门，内容更广、门类更细更全，叙事为"文"，论事为"献"，上承《通典》，下开历史考证之先河。后人将《通典》《通志》《文献通考》合称"三通"。"三通"之后，续作更多，北宋宋白撰成《续通典》200卷，明朝王圻有《续文献考》30门254卷。清朝有官修"六通"（"续三通"和"清三通"），与"三通"合称"九通"，民国初年刘锦藻撰成《清朝续文献通考》，形成了"十通"。另外，在《通典》的直接影响下，从唐朝起还产生了大量专记一个朝代或一定时期的"会要""会典"史书（后详）。

综上所述，典制体是以记典章制度为中心的史书体，它渊源于上古的《尚书》和"三礼"，上承于纪传体史书中的"书志"，到唐朝杜佑《通典》，将数千年之典制熔于一炉，才正式确立了典制体史书体例。由唐朝至明清，典制史的编纂更是如雨后春笋，方兴未艾，数量多而品类全，以至形成了一套贯通古今的典制体史书系列，为后人学习和研究历代典章制度提供了完整而系统的文献资料，成为我国古代史学发展史上的第四大史书体。

二、典志体史书的类别及特点

典志体史书数量多，品类繁，但大体可分为三大类。

第一，通代史，即综述历代典章制度的典制通史。典制通史的出现，是应

---

① 刘昫，等．旧唐书：卷一百四十七：杜佑传［M］．北京：中华书局，1975：3981．
② 郑樵．通志：总序［M］．北京：中华书局，1987：2．

时代要求而产生的,东汉末至隋初的 200 多年间,我国长期处于分裂之中,政权更迭,律令不一,典章异制。随着唐朝大一统政治局面的形成,就要求对历代典章经制作认真的考察和总结,使之得以规范化和系统化,供统治者借鉴。马端临说:"典章经制,实相因者也。殷因夏,周因殷,继周者之损益,百世可知。"① 典制贵在"原始要终",会通古今,明了沿革。但纪传体史书中的"书志",自《汉书》而后,"断代为书",以致各种制度原委不明,加之部分纪传体史书缺志,典制失载,更难明了一代之典章。因此,统括历代典制,编撰典制通史成为一种时代要求,是势之所趋,于是"唐杜岐公始作《通典》,肇自上古,以至唐之天宝,凡历代因革之故,粲然可考"②。宋朝郑樵有《通志》"二十略",元朝马端临有《文献通考》348 卷,《通典》《通志》《通考》都是贯穿古今的"会通"之作,合称"三通"。其后续作屡出,以至有"九通""十通"之称,代代相因,构成了一个通贯古今的独立体系,犹如典制之府库,分门类地保存了大量珍贵的史料,是研究中国古代史尤其是历代典制史不可缺少的重要文献。

第二,断代史,即专记一代或一定时期典章制度的专书。断代典制史又有会要、会典之分。一般私人所撰者称会要,而官修者多为会典。二者在编排上、价值上也稍有不同。

会要体史书,是依典制类别分类编排史料而成。始于唐朝苏冕《会要》,"晚缵国朝政事,撰《会要》40 卷,行于时"③,记唐高祖至德宗历朝典制及相关行事。唐宣宗时,命崔铉监修、杨绍复等续编德宗以后事,成《续会要》40卷。北宋初,王溥又在苏、崔二书基础上再续唐宣宗至唐末之事,撰成《新编唐会要》(后世省称《唐会要》),共 100 卷,分为 15 类 514 目,还编成《五代会要》30 卷。宋朝专设"会要所"主修会要,共修成会要 10 部 2198 卷(《宋史·艺文志》),可惜均毁于明朝战火。今存《宋会要辑稿》是清朝学者徐松从《永乐大典》中辑出整理而成的,大体能见宋朝的典制和要政,尤其有关经济方面的资料十分丰富。元朝文宗时撰有《皇朝经世大典》880 卷,也在明朝亡佚。明清两代,尤重前代会要的补作,计有明朝徐天麟《西汉会要》70 卷、《东汉会要》40 卷,董说《七国考》14 卷(《战国会要》);清朝姚彦渠《春秋会要》4 卷,孙楷《秦会要》26 卷,杨晨《三国会要》22 卷,龙文彬《明会

---

① 马端临.文献通考:自序[M].北京:中华书局,2018:1.
② 马端临.文献通考:自序[M].北京:中华书局,2018:2.
③ 刘昫,等.旧唐书:卷一百八十九:苏弁传[M].北京:中华书局,1975:4977.

要》80卷，朱铭盘《晋会要》《南朝宋会要》《南朝齐会要》《南朝梁会要》《南朝陈会要》等。由春秋算起直到明末，也形成了一个代代相承、上下贯通的会要体史书体系，保存了大量史料，尤其是当时人所修的当代会要更是价值珍贵，因其成书于正史之前，许多史实多为正史所未载。后人补撰的前代会要，价值虽较当代会要逊色，但其"损益废置之序，离合因革之原，不待广询博考，一开卷而尽见"①，颇便使用，其价值也不容忽视。

会典体史书，是按设官分职的分类方法来编排史料，即把一代之典制分别记在各有关官衔之下，侧重于制度法令而很少述及历史事实。会典体创始于唐玄宗时期官修的《唐六典》，这是一部仿《周礼》之体例而修成的一部官制专著，以唐开元时期的内外官制建置为目，追溯了各种官职的历代置废沿革，记载了丰富的典制资料，开创了以设官分职为纲来记述一代典章经制的史书体裁，井然有序，检索方便。《唐六典》之后，元英宗时修成《元典章》，记元世祖至英宗五朝的典制；明朝多次撰修而成《明会典》；清朝先后五次官修《清会典》等。这些会典史书基本上是当时有关典制原始文件的汇编，史料价值较高。但因其纯系官场之作，侧重制度法令而不叙史实，其价值又远不如会要。

第三，书志，指纪传体史书中专门记载典章制度的"书志"部分。这种体裁由司马迁首创（《史记》设"八书"）、班固改进后（《汉书》立"十志"），成为一种定制，以事为类，历代而下，形成一个比较完整的系统，全面地揭示了我国古代政治、经济、军事、文化等典制的沿革变迁，犹如一门门的专史。典制体的确立，正是书志从正史中独立出来的结果。在"二十六史"中，除《三国志》《梁书》《陈书》《北齐书》《周书》《南史》《北史》7史无书志外，其余19史都有书志，形成了一套独立的书志体系，呈现出一种蓬勃发展、日臻完善的趋势。这是了解典制体、研究典制史不可缺少的珍贵史料。

三、典制体的价值功用

典制体是记载历代政治、经济、文化等典章制度的专书，在我国古代史坛上独立成部类，自成系统，具有重要的价值功用。

第一，典制体史书是典制之府库，是研究中国古代史尤其是典章制度史不可缺少的重要文献。无论是典章制度通代史还是典章制度断代史，乃至纪传体文献中的书志，都形成了由古而今、上下贯通、代代相承的系统，完整地记载了历代典章制度的沿革变迁，脉络分明，是研究我国古代历朝典章制度的重要

---

① 王应麟．玉海：卷五十一［M］．台北：大化书局，1977：1024.

文献。

第二，典制史可补正史之缺。如杜佑《通典》上起唐虞，下穷唐代宗，将数千年典制熔于一炉。所依据的历史资料，一为唐朝资料，如刘秩《政典》及初唐编撰的大批类书及典制书；一为唐朝以前的资料，包括先秦以来的五经群史、历代官书、汉魏六朝名臣学士的奏疏议论和文集等。加之《通典》成书于《唐会要》《旧唐书》之前，因此，《通典》可补《旧唐书》等之不足，是研究唐代历史特别是研究唐代典章制度的重要资料。而且《通典》所征引的唐代以前许多史书散佚，因此，《通典》又是后人辑佚、校订唐以前古籍的重要依据之一。又如马端临对宋朝制度研究用力最深，其《文献通考》所载宋制也最详，多为《宋史》所未备，因此，《文献通考》可补《宋史》之不足。书中有关宋朝典制的记录是今存两宋史料中最真实可靠的部分。

第三，典制体史书具有易查考易检索的工具书性质。典制体史书所记内容广泛，"凡职方、官制、郡县、营成、屯堡、觐飨、贡赋、钱币诸大政于六曹庶司之掌，无所不隶"，体现了工具书的完备性①。且多系档案原始资料，研究者查考十分方便，《唐会要》称"考唐以前之掌故者，兹编其渊海矣"。如《西汉会要》是根据《汉书》纪、传、表、志等分类编辑而成，并注明出处，使《汉书》中散见各卷的典制材料汇于一处，从而成为按主题检索《汉书》的工具。

典制体史书的易检性尤其体现在它的分类体系上，以类相从，按主题特点分类，虽博取群籍，但详而不烦，简而有要，颇便检索。会要、会典的分类更为细密，如《唐会要》立514子目，《元典章》立373子目，更方便研读者检索。《文献通考》"叙事为文、论事为献"，以"文"顶格，以"献"低一格，发表己见则题"按"字，眉目清楚，检查极便。

四、典制史与类书

典制史与类书都是中国古代主要运用分类法编纂的资料工具书，都具有辑录佚书、检索古籍的特殊功用。许多读者、学者及研究文史工具书的著作，常将二者混为一谈，把典制史归入类书范畴，或视典制史为专科性类书，混淆了二者的性质，以致降低了典制史的价值，不可不略加辨析。

第一，编纂目的不同。类书历史悠久，首推三国曹魏时期的《皇览》，这是当时的王象等人奉魏文帝之命编定的类书，分40余部，千余篇，约800万字，

---

① 允裪.乾隆大清会典：卷首：御制序［M］//钦定大清会典.四库全书本.上海：上海古籍出版社，1990：2.

唐末亡佚，是史学界公认的类书始祖。由魏晋至唐宋，我国类书大为发展，新编不断。当时的文士撰述，讲求字句之工，俪辞盛行，用典征事之风大盛，"其或强记不足，诵览未周者，则乞灵抄撮，效用谀闻，期以平时搜辑之勤，借祛临文翻检之剧；故网罗欲富，组织欲工，类书之体，循流遂作"①。特别是唐朝以后，科举制确立和完善，读书人因科举对策作文章便于检录，故多作类书备检。《四库全书总目》之《南朝史精语》提要云："南宋最重词科，士大夫多节录古书，以备遣用。"又《古今源流至论》提要云："自宋神宗罢诗赋，用策论取士，以博综古今参考典制相尚，而又苦其浩瀚，不可猝穷，于是类事之家，往往排比联贯，荟萃成书，以供场屋采掇之用。"典制史则源自上古《尚书》和"三礼"，上承纪传体史书"书志"，至唐朝正式确立为史体。典制史的编纂，旨在记历代典制掌故，申古今宪章法规，总天下之大学术，"至于往昔是非，可为来今龟鉴"，"将施有政，用乂邦家"。②

第二，编纂方法不同。典制史与类书都用分类法编纂，但类书多辑录原始资料，按类堆砌，不做改动，是纯粹的资料汇编，相对客观。典制史则不然，对原始材料进行过加工、改编、分析、阐述等，充分体现了编著者的主观性，故其编纂难度远在类书之上。以"三通"为例，《通典》每类有序论，都是作者的精辟之论，如"选举"类序论："非今人多不肖，古人多材能，在施政立本，使之然也。而况以言取士，既已失之，考言唯华，失之愈远。若变兹道，材何远乎？"反映了作者对以赋取士的看法。《通典》各类中还常有小注，或释或补或考，颇具特色。《通志》"二十略"将历代学术条分缕析，探本溯源，其中《艺文》《校雠》《图谱》《金石》等篇充分体现了郑樵对历史学及历史文献学的独到见解。《文献通考》继承和发展了《通典》《通志》的体例，又"叙事为文，论事为献"，兼下按语，阐明己见，"其载诸史体之记录而可疑，稽诸先儒之论辞而未当者，研精覃思，悠然有得，则窃者己意附之后焉"③，多有理论建树。

第三，编纂的内容不同。"类书辑录的资料，一般都不是单门、单类的专题性质的，而是赅括自然界和人类社会的一切知识的"④，举凡史实典故、名物制度、诗赋文章、俪句骈语，均被收载，是"百科全书"式的资料汇编。《四库全书总目》类书序曰："类事之书，兼收四部，而非经、非史、非子、非集，四部

---

① 张涤华. 类书流别 [M]. 北京：商务印书馆，1985：15.
② 刘昫，等. 旧唐书：卷一百四十七：杜佑传 [M]. 北京：中华书局，1975：3983.
③ 马端临. 文献通考：自序 [M]. 北京：中华书局，2018：3.
④ 胡道静. 中国古代的类书 [M]. 北京：中华书局，1982：1.

之内，乃无类可归"，准确揭示了类书的性质。典制史则不同，其仿《周官》之法，"以国政朝章六官所职者"为范围，于沿革损益之别，极其详赅，使"礼乐刑政之源，千载如指诸掌"。①

第四，所属类目不同。明代以前，典制史尚无固定类目，一直在史部与子部各类中飘忽不定，明代以后，典制史多列于史部，而类书多列于子部。

第五，咨询对象不同。类书多用于查找百科知识、诗文引语、典故骈语等；典制史则多用于查找经济、政治、军事、文化、法律等典章制度，是研究制度史、文化史、学术史的重要资料。

可见，典制史与类书二者是形似而质异的史书类别。

第二节 纪事本末体

纪事本末体，是以事件为中心，标立题目，按时间顺序叙述事件始末的史书体，也是中国古代重要的史书体之一。这种史书体起源于先秦，正式确立于南宋袁枢所撰《通鉴纪事本末》，此后承作不断，与编年体、纪传体一样能自成系统，具有由远而近地反映中国古代历史的突出作用。

一、纪事本末体的源流

纪事本末体和编年体、纪传体、典制体一样，也具有非常悠久的历史。总体上有两个方面，即"一书备诸事之始末"和"一书具一事之始末"。

先秦时期是纪事本末体的萌芽时期，最早可上推至《尚书》中的《金縢》《顾命》《康诰》等诸篇，都已经按"因事命篇"的模式来写，首尾毕具，条理清晰。如《金縢》篇记载周武王病危，其弟周公旦祷告上天，表示愿以身相代，事后将祷词秘藏金縢之中。武王去世后，太子即位（周成王）。周成王听信小人煽动，怀疑周公另有私心，直到偶然见到周公当年祷词才疑虑全消。因此，章学诚指出："若夫纪事本末，其源于《尚书》"②。但此时记事情节简单，且多为单篇形式散见史书。迄春秋战国，记事内容日渐丰满，形象传神之作每每出现，《左传》《战国策》中都有许多精彩的记事。《左传》记事，长于写战争，

---

① 刘昫，等. 旧唐书：卷一百四十七：杜佑传 [M]. 北京：中华书局，1975：3983.
② 章学诚. 文史通义新编新注：外篇四：方志立三书议 [M]. 仓修良，编注. 杭州：浙江古籍出版社，2005：831.

凡战争的起因、时间、地点、经过、结局均有系统交代，已经具备了纪事本末体的基本条件。《战国策》中更是常见"因事命篇"、详其始末的篇章。但此时"事具本末"只是作为一种叙事手段而已。

漫长的汉唐时期是纪事本末体继续发展、渐趋成熟的时期。这一时期记事内容更加丰富、更加翔实，记事形式开始由附见他书的单篇向专著过渡，东汉学者袁康的《越绝书》和赵晔的《吴越春秋》就是这一过渡阶段的代表作。隋朝王劭的《隋书》以及反映安史之乱的《河洛春秋》《安禄山事迹》，则已基本具备纪事本末体的规模了，可视为最早的纪事本末体文献，都属于"一书具一事之本末"的体例。汉唐时期，这类专记一事本末但不标明"纪事本末"的史书还有《天宝乱离西幸记》《明皇幸蜀记》《奉天记》《平淮西记》《凉国公平蔡录》《会昌伐叛记》《平剡录》等。

然而，纪事本末体的真正确立并在史坛占据重要席位，则是宋朝的事情。南宋袁枢以司马光《资治通鉴》为蓝本，改编而成《通鉴纪事本末》，这是纪事本末体确立的标志。至此，中国史坛在编年、纪传、典制三体之外，又创立了一种新的史体，为史学的发展开辟了一条新的途径。纪事本末体是适应史学发展的要求而产生的，宋朝以前，史籍以编年、纪传为主流，编年本于《春秋》《左传》，纪传则以《史记》《汉书》为宗。编年体以年为经，突出了时间顺序，脉络分明，但往往"一事而隔越数卷，首尾难稽"；纪传体以人物为主线，兼顾了时间、事类、人物，但常常"一事而复见数篇，宾主莫辨"，不利于了解历史事件的完整过程。因此，客观上就需要一种打破编年、纪传二体局限的新史体，唐朝刘知几、皇甫湜都提出过"尽事之本末"的撰述思想，这是一个史书编撰上的新课题，南宋袁枢正是这一新课题的最初实践者。清人闵萃祥在《汇刻九朝纪事本末序》中称"袁氏枢有见于此，乃作《通鉴纪事本末》，揭事为题，聚类而条分，首尾详备，巨细无遗，一变编年、纪传之例而实会其通，诚记事之别格，而史学之捷径也"。袁枢"喜诵《资治通鉴》，苦其浩博，乃区别其事而贯通之，号《通鉴纪事本末》"[①]，宣告新史体——纪事本末体正式产生。这种史体以事件为中心，每事各详起讫，自为标题，每篇各编年月，自为首尾，前后连贯，又不重出。把历史人物在历史上活动的年代和所起的作用，结合具体的历史事件加以叙述，使读者既能详明事件的原委，又能了解人物在事件过

[①] 脱脱，等．宋史·卷三百八十九：袁枢传［M］．北京：中华书局，1985：11934.

程中所起的作用，眉目清楚，旨趣明白，"文省于纪传，事豁于编年"①，"一书备诸事之本末"，是一种比较好的编撰方法。

宋朝以后，纪事本末体文献进入了大发展的黄金阶段，以袁枢《通鉴纪事本末》为准的，后世史学家纷纷效仿，仿作续作层出不穷。如南宋章冲的《春秋左氏传事类始末》，杨仲良的《续资治通鉴长编纪事本末》；明朝陈邦瞻的《宋史纪事本末》和《元史纪事本末》；清朝李有棠的《辽史纪事本末》《金史纪事本末》，谷应泰的《明史纪事本末》，杨陆荣的《三藩纪事本末》，高士奇的《左传纪事本末》，魏源的《圣武记》等。这些史书在仿效之外时有创新，使纪事本末体的编撰方法日趋完善详备。如陈邦瞻的《宋史纪事本末》《元史纪事本末》和谷应泰的《明史纪事本末》三部史书，在编纂思想上强调本朝政权的正统地位，重视寻找历史鉴戒供当权者"观览"；在取材和编撰方法上，袁枢《通鉴纪事本末》只取材于《资治通鉴》一书，而这三部书却取材于多种史书。其中宋、元二史纪事本末主取纪传体断代史《宋史》《元史》，兼及《辽史》《金史》及其他编年体史书。《明史纪事本末》比官修《明史》早成书80余年，取材于多种明代史料，"广稽博采，勒成一编"②，史料价值很高。尤其是把纪事本末体从钞书发展到编著，其编纂学价值更高。又如宋、元、明三部本末史之后，清朝高士奇《左传纪事本末》、张鉴《西夏纪事本末》、李有棠《金史纪事本末》《辽史纪事本末》等书，仍以为统治者提供"政治得失""讲求治道"原则为修史指导思想。而在取材和编纂上却明显地表现出取材务求齐全、编撰务求完整的思想。纪事本末体史书已经从单一的编纂事件本末，发展到辨章学术、考镜源流，形成了编纂与学术研究相结合的本末体史著。《左传纪事本末》于正文之外，增加了"补逸""考异"等内容，并且专设凡例对此做了详细说明：凡"三代、秦、汉之书，经史诸子，杂出繁多；其与《左氏》相表里者，皆博取而附载之，谓之'补逸'；其与《左氏》异同迥别者，并存其说，以备参伍，谓之'考异'；其有踳驳不伦，传闻失实者，为厘辨之，谓之'辨误'；其有证据明白，可为典要者，别而志之，谓之'考证'；参以管见，聊附臆说，谓之'发明'"③。《辽史纪事本末》《金史纪事本末》于书后特立"卷末"一卷，注列"引用书目"，其中辽史本末引书710种左右，金史本末引书510多

---

① 章学诚．文史通义校注：卷一：内篇一：书教下［M］．叶瑛，校注．北京：中华书局，1994：51．
② 谷应泰．明史纪事本末：自序［M］．北京：中华书局，2015：1．
③ 高士奇．左传纪事本末：凡例［M］．北京：中华书局，2019：5．

种。辽、金二史纪事本末都分"正文"与"考异"两大部分，事无巨细，一律加以考辨，"其或事有异同，词有详略，兼仿裴世期补注《三国志》及胡身之注《通鉴》，取温公所著《考异》三十卷散入各条例，小注双行，分载每条之下，名为考异，以便流览，而资参证"①。

上述所见，纪事本末体史书在编纂上已经从最初的钞撮一书，发展到博采群书，最后成为编撰与学术研究相结合的史著。尹达先生认为，自明朝开始，纪事本末体史书明显地朝着三个方面演变：一是更加适应封建统治者的需要；二是务求考订精密，取材细琐；三是愈益美化封建帝王的文治武功。②《四库全书总目》著录纪事本末体文献 22 部 1247 卷，又附存目 4 部 26 卷，林林总总，自成门类，形成了一套贯穿古今的纪事本末体史书体系。近代以来，纪事本末体史书仍有续作，《续修四库全书》著录纪事本末类史书达 106 种。

二、纪事本末体的特点和价值

（一）优点

第一，简约清楚。纪事本末体以事件为主线，大大简化了复杂的历史现象，使之一目了然，眉目清楚。正如清朝史学家章学诚说："按本末之为体也，因事命篇，不为常格，非深知古今大体、天下经纶，不能网罗隐括，无遗无滥。文省于纪传，事豁于编年，决断去取，体圆用神。"③ 从根本上克服了纪传体彼此错陈、编年体前后隔越的弊端。

第二，编排灵活。纪事本末体史书"因事命篇"，"较少受到体例的局限，有广阔的容量来容纳诸多史事，使形式和内容更便于协调一致；只要取舍适当，就能使史书内容丰满而形式不显得臃肿"④。

第三，可读性强。纪事本末体史书每事自成体系，详其起讫，故事性强，使读者"如生乎其时，亲见乎其事，使人喜，使人悲，使人鼓舞未既，而继之以叹且泣也"⑤。后世"演义""小说"之类即由此发展而来。

第四，查阅方便。纪事本末体史书记事眉目清楚，展示了事件发展变化的脉络与规律。"每事各详起讫，自为标题，每篇各编年月，自为首尾，……经纬

---

① 李有棠. 金史纪事本末·凡例[M]. 北京：中华书局，2015：1.
② 尹达. 中国史学发展史[M]. 郑州：中州古籍出版社，1985：251-252.
③ 章学诚. 文史通义校注：卷一·内篇一·书教下[M]. 叶瑛，校注. 北京：中华书局，1994：51.
④ 瞿林东. 文省于纪传，事豁于编年——说说纪事本末体史书[J]. 书品，1993（3）.
⑤ 袁枢. 通鉴纪事本末：杨万里通鉴纪事本末叙[M]. 北京：中华书局，2015：1.

明晰，节目详具，前后始末，一览了然。"① 近人梁启超将其与纪传、编年二体做了比较分析评论，其论颇为平实，周详而正确。他说："善钞书者可以成创作，荀悦《汉纪》而后，又见之于宋袁枢之《通鉴纪事本末》。编年体以年为经，以事为纬，使读者能了然于史迹之时际的关系，此其所长也。然史迹固有连续性，一事或亘数年或亘百数十年，编年体之纪述，无论若何巧妙，其本质总不能离账簿式。读本年所纪之事，其原因在若干年前者，或已忘其来历；其结果在若干年后者，苦不能得其究竟。非直翻检为劳，抑亦寡味矣。枢钞《通鉴》，以事为起讫；千六百余年之书，约之为二百三十有九事。其始亦不过感翻检之苦痛，为自己研究此书谋一方便耳。及其既成，则史界别辟一蹊径焉……盖纪传体以人为主，编年体以年为主，而纪事本末体以事为主。夫欲求史迹之原因结果以为鉴往知来之用，非以事为主不可。故纪事本末体于吾侪之理想的新史最为相近，抑亦旧史界进化之极轨也。"②

综上，纪事本末体史书综合了编年、纪传二体之长，又弥补了二体之短，为前古所未有。它重点突出，能够包举历代重大历史事件，又按历史事件的发展顺序记事，连贯完整，语无重出，更接近近现代章节体史书，将我国史书编纂发展到了新的水平。因此，纪事本末体一经出现便跃居史坛前列，成为我国古代"三大史体"之一。

（二）缺点

第一，容载史料不多。纪事本末体史书只能从全部历史中选择其某些方面作系统叙述，而无法对全部历史做较全面的系统的阐述，局限性很大。因此当代史学家张舜徽先生说："纪事本末体在历史编纂学上的地位，只是增添了一种便于记忆和检索、对初学历史的更合适的体例，而不能取代原有的利于广泛保存史料的各种体例。"③

第二，史料价值不高。纪事本末体史书多为第二手材料，如《通鉴纪事本末》是改编《资治通鉴》而成的，说白了是钞书，是从《资治通鉴》所记一千三百六十多年的历史中选取了239件史事，把属于同一事件的原文按时间顺序钞摘在一起，再加上标题，除了标题，袁枢并未添加过一字。再如《左传纪事本末》依《左传》而成，《宋史纪事本末》据《宋史》，《元史纪事本末》取

---

① 永瑢，等．四库全书总目：卷四十九：通鉴纪事本末［M］．北京：中华书局，1965：437.
② 梁启超．中国历史研究法：过去之中国史学界［M］//饮冰室合集（专集73）．北京：中华书局，1989：20.
③ 张舜徽．中国史学名著题解［M］．北京：中国青年出版社，1984：179.

《元史》和《宋元通鉴》等,都是二三手材料,其史料价值都不及原书。因为信息材料传递次数越多,失真的可能性越大。因此,纪事本末体史书便于阅读,但一般不作引证。

第三,正统思想明显。袁枢《通鉴纪事本末》对所谓正统政权均予肯定,如《高帝灭楚》《光武中兴》《高帝兴唐》等;而对所谓"非正统"政权则予以指谪,如《王莽篡汉》《司马氏篡魏》《刘裕篡晋》等;称农民起义为"乱""叛",如《黄巾之乱》《六镇之叛》等。后世所撰纪事本末体史书普遍遵循了这种正统观念。

第四,记事彼此孤立,割断联系。物质世界是由无数相互联系、相互依赖、相互制约、相互作用的事物所形成的统一整体。任何事物都不是孤立的,都会与周围其他事物产生各种各样的联系和作用。纪事本末体史书则将历史区分为一个个独立的事件,往往只记某事的发展原委,不记事件之间的联系和作用,事与事之间彼此孤立,不利于读者把握整个历史发展的线索和规律,难以形成有机的整体概念。如《资治通鉴》写出了1362年的历史发展线索和轮廓,而《通鉴纪事本末》仅选记239件史事,各事之间相对独立、缺乏历史联系。这是纪事本末体文献的一个致命的弱点。

第五,记事有顾此失彼之嫌。纪事本末体文献的内容一般侧重于政治和军事方面,可谓相对集中,但忽视了社会经济和典章制度的重要作用。如袁枢《通鉴纪事本末》239件史事中,绝大部分都是军事和政治事件,属于经济方面的仅有两条:唐朝的《奸臣聚敛》和《两税之弊》。典章经制更是没有记载。写政治固然重要,但经济、文化同样重要,不应该忽视。袁枢只看到历史治乱兴衰的表面现象,却看不到同治乱兴衰密切相关的制度措施,尤其是看不到经济上的根本原因,这大大降低了纪事本末体的史料价值,也是纪事本末体之一大弊端。

由此可见,纪事本末体虽然从根本上克服了纪传体彼此错陈、编年体前后隔越的弊端,却难以做到像纪传体那样博极天地、包罗万象的巨大信息优势,也缺乏编年体那种"中国外夷,同年共世,莫不备载其事,形于目前"① 的把握同一时代的宏观视野。其记事的局限性和固有缺陷,也就决定了它不可能取代编年、纪传二体,而只能与之并行。

---

① 刘知几. 史通通释:卷二:二体[M]. 浦起龙,通释. 王煦华,整理. 上海:上海古籍出版社,2009:24.

三、纪事本末体的类别

纪事本末体文献就其形式而言，大体可划分为两大类。

一是朝代纪事本末。这类史籍或综写多朝历史，或专写一朝历史，如袁枢《通鉴纪事本末》起讫同司马光《资治通鉴》，记战国三家分晋至周世宗征淮南1360多年的历史。清人马骕《绎史》记载了远古、三代、春秋、战国的历史等，都是综写多朝；专写一朝历史的纪事本末体史书最为普遍，如宋人杨仲良的《皇宋通鉴长编纪事本末》、明人陈邦瞻《宋史纪事本末》和《元史纪事本末》、张鉴《西夏纪事本末》、清人李有棠的《辽史纪事本末》和《金史纪事本末》、谷应泰的《明史纪事本末》、倪在田的《续明纪事本末》，以及近人黄鸿寿的《清史纪事本末》等。经过先后续补，从古代到清代，已经形成了本末体全史。朝代纪事本末体史书的发展和演进大致有三种情况：其一，严守家法，"易编年为叙事"，以一种编年体史书为对象和依据。如《皇宋通鉴长编纪事本末》《左传事纬》《左传纪事本末》等是其例。其二，以一个朝代纪传体正史为主，兼收博采其他相关史籍。"易纪传为叙事"较之"易编年为叙事"难度更大，《宋史纪事本末》《辽史纪事本末》《金史纪事本末》《元史纪事本末》等均是。其三，成书于官修正史之前，如《明史纪事本末》《清史纪事本末》等。

二是专史纪事本末。这种史籍是以政治领域某一重大事件为题材而写成，在纪事本末体文献中占有较大的比重，尤以清人所写较多。如清杨陆荣的《三藩纪事本末》，钱名世的《四藩始末》，来保的《平定金川方略》，傅恒的《亲征平定朔漠方略》，乾隆敕撰《台湾纪略》《兰州纪略》和《石峰堡纪略》，于敏中的《临清纪略》，庆桂的《剿平三省邪匪方略》，托津的《平定教匪纪略》，曹振镛的《平定回疆剿擒逆裔方略》，奕䜣的《剿平粤匪方略》《剿平捻匪方略》及《平定陕甘新疆回匪方略》，陆元鼎的《各国立约始末记》，文庆的《筹办夷务始末》等。这类史籍按专题、依时间顺序记事，有以下特点：一是内容不限于传统纪事本末体史书侧重于记政治事件，举凡政治、军事、外交、经济、文化、藩镇、会党、少数民族、农民战争和农民起义等都有记载；二是形式比较松散自由，或记述见闻，或整理典籍，或重视辑录，或夹叙夹议，或附以考证，或存其异同，活泼不拘，以适意为度；三是与编年体呈现某种交叉，往往围绕一个专题并按时间顺序记事，故也可称编年本末史。[1]

---

[1] 彭久松.《通鉴纪事本末》的成书及纪事本末体的历史地位[J].四川师院学报，1984(1).

第四章

史注、史评和史考

第一节 史注体

史注,是对前代史籍的训诂、解释。为史作注,渊源久远,大体发端于先秦时期,两千多年来陈陈相因,形成了浩博繁富的史注遗产,这是我国优秀传统文化的一个重要组成部分。许多重要的史籍,如《尚书》《春秋》《诗经》《史记》《汉书》《后汉书》《三国志》等,几乎代有所注,积累至今,或至数十百家注。充分利用这些古代史注,对读史治史具有重要的价值和意义。但以今天眼光来看,古代史注具有形式多样化、内容复杂化、体例繁难化等特点,加之古代史注仍用文言写就,要想读懂弄通和运用亦绝非易事。因此,全面研究史注具有重要的理论价值和实用价值。

一、史注源流

（一）史注萌芽——先秦

追溯史注体的源流,可以上溯到先秦时期。在先秦历史文献中,说话人自己或著作者本人在行文中偶尔会夹杂一些解释性的话语,往往以正文形式、插说形式出现。例如:

《易·丰卦》:"丰,大也。"

《左传·成公二年》:"贪色为淫。"

《左传·庄公三年》:"凡师一宿为舍,再宿为信,过信为次。"

《谷梁传·僖公二十八年》:"水北为阳,山南为阳。"

《孟子·滕文公下》:"《书》曰:'洚水警余'。洚水者,洪也。"

《国语·齐语》:"五人为伍""二百人为卒""二千人为旅""二万人为军";又曰"五家为轨""十轨为里""四里为连""十连为乡"。

《礼记·曲礼》:"天子死曰崩,诸侯曰薨,大夫曰卒,士曰不禄,庶人曰死。"

这类解释性的文字注解我们称为"正文插说体",零碎驳杂而不成系统,注文本身就是正文的一部分,具有注解的性质,但远不是后代体式的史注,只能算原始的、雏形的、萌芽中的史注。但正文插说体已具有以下几方面的特点:

首先,从内容上看,不但解释字词,而且解释句、段、篇(释篇较少),或逐字诠释,或串讲,或提示含义,或总释篇章,有释典制、明史事、释实词、释虚词、释语法、辨析同义词、解释表达方式等。

其次,从方法上看,训解方法灵活,传统的训解方法是形训、义训、声训,而正文插说体都已具备。义训最为普遍,声训其次,形训较少。如《左传·宣公十二年》:"夫文,止戈为武";《左传·宣公十五年》:"故文,反正为乏";《左传·昭公元年》:"于文,皿虫为蛊";《韩非子·五蠹》:"自环者之厶,背厶谓之公";这些训解虽有主观臆解甚至错误之处,但方法的灵活使用确是事实。

再次,正文插说体主要是对《诗经》《尚书》《易》《春秋》引文的解释。这与先秦时期人们在说话或行文中以引经据典为时尚有关,为了便于自己借题发挥,增强说服力,以使别人更好理解,需要对引用之文不时进行诠解注释。

又次,从术语上看,正文插说体所使用的术语,其格式已相当完备。如:

(1)某者,某也;某,某也。

(2)某,谓之某;某,之谓某。

(3)某曰某;某为某。

(4)某,言某;某,为之言某。

(5)某,犹某。

(6)问答式。

术语是一门学科达到一定水平的标志,科学的概念需要明确的术语来表达,可以认为,现代意义上的"史注"正是滥觞于先秦正文插说体。

先秦时期的史注,还有正文传述体一式。这是一种以一书传述另一书,或在一书中以一篇解释另一篇,甚至下段解释上段的注解形式。其特点是以原书(原篇)作为传述纲要而另写新作。正文传述体史注适应了早期特定文献的解释需要,它没有也不可能大量使用和发展,但它对后世补阙体的影响很大。

要之,先秦正文传述体和正文插说体虽与成熟的史注范式相去甚远,却于先秦开创了史注的先河,史注的基本形态、基本方法和术语均已初步形成,先秦时期是史注的萌芽时期。

(二) 史注趋于成熟——两汉

两汉时期史注开始走向成熟，其标志是：注解家在先秦已有史注的基础上，集其所长，发扬光大，创造了与现代史注形式基本无异的史注形式——注疏体。注疏体形式是对前代史籍作随文释义的解释，其侧重字、词、名物、典故等诠释的同时，辅之以史实的增补、考辨和人事的评论。或一人注，或众人注；或始注，或补注；或自注，或他注；注原文，注注文。注多注少皆可，不受限制，十分灵活方便，最具适用性，适合于所有古籍文献的注解，成为人们注释和理解异时异地作品的有力工具。故注疏体一经诞生即趋成熟，并立刻确立了它在注解文献中不可移易的重要作用，成为千载楷则，历代优秀的注疏体史注不可胜数。

注疏体的出现及史注得以在此时成熟之原因，一是时有古今，地有南北，"百年之中语有递转"。周秦至两汉之间，语言文字发生的剧变，造成阅读理解上的巨大障碍，必须用今语释古语，以通语释方言，以简明释繁难，才能沟通古今。二是先秦两种史注体式的积累，提供了有益的借鉴，这是注疏体得以诞生、史注趋于成熟的重要条件。三是经学的论争、昌盛，极大地刺激和催化了注疏体的出世，也推动了史注的发展。在古文经、今文经两大派别的激烈斗争中，两派经学家群起而注经，在注经实践中，借鉴创造出灵活、便捷、完善的注疏体式，并形成了古代第一个注释高峰期，典型的史籍注疏也就在此时诞生了。注疏体的开山之作是西汉初年毛公的《毛诗诂训传》，东汉经学家郑玄将其发扬光大，遍注群经，皆用此体，是为集大成者。两汉之时的经史之注无一不是用注疏体。汉朝以后两千年来的发展历程，注疏体一直是最典型、最便利的史注范式。[①]

(三) 史注之发展与完备——魏晋隋唐

三国两晋南北朝隋唐时期，是史注大发展并趋于完备时期。

第一，注史风气之盛，史注数量之多、内容之丰富，为前所未见。这一时期我国封建史学进入了一个新的发展阶段，史学受到了人们的普遍重视，研究范围扩大，史书体裁增加，史书数量众多，"一代之记，至数十家"[②]。注史之风也随之盛起，如纪传体史书中，《史记》有南朝宋裴骃《史记集解》、南朝宋

[①] 徐流，白云，蒋经魁．史籍导读与史料运用［M］．重庆：西南师范大学出版社，1997：342-345．

[②] 魏徵，等．隋书：卷三十三：经籍志［M］．点校本二十四史修订本．北京：中华书局，2019：1121．

徐广《史记音义》、南朝梁邹诞生《史记音义》等；《汉书》有三国吴韦昭《汉书音义》、晋灼《汉书集注》、南朝齐陆澄《汉书注》、南朝梁刘显《汉书音》、南朝梁刘孝标《汉书注》、南朝陈萧该《汉书音义》等；《三国志》有南朝宋裴松之《三国志注》、北魏卢宗道《魏志音义》；《后汉书》有南朝梁刘昭《后汉书注》、南朝陈萧该《范汉音》、南朝陈臧竞《范汉音训》、北魏刘芳《后汉书音》等。编年体史书中，有南朝宋刘彤注干宝《晋纪》、北魏崔浩《汉纪音义》等。杂史注有魏王肃、吴韦昭和虞翻《国语注》，晋孔晁《国语注》与《逸周书注》，晋郭璞《山海经注》和《穆天子传注》，北魏郦道元《水经注》，南朝梁刘孝标《世说新语注》等。足见三国两晋南北朝隋唐时期注史受到了人们的普遍重视，涌现出众多优秀的史注作品，而且史注内容十分丰富，或注明字音、解释词语、校勘文字，或注释地理、诠释名物典故，尤其重视增补事实、纠纰攻谬、评人论事等。

　　第二，出现了义疏和补阙体，史注的形式基本完备。义疏是注疏体的一个类别，其特点是不但注解原文，而且还注释疏通注文，滥觞于东汉郑玄的《毛诗笺》，郑笺既注原文又注毛传。义疏在六朝普遍发展，唐朝集其大成，这是对注疏体的继承和发展。义疏是在经学、玄学、佛学的带动下而产生的。魏晋之风，玄学家崇尚清谈，佛教聚徒讲经，儒家亦坐堂说经，而登堂讲说的稿子就是义疏，或称讲疏，质言之即今日之讲义。它既释解原文，也疏讲注文，义疏就这样出现了。从语言史的角度看，六朝是汉语的一个大转折期，不但产生了中古白话，而且语言内部的语音、词义、语法也发生了很大的变化，一般人不但难以看懂先秦两汉原文，连汉人的注解也难以看懂了，要深入理解发挥经义，非全面讲解不可，所以义疏不但注原文还要注注文。义疏于六朝大量出现，至唐朝孔颖达《五经正义》，是对义疏的发展和总结。正义与义疏是有区别的，正义为官修，而义疏是私修；义疏可凭注家任意发挥，可以不同于旧注，正义则只能依从维护旧注，不得有所出入，恪守所谓"疏而不破"的规矩。这是因为正义是"正前人之疏义，奉诏更裁，定名曰正"，目的是要结束两汉以来经说派别林立纷争的局面。

　　补阙体是以史料的补充、史实的考订和见解的阐发为主，兼及音义训诂。南朝宋裴松之《三国志注》开其先例，影响较大，价值甚高。裴氏奉诏注《三国志》，认为"寿书铨叙可观，事多审正，诚为游览之苑囿，近世之嘉史。然失在于略，时有所脱漏"，故广采天下能见之书，对寿书作了"信而有征"的详注，条其异同、补其阙漏、疏其详略、正其谬误、详其论辩，① 开创了一路注史新风，确立了史注式史学批评方式。其后刘孝标《世说新语注》，郦道元《水经注》，胡三省《资治通鉴注》，宋陶岳《五代史补》，清彭元瑞、刘凤诰《五代史记补注》，近人吴士鉴《晋书斠注》等多所效法和继承，足堪重视。

史注中补阙体虽不多见，但其重大价值并不仅仅在它的本身，它对产生于其先的注疏体的后来的发展有着深刻的积极影响。隋唐以前，注疏体史注以名物训诂为主，间有补充史料、评论史实，但颇为零碎少见。然补阙体产生以后，注疏体之内容受到了补阙体的影响而发生了相当大的变化，隋唐以降，注疏体中，补充材料、考辨史实、评论人或事、列举异同等内容大大增加，蔚然成风。唐杜佑的《通典》自注，宋元之际胡三省的《资治通鉴注》及清儒的史注无不如此。注疏体在后来的发展中正是吸收了补阙体的长处，才得以保持这样长久而旺盛的生命力；也正是补阙体之产生并被注疏体汲吸其长处后，史注与经注、子注的特点和区别才得以显现并被后代注家认识，即前者（史注）以明事为要务，后者（经注、子注）以明理为要务，并成为史学家在注释实践中遵循的规律和标准。② 总之，三国两晋南北朝隋唐时期，史注已取得了突出成就，这一时期在中国史注发展史上占有重要地位。

（四）史注发展达于鼎盛——清及晚近

清及晚近时期，史注开始达于鼎盛。史注自魏晋隋唐以后，宋元明一度中落，而到清及晚近却异峰突起，将史注推到了巅峰。学者们对正史、杂史广加校注，并且将从前已注之重要史籍都几乎重新作注。清人注史有为全书作注者，亦有为单篇作注者，而一书之注释达十几家甚或数十家，注史之风的兴盛与罕见，实属空前。时代与学术的发展，使有清一代的史注由必然王国进入了自由王国。清人以实事求是的科学精神相标榜，打破了对古人的迷信。在方法论上，西学东渐，促进了音韵、语法、校勘、考证的研究，尤其懂得了以音明义、破释通假，手段更为完善便利；在材料上，广泛搜罗，求证于金文、石刻，常能发前人所未发，质量上大大超乎前贤，产生了一大批高质量的史注。如《尚书》有阎若璩《古文尚书疏证》、惠栋《古文尚书考》、王先谦《尚书孔传参正》、牟庭《同文尚书》、孙星衍《尚书今古文注疏》、章太炎《古文尚书拾遗》、曾运乾《尚书正读》等；《国语》有洪亮吉《国语韦昭注疏》、姚鼐《国语补注》、

---

① 裴松之.上三国志注表［M］//陈寿.三国志.北京：中华书局，1982：1471.
② 徐流，白云，蒋经魁.史籍导读与史料运用［M］.重庆：西南师范大学出版社，1997：348-350.

汪远孙《国语校注本三种》、吴曾祺《国语韦解补正》、徐元诰《国语集解》等；《史记》有杭世骏《史记疏证》、牛运震《史记评注》、吴国泰《史记解诂》、瞿方梅《史记三家注补正》、李笠《史记订补》等；《汉书》有钱大昭《汉书辨疑》、齐昭南《汉书考证》、杭世骏《汉书蒙拾》、沈钦韩《汉书疏证》、李慈铭《汉书札记》、朱一新《汉书管见》、王先谦《汉书补注》、杨树达《汉书窥管》、陈直《汉书新证》、吴恂《汉书注商》等；《后汉书》有惠栋《后汉书补注》、王先谦《后汉书集解》、李慈铭《后汉书札记》等；《三国志》有杭世骏《三国志补注》、钱大昭《三国志辨疑》、钱仪吉《三国志证闻》、潘眉《三国志考证》、卢弼《三国志集解》等；《资治通鉴》有钱大昕《通鉴注辨正》、赵绍祖《通鉴注商》、陈垣《通鉴胡注表微》等。这一时期，一方面，注疏体广为习用，补阙体兼而用之；另一方面，论文体史注应运而生，专以一些重要而疑难的问题单独进行考证、解释，并进行理性总结，标志着史注向更高层次的发展和对前代史注的反思审视。这是我们今天仍在进行史注实践的重要体式之一，更是研究史注最便利的工具。代表作如王念孙《读书杂志》、王引之《经义述闻》、俞樾《古书疑义举例》、王鸣盛《十七史商榷》、钱大昕《廿二史考异》、赵翼《廿二史劄记》等。

上述所见，史注的发展由古而今，代有所注，留下了丰富的史注遗产，并在漫长的发展历程中形成了自己特有的体式、风格、术语，完全是中国古代一种独立的史书体，至今仍有重要的价值和意义。

二、史注的体式和内容

史注在其两千年漫长的发展历程中，形成了自己特有的体式和内容，唐朝刘知几对其进行了专门研究，将史注按时代发展和内容分为三大类：传注体、补阙体及自注体，并对传注体评论甚高，而于补阙体、自注体几乎全盘否定。但刘氏之论失之偏颇，他完全忽略了史注本身的特点和作用。乃因刘氏为第一流的史学家，才高学博，理论素养深厚，他认为史学家必须兼有才学识三长，故而将为史作注者视为二三流史学家，对史注看不起，斥责多，肯定少。对史注之诸多优点，尤其补阙体显而易见之长也视而不见，一味抨击，表现出了大师的偏激。

前修未密，后出转精，此乃学术发展之规律，今日将史注体式及内容略加厘定，可以析为如下诸类。

（一）正文插说体

正文插说体是文献典籍中作者自己于行文中偶尔夹杂着的解释。解释的对象往往是引用的话，也有作者自己的。这在甲骨卜辞中已初见端倪，先秦文献中更是常见。如：

《易·序卦》："恒者，久也。"

《易·系辞上》："一阴一阳之谓道。"

《论语·季氏》："邦君之妻，君称之曰夫人，夫人自称曰小童；邦人称之曰君夫人，称诸异邦曰寡小君，异邦人称之曰君夫人。"

《公羊传·宣公十五年》："初税亩。初者何？始也。税亩者何？履亩而税也。"

《左传·庄公三年》："凡师一宿为舍，再宿为信，过信为次。"

《孟子·梁惠王下》："老而无妻曰鳏，老而无夫曰寡，老而无子曰独，幼而无父曰孤。"

正文插说体，多像上述例句中对单个字、词的解释，或对词义进行辨析，一看即了明。但也有解释一句话、一段话甚至一篇文章的。例如《左传·昭公二十八年》云：

《诗》曰："惟此文王，帝度其心。莫其德音，其德克明。克明克类、克长克君。王此大国，克顺克比，比于文王，其德靡悔。既受帝祉，施于孙子"。心能制义曰度，德正应和曰莫，照临四方曰明，勤施无私曰类，教诲不倦曰长，赏庆刑威曰君，慈和遍服曰顺，择善而从之曰比，经纬天地曰文。九德不愆，作事无悔，故袭天禄，子孙赖之。

这是公元前514年晋大夫成鱄回答魏献子所提出问题的一部分。成鱄对《诗》（《诗经·大雅·皇矣》第4章）的前9句中的生僻词、重点词逐个进行诠释，对后3句则做了串讲。

又如《国语·周语下》记载了晋叔向对《诗经·周颂·昊天有成命》的全篇作释，而且非常细致。

其诗曰："昊天有成命，二后受之，成王不敢康，夙夜基命宥密。於，缉熙，亶厥心，肆其靖之。"是道成王之德也。成王能明文昭，能定武烈者也。夫道成命者，而称昊天，翼其上也。二后受之，让于德也。成王不敢康，敬百姓也。夙夜，恭也；基，始也；命，信也；宥，宽也；密，宁也；缉，明也；熙，广也；亶，厚也；肆，固也；靖，和也。其始也，翼上德让，而敬百姓。其中也，恭俭信宽，帅归于宁。其终也，广厚其心，以固和之。始于德让，中于信宽，终于固和，故曰成。

其所释内容，从"是道"至"能定武烈者也"，提示了全篇的主题；从

"夫道"至"敬百姓也",是串讲句子大意;从"夙夜"至"和也",是逐个释解字词;从"其始也"至"以固和之",是划分归纳层次层义;从"始于"至"故曰成",是解释命名之因。

上述二例的解说,已经具备了后来成熟的体式——注疏体的雏形,较为罕见。在总体上,正文插说体是零碎驳杂的,而且多是对所引《诗经》《尚书》《易》《春秋》等文句的解释。这是因为当时说话行文以引经据典为时尚,对引用之诗文进行插说式的诠解阐释,以使别人更好地理解或便于自己发挥,增强说服力。

总体上看,先秦时期产生的正文插说体零碎而不成体系,只是原始的史注雏形。但正文插说体形式在先秦以后的历代文献中仍时时被采用,从《史记》开始直到宋元明清以后都在大量使用。

(二) 正文传述体

正文传述体是以一书解释另一书,或以一篇解释另一篇的注解形式,注文皆能独立成书或成篇。始于《春秋》之传对《春秋》的传述,如"春秋三传",后继者极少,以郦道元《水经注》最为著名。这种史注虽名为"传""注"等,但实是以古书为纲,重视搜集材料而撰成的独立之作。它虽有注解的意味,但与范式的史注却相去甚远。

例如,《春秋》记事言简意赅,242年的春秋历史,共用18000多字来记载。"三传"即是以此为纲,进行铺叙又各有侧重,《左传》偏重史实过程的记载,《公羊传》《谷梁传》则偏重义理书法的阐释。鲁隐公元年(前722),郑国发生了一场大内乱,《春秋》只用"郑伯克段于鄢"6个字记述,《左传》用了510字注解,说明了事实真相。《公羊传》用93字,《谷梁传》用139字,但几乎是议论,旨在说明"书法"、阐发大义,毫无史实叙述。

而宣公十二年晋楚邲之战,《春秋》只用16个字:"晋荀林父帅师及楚战于邲,晋师败绩。"《左传》用了2800多字注解,详述大战的始末;《公羊传》只用371字,《谷梁传》只有11个字,都不曾说到大战的始末,只是发议论。

正文传述体适应了早期特定文献解释的需要,先秦以后并未得到很好的发展,但对后世补阙体影响较大。

(三) 注疏体

注疏体是史注的范式,使用最为普遍,也是最接近现代意义的注解。它对原文字词随文释义,随文加注,十分灵活方便,名称繁多。如训、诂、传、说、笺、解、注、释、诠、订、考、证、微、隐、疏、校、章句、注疏、诠注、音义、正义、集解、集注、集释、补注、校注、解诂等。三国韦昭的《国语解》,

唐朝李善的《文选注》，《史记》"三家注"，颜师古《汉书注》，王先谦《汉书补注》，胡三省《资治通鉴注》等，都是注疏体名注的代表作。注疏体的体例、内容比较复杂，《十三经注疏》是注疏体中体例最为复杂的，使用时尤需注意。

韦昭注《国语》，在吸收汉朝史注义法的基础上，着力考订增补史实，注释名物制度，介绍人物地理，核定年代时间，从而大大拓展了史籍注释的范围，形成了韦注完备有体、勘比研究、言辞简赅等鲜明的注释风格。

《史记》"三家注"各有侧重，各具特色。刘宋裴骃《史记集解》以汉人徐广《史记音义》为本，广引先儒百家之说，集录经史诸注，参以个人大量见解，在内容上以字词名物训解为主，兼及注音校勘；唐司马贞《史记索隐》广采古代史料异闻，解《史记集解》之所未解，申《史记集解》之所未申，偏重史实补充，异文考订；唐张守节《史记正义》旨在考义求正，侧重对名家注解的考辨，着力于训释郡国城邑山川，开发古典幽徽事理。"三家注"具有互为补充、互为注解、相互讲解、相互评论辩驳等关系。三注于宋绍熙年间分条合刊为一体。

《汉书》颜注以训诂为主，以解词释义为中心，言简意赅，并广泛援引前代古籍材料，又多所创获，是典范的史注，具有重要的史料价值和史学价值。

胡三省《资治通鉴注》更是古代史注中的珍品，对正文约300万字的《资治通鉴》详加注释，注文几近原文。胡注在总体上集注疏体和补阙体之长于一身，又有自己的独特风格；在内容上博大精深，独立成为一部学术大著作。内容不仅包括前代的注音、释义、校勘、考证，还有系统的观点和评论，不愧"《通鉴》之功臣，史学之渊薮矣"[1]。胡氏注《资治通鉴》倾其毕生精力和心血，花了三四十年时间注成。他以一个伟大的爱国史学家注此书，对于历史人物和历史事件发表的评论，每每一针见血点出问题的实质，又往往有所指，既点评了历史，又针砭了当局，有着明确的"经世致用"思想。而发论又源据于原文，与元朝统治者展开了不妥协的斗争，这一显著特色前所未有。

注疏体中还有自注一类，以唐杜佑的《通典》最为出色。《通典》是一部典制通史，杜佑为了充分表达自己的思想和使读者正确全面地理解掌握典制，采用了自《汉书·艺文志》《汉书·地理志》和《洛阳伽蓝记》中所曾用过的添加子注的形式，自为注解，注文与正文相辅而成，使《通典》一书更加丰满。《通典》自注，有采前人注释者，更多的是杜佑自作，说明、评论正文，既免除

---

[1] 王鸣盛. 十七史商榷：卷一百：通鉴胡氏音注［M］. 上海：上海古籍出版社，2005：937.

了他人对原著者意图之揣测而导致误差，又使注文与正文思想内容互为表里，相得益彰。

(四) 补阙体

补阙体史注以补充材料兼发评论为主，最富史学价值，往往与原著伯仲之间。这类史注广辑资料，提供了大量的具体事实，使后人获得丰富的史料和知识，并且此体常对原著考订辩证，使后人在研究中得到了极大的便利。补阙体史注以《三国志注》和《世说新语注》为代表。

《三国志注》是南朝刘宋裴松之奉诏所注，他在《上三国志注表》中指出：陈寿《三国志》乃"近世之嘉史"，但其"失在于略，时有所脱漏"。因此，广征博引，对寿书详加注解，"其寿所不载，事宜存录者，则罔不毕取以补其阙；或同说一事而辞有乖杂，或出事本异，疑不能判，并皆抄内以备异闻；若乃纰缪显然，言不附理，则随违矫正以惩其妄；其时事当否及寿之小失，颇以愚有所论辩"。补阙、备异、惩妄、论辩，开补阙体史注之新风，创史注式史学批评之方式，在史学界产生了巨大影响。清编《四库全书总目》评曰："综其大致，约有六端：一曰引诸家之论，以辨是非；一曰参诸书之说，以核讹异；一曰传所有之事，详其委曲；一曰传所无之事，补其阙佚；一曰传所有之人，详其生平；一曰传所无之人，附以同类。"[1] 裴注之体例和价值，于此可见。但《三国志》共468篇，而裴氏有61篇通篇一字未注，不能不说是一大憾事。

《世说新语注》为梁刘孝标所注，刘氏仿裴注《世说新语》，不仅纠正原书很多纰缪，而且征引繁富，补充了大量史料，引书多达400余种，具有极高的史料价值。

(五) 论文体

论文体不是随文加注，而是将一些重要而疑难的问题单独进行解释、考证，并做理性的总结，是史注向更高层次发展的主要标志。如王念孙《读书杂志·战国策·触讋》："太后明谓左右：有复言令长安君为质者，老妇必唾其面，左师触讋愿见太后，太后盛气而揖之。吴曰：触讋，姚云一本无'言'字，《史》亦作龙，案《说》苑（敬慎篇）鲁哀公问孔子：夏桀之臣有左师触龙者，谄谀不正。人名或有同者，此当讋以别之。念孙案：吴说非也，此《策》及《赵世家》，皆作左师触龙言愿见太后。今本'龙言'二字误全为'讋'耳，太后闻触龙愿见之言，故盛气以待之，若无'言'字，则文义不明。……而今刻姚本亦无'言'字，则后人依鲍本改之也，《汉书·古今人表》，正作左师触龙，又

---

[1] 永瑢，等.四库全书总目：卷四十五：三国志[M].北京：中华书局，1965：403.

《荀子·议兵篇注》曰:《战国策》赵有左师触龙,《太平御览·人事部》引此《策》曰:左师触龙言愿见,皆其明证矣。又《荀子·臣道篇》曰:若曹触龙之于纣者,可谓国贼也。《史记·高祖功臣侯者表》,有临辕夷侯戚触龙,《景帝间侯者表》有山都敬侯王触龙,是古人多以'触龙'为言,未有名'触詟'者。"① 这已经是一篇比较典范的考证论文了。

王引之的《经义述闻》、俞樾的《古书疑义举例》以及赵翼、钱大昕、王鸣盛三大史考家的三大考史名作等都是典范的论文体史注。②

三、史注常用术语

史注在其漫长的发展历程中,不但形成了自己特有的体式、风格,也形成了自己独有的术语。了解史注的术语有助于更好地阅读史注,从而更好地理解阅读文献。史注术语众多,具体含义、用途各别,择其常用者而言,有如下诸种。

(一) 注音释义的术语

注音释义的术语有读为、读曰、读若、读如;曰、为;谓、谓之;言、之言、之为言;犹、貌等。

1. 读为、读曰、读若、读如

这几个术语,主要是注音,而有的又是破通假字,所以往往破了通假,也就释其义了。汉字在反切注音法未产生前,多用直音法和读若法。直音法即:某音某;读若法即:某读若某,或某读如某。前某是被注字,后某是注音字。例如,《仪礼·士丧礼》:"幎目用缁。"郑玄注:"幎,读若《诗》曰:'葛藟萦之'之萦。"《汉书·高帝纪》:"公巨能入乎?"颜师古注:"巨读曰讵,讵,犹岂也。"指出巨通讵。《礼记·玉藻》:"缟冠素纰。"郑玄注:"纰,读如'埤益'之埤。"《周礼·地官·均人》:"均人掌均地政。"郑玄注:"政读为征。"贾公彦疏:"郑破政为征者,以经政是政教之政,非征税之征,故破之也。"

2. 曰、为

这两个术语是在给被释词下定义或说明区别近义词,而且在形式上被释词都放在术语之后。术语"曰""为"大体是"叫""叫作"之意。例如,《国语·晋语》:"无功庸者不敢居高位。"韦昭注:"国功曰功,民功曰庸。"《尔

---

① 王念孙:读书杂志·战国策·触詟 [M]. 徐炜君,等,点校. 上海:上海古籍出版社,2014:147-148.
② 徐流. 史注体式述论 [J]. 重庆师院学报,1991 (4).

雅·释天》:"谷不熟为饥,蔬不熟为馑。"

3. 谓、谓之

这两个术语一般用于解释单个的字词,有时也用来串讲疏通句子大意。如:《史记·五帝本纪》:"黄帝者……生而神灵,弱而能言,幼而徇齐,长而敦敏,成而聪明。"《史记索隐》:"弱谓幼弱时也";《史记正义》:"成谓年二十冠,成人也"。

《汉书·高帝纪上》:"吕后因餔之。"颜师古曰:"餔食之餔,屈原曰:'餔其糟'是也,以食餔人亦谓之餔。"

《汉书·地理志下》:"郑诗曰:'溱与洧方涣涣兮,士与女方秉蕑分。''恂盱且乐,惟士且乐,惟士与女,伊其相谑。'"颜师古注:"《溱与洧》之诗也。涣涣,水流盛也。蕑,兰也。恂,信也。盱,大也。伊,惟也。谑,戏言也。谓仲春之月,二水流盛,而士与女执芳草于其间,以相赠遗,信大乐矣,惟以戏谑也"。这是在串讲疏通句意。

4. 言、之言、之为言

这三个术语与"谓""谓之"用法比较接近,但用途宽泛一些。例如,《过秦论》:"金城千里。"李善注:"金城,言坚也。"《周礼·地官·序言》:"媒氏。"郑玄注:"媒之为言谋也。"《汉书·高帝纪下》:"上曰:吾知舆之矣。"颜师古曰:"舆,如也,言能如之何也。"

5. 犹

这一术语一般是用一个近义词来释词,有时也用以破通假。例如,《左传·庄公十年》:"肉食者谋之,又何间焉?"杜预注:"间,犹与也。"《吕氏春秋·慎大》:"天下兵乘之。"高诱注:"乘,犹胜也。"

6. 貌

这个术语一般用在动词、形容词后,被释的词主要是表示形态状貌,意思是"……的样子"。例如,《汉书·高帝纪》:"喟然大息。"颜师古:"喟,叹息貌。"

(二) 校勘正误的术语

校勘正误的术语有脱、衍;或作、一解;当为、当作。文献在辗转传抄中常有脱落、衍增、谬误的文字出现,故注释家在注解时往往需要进行校勘正误。

1. 脱、衍

"脱"或用"夺",指文献中脱落的文字;"衍"则是误增的字。例如,《周礼·秋官·掌客》:"凡诸侯之礼,上公五积,皆脤胗牵,三问皆脩,群介行人宰史,皆有牢。"郑玄注:"上公三问皆脩,下句云'群介行人宰史,皆有牢',

君用脩而臣有牢，非礼也。盖着脱字失处且误耳。"《周礼·秋官·掌客》："车皆陈。"郑玄注："皆陈于门内者，于公门内之陈也。言车者，衍字耳。"

2. 或作、一作

这两个术语是用来说明各种版本在文字方面的异文的。例如：《汉书·高帝纪上》："欲苦之。"颜师古曰："今书苦字或作笞，笞，击也。"《史记·秦始皇本纪》："刻碣石门。"《史记集解》引徐广注曰："门'一作塞'"。

3. 当为、当作

这两个术语都是用来说明原文文字之误的。例如，《礼记·学记》："兑命曰。"郑玄注："兑当为说，字之误也。"《周礼·天官·夏采》："乘车建绥"。郑玄注："绥者当作緌，字之误也。"

（三）其他术语

1. 对文、散文

对文、散文是用来辨析近义词的，也称"析言""浑言"。前者着眼点在辨其差别；后者着眼点在析其共性。例如，《汉书·王莽传》："永以命德茂功，享历代之祀焉。"王先谦补注："命、名字通，命德犹名德，与茂功对文。"《左传·昭公十六年》："韩子买诸贾人，既成贾矣，商人曰……"孔颖达《五经正义》："贾人即商人也。行曰商，坐曰贾。对文虽别，散而不殊。故商贾并言之。"

2. 互文（互文见义、互其文）

互文是指上下两句或同一句子的前后两部分互相补充，参互见义。例如，《国语·楚语》："天子禘郊之事，必自射其牲，王后必自舂其粢。诸侯宗庙之事……夫人必自舂其盛。"韦昭注："粢，器实也。""在器曰盛。上言粢，此言盛，互其文也。"①

四、史注的重要史学价值

作为指示阅读理解古籍的正确门径，史注一向体现出重应用的特点。其注音释义、解说名物典故及对书法体例的破析，都是为了应用，因而往往一读即明，很少空泛的议论或僵死的概括。即使那些不重字词训诂而进行的增补、考校、评论的史注，也是围绕原著，本着应用实用的原则，帮助读者排歧解难、深入认识理解原文原著。传统史注不仅具有化难为易、化不明为明、化不理解

---

① 徐流，白云，蒋经魁. 史籍导读与史料运用 [M]. 重庆：西南师范大学出版社，1997：352-355.

为理解等重要功用，而且往往注中有补、有考、有论、有辨，具有重要的史料价值，蕴含着丰富的史学思想。

一是史注排除了人们读史治史的许多障碍。史注或注音释义，或校勘诠典，或解说名物地理，甚至串讲文义等，"开导后学，发明先义"①，为阅读史书和研究历史提供了极大方便。如《史记》"三家注"先后递补，相得益彰，举凡文字考订、注音释义，到注人、注事、注天文、注地理、注山川、注野兽、注虫木、注制度、名物，无所不备，广征博引、探幽发微，有助于读者对《史记》的理解和深入研究，对《史记》广为传播起了积极的推动作用。又如颜师古《汉书注》，广收前人研究成果，校正了《汉书》的文字、纠正了旧注之误说、考补了史实、注释了音义和典章制度、训解了《汉书》中的疑难，使《汉书》的训读问题基本得到解决，是今人读《汉书》治汉史的重要工具书。

二是史注保存了丰富而珍贵的历史资料。征引宏富，是史注的一大特点，许多史注不单是注音、释义、诠典、校勘、解说名物地理，而且更着意于史料的补充、史实的考辨、人事的评论以及思想的阐发，因而，不少史注的价值和名声几乎超过了原著。如左丘明《左传》、裴松之《三国志注》、郦道元《水经注》、刘孝标《世说新语注》等，对原著或补或释或校或考或辨或纠，裴注引书210家、刘注引书414家、郦注引书375种②，充分反映了注者功力之深、泛览之勤。既体现了注者严谨平实的治学态度和作风，又保存了丰富的政治、经济、军事、思想、科技、文学、语言等多方面的珍贵史料，大大提高了原著的史学价值和地位。

三是史注指瑕纠谬、拾遗补阙的功用十分突出。南朝刘宋裴松之开创了补阙体史注，对后世产生了广泛而深远的影响。裴氏奉诏注《三国志》，"其寿所不载，事宜存录者，则罔不毕取以补其阙。或同说一事而辞有乖杂，或出事本异，疑不能判，并皆抄内以备异闻。若乃纰缪显然，言不附理，则随违矫正以惩其妄。其时事当否及寿之小失，颇以愚意有所论辩"③。裴注以补阙、备异、惩妄、论辩见长，开一路注史新风，打破了以往史注侧重注音释义、诠典校勘、解说名物地理等的局面，开始注重史事的增补、史实的考辨、史学家史事的评论、史书的总结及见解的阐发，推动了史注和史学批评的发展。其后刘孝标《世说新语注》、郦道元《水经注》、胡三省《资治通鉴注》、吴士鉴《晋书斠

---

① 刘知几.史通通释：卷五：补注［M］.浦起龙，通释.王煦华，整理.上海：上海古籍出版社，2009：122.
② 曹本琴.郦道元和《水经注》［J］.西北大学学报，1978（3）：78.
③ 裴松之.上三国志注表［M］//陈寿.三国志.北京：中华书局，1982：1471.

注》等多所效法和继承，拾遗、补阙、考异之功卓著。尤其补阙体之长被注疏体吸收之后，使注疏体保持了长久而旺盛的生命力，涌现了大量优秀的史注作品。另外，清及晚近产生的论文体史注，专以一些重要而疑难的问题单独进行解释、考证和总结，王念孙的《读书杂志》、王引之的《经义述闻》、俞樾的《古书释义举例》、王鸣盛的《十七史商榷》、钱大昕的《廿二史考异》、赵翼的《廿二史劄记》等都是其中的佼佼者，指瑕纠谬之功突出。

四是史注中蕴藏着丰富的史学思想。史注往往注中有补、有考、有评、有论，无不闪现着注者的注史方法、治史态度、治史作风，以及治史精神、观点乃至思想，值得认真挖掘总结。许多史注本身就是一部独立的、有创造性的历史巨著。如《三国志注》体现了裴松之以史为鉴的史学批评观、直笔实录的著史态度、历史的辩证的史学批评方法等；胡三省《资治通鉴注》对读史治史注史方法和注意事项的阐述，对史学家史事和历史人物的独特评论中所体现出的史学价值观，以及借古喻今抒发爱国热忱中所体现出的政治思想、人生态度等，都应当认真梳理和总结。

五是史注有利于辑佚、校勘古籍。由于时光久逝和历史变迁，许多史籍散佚严重，幸好历代史注征引宏富，并一一注明出处，为辑佚古史提供了宝贵的资料。如清人辑《世本》、郑众和贾逵注《国语》时，都依据了韦昭的《国语注》；清人汤球辑诸家旧晋史，多采自《世说新语注》，① 其中《晋阳秋》辑本就有100多处引自该注；近人张鹏一所辑鱼豢《魏略》有130余处引自《三国志注》。史注还有引援准确、记载详尽、剪裁得当等特点，于重要史事，往往首尾完备，史实连贯，又为后人校勘古籍提供了佐证。如《世说新语·方正》："高贵乡公薨，内外喧哗。"《世说新语注》引《汉晋春秋》和《魏氏春秋》皆云高贵乡公曹髦因司马昭专权独断而亲自率兵予以讨伐，反被太子舍人成济所杀。又引干宝《晋纪》曰："高贵乡公之杀，司马文王召群臣谋其故。"证明高贵乡公为成济所杀才是事实。这样，弥补了《三国志·高贵乡公纪》所记之缺。

六是史注重实证的科学精神，有利于史坛学风建设。史注自产生之日起就表现出一种求实质疑的态度，孔子说："夏礼，吾能言之，杞不足征也；殷礼，吾能言之，宋不足征也。文献不足故也。"② 孟子曰："尽信书，则不如无书。吾于《武成》，取二三策而已矣。"③ 郑玄注《礼记·曲礼上》"毋剿说，毋雷

---

① 据统计，刘孝标《世说新语注》引录晋史著作共28家，但诸书全书基本佚亡。《世说新语注》成了后人辑佚诸家晋史最重要的资料。
② 论语：八佾［M］//杨伯峻.论语译注.北京：中华书局，1980：26.
③ 孟子：尽心下［M］//杨伯峻.孟子译注.北京：中华书局，2006：325.

同，必由古昔，称先王"云"言必有依据"，这是一种不妄说、不盲从的征实精神。这种精神在魏晋隋唐以来得到了进一步的继承和发展，注家们在注解中注重旁征博引，对文献所用史料进行考辨真伪、审核异同、订正谬误、补充缺漏。对同记一事而诸说有别、难定是非的情况，则条其异说、并皆抄纳、以备异闻等，更增强了史注的科学性。注家们敢于疑古惑经，以审慎的态度对待经典，主张言必有据、不以空言立说下注，谨严踏实、孜孜以求，甚至倾尽毕生心血注一书，形成了一种优良的注史传统。这种科学精神是当今史坛仍需努力倡导和发扬光大的。另外，史注不仅征引宏富，而且一一详注出处的特点，充分体现了注者尊重他人研究成果、严谨求实的治学态度和作风，也是我们今天应当恪守的。

五、审慎对待史注的几个问题

史注的丰富与珍贵是不言而喻的，但为了更有效地继承史注遗产、整理史注遗产和运用史注遗产，今天还需要以审慎的态度来看待史注中的问题和不足。

一是古代史注存在阶级偏见和时代观念的局限。史学自产生之日起就有为统治阶级服务的特点（尤其《春秋》以后）。史注作为史学的组成部分，与史学发展相表里，也明显地体现了这一特点，历代注家着力最多最深的是注经书而非注史著，在"二十四史"中除前四史外，全面作注的寥寥无几。而且注释家在对历史文献的注解、阐发、评论中，为封建统治者服务的政治倾向十分明显，宣扬统治阶级的反动观点，按自己的阶级偏见穿凿附会，甚至妄加曲解。或因当时观念和资料局限而妄逞胸臆，做出陈腐空疏的解释，都应加以摒弃。

二是古代史注中存在疏而不破和空谈义理的现象。六朝之际，出现了既注原文又注前代注文的注解新形式——义疏，它的最大特点是逐字、逐句、逐章讲解古书古注，但严守家法、"疏不破注"，完全依托先儒注文的一家之说，从不违反，缺乏创新和生气，具有极大的局限性。反之，宋明之际却又出现了空谈义理之弊，注家们借助古书来宣扬理学，往往脱离语言本身和历史背景而任意发挥阐释，认为凡合于"理"即是师法。从治学方法上看，其敢于疑古蔑经，勇于标新立异、开拓新境界，创新多于守旧，是十分可贵的。但无视先儒传注，穷理尽性、奢谈义理、横生奇说，甚至改经易字，走向了"六经注我"之极端是不足取的。当然，宋明理学家的注释并非全是这般，如朱熹毕生通过注释经书来阐发理学、代圣贤立言，弘扬了传统注释的原则和方法，尊重古人而不盲从，阐发义理而不废考证，是值得推嘉的。

三是传统史注中的烦琐考证。古代注释家往往对一些并不难懂或并不重要的问题做过许多烦琐冗沉的考证，耗费了大量的时间和精力，甚至把简单明白的问题复杂化了，使读者如读天书不知所云。据说汉代曾有"一经说至百万余言"的情况。例如，秦延君解说《尚书》中的"尧典"二字，注达十余万言。清朝注家更是讲求无一字无来历，往往繁证广引，注文冗长。① 因此，既要肯定和学习注解家们读书治学的用功之深、用力之勤，又要批评他们的烦琐考证、做无用功。

四是古代史注普遍存在增字为训的错误。清人王引之指出："经典之文自有本训。得其本训，则文义适相符合，不烦言而已解；失其本训而强为之说，则阢陧而不安，乃于文句之间增字以足之，多方迁就，然后得其说。此强经就我，而究非经之本义也。"② 在随文释义的解说中，增加一些虽不见于原文而其意又暗含其中的文字，是非常必要的。但若加进一些原文未含的意思，就会造成强经就我、增字为训的错误。之所以如此，是因为注者不明历史故实，或误解词语、语法，或不明文例、表达方式，或不明通假等造成的。

五是古代史注存在失考、疏漏和望文生义之处。如《汉书·贾山传》："使天下之人戴目而视，倾耳而听。"颜师古注："戴目者，言常远视，有异志也。"近人杨树达指出："戴载通用，载侧亦通用，戴目即侧目也。颜说非。"③ 又如《史记·货殖列传》："南阳，西通武关、郧关，东南受汉、江、淮。"张守节《史记正义》曰："《地理志》云宛西通武关，而无郧关。盖'郧'当为'洵'。洵水上有关，在金州洵阳县。"宋王应麟指出："愚按《汉志》，汉中郡长利县有郧关。长利，今商州上津县。武关在商洛县。《正义》失之。"④ 再如《汉书·娄敬传》："上曰'诚可，何为不能，顾为奈何'？"颜师古注："顾，思念也。"吴恂指出："顾，但也，犹言但如何为之也，颜氏于顾字皆训思念，大半失之。"⑤

上述史注的局限和不足都是不容忽视的，必须以批判的眼光视之。

综上所述，我国古代史注渊源久远、规模宏富、源流分明，是我国古代历史文献的重要组成部分，有着重要的史学价值和突出的自身特点。前人刘知几、章学诚、陈垣等都对史注研究做出过重要贡献。但迄今为止，史注研究在史学

---

① 徐流，白云，蒋经魁. 史籍导读与史料运用 [M]. 重庆：西南师范大学出版社，1997：334-339.
② 王引之. 经义述闻：通说 [M]. 上海：上海古籍出版社，2016：342.
③ 杨树达. 汉书窥管：卷六：贾邹枚路传 [M]. 上海：上海古籍出版社，1984：389.
④ 王应麟. 困学纪闻：卷十：地理 [M]. 上海：上海古籍出版社，2015：313.
⑤ 吴恂. 汉书注商 [M]. 上海：上海古籍出版社，1983：109.

研究中仍比较薄弱，史注的价值远未得到应有的挖掘、整理和总结，应引起史学界的关心和重视。

第二节 史评体

史评体，是研究和评论史书、史学家与史学的史书体，也是中国古代一种重要的史书体。史评体的出现，是我国古代史学研究深入发展和研究水平提高的重要表现。这种对以往史学的总结、研究、审视和回顾，对推动史学的发展和繁荣具有非常重要的意义。

一、史评体的源流

史评体是随着史学的发展而产生和发展的，没有史学的存在和发展，也就不可能有史学评论，不可能有史评体的产生。

（一）"史评"类目的设立

中国史学源远流长，其产生于先秦时期，是在秦汉以后逐渐发展起来的，但直至两汉，史学仍附于经学之后。到魏晋南北朝时期，史学才摆脱了经学的附庸地位逐渐发展为一门独立的学问。后赵君主石勒设"史学祭酒"，"史学"一词才正式产生。唐修《隋书·经籍志》正式确立了经、史、子、集四部分类法，并将史部分为十三类。此后，史部分类渐臻完备。

在史部分类中，"史评"类目的正式设立始于宋朝。唐朝吴兢在《西斋书目》中初创"文史"类，兼收文论和史论之书，属集部。南朝梁昭明太子萧统在《昭明文选》中专立"史论"一目，收入9篇史论。至宋晁公武《郡斋读书志》，鉴于宋朝史论大兴，"故自文史类内摘出论史者为史评，附史部"[①]，才在史籍分类中创设"史评"一类，树立了史学评论的规模，将司马贞《史记索隐》、刘知几《史通》一类史籍悉归史评类。"史评"类目即由此而发。此后，史学家多在史部特设史评类，明朱睦㮮《万卷堂书目》，高儒《百川书志》，祁承煠《澹生堂藏书谱》，元马端临《文献通考·经籍考》，清修《四库全书总目》《清史稿·艺文志》、张之洞《书目答问》、梁启超《新史学》等均列了"史评"类目。另外，宋朝尤袤的《遂初堂书目》，明朝黄虞稷的《千顷堂书目》，清朝王闿远的《孝慈堂书目》、卢文弨的《补宋史艺文志》和《补辽金史

---

① 马端临. 文献通考：卷二百：经籍考二十七[M]. 北京：中华书局，2018：5745.

艺文志》中的"史学类";明朝陈第的《世善堂书目》、清朝汪宪的《振绮堂书目》、孙星衍的《孙氏祠堂书目》中的"史论类",以及宋朝王应麟的《玉海·艺文》中的"论史类"等,所收也都属于史评著述。《崇文总目》《新唐书·艺文志》《通志·艺文略》《直斋书录解题》中的集部"文史类"也兼收史评著作。

(二) 史评体的演进发展

"史评"类目虽在宋朝才正式设立,但史评的源头和历史却相当久远。早在先秦时期,史评就已经开始萌芽,孔子《春秋》中的一字褒贬书法,其实就是一种史评形式。只是那时的史评尚处于低级阶段,一般散见于史书中的某些篇章之中,往往是只言片语,就事论事,或者融合在记事之中,不够明确。但此时已经开始滋生出史评意识。《左传》评论《春秋》则用了比较明确的形式,以"君子曰"对史实或史籍发表议论和看法。如《左传·成公十四年》载:"君子曰:《春秋》之称,微而显,志而晦;婉而成章,尽而不污,惩恶而劝善,非圣人谁能修之!"《孟子》则从事、文、义等范畴把握《春秋》,常常是政论中带有史论。但《左传》"君子曰"尚缺乏系统性,就事论事性质明显;而《孟子》于政论中附有史论,亦不具备独立性。二者都不是从史学发展的角度提出评论的,也不具有调整史学发展的明确目的,因此还不是自觉意识下的史学评论。先秦时期还只是史评体的萌芽时期。

两汉时期,我国史评体的发展已初具规模。汉高祖刘邦为了总结历史经验,曾命陆贾论秦之所以亡,汉之所以兴,陆贾"乃粗述存亡之征,凡著12篇。每奏一篇,高帝未尝不称善,左右呼万岁,号其书曰《新语》"①。贾谊著名的《过秦论》,从历史事实出发,针对一个朝代的兴亡,纵论秦的成败,为汉王朝提供统治的经验教训。司马谈的《论六家要旨》,总结评论了先秦阴阳、儒、墨、名、法、道各家之学的短长,已初见史评的自觉意识。司马迁在《史记》中仿《左传》"君子曰"而作"太史公曰"发表评论,内容自成体系,体例严谨周密,深具笔法义例,首创论赞体史评,为后世史学家竞相仿效,成为后世史学评论发展的一种重要形式。东汉班彪的《史记后论》"斟酌前史而讥正得失",班彪的《王命论》和延笃的《战国策论》讨论朝代兴亡、史事得失和人物事件,都是很有名的史事评论。可见,两汉时期,史学评论已经具有较完整的系统,史评体规模已经初步形成。

---

① 司马迁.史记:卷九十七:郦生陆贾列传[M].点校本二十四史修订本.北京:中华书局,2013:3252.

魏晋南北朝时期，我国史评体在两汉的基础上不断向前发展并逐步走向成熟。这一时期，我国史学摆脱了附庸于经学的地位，成为独立的学科。在史评领域开始涌现出各种类型的专文、专著。如晋人何琦的《论三国志》、徐众的《三国志评》、王涛的《三国志序评》、刘宝的《汉书驳议》等，都是对具体史书的剖析评论。宋人刘祥的《宋书·序录》，历说诸家晋史；南朝昭明太子萧统的《昭明文选》设立了"史论"一目，收入史论9篇，这是使史评走向专门化的一种尝试。特别是南朝梁刘勰的《文心雕龙·史传》篇，综论孔子至晋朝历代史著的源流、得失、体例、内容和编纂方法等，是我国史学史上第一篇较系统的史学理论论文，成为我国史学评论走向成熟的重要标志。

唐朝以后，我国史评体的发展进入了黄金时期。史馆制度的建立和完善，出现了官修史书制度化、修史程式化的格局，使越来越多的史学家、学者把史学兴趣转移到对传统史学的总结和反思之上，推动了史评的发展和繁荣。史学的取鉴、资治作用日益为封建统治者所认识，总结过去历代史学成果，成为时代的需要，刘知几的《史通》应运而生了。《史通》是我国古代第一部史学理论专著，对我国古代史学的成就，包括史学方法、历史观、史学思想、史学家修养、史学源流、修史常识、史料范围和史料鉴定等内容进行了全面、系统、深入的探讨、总结和评论，几乎囊括了历史学的全部问题。《史通》的问世，是我国古代史评体走向繁荣的重要标志。宋朝史评又有了新发展，重要著作有范祖禹的《唐鉴》、孙甫的《唐史论断》、吕夏卿的《唐书直笔》、刘羲仲的《通鉴问疑》、唐庚的《三国杂事》、李焘的《六朝通鉴博议》、李心传的《旧闻证误》、王应麟的《通鉴答问》等。这一时期不唯史学家撰写史学评论，文学家、哲学家也来撰写史评，如北宋的欧阳修、苏轼等文学家与章望之等人关于正统问题的争论，南宋朱熹强调史学"以义理"为指导，南宋吕祖谦、陈傅良、陈亮、叶廷等哲学家主张史学研究要"重功利、重事实"等，表明宋代史论的发展又达到了一个新高度。元明之际，李贽的《焚书》《藏书》《史纲评要》等诸书，冲破理学藩篱，主张以史经世，反对空谈义理。明代卜大有辑《史学要义》，收历代学人讨论史学之作，上起西汉，下迄明朝，所辑之文评论了史官、史官制度、作史义例、史馆修史、史学方法、史书体裁、史学著作等，颇具史学理论意义。

清朝史评更是蔚为大观，明末清初三大儒王夫之、顾炎武、黄宗羲，提倡

"经世致用"的史学,要求"史书之作,鉴往所以训今"①。王夫之的《读通鉴论》评论历史事件和历史人物近900件(人),系统反映了作者的进步历史观;《宋论》专评宋代史事,以史为鉴的思想更加深刻。王夫之的这两部著作,采用观点与史料相结合的形式,探讨了历史运动规律,从而发展了我国的史论。顾炎武的《日知录》,表面上是一部读史笔记,但实际上大量篇幅都在讨论历史问题,特别是在治史方法和历史编纂方面提出了独特见解,对中国史学的发展具有积极作用。清朝章学诚的《文史通义》成就最卓著,书中提出了作者的许多史学见解,如提出了"六经皆史"、"史法"与"史意"、"撰述"与"记注"等,提出了"文德"作为史学批评的方法论原则,提出了"史德"作为史学家必备的重要条件,发展了刘知几的"史学三长"说,对今天进行史学研究仍有诸多借鉴和参考价值。《文史通义》是继唐代刘知几《史通》之后又一部最重要的史评体专著。

二、史评体文献的类别

(一)史评体文献就其所评内容来划分类别

1. 评论史事或人物

这类史评产生很早,有了史书即有了对史事和人物的看法。如孔子《春秋》的褒贬笔法,就是对历史事件或历史人物的一种看法,《左传》以"君子曰"提示,《史记》以"太史公曰"表明等,都是史学家对史事或人物发表的评论。这种形式直接为后来"正史"中的"论赞"所继承。

2. 评论史书

评论史书即评论史书优劣、写作方法的好坏得失及特点、意义。这类史评也是在先秦就已产生。如孔子评论"六经":"入其国,其教可知也:其为人也,温柔敦厚,《诗》教也;疏通知远,《书》教也;广博易良,《乐》教也;洁静精微,《易》教也;恭俭庄敬,《礼》教也;属辞比事,《春秋》教也。"②《左传》评《春秋》曰:"《春秋》之称,微而显,婉而辨。上之人能使昭明,善人劝焉,淫人惧焉,是以君子贵之。"③《史记》评《春秋》曰:"孔子因史文次

---

① 顾炎武.顾亭林文集:卷六:答徐甥公肃书[M].四部备要:第84册.北京:中华书局,1989:134.
② 礼记:经解[M].上海:上海古籍出版社,2016:564.
③ 左传:昭公三十一年[M]//杨伯峻.春秋左传注.北京:中华书局,2009:1513.

《春秋》，纪元年，正时日月，盖其详哉。"① 《汉书》评《史记》曰："然自刘向、扬雄博及群书，皆称迁有良史之材，服其善序事理，辨而不华，质而不俚，其文直，其事核，不虚美，不隐恶，故谓之实录。"② 刘知几的《史通》，更是对以往史著进行全面系统评论的专著。

3. 评论史学

这是对史学自身进行反思和总结，主要是对史学源流、史学家旨趣、史学功能、史学家修养、史学思想、史学理论、历史观等进行评论。这类史评是史学发展到一定阶段后的产物，在这一领域成就最著者当推刘勰、刘知几、章学诚等人及其代表作《文心雕龙·史传》《史通》《文史通义》等。

(二) 史评体文献就其评论形式而划分类别

1. 散论

散论即史学家在史著中发表的只言中片语的评论，往往散见史书的某些篇章中，互无联系、不成体系，在中国古代史学批评发展的早期阶段最为常见。《诗·大雅·荡》曰："殷鉴不远，在夏后之世"，谓殷人灭夏，殷的子孙应以夏亡为鉴戒。刘向在《书录》中评论战国时代的策士说："出奇策异智，转危为安，运亡为存，亦可喜。"扬雄在《法言》中评论《史记》曰："淮南说之用不如太史公之用也，太史公圣人将有取焉"，"或问《周官》，曰立事。《左氏》，曰品藻。太史迁，曰实录"。司马迁在《史记·项羽本纪》中赞扬项羽的历史功绩"政由羽出，号为霸王，位虽不终，近古以来未尝有也"等，都是属于散论式史评。

2. 序跋

古代著书，常常前有序（叙）、后有跋，也即今言书前书后，或曰前言（绪言）后语（后记）。序（叙）有自序或他序之分，跋却多属后人所记。序跋始于两汉迁、固，司马迁有《史记·太史公自序》、班固有《汉书·叙传》，魏晋以降广为习用。序跋一般论及该史书的撰述原因、内容、体例、观点、价值，甚至著者生平、经历及与该书内容有关的历史背景、研究现状等，形式一般采用散文或随笔，信笔写来，仿佛与人促膝谈心，是值得重视的史学批评材料。如三国韦昭《国语解叙》，评论了《国语》的特点、价值及前代学者对《国语》的考释，说明了作者作《国语解》的经过和方法；东晋常璩撰《华阳国志》，

---

① 司马迁. 史记：卷十三：三代世表序 [M]. 点校本二十四史修订本. 北京：中华书局，2013：617.

② 班固. 汉书：卷六十二：司马迁传赞 [M]. 北京：中华书局，1962：2738.

以"序志"评论了以往有关巴蜀的史书,阐述了作者作本书的宗旨;北魏郦道元注《水经》,撰"序"说明前代记水诸书之不足,阐明自己的治学旨趣和作注原则;纪传体史书中的"序跋"更是篇幅大、内容多,足堪重视。

3. 传赞

传赞即纪传体史书中的史学家传记及其之后的论赞,这是中国古代史论的一种重要形式。自司马迁于《史记》中作《孔子世家》、班固在《汉书》中立《司马迁传》以来,历代修史者都重视为史学家立传评论。如范晔《后汉书·班固传》后有一论一赞,对司马迁和班氏父子进行了比较评论,观点鲜明,见解独到。当然,论赞形式并非纪传体文献首创,在纪传体文献产生之前的编年史《左传》《公羊传》《谷梁传》中,就已用"君子曰""公羊子曰""谷梁子曰"来发论,但随着纪传体文献的发展,"论赞"成为纪传体体例的重要组成部分,名称各异,统名"论赞",具有归纳总结、画龙点睛地揭示作者的立场、观点和思想感情之功用。论赞与史学家传记合在一起,成为中国古代评论史学家及其史著最集中、最基本的一种形式,是研究中国古代史学家及其史著、研究中国古代史学批评史应当重视的重要材料。

4. 专文

史学家以专篇专文形式对历史事件或历史人物乃至对史学发表评论,是史评体走向专门化的标志。较早的专文史评有西汉贾谊的《过秦论》、东汉班彪的《王命论》、三国曹冏的《六代论》等。我国史学史上第一篇全面系统的史学理论专文是南朝梁刘勰的《文心雕龙·史传》篇,对后世影响很大。唐代朱敬则的《十代兴亡论》、柳宗元的《封建论》等都属于史学评论专文。

5. 专著

史评专著的出现,是史评体走向繁荣的重要标志。这种史学评论形式是在宋朝以后才逐渐丰富的,其中评论史事较为著名的有范祖禹的《唐鉴》、吕夏卿的《唐书直笔》、吕祖谦的《东莱博议》、孙甫的《唐史论断》、李焘的《六朝通鉴博议》、胡一桂的《十七史纂古今通要》、张溥的《历代史论》、王夫之的《读通鉴论》和《宋论》;而评论史书和史学较著名的有刘知几的《史通》、章学诚的《文史通义》、柳璨的《史通析微》、倪思的《班马异同》《迁史删改古书异辞》、吴缜的《新唐书纠谬》《五代史纂误》、卢元明的《史学新论》、卜大有《史学要义》、朱明镐的《史纠》、杨维桢的《史义拾遗》、苏天爵的《三史质疑》等。还有评论历史人物的,如虞世南的《帝王略论》,较系统地评论了历代帝王的为政得失。近人梁启超认为:"自有史学以来二千年间得三人焉;在唐则刘知几,其学说在《史通》;在宋则郑樵,其学说在《通志·总序》及《艺文略》《校雠略》《图谱略》；在清则章学诚，其学说在《文史通义》"①，此言即是，在史评领域，刘、郑、章三人的贡献最为卓著。

6. 章表

章表是指大臣的章奏疏表。中国古代史学与政治关系极为密切，特别两汉以来随着史学地位的上升和史学影响的扩大，一些大臣在呈送朝廷的奏章疏表中常谈到对史学的看法、对本朝修史的意见，甚至对史官、史学家及史著的评论等，尤其是史官和史学家上疏的章表中，更是集中表达了他们的史学见解、观点和意见，是值得珍视的史学批评材料。如北魏李彪在宣武帝元恪即位后上表请复原职，依次阐述了史学的性质、迁《史》班《书》的价值、当前史官工作的得失，以及表彰本朝功业和加强本朝史职之重要等；南朝宋裴松之《上三国志表》评述了《三国志》的得失、作注的体例和宗旨，以及论述了史学的功用等；唐朝朱敬则于长安二年（702）上表请择史官，表中反复论述了史官的重要性，认为史官"善恶必书，言成轨范，使骄主贼臣有所知惧"，是"国之要者"，推崇刘知几的"史才三长"论，认为只有"良史之才"才能撰写出有价值有分量、足堪流传后世的信史来。

7. 史注

这是指以史注形式出现的史学评论形式，大体始于南朝宋裴松之。他于南朝宋文帝元嘉三年（426）受诏为陈寿《三国志》作注，打破了以往史注侧重于注音释义、诠典校勘、解说名物地理等的局面，开始注重史事的增补、史实的考辨、史学家史事的评论、史书的总结及见解的阐发等，开辟了注史的新途径——补阙体，注中蕴含着裴氏丰富的史学批评见解，推动了史注和史学批评的发展。清朝及晚近应运而生的论文体史注，专以一些重要而疑难的问题单独进行解释和考证，并做理性的总结，标志着史注向更高层次的发展和对前代史注的反思审视，指瑕纠谬之功尤为突出，是不可忽视的史学批评文献。

8. 目录题解

目录题解式史学评论始于汉朝，汉成帝时，刘向受诏典校秘府图籍，每校毕一书，就条其篇目、撮其要旨而奏呈朝廷，编为《别录》20卷，旨在著录书名与篇目，叙述雠校之原委，介绍著者之生平与思想，说明书名之含义、著书之原委及书之性质，辨别书之真伪，评论思想或史事之是非，叙述学术源流，

---

① 梁启超. 中国历史研究法补编：史学史的做法［M］//饮冰室合集（专集99）. 北京：中华书局，1989：23.

判定史书之价值,[①] 是中国古代最早的目录题解式史学评论著作。班固发展了这种史学评论形式,其《汉书·艺文志》以《春秋》统领史书,在"《春秋》家序"中对当时所存各类史著进行了总体评论。唐修《隋书·经籍志》分史著为正史、古史、杂史等十三类,体现了分类者对史著性质与地位的评判。每类有小序,专论古代学术源流、古书流传情况及史籍功用等,可目为隋以前的史学发展简史。隋唐以下迄明清,目录题解式史学评论有更进一步的发展,欧阳修《崇文总目叙释》、陈振孙《直斋书录解题》、纪昀等《四库全书总目·史部》等都是其名著。尤其《四库全书总目·史部》分史著为十五大类,史部有总序,类有小序,类下列代表作,每部著作有精彩的提要,实为中国古代目录题解式史学评论之集大成者。

三、史评体文献的突出价值

史评体的创立和发展,在史学史上具有重要的地位和广泛的社会影响,受到历代史学家的高度重视。

第一,史评体的产生,标志着中国史学又有了新的发展。史评体的产生,是史学发展的结果,是治史深入、研究水平提高的重要表现。而史评体的创立和发展,又能动地推动了史学的发展和繁荣,对读史、治史具有重要的指导作用。特别是刘知几、章学诚等人的史评专著,论证的范围十分广泛,涉及史官源流、史书体例、史学家修养、史学方法、史学思想、史料范围、史料鉴别,甚至史书的校订、方志的编纂、史书的文字表达等,几乎包括了历史学的全部内容。这种对前代史学成就的全面系统的研究总结和批评继承,推动了史学的进步,标志着中国史学的新发展,并对后世史学研究产生了巨大的影响。

第二,史学评论是史学理论产生的基础,并推动着史学理论的发展。一方面,广泛的史学评论的展开,能为史学理论的建立提供丰富的原料和素材,如孟子评论"孔子成《春秋》而乱臣贼子惧"直接导致了中国古代史学"重教化"的理论;班固对《史记》非正统的批评直接导致了古代史学理论中的"正统观";历代学者对《春秋》《左传》《史记》《汉书》等史著的品评,导致了"是非据《春秋》、简要宗《左传》、实录崇《史记》、周赡重《汉书》"的史学批评标尺和史学审美尺度的确立;历代对史书体裁和史书编纂的评说讨论,不仅导致了史书体裁的创新,而且导致了"事、文、义"、文与质、文与史、直

---

① 姚名达. 中国目录学史:溯源篇 [M]. 北京:中华书局,1984.

与曲、创与循、简与烦、名与实等史学批评基本范畴的确立,从而构成了史学理论中的著作方法论。因此,可以认为,史学理论的产生和发展,是在史学评论的不断发展中实现的,离开了史学评论,史学理论就不可能形成和发展,整部中国古代史学理论的发展就是明证。另一方面,评论是思潮的风向标,一定时代和一定时期的史学评论总是直接反映一定时代和一定时期的史学思潮。评论的着眼点在于理论的建设,为新的史学理论催生,深刻的史学理论本是史学思潮潮头的沉淀与结晶。① 只有评论上去了,理论才会有发展。

第三,史评体的产生,批驳了中国史学只有对历史的描述而没有理论的错误观点。从史评的产生和发展来看,我国古代史学评论已经触及历史学的各个方面。说明古代史学家并不仅仅对历史进行纯客观的描述,而且将自己置身于历史之中,通过史论的形式来表达自己对历史的看法,提出了深刻的见解,具有丰富的史学理论。当今著名学者瞿林东先生、吴怀祺先生等对中国古代史学理论的探索实践及其研究成果《中国古代史学批评纵横》(瞿林东)、《中国史学散论》(瞿林东)、《历史·现实·人生——史学的沉思》(瞿林东)、《史学志》(瞿林东)、《中国史学史纲》(瞿林东)、《中国史学的理论遗产》(瞿林东)、《中国史学思想史》(吴怀祺)、《宋代史学思想史》(吴怀祺)等就是极好的证明。这一事实说明,史学理论不独西方史学所拥有,中国史学自产生之日起就拥有。只是"中国古代史学理论更具有评论的特征,采取了实证的理论形式"②。中国古代史学理论是根植于史学评论,并借助评论的外壳来表达的,即往往是在对史学现象、史学家、史著、史事的评论中表达了一种理论见解。

第四,史评体文献中蕴含着丰富的史学思想。史学研究的成果,无论是鸿篇巨制或是雕虫小品,无不渗透着史学家的心血和思想,蕴藏着史学家的成功与失败。史学评论的根本任务就是要揭示史学家成功的经验,明察史学家失败的教训,探讨它们的内在原因及其联系,使之上升为理论,直接供研究者学习和参考,从而提高了历史研究者的水平、增强了历史研究的活力,促进史学更深入地向前发展。贾谊、陆贾、魏徵、朱敬则、刘知几、柳宗元、章学诚等史学家都有精辟的史论,在社会上都产生过广泛影响。他们在评史事、评史书、评史学等实践中,都明确表明了自己的历史见识、史学思想、治史态度、治史方法和政治主张,提出了系统的史学理论和原则,论证了史学家的任务和史学功用,阐明了史学家的必备条件和应有修养等重要问题,为后世史学研究提出

---

① 王建辉. 试论史学批评 [J]. 求索, 1989 (6): 110-112.
② 王建辉. 试论史学批评 [J]. 求索, 1989 (6): 111.

了更高的标准和要求，具有重要的指导意义。

第五，史评体的产生，扩大了史学的社会影响。史学通常是指史学家的认识，它研究的是已经无法重现的客观历史过程，依据的是实物史料和记载客观历史过程的文献资料。实物史料一般比较真实可靠，而文献资料作为史学家对历史过程的记录和描述必然有记录者主观意念的参与，是一种观念性的精神产品。一则历史内容的无限丰富和历史记录的有限性，决定了记录者必须对历史内容的记载做出选择和取舍，作者的知识水平、思想观念、认识能力、感情色彩等都会不自觉地渗透在记录中；二则历史记载完整性、连贯性的要求，又使得记录者、作史者不能不借助于丰富的想象和合理的推理去弥补材料的不足，历史记载的真实性会不同程度地受到损害。因此，史学家的认识与客观的历史过程总是有一定的距离。史学评论的基本任务就是要缩短这种距离，使史学更接近于真实、更能为社会所接受。史学评论对史学家的认识（论著）和活动做出合乎社会与史学发展需要的裁决和判定，宣传和揭示史学论著的价值与局限，扩大了史学的影响，以至左右舆论、左右读者、左右学术界和出版界，使人们能更好地发挥其优良的史学传统，并剔除其糟粕，促成良好文化学术环境的形成。

第六，史评体的产生，弘扬了秉笔直书的优良学风。学风问题直接关系到学科发展的未来，应当高度重视。中国古代史学评论一向追求有真知灼见，主张在评论中有我思和我在。左丘明评论"《春秋》之称微而显，志而晦""善人劝焉，淫人惧焉"；孟子提出要从"事、文、义"等范畴把握《春秋》；司马迁欲"究天人之际，通古今之变，成一家之言"；刘知几批评孔子"为尊者讳""为贤者讳"并提出"史才三长"论；章学诚的"史才四长"说等。以上理论无不闪现着史学家、史学批评家的真知灼见。中国古代史学评论始终提倡求实存真，认为求实存真是史学家的天职，真实是史学的生命，反对"爱憎由己，高下在心"，批评"假人之美，藉为私惠""诬人之恶，持报己仇"的丑恶行径。认为唯其如此，才能使史书真正发挥"贻诲来世"的功用。史学评论中的这种求真精神，弘扬了我国秉笔直书的优良史学传统。

第七，撰写史学评论文章或专著，有着重要的现实意义和深远的历史意义，调整和规范着史学的发展。历史研究的范围和方向从主观上取决于史学家的兴趣、学识等方面，但客观上又受社会需要的制约。通过史学评论，将社会需要的信息反馈给史学家，使史学家自觉调整自己的研究方向和课题，以便满足社会的需要，从而达到史学为社会服务的最终目的；通过史学评论，介绍史学研究的新材料、新观点、新理论，又会促进史学与社会的联系，大大开拓史学的社会效益，促进史学在实际应用中获得更大的社会价值。可见，史学评论作为对史学自身的自我审视和总结，对史学的发展具有巨大的能动作用。能积极地指导和规范史学行为，建立某种规范化的史学，最终使史学与社会的发展从无序到有序，从不适应到逐步适应，使史学步入健康的发展轨道。

综上所述，中国古代史评体的产生，是史学发展的结果和治史深入、研究水平提高的重要表现。而史评体的产生和发展，又能动地推动了史学的发展和繁荣，对史学发展具有规范、调整、引导和推动等多方面的积极作用。可以认为，史学评论是史学发展的内在动力。

第三节 史考体

史考体，是对历史事实和历史典籍进行辨析考证的史书体。这种史体文献侧重于考察论证历史事件的真相、史料的真伪及其价值、名物制度的源流和对古书的注释、考证、校勘、订谬、辨伪等。

人类要鉴往知来，离不开历史研究，而历史研究又必须以真实、准确的史料为依据。但在浩如烟海的史籍中，时代和阶级的局限以及时代变迁等多种原因，造成史籍或残或缺，或真或伪，或正或误，这就需要后人认真考证，订其真伪、纠其谬误、补其残缺。因此，史考体便应运而生了。史考体的产生实际上是史籍发展到一定阶段的必然产物，是一种对"历史"的回顾、反省和检查，也是治史深入的主要表现。史考体的产生和发展对史学的发展与繁荣具有积极的指导作用。

一、史考体的源流

史考的发端是基于"疑古"。《说文解字》云："古者，故也，从十口，识前言者也。"在远古时代，生产力低下、文化极其落后，许多史实和信息主要依靠人们的口耳传递，由于受到时间和空间的限制，谬误和不实很多。文字产生以来，历史记录的准确性和可靠性大大提高了，但又由于各种原因的限制，史籍记载的"不实"和"谬误"也时有存在，孟子曾说："尽信书，不如无书。吾于《武成》，取二三策而已矣。"[1] 因此，需要对前代历史记载进行整理、考订，史考的出现正是源于史学家对古代典籍的编订和注疏，最早对古籍进行大规模编订和整理的是孔子。《庄子·天运》载："孔子谓老聃曰，丘治《诗》《书》《礼》《乐》《易》《春秋》六经。"孔子编订整理过"六经"，出于教学需

---

[1] 孟子：尽心下 [M] //杨伯峻. 孟子译注. 北京：中华书局，2006：325.

要和有效传播，在编订和讲授中又对"六经"做了注释说明、考证辨析。章学诚认为："昔夫子之作《春秋》也，笔削既具，复以微言大义，口授其徒。三传之作，因得各据闻见，推阐经蕴，于是《春秋》以明。"① 由此观知，"春秋三传"当是较早的史注，也是早期考史的主要形式。又如《十翼》就是《易》的传；《礼》《大戴礼记》就是《礼仪》的传；《周礼》就是《尚书·周官》的传。但这一时期对史料的考证和注解，多为因时而异、因事而设，并未形成自觉意识，尚处于史考的萌芽阶段。

两汉时期，是史考一体的形成草创阶段。这一时期对古籍注释考订日渐增多，如孔安国传《尚书》、毛彦传《诗经》、郑玄笺注《诗经》和"三礼"、赵岐注《孟子》、河上公的《老子章句》、王逸的《楚辞章句》、何休的《春秋公羊传解诂》、高诱注《战国策》和《吕氏春秋》，以及服虔、应劭注解《汉书》等。另外，刘向、刘歆父子在校订古籍时写出了《别录》和《七略》，班固著《汉书》时辟有《艺文志》，都对古籍进行过一番考订辨析。尽管如此，注史考史之作与其他史籍相比，仍寥若晨星，而且以注解字句、注解音义和讲解义理为主，刘向父子又着意于校雠，内容比较单一。反映出这一时期史考体刚刚由萌芽状态中脱胎出来，正处在它的形成草创阶段。

魏晋南北朝时期，随着整个史学的突飞猛进，史考之风也盛极一时，史考著作如雨后春笋般涌现，史考体进入了大发展时期。一方面，史注形式的史考大量涌现。南朝宋裴松之《三国志注》，突破以往侧重训释史籍音义、名物及典故的局限，而着重对原著进行补阙、备异、评论得失，最负盛名。晋人杜预《春秋经传集解》、三国韦昭《国语注》、南朝宋裴骃《史记集解》等，也影响巨大。另一方面，史考专著问世，三国蜀国史学家谯周"耽古笃学"，"尤善书札"，著成《古史考》，是我国史学史上第一部考史专著。"以司马迁《史记》书周秦以上，或采俗语百家之言，不专据正经。周于是作《古史考》二十五篇，皆凭旧典，以纠迁之谬误。"② 谯周对史料的考证、对史事的评论和人物的评价均独具见解，所以刘知几说："今则与《史记》并行于代焉。"③ 另外，东晋孙盛的《三国异同评》、北齐王劭的《读书记》等也是这一时期的史考专著。

隋唐时期，尤其唐朝，史考体又在魏晋南北朝的基础上有了新的发展。孔颖达、贾公彦、杨士勋、徐彦等人都对《尚书》《周易》《毛诗》，以及"三礼"

---

① 章学诚. 文史通义校注：卷三：内篇三：史注 [M]. 叶瑛, 校注. 北京：中华书局，1994：237.

② 房玄龄，等. 晋书：卷八十二：司马彪传 [M]. 北京：中华书局，1974：2142.

③ 刘知几. 史通通释：卷十二：古今正史 [M]. 浦起龙, 通释. 王煦华, 整理. 上海：上海古籍出版社，2009：313.

和"三传"进行过考释注疏。尤其是对《史记》《汉书》《后汉书》等重要史著的考注，数量多且质量高。如注考《史记》者达四类14部，流传至今的《史记索隐》（司马贞）、《史记正义》（张守节）就是其中的佼佼者。对《汉书》的考释注疏更受重视，《汉书》在隋唐地位很高，是仅次于"三礼"的显学，从而形成了研究《汉书》的第一个高潮时期，注考之作计有四类15种，流传至今的颜师古《汉书注》是最负盛名的集大成之作，吸收作者之前32家的注释成果，校、纠、补、订、注，使《汉书》的训读问题基本得到解决。注考《后汉书》之作以唐章怀太子李贤《后汉书注》为最优。

宋朝史考成就尤为显著。其一，考史受到前所未有的重视。考史不仅仅在于辩证一时一事的真伪，而且往往成为撰史的必备程序。司马光主编《资治通鉴》，就先对史料来源及异同进行分析考证，写成专著《资治通鉴考异》。其二，成果多、著作丰富。司马光《资治通鉴考异》、吴缜的《新唐书纠谬》《五代史记纂误》、南宋王应麟的《汉制考》《汉书·艺文志考证》《通鉴地理考》《通鉴地理通释》等，都是这时的史考名著。其三，史考范围广。举凡典制、山川、地理、史志目录等以往未曾涉及的领域开始有所涉猎，而且史考成果在笔记、文集、校勘中也时有反映。其四，考证方法进步。除广泛运用本证法和互证法外，金石资料开始大量被引入史考领域，为史考开辟了新的途径，如刘敞以先秦彝鼎考三代制度等。

元明时期，学术思想深受义理之学影响，史学评论长期纠缠于正统之争，史考领域更是很少有人问津，因此史考著述极少。仅胡一桂《十七史纂古今通要》、苏天爵《三史质疑》、王世贞《史乘考误》、杨慎《史说》、焦竑《笔乘》、胡应麟《史书占毕》尚可一阅。

有清一代，统治者实行文化专制，广大知识分子钳口不言以求明哲保身，专务历史考证，稽古而不问政事，带来了考据学的勃兴，成绩显著，使史考达到了鼎盛时期。尤以王鸣盛《十七史商榷》、钱大昕《廿二史考异》、赵翼《廿二史劄记》质量最高。此外，姚振宗的《隋书·经籍志考证》、孙星衍的《尚书今古文注疏》、全祖望《经史问答》、武英殿本《二十二史考证》、洪颐煊的《诸史考异》、王先谦的《汉书补注》《后汉书集解》、俞樾的《诸子平议》、崔述的《考信录》等也都成就很高、影响很大。

二、史考体的类别和特点

史考体文献就其所考内容来分，可分为考证史事、考证史书。

考证史事，是侧重于对历史事件的真伪正误之考辨，在先秦时期就已出现，当人们编写史书或整理史料时就已经开始了对史事的考证。孔子曾说："夏礼，吾能言之，杞不足征也；殷礼，吾能言之，宋不足征也。文献不足故也。足，则吾能征之矣"。①所以他只好根据鲁国史编订了《春秋》。对史事的考证，在两汉至明清的各种史注著作中极为普遍，《史记》"三家注"、《汉书》颜注、裴松之《三国志注》、胡三省《资治通鉴音注》等史注名著中纠校考辨史事更是随处可见。

考证史书，起源也很早，其主要表现仍以注解史书来考史为主。"春秋三传"就是较早对《春秋》的考证注释。刘知几云："昔《诗》《书》成，而毛、孔立《传》，《传》之时义，以训诂为主，亦犹《春秋》之传，配《经》而行也。降及中古，始名传曰注，盖传者转也，转授于无穷；注者，流也，流通而靡绝。惟此二名，其归一揆。如韩、戴、服、郑，钻仰六经，裴、李、应、晋训解三史，开导后学，发明先义，古今传授，是曰儒宗"②，历代史学家注史的过程实际上就是整理考订史书的过程。

史考体文献就其形式而言，可分为以下四种：

史籍中的注解。这是以史注形式来对史书进行补注和考辨，散见于历代史注之中，尤以《史记》三家注、《汉书注》、《三国志注》等成就最高。特别是宋代以后史考工作基本上是对史籍的校勘和对史事的订误。

史考专著。三国谯周的《古史考》是我国第一部史考专著，成就最高者是司马光《资治通鉴考异》、王鸣盛《十七史商榷》、赵翼《廿二史劄记》、钱大昕《廿二史考异》等。

辑考专著。古代许多史籍历经沧桑，由于自然或人为因素，残缺亡佚现象较多。于是后人从存世古籍中穷收博采、多方考证，力图再现史籍旧貌。宋元明清学者在这方面做了大量工作，尤以清朝学者成绩卓著，仅官方从《永乐大典》中就辑出图书590种，其中388种收入《四库全书》。

增补之作。古代不少史著，由于时代和阶级的局限，问世之时就有诸多不完善，因此，后世学者做了许多增补工作。如正史，是纪传体史书，本该纪、传、表、志俱全，但从《三国志》起，许多正史在纪、传之外，或缺表或缺志，或表、志俱缺。王钟麒主编的《二十五史补编》中，补"表""志"达245种。特别是清朝著名史学家万斯同以一人之功补写了《历代史表》和《历代职官志》。

---

① 论语：八佾[M]//杨伯峻．论语译注．北京：中华书局，1980：26．
② 刘知几．史通通释：卷五：补注[M]．浦起龙，通释．王煦华，整理．上海：上海古籍出版社，2009：121-122．

三、史考体文献的价值

第一，纠正了历史记载的失实现象和史学家曲笔回护之处，恢复了历史的本来面目。由于受到时代条件局限，或经年历久，辗转传抄，以及笔削者的主观臆断与个人好恶，历史载笔总是难免失实和歪曲历史的现象。学者对史事、史书的考订辨析，是对曲笔回护作史态度的批判，对维护历史载笔的真实性起到了积极的重要的作用，为后人研究古代历史扫清了许多障碍。

第二，对读史、治史起着指导作用。史学家对文字音义的考释，使我们减少了在学习和研究中经常碰到的文字障碍，《汉书》颜注、《资治通鉴》胡注就包含这方面的内容；对名物制度的考证，使我们能明了典章制度的原委，马端临《文献通考》即是这样的著作；对史料的考异，使我们辨别了史料的真伪及其价值，懂得如何合理运用和取舍史料，如司马光《资治通鉴考异》；对史事、史书和历史人物的考证，对我们正确分析判断史事、评价历史人物以及判定史书优劣、体例得失等具有启发和指导作用。

第三，维护了秉笔直书的优良传统。秉笔直书，是中国古代史学的一大优良传统，历来被史学家们视为持大义、别善恶的神圣事业和崇高美德。史学家以直书为荣、曲笔为耻。史考体文献以考证史事、考证史书为己任，力图再现历史的本来面目，较好地体现了直笔实录的精神。

第四，史考体文献中蕴含着丰富的史学思想。史学家们在考证史事、考证史书的过程中，都明确地表达了自己的历史见识、史学思想、治学态度甚至政治主张，值得后人学习和借鉴。

当然，古代史考著作，大都存在时代局限和阶级偏见。加之史考学者考证烦琐、博古而不通今现象尤烈，清朝学者最为突出。因此，学习研究史考文献必须本着"古为今用"的原则，扬长避短，批判地继承，正如郭沫若所说："乾隆时代，考据之学虽或趋于烦琐，有逃避现实之嫌，但罪不在学者，而在清廷政治的绝顶专制。聪明才智之士无所用其力，乃逃避于考证古籍。比较之埋头于八股文或饱食终日无所用心者，不可同日而语。欲尚论古人或研讨古史，而不从事考据，或利用清儒成绩，是舍路而不由。就稽古而言，为考据。就一般而言，为调查研究。未有不调查研究而能言之有物者。"[①]

[①] 郭沫若. 读随园诗话札记：才学识 [M]. 北京：北京古籍出版社，2003.

第五章

国别体、地志体和学案体

第一节 国别体

一、国别体的创立与发展

国别体是按地域分国别记事的史书体。"以国为别"是它的显著特点。寻其源流,始创于《国语》。

《国语》相传为春秋时期的左丘明所作,刘知几云:"《国语》家者,其先亦出于左丘明。既为《春秋内传》,又稽其逸文,纂其别说,分周、鲁、齐、晋、郑、楚、吴、越八国事,起自周穆王,终于鲁悼公,别为《春秋外传·国语》,合为二十一篇。"①《国语》记述了从西周穆王十二年征犬戎(约前967)到智伯灭亡(前453)500余年的历史,总计21卷,分国而记,总括了八国史事。其中,《周语》3卷、《鲁语》2卷、《齐语》1卷、《晋语》9卷、《郑语》1卷、《楚语》2卷、《吴语》1卷、《越语》2卷。由于记载晋国史事最多,故又有《晋史》之称。

《国语》的突出特点:一是分国记事,分记八国史事。《周语》始于穆王,终于敬王;《鲁语》始于庄公长勺之战,终于春秋末年;《齐语》专记管仲辅助齐桓公称霸之事;《晋语》始自武公,终于昭公;《郑语》仅记史伯与桓公之"语";《楚语》始自庄王,终于白公之乱;《吴语》《越语》均记夫差与句践之事。二是记言为主。《国语》主要通过当时一些名士和贵族的言论,借以品评人物和分析史事。全书八语196条,几乎条条以记言为主,力求通过人物的言论、对话来反映历史事件或说明一种观点。三是资料汇编。《国语》不是著述体史

---

① 刘知几. 史通通释: 卷一: 六家 [M]. 浦起龙, 通释. 王煦华, 整理. 上海: 上海古籍出版社, 2009: 13.

著，而是资料汇编性质的史书，保存了古代许多颇具价值的珍贵史料。《国语》可与《左传》相参证、互为补充。因《左传》以记鲁国史事为主，叫《春秋内传》；《国语》分记八国史事，故称《春秋外传》，是研究中国古代史不可或缺的重要史料。刘知几说："其文以方《内传》，或重出而小异。然自古名儒贾逵、王肃、虞翻、韦曜之徒，并申以注释，治其章句，此亦《六经》之流，《三传》之亚也"①。

自《国语》创立国别体史书后，效仿者也代不乏人，传世名作如陈寿《三国志》，分记魏、蜀、吴三国史事，既是纪传体名著，也可视为国别体名著，是纪传体断代分国史；东晋常璩《华阳国志》12卷，述上古至公元347年（东晋穆帝永和三年）巴蜀地区的史事。北魏崔鸿《十六国春秋》102卷，记东晋时期黄河流域十六国政权的史事；清吴任臣《十国春秋》，以及东汉袁康、吴平的《越绝书》、赵晔的《吴越春秋》等。当然，由于国别体史书未能像纪传体、编年体、纪事本末体那样系统而又完整地记载自古而今的历史史实，更因其体例局限，只能在有"国"可"别"时才能成书，也就决定了国别体史书的自身特点和在史坛上的地位，其在中国古代并未得到很好发展。

二、国别体的特点

第一，珍贵的史料。尽管国别体史书大多只是印证和补充着正史和其他史体史料的不足，但也有不少首见其中的重要史料，弥足珍贵。特别是由于中国古代历史呈现出"合久必分，分久必合"的发展规律，国别史正属于"分"时之史，因此，国别体史书就理所当然地成了研究这一规律的重要组成部分，是史学发展中必不可少的历史环节。

第二，平等的史观。国别体史书摆脱了"正统"的藩篱，成功地解决了乱世多国、书之艰难的困惑，尊重史实、据实而撰，以较为公正、平等的史观对待每一个曾出现的政权。尤其是《十六国春秋》和《十国春秋》等书，更体现着这种平等而述的历史观，是中国古代史学史上的精华所在。

第三，灵活的体例。国别体史书除以"国"分类这一共同特征外，其编撰体例不一而足，非常灵活，既可以记言，又可以书事；既可用纪传，又可用编年，还可用纪事本末；既可以专记地理，又可以详述军事，还可以主叙人物，更可以记载外交等；既能写一地数国之史，又能写一代数国之史，因事命篇，

---

① 刘知几. 史通通释：卷一：六家[M]. 浦起龙，通释. 王煦华，整理. 上海：上海古籍出版社，2009：13-14.

形形色色，都是国别体史书体例灵活多样的具体表现。

第二节 地志体

地志体，是对地理书和方志史的统称。地理书，也称舆地书，是专详或侧重反映地理情况的史书体裁；方志史乃地方之史，内容包罗万象。但长期以来或许因二者均与"地域"有关，致使人们常将二者混为一谈，更因舆地、方志联系紧密，难分彼此，都记疆域、沿革、物产、风俗等，故学者常将二者统称"地志体"，或归入"地理类"。地理书和方志史不仅历史悠久，源远流长，而且种类繁多、数量惊人，在中国古代史坛上极为引人注目。

一、地理书

地理书，是指专详一地地理沿革变迁的史籍。从性质上说，纯属地理之书，南朝梁阮孝绪在《七录》"纪传录"（即史书）始分类目时，即设"土地部"，著录地理著作。《隋书·经籍志》沿袭《七录》，而改称"地理类"，直至《四库全书总目》皆相沿不改。"地理"一词，始见《周易·系辞上》："仰以观于天文，俯以察于地理。"孔颖达《史记正义》释曰："地有山川原隰，各有条理，故称理也。"地理，古代又称舆地。《周易·说卦》："坤为地，为大舆。"《淮南子·厚道训》："以天为盖，以地为舆。"唐人司马贞《史记索隐》谓："天地有覆载之德，故谓天为盖，谓地为舆。"

中国古代地理著作十分丰富，有的侧重山川自然环境的描述，有的着眼于各地社会经济的反映，有的着重于疆域政区的勾勒，有的潜心于地图的研究。从不同的角度，以不同的形式，为后人再现了中国古代的地理风貌。

（一）自然地理

自然地理，是指侧重山川、河道、地形等自然环境描述的地理文献，包含以山河为纲的文献，以水道为纲的文献和游记文献。记山河的文献以《山海经》和《尚书·禹贡》最为典型。《山海经》分"山经""海经"和"大荒经"三部分，是我国目前所知历史最悠久的自然地理书。"山经"大约成书于春秋末期或战国初期，"海经"和"大荒经"于汉朝及其后写成。书中记载了很多山、河、动物、植物、矿藏、怪异、传闻等。《尚书·禹贡》约成书于战国时代，此篇借大禹治水的传说，以高山和河流为标志，分中国为九州，广记九州的山岭、薮泽、物产、交通、贡赋、河流。《山海经》和《尚书·禹贡》，是研究我国古代历史地理的重要典籍。此外，《周礼·夏官·大司马》《周礼·夏官·职方氏》以及《管子·地员》《淮南子·地形训》等，对古代自然地理都有一定的反映。

记水道的文献以《水经》最早最著名，《水经》大约成书于三国时期，记载了137条各类河流的源流和流经之地，开启了以水证地之先河。尤其北魏郦道元为其作了详注后，使《水经》内容丰富、规模宏大，价值更高。加之注文清淳典雅，更是广为传诵。以记水道为主的自然地理文献还有宋单锷的《吴中水利书》，明潘季驯的《河防一览》、归有光的《三吴水利录》，清朝齐召南的《水道提纲》、徐松的《西域水道记》、傅泽洪的《行水金鉴》等都具有较高的水平和重要的参考价值。

游记文献记以玄奘的《大唐西域记》和徐弘祖《徐霞客游记》最负盛名。前者是揭示7世纪中亚、南亚各国历史地理的珍贵文献，今人季羡林先生注本，予以疏通订补，方便使用。后者在地理、历史、植物和文学等方面皆有成就，尤其对石灰岩溶蚀地貌的细致观察，详尽记纪，是世界上最早最详细的关于石灰岩地貌的珍贵文献，在中国科学发展史上占有重要地位。

（二）经济地理

经济地理，是专门反映古代中国各地经济状况的地理文献。《史记·货殖列传》首开纪录，《平准书》中也有不少关于各地经济的材料。班固《汉书》仿《货殖列传》设《货殖传》，仿《平准书》设《食货志》。其后，许多正史都设了《食货志》，从不同程度揭示了古代各地经济概貌。古代专门从事各地经济研究的杰出代表当推顾炎武和沈括，顾氏基于"经世致用"的原则，著成《天下郡国利病书》120卷，150万字，反映了各地赋役、屯垦、水利、粮额、兵防、漕运、交通、马政、盐政、关隘等诸多情况，资料丰富，考据精审，具有很高的史料价值。沈括在其百科全书式的名作《梦溪笔谈》中有许多关于食盐、石油等经济情况的精彩记录，也十分珍贵。

（三）政治地理

政治地理，是以疆域政区为纲的地理文献，一般又分为地理总志和正史地理志两大类型。地理总志如唐朝李吉甫《元和郡县图志》，是我国古代编写较好、现存最古的一部地理总志，该书"体例亦为最善，后来虽递相损益，无能出其范围"①，记载了唐朝元和时期全国各地区之户口、沿革、山川及贡赋等。宋朝地理总志的编修较为发达，北宋乐史《太平寰宇记》、王存《元丰九域志》、欧阳忞《舆地广记》，南宋王象之《舆地纪胜》、祝穆《方舆胜览》等都影响深远。元朝修有《大元一统志》，规模宏大，可惜亡佚。明朝有《大明一统志》。清朝有《大清一统志》。

正史地理志以《汉书·地理志》为最早、为正宗，历代而下，以详郡国行政、历史沿革、户籍数字、物产、民俗及海外交通为主，《后汉书》称《郡国志》，《宋书》《齐书》叫《州郡志》，《魏书》名《地形志》，《旧五代史》曰《郡县志》，《新五代史》云《职方考》，等等。

（四）历史地图

历史地图，专门研究和绘制地图，这在我国历史悠久古老，发端于周朝，《周礼·地官》记载："大司徒之职，掌建邦之土地之图。"《周礼·夏官》又载："职方氏掌天下之图。"而目前世界现存最早的地图是长沙国的《地形图》《驻军图》和《地邑图》，1973年在长沙马王堆三号墓出土。其《地形图》所记地貌、水系、交通线等都与实际基本相符，九嶷山地区采用了等高线的画法，全图体现了主区详、邻区略的特征。

晋人裴秀（224—271）绘制了《禹贡地域图》18幅，并在《禹贡地域图序》中提出"制图六体"：分率（比例尺）、准望（方位）、道里（实距）、高下、方邪、迂直，这6种方法一直沿用至宋元。裴氏堪称地图学的奠基人。

裴秀之后，地图学研究不断发展，代有所创。唐朝贾耽的《海内华夷图》《陇古山地图》颇有成就，宋朝沈括的《天下州县图》、程大昌的《禹贡山川图》、元朝朱思本的《舆地图》、罗洪先的《广舆图》、蔡元化的《武备志·郑和航海图》等均为古代地图中难得的珍品。

明清时期，西学东渐，所绘地图往往博采中西之长，更加精美，康熙《皇舆全览图》、乾隆《皇舆全览图》、同治《大清一统舆图》等，都是古代地图中的佳作。②

---

① 永瑢，等．四库全书总目：卷六十八：元和郡县图志［M］．北京：中华书局，1965：595．

② 以上多参据王锦贵主编《中国历史文献目录学》第八章第一节，北京大学出版社1994年版。

二、方志史

（一）方志史源流

方志史，是以一定地域为中心的一地全史，是地方性的百科全书。方志史，一般称地方志，简称方志。方志所记内容十分广泛，上至天文，下至地理，一地之政治、经济、学术、人物、名胜古迹、风俗民情等，都有涉猎。

中国不仅是世界上方志史书最丰富的国家，而且方志渊源久远，大体发端于先秦时期，源头较多，《周官》《尚书·禹贡》《山海经》《九丘》、右舆图等都是方志的源头。司马光、章学诚等持《周官》说；唐贾耽、元张铉等主《尚书·禹贡》说；王存、欧阳忞等从《山海经》说；洪亮吉、范文澜主《越绝书》《吴越春秋》说；清刘光谟等持《华阳国志》说；金毓黼则认为"中国地方志启于《国语》《战国策》"；还有人主《汉书》说，等等。"方志"一词最早见于《周礼》一书，其《周礼·春官·小史》载："小史掌邦国之志。"《周礼·春官·外史》云"外史掌书外令，掌四方之志。"并注曰："志，记也。谓若鲁之《春秋》，晋之《乘》，楚的《梼杌》。"方指四方，志即记，"方志"是指记述四方之事的书。或者说，方志是各地方的史记，反映了当时诸国分立的史实。这些方志都是以地区为中心，按时代先后顺序，专门记载某个地区的风俗、民情、物产、疆域、人物、古迹、方言等。有的有文无图，多为地方性质的史传记载，史志杂糅；有的图文并载，即图经、图志皆具，可谓中国早期的方志，可视为方志之滥觞。中国方志在秦以前有一个自由的、缓慢的发展历程，秦统一六国、建立中国历史上第一个统一的封建中央集权的国家后，改分封为郡县，全国共设了36个郡，为了了解各地情况，颁令全国，要求地方将舆地情况上报，以便朝廷掌握全国各地详情，作为统治的参考。这样，才促成了中国方志的长足发展。

两汉时期，是方志的创始和发展时期。西汉建立后，鉴于秦置郡县太大，统治者开始分析置，并设诸侯国。至汉末，全国共设郡国103个，县1314个，道32个，侯国241个；同时，朝廷为了掌握全国经济、地理和地方贡赋情况，命令各地方政府把记载当地物产、贡赋和交通等的资料随同"计书"上送太史保存。于是名称各异的各种方志史纷纷出现，如《巴郡土经》《三辅黄经》《三秦记》《上党国记》《上党记》《代都略记》《三晋记》等。《隋书·经籍志》记载："（汉）武帝时，计书上于太史，郡国地志，固亦在焉，而史迁所记，但述河渠而已。其后刘向略言地域，丞相张禹，使属朱赣条记风俗，班固因之做

《地理志》。其州国郡县山川夷险时俗之异，经星之分，风气所生，区域之广，户口之数，各有攸叙，与古《禹贡》《周官》所记相埒。是后载笔之士，管窥末学，不能及远，但记州郡之名而已。"① 班固《汉书·地理志》，兼取地理、风俗为一篇，记载了当时郡国行政区划的沿革，以及户口、物产、风俗民情、经济发展等情况，创制了史志记述地理的专篇，成为后世编纂全国性区域地理志的蓝本，范晔称其"记天下郡县本末，及山川奇异，风俗所由，至矣"②，对方志的发展有较大的贡献。汉朝记述一个地区情况的方志著作，内容多偏重某一个方面，或偏重地理，或偏重物产，或偏重人物等。也出现了兼记多方面的著作，袁康的《越绝书》记述了吴越之地（今江浙）的历史地理、民俗风情、人物、都邑、生产情况等诸多情况，"是一部史地兼备，记述内容由单一型向综合型过渡的一方之志，成为后世方志的滥觞"③。两汉时期还出现了以"图志""地记""图经"命名的地方志书，"图经""图志"实为地图和地志两种表达方式的综合运用，图乃地图，志、经是释图的文字；"地记"是西汉以来专详一地之疆域、物产、山川名胜，并兼记人物、风俗的地志史书。但这些作品均内容简略，故只能看作原始方志而已。

魏晋隋唐时期是方志的大发展和定型时期。方志在内容、形式、规模等方面都出现了空前的盛况，使方志的体例、内容最终确定下来。一是方志内容丰富。这一时期方志在内容上偏重记载某一方面的作品仍然不少，但方志大多冲破了此前侧重自然地理记载之局限，开始大幅度地增加人文学科的史料，范围拓宽，门类渐多。晋朝挚虞撰《畿服经》170卷，"其州郡及县分野、封略、事业、国邑、山陵、水泉、乡、亭、城、道里、土田、民物、风俗、先贤、旧好，靡不具悉。"④ 这是一部全国范围的总志。东晋常璩撰《华阳国志》12卷，综合记述了我国西南地区古代各郡县的历史、郡县沿革、地理位置、名山大川、重要道路、各地物产、风俗、主要的民族、名宦的政绩、各县的大姓等，为研究西南地区古代的地理、政治、经济、民族等提供了珍贵的史料。可见，《畿服经》和《华阳国志》都已经具备了后世方志的规模。另外，隋唐时期还开启了我国历史上由政府主持编撰全国总志的先例，旨在适应政治上的统一和加强中

---

① 魏徵，等．隋书：卷二十三：经籍志二：史部地理类小序［M］．点校本二十四史修订本．北京：中华书局，2019：1116-1117.
② 范晔．后汉书：卷十九：郡国志序［M］．北京：中华书局，1965：3385.
③ 张衍田．四部文献学术源流述略（九）［J］．中国典籍与文化，1996（4）.
④ 魏徵，等．隋书：卷三十三：经籍志二：史部地理类小序［M］．点校本二十四史修订本．北京：中华书局，2019：1117.

央集权的统治。如隋朝修成的《诸郡物产土俗记》151卷、《区宇图志》129卷、《诸州图经集》50卷；唐朝修成的《括地志》550卷（李泰主持）、贾耽的《古今郡国县道四夷述》40卷、李吉甫的《元和郡县图志》40卷等。尤其《元和郡县图志》是我国现存最早的比较完整的一部全国总志，成为后世修撰总志的祖述之书。二是形式多样。魏晋以来，名为"地记"的方志比较典型，它们或总记一地，如《类地记》《洛阳记》《吴兴记》《京口记》《荆州记》《会稽记》等；或专记一地之某一方面，如专记山川的《衡山记》《游名山记》，专记物产的《南州异物志》等。隋唐时期图经与方志汇为一体，成为这一时期方志编纂的主要形式。三是规模空前。《隋书·经籍志》记载："隋大业中，普诏天下诸郡，条其风俗、物产、地图，上于尚书。故隋代有《诸郡物产土俗记》一百五十一卷，《区宇图志》一百二十九卷，《诸州图经集》一百卷。"[1] 从隋朝起已开始出现规模较大的全国性区域志，此后更为发展和完善。四是方志趋于定型。常璩所撰《华阳国志》是方志趋一定型的重要标志，该书在内容上兼述历史、地理、人物，在体裁上是地理志、编年史、人物传三结合，在中国方志学的形成和发展史上占有重要的地位。常璩在该书序志中自云："夫书契有五善：达道义，章法式，通古今，表功勋，而后旌贤能。"

宋元明清时期是方志发展的全盛时期，突出地表现为四大特点：一是志书数量繁多。仅全国总志而言，北宋有乐史的《太平寰宇记》、王存的《元丰九域志》、欧阳忞的《舆地广记》，南宋有王象之的《舆地纪胜》、祝穆的《方舆胜览》，元有《大元一统志》，明有《大明一统志》，清有《大清一统志》等。另外，还有各种名目的都邑志、地方志，如北宋宋敏求的《长安志》、孟元老《东京梦华录》，南宋"临安三志"（《乾道临安志》《淳熙临安志》《咸淳临安志》）、范成大《吴郡志》、罗愿《新安志》，元朝徐硕《至元嘉禾志》、袁桷等撰《延祐四明志》、于钦的《齐乘》，明朝韩邦靖《朝邑县志》、康海《武功县志》、谢肇淛《滇略》、董斯张《吴兴备志》，清朝顾炎武《历代宅京记》、朱彝尊《日下旧闻》、沈荃《河南通志》、谢启昆主修《广西通志》、张之洞与缪荃孙的《顺天府志》、章学诚《和州志》和《永清县志》等。《宋史·艺文志》所录宋代地志凡百余种，史载明朝传世700余种，《四库全书总目》云清朝有方志5000余种，种类齐全，几乎覆盖所有省、府、州、县。

二是志书记事范围扩大，卷帙浩大。这一时期的志书仍在记地理诸方面的

---

[1] 魏徵，等．隋书：卷三十三：经籍志二：史部地理类小序［M］．点校本二十四史修订本．北京：中华书局，2019：1117.

内容，却广增人文、人物等诸方面情况，记事范围扩大，卷帙恢宏。如《太平寰宇记》200卷，《大元一统志》千余卷，《大清一统志》342卷（道光二十二年第三次重修本达560卷）等。

三是志书体例趋于完善和规范。《太平寰宇记》主叙中国地理，兼及"四夷"，体例略同于《元和郡县图志》，增加列朝人物和艺文材料等，"后来方志必列人物、艺文者，其体皆始于史"①；元朝官修《大元一统志》搜罗繁博，后世大加效仿，出现了许多体例严谨的名作。

四是确立了方志学理论。随着方志的发展，到清朝许多学者都提出了颇有见地的方志理论，其中尤以地学派和史学派最为著名。地学派以戴震为代表，主张修志以详载地理沿革为主，不必"侈言文献"；史学派以章学诚为宗师，主张"志为史体"，把方志与国史相提并论，章学诚说："有天下之史（国史），有一国之史（郡书），有一家之史（家谱），有一人之史（传记）。传状志述，一人之史也；家乘谱牒，一家之史也；部府县志，一国之史也；综纪一朝，天下之史也。"②认为"修志有二便：地近则易核，时近则迹真；有三长：识足以断凡例，明足以决去取，公足以绝请托"③。所以，要在州县设立"志科"，注意对地方文献的搜集、整理和记载。因"志乃史体"，故方志撰述也当用国史体裁，采用纪、传、表、志的综合体裁。章学诚对方志的作用、源流、体例和编撰方法等提出了一整套系统的精辟见解，奠定了方志学的理论基础，使方志学正式成为史学中的一个重要分支学科，对后世修志工作产生了积极而重大的影响。同时，章学诚十分重视修志实践，他亲自修成《和州志》《永清县志》《亳州志》《湖北通志》等。《和州志》最初实现了他的方志学理想，后修永清、亳州诸志，体例不断改进提高，最后修成《湖北通志》，体法精审，含纪、图、表、考、政略、列传，并附掌故、文征、丛谈。总之，章学诚将中国古代方志学理论和实践推上了高峰。

（二）方志的种类

中国方志的种类很多，划分方法也各异，有按地域范围划分的、有按内容划分的、有按文体划分的，甚至有按繁简划分的。其中，最为常用的是按地域

---

① 永瑢，等. 四库全书总目：卷六十八：太平寰宇记 [M]. 北京：中华书局，1965：596.
② 章学诚. 文史通义新编新注：外篇四：州县请立志科议 [M]. 仓修良，编注. 杭州：浙江古籍出版社，2005：836.
③ 章学诚. 文史通义新编新注：外篇四：修志十议呈天门胡明府 [M]. 仓修良，编注. 杭州：浙江古籍出版社，2005：856.

范围来划分。按地域范围划分，有以下几种：

1. 一统志、区域志或总志

记全国范围内容的叫一统志，记大行政区域的叫区域志，只记两省以上的叫总志。如唐李吉甫《元和郡县图志》，元、明、清三代都有一统志，隋虞茂的《隋区域图志》、唐李泰的《括地志》、宋乐史的《太平寰宇记》，明徐学谟的《湖广总志》等。

2. 通志

通志或称大志、全志、省志、省图经志等名，因记事范围仅限于一省而得名。如《畿辅通志》《山东通志》《山西通志》《湖北通志》《广西通志》《满洲源流考》《柳边纪略》《吉林外记》《黑龙江外记》《蒙古地志》等。也偶有超出一省范围的，如两江总督监修的《江南通志》，兼记安徽、江苏二省，已相当于总志或区域志的记事范围，可归于总志或区域志，但其仍名曰"通志"。另外，宋朝有路图经，等于一省之志。

3. 府志

府志或称郡志，通常为知府主修，记事范围仅限于一府而得名。府之名称始于唐朝，凡大州即称府，属于道。宋制府隶于路。元制有隶于中书省，有隶于道或路。明、清制隶于布政使司。宋朝有府之志，多不直称府志，如《建安志》实为建宁府之志，《临漳志》实为漳州府志。而明、清两代却直称府志，如正德《大同府志》、乾隆《太原府志》等。

4. 州志

记事范围限于一州的叫州志，是知州主修的方志。如《辽州志》《潞州志》《汾州图志》。州名称十分久远，尧时分九州，相当于今之一省。宋、齐、梁、陈改州领郡，隋朝又改郡领州。唐宋的州等于明、清的一府。元、明、清的疆域制度以邑之大者为州，小者为县。但明、清州制比较复杂，或领县，或不领县，或隶于府，或直隶于道、省。清代又分直隶州和普通州，直隶州与府平级。直隶州之志一般直接标明"直隶"二字，如《直隶绛州志》《通州直隶州志》等。

5. 厅志

顾名思义，记事范围限于一厅的方志。厅之设置始于清，隶于府。厅又有直厅、散厅之分，派同知或通判管理。厅志如《雷波厅志》《拉萨厅志》《江北厅志》《澎湖厅志》等。

6. 县志

县志是记一县事物的地方志。县，是地方组织的最基层单位。县志有官修、私修之分，又有一县志、合县志、分县志之别。如《壶关县志》《曲阜县志》

《沁源县志》等属于一县县志，《无锡金匮县志》《常昭合志》《武进阳湖县合志》《上元江宁两县志》等是合县志，《陇西分县武阳县志》《宝山江东分县志》等是分县县志。

7. 其他

除上述各种方志史书外，还有数量众多的乡镇志（记一乡一镇之事物）、都邑志（记某城邑之事物）、边关志（记边关、卫所的情况）、乡土志（以州县为限，侧重记地方经济情况），以及山水志、名胜志、岛屿志、巷里志等，数不胜数，不再一一举例。

（三）方志的特征

由于方志史是以一定地域为中心的一地全史，因而具有以下几方面的显著特点。

一是地域性（或称地方性）。即方志所记是一定地域之内的自然与社会、历史与现状，否则就不能称其为方志，这是决定方志性质的一个重要因素。

二是客观性。即方志所记的人、事、物都必须是客观存在的，而不能是主观臆造的。这是方志史记述的基础所在。缺少这一基础，方志史也就失去了存在的价值。

三是资料性。即方志所记内容必须是依靠文字的、实物的、口传的、历史的、现实的各种可靠的材料来真实反映一地之全史。任何方志记载都离不开资料，这是方志史的根本属性。

四是综合性。即方志对一定地域内的自然与社会、历史与现状等的记载，具有内容广、范围大、容量多的特点，既能从纵向上反映一地历史演变的进程，又能从横向上揭示社会各方面的联系，为其他史书所无法比拟。

五是倾向性。旧志从维护统治阶级利益和宣扬封建的伦理纲常出发，强调"经世致用"，修志的目的是"资治、教化、存史"，以志书作为统治人民群众的工具，具有鲜明的阶级倾向性。今天修志，则强调为社会主义政治建设和经济建设服务，为各级党政领导正确决策提供历史的借鉴，为进行爱国主义教育服务，为科研服务，坚持唯物史观，这是新方志倾向性的集中体现。

（四）方志的价值和功用

清朝方志学理论家章学诚认为方志的价值和功用在于："补史之缺，参史之错，详史之略，续史之无。"今天看来，方志有以下重要的价值和功用。

一是保存资料。方志记载了一定地域内的自然与社会、历史与现状等各方面资料，是研究通史、专门史、地区史的重要资料。资料性，是方志史的基本属性，失去了资料性，方志编纂也就失去了自身的价值。有学者认为："志书不是史料书，而是记述性、资料性的历史著作，史料性强，有纵有横，各种资料印证，而且范围广、时间长，不是史书材料可以代替的，史书是地情资料的百科全书。"① 保存资料是方志的首要功能。

二是储藏信息。信息是指自然与社会各方面的情报、资料、数据、技术知识。方志汇集了一定地域内的各种情况，提供了各种信息资料，是一种有形的文字信息载体。从横向上看，一部方志所包含的内容十分广泛，门类繁多，作用于社会科学的各个学科，并受各学科的影响和制约；从纵向上看，中国方志史有完整的体系，对一地事物或事件的发生、发展、变化等过程，都有不间断的记载，较好地反映了方志史上下贯通的纵向信息流，使方志史更好地发挥着持续不断地为社会服务的重要作用。

三是展示地情。方志史综合记载了一定地域的实物、实情、实体、实况，因而形成了一定地域的"百科全书""一方之全史"，能够准确、全面、系统、完整地展示一定地域的各种基本情况。这是方志最基本的功能所在。

四是服务社会。方志史作为"一方之全史"，能够为地方各级政府迅速、便捷、正确、全面地提供一地的各方面情况，是地方各级政府了解、掌握情况，以及正确决策的重要依据。服务社会，是地方志的根本作用所在。方志不但追述当地历史，而且记载当地现状，为"古为今用"提供了历史和现实的借鉴；方志记载了广泛而丰富的历史的和现实的众多学科的基础性资料，为科学研究、科技发展提供了重要的参考和信息，也为文学创作提供了基本素材；方志记载的各种信息还能为中外经济、科技、文化等交流推广服务。

中国古代方志渊源久远，有着优良的方志编撰传统，方志史遍及全国，不仅数量众多、内容丰富，而且类别可观、价值珍贵。中国方志现存10万卷左右，记事以社会为中心，以地域为范围，内容广泛，亦地亦史，翔实可靠，保存了大量正史及其他史书未载的史事，可补史之缺，正史之误，详史之略，续史之无，是我国丰富文化遗产的重要组成部分。顾颉刚说："夫以方志保存史料之繁富，纪地理，则有沿革、疆域、面积、分野；纪政治，则有建置、职官、兵备、大事记；纪经济，则有户口、田赋、物产、关税；纪社会，则有风俗、方言、寺观、祥异；纪文献，则有人物、艺文、金石、古迹。而其材料，又直接取于档册、函札、碑碣之伦。顾亭林先生所谓采铜于山者，以较正史，则正史显其粗疏；以较报纸，则报纸表其散乱。如此缜密系统之记载，顾无人焉能充

---

① 李岳忠. 浅议新方志的功能与特点 [J]. 山西地方志学习参考资料，1986（6）.

分应用之，岂非学术界一大憾事耶！"①

第三节 学案体

一、学案体的学术渊源

学案体是以专记学派的承传流衍为特色的史书体。它采用以人物为中心分立学案的编纂体例写成，属于学术史之范畴。

学案体渊源久远，先秦诸子之述学，汉唐纪传体史籍的诞生和发展，佛家宗史、传灯录的风行，都可视为学案体的源头。

春秋战国时期，社会剧变、百家纷争，先秦诸子各倡其说，自成流派。《论语》《孟子》《墨子》《老子》《庄子》《管子》《荀子》《韩非子》等，初具记录学术流派传承之性质。西汉司马谈撰《论六家要旨》，以学派为主，综述战国时期阴阳家、儒家、墨家、法家、名家、道家等6个学术派别各自的学术特点，使学派流别的记载意识更明朗。司马迁著《史记》创制纪传体，专设《儒林列传》，以人物传记的形式记一代儒学名家及其师承关系与学术思想。加上同书的《孔子世家》《仲尼弟子列传》《老子韩非列传》《孟子荀卿列传》及其相关纪传，则已成为一部先秦至汉初之学案史。东汉班固承迁而作《汉书》，开创了断代为史之先，设《艺文志》专篇，辨章学术、考鉴源流，又把学术流派的记载推进了一个层次。两汉以后，"艺文志""经籍志"和"儒林传"相辅而行，成为历代官修史书记述各时代学术源流的编纂形式。

另外，佛教于两汉传入中国，东晋始盛，陈、隋之际与我国传统思想融为一体，形成中国化的佛学，唐朝开元、天宝年间达于鼎盛，宗派林立，纷争不休。于是，在宗派角逐中禅宗既率先著宗史，以确立其大宗渊源，又独创传灯录，专记其师徒相传之心印机缘。所谓传灯，言禅家心印传承，若灯火照暗，师徒相接，世代不灭。历元、明诸朝，迄于清初净土宗兴起，各种灯录比肩接踵，代有续作。② 著名史学家陈垣先生说："自灯录盛行，影响及于儒家，朱子之《伊洛渊源录》、黄梨洲之《明儒学案》、万季野之《儒林宗派》等，皆仿此

---

① 朱士嘉. 中国地方志综录：顾颉刚. 序 [M]. 北京：商务印书馆，1958：1-2.
② 陈祖武. 关于中国学案史研究 [J]. 传统文化与现代化，1996（1）：47-48.

体而作也。"①

上述所见，先秦两汉魏晋隋唐时期是学案体的创立时期，先秦诸子之述学、汉唐纪传体史书中的"儒林传"和"艺文志"等，以及佛学宗史、灯录之类，都孕育着学案体的开端，它们或以学派为主而忽略分述人物，或以人物为主而忽略概述源流；其编纂方法，或是单篇论文，或是史书中的篇章，都还不是独立成书的学案体专著，只能视为学案体的萌芽。② 学案体的真正兴起是宋、元以后的事情。

二、学案体的创立与发展

学案体专著的出现始于南宋朱熹所著《伊洛渊源录》。《伊洛渊源录》凡14卷，全书以首倡道学的"二程"（程颢、程颐）为中心，记载了上起北宋中叶周敦颐、邵雍、张载，下讫南宋绍兴初胡安国、尹焞等46位宋代理学家的生平言行与师友传承关系。"二程"兄弟乃河南洛阳人，著名理学家周敦颐的弟子，是宋朝理学的奠基人。两人曾在河南洛阳、伊川讲学多年，弟子甚众，世称其学为伊洛之学。朱熹此著立足于纪传体史籍的传统，并博采佛家诸僧传之所长，尤其是禅宗灯录、宗史之类结撰而成，梳理了道学源流，开启了史书编纂的新途径。

朱熹之后，仿照《伊洛渊源录》之作时有所出，如元朝官修《宋史·道学传》，明初官修《元史·儒学传》，明朝宋端仪的《考亭渊源录》、冯从吾的《元儒考略》、周汝登的《圣学宗传》、耿定向的《陆王学案》、刘元卿的《诸儒学案》，以及清朝的孙奇逢《理学宗传》、黄宗羲《明儒学案》，终使学案体史籍由涓涓细流汇为大川。尤其黄宗羲的《明儒学案》，共62卷，上起明初方孝孺、曹端，下讫明末刘宗周、孙奇逢，网罗了明代理学中人，可以视为一部明代理学史。此著汇《伊洛渊源录》《圣学宗传》《理学案传》之所长，独辟蹊径，开创了一个三段式的学案体结构，卷首冠以总论，继而载案主传略，随后选编案主学术资料。"总论"概说学术传承和论学宗旨，文字长短不一，旨在突出案主的学术地位。"案主传略"叙述传主的生平履历和学术风貌。"案主学术资料"辑录案主的学说资料，以语录为主，兼及论说、书札、杂著等。三段分行，浑然一体，全书分立17个学案，记载202位明代学者的生平、学行和思想，

---

① 陈垣. 中国佛教史籍概论: 卷四: 景德之体制及内容 [M]. 北京: 中华书局, 1962: 92-93.
② 张衍田. 四部文献学术源流述略（七）[J]. 中国典籍与文化, 1995 (4): 101-102.

基本上反映了明朝学术思想发展的脉络，从而使中国学案体史书的编纂趋于完善和定型，至此，学案体已成为一种独立的史书体。所以梁启超指出："著学术史有四个必要的条件：第一，叙一个时代的学术，须把那个时代重要各学派全数网罗，不可以爱憎为去取；第二，叙某家学说，须将其特点提挈出来，令读者有很明晰的观念；第三，要忠实传写各家真相，勿以主观上下其手；第四，要把各人的时代和他一生经历大概叙述，看出那人的全人格。梨渊的《明儒学案》，总算具备这四个条件。""中国有完善的学术史，自梨渊之著学案始。"①梁启超所言甚是，黄宗羲《明儒学案》的编修重在辨析明朝儒学各派的源流演变和思想特点，旨在为明朝的学术思想史做一总结。为此，作者不遗余力，对这一时期儒学各家的行状和学说广搜博采，贯穿着兼综百家、网络文献、和会学术异同、提倡学术创新的治学精神。所谓"兼综百家"，是指此书的编修凡属于儒家内部各派，不论其学术的倾向性如何，均兼容并包，分立学案，力求反映明朝学术思想史的全貌，而不是以王学的是非定其取舍，故学者将此书称为"明室数百年学脉也！"所谓"网络文献"，是指此书辑录明朝学者的思想资料，谨防其偏，务求其全，旨在反映"其人一生之精神"。所谓"和会学术异同"，是指此书对于儒学内部不同学派采取居中持平的态度，力戒党同伐异的门户之见。所谓"提倡学术创新"，是指黄宗羲直接针对"流俗之士"和"经生之业"而提出"学问之道"，贵在自得，主张独立思考，反对经学教条的束缚。②

学案体的创立，为史书的编撰开辟了又一个新的天地，此后，仿《明儒学案》之作应运而生，著名者有：黄宗羲始撰、其子黄百家续作、学者全祖望完成、王梓材和冯云濠整理的《宋元学案》；清人唐鉴的《国朝学案小识》（又名《清学案小识》）、江藩的《国朝汉学师承记》和《国朝宋学渊源记》、唐晏的《两汉三国学案》、阮元的《皇清经解》和《国史儒林传稿》、方东树的《汉学商兑》；民国初年徐世昌嘱其门人夏孙桐等人编纂的《清儒学案》、陈叔谅等人的《重编宋元学案》，以及民国时期学者编撰的子学学案——郎擎霄的《孟子学案》《老子学案》《庄子学案》、王恩洋的《荀子学案》和梁启超的《墨子学案》等。这些作品使学案体史书自成体系、蔚为大观。其中，尤以唐鉴之《清学案小识》和徐世昌之《清儒学鉴》影响最大。

《清学案小识》凡14卷，著录了200年间的学者256人，分为五大学案——传道学案、翼道学案、守道学案、经学学案和心宗学案，具有总结一代

---

① 梁启超. 中国近三百年学术史：五 [M]. 北京：东方出版社，1996：58.
② 卢钟锋. 中国传统学术史 [M]. 郑州：河南人民出版社，1998：313-317.

学术盛衰的功用。但著者唐鉴学宗朱子，笃信谨守，门户之见极深，学案分合，一以朱子为圭臬：传道、翼道、守道。《明儒学案》和《宋元学案》皆因学术宗尚不同而遭贬斥，诋为"千古学术之统纪由是而乱，后世人心之害陷由是而益深"①。而实际上《清学案小识》一书并未超脱出《明儒学案》的编纂格局，甚至带有由学案向纪传体儒林传回归的色彩。因此，清亡以后，徐世昌即主持纂修了《清儒学案》，开始否定《清学案小识》之做法，再度弘扬了《明儒学案》与《宋元学案》之优长，为中国学案史做了一个总结。

《清儒学案》内容宏富，卷帙浩大，全书208卷。举凡清朝之经学、理学、史学、诸子百家、天文历算、文字音韵、舆地、诗文诸家皆有涉猎，而且体例严谨，深得黄宗羲、全祖望之法。上起明清之际孙奇逢、黄宗羲、顾炎武，下讫清末民初宋书升、王先谦、柯劭忞等，对清朝260余年间的学术做了较全面的总结，对中国古代学案体史籍进行了回顾和检阅。

陈祖武先生总结说："学案体史籍，是我国古代史学家记述学术发展历史的一种特殊编纂形式，其雏形肇始于南宋初叶朱熹著《伊洛渊源录》，而完善和定型则是数百年后清初康熙中叶黄宗羲著《明儒学案》。它源于传统的纪传体史籍，系变通《儒林传》(《儒学传》)、《艺文志》(《经籍志》)，兼取佛家灯录体史籍之所长，经过长期酝酿演化而成。所谓学案，就其字义而言，意即学术公案。'公案'本佛门禅宗语，前哲释作'档案'、'资料'，至为允当。顾名思义，学案体史籍以学者论学资料的辑录为主体，合其生平传略及学术总评为一堂，据以反映一个学者、一个学派，乃至一个时代的学术风貌，从而具备晚近所谓学术史的意义。"②

三、学案体向章节体学术史之发展

中国学案体史籍，自《明儒学案》一出，即奠定了总论、传略、学术资料选编这种三段式的编纂结构。再经全祖望《宋元学案》加以发展，于案主学术资料选编增设"附录"一目，并在其后以学侣、同调、家学、门人、私淑、续传为类，著录案主交游、学术传衍。至徐世昌之《清儒学案》撰成，合黄、全二案而再加取舍和发展，各学案分正案、附案两大部分。正案依三段式结构不变，并设"附录"一目；附案则别为家学、弟子、交游、从游、私淑五类。至

---

① 唐鉴. 清学案小识：卷十二：经学学案：余姚黄先生[M]. 续修四库全书本. 上海：上海古籍出版社，2002：612-613.
② 陈祖武. 中国学案史[M]. 上海：东方出版中心，2008：259.

此，学案体史籍的编纂体例极度成熟。然而，这种以学者传记和学术资料汇编形式来记述一代学术盛衰的基本编纂形式却具有明显不足，即读者虽然可以明了某一学者或学术流派自身的传承发展，但对于该学者或流派出现之背景、学说之历史地位、不同时期学术发展的基本特征及趋势、众多学术门类之消长及交互影响、一代学术之纵横联系，以及蕴涵其间之规律等诸多问题却不甚明了，甚至毫不涉足。这不利于全面地反映历史发展的真实面貌。因此，学案体史籍之编纂体例极度成熟之日，也就是这种史籍走到尽头之时。进入20世纪后，章节体学术史便起而代之。

　　章节体是19世纪末20世纪初由西方传入中国的一种史书编纂体裁。它具有依时间顺序、按章节编排；因事立题、分编综论；既分门别类，又综合通贯的特点。比旧史体的史书容量大、系统性强。自近代传入中国以来，即受到广大学者的重视和运用。就学术史而言，梁启超可谓开章节体学术史之先例。早在徐世昌主修《清儒学案》之时，梁启超就以"史界革命"相倡导，主张改造旧史学，建立新史学，1901年其在《清议报》上发表了《中国史叙论》，认为"前者史学不过记载事实。近世史学必说明其事实之关系，与原因结果；前者史学家不过记述人间一二有权力者兴亡隆替之事，虽名为史，实不过一人一家之谱牒。近世史学必探索人间全体之运动进步，即国民全部之经历及其相互关系"。指出封建史学与资产阶级史学的区别所在，说明封建旧史学的内容已不能适应近代中国的需要。梁启超和钱穆两位先生都曾试图以《清儒学案》来总结一代之学术史，但其愿未终。欣慰的是，两人分别结撰了同名著述《中国近三百年学术史》，梁氏还撰有《清代学术概论》，开启编纂章节体学术史的先河，奠定了学术史范型，一时风行四方。晚近以来，著述颇丰，《孟子学案》《荀子学案》《老子学案》《庄子学案》《墨子学案》《南雷学案》《船山学案》《朱子新学案》《曾文正公学案》等，虽以学案题名，实以旧名而写新书，已同学术史合流。① 其他名为"学术史"或"研究史"之类的著作还有不少。20世纪末，回顾历史、展望未来成为学界热潮，于是各种学术史之撰写又应时而起。如夏传才的《诗经研究史概要》（中州书画社，1982），沈玉成、刘宁的《春秋左传学史稿》（江苏古籍出版社，1992），易重廉的《中国楚辞学史》（湖南人民出版社，1991），郭英德、谢恩炜、尚学锋、于翠玲的《中国古典文学研究史》（中华书局，1995），张岂之的《中国近代史学学术史》（中国社会科学出版社，1996），张少康、汪春泓、陈允锋、陶礼天的《文心雕龙研究史》（北京大学出

---

① 陈祖武. 中国学案史［M］. 上海：东方出版中心，2008：254.

版社，2001）等，又把学术史的编纂发展到了一个新的高度。尤其是《中国古典文学研究史》和《中国近代史学学术史》更值得关注。如果说学案式与梁启超式学术史综合性（泛）特点突出，那么上述二书则使学术史由泛而专，开掘深入；如果说前述学案式与梁氏学术史是"以人带书"（以人为中心）的学术史，那么上述二书则开创了"以问题为中心"的学术史编纂形式。

由上述即可明了，近代章节体学术史是由学案史向学术史转变的真正开始，当然学案史也可视为旧式学术史，二者联系紧密，即都是以"人"为中心，以学者和学术派系为载体，将学术发展体现于人物言行活动、人才的培养赓续和学派的成立衍化。这种形式继承了我国纪传体史书的传统，突出了学者在学术活动中的主体作用，有利于集中叙述每位学者的学术成就和贡献，对其学术思想和方法特色做深入剖析和批评。而当代学术史的编纂，尤其以《中国古典文学研究史》和《中国近代史学学术史》为例的学术史，开启了以"问题"为中心的编纂形式，将学者及其学术著作分附于各"问题"之下，以学者的思想言行及其著作的内容作为论析"问题"之依据，对"问题"的论述则力求其理论化，打破了以"人"为中心的学术史格局，可谓真正意义上的"学术史"。当然，不论以"人"为中心的学术史，还是以"问题"为中心的学术史，都各有其优长和不足，当并行不悖、互为补充，都可作为学术史编纂的基本范型。

第六章

谱牒和笔记

第一节 谱　牒

谱牒是以记录古代氏族（家族或氏族）世系为中心内容的表册书籍，包括族谱、宗谱、家乘、家谱等，是一家一族的历史。谱牒在我国源远流长，对我国灿烂古代文化的发展和历史的进步起过积极的作用，在史学史上占有一定的地位。研究谱牒，在历史学科中已经形成了一门专门的学问——谱牒学。今天来研究谱牒，仍然具有"存史、资治、教化"之功。

一、谱牒的源流发展

谱牒的起源很早，《史记·三代世表序》载："序其历谱牒，据《帝系》而为《世表》。"《周礼·春官》云："小吏奠系世，辨昭穆。"《南史·刘杳传》载："王僧孺被命修谱，访杳血脉所。杳曰：'桓谭《新篇》云，太史公《三代世表》，旁行斜上，以此推之，当起周代'。"刘杳认为谱牒始于周代是可信的，谱牒产生之初主要是为了区分姓氏、计算世系。"夫宗庙之有昭穆也，以次世之长幼，而等胄之亲疏也。……故工史书世，宗祝书昭穆，犹恐其逾也。"① 可惜周朝谱牒已难得其详，今天仅能见《大戴礼记》中的《帝系编》和后人所辑《世本》，以及见于著录的《春秋公子血脉谱》而已。关于谱学的起源和发展，清朝著名史学家邵晋涵的论述颇值得重视，他说："《周官》小史奠世系，辨昭穆，谱牒之掌，古有专官，自官失其传，《大戴记》首述系姓，后如杜预之《春秋世族谱》，则以谱学附之于经；至应劭之述系姓，王符之论氏姓，又辅经而行者也；自太史公征引《世本》，考得姓受氏之原，至《唐书·宰相世系表》，则以谱学附之于史。其勒为专书，编分类次者，若挚虞《昭穆记》，王俭《百家

---

① 国语卷四·鲁语上：夏父弗忌改昭穆之常 [M]. 上海：上海古籍出版社，1978：174.

谱》，贾希景《氏族要状》，胥能补史传所未备。五代以后，谱学散佚，于是士大夫之述家谱者，或推始迁之祖，或述五世之宗，守近而不能溯远，仅以叙同居之昭穆，而于受姓别族之源流，多未暇及。谱学之失传，所从来远矣……自奠系牒之官废，而后有专门之学，专门之学衰，而后有私家之谱，自古迄今，凡三变焉。"①认为谱学起于《尚书·周官》，中经三个阶段，至唐末而衰，其所言三个阶段，即专官之掌，演为专门之学，最后变为私家之谱，大致符合谱学发展的实际。

秦汉之际出于维护王位世袭制度的需要，统治者很重视帝室及诸侯王的谱系，在中央设宗正，为九卿之一，"掌亲属"②，有关皇族谱牒的编修和保存，是其重要职责。宗正这一机构为历代所承袭，如唐、宋为宗正寺，元为宗正院，明、清为宗人府。北宋真宗大中祥符六年（1013），"诏宗正寺以帝籍为玉牒"③，皇族谱牒自此始称玉牒。汉朝民间亦修谱牒，见于记载的有《杨雄家谱》《邓氏家谱》和颍川太守聊氏《万姓谱》。但汉朝民间并不重视谱学，谱牒在汉朝也尚未兴盛。

魏晋南北朝时期，推行九品中正制，门阀士族制度形成，无论选官、婚姻等都与门第有关。谱牒成了门第的凭据，形成了"有司选举，必稽谱牒""家之婚姻，必由于谱牒"④的局面，大大推动了魏晋南北朝时期谱牒的发展。一方面，国家专门设谱官（主谱史）或谱局，负责谱牒的收藏与修订；另一方面，谱牒成为一项专门学问，产生了许多谱学与姓氏学的专家和著作。如东晋贾弼的《姓氏谱状》；梁武帝时王僧孺"入直西省，知撰谱事……改定《百家谱》……集《十八州谱》七百一十卷，《百家谱集抄》十五卷，《东南谱集抄》十卷"⑤，可谓集当时谱牒之大成，被后世称誉为"王氏谱学"。另外，梁刘孝标注《世说新语》时竟引家谱46种，足见魏晋南北朝时期谱牒有了很大发展，谱牒成为当时贵族保持门阀的工具，"人尚谱系之学，家藏谱系之书"。⑥

隋唐时期，以科举制取代了九品中正制，以门第选人改为以才选人，封建王朝任官不再以谱牒为依据，谱牒的作用日渐下降。但唐王朝由于政治上的需

---

① 邵晋涵. 南江诗文钞：卷六：余姚氏宗谱序 [M] //邵晋涵集. 杭州：浙江古籍出版社，2016：1860-1861.
② 班固. 汉书：卷十九：百官公卿表 [M]. 北京：中华书局，1962：730.
③ 脱脱，等. 宋史：卷六：真宗纪三 [M]. 北京：中华书局，1985：153.
④ 郑樵. 通志：卷二十五：氏族略 [M]. 北京：中华书局，1987：439.
⑤ 李延寿. 南史：卷五十九：王僧孺传 [M]. 北京：中华书局，1975：1461-1462.
⑥ 郑樵. 通志：卷二十五：氏族略 [M]. 北京：中华书局，1987：439.

要，仍倡导谱牒，使谱牒在唐仍有一定发展，如唐太宗通过修《氏族志》压抑山东旧氏族，拔高以皇族李氏为首的关陇地主集团，将原列一等的崔氏抑为三等，改列李氏为一等；武则天时又将《氏族志》改编为《姓氏录》，改列后族武氏为一等；还有柳冲的《大唐姓氏录》，路敬淳的《衣冠谱》，林宝的《元和姓纂》等。这一时期出现的新情况是，史学家往往用谱牒注史，如司马贞注《史记》、张守节注《史记》、李贤注《后汉书》等都引用了许多谱牒。甚至史学家也从事修谱活动，如刘知几著有《刘氏家史》《谱考》。而且唐朝大多谱学家本身就是史官，如路敬淳、柳冲等都以修国史著称。

宋元以后，取士不问家世，婚姻不论阀阅，讲究谱牒已无多大意义，因而谱牒渐衰。但又出现了一些不同于前代的新变化：一是朝廷不设掌谱牒之官，官府不再组织修撰谱牒，除皇族的玉牒作为皇家抄纂档案藏于宫中外，谱牒不再作为官府的重要文献档案加以郑重保管，只有民间仍流行僧侣掌管谱牒的习俗。从此，谱牒的修撰由官转向私，由公开转向隐秘。二是地方大姓修谱之风仍然盛行，只是修谱的目的有了变化，重在"敬宗收族"。这种修谱风气从五代宋元、明清，直到中华人民共和国成立前，而且各代都有名儒大家亲撰谱牒，如宋朝欧阳修、苏洵、曾巩，元代陶宗仪，明朝张云汉，清代魏禧、钱大昕、黄宗羲，民国罗振玉、王迪谆等。三是在谱学发展史上产生了一种新的体裁——年谱，为谱学的发展开辟了一条新的途径，使即将衰落的谱学又获得了新生和发展。特别到了清朝，年谱更为盛行，出现了谱学发展的又一次新高潮。

二、谱牒的体例和内容

谱牒是家族的历史书，所以修谱者皆仿史书体例而作，"谱学本于《史》《汉》，而成于苏（洵）、欧（阳修）。溯远祖犹本纪也；分房派犹世家也；系图蝉联，则有似于八表；辈行雁序，则有仿于列传；其它闾里坟茔，则舆地志之遗意；传赞诗词，则艺文志之成规。以家拟国，以族拟天下，横竖错综，既繁且远，其为事不亦重大也哉"①。因此，《隋书·经籍志》把谱牒列于史部十三类之一，称谱系；《通志·艺文略》列于史部谱系类，并细分为帝系、皇族、总谱、韵谱、郡谱、家谱6种。

明清以前的谱牒已失传，现仅能以明清的家谱来考察其内容和体例。明朝《率东程氏重修家谱》"凡例"规定："谱史例也，史则善恶俱载，谱则载善不载恶，为亲讳也。"《洪氏家乘谱例》也明示："谱记一家之事，善者书而恶者

---

① 详见《须江蓝田王氏宗谱》光绪十七年瞿鸿序。

削,虽所以严删次之法,实亦为亲者讳也。"谱体仿效史书,但载善不载恶,这是家谱的通例,与光宗耀祖、维护宗法制度的目的有关。另外,修谱对于"防乱宗"也极重视,纪昀《景城纪氏家谱序例》云:"谱题景城,示别也,有同县而非族者也。"法坤宏的《宗谱例言》提出:"干犯名义者不书,逃入二氏(僧、道)者不书,螟蛉抱养者不书,不详所出者不书,防乱宗也。""防乱宗也"也是修谱的通例,这与明世次、别亲疏、序昭穆的修谱目的有关。一部完整的家谱大体应有13项内容:序文;凡例;目录;世系、世表(是家谱的中心内容);源流、宗派;诰敕、象赞;别传、墓志(铭);祠堂记、祠观;家规、宗约;家训、家范;义田记、义庄记;墓记、墓图;艺文、著作(族中祖先的著述、诗文等)。

三、谱牒的价值和作用

谱牒已成历史陈迹,但其价值和作用却不容忽视,清朝著名学者章学诚、邵晋涵等人都把家谱、方志与国史看得同等重要。章学诚说:"且有天下之史,有一国之史,有一家之史,有一人之史。传状志述,一人之史也;家乘谱牒,一家之史也;部府县志,一国之史也;综记一朝,天下之史也。比人而后有家,比家而后有国,比国而后有天下。惟分者极其详,然后合者能择善而无憾也。"① 界定了家谱的含义,并充分肯定了其重要作用。邵晋涵也说:"郑夹漈之为《通志》也,首叙氏族,又采诸家之谱乘,见于著录,则家之有谱,固与国有史、州有志而并重也。"② 谱牒的价值和作用,古今有别,古代以其作为明世次、别亲疏、序昭穆的依据,作为继承爵位和财产的凭据。在门阀制度盛行时,则是选官、婚姻的重要依据。谱牒作为古代记述氏族世系的文书,以今日的眼光来看,是有其史料价值的,不宜简单地把谱牒视为"封建产物"而付之一炬。谱牒的价值和作用主要有以下几方面:③

第一,谱牒是进行历史的微观研究与考证史实的宝贵资料。谱牒详细记载一姓一族世系的源流、迁徙、人口消长、人物事迹、文化成就等情况,往往可以与其他史文互证,起弥补正史和地方志不足的作用,甚至可以解决一些历史

---

① 章学诚. 文史通义新编新注:外篇四:州县请立志科议[M]. 仓修良,编注. 杭州:浙江古籍出版社,2005:836.
② 邵晋涵. 南江诗文钞:卷六:余姚氏宗谱序[M]//邵晋涵集. 杭州:浙江古籍出版社,2016:1861.
③ 王云度. 谱牒学概述[J]. 徐州师范学院学报,1991(2):31-32.

遗留的疑难问题。如冯尔康《清史史料学》就设有"谱牒史料"专章①；学者冯其庸应用《五庆堂重修辽东曹氏宗谱》，结合《阳曹氏族谱》《丰润县志》等写成《曹雪芹家世新考》（上海古籍出版社，1980），对曹雪芹的家世、籍贯问题的研究有推动作用；1980年，云南安宁县农民岳万才、岳万云向昆明市文物管理委员会献出《岳氏宗谱》，这部家谱刊于清道光十九年，以岳飞的父亲岳和为第一代，到岳万才的孙子，已历34代800多年。《岳氏宗谱》载岳云是岳飞的"长子"，这与新《辞海》所说"养子"不同，为研究岳飞家族和宋史提供了新的史料。

第二，谱牒是编修地方志的可靠素材和进行文艺创作的参考资料。地方志的编纂或文艺创作，离不开对有关人物细节的调查了解，而一般文献记载往往不如谱牒详尽，所以谱牒是重要的资料来源，修方志者应予重视。如书院史专家李才栋，从1936年纂修的《义门陈氏宗谱》中，找到了陈氏家法33条，发现江州陈氏东佳书院是我国最早的书院之一。找到了东佳书院定于唐大顺元年（890）的规章制度，弄清了我国书院的起源，纠正了历来认为我国书院始于北宋或五代的说法，为书院史和地方史研究提供了新的材料。

第三，谱牒是研究华侨史、台湾史、民族史的主要资料，是台湾同胞、海外华侨、华裔人士寻根问祖的重要依据。20世纪80年代以来，不少学者都很重视这一点，并取得了可喜的成果，如付家麟《厦门海沧石塘〈谢氏家乘〉有关的华侨史料》（《华侨问题资料》1982年第2期）、林金枝《福建侨乡族谱中有关南洋华侨史的若干问题》（《南洋问题》1982年第4期）、庄为玑《从族谱资料看闽台关系》（《民族研究》1983年第五期）等。

第四，谱牒是修史、注史的重要资料。历代史学家都很重视谱牒史料的应用，如司马迁依据谱牒资料编成《三代世表》，刘孝标注《世说新语》引家谱达46种，裴松之注《三国志》、司马贞《史记索引》、张守节《史记正义》、李贤《后汉书注》等，都曾引用过谱牒著作，足见谱牒的史料价值。因此，章学诚认为"家乘谱牒，一家之史也"②，钱大昕则称"谱系之学，史学也"③。

上述所见，谱牒具有参史之讹、补史之阙、纠史之误、佐史之证等价值，在历史研究中应当予以重视。

---

① 冯尔康. 清史史料学 [M]. 沈阳：沈阳出版社，2004：242-276.
② 章学诚. 文史通义新编新注：外篇四：州县请立志科议 [M]. 仓修良，编注. 杭州：浙江古籍出版社，2005：836.
③ 钱大昕. 潜研堂集：卷二十六：钜野姚氏族谱序 [M]. 上海：上海古籍出版社，2010：249.

第二节 笔 记

一、笔记及其类型

笔记，泛指随笔记录、不拘体例的作品。其题材很广泛，以"杂录"见称，或杂记见闻，或杂记读书心得，或杂记学术见解等。有的涉及政治、历史、经济、文化、自然科学、社会生活等多领域；有的专门记叙、论述某一方面。刘叶秋先生认为，"笔记"的特点，以内容论，主要在于"杂"：不拘类别，有闻即录；以形式论，主要在于"散"：长长短短，记叙随便。因此，凡是较为专门的著作，一概不录，"专谈一时一类史实的书不录"，"专叙地理古迹和记行之书不录"，"专记动植物之书不录"，"专门考订史书的札记，当然也不在本书论述之列"。①

笔记，在古代本是消闲之作，不论内容，不拘形式，谈古道今，海阔天空，因此，很难为笔记严格分类。近人谢国桢在《明清野史笔记概述》一文中将明清笔记分为十类：记农业的；记手工业、商业的；记政治、经济、掌故、风俗的；记农民起义的；记少数民族的；记地理的；记中外通商的；记历史文献的；记科技、工艺、美术的；记文史人物传记的。② 按此分类，收罗范围似乎过宽，几乎一切作品皆可入类。今人刘叶秋先生在《历代笔记概述》中又将笔记分为三大类：一是小说故事类，如《搜神记》《阅微草堂笔记》等；二是历史琐闻类，野史、掌故、丛谈、文献杂录都入此类，如《隋唐嘉话》《池北偶谈》等；三是考据、辩证类，如《梦溪笔谈》《十驾斋养新录》等。刘先生的分类较谢先生的分类合理，概括性更强，但也有进一步讨论之处。比如小说似不必入笔记范围，像《剪灯新话》《聊斋志异》等皆不宜入此类；而《入蜀记》《南方草木状》之类，或纪行，或记地理古迹，或专谈一时一类事实，应属笔记，却又被刘先生排斥在笔记之外；再如数量众多的读书笔记和日记，也应计入笔记范畴，而刘先生却未予注意。

可见，笔记的最大特点是"杂录"，试图给笔记严格区分类型是徒劳的。但从有益于治史的角度看，我们不妨将其分为两大类：一是历史杂记类笔记。内

---

① 刘叶秋. 历代笔记概述［M］. 北京：中华书局，1980：5.
② 谢国桢. 明清野史笔记概述［J］. 史学史资料，1980（5）：2-11.

容大抵为历史见闻、文献掌故、朝野轶事、风土人情等。重要著作如《西京杂记》《涑水纪闻》《南村辍耕录》《玉堂丛语》《池北偶谈》《万历野获编》《啸亭杂录》等。二是考辨评论类笔记。内容涉及考证经史、辨析名物、注疏校勘、评论辨伪等。重要著作如《梦溪笔谈》《容斋随笔》《困学纪闻》《黄氏日钞》《焦氏笔乘》《四友斋丛说》《癸巳类稿》《蛾术编》等。

二、笔记的源流发展

笔记的渊源，可以追溯到先秦两汉，先秦诸子说理设譬之作，大多是优秀的笔记小品，如《庄子》的寓言，《韩非子》的《说林》《内外储》所记历史佚文琐事；汉朝班固的《白虎通义》、应劭的《风俗通义》，实际就是辨证类的笔记，已开笔记之先河。

魏晋南北朝时期，笔记异军突起，开始进入史坛和文坛。魏晋人喜欢辑录异闻，创作了许多志怪故事笔记、考辨评论类笔记等，如晋张华的《博物志》、晋干宝的《搜神记》、南朝宋刘敬叔的《异苑》、梁吴均的《续齐谐记》、晋王嘉的《拾遗记》，南朝宋刘孝标的《世说新语》、南朝梁宗懔的《荆楚岁时记》、晋葛洪的《西京杂记》、晋崔豹的《古今注》等。魏晋南北朝的笔记，以志怪故事为大宗。这种志怪故事的内容和形式，首先为唐传奇的作者提供了借鉴，促进传奇小说的发展；其次为后代的志怪笔记开辟了道路，由唐宋至明清的志怪笔记，无不继承和发展了这一时期志怪故事笔记的基本特征。

唐宋时期的笔记，犹如百花盛开，各种类型笔记均已具备。以唐朝而言，承沿魏晋南北朝的传统，而扩大其范围，演志怪为传奇，变轶事为杂录；不仅传奇小说，出于文人的"作意好奇"，有心著述，蔚为一代特绝之作；而且历史杂类笔记也复杂多样，内容丰富，文采可观；加上当时已开述时事掌故之风气，考辨评论类笔记，也较前增多。[①] 可见，唐朝笔记已经基本上突破了魏晋南北朝笔记的内容和形式的限制。其重要者如刘𬜬《隋唐嘉话》、刘肃《大唐新话》、李肇《唐国史补》、赵璘《因话录》、封演《封氏闻见记》、苏鹗《苏氏演义》、李匡义《资暇集》（《资暇录》）等。

宋朝文人学士，多喜辑录故事，故宋朝笔记，以历史杂记类为最发达。宋朝笔记之主要特点，在于就见闻所及来记叙本朝的轶事和掌故，内容较为真实，减少了小说色彩，增加了史料成分。同时，由于宋朝学者记载与考证并重，所以考辨评论类笔记也相应发展，超越前人。宋朝著名的笔记有司马光的《涑水

---

① 刘叶秋. 历代笔记概述 [M]. 北京：中华书局，1980：113.

经闻》、欧阳修的《归田录》、沈括的《梦溪笔谈》、洪迈的《容斋随笔》、王应麟的《困学纪闻》、程大昌《演繁露》、赵升的《朝野类要》等。宋朝笔记，志怪未脱前人窠臼，传奇只是铺陈古事，都缺乏时代特色。唯有历史杂记类笔记空前兴盛，佳作迭出，保存了宋代各方面丰富的史料，具有承上启下之功。

辽金元时期，战乱频繁，经济文化大受摧残。这一时期的文化成就，远不及唐宋。就笔记而言，志怪故事一类，模仿宋人而无创新；历史杂记类笔记，种类数量均较多，佳作时有出现；而历史考辨评论类笔记则相对沉寂，与唐宋比相形见绌。这一时期重要的笔记如金刘祁《归潜志》、元王恽《玉堂嘉话》、元刘埙《隐居通议》、元陶宗仪《南村辍耕录》、元白珽《湛渊静语》、辽王鼎《焚椒录》、元李治《敬斋古今黈》、元陈世隆《北轩笔记》等。

明清时期，笔记的发展进入了极盛时期，已成为史学领域中不可缺少的一个门类。明朝笔记以历史杂记类最盛；清朝是笔记集大成的时代，各种笔记都在前人的基础上进一步发展。其中历史杂记一类，内容充实而多样化，记叙范围尤广；历史考辨评论更是随着乾嘉考据之风的盛行而盛极一时，无论数量、质量，均远超以前任何一个朝代。明清时期重要笔记有明朝闵文振《涉异志》、瞿佑《剪灯新话》、何良俊《何氏语林》、沈德符《万历野获编》、陆容《菽园杂记》、余继登《典故纪闻》、刘若愚《酌中志》、张岱《陶庵梦忆》、何良俊《四友斋丛说》、胡应麟《少室山房笔丛》、谢肇淛《五杂俎》；清朝王士禛《池北偶谈》、钮琇《觚賸》、褚人获《坚瓠集》、俞蛟《梦厂杂著》、昭梿《啸亭杂录》、戴璐《藤阴杂记》、潘荣陛《帝京岁时纪胜》、顾炎武《日知录》、赵翼《陔馀丛考》、王鸣盛《蛾术编》、钱大昕《十驾斋养新录》、王念孙《读书杂志》等。

三、笔记的史学价值

我国历代笔记，浩如烟海，是中国古代典籍中的一个重要组成部分，具有很高的史学价值。

第一，笔记为正史所本。笔记是编修正史的重要史料来源之一。大凡一朝一代的笔记，动辄数十百种，数量丰富。而且，笔记的作者，各阶层均有，他们多半是出于个人所好随时记下见闻感触，与所记的人或事，无直接利害冲突，故所记多客观可靠。笔记作者一般亦没有作书刻印以博名利的打算（当时客观条件也不允许），多是藏于家中传之子孙，所以他们对事对人也少有顾忌而多能"秉笔直书"，留存事实。笔记史料价值之重要由此可见一斑。因此，历代修正史者无不从笔记中去吸取营养，甚至照搬笔记原文（或稍加润饰）者也大有人在。如《晋书·刘伶传》引《世说新语·任诞》篇仅个别字有改动，《金史·李纯甫传》引《归潜志》卷一，几乎原原本本照抄。此等例子，正史中较为常见，足证笔记对修撰正史之重要意义。

第二，笔记能补正史之阙。"二十五史"和"十通"之类的史著，是研究中国古代史的学者们必备必读之书。但这类书的作者，或出于有意回避，或出于无意疏忽，或出于体例的限制，或出于一己之好恶，在他们笔下，往往遗漏了许多不该遗漏的重要史实。笔记恰好起了这方面的弥补作用。如欧阳修《归田录》卷一记载宋仁宗即位后九次改元的原因，而《宋史》均付之阙如。改元是封建王朝的一件大事，《宋史》的遗漏实为不该。《归田录》又记宋时朝廷重臣枢密使在举行国宴时不能与众大臣一起坐食，而须侍立于殿上，待宴散后方能去御厨就食。这个奇怪的制度在《宋史·礼志》中也未提及。再如《明史·世宗本纪》载明嘉靖二十一年"冬十月丁酉，宫人谋逆伏诛，磔端妃曹氏，宁嫔王氏于市"。至于宫人为谁、谋逆为何、过程怎样、结果如何等，全无交代。而明朝沈德符的《万历野获编》卷十八却详细记载了事件经过始末，罗列了18名宫女的姓名，附以刑部处理此案的奏疏，并从起因中揭露了后妃间的矛盾斗争。此等例文还很多，足可弥补正史之所缺，功不可没。

第三，笔记可纠正史之缪。正史中或因作者有意所为，或由于时光流逝、天灾人祸等原因，或伪或残或缺时有出现。而笔记不拘一格，将史实照实写录，不加文饰，所记人、事往往真实而生动，在纠正史之误、考正史之误方面具有突出作用。如《归潜志》《敬斋古今黈》《梦溪笔谈》《玉堂嘉话》《日知录》《陔馀丛考》《十驾斋养新录》等，在这方面都有十分重要的贡献，是治中国古代史不容忽视的。

第四，笔记为阅读、鉴别和运用史料提供了有益的借鉴。对历朝史籍进行评论、辨误、质疑和考核，是笔记的一个重要内容，如《容斋随笔》《日知录》《陔馀丛考》等中就有许多对史籍的考订、评论，对阅读、鉴别、引用史料等大有益处，为文史研究提供了极大方便。

第五，笔记为史学研究提供了全方位的丰富史料。笔记以"杂"著称，内容广泛，提供了包罗万象的多方面史料，在史学研究中具有其他任何典籍都无法替代的重要作用。如五代王定保的《唐摭言》，是研究中国科举史必不可少的参考书，记载了有关唐代科举的史实（主要是进士制的各种故事），许多史料为独家所有，弥足珍贵。宋人孟元老的《东京梦华录》、吴自牧的《梦粱录》、周密的《武林旧事》、灌圃耐得翁的《都城纪胜》和西湖老人的《西湖老人繁胜录》，这五部笔记性质相近，为研究宋朝都市的民俗、经济、文化、社会风貌等提供了珍贵的丰富史料。元人陶宗仪的《南村辍耕录》记载了元院本曲目和杂剧曲名、印章制度、制墨沿革、绘画裱画知识等，是研究戏曲史、印篆史、墨史、画史的珍贵资料。明人刘若愚的《酌中志》提供的明宫廷内幕情况，为作者亲见亲闻亲历，是研究明朝宫廷史的必备资料。清人顾禄的《清嘉录》详细记载了江南地区从正月到十二月各个月的庆节情况、风俗习惯等，是研究民俗学的宝贵资料。

总之，笔记是中国古代丰富历史典籍的一个重要组成部分，有学者统计现存笔记有三千种以上，具有很高的史学价值和文学价值，理应重视对它的开发、利用和研究。①

当然，笔记的局限和不足也很明显，在阅读和运用笔记时尤其需要注意这样几个问题：一是时代的局限。随着封建制度的巩固和延续，统治阶级对文化的控制日益严密，封建知识分子害怕触犯"文网"，招致身死族灭，所以，笔记越到后来，作者下笔越加小心谨慎，唯恐犯忌，许多真实而有价值的内容不敢记载。二是作者的写作态度和条件。有相当一部分笔记作者，写作态度不够严肃，往往道听途说便如获至宝，不细加考核就记载下来；更有甚者，专门猎取奇闻怪事，敷衍成文。这些都是阅读和运用笔记时必须认真核实并加以剔除的。三是作者的主观倾向性。人有亲疏、地位有贵贱，笔记作者在写作中常因关系的亲疏、地位的尊卑乃至个人的恩怨等，出现为尊者讳、为亲者讳、为怨者谤等情况。阅读和使用笔记时必须认真加以辨析。

---

① 杨东甫. 试论笔记的史学价值 [J]. 广西师范学院学报，1991（4）：49.

第七章

类书和丛书

第一节 类 书

类书是中国古代博采群书原始资料并分门别类纂辑而成的百科全书式的资料汇编。其内容和形式都比较特殊，它包括经史杂传、诸子百家的言论及诗文作品，若按中国古籍四部分类，类书无法入类，它包括了四部的内容，以杂见称，但又非经、非史、非子、非集。正是它兼容博纳的特点，使其成为中国古代查阅各种专门知识的重要工具书，是中国古代一种不容忽略的史书类别。

一、类书的类目设立

类书兼收四部之书而分类编成，它具有非经、非史、非子、非集，又亦经、亦史、亦子、亦集的特点，"四部之内，乃无类可归。"① 晋朝荀勖编《中经新簿》创制四部分类法，当时只有《皇览》一部类书，荀勖将其归附丙部（史部）。唐人李延寿、魏徵修《隋书·经籍志》时，将类书归入子部"杂家类"，大概因类书与杂家都是兼收并蓄、无所不包所致。到后晋刘昫等修《唐书·经籍志》时，才在丙部中辟出"类事"一类，专门著录类书，从此，类书即成为一个独立类目。北宋仁宗时，官方修成《崇文总目》，始称"类书"；北宋欧阳修等撰《新唐书·艺文志》时，改"类事"为"类书"，从此才有了"类书"这个名称，类书在四部分类中才最后确定下来。

值得一提的是，南宋初年，郑樵撰成《通志》一书，在《通志·艺文略》中突破四部分类的做法，将古今图书析为十二类，"类书"列为十二大类之一，肯定了类书的重要地位和作用。

---

① 永瑢，等. 四库全书总目：卷一百三十五：类书序［M］. 北京：中华书局，1965：1141.

二、类书的源流发展

"类书"之名在宋朝才真正出现并成定名，但类书的创制却源远流长，历史悠久，最早可上溯到秦汉之际，甚至更早。一说发端于西汉淮南王刘安及其门客所著的《淮南子》；一说为西汉刘向所编《新序》《说苑》；一说始于《尔雅》按类收词的体例；更有人说源于战国末年秦相吕不韦及其门客们共同编写的杂家代表作《吕氏春秋》。凡此种种，我们都可视为类书之渊源，但这些书皆非类书。著名辑佚家马国翰说："类书之源，开于秦，衍于汉，余观《吕氏春秋》《十二纪》取诸《月令》，《至味篇》取伊尹书，《当染篇》取墨子书，《上农》《任地》《辨土》《审时》四篇述后稷之言，与《亢仓子》所载略同，而取黄帝、老子、文子、华子之说。不一而足。意盖以周《月令》为纪，杂采百家分属之，此类书之最先也。《淮南鸿烈》实仿《吕览》为之，书中采文子语几尽，其他大抵皆有所本。刘向《洪范五行传记》及《新序》《说苑》，率取古说，分类条列，皆类书也。"①

（一）类书的创始——魏晋南北朝

中国历史上第一部大型类书，当推三国时代曹魏初年编纂的《皇览》。魏文帝曹丕是一位著名的文学家，十分重视文化事业的建设，其在废汉建魏的前几个月，于延康元年（220）令儒臣王象、缪袭等人，纂集经传、随类相从，为40余部，每部载文数十篇，共1000多篇800余万字，数年编成，名为《皇览》，意思是给皇帝看的。《皇览》开创了类书的编纂体例，成为类书的始祖。②

类书在曹魏之交出现不是偶然的，一是受中国古代钞撮之学的影响。在印刷术出现之前，书籍之流传、文人士子的学习，全凭手抄。钞撮之风，三国时最盛，上自帝王，下及百姓，竟成风尚，为中国第一部类书《皇览》之出世奠定了良好条件。当时钞撮而成的书籍集中为两类：一则原文照抄而成书；二则摘抄经、史、子、集中的各种资料汇编成书，并分门别类编次。杂抄群籍，又分类编排的特点成为类书产生之重要条件，甚至成为后来类书的主要特点。

二是魏晋时期经学地位崩溃，先秦名、法、道诸家重新成为人们研究的取向，独尊儒术不复存在，为以"杂"为特点的类书的产生提供了可能。

---

① 马国翰.玉函山房文集：卷三：《锱珠囊》序［M］.上海：上海古籍出版社，2010：135.
② 《皇览》，为三国魏国人缪袭、王象领修，刘劭等编。今存两个辑佚本：一是清嘉庆时沈阳孙冯翼辑本一卷，见于《问经堂丛书》，收入《丛书集成》第172册；二是清道光时甘泉黄奭辑本，见于《汉学堂丛书》（后易名《黄氏逸书考》）。

三是汉末魏晋之际，辞赋、骈文是文坛上的重要文体。辞赋讲究文字华丽，往往辞藻堆砌成篇，因而要求文人学士具有广博的见闻和丰富的资料储备，以待临文之所需。骈文以双句（偶句）为主，讲究对偶和声律，尤其重视辞藻、典故，于是抄集典故、汇储偶句以补记诵之不足，供做文章时检录，成为文人学士们的时尚和普遍需要。

四是曹氏父子（曹操、曹丕、曹植）喜爱文学，在周围笼络了一批文人学士，带动了汉末曹魏初文学的发展和繁荣，提高了文人学士的社会地位，为集众修书、博采群籍、编撰大型类书创造了有利的社会条件。

因此，在曹魏初年产生了我国古代第一部大型类书《皇览》。此后，又有南朝梁编纂的《寿光书苑》200卷、《类苑》120卷、《华林遍略》700卷，北朝北齐祖珽等编纂的《修文殿御览》600卷等相继问世。尤以《华林遍略》《修文殿御览》最负盛名，对后世类书之编纂影响极大。总计魏晋南北朝时期的类书，据《隋书·经籍志》所录，有11家2021卷，加补遗达3600余卷。可惜这一时期的类书都已失传，仅《修文殿御览》和《华林遍录》在敦煌石窟里发现了残卷。

综观魏晋南北朝时期的类书，尚属创始阶段。一则类书主要由官修而成；二则编纂类书的目的主要是为帝王提供省览之便；三则类书的内容多为综合性的，单项内容的类书极少；四则类书体例均依《皇览》之制，分类辑事，缺乏创新。到隋唐时期，类书的发展才有了较大变化。

（二）类书的大发展——隋至唐宋

隋唐至宋，是类书的大发展时期，如唐朝类书有17家，24部，7288卷，失姓名的3家，不著录的32家，共1338卷；① 宋朝有类书307部，11393卷（《宋志》），《宋志补》又增加了2341卷。可见隋唐宋时期类书的发展已达相当高的程度，突出地表现在以下几方面：

1. 官修私修类书同时发展

官修类书在前一时期的基础上继续发展，出现了许多著名的类书。如隋炀帝时虞绰等编《长洲玉镜》400卷，唐高祖时欧阳询等编《艺文类聚》100卷，唐太宗时高士廉等编《文思博要》200卷，武则天时张昌宗等在《文思博要》基础上增道、华二教及亲属、姓名、方域等部类编订成《三教珠英》1300卷，唐玄宗时徐坚等编《初学记》30卷，宋太宗时李昉等编《太平御览》1000卷等。

---

① 欧阳修，宋祁. 新唐书：卷五十九：艺文志三 [M]. 北京：中华书局，1975：1564.

私修类书较前一时期有了很大发展，如隋唐虞世南编《北堂书钞》173卷，唐朝元稹编《类集》300卷，白居易编《白氏六帖》30卷，章俊卿编《群书考索》212卷，谢维新编《古今合璧事类备要》366卷，祝穆编《事文类聚》170卷，高承编《事物纪原》10卷，孔传编《孔氏六帖》30卷，王应麟编《玉海》200卷等，都是这一时期重要的私修类书。

2. 编纂体例向多样化发展

这一时期在完善原有"分类辑事"的基础上，开始出现多样化的编纂体例。一是打破了过去汇"文"即为总集、辑"事"则为类书的格局。唐初编《艺文类聚》，兼辑事、文，将事实与诗文汇辑于一书，每一类目之内，事居于前，文列于后。此后《初学记》《事文类聚》等皆仿此而行。二是类书分类渐趋丰富。这一时期仍以"以事分类"为主流，但又出现了"按韵分类"，如唐朝颜真卿的《韵海镜源》360卷、宋朝阴时夫的《韵府群玉》20卷等即是；"按数目字分类"，如宋朝王应麟的《小学绀珠》10卷，即是在每类之下，以数目字为纲，分隶故实。

3. 编纂目的逐渐增多

这一时期的官修类书仍以为帝王提供省览之便为主要目的，而私修类书却比较灵活：或为文人学士作诗作文储备资料，或替参加科举考试的人提供资料，或为社会提供各种专门知识等。

4. 专题性类书出现

从记载内容上看，这一时期仍以综合性类书为主，但也出现了相当数量的专题性类书。如宋朝高承的《事物纪原》，专收各种事物起源的典故；宋朝陈景沂编《全芳备祖》50卷，专收有关花卉草木果蔬家桑药材方面的材料等。

（三）类书的繁荣——明清时期

唐宋以后，类书的发展出现了一个短期的中衰——元朝，至明清时期，类书的发展又呈现出强劲的势头，迈上了其发展的顶峰时期，数量剧增、种类空前、规模浩大。尤其是这一时期重视对类书的总结和研究，形成了一批集大成之作，以明成祖时编的《永乐大典》22877卷、清雍正时编的《古今图书集成》10000卷最为著名。另外，还有明朝俞安期汇辑唐人类书为一编而成《唐类函》200卷，清朝张英等增补《唐类函》而成《渊鉴类函》450卷，陈元龙集宋以来事物起源类书之大成而成《格致镜原》100卷，宫梦仁汇楫宋以来以数隶事的类书而成《读书纪数略》50卷，秦嘉谟以唐朝韩鄂编《岁华纪丽》和清代董谷士编《古今类传》为基础，汇辑有关岁时典故的类书而成《月令粹编》24卷等，都是这一时期的重要类书。

三、类书的价值和作用

由于类书兼有"资料汇编"的性质,在保存祖国文化,在学习和研究工作中都起着相当重要的作用。

第一,类书保存了祖国文化遗产,是辑佚古书的重要依据。类书是从当时所能搜集到的书籍中辑录有关字句、片段,甚至整部书,并按类别或韵目等方式编排而成的,每部类书实际上都是对其以前所存在的某些书籍的另一种形式的保存。随着时间的流逝、社会的变迁,乃至天灾人祸、战争等原因,古代的许多图籍已经失传,但由于辑录其书的类书还在,其书的内容便可通过类书保存下来。阮元序《仿宋刻太平御览》时说:"存《御览》一书,即存秦汉以来佚书千种矣。"《四库全书总目》"类书类小叙"更指出:"古籍散亡,十不存一,遗文旧事,往往托以保存,《艺文类聚》《初学记》《太平御览》诸编,残玑断璧,至掇拾不穷。"因此,后人常常依据类书来辑录已经失传的古代图籍,如明朝张溥编《汉魏六朝百三名家集》,许多诗文取自《艺文类聚》,清朝严可均辑《全上古三代秦汉三国六朝文》,材料多从《北堂书钞》《艺文类聚》《初学记》《太平御览》等类书中辑出等。利用类书来辑佚古书的工作在南宋已经开始,明朝大为发展,清朝更是蔚然成风,甚至成为学者的一种专门职业。特别是乾隆年间编修《四库全书》时,时人从《永乐大典》中辑出历代佚书383种,加上《四库全书总目》"存目"127种,共计510种,大大丰富了我国古代文化遗产,开创辑佚工作的新纪元。由此而后,辑佚工作越来越受到学人的重视,辑轶而成的书籍也越来越多。如清人马国翰从各种类书中辑录宋以前古籍626种,汇刊为《玉函山房辑佚书》;黄奭辑有《黄氏逸书考》(也名《汉学堂丛书》),辑录古书200余种;鲁迅先生利用各种类书辑成《古小说钩沉》,共辑录古书36种等。以类书辑录古书之功,由此可见一斑。

第二,类书是校勘古籍的重要参照书。古代书籍,有的尽管没有失传,但经年历久,多次传抄传刻,误、脱、伪、残等现象较多,需要认真校勘,努力恢复其本来面目。古类书因其从当时存在的各种书籍中辑录而成,多为原始材料且标明出处,因而类书常常被作为校勘的最好参照书,在古籍校勘中发挥了重要的作用,以致清朝考订学者视其为宝山。范希曾在《书目答问补正》中云:"古类书不特所引佚文足资考证,即见存诸书,亦可订正文字异同。"[①] 如清人

[①] 张之洞. 书目答问二种:卷三:类书[M]. 北京:生活·读书·新知三联书店,1998:196.

谭献在《复堂日记》卷一中说："《读书杂志》校《大武篇》补脱最为有功，只是细考旧类书耳"，指出《逸周书·大武篇》中当时存本脱落375个字，前后已无法衔接，人们在此处多次删改，终不能厘正。王念孙依《北堂书钞》"武功部"所辑录的片段作校补，恢复了《大武篇》之本来面目。可见类书对校勘古籍的重要功用。

第三，类书为学术研究提供了极大方便。一是类书对搜集资料起着"索引"作用。类书按门类或韵目进行编排，所包含的科目比较完备，便于在需要时进行查找，在祖国文化遗产的清理和研究中，对资料的搜集起了助手作用。类书虽属第二手材料，但由于类书所辑录的内容通常都注明了出处，可依出处去核对原文，免去了人们漫无边际地从浩如烟海的文献中寻找资料的辛苦，省时省力。二是类书资料可以直接为研究者运用。许多被类书辑录过的书籍，随着岁月的流逝已经失传了，但其内容却得以在类书中保存，古类书实际上成为第一手资料，十分珍贵。三是类书可以用来检索诗词文章典故。

第四，类书奠定了中国现代百科全书的基础。从内容上看，类书有专题性类书和综合性类书，综合性类书如《永乐大典》《古今图书集成》等"区分胪列，靡所不载"[1]，十分接近现代百科全书；从形式上看，类书辑录资料有的采取分类编录的方式，有的采取韵编方式，有的采取数目字编录方式，都十分便于检索，对现代百科全书编纂影响较大；从用途上看，编类书有的是供一般检索用的，有的是为诗文取材用的，有的是为科举考试用的，有的是供启蒙用的，也有的是供居家日用的，也都与现代百科全书的用途十分接近。所以，人们一直把类书称为百科全书式的图书。《英国百科全书》在介绍百科全书的历史时，列举了我国古代《艺文类聚》等20余种著名类书。西方更是把我国明朝的《永乐大典》称为世界上最大的百科全书，把清代的《古今图书集成》称为"康熙百科全书。"

由上述观之，古代类书在校理古籍的存真、存佚上发挥了重大作用，对研究祖国传统文化和对现代图书编纂方面有着特殊作用，在我国文化史上占有重要的地位。

第二节 丛 书

丛书是汇集众书，纂为一书，并题以总名的套书。丛书与类书都是汇集众

---

[1] 王应麟.玉海：李恒序[M].台北：大化书局，1977：3.

书的原文而编纂成书，但类书是众书零散资料重新分类的汇编，而丛书则是众多整部书籍的汇编。中国古籍丛书是中华民族悠久历史和灿烂文明的重要载体，是中国古代典籍不可缺少的重要组成部分。中国古籍丛书数量多、规模大、内容丰富、价值珍贵，值得认真学习、了解、整理和研究。

一、丛书的类目设立

"丛书"一词始于唐朝陆龟蒙撰《笠泽丛书》，其序云："'丛书'者，丛脞之书也。"丛脞，意谓烦琐、细碎。该书系陆氏的诗文集，集中杂著多为小品，以其丛脞细碎，故取名"丛书"。实与后世丛书的概念截然不同。所以，唐朝虽有"丛书"之名而实非丛书之体。

以"丛书"作为丛书的书名始见明朝程荣编《汉魏丛书》，此后，"丛书"才被广泛用作丛书的书名。而将"丛书"作为书目类目进行著录却是明朝万历年间的事。明朝以前，丛书一直未被作为一种独立的新体典籍看待，它在书目中的归类，都是以书目编纂者对每一部丛书的具体认识为标准。如南朝宋齐时期陆澄编《地理书》和南朝梁任昉编《地记》，《隋书·经籍志》都著录在史部"地理类"；南宋俞鼎孙、俞经合编《儒学警悟》，在《宋史·艺文志》中归入子部"类事类"（类书）。入明以后，随着丛书编纂的大发展，丛书类目才开始受到人们的重视。万历年间，祁承㸁编《澹生堂书目》，仍以四部次序排列，但不标经、史、子、集四部之名，类目各自独立，共45类，第39类即"丛书类"，置子部之末，这是"丛书"类目的最早著录。清初修《明史》，乾隆年间编《四库全书总目》，又都去掉了"丛书"类目，《明史》附于类书，《四库全书总目》归入子部"杂家类"。"丛书"类目的立而复废，表明人们对丛书的认识尚不一致。

清末张之洞编《书目答问》，以丛书"经、史、子、集皆有，势难隶于四部"，便于四部之外另立了"丛书目"，与四部并列为五部。这一分类方法，反映了丛书的实际情况，提高了丛书在目录学上的地位，是一个颇有见地的开创。

二、丛书的源流发展

丛书被作为类目著录较晚，直到明朝才有，但追溯丛书发展的源头，却可以上溯到汉朝。

（一）丛书的创始——汉魏六朝

司马迁《史记·孔子世家》，以"六经"来统括《诗经》《尚书》《礼记》

《易经》《乐经》《春秋》，包含有丛书的意思，可算是丛书的源头。东汉灵帝熹平四年（175）把《周易》《尚书》《鲁诗》《礼仪》《春秋》《公羊》《论语》刻在石上作为标本，形成了著名的《熹平石经》。汇刻群书的形式，当从《熹平石经》开始。特别是在纸和笔发明以后，抄写成为书籍流通的主要形式，随着书籍的日益繁多，一些致力于专门学问研究的学者感到查找研究所需材料越来越难，于是有了汇集诸多同类性质的书籍分编在一起以供使用的需要，逐渐出现了丛书。《隋书·经籍志》著录了南齐陆澄合《山海经》以来160家，编为《地理书》160卷；南朝梁任昉增扩《地理书》的内容，编为《地记》252卷。这两部书属于专门性丛书（即单科性丛书），就写本来说，可算是丛书之祖。这一时期，由于全靠手工抄写，很难聚辑众多学科之书汇编为一书，而以单科性丛书为主，且数量极少。

（二）丛书的发展——唐宋元时期

唐宋时期是丛书的发展时期，唐朝发明了雕版印刷术，为丛书的刊印奠定了物质技术基础，流传和搜集的范围也逐渐扩大。唐明宗长兴三年（932）刻印《九经》，宋朝何去非校《武经七书》，是专门性丛书。南宋嘉泰年间俞鼎孙、俞经合编的《儒学警悟》是现存最早的综合性丛书。综合性丛书不拘门类，兼收并蓄，更适合从事多学科研究的人使用。继《儒学警语》之后，宋朝左圭编辑了《百川学海》，共10集100种，179卷，主收唐宋人著作，兼及晋代六朝人著述。

辽金时期最著名的汇刻书是《契丹大藏》和《金藏》（《赵城藏》），都属于专门性丛书。这一时期没有综合性丛书。

元朝一代，为后世所著称的专门性丛书有杜思敬辑《济生拔萃》；综合性丛书有陶宗仪辑的《说郛》，《说郛》广收经、史、诸子、诗话、文论以及百氏杂记之书，凡千余种，是一部大型的综合性丛书。原编的种数、卷数，皆不可知，现存明朝传抄的100卷本和明代陶珽重校的120卷本，清顺治三年（1646）宛委山堂刻本，皆非陶氏原本。

可见，唐宋元时期，丛书在前一时期的基础上有所发展，但规模不大，未形成风尚。

（三）丛书的兴盛——明代

明朝，丛书的编纂、刊刻发展到极盛时期，汇刻了数量众多的综合性丛书和专门性丛书，还有氏族丛书、个人自著丛书、地方丛书等。

综合性丛书如袁褧辑《金声玉振集》收书55种，沈节甫辑《纪录汇编》收书100多种，吴琯辑《古今逸史》收书55种，陈继儒辑《宝颜堂秘笈》收书229种，以及吴永编《续百川学海》、冯可宾的《广百川学海》、范钦的《范氏奇书》、高鸣凤的《今献汇言》、王文禄的《百陵学山》等。甚至有专门汇集某一历史时期著述的综合性丛书，如赵标编《三代遗书》，程荣的《汉魏丛书》（实为我国第一部名实具备的丛书）收书38种，钟人杰、张遂辰辑的《唐宋丛书》收书103种等。

专门性丛书，如顾元庆的《阳山顾氏文房小说四十种》，李栻的《历代小史》，周子义等的《子汇》，陆楫的《古今说海》，朱警的《唐百家诗》，潘是仁的《宋元四十三家集》，毛晋辑《汲古阁合订唐宋元诗五集》，以及《十三经》《十七史》《宋名家词》《六十种曲》等。

氏族丛书，如王永熙辑，万历震泽王氏刊本的《震泽先生别集》；《河南程氏丛书》；程敏政辑《唐氏三先生集》等。

个人丛书，如徐必达编《邵子全书》收宋朝邵雍的著作，施邦曜编《阳明先生集要》收王守仁著作，江湛编《少室山房全稿》收胡应麟著作，以及《欧阳文忠公全集》《陆放翁全集》等等。

地方丛书（或郡邑丛书），如樊维城编辑《盐邑志林》，收历代海盐县人的著述。

上述观之，至明朝，丛书各体已经具备了。

（四）丛书发展的黄金时期——清代及晚近

清朝是我国丛书发展的黄金时期，种类之全、数量之多、质量之高、规模之大，都远远超过明代。

以官修丛书而言，康熙年间先后组织编纂刊刻了《御纂七经》《古香斋袖珍十种》《御选宋金元明四朝诗》《律历渊源》等。其中《古香斋袖珍十种》为经、史、子、集四部俱全的综合性丛书，而《律历渊源》则是天文学著作的汇编。乾隆时刊刻了《二十四史》（乾隆四年，1739）、《辽金元三史语解》（乾隆四十六年，1781），特别是乾隆三十七年到乾隆四十七年（1772—1782）纂修的《四库全书》更是丛书之巨著，部头之大，前所未有。全书囊括四部，收书3461种，79309卷，分装为36304册，是中国历史上空前未有的一部大型丛书。

私修丛书的种类、数量、门类，更是远在官修丛书之上，并以文献价值高、刊刻质量精美而著称。其中，清朝前期（顺治、康熙、雍正三朝）大体沿袭明朝旧习，至曹溶编《学海类编》才稍改旧观。《学海类编》收罗丰富，收书441种，分列四部：经翼、史参、子类、集余。取择谨严，欲矫明季刻书之弊，凡认为荒诞不经、茶酒说部之书，概不收录，且要求完整，不加割裂。又有汪士汉辑《秘书二十一种》，据《古今逸史》刊版重编印本，收先秦至宋古籍21种；王晫、张潮辑《檀几丛书》，收明清两朝人著作157种，分为三集；张潮辑《昭代丛书》收清朝人著作90种；吴震方辑《说铃》收书62种，分前、后、续三集；曹寅辑《楝亭藏书十二种》收宋元人著作等综合性丛书。清朝前期专科性丛书有：纳兰性德辑《通志堂经解》1800余卷、顾炎武《音学五书》、张士俊辑《泽存堂五种》等。

清朝中期（乾隆、嘉庆及道光前期）刊刻古籍蔚然成风，且并非单纯辑刻，而尤重爬梳整理、抉择校雠。有以鲍廷博为代表的"目录派"，主张遍访广搜，多收罕见又难得的珍本秘籍，充分发挥丛书的辑佚功能。其《知不足斋丛书》收书207种781卷，是一部以罕见和实用为宗旨，注重善本、校刻精善、革前人丛书之流弊，收书首尾完备的综合性丛书，当时的学者名流即十分推重其书，视之为私刻丛书之泰斗。其后有高承勋《续知不足斋丛书》、佚名《仿知不足斋丛书》、鲍廷爵《后知不足斋丛书》、李调元《函海》，甚至清后期的蒋光煦之《别下斋丛书》《涉闻梓旧》，钱熙祚之《指海》等都极具鲍氏丛书之遗风。

有以黄丕烈为代表的"版本派"，主张以仿刻善本为高，其所辑《士礼居黄氏丛书》，据所藏宋元珍本精工仿刻成编，惟妙惟肖，几可乱真。影响所及，如聊城杨氏海源阁、常熟瞿氏铁琴铜剑楼影刻书，以及其后杨守敬、黎庶昌访求日本所藏古籍影刻为《古逸丛书》等，皆有士礼居之遗风。

有以卢文弨为代表的"校雠派"，主张读书应以实用为主，书必校雠而后能读。其编《抱经堂丛书》，广泛搜罗各种版本，反复考校，手批目验，然后抉择收入与否，颇见功底。其后毕沅的《经训堂丛书》、孙星衍的《岱南阁丛书》《平津馆丛书》等承其余绪，校雠古籍都极精湛。《传经堂丛书》《拜经堂丛书》《浮溪精舍丛书》也与之一脉相传，皆为一时之选。

有以张海鹏为代表的"综合派"，主张广搜博览，统古今之盛。其所辑《学津讨原》20集，收书171种，多取明季毛晋汲古阁所辑刻的《津逮秘书》，毛书15集143种，流传150多年，渐渐散佚。张氏《学津讨原》于津逮旧籍，所收独多，由上古迄明代，所辑皆本原书，无一删节。另又刻《墨海金壶》《借月山房汇钞》。继张氏一派的为金山钱熙祚。《墨海金壶》《借月山房汇钞》残版后均归钱熙祚，钱氏取《借月山房江钞》残书增20集137种，更名《指海》。《墨海金壶》则增辑补刊改名《守山阁丛书》。

清朝后期（鸦片战争以后），一部分仍沿袭乾嘉遗风，以汇刻校勘古籍为重，如潘祖荫的《滂喜斋丛书》、赵之谦的《仰视千七百二十九鹤斋丛书》、陆心源的《十万卷楼丛书》、蒋光煦的《别下斋丛书》、钱熙祚的《守山阁丛书》、伍崇曜的《粤雅堂丛书》、钱培名的《小万卷楼丛书》、王懿荣的《天壤阁丛书》、江标的《灵鹣阁丛书》等。另一部分向专门化发展，舆地、金石、目录、词典等专门性丛书日益丰富。如陈运溶的《麓山精舍丛书》、丁谦的《浙江图书馆丛书》（又名《蓬莱轩地理丛书》）、王蕴香的《域外丛书》、叶德辉的《观古堂丛书》、吴梅的《奢摩他室曲丛第一集》等。

综上所述，清朝丛书有这样几个明显的特点：一是很多丛书的编纂者是藏书家，或是校勘家，或是某一学科的学者，所以他们刊刻的丛书，有以汇集辑佚为主；有以仿刻宋元旧本为主；有以校勘精审为主。因而清代丛书的质量远远超过明朝。二是乾嘉以后，丛书发展达到极盛时期，特点是辑佚、举要等各种形式具备，如《汉学堂丛书》《玉函山房辑佚书》等的编刊，显示了辑佚工作的兴盛。另外，宋元明丛书多收短篇、小品，而乾隆以后则开始重视收鸿篇巨制，且注意精刻，质量很高。总之，清朝丛书数量多、种类全、内容精、刊刻美，举凡普通丛书、地方丛书、族姓丛书、个人丛书等无不具备，使我国古朝丛书的发展达至黄金时期。

民国时期，承清朝汇刻丛书之余绪，编辑了不少著名的丛书。如商务印书馆编《四部丛刊》收书447种，尤其注重版本选择，是一部善本丛书，文献价值极高。《丛书集成初编》选辑宋、元、明、清四代丛书100部，收四代丛书约4100种，20000卷左右，基本收入了四代所刻的重要丛书。《四部备要》前后刊印五集，收书352种，11305卷，以收书范围广、编排系统性强、注重实用等特色著称于世。

三、丛书的种类

丛书有许多别名，如丛刻、丛刊、丛钞、汇刻、汇刊、汇钞、汇编、全书、遗集、合集等，如按编刻的主旨和内容等来划分，大致可归为二类。

一是综合性丛书。凡汇集各类性质的书籍或至少收有四部（经、史、子、集）中两类以上的书籍，属于综合性丛书。综合性丛书又可分为普通丛书（一名"杂纂"）、地方丛书（又名"郡邑丛书"）、氏族丛书、个人丛书4种。普通丛书是丛书中最主要的部分，有包括范围广，包罗四部的如《百川学海》《说郛》《学海类编》《四库全书》等；也有专收某一时代著述的，如《汉魏丛书》《唐宋丛书》。地方丛书是以地区为范围专收某一地区的著述，如《泾川丛书》《豫章丛书》。氏族丛书是以一姓为范围，专收同族人的著述，如《桐城方氏七代遗书》《晁氏丛书》。个人丛书是以个人为范围，专收一人的著述，但必须兼有四部之中的两类以上的著述，如《船山遗书》《戴氏遗书》等。辑佚书中内容兼及各类的，也是综合性丛书，如《黄氏逸书考》《玉函山房辑佚书》等。如果专辑一类则归于专门性丛书。

二是专门性丛书。凡专收某一类书籍的丛书都可视为专门性丛书，其中有分别按经、史、子、集四部收书的，如《通志堂经解》《皇清经解》《百衲本二十四史》《史学丛书》《十子全书》《百子全书》《乾坤正气集》《汉魏六朝百三名家集》等；有以学科收书的，如《当归草堂医学丛书》《中西算学四种》《唐诗二十六家集》《古今说海》《元曲选》等；甚至有按地区划分的，如《江左三大家诗钞》《浙西六家诗钞》等；如按氏族分的专收同族人著述的，如《武林丁氏家集》《高邮王氏家集》等。

四、丛书的价值

我国古代丛书数量众多、规范浩大、内容丰富、价值珍贵，几乎涉及了中国传统文化的每一个学科领域，在古籍整理研究、在弘扬中国传统文化及地方志编纂等工作中发挥着多方面的重要作用。张之洞谓"丛书最便学者，为其一部之中可该群籍，搜残存佚，为功尤巨，欲多读古书，非买丛书不可"①。

第一，丛书汇集了大量文献典籍，对传统文化的积累、繁荣与传承起了无可估量的巨大作用。

以综合性丛书而言，《四库全书》收书3461种，79309卷，计36304册，囊括我国先秦至清初尚存世的许多重要书籍。对乾隆以前的古代典籍进行了较为系统的整理，对此前的传统文化做了较为全面的总结，不但为后世保存了大量古籍，而且对清代中叶以来的丛书辑刻、古籍辑佚及考据学、校勘学、目录学、版本学等的兴盛与发展均产生了巨大的影响。民国时期编印的《四部丛刊》《四部备要》《丛书集成初编》等也在传统文化的积累、繁荣和传承等方面发挥了重要作用。

以专门性丛书而言，清朝阮元所辑的《皇清经解》几乎为清朝学术精华之总汇，囊括了清初到乾嘉时期73位著名学者的183种重要著作，内容除经学之外，涉及哲学、小学、校勘、史地、天算、金石等诸多方面。《音学五书》《江氏音学十书》《许学丛书》《小学汇函》《小学类编》《小学钩沉续编》《小学搜佚》等丛书，使得有关中国古代语言文字学的书籍已大体齐备。《二十五史》《二十五史补编》《史学丛书》《十通》等丛书，体现了我国古代史学的辉煌成就。《百子全书》《二十二子》《诸子集成》，收录了先秦至汉魏六朝的主要子书。《说郛》《稗海》《古今说海》《五朝小说大观》《古今说部丛书》《说库》《笔记小说

---

① 张之洞. 书目答问：卷五：丛书目 [M] //书目答问二种. 北京：生活·读书·新知三联书店，1998：250.

大观》等丛书，汇集我国古代重要的笔记小说。《大藏经》是多种佛教经籍之汇编。《道经》乃多种道教经籍之总汇。凡此种种，其重要性不言而喻。

另外，郡邑丛书在汇辑乡邦文献、弘扬地域文化方面功不可没；个人丛书更是对研究某一学者或某一学派有独特作用。

第二，丛书保存了众多善本、珍本、孤本及佚本，对古籍整理研究贡献突出。善本、珍本、孤本，由于其特殊的学术价值、历史价值与文献价值，向为学者所重。张之洞曰："读书不知要领，劳而无功；知其某书宜读而不得精校精注本，事倍功半。"① 但随着时光的流逝，如宋版书之类善本已成稀世之珍，数量极少，且有很大一部分散布于日本、中国台湾等地，一般读者难以见到。好在一部分丛书专门影刻宋元旧本，如毛晋的《津逮秘书》、孙星衍的《岱南阁丛书》、黄丕烈的《士礼居黄氏丛书》、蒋凤藻的《铁华馆丛书》等。特别是近现代印刷术的不断应用和推广，使许多宋元旧书得以照原样（或缩小或放大）影印出版，其行款、字体一如原书，其中很大一部分被收入有关丛书，如《四部丛刊》《百衲本二十四史》《古逸丛书》《续古逸丛书》《古逸丛书三编》《玉海堂景宋元本丛书》《宋蜀刻本唐人集》等丛书，都收录了数量众多的宋元旧本之影印本，大大方便了对珍贵典籍的收藏。

另外，历史上许多典籍在长期的流传过程中，由于手抄、翻刻之类的原因，出现了讹、脱、衍、倒等现象。而一些学者尤其是有些著名的校勘学家在辑刻丛书时，对所收书籍进行了全面细致的考订，使丛书本的质量优于单刻本或前人所编的丛书本，同时也使整部丛书的质量显著提高。如卢文弨辑《抱经堂丛书》、黄丕烈辑《士礼居黄氏丛书》、鲍廷博辑《知不足斋丛书》、毕沅辑《经训堂丛书》、孙星衍辑《岱南阁丛书》，以及《嘉业堂丛书》《南菁书院丛书》《适园丛书》等，都是校勘精审、质量上乘、弥足珍贵的名家名校本。

还有，古代丛书在辑佚方面亦有显著功绩。如清朝马国翰辑《玉函山房辑佚书》，共收唐以前散佚的古籍600种，可谓汇辑佚书的鸿篇巨制。其后，王仁俊辑《玉函山房辑佚书续编》收佚书269种、《玉函山房辑佚书补编》收佚书138种，也都具有很高的成就。

古代丛书的这些优点和特点，为古籍整理、研究提供了重要的前提条件，几乎所有的古籍整理、研究都不同程度地在使用各种丛书，或作底本，或作校对本，或作参考本等，尤其《四库全书》《四部丛刊》《四部备要》《丛书集成初编》等

---

① 张之洞. 书目答问：略例 [M] //书目答问二种. 北京：生活·读书·新知三联书店，1998：5.

大型综合性丛书,使用频率极高。甚至可以说,离开了丛书,古籍整理研究工作简直无法进行。

第三,丛书对促进中外文化交流,尤其是对汉文化圈内中国与日本、朝鲜、越南等的文化交流具有特殊作用。古籍丛书特别是《知不足斋丛书》《四库全书》《宛委别藏》《佚存丛书》《古逸丛书》《纂喜庐丛书》《辽海丛书》《小方壶斋舆地丛钞》《四部丛刊》《百衲本二十四史》等,都曾在中外典籍交流史上留下了不可磨灭的轨迹。如《四库全书》收录了来自10个国家的23部外籍人士著述,包括《七经孟子考文补遗》(日本山井鼎撰、物观补遗)、《论语义疏》(日本根本逊志校订)、《古文孝经孔氏传》(日本大宰纯校订)、《朝鲜史略》(朝鲜佚名氏撰)、《安南志略》(越南黎崱撰)、《高丽史》(朝鲜郑麟趾撰)、《朝鲜志》(朝鲜佚名氏撰)、《越史略》(越南佚名氏撰)等;《纂喜庐丛书》卷帙虽小,但所收多为宋元旧刊且已佚者,其中的《唐卷子本新修本草》堪称中日典籍交流史上的典范之一。《大藏经》《道经》的中外交流更是频繁,此类等等,都对中外文化交流做出过重要贡献。

第四,丛书有助于典籍的保存、使用和购藏。相对于单刻本而言,丛书由于资料集中、部头较大,引人重视,容易保存。实际上,我国现存古籍,约有70%有赖于丛书而流传至今。如明朝黄省曾所著《稻品》,是我国最早的水稻专著,但由于该书篇幅过小,仅为一卷,成书后从无单刻本,极易佚失,而《广百川学海》《百陵学山》《夷门广牍》《丛书集成初编》都收入了该书,使其得以保存。又如宋朝唐积的《歙州砚谱》和米芾的《观史》,虽然前者有明华氏刻本,后者有宋刻本,但已很难见到,而在《百川学海》《学津讨原》《说郛》《美术丛书》中均收入了该书。可见,古代丛书在整个中国古代典籍中占有举足轻重的地位,使中国典籍"存者得以不坠,著述之未成者荟萃而可传","丛书之功,在天下为最巨"(李慈铭语)。

第五,古籍丛书对现代图书编纂影响深远。一则古代丛书的编纂形式适合现代文化发展的需要,继续为人们所利用。1949年后重印、重辑的各类古籍丛书已超过数百种,并且产生了巨大影响。如《中国近代史资料丛刊》《中国文学参考资料丛书》《中国古典文学理论批评专著选辑》等。特别是《四库全书存目丛书》《续修四库全书》更是1949年以来编辑的规模最大的丛书。二则古代丛书的编纂方法为现时人们提供了宝贵的借鉴,使丛书在专门化方面得到了长足的发展。特别是20世纪80年代以来,我国几乎在各个学科、领域都有专门性丛书出版。当然,今天的丛书编纂似乎有些泛滥,其经验和教训应认真总结和改进。

下编 03

中国古代历史编纂学思想

第一章

《春秋》学与传统编年体的史学观念

第一节 《春秋》的史法和史义

在我国春秋时代,各诸侯列国都有自己的国史,一般称"春秋",是由当时各诸侯国史官记载而形成的。《国语·楚语上》记载:楚庄王问手下大夫申叔用哪些书来教育太子,申叔回答:"教之春秋,而为之耸善而抑恶焉,以戒劝其心……"[①]《国语·晋语七》云:"羊舌肸(即叔向)习于春秋。乃召叔向,使傅太子彪。"《战国策·燕策》云:"贤明之君,功立而不废,故著于春秋。"这里所说的"春秋"都是当时一类史书的通名,即各诸侯列国国史的泛称。墨子则更为明确地提到"吾见百国春秋",如"周之春秋""燕之春秋""宋之春秋""齐之春秋"等。孟子也说:"晋之《乘》,楚之《梼杌》,鲁之《春秋》,一也。"[②] 可见,当时除了名为"春秋"的国史外,还有其他名目的国史,如晋之《乘》、楚之《梼杌》,都和鲁国的史书《春秋》一样,属于编年史。遗憾的是,秦朝以后,特别是秦始皇焚书,使"先王坟籍,扫地皆尽"[③],一度活跃于史坛的"百国春秋"几乎绝迹。

现存《春秋》是孔子根据《鲁春秋》修订而成的,是我国第一部真正意义上名副其实的编年体史书,其记事上起鲁隐公元年(前722),下讫鲁哀公十四年(前481),共242年。所记内容,以鲁国为主,兼及其他100多个小国的事

---

① 原文为:"教之春秋,而为之耸善而抑恶焉,以戒劝其心;教之世,而为之昭明德而废幽昏焉,以休惧其动;教之诗,而为之导广显德,以耀明其志;教之礼,使知上下之则;教之乐,以疏其秽而镇其浮;教之令,使访物官;教之语,使明其德,而知先王之务用明德于民也;教之故志,使知废兴者而戒惧焉;教之训典,使知族类,行比义焉。"共谈到9种书,基本都是史书,其中对后世影响最大的是"春秋"。
② 孟子:离娄下[M]//杨伯峻.孟子译注.北京:中华书局,2006:192.
③ 魏徵,等.隋书:卷四十九:牛弘传[M].点校本二十四史修订本.北京:中华书局,2019:1464.

迹。已不是单纯的鲁国史，而是具有春秋时代列国史的意义。其中记载最多的是政治活动，记各国之间的征战占全书40%、会盟占20%、朝聘占20%；此外，记各国婚丧、祭祀占10%，记日月食、星变、虫灾、地震、山崩、雨、霜、冰雹、水旱等自然现象占10%。所有这些都是宝贵的资料，具有重要的史料价值。

但《春秋》一书对中国史学的影响并不在于其史料价值，更重要的是其思想价值，即《春秋》的"史法"和"史义"，吴怀祺先生认为："《春秋》引人注目的是一种历史编纂思想，如果不是过分强调某一方面，那么可以说《春秋》笔法、义例，以及编年系事的方法等，寓于这部书中。孔子说的史学三义，即史文、史事、史义，相互结合在书中。因而《春秋》作为史学家主体反映对历史客体认识的一种作品，已经标志着史学臻于成熟。"[1]

孔子一生从事文献整理（如整理"六经"）和教育工作，他在整理文献过程中自觉或不自觉地对以往史学做了反思和审视，在史学功用、治史态度、治史方法和历史人物评价标准等方面都提出了不少看法，形成了我国古代早期的史学批评观点，对后世史学产生了广泛而深刻的影响。而孔子作《春秋》，是借记事以明义、垂言以立教，对我国传统史学的形成和发展产生了重大影响。

一、通与殷鉴后世

"通"即事物发展的联系和条件，与之相对的是"变"，"变"即事物发展中的变化和发展。"通变"揭示的是事物的发展变化及其规律。客观事物是不断变化的，不断变化的事物又是普遍联系的。"通"与"变"的关系实际上就是"沿（旧）"与"革（新）"的关系，二者互为矛盾又相辅相成。

孔子是以"通变"观念来审视历史的，他认为：社会历史不仅不断发展变化，而且前后发展阶段是互相继承、互相联系和制约的。"子在川上，曰：'逝者如斯夫！不舍昼夜。'"[2] 表面上，孔子描述了客观自然的江河日下，实则是孔子感慨宇宙人生始终处于不断的变化之中。但变化后的新事物总是对旧事物有继承，因此可以"温故而知新""告诸往而知来者"，通过对旧事物的把握可以更好地去认识新事物，甚至可以预测事物发展的趋势。

孔子尤其强调典章制度的古今相通及其变化。子张问："十世可知也？"子曰："殷因于夏礼，所损益可知也；周因于殷礼，所损益可知也。其或继周者，

---

[1] 吴怀祺. 中国史学思想通史：总论先秦卷［M］. 合肥：黄山书社，2005：225-226.
[2] 论语：子罕［M］//杨伯峻. 论语译注. 北京：中华书局，1980：92.

虽百世，可知也。"① 在孔子看来，三代的礼仪制度如何继承和发展变化很清楚。这里的"因"即因袭、继承；"损益"即减损和增加，指在原有基础上的批判继承。"益"是指增加、创新，即适应社会发展需要做出的新设置、增加的新内容。他还具体论述道："天下有道，则礼乐征伐自天子出；天下无道，则礼乐征伐自诸侯出。自诸侯出，盖十世希不失矣；自大夫出，五世希不失矣；陪臣执国命，三世希不失矣。""禄之去公室五世矣，政逮于大夫四世矣，故夫三桓之子孙微矣。"② "齐一变，至于鲁；鲁一变，至于道。"③ 生动地描画了春秋末期时移境迁、权柄下移、政在诸侯、政在大夫的急剧变化，更加丰富了"逝者如斯夫！不舍昼夜"的具体内涵。

孔子还以"通变"的眼光来总结自己一生治学的变化发展。他说："吾十有五而志于学，三十而立，四十而不惑，五十而知天命，六十而耳顺，七十而从心所欲，不逾矩。"④ 将一生治学分为六个不同时期，前后相继、不断变化发展，体现出的是"变"。但变中又有不变，所谓"吾道一以贯之"，有一条主线贯穿始终，体现出的是"通"。

孔子正是依据疏通知远的"通变"思想，按时序、分门类来编排整理出"六经"的，这实际上是从宏观上对历史发展做了一次极好的回顾和总结，是更深层次的"通变"体现，在学术领域真正推动了史学的发展。

孔子所作《春秋》，其记事原则是"据鲁，亲周，故殷，运之三代"⑤，把春秋一代看成周天子统治下的一体国家，所记以鲁国为主而兼及诸国，实为春秋时代的列国史，含有"旁通"的性质，已经具有通史的意义。而所谓"运之三代"，即贯通夏、商、周三代，具有"纵通"的意义。崔凡芝认为："我们完全可将《尚书》《春秋》，视作孔子编纂的当时通史。《尚书》记虞夏商周事，《春秋》记近现代事，时间衔接，可作上下册看；由于原始史料不同，故二者体例有异，一为资料汇编，一为编年体史书，但就疏通知远的会通思想看，则一脉相承。"⑥ 此言极是。司马迁以"通古今之变"作为著书宗旨，就是对孔子疏通知远"通变"思想的继承，此后被历代史学家总结和发展为疏通知远的历史

---

① 论语：为政 [M] //杨伯峻. 论语译注. 北京：中华书局，1980：21-22.
② 论语：季氏 [M] //杨伯峻. 论语译注. 北京：中华书局，1980：174-175.
③ 论语：雍也 [M] //杨伯峻. 论语译注. 北京：中华书局，1980：62.
④ 论语：为政 [M] //杨伯峻. 论语译注. 北京：中华书局，1980：12.
⑤ 司马迁·史记：卷四十七：孔子世家 [M]. 点校二十四史修订本. 北京：中华书局，2014：2352.
⑥ 崔凡芝. 论孔子的史学贡献 [J]. 孔子研究，1992（2）：15.

借鉴思想，形成了我国史学的通史传统，影响了一代又一代的通史编纂。

与疏通知远的"通变"思想相适应，孔子在整理"六经"过程中反复总结和发挥了"殷鉴后世"的治史目的。他说："夏礼，吾能言之，杞不足征也；殷礼，吾能言之，宋不足征也。文献不足故也。足，则吾能征之矣。"① 他认为历史记载是了解过去的主要依据，文献不足就无法真正弄清历史。而学习历史、弄清历史、研究历史对于了解过去、察往知来、垂训后世具有重要的意义和作用。

《诗经》曰："殷鉴不远，在夏后之世。"② 殷商应该以夏朝的历史为鉴。又云："殷之未丧师，克配上帝。宜鉴于殷，骏命不易。"③《尚书》也云："我不可不监于有夏，亦不可不监于有殷。"④"古人有言曰：'人，无于水监，当于民监'。今惟殷坠厥命。我其可不大监，抚于时。"⑤ 都主张从夏朝的历史中吸取经验教训，这是我国古代"殷鉴"思想的源头。孔子进一步发挥说："周监于二代，郁郁乎文哉！吾从周。"⑥ 意思是"周朝的礼仪制度是以夏商两代的礼仪制度为根据和周朝的情况而制定的，多么丰富多彩呀！我主张遵从周的礼呀。"《易·大畜·象传》提出"君子多识前言往行以畜其德"，即历史知识和历史经验（"前言往行"）对于增长人的才干、提高人生修养，甚至预测社会发展趋势等都具有重要作用。孔子进而总结说："夫《易》，彰往而察来。"⑦

孔子修《春秋》，更是其"殷鉴后世"思想的突出表现，对此，孟子、司马迁等已做了十分精辟的阐发。孟子曰："世微道衰，邪说暴行有作，臣弑其君者有之，子弑其父者有之。孔子惧，作《春秋》。《春秋》，天子之事也。是故孔子曰：'知我者其惟《春秋》乎！罪我者其惟《春秋》乎！'"交代了孔子作《春秋》的时代背景、方法、主观动机和客观效果，指出孔子将所作《春秋》视为"知我""罪我"的最重要的事业，是以一般平民身份而行"天子之事"。孟子还把孔子作《春秋》与大禹治水、周公平定天下等伟大功业相提并论，曰："昔者禹抑洪水而天下平，周公兼夷狄，驱猛兽而百姓宁，孔子成《春秋》而乱臣贼子惧。"⑧ 这样一来，《春秋》即具有了巨大的政治作用，成为拨乱反正以

---

① 语见《论语·八佾》，这里的"文献"二字包含文献和贤人之义。
② 周振甫．诗经译注：卷七：大雅：荡［M］．北京：中华书局，2002：453．
③ 周振甫．诗经译注：卷七：大雅：文王［M］．北京：中华书局，2002：397．
④ 尚书：召诰［M］．上海：上海古籍出版社，2015：173．
⑤ 尚书：酒诰［M］．上海：上海古籍出版社，2015：159．
⑥ 论语：八佾［M］//杨伯峻．论语译注．北京：中华书局，1980：28．
⑦ 杨天才，张善文．周易译注·系辞下［M］．北京：中华书局，2011．
⑧ 孟子：滕文公下［M］//杨伯峻．孟子译注．北京：中华书局，2006：155．

安定天下秩序的法宝。《左传》称："《春秋》之称微而显，婉而辨。上之人能使昭明，善人劝焉，淫人惧焉，是以君子贵之。"① 说明了史学的功用和修史宗旨，《公羊传》云："君子曷为为《春秋》，拨乱世，反诸正，莫近诸《春秋》。"② 强调了《春秋》的特点和作用。司马迁进一步论述说："上无明君，下不得任用，故作《春秋》垂空文以断礼仪，当一王之法。"孔子要用《春秋》作为治国的统一大法，以达到"拨乱世反之正"的目的。司马迁甚至把《春秋》的社会作用比作一场社会变革，"孔子知言之不用，道之不行，是非二百四十二年中，以为天子仪表，贬天子，退诸侯，讨大夫，已达王事而已矣"。"桀、纣失其道而汤、武作，周失其道而《春秋》作，秦失其道，而陈涉发迹，诸侯发难。"司马迁认为："《春秋》辨是非，故长治于人"③，"采善贬恶，推三代之德。"《春秋》"约其文辞而指博"④，"上明三王之道，下辨人事之纪，别嫌疑，明是非，定犹豫，善善恶恶，贤贤贱不肖，存亡国，继绝世，补弊起废，王道之大者也"。"《春秋》者，礼义之大宗也"。⑤ 将孔子治史与治国、治身、治世的思想统一了起来。孔子《春秋》"殷鉴后世"的思想经孟子、《左传》、司马迁等的继承和阐发，逐渐被世人所认识和接受，形成了"经世致用"的优良治史传统，在中国古代历史编纂学和史学批评史上影响深远。

二、仁与"内圣外王"

孔子是儒家学派创始人，他继承周初统治集团强调"以礼治国"和提倡"德教"以辅礼制的基本思想，发展内化为儒学的核心思想"仁"，建立了儒学思想体系，孔子作《春秋》自然融入了这种思想。

孔子十分注重人在历史活动中的作用，不讲怪、力、乱、神，"季路问事鬼神。子曰：'未能事人，焉能事鬼？'"⑥ "樊迟问知。子曰：'务民之义，敬鬼

---

① 左传：昭公三十一年[M]//杨伯峻.春秋左传注.北京：中华书局，2009：1513.
② 公羊传：哀公十四年[M]//杜预，等，注.春秋三传.上海：上海古籍出版社，1987：536-537.
③ 司马迁.史记：卷一百三十：太史公自序[M].点校本二十四史修订本.北京：中华书局，2013：3975.
④ 司马迁.史记：卷四十七：孔子世家[M].点校本二十四史修订本.北京：中华书局，2013：2340.
⑤ 司马迁.史记：卷一百三十：太史公自序[M].点校本二十四史修订本.北京：中华书局，2013：3916.
⑥ 论语：先进[M]//杨伯峻.论语译注.北京：中华书局，1980：113.

神而远之，可谓知矣.'"① 他重视人事，认为人生在世，应当有所作为。他周游列国，努力宣扬自己的学说和政治主张，力图挽救"礼崩乐坏"的社会秩序，"入世"思想十分浓烈。但却"干七十余君，莫能用"②，不得不退而求其次，返回鲁国，整理文献旧籍，作《春秋》以褒贬现实政治。兴办私学，教授子弟，继续宣传自己的政治主张，培养治世人才，以此来实现自己的理想。

孔子学说的核心是"仁"，孔子弟子三千，他因材施教，对不同的学生、在不同的场合，对"仁"有不同的解说。《论语》中"仁"字共出现了109次，是孔子思想中"一以贯之"的东西，其讲为政、讲做人、讲求学、讲交友，讲修身、讲立世，无不围绕着"仁"这一核心而展开具体阐释和发挥，"仁"成为一切行为的出发点和归宿，是孔子思想体系中的最高道德标准，而孔子讲"仁"总是与家国、社会联系起来，力图使之成为全社会人们共同遵守的行为标准。如：

> 子贡曰："如有博施于民而能济众，何如？可谓仁乎？"子曰："何事于仁，必也圣乎！尧舜其犹病诸！夫仁者，已欲立而立人，已欲达而达人。能近取譬，可谓仁之方也已。"（《论语·雍也》）
>
> 仲弓问仁。子曰："出门如见大宾，使民如承大祭。己所不欲，勿施于人。在邦无怨，在家无怨。"（《论语·颜渊》）
>
> 颜渊问仁。子曰："克己复礼为仁。一日克己复礼，天下归仁焉。为仁由己，而由人乎哉？"颜渊曰："请问其目。"子曰："非礼勿视，非礼勿听，非礼勿言，非礼勿动。"颜渊曰："回虽不敏，请事斯语矣。"（《论语·颜渊》）
>
> 出则事公卿，入则事父兄。（《论语·子罕》）
>
> 迩之事父，远之事君。（《论语·阳货》）
>
> 事父母，能竭其力；事君，能致其身。（《论语·学而》）
>
> 孝乎惟孝，友于兄弟。施于有政，是亦为政。（《论语·为政》）
>
> ……

其中，"克己复礼为仁"是其核心内容。"克己"和"复礼"是"仁"的两个方面，"克己"重在修德，是"仁"的内在修养；"复礼"则关乎治国，旨在维持社会的稳定、和谐、有序，是"仁"的外在表现。二者是相辅相成的，"克

---

① 论语：雍也 [M]//杨伯峻. 论语译注. 北京：中华书局，1980：61.
② 司马迁. 史记：卷十四：十二诸侯年表 [M]. 点校本二十四史修订本. 北京：中华书局，2013：647.

己"是"复礼"的思想基础,"复礼"是"克己"的外在追求。内在修养的"克己"和外在实践的"复礼"最终都统一于"仁"。这种思想被孔子融注到《春秋》之中,表现为《春秋》之"义"。孟子曰:"王者之迹熄而《诗》亡,《诗》亡然后《春秋》作。晋之《乘》,楚之《梼杌》,鲁之《春秋》,一也。其事则齐桓、晋文,其文则史。孔子曰:'其义则丘窃取之矣。'"[1]

"克己复礼"在本质上就是儒家"内圣外王"理想的追求。孔子生活在"礼崩乐坏"的时代,强烈的社会责任感使他力图通过理论上的宣传和实践上的努力,来重建理想的政治秩序和规范人们的道德行为。所以,他整理历史文献,精研"六经",并以"六经"为固定教材教授生徒,向学生传授道德、思想文化,融会了"克己复礼"的仁术。《庄子》曰:

> 天下之治方术者多矣,皆以其有为不可加矣!古之所谓道术者,果恶乎在?曰:"无乎不在。"曰:"神何由降?明何由出?""圣有所生,王有所成,皆原于一。"
>
> 不离于宗,谓之天人;不离于精,谓之神人;不离于真,谓之至人。以天为宗,以德为本,以道为门,兆于变化,谓之圣人;以仁为恩,以义为理,以礼为行,以乐为和,熏然慈仁,谓之君子;以法为分,以名为表,以操为验,以稽为决,其数一二三四是也,百官以此相齿;以事为常,以衣食为主,蕃息畜藏,老弱孤寡为意,皆有以养,民之理也。
>
> 古之人其备乎!配神明,醇天地,育万物,和天下,泽及百姓,明于本数,系于末度,六通四辟,小大精粗,其运无乎不在。其明而在数度者,旧法、世传之史尚多有之;其在于《诗经》《书》《礼》《乐》者,邹鲁之士、缙绅先生多能明之。《诗经》以道志,《书》以道事、《礼》以道行,《乐》以道和,《易》以道阴阳,《春秋》以道名分。其数散于天下而设于中国者,百家之学时或称道之。
>
> 天下大乱,贤圣不明,道德不一。天下多得一察焉以自好。譬如耳目鼻口,皆有所明,不能相通。犹百家众技也,皆有所长,时有所用。虽然不该不遍,一曲之士也。判天地之美,析万物之理,察古人之全。寡能备于天地之美,称神明之容。是故内圣外王之道,暗而不明,郁而不发,天下之人各为其所欲焉以自为方。[2]

---

[1] 孟子:离娄下[M]//杨伯峻.孟子译注.北京:中华书局,2006:192.
[2] 庄子:天下[M].上海:上海古籍出版社,2013:391-392.

这是"内圣外王"之道的最早论述。这里,阐述了什么是"内圣外王",分析了"内圣"和"外王"的具体表现,认为"六经"之中蕴藏着"内圣外王"之道。所以"内圣外王"之说虽首见于《庄子》,却是儒家的基本命题。在"内圣"方面,孔子主张"为仁由己",一个人能不能成为品德高尚的仁人,关键在于自己,所谓"我欲仁,斯仁至矣"①。在"外王"方面,儒家以"修己"为起点,而以"治人"为终点,所谓"修己以敬""修己以安人""修己以安百姓②"。"内圣"和"外王"是相互统一的,"内圣"是基础,"外王"是目的,只有内心的不断修养,才能成为"仁人""君子",才能达到"内圣",在此基础上才能够安邦治国,达到"外王"的目的。孔子尤其强调通过《春秋》的历史教育和资政致治来实现"内圣外王"之道,认为历史教育可积德,是"内圣"之路;而资政致治指向治国平天下,是"外王"之路。"内圣"之实现,由"克己"修身而达到;"外王"之完成,通过"复礼"规范秩序而实现。以"六经"来教育子弟、培养治世人才,便可以一种特殊的方式来实现"内圣外王"的理想。

"内圣外王"实际上成为孔子作《春秋》的精神支柱和核心指导思想。孔子作《春秋》,主要记载了各诸侯国之间的征战、会盟、朝聘等人事活动,以寄托他"贬天子,退诸侯,讨大夫"的深意,"上明三王之道,下辨人事之纪,别嫌疑,明是非,定犹豫,善善恶恶,贤贤贱不肖,存亡国,继绝世,补弊起废,王道之大者也"。司马迁甚至认为"有国者不可以不知春秋,前有谗而弗见,后有贼而不知。为人臣者不可以不知春秋,守经事而不知其宜,遭变事而不知其权。为人君父而不通于春秋之义者,必蒙首恶之名。为人臣子而不通于春秋之义者,必陷篡弑之诛,死罪之名。其实皆以为善,为之不知其义,被之空言而不敢辞。夫不通礼义之旨,至于君不君,臣不臣,父不父,子不子。夫君不君则犯,臣不臣则诛,父不父则无道,子不子则不孝。此四行者,天下之大过也。以天下之大过予之,则受而弗敢辞。故春秋者,礼义之大宗也"③。这里司马迁把《春秋》这部书,看成礼仪的源泉和归宿。可见,《春秋》之作,促进了儒学与史学的结合,其"内圣外王"的撰述思想使史学与社会保持了密切联系,强化了经世致用的现实意义,深深影响了中国史学的发展。

孔子之后,孟子侧重发展了"内圣外王"思想的"内圣之学",荀子侧重

---

① 论语:述而[M].//杨伯峻.论语译注.北京:中华书局,1980:74.
② 论语:宪问[M]//杨伯峻.论语译注.北京:中华书局,1980:159.
③ 司马迁.史记:卷一百三十:太史公自序[M].点校本二十四史修订本.北京:中华书局,2013:3975-3975.

发展了"内圣外王"的"外王之学"。孟子曰："人有恒言，皆曰：'天下国家'。天下之本在国，国之本在家，家之本在身。"① 即治理国家天下的根本在于个人自身的修养，人人心正身修，整个社会上就会风气淳朴，"平治天下"的目的就可实现。此后思孟学派将其具体发挥为"正心、修身、齐家、治国、平天下"的大学之道：

  古之欲明明德于天下者，先治其国。欲治其国者，先齐其家。欲齐其家者，先修其身。欲修其身者，先正其心。欲正其心者，先诚其意。欲诚其意者，先致其知。致知在格物。物格而后知至。知至而后意诚。意诚而后心正。心正而后身修。身修而后家齐。家齐而后国治。国治而后天下平。②

这修身八条目中，以"修身"为根本，前四目是"修身"的方法，后三目是"修身"的目的。

荀子云："人生而有欲，欲而不得则不能无求，求而无度量分界则不能不争。"③ 故治理国家社会必须靠外在的"礼"来规范、约束人的行为，甚至认为"人无礼则不生，事无礼则不成，国家无礼则不宁"④ "礼者，法之大分，群类之纲纪也，故学至乎礼而止矣。夫是之谓道德之极"⑤，把"礼"的重要性推向了极端。在荀子看来，"礼"既是学习的目的，又是道德的最高准则，也是社会治乱的标准。治理国家社会，只能靠《礼》的节制和约束，所谓"古圣王经世之道，切莫于礼"是也。

三、礼与属辞比事

孔子论"礼"，贯穿《论语》全书，他一方面认为"礼"是"仁"的人性根源和内在依据，所谓"人而不仁，如何礼"（《论语·八佾》），强调"仁"的自觉是"礼"的源头活水。另一方面，认为"礼"对于"仁"有重要规范作用，即"克己复礼为仁"（《论语·颜渊》），强调"仁"的思想和行为的衡量标准是"礼"，"礼"的宗旨是要使人各安其位，立足社会，《礼记·曲礼》云：

---

① 孟子：离娄上[M]//杨伯峻．孟子译注．北京：中华书局，2006：167.
② 礼记正义：大学[M]．阮元校刻．十三经注疏（附校勘记）．北京：中华书局，1980：1673上.
③ 荀子：礼论[M]．上海：上海古籍出版社，1996：194.
④ 荀子：修身[M]．上海：上海古籍出版社，1996：9.
⑤ 荀子：劝学[M]．上海：上海古籍出版社，1996：5.

"夫礼者，所以定亲疏，决嫌疑，别同异，明是非也""道德仁义，非礼不成""君臣、上下、父子、兄弟，非礼不定；宦学事师，非礼不亲"。孔子感叹"世衰道微""礼坏乐崩"世风日下，故格外重视"礼"，严肃告诫弟子"博学于文，约之以礼"（《雍也》），"不学礼，无以立"（《季氏》）。希望借等级以立秩序，纠正世风，巩固国家政权，即"礼，经国家、定社稷、序民人、利后嗣者也"（《左传·隐公十一年》）。他的这一思想在《春秋》中具体体现为"属辞比事"。

"属辞比事"，是孔子作《春秋》时首创的一种著史方法，也是孔子对史书编纂方法的基本思想。《礼记·经解》写道：

> 孔子曰："入其国，其教可知也。其为人也：温柔敦厚，《诗》教也；疏通知远，《书》教也；广博易良，《乐》教也；洁静精微，《易》教也；恭俭庄敬，《礼》教也；属辞比事，《春秋》教也。故《诗》之失，愚；《书》之失，诬；《乐》之失，奢；《易》之失，贼；《礼》之失，烦；《春秋》之失，乱。其为人也：温柔敦厚而不愚，则深于《诗》者也；疏通知远而不诬，则深于《书》者也；广博易良而不奢，则深于《乐》者也；洁静精微而不贼，则深于《易》者也；恭俭庄敬而不烦，则深于《礼》者也；属辞比事而不乱，则深于《春秋》者也。"①

明确指出"属辞比事，《春秋》教也"，"属辞比事而不乱，则深于《春秋》者也"，将《春秋》的"史法"概括为四个字"属辞比事"。《孔疏》曰："属辞比事，《春秋》教也者。属，合也；比，近也。《春秋》聚合会同之辞，是属辞；比次褒贬之事，是比事也。"即《春秋》力图通过遣词造句与比次史事，来对史事、人物进行褒贬评判。

所谓"属辞"，是强调辞达，突出重点，字斟句酌，做到"文约指博"又"婉而成章"。《春秋》往往用最简单的文字表达对事件性质、人物善恶的基本看法，字里行间，蕴涵微言大义、暗寓褒贬。《左传》认为："《春秋》之称，微而显，志而晦，婉而成章，尽而不污，惩恶而劝善，非圣人，谁能修之？"②司马迁称："孔子在位听讼，文辞有可与人共者，弗独有也。至于为《春秋》，笔则笔，削则削，子夏之徒不能赞一辞。"③

---

① 礼记：经解 [M]．上海：上海古籍出版社，2016：564．
② 左传：成公十四年 [M]//杨伯峻．春秋左传注．北京：中华书局，2009：870．
③ 司马迁．史记．卷四十七：孔子世家 [M]．点校本二十四史修订本．北京：中华书局，2013：2341．

所谓"比事",即排比史事,并通过史事的排比来体现其宗旨。记事的多寡详略,均与名分有关,故凡事关纲常伦理,虽细微而不遗漏;反之,事虽大也未必记载。孔子作《春秋》时,一是将西周王室和在鲁所搜集到的丰富史料一一连类排比,辨真伪、明异同、析疑义,决定取舍和详略。二是严格按"以事系日,以日系月,以月系时,以时系年"的方法"逐年"编排史事,以鲁国为主,兼涉周朝及当时的100多个诸侯国,起自鲁隐公元年(前722),止于鲁哀公十四年(前481),共计242年的历史,可视为一部春秋列国史。瞿林东先生认为"'比事'是按年、时、月、日的顺序排比史事,是编年纪事的概括性说法",包括:在史事和时间之关系的处理上,是逐年编次;在史事和空间之关系的处理上,是汇集、编次了同一段时间里发生在不同地区的史事,即《春秋》以记鲁史为主,而包括周王朝及列国在这一时期的大事;对诸多史事比其大小、轻重而有所取舍、详略,以便用较少的文字表达出较多历史情况和论断。①

晋人杜预对"属辞比事"有详尽阐发,"一曰微而显,文见于此而起义在彼,称族尊君命、舍族尊夫人、梁亡、城缘陵之类是也。二曰志而悔,约言示制,推以知例,参会不地、与谋曰及之类是也。三曰婉而成章,曲从义训以示大顺,诸所讳辟、璧假许田之类是也。四曰尽而不污,直书其事,具文见意,丹楹、刻桷、天王求车、齐侯献捷之类是也。五曰惩恶劝善,求名而亡,欲盖而章,书齐豹盗、三叛人名之类是也"②。透过"属辞比事"的遣词造句和史事排比,我们可以清楚地看到《春秋》力图通过褒贬现实政治以维护礼制、借重史学以达到"外王"之路的目的。

可见,"属辞比事"既反映了孔子著史的基本方法和撰述思想,又体现了孔子所具有的历史感、责任感,"属辞比事"被后世誉为"春秋笔法",在中国史学发展史上影响巨大,甚至成为史学史上的金科玉律,为历代史学家所尊奉。章学诚曰:"《春秋》'比事属辞',必征其类……比事参观,甚资启悟,一隅三反,文章不可胜用矣。"③"史学家渊源,必自《春秋》'比事属辞'之教。"④

四、"信"与"书法不隐"

"信"是孔子"内圣"修养中十分重要的内容,《论语》对此论述尤多。如

---

① 瞿林东.中国古代史学批评纵横[M].北京:中华书局,1994:2.
② 杜预.春秋左传正义:卷一:春秋序[M].上海:上海古籍出版社,1990:16-17.
③ 章学诚.文史通义新编新注:外篇一.杂说中[M].仓修良,编注.杭州:浙江古籍出版社,2005:503.
④ 章学诚.章氏遗书:外篇 卷三:丙辰札记[M].湖州:吴兴刘氏嘉业堂,1922:19.

"主忠信；敬事而信"，"弟子入则孝，出则弟，谨而信，泛爱众而亲仁"，"道千乘之国，敬事而信，节用而爱人，使民以时"。① "人而无信，不知其可也。大车无輗，小车无軏，其何以行之哉！"② "子以四教：文、行、忠、信。"③ "言忠信，行笃敬，虽蛮貊之邦，行矣。"④ "宽则得众，信则民任焉，敏则有功，公则说。"⑤ 孔子把"信"视为做人、治学、从政、谋生、立世的重要修养和原则，并身体力行。

更为重要的是，孔子将这一思想贯彻到自己的史学实践中，大力倡导"书法不隐"、秉笔直书，追求真实可信的历史记载，以更好地发挥史学"殷鉴后世"的功用。《谷梁传》曰："《春秋》之义，信以传信，疑以传疑。"⑥ "信"成为孔子评论史学家和史著的一个重要标准。一方面，他称赞秉笔直书的史官史学家是"良史"。《左传·宣公二年》载："赵穿攻灵公于桃园，宣子未出山而复。太史（董狐）书曰：'赵盾弑其君'，以示于朝。宣子曰：'不然！'对曰：'子为正卿，亡不越境，反不讨贼，非子而谁？'宣子曰：'呜呼！我之怀矣，自诒伊戚。其我之谓矣！'孔子曰：'董狐，古之良史也，书法不隐。赵宣子，古之良大夫也，为法受恶。'"又说："直哉史鱼！邦有道，如矢；邦无道，如矢。"⑦ "叔向，古之遗直也。治国制刑，不隐于亲。三数叔鱼之恶，不为末减。曰义也夫，可谓直矣！"⑧ 称赞正直诚信的史官或史学家"书法不隐"是"古之良史"。其意义在于：既肯定了敢于秉笔直书的"良史"行为，又提出了撰写"信史"的准则和要求。这是见于历史记载的我国最早用秉笔直书来评论史官和历史记载的史学家，经后世史学家的发展，使之成为我国史学优良传统。另一方面，孔子又批评任凭主观意志歪曲篡改历史的人"狂妄不直"，提出："狂而不直，侗而不愿，悾悾而不信，吾不知之矣。"⑨ 要求史学家修史要做到"毋意、毋必、毋固、毋我"⑩，即不凭空捏造、不盲目肯定、不固执己见、不

---

① 论语：学而［M］//杨伯峻．论语译注．北京：中华书局，1980：4-6.
② 论语：为政［M］//杨伯峻．论语译注．北京：中华书局，1980：21.
③ 论语：述而［M］//杨伯峻．论语译注．北京：中华书局，1980：76.
④ 论语：卫灵公［M］//杨伯峻．论语译注．北京：中华书局，1980：162.
⑤ 论语：尧曰［M］//杨伯峻．论语译注．北京：中华书局，1980：209.
⑥ 谷梁传：桓公五年［M］//杜预，等，注．春秋三传．上海：上海古籍出版社，1987：71.
⑦ 论语：卫灵公［M］//杨伯峻．论语译注．北京：中华书局，1980：163.
⑧ 左传：成公十四年［M］//杨伯峻．春秋左传注．北京：中华书局，2009：1367.
⑨ 论语：泰伯［M］//杨伯峻．论语译注．北京：中华书局，1980：83.
⑩ 论语：子罕［M］//杨伯峻．论语译注．北京：中华书局，1980：87.

自以为是,而要据实直书、"书法不隐"。

孔子曾说:"吾之于人也,谁毁谁誉?如有所誉者,其有所试矣。斯民也,三代之所以直道而行也"①,"晋文公谲而不正,齐桓公正而不谲"②,评人论事,直言不讳。孔子整理《尚书》,是以"纪政事之实";编订《春秋》,"只是直载当时之事……据他事实写在那里,教人见得当时事如此。""圣人作《春秋》,不过直书其事,美恶人自见。"③ 这些都很好地坚持了直书的原则。可见,孔子既是"书法不隐"、秉笔直书的倡导者,也是"书法不隐"、秉笔直书的实践者。他所提倡和实践的这一原则,在一定意义上指出了中国史学的发展方向,对后世史学产生了深刻影响,形成了中国史学的实录传统。

与"书法不隐"、秉笔直书紧密相关,孔子又提出了"文疑则阙"的著史态度。子张问求福禄的方法,孔子说:"多闻阙疑,慎言其余,则寡尤;多见阙殆,慎行其余,则寡悔。言寡尤,行寡悔,禄在其中矣。"④ 强调诚信严谨。孔子就是以此来指导史书撰写的。他说:"盖有不知而作之者,我无是也。"⑤"君子于其所不知,盖阙如也。""君子于其言,无所苟而已矣。"⑥"道听而途说,德之弃也。"⑦ 讲求治学严谨求实,要求弟子"知之为知之,不知为不知"。⑧ 提出要努力学习研究历史,广泛搜求古代资料,所谓"好古,敏以求之",⑨ 并对所得史料认真辨析,"视其所以,观其所由,察其所安",⑩ 全面考察史料的来源、流布、真假以及适用范围。哪怕是司空见惯的史料也要认真思考和确认,"众恶之,必察焉;众好之,必察焉"⑪。而对于"史之阙文"则不妄加补缀、强作训释,坚持"疑者阙焉"的原则。主张"多闻""多见","择其善者而从之"。⑫

孔子在编次《尚书》时,史料缺乏,他认为神话色彩浓厚的传说,不足为

---

① 论语:卫灵公 [M] //杨伯峻.论语译注.北京:中华书局,1980:167.
② 论语:宪问 [M] //杨伯峻.论语译注.北京:中华书局,1980:151.
③ 黎靖德.朱子语类:卷一百三十三:夷狄 [M].北京:中华书局,1986:3198.
④ 论语:为政 [M] //杨伯峻.论语译注.北京:中华书局,1980:19.
⑤ 论语:述而 [M] //杨伯峻.论语译注.北京:中华书局,1980:73.
⑥ 论语:子路 [M] //杨伯峻.论语译注.北京:中华书局,1980:134,135.
⑦ 论语:阳货 [M] //杨伯峻.论语译注.北京:中华书局,1980:186.
⑧ 论语:为政 [M] //杨伯峻.论语译注.北京:中华书局,1980:19.
⑨ 论证:述而 [M] //杨伯峻.论语译注.北京:中华书局,1980:72.
⑩ 论证:为政 [M] //杨伯峻.论语译注.北京:中华书局,1980:16.
⑪ 论证:卫录公 [M] //杨伯峻.论语译注.北京:中华书局,1980:168.
⑫ 论语:述而 [M] //杨伯峻.论语译注.北京:中华书局,1980:72.

信，不能编入史书，即"子不语怪、力、乱、神"①；而残缺严重的遗文，多时日难辨，无法证明历史事实。故孔子只好"举其纲要，撮其机要"，编成了一部上自唐虞、下至东周的资料汇编。而在删订《春秋》时则有"百二十国宝书"资参考，可依据资料十分丰富，但"诸所记注，多违旧章"②，唯鲁国"礼文备物，史官有法"③，所以才"据鲁，亲周，故殷，运之三代"而成书。孔子的治史实践，充分体现出了"文疑则阙"的著史态度。他之所以自称"述而不作"，除自谦之外，更主要的则是表明自己著史的审慎态度和求实精神。顾炎武总结说："国史所载策书之文，或有不备，孔子得据其见以补之，至于传闻则远矣，所传闻则又远矣。虽得之于闻，必将参互以求其信，信则书之，疑则缺之，此其所以为异辞也。"甚至直接称孔子修订的《春秋》为"阙疑之书"。④

伟大的史学家司马迁"折中于夫子"，称所著《史记》"述故事，整齐其世传，非所谓作也"⑤。既继承了孔子"述而不作"的观点，又遵从和发扬了孔子"文疑则阙"的著史原则。由此而后，"文疑则阙"便成为我国史书编撰的一个重要原则。

五、忠与亲亲尊尊

"忠"也是孔子"内圣"修养中的重要内容，是"仁"的重要内涵，同样也是编纂《春秋》的重要指导思想之一，曾参说："夫子之道，忠恕而已矣。"⑥《论语》中"忠"字共出现17处，主要有两方面含义：一是尽己为人，即要求自己要端正对人对事的态度，真心诚意，积极为人，恪尽职守，勤勉办事。所谓"吾日三省吾身。为人谋而不忠乎？与朋友交而不信乎？传不习乎？""道千乘之国，敬事而信，节用而爱人，使民以时"，"弟子入则孝，出则悌，谨而信，泛爱众而亲仁，行有余力，则以学文"，"事父母，能竭其力。事君，能致其身。与朋友交，言而有信"⑦，"居之无倦，行之以忠"⑧是也；二是"君臣大义"，

---

① 论语：述而 [M] //杨伯峻. 论语译注. 北京：中华书局，1980：72.
② 孔颖达，等. 春秋左传正义：卷一：春秋序 [M]. 上海：上海古籍出版社，1990：13.
③ 班固. 汉书：卷三十：艺文志 [M]. 北京：中华书局，1962：1715.
④ 顾炎武. 日知录集释：卷四：所见异辞 [M]. 黄汝成，集释. 长沙：岳麓书社，1994：158.
⑤ 司马迁. 史记：卷一百三十：太史公自序 [M]. 点校本二十四史修订本. 北京：中华书局，2013：3977.
⑥ 论语：里仁 [M] //杨伯峻. 论语译注. 北京：中华书局，1980：39.
⑦ 论语：学而 [M] //杨伯峻. 论语译注. 北京：中华书局，1980：3-5.
⑧ 论语：颜渊 [M] //杨伯峻. 论语译注. 北京：中华书局，1980：129.

所谓"君使臣以礼,臣事君以忠"①,"孝慈,则忠"② 是也。认为做人应该为国尽忠,为君尽忠。但孔子所讲的"忠"并不是绝对的、无条件服从的"愚忠",而总是与"君使臣以礼"、君慈、君惠联系在一起的。故"所谓大臣,以道事君,不可则止"③,大臣以王道侍奉君主,如果行不通,宁可辞职不干。当君不守君道时,则"陈力就列,不能则止"④,尽自己才力去担任职务,如果行不通就辞职。"勿欺也,而犯之"⑤,对待君主的过错要当面规劝,犯颜直谏。后世多将"忠"看作处理君臣关系的道德规范,即臣民对国君的伦理义务,要求臣民对国君应无条件地忠诚、顺服,这完全是误解。⑥

将"忠"用以指导史书编纂,因强调尽己为人、恪尽职守、勤勉办事、事君以忠,以致形成了《春秋》"为尊者讳,为亲者讳,为贤者讳"的修史原则。《公羊传》云:"《春秋》为尊者讳,为亲者讳,为贤者讳。"⑦ 《谷梁传》云:"《春秋》为尊者讳耻,为亲者讳过,为贤者讳疾。"⑧《春秋》尊讳亲隐的目的,并不是完全抹杀或歪曲某些历史事件,而是借以在更深的层次上表现作者的思想和见解。如僖公二十八年(前632)践土之会,本为周王应晋文公之命赴会,《春秋》却记载:"天王狩于河阳。"这是因为孔子反对这种以臣召君的做法,主张维持周王天下共主的地位,故采取隐讳的书法,寄托孔子希望恢复西周时代"礼乐征伐自天子出"的政治理想。《左传》指出:"是会也,晋侯召王,以诸侯见,且使王狩。仲尼曰:'以臣召君,不可以训。'故书曰:'天王狩于河阳。'言非其地也,且明德也。"⑨ 晋文公以臣召君,是无礼之举,故《春秋》违背史实而"为尊者讳"。又如,针对隐公去世:

隐公十一年《春秋》:冬十有一月壬辰,公薨。

---

① 论语:八佾[M]//杨伯峻.论语译注.北京:中华书局,1980:30.
② 论语:为政[M]//杨伯峻.论语译注.北京:中华书局,1980:20.
③ 论语:先进[M]//杨伯峻.论语译注.北京:中华书局,1980:117.
④ 论语:季氏[M]//杨伯峻.论语译注.北京:中华书局,1980:172.
⑤ 论语:宪问[M]//杨伯峻.论语译注.北京:中华书局,1980:153.
⑥ 孔子论"忠",有"尽己为人"和"事君以忠"二义,且以"尽己为人"为主导。但在封建社会的发展过程中,因政治统治需要,强化了"忠君"思想,并将其发展成了"忠"的主导方面。
⑦ 公羊传:闵公元年[M]//杜预,等,注.春秋三传.上海:上海古籍出版社,1987:144.
⑧ 谷梁传:成公九年[M]//杜预,等,注.春秋三秋三传.上海:上海古籍出版社,1987:309.
⑨ 左传:僖公二十八年[M]//杨伯峻.春秋左传注.北京:中华书局,2009:473.

《公羊传》：何以不书葬？隐之也。何隐尔？弑也。弑则何以不书葬？《春秋》君弑贼不讨不书葬，以为无臣子也……公薨何以不地？不忍言也。
　　《谷梁传》：公薨不地，故也。隐之不忍地也。其不言葬何也？君弑，贼不讨不书葬，以罪下也。

　　《公羊传》《谷梁传》确认隐公被弑的事实而未做具体说明。《左传》则云："十一月，公祭钟巫，齐于社圃，馆于寪氏。壬辰，羽父使贼弑公于寪氏，立桓公，而讨寪氏，有死者。不书葬，不成丧也。"实事求是地说明了隐公被弑和《春秋》之有所"隐"及"不地"的事实。《史记·匈奴传》指出："孔氏著《春秋》，隐、桓之间则彰，至定、哀之际则微，为其切当世之文，而罔褒忌讳之辞也。"《汉书·艺文志·六艺略论》也指出："《春秋》所贬损大人当世君臣、有威权势力……是以隐其书而不宣，所以免时难也"，"有所褒讳贬损，不可书见，口授弟子"。即孔子作《春秋》，对隐公、桓公时代的事情写得清楚，评得直接，而写到定公、哀公之际的人与事，语多保留，欲说还休，这是因为孔子本人就生活在定公、哀公之际，为了避免触怒有威权势力的当世君臣，所以不敢妄加褒贬，只在模糊的"微言"中暗藏"大义"，而把不便写出的真意口授给弟子。

　　像这样的"讳例"，在《春秋》中还有很多。孔子作《春秋》的主要目的，不为再现历史事实，而是通过对历史事实的剪裁，以传达其尊尊亲亲、正名定分的人伦和政治思想，于亲亲尊尊而言仁义，维护"君君，臣臣，父父，子子"的基本秩序，甚至认为"父为子隐，子为父隐，直在其中矣"①。这种"讳饰"的编纂思想和做法，不仅使历史记载的真实性受到了极大损害，更造成了后世曲笔现象的泛滥，为史官、史学家曲笔作史提供了借口，还助长了统治阶级的特权思想。刘知几说："肇有人伦，是称家国，父父子子，君君臣臣，亲疏既辨，等差有别。盖'子为父隐，直在其中'，《论语》之顺也；略外别内，掩恶扬善，《春秋》之义也。自兹以降，率由旧章，史氏有事涉君亲，必言多隐讳，虽直道不足，而名教存焉。"② 为了"名教"而宁愿损害"直道"。故梁启超指出：春秋"二百四十二年中，鲁君之见弑者四（隐公、闵公、子般、子恶），见逐者一（昭公），见戕于外者一（桓公），而《春秋》不见其文；而孔子之徒，

---

①　论语：子路［M］//杨伯峻．论语译注．北京：中华书局，1980：139.
②　刘知几．史通通释：卷七：曲笔［M］．浦起龙，通释．王煦华，整理．上海：上海古籍出版社，2009：182-183.

犹云鲁之君臣未尝相弑"①。

总之,《春秋》既是儒家的重要经典,又是我国现存最早的编年史,在中国史学史上占有极其重要的地位,它从多方面创立的史学传统,影响了中国传统史学的发展。瞿林东先生曾指出:"在历代史书中对中国史学优良传统的形成与发展产生重大影响的莫过于《春秋》和《史记》,而《春秋》的影响主要反映在思想方面。"②

第二节 《左传》:叙事与论史相结合

由《春秋》到《左传》,编年体获得了长足发展。《左传》是先秦时期重要的史学著作,是一部言事兼记的完备的编年体著作。《左传》原称《左氏春秋》,汉朝以来称《左传》,与《谷梁传》《公羊传》合称《春秋》三传,都是解经(《春秋》)的著作。所不同的是,《公羊传》《谷梁传》纯为解经而作,"经所不书,传不妄发",《左传》则以《春秋》为纲,补充了丰富的史实。《春秋》18000多字,只标事目,不记具体内容,如同流水账簿;《左传》则长达196800言,以《春秋》为纲,原原本本叙述事件的起因、经过、结果,对人物形象、性格、行为、思想都有形象的刻画和描绘。《左传》是一部叙事与论史相结合的史著,在中国史学史、文学史上均有突出的地位。

一、言事相兼,史论相融

《史记·十二诸侯年表序》云:

> 孔子明王道,干七十余君,莫能用,故西观周室,论史记旧闻,兴于鲁而次《春秋》,上记隐公,下至哀之获麟,约其辞文,去其烦重,以制义法。王道备,人事浃。七十子之徒口受其传旨,为有所刺讥褒讳挹损之文辞不可以书见也。鲁君子左丘明惧弟子人人异端,各安其意,失其真,故因孔子史记具论其语,成《左氏春秋》。

---

① 梁启超. 中国历史研究法:史之改造 [M]//饮冰室合集(专集73),北京:中华书局,1989:32.
② 张桂萍.《史记》与中国史学传统 [M]. 重庆:重庆出版社,2004:2.

《汉书·艺文志》曰：

> 周室既微，载籍残缺，仲尼思存前圣之业，乃称曰："夏礼吾能言之，杞不足征也；殷礼吾能言之，宋不足征也。文献不足故也，足则吾能征之矣。"以鲁周公之国，礼文备物，史官有法，故与左丘明观其史记，据行事，仍人道，因兴以立功，就败以成罚，假日月以定历数，借朝聘以正礼乐。有所褒讳贬损，不可书见，口授弟子，弟子退而异言。丘明恐弟子各安其意，以失其真，故论本事而作传，明夫子不以空言说经也。《春秋》所贬损大人当世君臣，有威权势力，其事实皆形于传，是以隐其书而不宣，所以免时难也。

司马迁、班固都明确指出：孔子作《春秋》后，之所以要口授弟子，是因为《春秋》文辞简单，蕴含其间的"刺讥褒讳挹损之文辞"没能明白地写出来。鲁君子左丘明担心孔子弟子太多，在传经过程中难免各执一端，产生歧义，失去《春秋》的本真，所以"因孔子史记具论其语"，作了《左氏春秋》（《左传》），来证明孔子不以空言说经，即《左传》是为准确理解《春秋》而作。

《左传》解经的方法是以事解经，"论本事而作传"，以具体事实来为《春秋》作传，与《公羊传》《谷梁传》逐字逐句解经、推阐经义不同。《春秋》过于简略，记事往往只有结果，原委不明，难以理解。《左传》对应经文，依据事实，叙述事件的背景、原因、始末、得失，揭示事实真相，阐明书法义例。《左传》与《春秋》记载对应的条目约有1300条，大多以补充事实来帮助人们理解《春秋》。如桓公二年《春秋》载："秋七月，杞侯来朝。"又云："九月，入杞。"《左传》云："秋七月，杞侯来朝，不敬。杞侯归，乃谋伐之。"又云："九月，入杞，讨不敬也。"说明因果，一目了然。如隐公十一年《春秋》载："冬十有一月壬辰，公薨。"《左传》云："壬辰，羽父使贼弑公于寪氏，立桓公而讨寪氏，有死者。不书薨，不成丧也。"昭明事实，揭露真相。如僖公二十八年《春秋》载："冬，公会晋侯、宋公、蔡侯、郑伯、陈子、邾子、秦人于温。天王狩于河阳。"《左传》云："是会也，晋侯召王，以诸侯见，且使王狩。仲尼曰：'以臣召君，不可以训。'故书曰：'天王狩于河阳。'言其非地也，且明德也。"这是说明真相，归纳书法。刘知几对《左传》以事解经的方法及其史学贡献给了了高度评价，他评论说：

> 观《左传》之释经也，言见经文而事详传内，或传无而经有，或经阙

而传存。其言简而要,其事详而博,信圣人之才羽翮,而述者之冠冕也。①

向使孔《经》独用,《左传》不作,则当代行事,安得而详者哉?盖语曰:仲尼修《春秋》,逆臣贼子惧。又曰:《春秋》之义也,欲盖而彰,求名而亡,善人劝焉,淫人惧焉。寻《春秋》所书,实乖此义,而《左传》所录,无愧斯言。此则《传》之与《经》,其犹一体,废一不可,相须而成。②

古者言为《尚书》,事为《春秋》,左右二史,分尸其职。盖桓、文作霸,纠合同盟,春秋之时,事之大者也,而《尚书》阙纪。秦师败绩,缪公诫誓,《尚书》之中,言之大者也,而《春秋》靡录。此则言、事有别,断可知矣。逮左氏为书,不遵古法,言之与事,同在传中。然而言事相兼,烦省合理,故使读者寻绎不倦,览讽忘疲。③

特别值得注意的是,《左传》不仅言事相兼,而且叙事与论史相结合,开我国史学"史论"之先河,以"君子曰""君子谓""君子以为""凡""书曰""故曰""故书曰"等形式,表达了作者对历史和史学的看法,是作者史学思想的集中反映。

换言之,《左传》不仅记事,而且带有政论;不仅述史,而且论史;不仅记载了社会现象,而且揭示了历史的内幕,使人更深刻地看到了事件的本质。把叙事与论史有机结合,这是《左传》的显著特点,因之,《左传》成为叙事论史十分成熟的编年史。《左传》论史的方式主要有三种:一是以"君子曰"等直接发论;二是借用前人或伪托前人的话来发论;三是用当事人或有影响的人物的话来评论。

初步统计,《左传》以"书""书曰""故书""故书曰""先书""故先书""称""言""名""故名""书名""故书名""曰""故曰"等形式发论100余例,借以说明《春秋》何以书某事或措辞之含义以及作者之主张;以"不书""不先书""故不书""不言""故不言""不称""故不称""不书名""故不书名""故不名""不曰""故不曰"等之类发论70余例,来说明《春秋》何以不书某事或措辞微意。《左传》中以"凡"字发语的文字,据杜预统计有50处,

---

① 刘知几. 史通通释:卷一:六家[M]. 浦起龙,通释. 王煦华,整理. 上海:上海古籍出版社,2009:10.

② 刘知几. 史通通释:卷十四:申左[M]. 浦起龙,通释. 王煦华,整理. 上海:上海古籍出版社,2009:393.

③ 刘知几. 史通通释:卷二:载言[M]. 浦起龙,通释. 王煦华,整理. 上海:上海古籍出版社,2009:30.

习惯称"五十凡",这基本上是对经文中叙事用语的归纳性解释,旨在说明《春秋》的书法义例,借以表明作者对史学家书法和文字表达的基本见解。"五十凡"皆随文而发,不一而足,或发于前而兼后,或见于后而综前,颇具举一反三、以点见面之功。

《左传》中的"君子曰""君子谓""君子以为"等形式则是作者直陈胸臆,或评论《春秋》的史学特点,或明示自我的史学主张,最能见出作者的史学思想。粗略统计共有88例,其中隐公元年至十一年有11例,桓公元年至十八年有4例,庄公元年至三十二年有6例,僖公元年至三十三年有9例,文公元年至十八年有8例,宣公元年至十八年有5例,成公元年至十八年有8例,襄公元年至三十一年有23例,昭公元年至三十二年有11例,定公元年至十五年有2例,哀公元年至二十七年有1例。这种评论方式直接为后世史学家所继承,如《史记》的"太史公曰"、《汉书》的"赞曰"、《汉纪》的"论"、《东观汉记》的"序"、《三国志》的"评曰",以及后世的"史臣曰"、《资治通鉴》的"臣光曰"等。

此外,《左传》还直接借孔子的话来发论,统计《左传》中提及孔子有50次,其中以"仲尼曰""仲尼闻之曰"发论25次,以"孔子曰""孔子闻之曰"5次,或直接解释经文,或补充经文之不足,借孔子之口来说出作者对历史人物、历史事件的评价和看法,表明自己的史学主张和观点。从一个侧面也表明在这些问题上左丘明与孔子的看法是一致的,他们有着共同的是非标准,从而印证了《论语》中所记孔子说"左丘明耻之,丘亦耻之"的事实。

《左传》"君子曰""君子谓""五十凡""书曰""故曰""仲尼曰""孔子曰"等,集中反映了作者的史学思想,是研究《左传》史学主张和历史观点的最重要、最直接的资料。尤其《左传》两次以"君子曰"的形式来评论《春秋》之史学特点和价值,更是集中体现了作者的史学批评思想。成公十四年(前577),"君子曰:《春秋》之称,微而显,志而晦,婉而成章,尽而不污,惩恶而劝善。非圣人谁能修之?"① 昭公三十一年(前511),"君子曰:名之不可不慎也如是……故曰,《春秋》之称:微而显,婉而辞,上之人能使昭明,善人劝焉,淫人惧焉,是以君子贵之。"② 这里,作者提出了三个方面的重要认识,即史学有什么用、史学家应该具有怎样的著史态度以及史书的文字表述要求,具有重要的理论意义。

---

① 左传:昭公十四年[M]//杨伯峻.春秋左传注.北京:中华书局,2009:870.
② 左传:昭公三十一年[M]//杨伯峻.春秋左传注.北京:中华书局,2009:1513.

二、"惩恶而劝善"的治史目的

《左传》称《春秋》"惩恶而劝善""上之人能使昭明，善人劝焉，淫人惧焉"，是对史学作用和目的的高度概括，显然继承了前人对历史鉴戒作用的认识。如《诗·大雅·荡》"殷鉴不远，在夏后之世"，《尚书·召诰》"我不可不监于有夏，不可不监于有殷"，《尚书·酒诰》"今惟殷坠厥命，我其可不大监，抚于时"，《论语·八月》"周监于二代，郁郁乎文哉！吾从周"等。《左传》高度概括这些认识，提出"惩恶而劝善"的史学目的论，认为史学（历史著作）具有约束人们的行为和指导社会风气的重要作用。《左传》一书即贯穿了"惩恶而劝善"的思想。

昭公三十一年（前511）载：

> 冬，邾黑肱以滥来奔。贱而书名，重地故也。君子曰："名之不可不慎也如是：夫有所有名而不如其已。以地叛，虽贱，必书地，以名其人，终为不义，弗可灭已。是故君子动则思礼，行则思义；不为利回，不为义疚。或求名而不得，或欲盖而名章，惩不义也。齐豹为卫司寇，守嗣大夫，作而不义，其书为'盗'。邾庶其、莒牟夷、邾黑肱以土地出，求食而已，不求其名。贱而必书。此二物者，所以惩肆而去贪也。若艰难其身，以险危大人，而有名章彻，攻难之士将奔走之。若窃邑叛君以徼大利而无名，贪冒之民将置力焉。是以《春秋》书齐豹曰'盗'，三叛人名，以惩不义，数恶无礼，其善志也。"①

邾黑肱带着滥地来投奔鲁国，是个低贱的小人，而《春秋》却记载他的名字，这是由于重视土地的缘故。所以，称名不得不慎重啊！有时有了名声，反而不如没有名声。带了土地背叛，即使这人地位低贱，也因为必须记载地名而记载了这个人，结果成为不义，不能磨灭。所以君子行动时要想到礼，办事时要想到义，不做图利而失去礼的事，不做不义而感到内疚的事，有人求名而得不到，有人想掩盖反被记载了名字，这是惩罚不义的人。齐豹做卫国的司寇，是世袭大夫，做事情不义，被记载为"盗"。记载这两件事，就是用来惩罚放肆而除去贪婪。《春秋》记载齐豹叫"盗"，记载了邾庶其、莒牟夷、邾黑肱三叛逆的名字，都是为了惩不义，斥责无礼，这是真正的善于记载。这是典型的

---

① 左传：昭公三十一年［M］//杨伯峻．春秋左传注．北京：中华书局，2009：1512-1513.

"惩恶"事例。

襄公五年（前568）载：

> 季文子卒。大夫入殓，公在位。宰庀家器为葬备，无衣帛之妾，无食粟之马，无藏金玉，无重器备，君子是以知季文子之忠于公室也："相三君矣，而无私积，可不谓忠乎？"①

即季文子死时，根据大夫入殓的礼仪，鲁襄公亲自去看望。家臣收集了家里的器物作为葬具，家里没有穿丝绸的妾，没有吃粮食的马，没有收藏金银玉器，没有重复的用具。由此可知季文子对公室的忠心。辅助过三位国君，却没有私人积蓄，能说不忠心吗？这又是典型的"劝善"事例。

《左传》甚至认为，史学"上之人能使昭明"，即历史著作记载了以往朝代盛衰的历史经验和统治方法，能直接为当今的统治者甚至未来的统治者提供丰富经验和借鉴。所谓"上之人"，即"大人，在位者"②，是指掌权的统治者（当权者）；"能使昭明"，即当权者通过学习历史知识，借鉴历史经验和教训，可以保持头脑清醒、统治清明，从而维护国家的长治久安。所以，《左传》十分重视总结历代统治经验和兴亡教训，如隐公元年云："多行不义，必自毙"，"不义不昵，厚将崩"（郑伯克段于鄢）；隐公三年，君子曰："信不由中，质无益也。明恕而行，要之以礼，虽无有质，谁能间之？"（周郑交质）桓公六年云："所谓道，忠于民而信与神也。上思利民，忠也；祝史正辞，信也。"（季梁谏追楚师）僖公四年云："君若以德绥诸侯，谁敢不服？君若以力，楚国方城以为城，汉水以为池，虽众，无所用之！"（齐伐楚盟于召陵）僖公二十八年云："师直为壮，曲为老，岂在久乎？"（城濮之战）

《左传》"惩恶而劝善"的标准是"礼"，合乎"礼"则"善"，不合乎"礼"即"恶"（非礼也）。隐公十一年，君子谓："礼，经国家，定社稷，序民人，利后嗣者也"（郑庄公戒饬守臣）。把"礼"视为治国、安邦、抚民的大法。"礼"是宗法社会的一种道德和行为规范，上至国之大事、外交往来，下至宗庙的定制装饰、进退礼节等都属于礼的范围。《左传》解经也多以"礼也""非礼也"为注脚，"礼也""非礼也"在《左传》中频频出现。但《左传》中的"礼"又不仅仅是揖让进退之礼，含义更深微。公元前547年，昭公到晋国去，从郊外慰劳一直到赠送财礼，自始至终从没有失礼。由此晋侯对鲁昭公不

---

① 左传：襄公五年［M］//杨伯峻．春秋左传注．北京：中华书局，2009：944-945．
② 杜预．春秋经传集解：第二十六：昭公七年［M］．上海：上海古籍出版社，1988：1593．

懂礼之说感到困惑，女叔齐解释说：

> 是仪也，不可谓礼。礼，所以守其国，行其政令，无失其民者也。今政令在家，不能取也；有子家羁，弗能用也；奸大国之盟，陵虐小国；利人之难，不知其私。公室四分，民食于他。思莫在公，不图其终。为国君，难将及身，不恤其所。礼之本末将于此乎在，而屑屑焉习仪以亟。言善于礼，不亦远乎？①

女叔齐认为鲁昭公仅懂得"仪"，这是礼的表面形式，而不是真正懂礼。真正的礼要用来保佑国家、推行政令、不失去百姓。鲁昭公的政令出自私家，不能使用贤人，触犯大国的盟约，欺负弱小国家，乘人之危，不能养活百姓，却琐屑地急于学习仪式，这是本末倒置，根本称不上是懂礼。作者禁不住赞叹："君子谓叔侯于是乎知礼！"又昭公二十五年，赵简子问揖让周旋之礼，子太叔对曰："此仪也，非礼也。"进而引子产的话说："夫礼，天之经也，地之义也，民之行也"，详细论列了礼的深刻含义，强调"礼，上下之纪，天地之经纬也，民之所生也，是以先王尚之"。②可见，《左传》所称道的"礼"是治国、安邦、抚民之礼，而不是外在的各种礼仪礼节。这正是《左传》衡定善恶、评论是非的根本准则。

三、"尽而不污"的著史态度

《左传》称《春秋》"尽而不污"，提出了对史学家著史态度的要求。"尽而不污"就是要求实事求是、秉笔直书，杜预解释说："谓直言其事，尽其事实，无所污曲。"③ 称《春秋》"尽而不污"也许言过其实，因为《春秋》确实存在"为尊者讳""为贤者讳""为亲者讳"的现象，孔子甚至认为"父为子隐，子为父隐，直在其中矣"④。《左传》作者也意识到了这一点，所以才不惜笔墨，大量补充《春秋》隐讳的史实，以10倍于《春秋》的文字来解经。然而，又每每为之辩解，甚至视为史学家准则，"五十凡"以归纳阐发《春秋》书法义例为指归，大有为《春秋》辩解之意。如桓公九年云："凡诸侯之女行，唯王后书"，诸侯的女儿出嫁，只有出嫁做王后的才记载。宣公四年云："凡弑君，称君，君

---

① 左传：昭公五年[M]//杨伯峻. 春秋左传注. 北京：中华书局，2009：1266.
② 左传：昭公二十五年[M]//杨伯峻. 春秋左传注. 北京：中华书局，2009：1457，1459.
③ 杜预. 春秋经传集解：第十三：成公下[M]. 上海：上海古籍出版社，1988：735.
④ 论语：子路[M]//杨伯峻. 论语译注. 北京：中华书局，1980：139.

无道也;称臣,臣之罪也",凡是杀死国君,如果只记载国君的名字,这是由于国君无道;记载臣下的名字,则是臣下有罪过。文公十五年云:"凡诸侯会,公不与,不书,讳君恶也。与而不书,后也",凡是诸侯会盟,鲁公不参加,《春秋》就不记载,是为了隐讳国君的过失。参加了而不记载,这是由于迟到。

值得重视的是,《左传》借评论《春秋》"尽而不污",提出了对一般史官著史态度的基本要求,确有其重要而积极的意义。而且,《左传》本身也在据事直书上做出了积极努力。

第一,极力赞扬秉笔直书的史官。宣公二年载:晋灵公奢侈暴虐,赵盾多次劝谏,不果,反被灵公派人追杀,赵盾只好逃亡。赵盾的弟弟赵穿在桃园杀死了灵公。赵盾闻讯,未走出晋国国境就再度回来做卿。晋太史董狐记载说:"赵盾弑其君",并在朝廷上公布。赵盾解释说:"不是这样。"太史董狐回答:"您是正卿,逃亡而没有走出国境,回来又不惩罚凶手,弑君的人不是您还有谁?"《左传》引孔子之言赞扬道:"董狐,古之良史也,书法不隐。赵宣子,古之良大夫也,为法受恶。"襄公二十五年载:"太史书曰:'崔杼弑其君。'崔杼杀之。其弟嗣书,而死者二人。其弟又书,乃舍之。南史氏闻太史尽死,执简以往。闻既书矣,乃还。"表彰齐太史兄弟和南史氏敢于直书其事,宁死不惧的精神。书法不隐、秉笔直书也因此成为中国古代对史官的基本品德要求。

第二,详细补充《春秋》所记不清楚和隐讳的事实,恢复历史的本来面目。如"郑伯克段于鄢",《春秋》所记仅此6字,《左传》详加叙述用了541个字,将其原因、过程、结果、影响历叙清楚;《春秋》记城濮之战只用了30余字,《左传》则用了786个字;鲁隐公摄位,《春秋》不书即位,庄公、闵公、僖公因国内动乱,经文也都不称即位,《左传》则一一补充说明对上述诸公不称即位的原因,以发明《春秋》"不书"之例。定公即位时间不在正月,《左传》也详载其事,以说明定公即位在六月的原因等。总之,《左传》记事不仅有明确的时间顺序,而且事件本末清楚、人物言行详具,形成了对春秋时期历史的真实记录。

第三,《左传》在叙事中敢于直书不讳,带有鲜明的倾向性。虽常以"礼也""非礼也"作为评判人物的标准,有其局限性,但总体说来,其是非、爱憎观念和历史观还是比较进步的。如书中既肯定了霸主的历史功绩,又不避讳齐桓公好内多宠与公子重耳的贪图安逸。又如叙"晋灵公不君"(宣公二年)、陈灵公"衷其祖服,以戏于朝"(宣公九年)、齐庄公"拊楹而歌"(襄公二十五年)、"祁胜与邬臧通室"(昭公二十八年)等,通过富有特征的细节描写,把统治者的暴虐荒淫、丑恶污秽揭露无遗。而忠良机智的晏婴、刚直不阿的叔向、精明而有远见的子产等人，则被作为系国之安危的人物来加以肯定和赞扬。

四、"婉而成章"的表述追求

《左传》评论《春秋》"微而显，志而晦，婉而成章"，或曰"微而显，婉而辞"，表达了对历史著述的基本要求，尤其是文字表述要求。具体而言，"微而显"是指用词精细而意义显明，让人一看便明了所记历史事实。"志而晦"是指表达简洁而又含义丰富，能以简驾驭繁，诚如刘知几所解释："晦也者，省字约文，事溢于句外。……夫能略小存大，举重明轻，一言而巨细咸该，片语而洪纤靡漏，此皆用晦之道也。"又云："盖作者言虽简略，理皆要害，故能疏而不遗，俭而无阙。譬如用奇兵者，持一当百，能全克敌之功也。"① "婉而成章"，是指讲究文采，婉转曲折又顺理成章。《左传》的撰写就是以此作为基本标准的，《左传》本身就是一部以"善叙事"而著称的伟大史著，白寿彝先生认为："《左传》最大成就在历史文学方面……《左传》在历史文学上的成就，成为以后史学家和文学家学习的典范。而史学和文学的密切联系，也是《左传》所创始的中国历史著作上的一个传统。"②《左传》问世两千多年来，一直被作为文史名著广为传诵，突出的事例是：清人吴楚材、吴调侯编《古文观止》，共收散文220篇，其中《左传》选文达34篇，近六分之一。清人余诚编《古文释义》，共收散文147篇，其中《左传》选文达30篇，占五分之一以上的篇幅。足见选家们对《左传》的推重。

《左传》叙事的最大特点是精于剪裁、简练生动。东晋时干宝即称其为"立言之高标，著作之良模也"③，至南朝刘勰提出"辞宗丘明，直归南董"④，唐朝刘知几赞其"不遵古法，言之与事，问在传中。然而言事相兼"⑤、"著述罕闻，古今卓绝"⑥。清人刘熙载《艺概》评曰："《左传》叙事，纷者整之，孤者

---

① 刘知几. 史通通释：卷六：叙事 [M]. 浦起龙，通释. 王煦华，整理. 上海：上海古籍出版社，2009：161-163.
② 白寿彝. 中国史学的童年 [J]. 史学史资料，1979（1）：5-6.
③ 刘知几. 史通通释：卷九：烦省 [M]. 浦起龙，通释. 王煦华，整理. 上海：上海古籍出版社，2009：244.
④ 刘勰. 文心雕龙注释：史传第十六 [M]. 周振甫，注. 北京：人民文学出版社，1981：172.
⑤ 刘知几. 史通通释：卷二：载言 [M]. 浦起龙，通释. 王煦华，整理. 上海：上海古籍出版社，2009：30.
⑥ 刘知几. 史通通释：卷十六：杂说上 [M]. 浦起龙，通释. 王煦华，整理. 上海：上海古籍出版社，2009：422.

辅之，板者活之，直者婉之，俗者雅之，枯者腴之。剪裁运化之方，斯为大备。""百世史学家，类不出乎此法①"。清代史学理论家章学诚称《左传》："叙事之文，其变无穷……神妙不测，几于化工"②。在中国古代确立了"简要宗《左传》"的重要史学批评标尺，影响深远。

当代学者汪受宽对《左传》评论《春秋》"微而显，志而晦，婉而成章"有详细论说，他认为："我们与其将这段话说成是对《春秋》的赞辞，毋宁说是《左传》对历史著述的基本要求，尤其是对史书文字表述的认识。"汪提出："《左传》历史文学的特色在详略得当和行文练达两个方面。"在详略得当方面，《左传》剪裁史料，使史书繁简得当：从年代分配上说，前代历史适当从简，而近代历史则尽可能周详。全书196845字，隐公至宣公7世132年，共用57241字，占29%。成公至悼公4世127年，共用139604字，占71%。略古详今、略远详近的特色突出，甚至成为其后史书编纂的基本传统；从对各诸侯国和周王朝历史的叙述上说，则详写迭起称霸和在春秋历史上起过重要作用的晋、楚、鲁、齐、郑、卫、宋七国，占十分之九的篇幅，其余110多个诸侯国仅用了十分之一的篇幅；从对每一个国家历史的叙述说，并不是面面俱到，而是各有侧重；从对历史事件的叙述上说，一般事件或省略不记，或一笔带过，对特殊问题或有影响的大事件则备述原委，务求周详；从对每一历史事件的叙述上说，无论事件大小、文字长短，书中都不平均使力，而是注意其特点，在表述其特殊性上下功夫；从对历史人物的叙述上说，一般人物简略带过，重要人物大书特书；从对每个人物的叙述上说，一般活动少叙或不叙，而对能表现其性格特征、政治倾向、智慧勇武、历史作用的活动，则尽可能写得淋漓尽致，纤悉异常。在文字练达方面，擅长以凝练的文字形象准确地描述复杂纷繁的历史，特别善于用简洁的语言描述紧张的战争场面，善于用极少的笔墨，通过语言、动作和心理活动来刻画人物的性格特征和思想感情，展示不同阶级地位的人物风貌，善于用谚语、歌谣、口语、俗语来代替空洞的评论和无味的叙述，使文笔简洁、准确、鲜明、生动有色。③

---

① 刘熙载. 艺概注稿：卷一：文概[M]. 袁津琥，校注. 北京：中华书局，2009：5.
② 章学诚. 文史通义新编新注：外篇一：论课蒙学文法[M]. 仓修良，编注. 杭州：浙江古籍出版社，2005：415-416.
③ 汪受宽.《左传》在历史文学上的两大特色[J]. 史学史研究，1996（1）：32.

第三节 《汉纪》:"通比其事,例系年月"

建安三年(198),"帝好典籍,常以班固《汉书》文繁难省,乃令荀悦依《左传》体以为《汉纪》三十篇"。① 荀悦"谨约撰旧书,通而叙之,总为帝纪,列其年月,比其时事,撮要举凡,存其大体,旨少所缺,务从省约,以副本书,以为要纪"②。扩充编年体的叙事范围,增强了叙事的条理性。《后汉书》称其"辞约事丰,论辩多美"。

荀悦(148—209)是东汉后期具有进步倾向的政治家和著名史学家。袁宏《后汉纪》称其"少有才理,兼综儒史"。汉灵帝时曾托疾病隐居,献帝初年应曹操征辟,任黄门侍郎、秘书监、侍中等职。有感于时政,曾作《申鉴》五篇,"其所论辩,通见政体",献帝"览而善之"③。荀悦还撰有《崇德》《正论》及诸论数十篇,惜皆亡佚。今仅存《申鉴》和《汉纪》,二书从史料学角度看并无太高价值。但从史学思想角度来看,则价值重大、创见丰富。尤其二书蕴含了较多的史学批评见解,体现了荀悦的历史编纂学思想,是荀悦对中国古代史学发展的出色贡献。

一、"通比其事,例系年月"

"通比其事,例系年月",是荀悦改编《汉书》的方法和原则。《汉纪·序》云:"悦于是约集旧书,撮序表、志,总为帝纪,通比其事,例系年月。其祖宗功勋、先帝事业、国家纲纪、天地灾异、功臣名贤、奇策善言、殊德异行、法式之典,凡在《汉书》者,本末体殊,大略粗举。其经传所遗阙者差少而求志,势有所不能尽繁重之语,凡所行之事,出入省要,删略其文。凡为三十卷,数十余万言,作为《帝纪》,省约易习,无妨本书,有便于用,其旨云尔。"这里,既讲到《汉纪》对《汉书》的取材原则,又谈到《汉纪》的编纂方法和指导思想。他还说:"谨约撰旧书,通而叙之,总为帝纪,列其年月,比其时事,撮要举凡,存其大体,旨少所缺,务从省约,以副本书,以为要纪。未克厥中,亦

---

① 范晔.后汉书:卷六十二:荀悦传[M].北京:中华书局,1965:2062.
② 荀悦.汉纪:卷一:高祖皇帝纪[M]//两汉纪.北京:中华书局,2002:1.
③ 范晔.后汉书:卷六十二:荀悦传[M].北京:中华书局,1965:2058-2062.

各其志，如其得失，以俟君子焉。"①

"通比其事，例系年月"的编纂思想推进了编年体的发展。白寿彝先生认为："这是对编年体的一个重要发展。这八个字的内容，不只是要按年月把史事通通地安排起来，还包容有类比的方法。《汉纪》有时因记一个人而连类记载跟这人有关的事或同类的人，有时因记一件事而连类记载这人的其他的事。这样的做法，就大大地减少了编年体以年月局限记载范围的困难了。"② 如张骞通西域及西域各国，难以完全按时间先后记述，《汉纪》在孝武元光六年六月张骞"有功封博望侯"后补述了张骞出使西域及西域各国情况。张良身为刘邦重臣，其生平必须交代清楚，但又不宜逐年记述，《汉纪》在沛公二年"遇张良于留"之下记载了其生平事迹等。如此，那些无年月可考或不宜分散于年月之下的史事或人物就能够写入相关处，载入史册，保证了历史记载的完整性，从而弥补了编年体的一些缺点，扩大了编年体的影响。

《汉纪》对编年体发展的推动作用，一是完善了编年体的叙事之法。《汉纪》吸收了纪传体的优良编写方法，使编年体摆脱了刻板地按时间顺序记事的原始方法，创立了机动、灵活的记人、记事、记制度的新的编年记事方法，在兼顾时序本位的前提下，尽可能地写出重要人物的生平、重要事件的始末。记人物，采用追前叙后的方法，把纪传体长于记人的优良记叙法用于编年体的编纂中，这正是荀悦为编年体开拓的一条新路子。记事件，继承《春秋》《左传》的"比事"方法，并进一步完善，"通比其事，例系年月"，用类分事件的方法，排比历史事件，形成了链索式的记事方法，运用得极为娴熟。《汉纪》还用附记法（以"是岁"提示），把一些无法考证确切时间的制度、人物、事件记入某年之末或之中，避免了史实的遗漏。二是完善了史论的方法。《汉纪》吸收了《左传》史论的三种方式，并在议论、说理、感情表达等方面做了创新，风格独具，从此奠定了编年体史论形式的基本格局。荀悦的评论，往往因人而发、因事而论，形式灵活，少则十多字，旨在点出问题，多则数十字、数百字甚至长达八九百字或逾千字。内容以论汉王朝治国之本、兴亡成败之经验为主，多说理透彻、政见精辟，而且痛心、悲愤、切齿之恨常溢于言表。

总之，荀悦将80万言的《汉书》简化为18万字的《汉纪》，"通比其事，例系年月"，确立了断代编年史的格局，为编年体的发展开辟了广阔的道路，被誉为"辞约事丰，论辩多美"。刘知几称赞其"依左氏成书，翦截班史，篇才三

---

① 荀悦. 汉纪：卷一：高祖皇帝纪[M]//两汉纪. 北京：中华书局，2002：1.
② 白寿彝. 白寿彝史学论集（上）[M]. 北京：北京师范大学出版社，1994：476.

十,历代褒之,有逾本传",促成了汉唐之际"班、荀二体,角力争先,欲废其一,固亦难矣"局面的形成①,使编年体能够与纪传体并行发展,各领风骚。

二、"嗣赏罚,辅法教"

"嗣赏罚,辅法教"是荀悦对史书编纂目的的认识。荀悦既是史学家,又是大臣,身居秘书监、侍中等要职,"志在献替",这种大臣兼史学家的二重身份,使其格外注重史学的政治功用。荀悦把史学与封建政治系统紧密联系起来,明确提出认识历史、考察历史的目的,就是为治国施政提供借鉴。他说:"古者天子,诸侯有事,必告于庙。朝有二史,左史记言,右史记动。动为《春秋》,言为《尚书》。君举必记,臧否成败无不存焉,下及士庶,等各有异,咸在载籍。或欲显而不得,或欲隐而名彰,得失一朝而荣辱千载,善人劝焉,淫人惧焉。故先王重之,以嗣赏罚,以辅法教。"② 将封建史学与"赏罚""法教"结合起来,前无古人。他认为:一国之君,要治国安民,必须重视典籍的鉴戒作用,"昔晋之《乘》,楚之《梼杌》,鲁之《春秋》,虞、夏、商、周之书,其揆一也。皆古之令典,立之则成其法,弃之则坠于地,瞻之则存,忽之则废,故君子重之"③。历史著述,应该做到上至天文、下至地理、中及人类社会,无不详细记载,即"天人之际,事物之宜,粲然显著,罔不能备矣。世济其轨,不殒其业,损益盈虚,与时消息,虽臧否不同,其揆一也"④。使治国纲领、经邦之术都寓含在这些历史典籍中,"其存亡成败之机在于是矣,可不尽而得深览乎!"

实际上,荀悦作《申鉴》一书,目的在于申述历史鉴戒之大义,从理论高度上阐明以史为鉴的重要性和必要性,更好地为君王治国提供借鉴。"夫道之本,仁义而已矣。五典以经之,群籍以纬之,咏之歌之,弦之舞之。前鉴既明,后复申之。故古之圣王,其于仁义也,申重而已。笃序无疆,谓之申鉴。"⑤《后汉书·荀悦传》称:"其所论辩,通见政体。"明人方孝孺云:"荀悦《申监(鉴)》五卷,其论治乱兴亡之理详矣。"⑥ 四库馆臣评论说:"此书剖析事理,

---

① 刘知几.史通通释:卷二:二体[M].浦起龙,通释.王煦华,整理.上海:上海古籍出版社,2009:26.
② 荀悦.申鉴注校补:时事[M].黄省曾,注.孙启治,校补.北京:中华书局,2012:105.
③ 荀悦.汉纪:卷首:汉纪序[M]//两汉纪.北京:中华书局,2002:2.
④ 荀悦.汉纪:卷一:高祖皇帝纪[M]//两汉纪.北京:中华书局,2002:1.
⑤ 荀悦撰.申鉴注校补:政体[M].黄省曾,注.孙启治,校补.北京:中华书局,2012:1.
⑥ 方孝孺.逊志斋集:卷四[M].宁波:宁波出版社,2000:118.

尤为深切著明，盖由其原本儒术，故所言皆不诡于正也。"① 而荀悦编撰《汉纪》一书，则力图从一般历史现象中归纳总结出治国安邦的普遍历史经验和方法原则，即所谓"质之事实""通之万方"。他说："凡《汉纪》有法式焉，有鉴戒焉……是故质之事实而不诬，通之万方而不泥。可以兴，可以治，可以动，可以静，可以言，可以行。惩恶而劝善，奖成而惧败。兹亦有国之常训，典籍之渊林。"②"综往昭来，永监（鉴）后昆。"③ 甚至明确指出："君子有三鉴，世人镜鉴，鉴乎前，鉴乎人，鉴乎镜。前惟顺，人惟贤，镜惟明。夏商之衰，不鉴于禹汤也。周秦之弊，不鉴于民下也。侧弁垢颜，不鉴于明镜也。故君子惟鉴之务。"④ 以致唐太宗曾将《汉纪》赐凉州都督李大亮，要求认真阅读，并嘱咐说："此书叙致简要，论议深博，极为政之体，尽君臣之义。今以赐卿，宜加寻阅。"⑤

荀悦关于史书编纂目的的探讨和认识，具有承上启下之功，继承了先秦以来的"鉴戒得失""惩恶劝善""施政治国""修身养德"等观点，同时又开启了后世"史为国家典式"的思想。如晋司马彪认为："先王立史官以书时事，载善恶以沮劝，撮教世之要也。"⑥ 袁宏认为："史传之兴，所以通古今而笃名教也"，"略举义教所归，庶以宏敷王道"⑦。南朝刘勰更进一步抽象概括道："居今识古，其载籍乎！""彰善瘅恶，树之风声。"⑧ 把史学与历史区别开来，把史籍视为历史与现实的桥梁。这些都是对荀悦"嗣赏罚，辅法教"史学功用论的继承和发展。

三、"立典有五志"

"立典有五志"是荀悦提出的史书编纂原则。在这方面，先秦时期已提出了"事、文、义"三个基本要素。两汉时期，司马迁始以"自序"的形式来阐论《史记》的编撰目的、体例、内容和方法等。班固承迁而作，也用"序"的形

---

① 永瑢，等. 四库全书总目：卷九十一：申鉴［M］. 北京：中华书局，1965：773.
② 荀悦. 汉纪：卷首：汉纪序［M］//两汉纪. 北京：中华书局，2002：2.
③ 荀悦. 汉纪：卷三十：孝平皇帝纪［M］//两汉纪. 北京：中华书局，2002：547.
④ 荀悦. 申鉴注校补：杂言上［M］. 黄省曾，注. 孙启治，校补. 北京：中华书局，2012：141.
⑤ 详见《旧唐书》卷六十二《李大亮传》、《新唐书》卷九十九《李大亮传》。
⑥ 房玄龄，等. 晋书：卷八十二：司马彪传［M］. 北京：中华书局，1974：2141.
⑦ 袁宏. 后汉纪：卷首：后汉纪序［M］//两汉纪. 北京：中华书局，2002：1.
⑧ 刘勰. 文心雕龙注：史传第十六［M］. 周振甫，注. 北京：人民文学出版社，1981：169.

式来论《汉书》主旨、评论前代史学研究的得失等。而后史学家竞相仿效，大大推动了史学批评的发展。其间，东汉末年史学家荀悦首次明确而具体地讨论了史书的编纂原则和取材标准。

荀悦说："夫立典有五志：一曰达道义，二曰彰法式，三曰通古今，四曰著功勋，五曰表贤能。"① 即在史书中要阐发君臣父子、忠孝仁义之类的道德礼仪，以便规范人们的言行；要彰显治理国家的典章制度和法律规范，以便致用；要总结历代治乱兴衰的经验教训，以便资鉴；要表彰历代圣王明君的功德业绩，以便效法；要载录贤臣良士助君治国的不朽功业，以树楷则。这些史书编纂的原则，是荀悦继承前人的成果并使之高度概括和条理化的结果。赵俊先生对此有较详尽分析，他认为，所谓"达道义"，渊源于孟子所云史之"义"，荀子所说的"道"，司马迁提出的"《春秋》明道"、《春秋》为"礼仪之大宗"以及班彪、班固父子的史书"论大道"说等，目的是借助史书去阐发封建道德礼仪；所谓"彰法式"，源于《尚书》之"监（鉴）于有夏""监（鉴）于有殷"（《召诰》），《左传》之"君举必书"以备后世观（庄公二十三年），荀子的"圣王"以为后世师（《荀子·正论》），司马迁的孔子作《春秋》"以为天下仪表"等，旨在以史书显扬封建秩序及典章制度；所谓"通古今"，源于《礼记》的"疏通知远《书》教也"之说、司马迁的"通古今之变"说，荀悦认为史书应"综往昭来"，故应阐释历代兴衰治乱之通义，总结具有普遍意义的经验教训；所谓"著功勋"，继承了司马谈、司马迁父子的表彰"明圣盛德""功臣世家贤大夫之业"的观点和班固宣扬的"汉德"及"皇家帝世，德臣列辟，功君百王，荣镜宇宙，尊无与抗"的观点，意在以史书来彰显统治者之功德业绩；所谓"表贤能"，侧重于树立统治阶级中的楷模人物，《左传》论《春秋》"善人劝焉"是其端绪，司马谈有志于"论载""明主贤君忠臣死义之士"（《太史公自序》）、王充"载人之行，传人之名也"为其继承②。"立典有五志"是荀悦编撰《汉纪》的指导原则，渗透于全书的内容之中。

与"立典有五志"的史书编纂原则相适应，在史书的取材问题上，荀悦提出了"十六条"标准，《汉纪》开篇即云："凡《汉纪》有法式焉，有监戒焉，有废乱焉，有持平焉，有兵略焉，有政化焉，有休祥焉，有灾异焉，有华夏之事焉，有四夷之事焉，有常道焉，有权变焉，有策谋焉，有诡说焉，有术艺焉，

---

① 荀悦. 汉纪：卷一：高祖皇帝纪[M]//两汉纪. 北京：中华书局，2002：1.
② 赵俊.《史通》理论体系研究[M]. 沈阳：辽宁大学出版社，1990：31-32.

有文章焉。"① 对史书应载内容做了详细精微的分类，这种分类虽不尽合理，但表明此时史学家对社会历史现象的认识探讨已经达到一个新的理论高度，表明史学家编纂史书的自觉意识和理性态度。

四、"区分类例，见微察著"

"区分类例，见微察著"是荀悦实际编纂史书的方法和著史要求。荀悦认为，考察历史、认识事物、评论得失，应当采取区分类例、分别认识的方法，这样才能达到由小知大、见微察著的功效，指出："善恶之效，事物之类，变化万端，不可齐一"，只有区分其类例、触类旁通，才可能抓住其本质、掌握其规律、体会其精微。荀悦娴熟而广泛地运用了这一史学批评方法，实际上是提出了"区分类例，见微察著"的著史要求。《申鉴》曰："或问：'天命、人事。'曰：'有三品焉。上、下不移，其中则人事存焉尔。命相近也，事相远也，则吉凶殊矣。'"② 在《汉纪》中，荀悦又把"三品"称为"三势"，即"夫事物之性，有自然而成者；有待人事而成者，有失人事不成者；有虽加人事终身不可成，是谓三势。凡此三势，物无不然。以小知大，近取诸身。譬之疾病，有不治而自瘥者；有治之则瘥者，有不治则不瘥者；有虽治而终身不可愈者，岂非类乎？……是以推此以及天道，则亦如之"③。又如，荀悦强调统治者"必察乎国风"，并将"国风"划分为九种类型，所谓"惟察九风，以定国常。一曰治，二曰衰，三曰弱，四曰乖，五曰乱，六曰荒，七曰叛，八曰危，九曰亡。君臣亲而有礼，百僚和而不同，让而不争，勤而不怨，无事惟职其司，此治国之风也。礼俗不一，位职不重，小臣谗嫉，庶人作议，此衰国之风也。君好让，臣好逸，士好游，民好流，此弱国之风也。君臣争明，朝廷争功，士大夫争名，庶人争利，此乖国之风也。上多欲，下多端，法不定，政多门，此乱国之风也。以侈为博，以伉为高，以滥为通，遵礼谓之劬，守法谓之固，此荒国之风也。以苛为密，以利为公，以割下为能，以附上为忠，此叛国之风也。上下相疏，内外相蒙，小臣争宠，大臣争权，此危国之风也。上不访，下不谏，妇言用，私政行，此亡国之风也。"区分类例，揭示了不同社会风气的征兆和特点。又曰："治世所贵乎位者三：一曰达道于天下，二曰达惠于民，三曰达德于身。衰

---

① 荀悦.汉纪：卷首：汉纪序［M］//两汉纪.北京：中华书局，2002：2.
② 荀悦.申鉴注校补：杂言下［M］.黄省曾，注.孙启治，校补.北京：中华书局，2012：198.
③ 荀悦.汉纪：卷六：高后纪［M］//两汉纪.北京：中华书局，2002：85-86.

世所贵乎位者三：一曰以贵高人，二曰以富奉身，三曰以报肆心。治世之位，真位也。"① 区分类例，强调了统治者的角色定位和道德修养。

荀悦还提出了"六主""六臣"说，对君、臣各自做了6个类型的划分。"故曰有六主焉：有王主，有治主，有存主，有衰主，有危主，有亡主。""亦有六臣：有王臣，有良臣，有直臣，有具臣，有嬖臣，有佞臣。"对各种类型做具体而细微的剖析，揭示出各自的表现特征和作用，荀悦说：

> 体正性仁，心明智固，动以为人，不以为己：是谓王主。克己恕躬，好问力行，动以从义，不育纵情：是谓治主。勤事守业，不敢殆荒，动以先公，不以先私：是谓存主。悖逆交争，公私并行，一得一失，不纯道度：是谓衰主。情过于义，私多于公，制度殊限，政令失常：是谓危主。亲用谗邪，放逐忠贤；纵情遂欲，不顾礼度；出入游放，不拘礼禁；赏赐行私以越公用，忿怒施罚以逾法制；遂非文过，知而不改；忠信壅塞，直言诛戮：是谓亡主。
>
> 故王主能致兴平；治主能行其政；存主能保其国；衰主遭无难则庶几得全，有难则殆；危主遇无难则幸而免，有难则亡；亡主必亡而已矣。
>
> 夫王主为人而后己利焉，治主从义而后情得焉，存主先公而后私立焉。故遵亡主之行而求存主之福，行危主之政而求治主之业，蹈衰主之迹而求王主之功，不可得也。
>
> 故有六主，亦有六臣：……以道事君，匪躬之故，达节通方，立功兴化，是谓王臣。忠顺不失，夙夜匪懈，顺理处和，以辅上德，是谓良臣。犯颜逆意，抵失不挠，直谏遏非，不避死罪，是谓之直臣。奉法守职，无能往来，是谓具臣。便辟苟容，顺意从谀，是谓嬖臣。倾险谗害，诬上惑下，专权擅宠，惟利是务，是谓佞臣。或有君而无臣，或有臣而无君，同善则治，同恶则乱，杂则交争，故明主慎所用也。②

从荀悦所揭示的"六主""六臣"的表现形态来看，他是以公与私、义与情作为区分和品评"六主"的标准，而以忠与佞作为区分和品评"六臣"的标准。进而提出：明主必须慎用人臣，必须排除"十难"，"惟恤十难，以任贤能。一曰不知，二曰不进，三曰不任，四曰不终，五曰以小怨弃大德，六曰以小过黜大功，七曰以小失掩大美，八曰以讦奸伤忠正，九曰以邪说乱正度，十曰以

---

① 荀悦. 申鉴注校补：政体 [M]. 黄省曾，注. 孙启治，校补. 北京：中华书局，2012：48.

② 荀悦. 汉纪：卷十六：孝昭皇帝纪 [M] //两汉纪. 北京：中华书局，2002：287-289.

谗嫉废贤能，是谓十难。十难不除，则贤臣不用，贤臣不用，则国非其国也。"① 荀悦对"区分类例，见微察著"的方法运用得十分广泛。

五、"抑百家，崇圣典"

"抑百家，崇圣典"是荀悦的著史准则。荀悦在评人论事、议论各种历史和现实问题时，总是引据儒家经典，坚守儒学立场，以圣人的是非为准则。他说："放邪说，取淫智，抑百家，崇圣典，则道义定矣。"② "或问曰'守'。曰：'圣典而已矣。若夫百家者，是谓无守。莫不为言，要其至矣。莫不为德，玄其奥矣。莫不为道，圣人其弘矣。圣人之道，其中道乎。是为九达。'"③ 尊奉儒家经典，视为至高无上之道，强调"圣道"无所不达。所以要"息华文，去浮辞，禁伪辨，绝淫智，放百家之纷乱，一圣人之至道，则虚诞之术绝，而道德有所定矣！"④ 以此为准则，他批评那些所谓"博览之家"是非不辨、真假不明，"博览之家不知其秽，兼而善之，是大田之莠与苗并兴，则良农之所悼也。质朴之士不择其美，兼而弃之，是昆山之玉与石俱捐，则卞和之所痛也。故孔子曰：博学于文，约之以礼，亦可以弗畔矣！"⑤ 要求史官"不受虚言，不听浮术，不采华名，不兴伪事。言必有用，术必有典，名必有实，事必有功。"⑥ 著史必须以儒家经典为依据，以圣人之是非为准则。

荀悦作《汉纪》《申鉴》就是要传递圣王之道，彰显仁义典则，所谓"前鉴既明，后复申之"是也。如他引"春秋之义"为据，反对汉景帝封匈奴降臣，曰："《春秋》之义，许夷狄者，不一而足也。若以利害由之，则以功封。其逋逃之臣，赏有差等，可无列土矣。"⑦ 引儒家"正己正人"之义为据，评论"治道"曰："夫要道之本，正己而已矣。平直真实者，正之主也。故德必核其真，

---

① 荀悦.申鉴注校补：政体[M].黄省曾，注.孙君治，校补.北京：中华书局，2012：25.
② 荀悦.申鉴注校补：时事[M].黄省曾，注.孙启治，校补.北京：中华书局，2012：56.
③ 荀悦.申鉴注校补：杂言下[M].黄省曾，注.孙启治，校补.北京：中华书局，2012：192.
④ 荀悦.汉纪：卷十：孝武皇帝纪一[M]//两汉纪.北京：中华书局，2002：159.
⑤ 荀悦.汉纪：卷二十五：孝成皇帝纪二[M]//两汉纪.北京：中华书局，2002：437-438.
⑥ 荀悦.申鉴注校补：俗嫌[M].黄省曾，注.孙启治，校补.北京：中华书局，2012：137-138.
⑦ 荀悦.汉纪：卷九：孝景皇帝纪[M]//两汉纪.北京：中华书局，2002：148.

然后授其位。"① 他引儒家经典《尚书》为据，批评汉高祖"白马之盟"，"高皇帝刑百马而盟曰：'非刘氏不王，非有功不侯。不如约者，当天下共击之。'……是教下犯上而兴兵乱之阶也；若后人不修，是盟约不行也。《书》曰：'法惟下行，不惟上行。'若以为典，未可通也。"② 他援引《孝经》为据，评论刘邦称帝后曾每五日参拜父亲刘太公之事，曰："《孝经》云：'故虽天子，必有尊也，言有父也。'王者必父事三老以示天下，所以明有孝也。无父犹设三老之礼，况其存者乎！孝莫大于严父，故后稷配天，尊之至也。禹不先鲧，汤不先契，文王不先不窋。古之道，子尊不加于父母，家令只言于是过矣。"③ 所谓"家令只言于是过矣"，事见于《史记·高祖本纪》及《汉纪·高帝纪·卷一》，言刘邦称帝后曾每五日参拜父亲刘太公，太公家令说太公曰："天无二日，土无二王。皇帝虽子，乃人主也；太公虽父，乃人臣也，奈何以人主朝人臣！如此，威重不得申"。后来刘邦再参拜太公，"太公拥篲、迎门却行，欲拜。上大惊，扶太公。太公曰：'帝，人主，奈何以我乱天下法。'上善家令言，赐黄金五百斤。"④

荀悦引据儒家经典为依据来评论历史事件或具体制度时，还常用"时""权""权变""权时之宜"等概念。如评论汉元帝初元元年大赦说："赦令，权也。或曰：'有制乎？'曰'权无制。制，其义；不制，其事。'巽以行权'，义，制也。权者反经，无事也。"⑤ 仍引据儒家经典《易·系辞》文"巽以行之"和《公羊传·桓公十一年》"权者反经"来发论，在使用"时""权""权变""权时之宜"等概念时，贯彻着儒家的指导原则。

"抑百家，崇圣典"，是荀悦提倡的著史准则，也是荀悦开展史学批评的基本方法和主要原则，他的论说基本以儒家经典为依据，他这样做的目的，就是要重申经典之义、传递圣王之道，重塑儒学经典的权威，改变东汉末年儒学所面临的危机。"或曰：'辞达而已矣。''圣人以文其隩也有五：曰玄，曰妙，曰包，曰要，曰文。幽深谓之玄，理微谓之妙，数博谓之包，辞约谓之要，章成谓之文。圣人之文成此五者，故曰不得已。'"⑥

---

① 荀悦.汉纪：卷二：孝元皇帝纪中［M］//两汉纪.北京：中华书局，2002：387.
② 荀悦.汉纪：卷九：孝景皇帝纪［M］//两汉纪.北京：中华书局，2002：148.
③ 荀悦.汉纪：卷一：高祖皇帝纪［M］//两汉纪.北京：中华书局，2002：43.
④ 荀悦.汉纪：卷三：高祖皇帝纪［M］//两汉纪.北京：中华书局，2002：42-43.
⑤ 荀悦.申鉴注校补：时事［M］.黄省曾，注.孙启治，校补.北京：中华书局，2012：101.
⑥ 荀悦.申鉴注校补：杂言下［M］.黄省曾，注.孙启治，校补.北京：中华书局，2012：193.

第四节 《资治通鉴》："因丘明编年之体，仿荀悦简要之文"

司马光（1019—1086），字君实，号迂叟，世称涑水先生，是我国北宋著名政治家、文学家、史学家，历仕仁宗、英宗、神宗、哲宗四朝。他主持编纂了中国历史上第一部编年体通史《资治通鉴》[①]，历时19年，影响深远。全书资料宏富，考辨翔实，编纂方法优良，发展创新了编年体，是我国古代编年体史书编纂的最高典范，并为纪事本末体和纲目体的新创奠定了扎实基础，在历史编纂学上贡献卓著。

一、"叙国家之兴衰，著生民之休戚"

"叙国家之兴衰，著生民之休戚"，是司马光的重要编纂思想，一部《资治通鉴》主要围绕"国家兴衰"和"生民休戚"而展开叙述，这样做的目的是要"鉴前世之兴衰，考当今之得失"。他在《进资治通鉴表》中说："独于前史，粗尝尽心，自幼至老，嗜之不厌。每患迁、固以来，文字繁多，自布衣之士，读之不遍，况于人主，日有万机，何暇周览！臣常不自揆，欲删削冗长，举撮机要，专取关国家盛衰，系生民休戚，善可为法，恶可为戒者，为编年一书。使先后有伦，精粗不杂，私家力薄，无由可成。"[②] 在《资治通鉴·魏文帝黄初二年》又云："臣今所述，止欲叙国家之兴衰，著生民之休戚，使观者自择其善恶得失，以为劝戒，非若《春秋》立褒贬之法，拨乱世反诸正也。"《资治通鉴》一书就是要在历代"正史"的基础上删削冗长，举撮机要，突出那些"关国家盛衰，系生民休戚"的重大事件，认真总结历史发展的治乱兴衰及其原因，提供"善可为法，恶可为戒者"的经验教训，帮助"日有万机"的统治者鉴往知来，这样，可以"鉴前世之兴衰，考当今之得失，嘉善矜恶，取是舍非，足

---

① 一般也认为，战国时魏国的史书《竹书纪年》，是现今所知中国最早的一部具有通史性质的编年体史书。所记内容，上起传说时代，下讫战国后期，按年编次，周平王东迁后用晋国纪年，三家分晋后用魏国纪年。该书亡佚。今有辑本两种：一种被称为《今本竹书纪年》，是明朝以后出现的二卷本，此本多认为是伪作；一种被称为《古本竹书纪年》，为清朝以来的学者从古书中辑出而成的辑本，先后有朱右曾《汲冢纪年存真》、王国维《古本竹书纪年辑校》，范祥雍《古本竹书纪年辑校订补》及方诗铭、王修龄《古本竹书纪年辑证》等。

② 司马光.资治通鉴：卷末：进资治通鉴表［M］.北京：中华书局，1956：9607.

以懋稽古之盛德，跻无前之至治"①。即力图通过历代历史的记述与评论，让人们从中观古鉴今，资政治世。《资治通鉴》就是在这样鲜明的撰述思想指导下完成的，加上《资治通鉴》博大精深的史学内涵和司马光高超的历史编纂技巧，使得此书充分体现了史学经世致用的功能。故元朝史学家胡三省高度评价说："为人君而不知《通鉴》，则欲治而不知自治之源，恶乱而不知防乱之术。为人臣而不知《通鉴》，则上无以事君，下无以治民。为人子而不知《通鉴》，则谋身必至于辱先，作事不足以垂后。乃如用兵行师，创法立制，而不知迹古人之所以得，鉴古人之所以失，则求胜而败，图利而害，此必然者也。"②将《资治通鉴》视为为君、为臣、为人、为子者的必读之书，视为"用兵行师""创法立制"者的必读之书。王夫之也认为：《资治通鉴》可谓"君道在焉，国是在焉，民情在焉，边防在焉，臣谊在焉，臣节在焉，士之行己以无辱者在焉，学之守正而不陂者在焉。虽扼穷独处，而可以自淑，可以诲人，可以知道而乐"，"鉴之者明，通之也广，资之也深，人自取之，而治身治世、肆应而不穷。"③可见司马光编纂《资治通鉴》的主要思想和目的，是要对历代卷帙浩繁的史书删繁就简，为人们提供一部简明的历史读本，在"叙国家之兴衰，著生民之休戚"中总结历代治乱兴衰历史经验教训，更好地为政治服务。这也正是神宗以其"鉴于往事，有资于治道"而赐名《资治通鉴》，并为其作序的原因所在。

在"叙国家之兴衰"方面，司马光不仅注重"兴"的记载，更注重"衰"的叙述。综观全书，乱世之篇帙超过了治世之篇帙。如叙汉、唐"治世"，西汉文帝、景帝约4卷，而末世平帝、王莽、更始亦4卷；东汉光武约5卷，而献帝却多达10卷有余。唐太宗7卷，玄宗开元4卷，僖宗5卷、昭宗8卷。末世篇幅超过盛世篇幅。又如其叙"乱世"，西晋武帝3卷多，惠帝亦3卷多，"八王之乱"至西晋亡4卷。宋文帝8卷、梁武帝18卷，看似记"治世"实则是"乱世"，他们在位期间正值北朝的"乱世（十六国中西秦、北凉、北燕、夏与北魏并存，北魏则分裂为东魏、西魏）"。"专取关国家盛衰"的著述思想，决定了《资治通鉴》以叙皇朝兴亡之迹为主线，成为一部帝王教科书、一部历代政治史。

而战争作为政治的继续，关乎国之兴亡、盛衰，故司马光尤其重视关系政权存亡或政治格局变化的重大战役的详细记载。如昆阳之战决定王莽政权的存

---

① 司马光.资治通鉴：卷末：进资治通鉴表［M］.北京：中华书局，1956：9608.
② 司马光.资治通鉴：卷首：胡三省新注资治通鉴序［M］.北京：中华书局，1956：24.
③ 王夫之.读通鉴论：叙论四［M］.北京：中华书局，1975：956.

亡，甚至决定了刘秀的命运；赤壁之战决定了三国鼎立之势的形成；淝水之战关系南北对峙及北方政局等，这样的战役都是司马光《资治通鉴》中的用心之笔。

司马光还认为，礼治更关乎国家盛衰，故非常强调礼治的作用。他说：

> 臣闻天子之职莫大于礼，礼莫大于分，分莫大于名。何谓礼？纪纲是也。何谓分？君、臣是也。何谓名？公、侯、卿、大夫是也。

> 夫以四海之广，兆民之众，受制于一人，虽有绝伦之力，高世之智，莫不奔走而服役者，岂非以礼为之纪纲哉！……然后能上下相保而国家治安。①

"四海之广，兆民之众，受制于一人"，必须"以礼为之纪纲"，才能"上下相保而国家治安"，确保等级统治的维系和巩固。又云：

> 礼之为物大矣！用之于身，则动静有法而百行备焉；用之于家，则内外有别而九族睦焉；用之于乡，则长幼有伦而俗化美焉；用之于国，则君臣有叙而政治成焉；用之于天下，则诸侯顺服而纪纲正焉。②

认为礼于身、于家、于乡、于国、于天下，都是不可或缺的。"以礼为之纪纲"成为司马光选择史料、评判史事、评价历史人物的基本准则。他对东汉盛衰的总结，更能体现他的这一思想认识：

> 光武遭汉中衰，群雄糜沸，奋起布衣，绍恢前绪，征伐四方，日不暇给，乃能敦尚经术，宾延儒雅，开广学校，修明礼乐，武功既成，文德亦洽，继以孝明、孝章，遹追先志，临雍拜老，横经问道。自公卿、大夫至于郡县之吏，咸选用经明行修之人，虎贲卫士皆习孝经，匈奴子弟亦游太学，是以教立于上，俗成于下。……自三代既亡，风化之美，未有若东汉之盛者也。及孝和以降，贵戚擅权，嬖幸用事，赏罚无章，贿赂公行，贤愚浑殽，是非颠倒，可谓乱矣，然犹绵绵不至于亡者，上则有公卿、大夫袁安、杨震、李固、杜乔、陈蕃、李膺之徒，面引廷争，用公义以扶其危；下则有布衣之士符融、郭泰、范滂、许劭之流，立私论以救其败，是以政治虽浊而风俗不衰。……以魏武之暴戾强伉，加有大功于天下，其蓄无君之心久矣，乃至没身不敢废汉而自立，岂其志之不欲哉？犹畏名义而自抑

---

① 司马光．资治通鉴：卷一：周纪一 [M]．北京：中华书局，1956：2-3.
② 司马光．资治通鉴：卷十一：汉纪三 [M]．北京：中华书局，1956：375-376.

也。由是观之，教化安可慢，风俗安可忽哉！①

在"著生民之休戚"方面，司马光重视民心、民生问题，在《进资治通鉴表》中将"生民休戚"和"国家兴衰"相提并论，揭明其著述宗旨，并指出《资治通鉴》这样一部书最终是要"俾四海群生，咸蒙其福"。他还说："夫信者，人君之大宝也。国保于民，民保于信；非信无以使民，非民无以守国。是故古之王者不欺四海，霸者不欺四邻。善为国者不欺其民，善为家者不欺其亲。不善者反之，欺其邻国，欺其百姓，甚者欺其兄弟，欺其父子。上不信下，下不信上，上下离心，以至于败。所利不能药其所伤，所获不能补其所亡，岂不哀哉！"②强调人君当取信于民，才不至于上下离心、国家败亡。正是出于对民生问题的关注，司马光痛斥穷兵黩武、开疆拓土的行为。如太初元年，汉武帝以宠姬李夫人兄李广利为贰师将军，出兵大宛，他评论道："夫军旅大事，国之安危、民之死生系焉。苟为不择贤愚而授之，欲侥幸咫尺之功，藉以为名而私其所爱，不若无功而侯之为愈也。然则武帝有见于封国，无见于置将，谓之能守先帝之约，臣曰过矣。"③

上述所见，《资治通鉴》全书是紧紧围绕"叙国家之兴衰，著生民之休戚"的撰述宗旨而展开的，目的是便于人主周览，从历史中获取借鉴，资政治世。

二、"通各代成一史"

司马光编纂《资治通鉴》的主要目的：一是"叙国家之兴衰，著生民之休戚"，通过记述历史，总结历史经验教训，为现实政治服务。以致被宋神宗赐名《资治通鉴》，赐序称许有加。二是要写成一部简明扼要的编年体通史。司马光为观古知今，以史为鉴，立志整理古往史籍，删繁就简，编纂一部完整而系统的简明通史。编纂《资治通鉴》的初衷，是因历代史籍浩博繁复，读不胜读，刘恕《通鉴外纪·后序》云："《春秋》而后，迄今千余年，《史记》至《五代史》一千五百卷，诸生历年莫能竟其篇第，毕世不暇举其大略，厌烦趋易，行将泯绝。"④ 于是司马光便产生了为年轻的后生们提供一部简明通史读本的想法，并无为帝王写历史教科书的奢想。他先纂成《历年图》5卷，记战国至后

---

① 司马光．资治通鉴：卷六十八：汉纪六十 [M]．北京：中华书局，1956：2173-2174.
② 司马光．资治通鉴：卷二：周纪二 [M]．北京：中华书局，1956：48-49.
③ 司马光．资治通鉴：卷二十一：汉纪十三 [M]．北京：中华书局，1956：700.
④ 刘恕．通鉴外纪：后序 [M]．影印文渊阁四库全书本．上海：上海古籍出版社，1990：659

周显德年间1362年历史（起讫时间与《资治通鉴》相同），又以《历年图》为脉络，写成《通志》8卷（秦以前），进呈宋英宗，受到皇帝赏识，受命接续编修"历代君臣事迹"，从而确定了"帝王所宜知者，略依《左氏春秋传》体，为编年一书"①的著述宗旨。于治平四年（1067），向刚即位的宋神宗进读《通志》，神宗以其"鉴于往事，有资于治道"，赐名《资治通鉴》，并为其作序，"命龙图阁直学士司马光论次历代君臣事迹，俾就秘阁翻阅，给吏史笔札，起周威烈王，讫于五代"。②从此，司马光全力编纂《资治通鉴》，曾云"臣之精力，尽于此书"。神宗元丰七年（1084）全书告成，记载了上起周威烈王（前403），下讫后周世宗显德六年（959），首尾1362年的历史。书成后，宋神宗特别高兴，称"前代未尝有此书，过荀悦《汉纪》远矣"。③

《资治通鉴》是中国史学发展史上的伟大史著，纵贯古今，跨越1362年，"遍阅旧史，旁采小说，简牍盈积，浩如烟海，抉擿幽隐，校计毫厘"④，引书多达300余种⑤，是一部纵贯横通的不朽著作，充分继承了司马迁的"通变"思想。我国通史撰述，在《史记》以来《资治通鉴》问世之前，只有《通典》深具影响。其间虽有梁武所撰《通史》、北魏所编《科录》以及唐李延寿的《南史》《北史》，但《通史》《科录》不过杂抄而已，《南史》《北史》又记载时间甚短，都算不上严格意义上的通史。因此，《资治通鉴》的问世，打破了通史编纂长期沉寂的局面，把古代编年体史书的编纂推到了至高境界。明朝胡应麟说："编年之史，备于司马氏而精于朱氏。司马、朱氏出，而宋以前为之编年者，废矣！""自司马之为《通鉴》也，汉唐而上昭昭焉；自《通鉴》之止司马也，宋元以下泯泯焉"⑥。《四库全书总目》称："其书网罗宏富，体大思精，为前古之所未有。"⑦近人梁启超认为："司马温公《通鉴》，亦天地一大文。其结构之宏伟，其取材之丰赡，使后世有欲著通史者，势不能不据为蓝本，而至今

---

① 毕沅．续资治通鉴：卷六十四：英宗纪［M］．上海：上海古籍出版社，1987：324．
② 司马光．资治通鉴：卷首：御制资治通鉴序［M］．北京：中华书局，1956：29．
③ 毕沅．续资治通鉴：卷七十八：神宗纪［M］．上海：上海古籍出版社，1987：401．
④ 司马光．资治通鉴：卷末：进资治通鉴表［M］．北京：中华书局，1956：9607．
⑤ 南宋高似孙《史略》卷四《通鉴参据书》条说："《通鉴》中所引据二百二十余家。"清人胡元常《通鉴引用书目考》云："凡得二百七十二种，惟文集则不列其目。"（《新校资治通鉴叙录》）今人张煦侯《通鉴学》考其引书"总计三百零一种"。陈光崇《通鉴新论》"《通鉴》引用书目探究"和"《通鉴》引用书目的再检核"考其引书"实得三百五十九种"。
⑥ 胡应麟．少室山房笔丛：卷十三：史书占毕［M］．北京：中华书局，2009：135．
⑦ 永瑢，等．四库全书总目：卷四十七：资治通鉴［M］．北京：中华书局，1965：402．

卒未有能愈之者焉。温公亦伟人哉！"① 又说：司马光的《资治通鉴》"通各代成一史"，"价值不在《史记》之下"。② 金毓黻认为："《通鉴》之难能可贵，尤在贯穿古今事迹为一编"，而且"融会众家，首尾一贯"。③ 张煦侯称："《通鉴》之所以为得，盖有三端"，"一曰《通鉴》合纪、传、志而为一编"，"二曰《通鉴》合独断、考索而为一手"，"三曰《通鉴》合史学、文学而成一家"④。历代学者充分肯定了司马光《资治通鉴》纵贯横通、体大思精的"求通"之撰述思想。

三、"因丘明编年之体，仿荀悦简要之文"

司马光"通各代成一史"的编纂原则是"因丘明编年之体，仿荀悦简要之文"。他说："予欲托始于周威烈王命韩、魏、赵为诸侯，下迄五代，因丘明编年之体，仿荀悦简要之文，网罗旧说，成一家言。"⑤ 这表明《资治通鉴》无论编纂思想、编纂体例、编纂方法、语言表述等都充分继承和发展了传统编年体的传统与优点。

所谓"因丘明编年之体"，不仅仅是体例的承袭，而且还指《资治通鉴》尊崇《左传》，全面继承和发展了《左传》的编纂思想、编纂方法和叙事技巧。一是时间断限上上继《左传》，是一部承袭《左传》的编年体通史。《左传》记事起于公元前722年，止于公元前468年，言智伯辱赵襄子事，为后来赵、魏、韩三家灭智氏埋下伏笔。《资治通鉴》记事始于公元前403年，迄于公元959年，上下1362年历史，却追溯到公元前470年以前智宣子议立智瑶为后，先写周王封三家为侯，再追写三家灭智氏的经过，恰好上接《左传》。胡三省云："孔子序书，断自唐虞，迄《文侯之命》而系之秦，鲁《春秋》则始于平王之四十九年；左丘明传《春秋》，止哀之二十七年赵襄子甚知伯事……《通鉴》之作实接《春秋》《左传》后也。"⑥ 司马光上续《左传》，确认《资治通鉴》为《左传》之续作，一则表明作者的尊经思想，《春秋》乃儒家经典，《左传》

---

① 梁启超. 新史学：中国之旧史 [M] //饮冰室合集（文集9）. 北京：中华书局，1989：6.
② 梁启超. 中国历史研究法补编：史学史的做法 [M] //饮冰室合集（专集99）. 北京：中华书局，1989：159.
③ 金毓黻. 中国史学史 [M]. 石家庄：河北教育出版社，2000：262.
④ 张煦侯. 通鉴学 [M]. 北京：北京联合出版公司，2019：218-223.
⑤ 刘如. 通鉴外纪：后序 [M]. 影印文渊阁四库全书本. 上海：上海古籍出版社，1990：659.
⑥ 司马光. 资治通鉴：卷首：新注进资治通鉴序 [M]. 北京：中华书局，1956：27.

是经典的注解，在正统史学家的心目中是不可超越的。二则借以点明全书的编纂主旨，即周威烈王命三家为诸侯，违反了王者大一统的原则。《资治通鉴》开宗明义，强调天子之事和大一统观念，"周威烈王三十三年，初命晋大夫魏斯、赵籍、韩虔为诸侯。臣光曰：臣闻天子之职莫大于礼，礼莫大于分，分莫大于名。何谓礼？纪纲是也。何谓分？君、臣是也。何谓名？公、侯、卿、大夫是也。"胡三省注云："此温公书法所由始也……三卿窃晋之权，暴蔑其君，剖分其国，此王法所必诛也。威烈王不惟不能诛之，又命之为诸侯，是崇奖奸名犯分之臣也。《通鉴》始于此，其所以谨名分欤！"①

二是继承和发展了《左传》编年叙事、排比史事的方法。以时间为中心来叙事是编年体的最大特点。《左传》按时间先后叙述史事，为《资治通鉴》所继承。但《左传》仍不够严密。有时仅记年、时，不记月、日；有时仅在开头记上年、时，下文不记年、月；甚至无年月可考，则干脆不记。"而《通鉴》则有严格的时间顺序，使所发生的史事有时间可稽。每卷开头，用太岁纪年法，记该卷的起讫，共多少年，然后按年、时、月、日的次序记事；年月用序数，日用干支，时则书春、夏、秋、冬。时间不甚分明的，则概括地叙述；事件发生在年终或年末，又常用追叙或附叙的方法。既可减少史事的割裂芜杂，又有完整的时间概念。把以时间为中心的编年体，使用得更加严密，更加准确。"②

三是继承和发展了《左传》言事相兼的优点。《左传》记言与记事浑然一体，具体而深刻地揭示了事件的本质，刻画了人物形象。《资治通鉴》大大丰富了这种叙事的基本方法，广泛采用提纲法、追叙法、附记法、带叙法等（后详），使史事的记载首尾完具，丝丝入扣，形象生动。如唐高宗永徽六年（655）写废王皇后及淑妃时，王皇后奉诏后说："愿大家万岁！昭仪承恩，死自吾分。"淑妃骂道："阿武妖猾，乃至于此！愿他生我为猫，阿武为鼠，生生扼其喉。"③两人不同的身份、性格和内心反映，鲜明可辨。又如写赤壁之战前记诸葛亮与孙权的谈话，以及张昭、鲁肃、周瑜等人的议论，与赤壁之战这件事浑然一体，反映了战前各种不同思想及其统一的过程，预示着战斗制胜的原因。再如写淝水之战，记言与记事有机结合，揭示了战争如何在前秦苻坚一意孤行、朝臣坚决反对、异族别有用心的复杂情况下发生，以及东晋宰相谢安面对强敌压境如何运筹帷幄、镇定自若、指挥有方、以弱克强的事实。《资治通鉴》载："谢安

---

① 司马光. 资治通鉴：卷一：周纪一［M］. 北京：中华书局，1956：2.
② 来可泓.《资治通鉴》与编年体［M］//刘乃和，宋衍申. 司马光与资治通鉴. 长春：吉林文史出版社，1986：328-329.
③ 司马光. 资治通鉴：卷二百：唐纪十六［M］. 北京：中华书局，1965：6294.

得驿书，知秦兵已败，时方与客围棋，摄书置床上，了无喜色，围棋如故。客问之，徐答曰：'小儿辈遂已破贼。'既罢，还内，过户限，不觉屐齿之折。"①谢安作为晋军统帅，肯定为晋军的获胜而高兴，但他外表从容镇定、不露喜色，继续下围棋，然而终究抑制不住内心的喜悦，以致当他回内室过门槛时，竟连屐齿被碰折都未察觉。通过动作、神情、语言的记载，将人物刻画得惟妙惟肖。记事和记言的完美结合，是《资治通鉴》记述史事的重要特点，是司马光对《左传》编纂特色的有效继承和发展。

四是继承和发展了《左传》的史论特色。《左传》叙事与论史相结合，开我国史学"史论"之先河，其以"君子曰""书曰""故曰""故书曰"等形式发论，表达了作者对历史和史学的看法，是作者史学思想的集中反映。这种评论方式直接为后世史学家所继承，如《史记》的"太史公曰"、《汉书》的"赞曰"、《三国志》的"评曰"，以及后世的"史臣曰"等。《资治通鉴》以"臣光曰"发论，初步统计，全书"臣光曰"达119篇，是全书的重要组成部分，反映了司马光关注现实、以古鉴今、讨论为政得失的忧患意识。如评论命韩、赵、魏为诸侯，强调严格封建统治的纲纪名分；评三晋灭智伯之事，发表了有名的"才德论"，强调选人重德，指出"智伯之亡也，才胜德也！"认为"才德全尽谓之圣人，才德兼亡谓之愚人；德胜才谓之君子，才胜德谓之小人"②。暗寓宋朝主张变法者有才无德，小人而已，变法必败。又如公元496年，北魏孝文帝论选调条下，司马光评述道："臣光曰：选举之法，先门地而后贤才，此魏、晋之深弊，而历代相因，莫之能改也。夫君子、小人，不在于世禄与侧微，以今日视之，愚智所知也；当是之时，虽魏孝文之贤，犹不免斯蔽。故夫明辨是非而不惑于世俗者诚鲜矣！"③ 针砭时弊，有感而发。这些评论使得众多的历史叙事得到了理论的升华，从而反映了《资治通鉴》所蕴含的丰富历史思想。因此，读《资治通鉴》，不可不细读"臣光曰"；而细读"臣光曰"，必将对《资治通鉴》有更深入的认识和理解。再如指责南朝梁武帝拒绝切中时弊的意见，"臣光曰：梁高祖之不终也，宜哉！夫人主听纳之失，在于丛脞；人臣献替之病，在于烦碎。是以明主守要道以御万机之本，忠臣陈大体以格君心之非，故身不劳而收功远，言至约而为益大也。观夫贺琛之谏亦未至于切直，而高祖已赫然震怒，护其所短，矜其所长；诘贪暴之主名，问劳费之条目，困以难对

---

① 司马光. 资治通鉴：卷一百五：晋纪二十七［M］. 北京：中华书局，1956：3314.
② 司马光. 资治通鉴：卷一：周纪一［M］. 北京：中华书局，1956：14.
③ 司马光. 资治通鉴：卷一百四十：齐纪六［M］. 北京：中华书局，1956：4396.

之状,责以必穷之辞。自以蔬食之俭为盛德,日昃之勤为至治,君道已备,无复可加,群臣箴规,举不足听。如此,则自余切直之言过于琛者,谁敢进哉!由是奸佞居前而不见,大谋颠错而不知,名辱身危,覆邦绝祀,为千古所闵笑,岂不哀哉!"①强调君相之职,臣子之责,忧患意识强烈。

张煦侯先生认为:"《通鉴》殆纯以左氏为师",其时间本位、作者意识本位、人物附载、重要文字附载、政制附载、杂事附载,"六者皆受法于《左传》,且有明证。故司马氏者,纂纪年之大宗,为左氏之肖子者也"②。

所谓"仿荀悦简要之文",反映了司马光的整体史文追求。汉献帝爱好典籍,常苦班固《汉书》文繁难读,"乃令悦依《左氏传》体以为《汉纪》三十篇"③。荀悦"谨约撰旧书,通而叙之,总为帝纪,列其年月,比其时事,撮要举凡,存其大体,旨少所缺,务从省约,以副本书,以为要纪"④。将80余万字的《汉书》改编为18万字的《汉纪》,文字减省了约五分之四,然"辞约事详,论辩多美"⑤。袁宏因此称荀悦"才智经论,足为佳史"⑥,而司马光编纂《进资治通鉴》则明言"仿荀悦简要之文"。前引司马光《进资治通鉴表》云:"每患迁、固以来,文字繁多,自布衣之士,读之不遍,况于人主,日有万机,何暇周览!臣常不自揆,欲删削冗长,举撮机要,专取关国家盛衰,系生民休戚,善可为法,恶可为戒者,为编年一书"⑦,就充分表明了《资治通鉴》在史文表述上对《汉纪》的仿效。其一,荀悦写《汉纪》,以帝纪为中心,使记人记事相对集中,《资治通鉴》则利而用之,专取关国家盛衰,系生民休戚,善可为法,恶可为戒者,为编年一书。其二,荀悦写《汉纪》,多发评论,讨论政事得失,《资治通鉴》承而行之,遇事评论,讨论是非得失。⑧王应麟指出:司马光"推本荀悦《汉纪》,以为《通鉴》"。金毓黻则云:司马光"创修《通鉴》,贯穿古今,以为一书,而面目为之一新,殆由《左传》《汉纪》二书扩而充之

---

① 司马光.资治通鉴:卷一百五十九:梁纪十五[M].北京:中华书局,1956:4934-4935.
② 张煦侯对此有详论,可参见:通鉴学[M].北京:北京联合出版公司,2019:120-127.
③ 范晔.后汉书:卷六十二:荀悦传[M].北京:中华书局,1965:2062.
④ 荀悦.汉纪:卷一:高祖皇帝纪[M]//两汉纪.北京:中华书局,2002:1.
⑤ 范晔.后汉书:卷六十二:荀悦传[M].北京:中华书局,1965:2062.
⑥ 袁宏.后汉纪:卷首:后汉纪序[M]//两汉纪.北京:中华书局,2002:1.
⑦ 司马光.资治通鉴:卷末:进资治通鉴表[M].北京:中华书局,1956:9607.
⑧ 来可泓.《资治通鉴》与编年体[M]//刘乃和,宋衍申.司马光与资治通鉴.长春:吉林文史出版社,1986:334.

以成巨制者也",甚至说司马光的《资治通鉴》"仰食荀悦所赐"。①

此外,《资治通鉴》在仿效《汉纪》的基础上改进了叙事的方法,把编年体史书的写作推到了极致。一是提纲法。司马光采取了"先提其纲而后原其详"的方法,往往先用一句话提挈纲领,然后详述事实经过,使叙事变得眉目清楚,条理井然。朱熹正是在此基础上"大书以提要,分注以备言",创造了新的史书体裁——纲目体(可归入编年体)。二是追叙法。编年之法,事具当年,而事有大小,往往一事或经数日数月,或历数年数十年乃至更长时间,按编年之法则不得不散记在数年或数十年之间,以致"首尾难稽"②,读者难以明其原委。梁启超批评"编年体之纪述,无论如何巧妙,其本质总不离账簿式。读本年所记之事,其原因在若干年前者,或已忘其来历;其结果在若干年后者,苦不能得其究竟。非直翻检为劳,抑亦寡味矣"③。为弥补这一缺陷,司马光用"初""先是"等笔法,追述事件的由来,使事件始末一目了然。袁枢正是在此基础上编撰了《通鉴纪事本末》,创立了纪事本末体。三是带叙法。以往编年史多不详人物的邑里世系,不利于读者知人论世、知势论人。《资治通鉴》中凡遇始见人物必明载其邑里或世系,省去了读者翻检稽考之劳。四是类叙法。在行文中,凡遇相关的或同类的人和事,司马光就连同予以记载。既便于集中叙述,又可避免遗漏。此法《左传》《汉纪》已见运用,纪传体史书中更有类传的做法。司马光吸取了前人的编纂经验,进一步发展了这种记事的方法。

总之,司马光"因丘明编年之体,仿荀悦简要之文",不仅弘扬了传统编年体的优势,而且改进了传统编年史叙事的诸多弊端,把编年体史书体裁的发展推到了高峰,涌现出了众多对《资治通鉴》进行续、改、注、评、校的著作,在中国史学发展史上形成了一门专门的学问——通鉴学,编年体史书体裁的发展又焕发了勃勃生机和活力。

四、"借其年以纪事尔"

编年体史书年经事纬,历史纪年的处理显得十分重要而敏感,在这个问题上,长期存在正闰之争。司马光所处的时代,人们极重正统。欧阳修撰有《正统论》7首(《原正统论》《明正统论》《秦论》《魏论》《东晋论》《后魏论》

---

① 金毓黻. 中国史学史 [M]. 石家庄:河北教育出版社,2000:259.
② 永瑢,等. 四库全书总目. 卷四十九:通鉴纪事本末 [M]. 北京:中华书局,1965:437.
③ 梁启超. 中国史研究法:过去之中国史学界 [M]//饮冰室合集(专集73). 北京:中华书局,1989:20.

《梁论》)、《正统辨上》《正统辨下》，苏轼作《后正统论》3首(《总论一》《辩论二》《辩论三》)、章望之作《明正统》、陈师道作《正统论》等。欧阳修认为"正统之说始于《春秋》之作"，"传曰：'君子大居正。'又曰：'王者大一统。'正者，所以正天下之不正也；统者，所以合天下之不一也。由不正与不一，然后正统之论作"①。苏轼认为，"正统之为言，犹曰有天下云尔"②。众说纷纭。这些争论，对当时史学产生了重要影响，甚至有严重的危害。司马光曾批评道："及汉室颠覆，三国鼎峙。晋氏失驭，五胡云扰。宋、魏以降，南、北分治，各有国史，互相排黜，南谓北为'索虏'，北谓南为'岛夷'。朱氏代唐，四方幅裂，朱邪入汴，比之穷、新，运历年纪，皆弃而不数，此皆私己之偏辞，非大公之通论也。"③ 即一方面政权分立，各国史学家互相排黜，歪曲历史，故有"索虏""岛夷"之类；另一方面，史学家爱憎由己，篡改历史，如以朱梁为伪，弃其"运历年纪"之类，正是用"正闰论"观点来编纂史书所造成的种种危害。

在纪年问题上，司马光打破了正统与僭伪的偏见，他在《资治通鉴·魏文帝黄初二年》对正闰问题有详细论述。详引如下：

> 臣光曰：天生烝民，其势不能自治，必相与戴君以治之。苟能禁暴除害以保全其生，赏善罚恶使不至于乱，斯可谓之君矣。是以三代以前，海内诸侯，何啻万国，有民人、社稷者，通谓之君。合万国而君之，立法度，班号令，而天下莫敢违者，乃谓之王。王德既衰，强大之国能帅诸侯以尊天子者，则谓之霸。故自古天下无道，诸侯力争，或旷世无王者，固亦多矣……臣愚诚不足以识前代之正闰，窃以为苟不能使九州合为一统，皆有天子之名而无其实者也。虽华夷仁暴，大小强弱，或时不同，要皆与古之列国无异，岂得独尊奖一国谓之正统，而其余皆为僭伪哉！……臣今所述，止欲叙国家之兴衰，著生民之休戚，使观者自择其善恶得失，以为劝戒，非若《春秋》立褒贬之法，拨乱世反诸正也。正闰之际，非所敢知，但据其功业之实而言之。周、秦、汉、晋、隋、唐，皆尝混壹九州，传祚于后，子孙虽微弱播迁，犹承祖宗之业，有绍复之望，四方与之争衡者，皆其故臣也，故全用天子之制以临之。其余地丑德齐，莫能相壹，名号不异，本

---

① 欧阳修.欧阳修全集：卷一六：居士集[M].北京：中国书店，1986：116.
② 苏东坡.苏东坡全集：文集卷四：正统论总论[M].上海：上海古籍出版社，2000：726.
③ 司马光.资治通鉴：卷六十九：魏纪一[M].北京：中华书局，1956：2186-2187.

非君臣者，皆以列国之制处之，彼此钧敌，无所抑扬，庶几不诬事实，近于至公。……昭烈之汉，虽云中山靖王之后，而族属疏远，不能纪其世数名位，……是非难辨，故不敢以光武晋元帝为比，使得绍汉氏之遗统也。

司马光反对"独尊奖一国谓之正统"，主张"据其功业之实而言之"，以此分一统与列国，不为正闰之别，无所抑扬。他认为魏、蜀、吴三国皆属列国，没有正统与篡盗之分。采用魏年，不是尊魏，仅以其方便而已。他进一步指出：在遇"天下离析之际，不可无岁、时、月、日以识事之先后。据汉传于魏而晋受之，晋传于宋以至于陈而隋取之，唐传于梁以至于周而大宋承之，故不得不取魏、宋、齐、梁、陈、后梁、后唐、后晋、后汉、后周年号，以纪诸国之事"①。在列国中，以授受相承，故取其年号以"纪事"，不辨正闰，没有尊此卑彼之意，恰恰表明了历史的连续性。这就是他在《答郭纯长官书》中强调的"借其年以纪事尔"，他说：

<blockquote>光学识疏浅，于正闰之际，尤所未达，故于所修《通鉴》，叙前世帝王，但以授受相承，借其年以纪事尔，亦非有所取舍抑扬也。②</blockquote>

"借年以纪事"，恰恰反映了司马光在历史编纂学上的卓见。他抛开了正闰之辨，借年纪事，无论在分裂时期还是统一时期，都可以真实地反映历史，他的这一编纂思想大大增强了《资治通鉴》一书的科学性，也为后世史学家修史树立了楷模。当代史学家陈垣在《二十史朔闰表》中说："正统闰位之说，今日实无辩论之价值。惟当列国分立之际，本表限于篇幅，不能将诸国年号并列，故只得取史学家通例，任择一国列之，而将同时与国之年号分列于下，固无正闰之见存也。"③ 陈氏所取的"史学家通例"，即本司马光《资治通鉴》的做法，于此亦可见《资治通鉴》纪年方法所具有的合理性和优越性。

司马光不辨正闰、"借年以纪事"的做法遭到了不少人的反对，尤其是道学家们的反对，如范祖禹撰《唐鉴》仍然"黜武氏之号"，朱熹编《资治通鉴纲目》又帝蜀黜魏，张栻也云："汉献之末，曹丕虽称帝，而昭烈以正义立于蜀，

---

① 以上均引见. 司马光. 资治通鉴：卷六十九：魏纪一［M］. 北京：中华书局，1956：2185-2188.
② 司马光. 温国文公司马公文集：卷六十一：答郭纯长官书［M］. 上海：商务印书馆，1929：7a-7b.
③ 陈垣. 二十史朔闰表：例言［M］. 北京：中华书局，1956：2.

不改汉号，则汉统乌得为绝？"① 周密说："正闰之说尚矣。欧公作《正统论》，则章望之著《明正统》以非之，温公作《通鉴》，则朱晦庵作《纲目》以纠之。张敬夫亦著《经世纪年》，直以蜀先主上继汉献帝。"② 道学家们的反对和立异，更加显示出司马光在历史纪年问题上的卓识特见。

当然，《资治通鉴》纪年只用一国年号，"不能将诸国年号并列"，也有一定的缺憾，这种缺憾在编纂《资治通鉴目录》时已做了弥补，其于分裂时期，以年为经，以国为纬，使诸国年号同时并列，弥补了《资治通鉴》正文的不足。于此也可见司马光编纂《资治通鉴》的严谨。

五、"叙所以取此舍彼之意"

司马光编纂《资治通鉴》的严谨认真，还表现在其考异方法的建立和运用上，这也是司马光对历史编纂学的一大贡献。他在撰成《资治通鉴》的同时，不仅"略举事目，年经国纬，以备检寻，为目录三十卷"，而且"又参考群书，评其同异，俾归一途，为《考异》三十卷"。③ 或考订时间，或考订地理，或考订人物，或考订历史事件等，详细说明取舍缘由，充分表现了著史者实事求是、秉笔直书的治史态度。《四库全书总目》云："光编集《通鉴》时，有一事用三四出处纂成者，因参考异同，别为此书，以正其谬误而归之于一。盖前代纪事之书，传闻异词，稗官固喜造虚言，本史亦不皆实录。光所采者，自"正史"外，相传凡二百二十二家……旁搜博引，抉摘幽隐，择可信者而从之。有旧史所不详者，亦必参互考证而明其所以阙疑之故。既著其文于《通鉴》本弃取之意，辩论而折衷之，使读者晓然于记载之得失是非，而不复有所歧惑，千古史法之精密，实无过于是者。"④《资治通鉴考异》的撰著，就是要阐明《资治通鉴》选择史料时的"弃取之意"，即让后人明白其采择去取史料的依据。

关于考异的方法，司马光在《答范梦得》信中有明确交代。他说：做长编时，凡遇"其中事同文异者，则请择一明白详备者录之，彼此互有详略，则请左右采获，错综铨次，自用文辞修正之，一如《左传》叙事之体也。此并作大字写。若彼此年月者，修入正文，余者注于其下，仍为叙述所以取此舍彼之意。

---

① 马端临. 文献通考：卷一百九十三：经世纪年序总序 [M]. 北京：中华书局，2011：5608.
② 周密. 癸辛杂识：后集：正闰 [M]. 北京：中华书局，1988：97.
③ 司马光. 资治通鉴：卷末：进资治通鉴表 [M]. 北京：中华书局，1956：9607-9608.
④ 永瑢，等. 四库全书总目：卷四十七：资治通鉴考异 [M]. 北京：中华书局，1965：421.

先注所舍者云某书云云，今按某书证验云云，或无证验，则以事理推之云云，今从某书为定。若无以考其虚实是非者，则云今两存之。其实录"正史"未必皆可据，杂史小说未必皆无凭，在高鉴择之"①。

这里，司马光交代了这样几个原则：其一，事同文异者，不考异，而"择一明白详备者录之"；其二，彼此互有详略者，则"左右采获，错综铨次，自用文辞修正之"；其三，通过文献异说之间的比勘，证据确凿可以稽考者从之，即"先注所舍者云某书云云，今按某书证验云云"；其四，验证者则从常理推断，即"或无证验，则以事理推之云云，今从某书为定"；其五，不能确定无疑者，不妄断正误，而两存其说，"若无以考其虚实是非者，则云今两存之"。《资治通鉴考异》通过这样一些考异方法和原则，便将《资治通鉴》取舍史料的原委叙述得十分清楚。今人陈光崇先生认为：这是司马光制定的撰写考异的公式。② 细查《通鉴考异》条文，大体依此写成。现代著名史学家张煦侯先生在《通鉴学》一书中将司马光的考异方法归纳总结为六类：其一，参取众书而从长者；其二，两存者；其三，两弃者；其四，两疑而节取其要者；其五，存疑者；其六，兼存或说于《考异》中者。对以上六类分别有详细论述，认为"以上六类，温公鉴别史料之标准见焉，驾驭史料之方法亦见焉"。③

四库馆臣对《资治通鉴考异》的方法有极高的评价：

光既择可信者从之，复参考同异别为此书，辩证谬误，以祛将来之惑。昔陈寿作《三国志》，裴松之注之，详引诸书错互之文，折衷以归一是，其例最善。而修史之家未有自撰一书，明所以去取之故者。有之，实自光始。其后李焘《续通鉴长编》、李心传《建炎以来系年要录》，皆沿其义，虽散附各条之下，为例小殊，而考订得失则一也。④

---

① 司马光．司马文正公传家集：卷六三：答范梦得［M］．万有文库本．北京：商务印书馆，1937：777．
② 陈光崇．通鉴新论［M］．沈阳：辽宁教育出版社，1999：158．
③ 详见张煦侯．通鉴学［M］．北京：北京联合出版公司，2019：102-109．
④ 见《四库全书总目》卷四十七"《资治通鉴考异》提要"。陈寅恪先生的认识与四库馆臣有所不同，他认为：司马光的"长编考异法"来源于魏晋时期的佛经"合本子注"。所谓"合本子注"，就是将同一经典的不同译文，以一种为主作为正文，以其他译本为子注，置于该句之下，以供人们参考。他说："裴世期之注《三国志》，深受当时内典合本子注之薰习，此盖吾国学术史之一大事。而后代评史者，局于所见，不知古今学术系统之有别流，著述体裁之有变例，以喜聚异同，坐长烦芜为言，其实非也。"在陈寅恪先生看来，宋代史学家之著述，如《续资治通鉴长编》《三朝北盟会编》《建炎以来系年要录》等"最能得昔人合本子注之遗意"。(《陈述辽史补注序》，载《金明馆丛稿二编》，第234页）这一认识值得重视。

由此可见，司马光建立了考异的方法，专门论述《资治通鉴》采择去取史料的依据，对历史编纂学来说是一个重要贡献，对后世影响极大。李焘《续资治通鉴长编》、李心传《建炎以来系年要录》等皆取法效仿，以之为楷模。司马光的考异方法，也是钱大昕等人"考异"的先驱，王鸣盛《十七史商榷》、钱大昕《廿二史考异》、赵翼《廿二史劄记》等都受到其影响。钱大昕曾云："读十七史，不可不兼读《通鉴》。《通鉴》之取材，多有出"正史"之外者，又能考诸史之异同而裁正之。昔人所言，事增于前，文省于旧，惟《通鉴》可以当之。"① 十分推重司马光的史学成就。

第五节　实录体及其编纂观念

编年体史书除传统的编年体外，还有一些支裔，如起居注、实录、长编、纲目，皆与传统编年体史籍同源而异流。② 其中，实录是编年体中的一种特殊形式，是用编年记事方法专门为前朝执政皇帝编纂的史料长编，是编撰"正史"和编年史的底本，是介于记注和撰述之间的一种史籍编纂形式。

"实录"一词，最早见于扬雄《法言·重黎》："或问《周官》，曰：立事。《左氏》，曰：品藻。太史迁，曰：实录。"③《汉书·司马迁传赞》说："自刘向、扬雄博极群书，皆称迁有良史之材，服其善序事理，辨而不华，质而不俚，其文直，其事核，不虚美，不隐善，故谓之实录。"注称："应劭曰：言其录事实。"④ 可见，"实录"最初是指记事真实可信。但因司马迁《史记》一直被封建史学家尊为修史的典范，被扬雄、班固称为"实录"，所以后世便有人以"实录"来名史，从而使"实录"成为一种记事的体裁。

欧阳修说："实录起于唐也，自高祖至于武宗，其后兵盗相交，史不暇录。"⑤ 王应麟说："实录起于萧梁，至唐而盛。杂取编年纪传之法而为之，以备史官采

---

① 钱大昕. 潜研堂集：卷二十八：跋宋史新编［M］. 上海：上海古籍出版社，2010：273.
② 详见本书"中编"第二章第一节"编年体".
③ 扬雄. 扬子法言：卷十：重黎［M］.//新语·新书·扬子法言. 沈阳：辽宁教育出版社，1998：24.
④ 班固. 汉书：卷六十二：司马迁传［M］. 北京：中华书局，1962：2738.
⑤ 欧阳修. 宋本欧阳文忠公文集：卷一二四：崇文总目叙释［M］. 北京：国家图书馆出版社，2019.

择。"① 又据《隋书·经籍志》记载，实录最早产生于南朝萧梁时期，见于著录的有周兴嗣撰《梁皇帝实录》三卷（记梁武帝之事）、谢昊撰《梁皇帝实录》五卷（记梁元帝之事）等。实录起于南朝之梁当是可信的。周、谢二氏之后，实录之修历代相沿，直至清末，延续1400年之久，成为编年体体系中的一个特殊类别。

唐朝，设馆修史，实录的修撰也有了定规，即每一新君继位，都要诏令史官，根据前一皇帝的起居注、时政记、目录等书，重新加以汇总，修成一部前一皇帝的编年史，称为"实录"。此例一开，历代沿而不改，遂成为定制。

严格地讲，实录体史著只是记注之作而非著述之作，不免粗糙原始。但唯其"原始"，才更显价值的珍贵。从编纂观念上看，实录体著述中主要贯穿的是皇权中心意识、鉴戒观念、求新观念、求实观念等编纂理念。谢贵安著《中国实录体史学研究》，将实录的主题思想概括为显亲尽孝、张扬忠义、劝励风俗、政治鉴戒。② 这对理解实录的编纂观念颇具启示。

一、皇权中心意识

从性质上看，实录体本身就是以记皇帝活动为中心的特殊的编年体。谢贵安指出：中国古代社会呈现"家国一体"的结构，国家是家庭的放大，皇家是中国最高贵的家庭，国家与皇家有时候是一个概念，忠君往往就意味着爱国。古代实录反映的是皇帝事迹，却被视为最重要的国史之一。就内容而言，实录既描述皇帝的活动，又载录国家的政事和官僚的奏疏。家国一体的观念，使实录既是继任皇帝尽孝的工具，又成为国家政治鉴戒的载体。③实录体史籍是记皇帝个人及其政权的专史，皇权中心意识在其编纂中表现得最为突出。

其一，实录中充斥着"君权神授"观念，无不将皇帝塑造成"生而知之"的"神圣之君""天之骄子"。如《唐高祖实录》虚构武德初晋州人吉善在羊角山遇见乘白马的白衣老父，让他回去告诉李渊将会当上天子的故事。又曾记载郇州献瑞石，石上有文曰"天下千万"等，宣扬李唐王朝之得天下早有预兆，是上天的安排。

《明太祖实录》卷一将朱元璋虚构成其母食黄冠所赐白药而生的"神灵之子"。《明仁宗实录》卷一称仁宗"洪武拾壹年柒月贰拾叁日生于凤阳，是夕，

---

① 王应麟.玉海：卷四八：艺文 [M].台北：大化书局，1977：949.
② 谢贵安.中国实录体史学研究 [M].武汉：武汉大学出版社，2007：144-152.
③ 谢贵安.中国实录体史学研究 [M].武汉：武汉大学出版社，2007：144.

仁孝皇后梦冠冕执圭者上谒，寤而生帝"。

《明英宗实录》卷一称英宗朱祁镇"降诞，适当建子天统之月，是日，日下五色祥云见，瑞光烛于殿陛"。又称英宗：

> 天质秀杰，龙颅魁硕，迥异常伦，巾帽皆须，式样加广大为之，乃克适用。遂以明年二月初六日立为皇太子。及能言，时宣宗皇帝抱置膝上，问他曰为天子能令天下太平乎？曰能。又问有干国之纪者，敢亲总六师往正其罪乎？曰敢。答应之际，音响洪亮，神采英毅，无所疑虑。

宣宗皇帝将他抱出来给杨士奇等看，杨士奇等曰："《书》称汤之勇智，武王之聪明，皆本于天生，臣于今信矣。诚圣明宗社灵长之本也！"《清太祖实录》卷一将清室祖先说成是仙女和神人之子，宣传"君权神授"的观念，迷惑群众。《清太宗实录》卷一描写太宗皇太极"言辞明敏，威仪端重，耳目所经，一听不忘，一见即识。又勇力轶伦，步射骑射，矢不虚发。宏漠远略，动中机宜。料敌制胜，用兵如神。性嗜典籍，披览弗倦"。《清宣宗实录》卷一称道光皇帝"聪明天宜，目下十行"，"经史融贯，奎藻日新"，等等，都将皇帝及其统治政权说成是上天旨意，要求人们顺应天意，服从帝王统治。帝王实录甚至还将皇帝塑造成至高无上的道德君子，如《清太宗实录》卷一称太宗皇太极"天锡睿智，恭孝仁惠，诚信宽和，圣德咸备"，"又善抚亿众，体恤将卒。无论疏戚，一皆开诚布公以待之"。《清宣宗实录》卷一赞道光皇帝"生有圣德，神智内充"。《清穆宗实录》卷一云同治皇帝"聪明天宜，孝敬性成"。《清德宗实录》卷一谓光绪皇帝"帝德日新，圣功益裕……开亿万撰宪政文明之局，天人协运。中外归心，懿欤盛哉"等，美化皇帝，为皇权专制主义大造舆论。

其二，凡涉关皇帝事迹及皇权恩威者，无不大书特书，详加记载。这在历代实录的"修纂凡例"中均有明确交代。《明孝宗实录·修纂凡例》强调："即位礼仪及赏费之类皆书""凡诏书悉录全文，若敕书及御制文，录其关事体之重者，有特敕褒勉臣下抚谕远人及恤刑宽贷之类悉书""凡文武大臣有宣召谕问皆书，顾命之辞备书""大驾卤簿及太皇太后、皇太后、皇后、东宫、亲王、郡王、公主仪仗有新置及增损者书""皇帝大婚、皇太子冠及诸王、长公主冠婚皆书其礼仪""经筵日讲及皇太子出阁读讲皆书，赉宴等项恩典亦书""丧葬之礼及上尊溢册文议文等项备书""山陵迁附书，亲王、郡王、公主、郡主丧葬皆书，其礼仪有新定或损益亦书"，"遣使抚谕四夷及封拜赐赉皆书，四夷来朝贡亦书""凡修纂先朝实录及编辑书籍皆书"。只要事关皇帝本人，都要认真记载。

《清圣祖实录·修纂凡例》强调:"登极、亲政、典礼、皆书""恭上三朝帝后尊溢、书册、宝文全录""祀天地、太庙、山陵、日月、社稷、郊祀跻配太庙、奉先殿升祔配享、祭堂子拜神书""大丧礼仪书,奉安地宫礼仪书""恭谒山陵、临幸阙里、礼仪宴赉书亲征朔漠、阅视河工、指示方略书,省方、行围皆书""祈谷、耤、视学、经筵、日讲、大阅皆书,其礼仪宴赉亦书""谒陵巡幸、命诸皇子随驾书,诸皇子恭请临幸王园书""御制三朝神功圣德碑文、两宫上寿文及奏书皆全录,诏敕、上谕全录,御制各体文、有关文教武功、民生国政者全录""纂修实录、圣训、玉牒、国史、起居注、典训、方略、一统志、明史皆书,钦定各种书籍书""颁诏天下书,诏文全录"。凡涉关皇帝的活动,都照录无遗,以突出皇帝个人的形象。

皇帝对臣民的恩德及威罚,实录必大书特书。《明孝宗实录·修纂凡例》指出:"公、侯、伯并文武大臣老疾致事,特恩优闲,及文职致仕恩典皆书,后复起用亦书""文武大臣诰敕有特赐者书""每岁圣节、正旦、冬至、郊祀、庆成大宴皆书,遇节赐宴亦书,有特旨赐节假亦附书""中外文武官有特恩赐予皆书,命妇遇庆节有赐亦书""提调学校条例并更革皆书,各处学校增设或罢革,并内外学生徒简退,及增岁贡额数纳粟等项入监皆书,公、侯、伯有特旨送监读书,及已故大臣并见在三品以上之子定例入监书,监生拨历等项事例皆书""每科京府乡试、礼部会试、廷试皆书,所定科举额数亦书,廷试制策题悉录全文,进士选读书及暂放归皆书""遇岁凶赈恤悉书,有新定备荒事例亦书""风宪官及文武臣僚弹劾大臣之罪皆书,并书所得旨意,其职非大臣而所犯重者亦书"。《清圣祖实录·修纂凡例》指出:"王以下、奉恩将军以上,民公以下、阿思哈尼哈番以上,及在京文武官三品以上、在外将军都统副都统督抚提镇等官,及外藩王贝勒、贝子、公故恤典皆书,于常例外特恩优恤亦书""文武大臣以老疾乞休书,蒙恩旨加衔奖赉书,慰留及起用书,缘事休致降革亦书""京察、大计军政书,文武大臣自陈、降革亦书""王以下文武各官俸禄、军士月粮则例,有更定者书""遇恩诏及奉特旨蠲免直隶各省新旧额赋书,遇灾荒发粟蠲赋,及于常例外特恩赈恤皆书,赈济外藩蒙古亦书""授先贤后裔五经博士世袭书""王以下、文武大臣蒙特恩赐予书,赐宴亦书""优礼高年、特恩宴赉书""文武大小官员及军士,有殁于王事者,恤典皆书,于常例外特恩优恤亦书,恤典条例有更定者亦书""文武大臣犯罪,拘禁迁谪及正法书,特恩宽有亦书,不论官吏军民犯叛逆大罪正法者皆书""肆赦、停刑、恤刑皆书,律例有更定者亦书"。

甚至有关皇亲国戚的事迹,也要详备记载,如《明孝宗实录·修纂凡例》

指出:"上太皇太后、皇太后尊号,册立皇后、皇太子及册封诸王、郡王、王妃,加封太长公主并追封皇子、公主皆书其制度,仪注有新定者书""皇太子及皇子生书,亲王之子生已赐名者书,诸王嫡长孙生亦书""祀天地、宗庙、社稷、山川等神,宗庙祧祔享及遣官祭岳镇海渎、帝王陵寝、先师孔子皆书""凡宝玺、图书及诸王、郡王宝、将军印并印符、印记皆书""凡新王之国及郡王受命往某地皆书""凡亲王、公主、郡王、郡主、镇国等将军、驸马、仪宾、公、侯、伯岁禄,官吏俸给,军士月粮,有新定折支全支条例并书"。再如《清圣祖实录·修纂凡例》载:"恭上太皇太后、皇太后徽号、书册、宝文全录""太皇太后皇太后圣寿节万寿节及元旦、冬至、凡大庆贺礼仪筵宴皆书,御殿视朝书""太皇太后、皇太后慈谕全录""尊养太皇太后、皇太后问安、侍奉、礼仪筵宴书""册立皇后、册封皇妃书,册立皇太子、册封皇子书,册封皇太子妃、王妃、公主书,废、降、革亦书""皇子生书""宗室勋爵、亲王、郡王以下、奉恩将军以上册封、袭封、晋封,及降、革皆书,册封郡主、郡君等亦书""公主下降,郡主、郡君等出嫁,授固伦额驸、和硕额驸、多罗额驸、固山额驸书"。

可见,"实录不仅在内容上集中记载和突出皇帝事迹和皇权威仪,而且在思想上宣扬'君为臣纲'和'乾纲独断'意识,强化皇帝的专制统治"。"实录无限放大皇帝的光辉及皇权的威力,使人们在阅读实录时产生无尚的崇奉敬畏之心,使皇帝及其家族的统治稳如泰山。实录对皇帝权威的维护,反映了古代帝制社会官方正统意识形态的实质,是传统社会意识形态与政治制度相互整合的结果。"①

二、鉴戒的观念

强调史学的垂训鉴戒,是中国史学的重要传统之一。吴怀祺先生曾指出:"史学的意义,在古代的中国,大致有这样的几种思考。一种是存王道,有的由此去说明今王统治的合法、合理。借助神学的说教也是常用的手段。一种是借鉴历史的盛衰经验教训,并说明历史的前途。还有一种是强调历史作品的教育、教化的作用。再有就是,通过历史典章的研究,作为治国、施政的参考。后来的经世的史学又有新的发展,把历史和社会的现实生活各个方面联系在一起,找出典制中不合于现实社会的问题,并进而提出改革制度的设想。"② 史学的这几种意义,在历代实录中有鲜明的体现。如明成祖朱棣曾为三修本《明太祖实

---

① 谢贵安. 中国实录体史学研究 [M]. 武汉:武汉大学出版社,2007:451-455.
② 吴怀祺. 中国史学思想史 [M]. 北京:商务印书馆,2007:104.

录》作序，云：

> 自古帝王之有天下，其言行政治必有史臣纪载以垂鉴戒，此古今之盛典，朝廷之先务也。……自古兴国之时，皆由勤俭而得之，衰弱之季，皆由奢侈而败之。后世子孙臣庶，仰观我皇考创立之艰难，栉风沐雨，劳心焦思，辛勤万状，得之不易，自不容于奢纵矣。于乎，所以垂宪万世者，此欤！苟惟求之于言而不深究其实，甚非皇考之心，亦非朕意也。后之览者其钦承之！

这里的"以垂鉴戒""垂宪万世"等，实际上是朱棣为《明太祖实录》修纂而制定的宗旨，他希望帝王的"言行政治"通过实录而得以记载，达到帮助后世子孙明治乱知兴衰，维护朱家王朝永久统治的目的。

清道光皇帝撰《仁宗睿皇帝实录序》云："合帝王之体用，述祖宗之仪型，大经大法，靡不周备，是皆据事书实，编年纪月，非若往古之颂扬论撰者也。"指出修纂该书的目的是将"大经大法"详载下来，供后人鉴戒，不像过去那样仅仅颂扬而已。他还指出："我皇考圣德神功，名言莫赞，廿五年之励精图治，惟日孜孜，垂为模范者，备载于三百七十四卷之中。"备载仁宗"垂为模范"的事迹，提供后代君主和臣民效法与借鉴。

皇帝们希望借编纂实录以"垂训鉴戒"的宗旨和意图，被史臣们忠实地实践着，夏原吉、胡广等人在所上三修本《明太祖实录》的进实录表说：

> 原吉等诚惶诚恐，稽首顿首上言：伏以圣人启运，肇建万世之鸿基，国史纂书，示百王之大法，必凭记录，垂法后来，故典谟载尧、舜之言，方册布文、武之政，古今通义，昭晰如斯。矧创业垂统，而茂建于丰功，又继天立极，而聿隆乎至治，欲扬休美，谨在编修。

即《明太祖实录》的修纂是为了"示百王之大法""扬休美""垂法后来"。明英宗时，杨士奇、张辅等在《明宣宗实录》的进实录表中更是明确表示：

> 臣闻自古帝王有大德以及于万民，则必有信史以传于万世，是故尧舜之道载诸典谟，文武之政布在方册。汉唐以下，莫不皆然。钦惟宣宗……刚健中正，广大高明……恭惟皇帝陛下，聪明睿智……敕儒臣纂修《实录》……大经大法，备究于精微；善政善教，致详于本末。言足为训，虽简必书，事之可师，虽繁必录……

清勒德浑所撰《进（太宗）实录表》云："事有关于宪典，虽细不遗；法既备乎劝惩，繁繁必录。凡属用人行政之标准，与夫保邦制治之规模，咸灿著

287

于日星,俾永贻为龟鉴。"清朝史臣宝鋆等在《进穆宗实录表》中一再表明所纂实录是"秉皇帝之旨意",为了"将剞缉备一朝之典,宜表章垂万世之经"。

谢贵安总结说:"以上的主题(指显亲尽孝、张扬忠义、劝励风俗等),归结到底,便是突出政治鉴戒和道德劝惩,维护皇权统治。古代《实录》的修撰是在皇帝决策下进行的,比起一些私修史书来讲,更突出了为皇权政治作鉴戒的主题。"① 此言甚是。

在历代政治生活中,实录确实对后代统治者发挥了"垂训鉴戒"的重要作用。史载:唐宪宗爱读《唐实录》,从中借鉴祖先经验教训。元和三年(808)十一月,唐宪宗"锐于为理,既相裴垍等,且喜得人。听政之暇,遍读列圣实录、贞观开元故事,竦慕不能释卷"。并向裴垍等人表露自己的读史心得:"太宗之创业如此,我读国书,始知万倍不及先圣。当先圣之代,犹须宰臣与百官同心辅助,岂朕今日独能为治哉?事有乖宜,望卿尽力匡救。"② 又唐宪宗"(元和四年)以天下无事,留意典文,每览前代兴亡得失之事,皆三复其言。又读贞观、开元实录,见太宗撰《金镜书》及《帝范》上下篇,玄宗撰《开元训诫》,思维前躅,遂采《尚书》《春秋后传》《史记》、范、班《汉书》、《三国志》《晏子春秋》《吴越春秋》《新序》《说苑》等,书君臣行事可为龟鉴者,集成十四篇","以其书写于屏风,列之御座之右",③ 作为资治之鉴。唐宪宗通过精读《贞观实录》和《玄宗实录》等,受到启发,亲为《君臣事迹》作序。元和七年,唐宪宗声言:"朕览《玄宗实录》,见开元初事,天下不得不理。玄宗初即位,亲见不理之由,遂锐意为政,有姚崇、宋璟、苏颋等辅弼左右,履政奉公,圣贤即合,鱼水相得,缘何而不至于理!及天宝末年,玄宗怠倦,为政务于不急之事,有李林甫、陈希烈、杨国忠等,奸败倾陷,专权徇私,杨氏一门,竟为祸本,又何因而不至于乱!前事是今日之龟鉴,朕当自惕励,卿等各以此为诫,庶几免于此也!"④ 通过阅读实录,吸取了历史经验和教训,资政治国。

宋真宗爱读《唐实录》,曾对王钦若等说:"近览《唐实录》,敬宗即位,

---

① 谢贵安. 中国实录体史学研究 [M]. 武汉:武汉大学出版社,2007:150.
② 王溥. 唐会要:卷五十三:委任 [M]. 丛书集成初编本,上海:商务印书馆,1936:916.
③ 王溥. 唐会要:卷三十六:修撰 [M]. 丛书集成初编本,上海:商务印书馆,1936:660-661.
④ 李绛. 李相国论事集校注:卷六:上言开元天宝事 [M]. 冶艳杰,校注. 武汉:华中科技大学出版社,2015:202.

坐朝常晚，群臣班于紫宸殿，有顿踣者。拾遗刘栖楚切谏，叩龙墀不已。宰臣宣谕，乃退。敬宗为动容，遣中使慰劳谏臣，举职深可奖也。而史臣以逢吉之党目为鹰犬，甚无谓也。今所修君臣事迹，尤宜区别善恶，有前代褒贬不当，如此类者，宜析理论之，以资世教。"①

明神宗万历皇帝重视阅读实录，曾令首辅申时行将明朝实录抄成小型御览本呈上供阅。清高宗（乾隆帝）曾自称："朕自临御以来，闲日恭阅列祖实录一册，因得备知祖宗创业艰难。"② 清仁宗（嘉庆帝）每天必读清朝实录，并作为政策制订的依据，其子道光皇帝在《清仁宗皇帝序》中指出：乃父"每日晨兴，恭阅六朝《实录》（指清太祖、太宗、世祖、圣祖、世宗、高宗六朝），周而复始。凡用人行政诸大端，莫不取法鸿模，因时损益"。道光皇帝也如此，孜孜阅读清朝实录，亦将之作为行动规范。其子咸丰帝在《宣宗成皇帝实录序》中指出：道光帝"累朝实录，夙兴绎诵，动遵前矩，事鲜更张。"

可见，"垂训鉴戒"不仅是实录编纂的重要旨趣，更在实录流传中发挥着实际的鉴戒功用。

三、求实的观念

正是出于统治者政治上的"鉴戒"需要，故要求实录必须据实直书，"求实"便成了编纂实录的重要指导思想。元和七年（812）六月，唐宪宗读《唐肃宗实录》，"见大臣传，多浮词虚美，因宣与史官，记事每要指实，不得虚饰"③。南宋高宗曾鼓励史臣直书无隐，史载："翰学刘珙进读《三朝宝训》，至淳化五年，太宗谓近臣曰：'《太祖实录》或云多有漏落，当命官重修。'因叹史官才难。苏易简曰：'大凡史官宜去爱憎。近者屡蒙修史，蒙为人怯懦多疑忌，故其史传多有脱落'。"高宗听罢，谓刘珙曰："善恶无遗，史臣之职。"④ 明神宗在《明穆宗实录序》中告诫儒臣修纂实录要"据事属辞，庶几不失其真"。明太宗在二修《太祖实录》时下诏给监修李景隆、副监修茹瑺："尔等皆茂简才识，俾职纂述，其端乃心，悉乃力，以古良史自期，恪勤纂述，必详必公。"要求史臣们以古代良史的标准来要求自己，"端心""悉力"，"必详必

---

① 李焘. 续资治通鉴长编：卷六十五：真宗景德四年四月丁丑 [M]. 北京：中华书局，2004.

② 乾隆朝上谕档：乾隆八年五月二十四日 [M]. 桂林：广西师范大学出版社，2008.

③ 王溥. 唐会要：卷六十四：史馆杂录下 [M]. 丛书集成初编本，上海：商务印书馆，1936：1109.

④ 宋史全文：卷二十三上：高宗绍兴三十一年九月丁丑 [M]. 北京：中华书局，2016.

公"。解缙等在二修《太祖实录》后《进实录表》云："皆据事而直书，不假一辞之赞美，但缵次以成编，永示万年之大训。"因此引起明成祖朱棣的不满，招致杀身之祸。杨士奇等在《太宗实录·修纂凡例》中指出：修实录时，凡列入小传的官吏，要求"其行实善恶，务合公论"。又在《进（宣宗）实录表》中表白："至若臣下之附载，勉尽是非之至公。"万历三年二月丙申，大学士张居正指出：其总裁《世宗实录》时，"不过总集诸司章奏，稍加删润，檃栝成编"，"至于仗前柱下之语，章疏所不具者，即有见闻，无凭增入"，而"稗官野史之书，海内所流传者欲事采录，又恐失真"。认为史臣之职"但据事直书，美恶自见，不得别以己意及轻信传闻，妄为褒贬"①。张居正等还在《进（穆宗）实录表》中指出他们采纳史料时："发内府之缄縢，参慕朝之义例。明征简牍，无烦谀度于风谣；取信见闻，不必网罗于放失。"清咸丰帝在《宣宗成皇帝实录序》中指出："爰简儒臣，恭纂《实录》。阅五年而书成，凡四百七十有六卷。盛德大业，彪炳日星。要据事直书，一无夸饰。"《清圣祖实录》卷一三〇载：康熙二十六年四月乙未，康熙帝谕大学士等曰："他书或以文章见长，独修史宜直书实事，岂可空言文饰乎？"这样的例子，不胜枚举，这表明，秉笔直书的求实精神渗透在历代实录的编纂之中，成为编纂实录的一个重要指导原则。

然而，"历史编纂学中的直书与曲笔，是中国古代史学的一对孪生子，是中国古代史学二重性特征的重要表现"②。这在实录修纂中也体现得淋漓尽致。封建帝王不断要求实录"求实"，却又常常难以以身作则，破坏据实直书的原则，故实录往往存在"不实"。纪昀等四库馆臣曾指出："贞观十七年，敬播、房玄龄、许敬宗等所修《高祖实录》，欲以创业之功独归太宗，不能无所润色也。"③史学家万斯同《群书疑辨·读太祖实录》也明确指出："明代实录不可尽信。"实录为奉敕修撰，又都出自当时史官之笔，史官们秉承统治者旨意，扬美隐恶，曲笔回护，记录不实之处较多。三修《明太祖实录》是在朱棣淫威下纂成，直书难保。明朝杨廷和、费宏先后主持修纂的《明武宗实录》，歪曲王守仁平叛事迹，甚至把王守仁及其军队描写成"莫敢先登""素无纪律""贪功纵杀"的乌合之众。④清朝实录在雍正至乾隆初曾改纂过太祖、太宗、世祖三朝实录，其后

---

① 明实录·明神宗实录：卷三十五[M].上海：上海书店出版社，2018.
② 详见本书"余论"。
③ 永瑢，等.四库全书总目：卷四十七：大唐创业起居注提要[M].北京：中华书局，1965：420.
④ 明实录·明武宗实录：卷一百七十六、一百七十七：正德十四年七至八月[M].上海：上海书店出版社，2018.

各朝实录也陆续奉皇帝旨多次修改，致使多处失实。

四、求新的观念

所谓"求新的观念"，是指实录编纂中史学家们注重变化、强调记录新事件新现象，体现了一种求变求新的编纂观念。这在历代实录的修纂凡例中均有明确交代。现以《明太宗实录》的修纂凡例为例做一分析。全文共计41条，其中强调在实录中要记录新的条例、新的规定、新的制度等的竟达18条，包括：

一、册立皇后、皇妃、皇太子、皇太子妃及册封诸王、王妃、公主皆书其仪注，有新定者亦书。

二、祀天地、宗庙、社稷山川等神、郊祀跻配太庙增配享及遣官祭岳镇海渎、帝王陵寝皆书，有新增祀典亦书。

三、大驾卤簿及后妃、东宫、亲王、郡王仪仗有新制及增损者书。

四、皇太孙、诸王、公主冠婚皆书其礼仪，有新定则书。

五、巡狩及留守事宜皆书，续有损益亦书。

六、凡亲王、公主、郡王、郡主、镇国等将军、驸马、仪宾、公、侯、伯岁禄，官吏俸给，军士月粮，有新定折支、全支条例并书。

七、仓库、坑冶有新建革及新令者书。

八、凡新开盐场、新定中纳盐粮及新定户口食盐则例皆书。

九、凡礼仪有新制或损益则书。新制乐器皆书。

十、车驾视学礼仪恩赉备书，修曲阜先圣庙、两京国子监皆书，各处学校增设或罢革皆书，公侯伯有年少特旨送监读书及四夷遣子入学皆书。

十一、丧葬之礼及上尊谥、谥册备书，亲王、郡王、王妃、公主、郡主丧葬皆书，其礼有新定或损益旧仪亦书。凡公、侯、驸马、伯、在京文武官三品以上，近侍五品以上，在外都司、布政司、按察司正官，殁皆书卒及概见其行实、善恶，务合公论。其有赠谥及赐祭赙赠之类皆书。若文武官有治行功绩显著，不限职之大小皆书。

十二、武官子孙优给有新例则书。

十三、凡兵政有新令则书，命将各处镇守防边及有备御规画皆书。

十四、凡军民衙门官马、孳生马、边境茶马、买马之政悉书其收养之地，有改迁者亦书。

十五、凡关津巡徼、驿传递运、烽堠有新设及改革者书。

十六、营建山陵备书。建各王、王妃、公主坟皆书。其制度有损益亦

291

书。郡主以下奉敕建者书。

十七、修缮及处城池、屯堡及新建革者皆书。

十八、差官各处提督行田、水利及新开修治河渠圩岸桥道皆书。有奏请修筑陂塘等事亦书。

凡例几乎通篇都在强调要突出新礼仪、新条例、新制度、新设置，突出增益损减和增置革废，充分反映出编纂者注重变化、突出新事的求变求新的编纂观念。

在其他实录的修纂凡例中同样强调求新的编纂观念，如《明宣宗实录》的修纂凡例规定："选法及荐举有新令书""考课有新例及损益旧例书""文官诰敕常例外，有特赐者书，或有损益事例亦书""转输漕运之法有新令者书，田赋徭役及农桑劝课有新令亦书""屯种有新定之例及考较之法书"。《明武宗实录》的修纂凡例要求："皇帝大婚及诸王冠婚皆书，其礼仪有新定者书""提调学校条例并更革皆书"。《明穆宗实录》的修纂凡例强调："改封降封革袭者书""内外文武官员及土官各衙门有新设改建裁革及复旧者皆书""各处府州县有升降裁省归并增设及更名者皆书""各处镇守防边阅视文武大臣有增设裁革者亦书"。

史臣们的进实录表也表现出同样的编纂观念。如刘吉等在《明宪宗实录》的进实录表中指出："详制度则究其因革，原事功则备其始终。"李东阳等在《明孝宗实录》的进实录表中提出："凡礼乐刑政之施，以及名物度数之等，经因革者，详而弗厌。"《明穆宗实录》的总裁张居正等在进实录表明云："庶务之因革弛张，无微弗载。"

可见，求新求变，突出新事新政、重视因革损益，无疑是修纂实录的又一重要旨趣。

第六节　纲目体及朱熹的编纂学思想

纲目体也是编年史中演变出的一个分支，由南宋朱熹所创立。朱熹有鉴于《资治通鉴》鸿篇巨制，难以卒读，故"取司马温公编年之书，绳以《春秋》记事之法，纲举而不烦，目张而不紊"，撰成《资治通鉴纲目》。[1] "表岁以首年，而因年以著统"，"大书以提要，而分注以备言。"[2] 每叙一事，必先标列提

---

[1] 王懋弘．朱子年谱：卷一 [M]．北京：中华书局，1985：51.
[2] 朱熹．资治通鉴纲目：序例 [M]．北京：中国书店，2021：2.

要，大字书写，顶格编排，是为"纲"；其次叙述具体内容，小字分注，低格编排，叫作"目"。故称"纲目体"。"纲"如《春秋》之为"经"，是对"目"（传）的提要；"目"如《左传》之为"传"，是对"纲"（经）的阐发。这种体裁有纲有目，条理清楚，简明扼要，是一种简化了的编年史体。①

《资治通鉴纲目》一经问世，即备受欢迎，后继者不断，作注者也代不乏人，使纲目体成为南宋以后最流行的一种史书体。但朱熹刻意仿效《春秋》、尊正统、重名教等，致使纲目体史书的史料价值受到严重影响，故对其思想价值和史料价值当作客观地看待。

朱熹是一代学术宗师、宋代理学的集大成者，学问博大精深，于经学、史学、文学、美学、教育学、伦理学、考据学乃至自然科学都有研究，平生著述多达80余种。作为史学家的朱熹，其于著史、论史、考史均有建树，著史如《伊洛渊源录》《伊川年谱》《八朝名臣言行录》《资治通鉴纲目》等；论史、考史则多见于《朱文公文集》《朱子语类》等。钱穆先生称"抑其史学精卓，亦旷世无匹"②，并非虚言。朱熹在中国史学发展史上有着特殊的地位。作为理学家兼史学家的朱熹，其历史编纂学思想是建立在理学思想基础上的。

一、"纲举目张"

"纲举目张"是纲目体史书的重要特点。《资治通鉴纲目》为朱熹与其学生赵师渊共同完成之作，但其中凡例则由朱熹手订，故《资治通鉴纲目》实为朱熹历史编纂思想之结晶。朱熹之所以要撰写《资治通鉴纲目》，是因为不满意《资治通鉴》，"臣旧读《资治通鉴》，窃见其间周末诸侯僭称王，王号而不正其名，汉丞相亮出师讨贼，反书'入寇'，此类非一，殊不可晓。又凡事之首尾详略，一用平文书写，虽有目录，亦难寻检"③。一是不合于纲常、名分的史法，认为《资治通鉴》在正闰、改元等方面取"《春秋》之义"做得很不够，需要"修正处极多"，"遂欲起意成书"。④ 二是编排上眉目不清，难以检寻。既不利于封建帝王阅读资鉴，也不符合史书明理的要求。故凡例明确规定，要"取《春秋》之义""法《春秋》用字"。

朱熹认为"古史之体可见者，《书》《春秋》而已。《春秋》编年通纪，以

---

① 详见本书"中编"第二章第一节"编年体"。
② 钱穆. 朱子新学案 [M]. 成都：巴蜀书社，1986：1595.
③ 朱熹. 晦庵先生朱文公文集：卷二十二 [M]//朱子全书. 上海：上海古籍出版社，2002：1002-1003.
④ 黎靖德. 朱子语类：卷一百零五：论自注书 [M]. 北京：中华书局，1986：2637.

见事之先后。《书》则每事别记，以具事之首尾。意者当时史官既以编年纪事，至于事之大者，则又采合而别记之……故左氏于《春秋》，既依经以作《传》，复为《国语》二十余篇，国别事殊，或越数十年而遂其事，盖亦近《书》体以相错综云尔。然自汉以来，为史者一用太史公纪传之法，此意固不复讲。至司马温公受诏纂述《资治通鉴》，然后千三百六十二年之事，编年系日，如指诸掌……伟哉书乎！自汉以来，未始有也。然一事之首尾，或散出于数十百年之间，不相缀属，读者病之"。今建安袁君（指袁枢）作此书，"于以错综温公之书，其亦《国语》之流矣"①。把先秦《国语》与南宋袁枢《通鉴纪事本末》看成一种"错综"的史体，所谓"错者，杂而互之也。综者，条而理之也"②。而所著《资治通鉴纲目》也力图"错综温公之书"而成，意在传统编年体的基础上，条理出一种更易记述历史的新史体。这就是"表岁以首年，而因年以著统，大书以提要，而分注以备言，使夫岁年之久行、国统之离合、事辞之详略、议论之同异，通贯晓析，如指诸掌"的"纲目体"。③叙事内容分别以"纲"和"目"加以条理，"纲"者，即史事提纲，"目"者，即对"纲"的具体叙述。要求"纲"要谨严无脱落，"目"详备不烦冗。

所谓"表岁以首年"，即在大事发生的年岁之行外书写某甲子，遇甲字、子字，则朱书以别之。虽无事，依举要亦备岁年。所谓"因年以著统"，即凡正统之年，岁下大书（甲子下书年号），非正统者两行分注。所谓"大书以提要"，即以醒目大字把这一年的史事以提要形式写出来。所谓"分注以备言"，即详注史事，辑录史论、史评，使"有追原其始者，有遂言其终者，有详陈其事者，有因家世而见者，有温公所立之言，所取之论；有胡氏之说，所著之评，而两公所遗与夫近世大儒折衷之语，今亦颇采以附于其间"。如此，则"纲举而不繁，目张而不紊，国家之理乱，君臣之得失，如指诸掌"④。一种叙事简洁明晰、条理清楚、便于检阅的史体便诞生了。

"纲举目张"，是朱熹的创造，是朱熹历史编纂学思想的体现之一。近代史

---

① 朱熹. 晦庵先生朱文公文集：卷八十一 [M] //朱子全书. 上海：上海古籍出版社，2002：3827.
② 朱熹. 晦庵先生朱文公文集：卷六十七 [M] //朱子全书. 上海：上海古籍出版社，2002：3257.
③ 朱熹. 资治通鉴纲目：序例 [M]. 北京：中国书店，2021：2.
④ 黄宗羲. 宋元学案：卷四十九：晦翁学案下：附录 [M]. 北京：中华书局，2013：1579.

学家梁启超对此评价极高,称其"伸缩自如,改动较易","实为简单省事的方法"。①"纲举目张"的编纂学思想能极好地体现"意主正统"的目的,使《资治通鉴纲目》一书成为宋代义理史学的典范。

二、"义理为重"

作为理学大师,朱熹的史书编纂是建立在理学思想基础上的,钱穆云:"朱子之学,重在内外合一,本末兼尽,精粗俱举,体用皆备……若不先在义理之大本大体上用功,而仅注意于史学,此为朱子所不许。"② 朱熹撰述史著、评判史书、评论史学家和古今人物皆以义理为标尺,他认为:义理"贯穿百氏及经史,乃所以辨验是非,明此义理,岂特欲使文词不陋而已?义理既明,又能力行不倦,则其存诸中者,必也光明四达,何施不可!发而为言,以宣其心志,当自发越不凡,可爱可传矣。今执笔以习研钻华采之文,务悦人者,外而已,可耻也矣!""义理明,则利害自明。古今天下只是此理。"③

评价史书,首先就要看它是否阐述了义理。如批评"左氏之病,是以成败论是非,而不本于义理之正。尝谓左氏是个滑头熟事,趋炎附势之人。""只知有利害,不知有义理。"因批评《左传》进而批评《史记》《汉书》《后汉书》"以三传言之,左氏是史学,公谷是经学。史学者记得事却详,于道理上便差;经学者于义理上有功,然记事多误。如迁、固之史,大概只是计较利害。范晔更低,只主张做贼底,后来他自做却败"④。还进一步批评《史记》说:"孔子修六经,要为万世标准。若就那时商量,别作个道理,孔子也不解修六经得。如司马迁亦是个英雄,文字中间自有好处。只是他说经世事业,只是第二三著,如何守他议论!如某退居老死无用之物,如诸公都出仕官,这国家许多命脉,固自有所属,不直截以圣人为标准,却要理会第二三著,这事煞利害,千万细思之!"⑤"迁之学,也说仁义,也说诈力,也用权谋,也用功利,然其本意却只在于权谋功利。"⑥ 在朱熹看来,司马迁是个英雄,文字中"自有好处",但

---

① 梁启超. 中国历史研究法补编:史学家的四长[M]//饮冰室合集(专集99). 北京:中华书局,1989:26.
② 钱穆. 朱子学提纲[M]. 北京:生活·读书·新知三联书店,2002:191.
③ 黎靖德. 朱子语类:卷一百三十九:论文上[M]. 北京:中华书局,1986:3319,3322.
④ 黎靖德. 朱子语类:卷八十三:春秋·纲领[M]. 北京:中华书局,1986:2149-2152.
⑤ 黎靖德. 朱子语类:卷一百零八:论治道[M]. 北京:中华书局,1986:2687.
⑥ 黎靖德. 朱子语类:卷一百二十二:吕伯恭[M]. 北京:中华书局,1986:2952.

不直接以圣人为标准，没有把"经世事业"放在首位，说仁义道德太少，"其本意却只在于权谋功利"。又如比较批评范祖禹《唐鉴》和孙甫《唐论》说："《唐鉴》意正有疏处。孙之翰《唐论》精练，说利害如身处亲历之，但理不及《唐鉴》耳。"指出："《唐鉴》议论，觉似迂缓不切。考其意，盖王介甫秉政，造新法，神考专意信之，以为真可以振起国势，一新其旧，故范氏之论每以为此惟在人主身心之间而不在法。"① 朱熹赞赏"温公《通鉴》，凡涉智数险诈底事，往往不载，却不见得当时风俗。如陈平说高祖间楚事，亦不载上一段；不若全载了，可以见当时事情，却于其下论破，乃佳。又如亚夫得剧孟事，《通鉴》亦节去，意谓得剧孟不足道；不知当时风俗事势，剧孟辈亦系轻重。知周休且能一夜得三万人，只缘吴王败后各自散去，其事无成。温公于此事却不知不觉载之，盖以周休名不甚显，不若剧孟耳。想温公平日忖耐剧孟。不知温公为将，设遇此人，奈得它何否？又如论唐太宗事，亦殊未是。吕氏大事记周赧后便系秦，亦未当。当如记楚汉事，并书之；项籍死后，方可专书汉也。"② 推崇苏辙《古史》"于义理大纲处见得极分明，提得极亲切"③，推崇胡寅《读史管见》"议论亦多切于事理"④ 等。朱熹无不以"义理"二字作为著述和评判史著的标准，"合于义理者为是，不合于义理者为非。"⑤

对史学家的评论也是如此。如把史学家的"才"区分为"资禀"和"能力"，认为"才之初，亦无不善。缘他气禀有善恶，故其才亦有善恶。""才固是善。若能尽其才，可知是善是好。所以不能尽其才处，只缘是气禀恁地。"⑥ 把史学家之"才"看成先天的、与生俱来的，完全是一种先验论，不足取。不过，朱熹强调"资禀"要"持敬修养"，又是值得肯定的。又认为"才是心之力，是有气力去做底"，表现为一种能力（才能），并将其比喻成水，"才者，水之气力所以能流者，然其流有急有缓，则是才之不同"，水有缓急，人的能力也有大小。⑦ "才是能主张运用做事底。同这一事，有一人会发挥得，有不会发

---

① 黎靖德.朱子语类：卷一百三十四：历代一［M］.北京：中华书局，1986：3208.
② 黎靖德.朱子语类：卷八十三：春秋·纲领［M］.北京：中华书局，1986：2152.
③ 朱熹.晦庵先生朱文公文集：卷五十四［M］//朱子全书.上海：上海古籍出版社，2002：2573.
④ 朱熹.晦庵先生朱文公文集：卷二十五［M］//朱子全书.上海：上海古籍出版社，2002：1137.
⑤ 黎靖德.朱子语类：卷八十三：春秋·纲领［M］.北京：中华书局，1986：2152.
⑥ 黎靖德.朱子语类：卷五十九：孟子：告子上［M］.北京：中华书局，1986：1383，1386-1387.
⑦ 参见《朱子语类》卷五：理性二·性情心意等名义、《四书集注·孟子集注·尽心上》。

挥得；同这一物，有人会做得，有人不会做，此可见其才。"① 他认为圣人、能人之所以能力大，能做许多事，皆是胸中有"天理"，"学者若得胸中义理明，从此去量度事物，自然泛应曲当"。故"学者须是革尽人欲，复尽天理，方始是学"②，"将义理取浇灌胸腹，渐渐荡涤去那许多浅近鄙陋之见"③。显然，其评论史学家的思想基础是"义理"。

再看其对历史人物的评价，标准仍然是"义理"。如其评价三国历史人物，认为但凡能为兴复汉室出力的都是符合义理的行为，应该表彰；反之则是有悖义理的行为，要坚决贬斥。如：

> 诸葛孔明天资甚美，气象宏大。但所学不尽纯正，故亦不能尽善。取刘璋一事，或以为先主之谋，未必是孔明之意。然在当时多有不可尽晓处。如先主东征之类，不见孔明一语议论。后来坏事，却追恨法孝直若在，则能制主上东行。孔明得君如此，犹有不能尽言者乎？先主不忍取荆州，不得已而为刘璋之图。若取荆州，虽不为当，然刘表之后，君弱势孤，必为他人所取；较之取刘璋，不若得荆州之为愈也。学者皆知曹氏为汉贼，而不知孙权之为汉贼也。若孙权有意兴复汉室，自当与先主协力并谋，同正曹氏之罪。如何先主才整顿得起时，便与坏倒！如袭取关羽之类是也。权自知与操同是窃据汉土之人。若先主事成，必灭曹氏，且复灭吴矣。权之奸谋，盖不可掩。平时所与先主交通，姑为自全计尔。④

在朱熹看来，诸葛亮的行为基本符合义理，给予赞扬；而曹操、孙权的行为不符合义理，指为"汉贼"。又如"汉高祖取天下却正当，为他直截恁地做去，无许多委曲。唐初，隋大乱如此，高祖、太宗因群盗之起，直截如此做去，只是诛独夫。为他心中打不过，又立恭帝，假援回护委曲如此，亦何必尔？所以不及汉之创业也"⑤。认为汉高祖起兵反秦和唐高祖、唐太宗起兵反隋都是"正当"事业，是"公天下"，符合天理、符合义理。但因李氏父子立恭帝有"假援回护"之私心，故"不及汉之创业也"。

上述分析表明，朱熹的史书编撰和史学批评是以"义理"为基本标准，著

---

① 黎靖德．朱子语类：卷五十九：孟子：告子上［M］．北京：中华书局，1986：1389．
② 黎靖德．朱子语类：卷十三：学七：力行［M］．北京：中华书局，1986：225，237．
③ 黎靖德．朱子语类：卷一百零四：朱子一：自论为读工夫［M］．北京：中华书局，1986：2613．
④ 黎靖德．朱子语类：卷一百三十六：历代三［M］．北京：中华书局，1986：3236-3237．
⑤ 黎靖德．朱子语类：卷一百三十六：历代三［M］．北京：中华书局，1986：3244．

述史书，评论史著、史学家和历史人物都被纳入理学的轨道之中，这使朱熹的史学思想带有浓重的理学色彩。

三、"辨明正统"

与"义理为重"一脉相承的是，朱熹在史书编纂上提出了"辨明正统"的编纂原则，并做了系统阐述。

> 问："正统"之说，自三代以下，如汉唐亦未纯乎正统，乃变中之正者；如秦西晋隋，则统而不正者；如蜀东晋，则正而不统者。
>
> 曰：何必恁地论！只天下为一，诸侯朝觐，狱讼皆归，便是得正统。其有正不正，又是随他做，如何恁地论！有始不得正统，而后方得者，是正统之始；有始得正统，而后不得者，是正统之余。如秦初犹未得正统，及始皇并天下，方始得正统。晋初亦未得正统，自泰康以后，方始得正统。隋初亦未得正统，自灭陈后，方得正统。如本朝至太宗并了太原，方是得正统。又有无统时：如三国南北五代，皆天下分裂，不能相君臣，皆不得正统。义刚录作："此时便是无统。"某尝作通鉴纲目，有"无统"之说。此书今未及修，后之君子必有取焉。温公只要编年号相续，此等处，须把一个书"帝"、书"崩"，而余书"主"、书"殂"。既不是他臣子，又不是他史官，只如旁人立看一般，何故作此尊奉之态？此等处，合只书甲子，而附注年号于其下，如魏黄初几年，蜀章武几年，吴青龙几年之类，方为是。
>
> 又问：南轩谓汉后当以蜀汉年号继之，此说如何？
>
> 曰：如此亦得。他亦以蜀汉是正统之余，如东晋，亦是正统之余也。
>
> 问：东周如何？
>
> 曰：毕竟周是天子。
>
> 问：唐后来多藩镇割据，义刚录云："唐末天子不能有其土地，亦可谓正统之余否？"则如何？
>
> 曰：唐之天下甚阔，所不服者，只河北数镇之地而已。义刚录云："安得谓不能有其土地！"[①]

这里，朱熹提出这样几个重要认识：第一，天下为一，诸侯朝觐，狱讼皆

[①] 黎靖德. 朱子语类：卷一百零五：朱子二：论自注书：通鉴纲目 [M]. 北京：中华书局，1986：2636.

归，便是得正统，即把政权是否统一、大权是否归一作为正统的根本标准。第二，正统分为"正统之始"和"正统之余"。第三，除"正统"外，在历史的发展进程中还有"无统"存在。"如三国南北五代，皆天下分裂，不能相君臣，皆不得正统。"第四，因为有"正统"与"无统"，所以编纂史著必须"辨明正统"，以便解决史著书写年号问题。他认为，正统政权书写年号不是问题，但正统以外的其他历史朝代就要特别注意。如三国、南北朝、五代"此等处，合只书甲子，而附注年号于其下，如魏黄初几年，蜀章武几年，吴青龙几年之类，方为是"。"至宋、后魏诸国，则两朝平书之，不主一边。年号只书甲子"。"自古亦有无统时。如周亡之后，秦未帝之前，自是无所统属底道理。南北亦只是并书。"他批评"温公《通鉴》以魏为主，故书'蜀丞相亮寇'何地，从魏志也，其理都错"。提出"《纲目》于无正统处，并书之，不相主客。《通鉴》于无统处，须立一个为主。某又参取史法之善者：如权臣擅命，多书以某人为某王某公。范晔却书'曹操自立为魏公'。《纲目》亦用此例。"即采取权宜办法来解决，如"蜀亡之后，无多年便是西晋。中国亦权以魏为正"①。

朱熹编纂《资治通鉴纲目》的实践就是以"辨明正统"为原则的。"问：《纲目》主意。曰：主在正统。问：何以主在正统？曰：三国当以蜀汉为正，而温公乃云，某年某月'诸葛亮入寇'，是冠履倒置，何以示训？缘此遂欲起意成书。推此意，修正处极多。若成书，当亦不下《通鉴》许多文字。但恐精力不逮，未必能成耳。若度不能成，则须焚之。"②《序例》云："岁周于上而天道明矣，统正于下而人道定矣，大纲概举而鉴戒昭矣，众目毕张而几微著矣。是则凡为致知格物之学者，亦将慨然有感于斯。"表明其写《资治通鉴纲目》的旨意就是要"统正于下"，阐明纲纪、昭明人事，以鉴戒后人。尹起莘"深得朱文公秉笔之意"，以朱熹《资治通鉴纲目》为本，阐发其旨意，著《资治通鉴纲目发明》59卷行世。其自序云："是书之作，其大经大法，如尊君父而讨乱贼，崇正统而抑潜伪，褒名节而黜邪佞，贵中国而贱夷狄，莫不有系于三纲五常之大，真所谓为天地立心，为生民立极，为先圣继绝学，为后世开太平者也……《纲目》之作，其有补于世教，殆亦有得于《春秋》之旨，皆所以遏人欲于横流，存天理于既泯。"辨名分、正纲常、示劝戒，《资治通鉴纲目》充分体现了朱熹的观点。

---

① 黎靖德. 朱子语类：卷一百零五：朱子二：论自注书·通鉴纲目[M]. 北京：中华书局，1986：2636-2637.
② 黎靖德. 朱子语类：卷一百零五：朱子二：论自注书·通鉴纲目[M]. 北京：中华书局，1986：2637.

上述可见，朱熹的历史编纂学思想具有鲜明的时代特色，在史学批评史和历史编纂学上有其积极贡献。但也正由于时代所致，其编纂思想又有不可忽略的局限性，其中最大的局限性就是其浓厚的理学色彩。朱熹所坚守的是"义理为重"，他所论治史准则、治史目的、治史态度以及史书的取材标准、编纂原则、表述要求等，无不纳入理学轨道中进行阐述，强调正统、取《春秋》之义、尊崇圣贤。而封建统治集团及朱子后学恰恰利用和突出了朱熹史学思想中的某些落后因素，以致后世学者对朱熹史学思想的评价也往往有失偏颇。

第七节　《春秋》学与历史编纂学

一、《春秋》学的形成和发展

《春秋》本为记事的史书，所谓"记言则《尚书》，记事则《春秋》"。但由于孔子亲自作《春秋》，且与政治联系紧密，故历代学人对其格外关注，不断研究和阐发《春秋》的意义，形成了汗牛充栋的说解《春秋》之著，使原本18000多字（现存16000余字）的史文，承载了太多的"史义"。今仅见于《四库全书》《皇朝经解》《皇朝经解续编》的说解著作就达数百种之多。这些说解《春秋》经、传的繁复著述便构成了中国史学史、经学史上的"《春秋》学"，对中国传统史学产生了深刻影响。

总体上看，孔子作《春秋》并将其作为教育弟子的教材，在讲解中融入自己的思想意识、政治主张，尤其重视阐发史实背后的君臣、父子、夫妇大义。其后，孔门弟子对《春秋》继续解说、发挥，使《春秋》经义越积越多。孔子的解说和其弟子们的阐发，便形成了最初的《春秋》学。之后，出现了说解《春秋》的《左传》《公羊传》《谷梁传》《邹氏传》《夹氏传》，今仅存《左》《公》《谷》三传，由于说解侧重不同，使《春秋》学出现了分化局势。"三传"的问世，不仅为后学推阐《春秋》之义提供了范本，而且使《春秋》学有了更广泛的领域，研究和说解《春秋》经、传，成了《春秋》学者的重要使命。

两汉《春秋》学相当发达，主体是公羊学，具有很强的经世功能。西汉有公羊大师董仲舒及其《春秋繁露》，东汉有何休《春秋公羊解诂》，贾逵《春秋左氏长经》《春秋左氏解诂》《春秋训诂释》《春秋左氏经传朱墨列》《春秋三家经本训诂》（均仅有清人辑本），服虔《春秋左氏传解谊》等。

魏晋南北朝隋唐时期，《春秋》学相对低迷，其主体是《左传》学，经世功能较弱。魏晋有杜预《春秋经传集解》、范宁《春秋谷梁传集解》。南北朝有徐彦《春秋公羊传疏》。唐朝有孔颖达等《五经正义》、陆德明《经典释文》，有刘知几《史通》的"惑经""申左"篇，有杨士勋《春秋谷梁传疏》等。

两宋时期，《春秋》学再度崛起，其特点是会通三传、通经致用，经世意识浓烈。这一时期有孙复《春秋尊王发微》，刘敞《春秋权衡》《春秋意林》，胡安国《春秋传》，苏辙《春秋集解》，崔子方《春秋经解》《春秋本例》《春秋例要》，叶梦得《春秋谳》《春秋传》《春秋考》，陈傅良《春秋后传》《左氏章指》，吕祖谦《春秋集解》《左传类编》《春秋左氏传说》《左氏博议》，戴溪《春秋讲义》，张洽《春秋集传》《春秋集注》，黄仲炎《春秋通说》，赵鹏飞《春秋经筌》等诸多著述。

元明时期，《春秋》学承续两宋余绪，并无大的发展，反有衰落趋势，元代有吴澄《春秋纂言》，程端学《春秋本义》《春秋三传辨疑》《春秋或问》等。明代有诏修《春秋大全》可资参考。

清朝《春秋》学第三次崛起，前期以《左传》学为主体，受"征实"治学风气的影响，强化了纯学术的研究而淡化了《春秋》学的经世意识，注重经典文本的校勘、训诂、考证等，反对逞臆空谈；后期以公羊学的复兴为主流，公羊学作为西汉经学的主体，重新被发现、被提起、被研究，开发《春秋》学的经世功能再度成为要旨，直至晚清，《春秋》学呈现出强劲的发展势头。清朝前期有官修（"御纂"或"钦定"）的《日讲春秋解义》《春秋传说汇纂》《春秋直解》，有顾炎武《左传杜解补正》，毛奇龄《春秋毛氏传》《春秋简书刊误》《春秋属辞比事记》，顾栋高《春秋大事表》，惠栋《左传补注》，王引之《经义述闻》，洪亮吉《春秋左传诂》等；后期有庄存与《春秋正辞》《春秋举例》《春秋要旨》，孔广森《公羊通义》，刘逢禄《春秋公羊经何氏释例》《左氏春秋考证》，陈立《公羊义疏》，方苞《春秋通论》，廖平《谷梁春秋内外编》《春秋左传古义凡例》，康有为《新学伪经考》《孔子改制考》《春秋董氏学》，章太炎《春秋左传读》，刘师培《读左札记》《春秋左氏传古例诠微》《春秋左氏传答问》《春秋左氏传例略》等，著述众多，难以一一列举。

在《春秋》学发展过程中，数不清的学者对《春秋》及三传作了众多研究和阐发，形成了形形色色的观点和繁复的著述，或舍经求传，或舍传求经；或申《左》，或扬《公》，或溢《谷》，不一而足。此外，尚有许多未留下专门著作但对《春秋》学有重要贡献的学者、思想家，如孟子、荀子、司马迁、朱熹、二程等。《春秋》学在中国史学发展史上具有十分重要的积极意义，也有不可忽视的消极影响，它规定了史学思想的主流方向，使中国古代史学纳入封建伦理的规范而难以突破，探讨中国古代史学发展者，不可能对孔子及《春秋》学避而不谈。①

二、先秦《春秋》学与历史编纂学

《春秋》，原本为鲁国的史书，是当时的"百国春秋"之一，其最大的特点是编年记事，文字高度简洁。至孔子修订以后，即融入了孔子独特而高深的思想主张，司马迁称：孔子"乃因史记作《春秋》，上至隐公，下讫哀公十四年。……孔子在位听讼，文辞可与人共者，弗独有也；至于为《春秋》，笔则笔，削则削，子夏之徒不能赞一辞"②。孔子用《春秋》作教材来教学生，着眼于讲其中的"义"，借以向学生灌输自己的思想意识、政治主张，故曰："其义则丘窃取之矣。"③ 孔子死后，他的弟子及再传弟子们继续研治经典，授徒讲学，《春秋》中的"义"不断增加。再经历代儒者、经师的不断增益、改造、阐发，形成了形形色色的《春秋》学著作。

在孔子作《春秋》之前，只有周王室和各诸侯国的官方史册，通通秘藏于王宫府库之中，由史官掌管，学术文化只能传给贵族子弟，士庶阶层基本无法见到。孔子作《春秋》，则开了私人修史的先例，并以此作为教育三千弟子的内容之一，"学在官府"的垄断局面最终被打破了，史籍由官府传布民间，从此，私人修史之风兴起，推动了春秋战国时期学术文化的发展，更影响了后世史籍的编纂。而孔子说解《春秋》以及弟子们的进一步阐发，使最初的《春秋》学形成了。

私人修史之风的开创，在中国史学发展史上具有革命性的意义。第一，史学家可以直抒胸臆，尽情发挥，便于形成别出心裁的一家之言。与官修相比，私修者有一个相对"自由"的学术环境，因而私修史书往往少有忌讳而富有创造，易于形成各具特色的"独断之学"，著作质量高。孔子自云："其义则丘窃取之矣"，"知我者其惟《春秋》乎！罪我者其惟《春秋》乎！"④ 其意便在于

---

① 当代学者对《春秋》学发展史做了深入研究，形成了许多重要成果，如沈玉成、刘宁著《春秋左传学史稿》（江苏古籍出版社，1992），赵生群著《〈春秋〉经传研究》（上海古籍出版社，2000），赵伯雄著《春秋学史》（山东教育出版社，2004），戴维《春秋学史》（湖南教育出版社，2004），张高评著《春秋书法与左传学史》（上海古籍出版社，2005）等，都是值得重视的成果。
② 司马迁. 史记：卷四十七：孔子世家[M]. 点校本二十四史修订本. 北京：中华书局，2013：2340-2341.
③ 孟子：离娄下[M]//杨伯峻. 孟子译注. 北京：中华书局，2006：192.
④ 孟子：滕文公下[M]//杨伯峻. 孟子译注. 北京：中华书局，2006：155.

此。所以，在孔子之后，私人史学家辈出，形成了私人著史的传统。第二，撰述方便。私家修史，自始至终都是作者一人，语言、文风、前后左右等各种关系都容易照应，抵牾讹谬也比官修史书容易避免。即便产生讹谬，也容易迅速、准确修正，不像众手修书那般风格各异、歧误多且难以准确发现和及时修正。第三，便于形成实录著作。私人修史，摆脱了政权的干预，史学家可以凭借个人的史德、史识，裁量人物、褒贬史事，写出较为客观的实录著作。司马迁著《史记》就是私人著史的典范，是被公认的实录佳作，以致在中国史学发展史上形成了"实录崇《史记》"的史学批评标尺。第四，更便于发挥史学的鉴戒作用。私人修史打破了"君举必书"的成规，视野更开阔，可以自由地选取扬善贬恶的史料，在更大范围内体现鉴戒意义。孔子所作《春秋》，就是一部春秋时代的列国史，贯彻了"据鲁，亲周，故殷，运之三代"的原则。司马迁著《史记》，"原始察终，见盛观衰""述往事，思来者""稽其成败兴坏之理"，成就了"通古今之变"的"一家之言"，体大思精，是官修史书不可企及的。

第一，孔子作《春秋》，开私人修史之风，其功伟烈。

第二，孔子作《春秋》奠定了编年体的基本格局。章学诚说："《尚书》无定法，《春秋》有成例。"① 这主要是从编纂形式上评论《尚书》和《春秋》。所谓"无定法"，是指《尚书》记事因事命篇，内容多样，写法多变，记事顺序缺乏统一规定。所谓"有成例"，主要是指《春秋》经过孔子修订后，其记事的时间顺序有了固定的格式。司马迁说："孔子因史文次《春秋》，纪元年，正时、日、月；盖其详哉！"②

时间、地点、人物、事件是历史记载的基本要素，世界各地的早期记事方法，都是按时间顺序记载。因而，编年体几乎是世界各地最早使用的史书体裁。

在我国，"春秋"本为春秋时期各诸侯列国国史的泛称，属于编年体，但当时的"百国春秋"均已失传。现存《春秋》是孔子依《鲁春秋》并博采诸国历史记载修订而成的。其记事方法，"以事系日，以日系月，以月系时，以时系年，所以纪远近，别异同也。故史之所记，必表年以首事"③。这种按年、时、月、日顺序记事的规定，得益于孔子作《春秋》而最后固定下来。编年体的基本格局因此而得以确立。但《春秋》"文约而指博"，记事过于简略，常常一条

---

① 章学诚. 文史通义校注：卷一：内篇一：书教下 [M]. 叶瑛，校注. 北京：中华书局，1994：49.
② 司马迁. 史记：卷十三：三代世表序 [M]. 点校本二十四史修订本. 北京：中华书局，2013：617.
③ 杜预. 春秋左传正义：卷一：春秋序 [M]. 上海：上海古籍出版社，1990：9-10.

一事，或一条十数字，最多的一条仅45字，共计242年的历史，仅有18000多字，使圣人闭门思之，"十年不能知也"。后世编年体史书的发展，正是继承了《春秋》的编纂方法并不断创新的结果。

第三，《春秋》三传的产生，使先秦《春秋》学出现分化，同时推动了编年体的发展。《春秋》经文，言简意深，如无注释，难以理解，便产生了注释《春秋》的左氏、公羊、谷梁、邹氏、夹氏五家，邹氏、夹氏二家，在汉朝即已失传，流传下来的左氏、公羊、谷梁三家，称"《春秋》三传"。《史记·十二诸侯年表》《汉书·艺文志》，对"三传"的渊源有详细说解。"三传"解经的方式不同，《左传》着眼于《春秋》的"事"与"文"的阐释，以事实来解经，揭示经中所记述的那个时代的历史；《公》《谷》二传则着眼于《春秋》的"义"的阐释，以设问答的形式，层层设问，逐一推阐《春秋》的微言大义。晋范宁评论《春秋》三传的特色说："《左氏》艳而富，其失也巫（指多叙鬼神之事）。《谷梁》清而婉，其失也短。《公羊》辩而裁，其失也俗"。① 即《左传》讲究文辞，叙事具体生动，富于文采。但多叙鬼神之事；《谷梁传》文字简洁清雅，婉约晓畅。但过于简略，甚至遗缺；《公羊传》雄辩善裁断，但过于迎合时俗（指其三科九旨、三统、三世之类）。对"三传"的优缺作出了比较客观公允的评价。《春秋》三传的产生，标志着先秦《春秋》学发生了分化。而在编纂学上，则推动了编年体的发展和完善，这一点《左传》体现得尤为明显。

《左传》使编年体有了突破性的发展，其一，改进了记事的方法。改变了《春秋》只标事纲、不记具体内容的做法，原原本本叙述事件的起因、经过、结果，对人物形象、性格、行为、思想都有深刻的刻画和描绘。语言简明雅致，记事生动、真实、感人，一扫《春秋》的枯燥无味。其二，叙事与论史相结合。或以"君子曰"直接发论，或借前人或伪托前人的话来发论，或用当事人或有影响的人物的话来评论，使《左传》成为叙事论史较成熟的编年史。其三，思想性提高了。《左传》对人与神、王道与霸道、法治与礼治、变革与守旧等的认识，都比《春秋》进步得多。②《左传》是一部言事兼备、记事与评论相结合的成熟的编年体史著，对历史编纂学的影响巨大。

三、两汉《春秋》学与历史编纂学

两汉时期，经学大盛，原占统治地位的黄老之道逐渐被儒学所取代。汉武

---

① 范宁. 春秋谷梁传集解序［M］//十三经注疏本. 北京：中华书局，1980：2361.
② 详见本书"下编"第一章第二节"《左传》：叙事与论史相结合"。

帝之时，任用以"好儒术"著称的田蚡为丞相，"绌黄老、刑名、百家之言"，而"公孙弘以《春秋》白衣为天子三公，封以平津侯。天下之学士靡然乡风矣"①。公羊大师董仲舒"独尊儒术"的主张被汉武帝采纳，董仲舒被重用，《公羊传》中的"尊王""大一统""尊君抑臣""大居正"等不断被用来解决现实政治问题，儒学上升为意识形态的统治思想，《春秋》学成为显学，公羊学上升为显学中的显学。

《春秋》学地位的上升，使两汉《春秋》学的社会政治功能被发挥得淋漓尽致，对当时的社会政治和思想文化均造成了深刻影响，"国家以经学取士，官吏循经义治国，君臣议政，多援引经典为据"，儒家经典成为统治阶级的政治哲学。② 从史学上看，两汉《春秋》学的发达，对历史编纂学产生了深远影响。

首先，对后世纪传体的创立和发展深具启发和影响。《史记》是纪传体的真正开创之作，司马迁以"继《春秋》"为己任，从学术思想、撰述方法和著史实践上全面继承并发展了孔子的原则。"太史公曰：先人有言：'自周公卒五百岁而有孔子。孔子卒后至于今五百岁，有能绍明世，正《易传》，继《春秋》，本《诗》《书》《礼》《乐》之际？'意在斯乎！意在斯乎！小子何敢让焉。"③ 司马迁表示不负父亲殷切期望，要继承孔子作《春秋》的事业，完成史学巨著的撰写。

司马迁继承了《春秋》疏通知远的"通变"思想。《春秋》记事，"据鲁，亲周，故殷，运之三代"，具有春秋时代列国史的通史意义。与《尚书》合观，更可视为一部通史的上下册，疏通知远的"通变"思想十分明显。《史记》之作，"原始察终，见盛观衰""究天人之际，通古今之变，成一家之言"，写出了古今时势之变、兴亡之变、成败之变、穷达之变等，很好地继承和发展了

---

① 司马迁. 史记：卷一百二十一：儒林列传［M］. 点校本二十四史修订本. 北京：中华书局，2013：3762.
② 赵伯雄先生对汉代《春秋》学与社会政治的关系作了深入探讨，认为汉代《春秋》经传的社会政治功能十分突出：一是以《春秋》说灾异，当时的儒者、大臣议论国政、上书朝廷，往往援引《春秋》中的灾异，来劝谏当权者，或说明现实政治中存在的问题和弊端；二是以《春秋》之义为政治原则，引《春秋》之义作为政治行为准则，或引《春秋》中的记事作为现实行事的参照；三是以《春秋》议礼，借以提出《春秋》经传对政治及社会风习的指导作用，达到维护、优化统治秩序的目的；四是以《春秋》决狱，即以《春秋》的褒贬予夺之义作为评判实际案件的标准和原则。详见赵伯雄《春秋学史》（山东教育出版社，2004）第二章第二节"汉代《春秋》经传的社会政治功能"。
③ 司马迁. 史记：卷一百三十：太史公自序［M］. 点校本二十四史修订本. 北京：中华书局，2013：3974.

《春秋》的"通变"思想,在《史记》五体的每一个方面,始终贯穿着"通变"的思想。此后,"通古今之变"成为中国史学发展中的一个重要传统。

纪传体继承了编年体的记事方法。纪传体的体例主要包括:本纪、史表、书志、世家、列传、论赞,各体都具有特定的含义和功用。其中,"本纪"是记载历代帝王和最高当权人物的传记,是全书之纲,以王朝顺序为次,编年记事,反映历代国家大事;"世家"和"列传"是对"本纪"的补充和具体说明;"表"是联系纪、传的桥梁,用表格记各个时期历史事件发生的时间,揭示历史发展线索;"书"记载各种典章制度,可视为分门别类的专史。诸体合一,从不同的角度全面揭示了社会历史。刘知几说:"至太史公著《史记》,始以天子为本纪,考其宗旨,如法《春秋》。自是为国史者,皆用斯法。"[1] "盖纪之为体,犹《春秋》之经,系日月以成岁时,书君上以显国统。"[2] "夫纪传之兴,肇于《史》《汉》。盖纪者,编年也;传者,列事也。编年者,历帝王之岁月,犹《春秋》之经;列事者,录人臣之行状,犹《春秋》之传。《春秋》则传以解经,《史》《汉》则传以释纪。"[3] 把纪传体之纪、传比做《春秋》之经、传。《史记》"十二本纪"不仅继承了编年体编年记事的方法特点,"十二本纪"实际上也是仿照《春秋》"十二公"而设置。章学诚指出:"夫史迁绝学,《春秋》之后,一人而已。其范围千古、牢笼百家者,惟创例发凡,卓见绝识,有以追古作者之原,自具《春秋》家学耳。"[4]

纪传体史书继承了《春秋》"略古详今"的记事原则。孔子序《尚书》、作《春秋》,贯彻了"略远详近"("略古详今")的原则,序《尚书》,略而无年;作《春秋》,则记元年,正时、月、日。司马迁《史记》"上起黄帝,下尽宗周,年代虽存,事迹殊略,至于战国以下,始有可观"。"其间详备者,唯汉兴七十余载而已。"[5]《史记》130卷,其中"本纪十二",先秦6卷(《五帝本纪》《夏本纪》《殷本纪》《周本纪》《秦本纪》《秦始皇本纪》),汉朝6卷

---

[1] 刘知几.史通通释:卷一:六家[M].浦起龙,通释.王煦华,整理.上海:上海古籍出版社,2009:8.

[2] 刘知几.史通通释:卷二:本纪[M].浦起龙,通释.王煦华,整理.上海:上海古籍出版社,2009:34.

[3] 刘知几.史通通释:卷二:列传[M].浦起龙,通释.王煦华,整理.上海:上海古籍出版社,2009:41.

[4] 章学诚.文史通义校注:卷四:内篇四.申郑[M].叶瑛,校注.北京:中华书局,1994:464.

[5] 史通通释:卷十六:杂说[M].刘知几,撰.浦起龙,通释.王煦华,整理.上海:上海古籍出版社,2009:443.

(《高祖本纪》《吕太后本纪》《孝文本纪》《孝景本纪》《孝武本纪》及《项羽本纪》);"表十",先秦3卷,汉朝7卷。三代远则略,作世表。十二诸侯、六国不远不近,作年表。秦汉之际最近,作月表;"八书",形式上是古代以来有关典制方面的专史,但古代内容较少,着重记述了战国以后;"三十世家"中,春秋战国以后占大多数;"七十列传"中,多数传主也是战国以后的人物。

班固的《汉书》"断代为书",不仅综括西汉230年的"行事",而且"旁贯五经",在内容上贯穿了《春秋》的微言大义,在方法上多得《春秋》义法的涵养。如主张"依《五经》之法言,同圣人之是非"[1]。其行文"中规中矩,谨于文法,正自《春秋》谨严的书法而来"[2]。又如虽只写西汉一代历史,但仍有"古"与"今"、"略"与"详"的问题,尤其《汉书》"十志",愈古愈简、越近越详的特点相当明显,仍具"通变"意识和详今略古的修史原则。《史记》《汉书》对《春秋》义法的继承和运用,对后世纪传体史书的修纂产生了深远影响。

其次,对编年体发展的影响。东汉荀悦的《汉纪》,是以班固《汉书》为基础改编而成,其编纂方法和别具特色的评论,将编年体发展到成熟阶段,被梁启超称为"此现存新编年体之第一部书"[3]。其一,《汉纪》继承《春秋》《左传》的"比事"方法,"通比其事,例系年月",完善了叙事方法。用类分事件的方法,排比历史事件,形成了链索式的记事方法,运用得极为娴熟。还用附记法,以"是岁"提示,把一些无法考证确切时间的制度、人物、事件记入某年之末或之中,避免了史实的遗漏。其二,《汉纪》吸收了《左传》史论的三种方式,完善了史论的方法,并在议论、说理、感情表达等方面做了创新,风格独具,从此奠定了编年体史论形式的基本格局。荀悦的评论,往往因人而发、因事而论,形式灵活机动,少则十多字,旨在点出问题,也有数十字、数百字,甚至长达八九百字或逾千字。内容以论汉王朝治国之本、兴亡成败之经验为主,多说理透彻、政见精辟,而且痛心、悲愤、切齿之恨常溢于言表。其三,《汉纪》吸收了纪传体的优良编写方法,使编年体摆脱了刻板地按时间顺序记事的原始方法,创立了机动、灵活的记人、记事、记制度的新的编年记事方法,在兼顾时序本位的前提下,尽可能地写出重要人物的生平、重要事件的始

---

[1] 范晔. 后汉书:卷四十上:玉彪传[M]. 北京:中华书局,1965:1325.
[2] 李洲良. 文章"义法"与"春秋笔法"关系考[M]//国学研究:第十七卷. 北京:北京大学出版社,2006:152.
[3] 梁启超. 中国历史研究法:过去之中国史学界[M]//饮冰室合集(专集73). 北京:中华书局,1989:19.

末。如其记人物,采用追前叙后的方法,把纪传体长于记人的优良记叙法用于编年体的编纂中,这正是荀悦为编年体开辟的一条新路子。

四、魏晋至隋唐《春秋》学与历史编纂学

魏晋南北朝隋唐时期,经史分途,史学摆脱了附庸于经学的地位,成为一个独立的学术门类,在图书著录中,史书已经成为仅次于经书的第二大门类。这一时期,史籍虽仍受经学义理的影响,但对《春秋》义法的运用比较少,三国谯周撰《古史考》[①],晋朝干宝撰《晋纪》,孙盛撰《魏氏春秋》《晋阳秋》等,名言仿效《春秋》,实则仅得《春秋》之"貌"而无《春秋》之"心",刘知几对此有尖锐批评。他说:

> 盖模拟之体,厥途有二:一曰貌同而心异,二曰貌异而心同。何以言之?盖古者列国命官,卿与大夫为别。必于国史所记,则卿亦呼为大夫,此《春秋》之例也。当秦有天下,地广殷、周,变诸侯为帝王,目宰辅为丞相,而谯周撰《古史考》,思欲摈抑马《记》,师仿孔《经》。其书李斯之弃市也,乃云"秦杀其大夫李斯"。夫以诸侯之大夫名天子之丞相,以此而拟《春秋》,所谓貌同而心异也。当春秋之世,列国甚多,每书他邦,皆显其号,至于鲁国,直云我而已。如金行握纪,海内大同,君靡客主之殊,臣无彼此之异,而干宝撰《晋纪》,至天子之葬,必云"葬我某皇帝"。且无二君,何我之有?以此而拟《春秋》,又所谓貌同而心异也……春秋诸国,皆用夏正,鲁以行天子礼乐,故独用周家正朔。至如书"元年春王正月"者,年则鲁君之年,月则周王之月,如曹、马受命,躬为帝王,非是以诸侯守藩,行天子班历。而孙盛魏、晋二《阳秋》(指孙盛《魏氏春秋》《晋阳秋》),每书年首,必云"某年春帝正月"。夫年既编帝纪,而月又列帝名。以此而拟《春秋》,又所谓貌同而心异也。[②]

隋朝王通撰《元经》以续《春秋》,自称"义直而微,言曲而中",所谓"《春秋》作而典诰绝矣,《元经》兴而帝制亡矣"[③],以孔子的继承者自任,"王通模仿孔子的行事,作《元经》。他认为孔子生当乱世,天下无'王',因

---

① 《晋书》卷八十二《司马彪传》云:"谯周以司马迁《史记》书周秦以上,或采俗语百家之言,不专据正经,周于是作《古史考》二十五篇,皆凭旧典,以纠迁之谬误。"
② 刘知几.史通通释:卷八:模拟[M].浦起龙,通释.王煦华,整理.上海:上海古籍出版社,2009:203-204.
③ 王通.中说:问易篇[M].王雪玲,校点.沈阳:辽宁教育出版社,2001:25.

此要作《春秋》，代行天子之事；而南北朝期间，也是天下的乱世，应当有人继孔子之志，对这一段历史作分析评判，以明'王道'，他就是以孔子的继承者自任的"，"开了后世以《春秋》笔法作史的先河"。① 有学者认为："王通是隋唐儒学变革的先行者，他的《春秋》学思想是其整个理论体系中的重要一环……王通的《春秋》学有重要的学术价值：一则它是唐宋'义法史学'的先驱，二则它是中唐以后《春秋》学研究中'舍传求经'学派的前导"。② 王通《元经》深得《春秋》之法，依《春秋》义法著史，成为中唐以降"义法史学"兴起的前导。

所谓义法史学，指的是中唐以来随着儒学复兴而兴起的一种史学思潮。其基本取向是用新经学的标准来衡量史学，主要特征是用"《春秋》义法"来修撰史书，它的本质是以应然来规范实然。在义法史学家那里，历史是什么并不重要，关键是历史应该怎么样。"它在理论上的鼓吹者是隋朝的王通和唐朝的萧颖士、韩愈、皇甫湜、李翱；在实践上最重要的代表作则是宋朝欧阳修《新五代史》、朱熹《资治通鉴纲目》"。③

中唐萧颖士欲用"《春秋》义法""标一字以举凡"著《历代通典》。④ 韩愈则提出"凡史氏褒贬大法，《春秋》已备之矣"⑤，准备"作唐之一经，垂之于无穷，诛奸谀于既死，发潜德之幽光"⑥，但萧颖士之《历代通典》未得流传，韩愈之"作唐之一经"终未实现。更有"博通群籍，史笔尤工"的史官沈既济，力主用《春秋》义法来修史，曰："史氏之作，本乎惩劝，以正君臣，以维家邦。前端千古，后法万代，使其生不敢差，死不忘惧。纬人伦而经世道，为百王准的，不止属辞比事，以日系月而已。故善恶之道，在乎劝诫，劝诫之柄，存乎褒贬。是以《春秋》之义，尊卑轻重升降，几微仿佛，虽一字二字，必有微旨存焉。况鸿名大统，其可以贷乎？"⑦ 批评吴兢撰国史时把武则天列入本纪：

孝和以始年登大位，以季年复旧业，虽尊名中夺，而天命未改，足以

---

① 赵伯雄. 春秋学史［M］. 济南：山东教育出版社，2004：408-409.
② 李建军. 王通《春秋》学考述［J］. 西华大学学报，2006（3）：31.
③ 邓志峰. 义法史学与中唐新史学运动［J］. 复旦学报，2004（6）：29.
④ 萧颖士. 萧茂挺文集：赠韦司业书［M］. 影音文渊阁四库全书本，上海：上海古籍出版社，1990：343.
⑤ 韩愈. 韩愈全集：文外集 卷上：答刘秀才论史书［M］. 上海：上海古籍出版社，1987：356.
⑥ 韩愈. 韩愈全集：文集 卷三：答崔立之书［M］. 上海：上海古籍出版社，1987：176.
⑦ 刘昫. 旧唐书：卷一百四十九：沈传师传［M］. 北京：中华书局，1975：4034.

首事，足以表年，何所拘阂，裂为二纪？昔鲁昭之出也，《春秋》岁书其居，曰"公在乾侯"。且君在虽失位，不敢废也。今请并《天后纪》合《孝和纪》，每于岁首，必书孝和所在以统之，书曰其年春正月，皇帝在房陵，太后行某事，改某制云云。则纪称孝和，而事述太后，俾名不失正，而礼不违常，名礼两得，人无间矣。其姓氏名讳，入宫之由，历位之资，才艺智略，年辰崩葬，别篹录入《皇后传》，列于废后王庶人之下，题其篇曰"则天顺圣武后"云。①

沈既济认为史氏之作，不光是记事，不光是"属辞比事，以日系月"，而是要"本乎惩劝，以正君臣，以维家邦"，"纬人伦而经世道，为百王准的"，故极力反对将武则天列入本纪，其建议虽未被采纳，却获得了当时史官们的高度认同，所谓"事虽不行，而史氏称之"。

可见，中唐以降已经出现了效仿《春秋》以修史的义法史学新潮，但在当时并未成为大气候。这与唐朝统治者高度重视儒学巩固统治秩序的功能，统一儒学经典的文本，撰《五经正义》，进而统一五经的经义有关。然中唐义法史学新潮却开两宋经史会通之先河，其影响应当重视。

另外，刘知几《史通》的《惑经》《申左》二篇，专谈《春秋》经传，对历史编纂学有积极影响。《惑经》篇对《春秋》提出了种种疑问，指出"其未喻者有十二"，即《春秋》之义有12个不明白的问题，而历代论《春秋》者则又存在"虚美者有五"。刘知几抓住《春秋》是"夫子所修之史"的实质，将《春秋》作为史书来考察和评论，所谓"今惟摭其史文，评之于后"。"十二未喻"大多针对《春秋》"书法"而论，而"书法"背后体现的是《春秋》的"史义"。同时，批评历代儒者随声附和，"虚誉"《春秋》，多为无根之谈，剥去了《春秋》神圣、神秘的外衣。②

《申左》篇扬《左传》而贬《公》《谷》，他说："《左氏》之义有三长，而二《传》之义有五短"，"若以彼三长，校兹五短，胜负之理，断然可知"，充分肯定了《左传》的地位。认为：

> 周礼之故事，鲁国之遗文，夫子因而修之，亦存旧制而已。至于实录，付之丘明，用使善恶毕彰，真伪尽露。向使孔《经》独用，《左传》不作，则当代行事，安得而详者哉？盖语曰：仲尼修《春秋》，逆臣贼子惧。又

---

① 刘昫. 旧唐书：卷一百四十九：沈传师传 [M]. 北京：中华书局，1975：4035-4036.
② 刘知几. 史通通释：卷十四：惑经 [M]. 浦起龙，通释. 王煦华，整理. 上海：上海古籍出版社，2009：370，382.

曰：《春秋》之义也，欲盖而彰，求名而亡，善人劝焉，淫人惧焉。寻《春秋》所书，实乖此义，而《左传》所录，无愧斯言。此则《传》之与《经》，其犹一体，废一不可，相须而成。如谓不然，则何者称为劝戒者哉？

突出强调了《左传》的作用，将《春秋》和《左传》视为一体，"相须而成"，缺一不可。又指出："儒者苟讥左氏作《传》，多叙《经》外别事。如楚、郑与齐三国之贼弑，隐、桓、昭、哀四君之篡逐。其外则承告如彼，其内则隐讳如此。若无左氏立《传》，其事无由获知。然设使世人习《春秋》而唯取两《传》也，则当其时二百四十年行事茫然阙如，俾后来学者，兀成聋瞽者矣。"① 刘知几的《惑经》《申左》，从一个侧面反映了《春秋》学对历史编纂学的影响。

五、两宋《春秋》学与历史编纂学

唐朝的《五经正义》，统一了文本，统一了五经的经义，非但没有促成经学的发展，反而使经学的发展受到束缚和限制，使经学走向僵化、没落。变革经学，已成必然之势。

至两宋，我国古代封建政治、经济、文化均进入了高度发展和繁荣时期，经学复兴，《春秋》学发达，史学达于鼎盛。《春秋》学与史学交互影响、融会渗透、经史会通，出现了史学的《春秋》经学化和《春秋》经学的史学化。

首先，以史学编纂形式改编《春秋》经传蔚然成风。宋朝史学兴盛，不仅传统史书体裁获得新发展，而且各种新体裁纷纷产生，史学著述丰富。受此影响，以史籍编纂形式改编《春秋》经传的著作层出不穷，导致了《春秋》经传的史学化，说明宋朝史学对《春秋》学的影响非同一般。

其中，有改编为纪传体的，如王当《春秋列国诸臣传》50卷，②"所传诸臣皆本《左氏》，有见于他书者，则附其末，系之以赞。诸赞论议纯正，文辞简古，于经传亦多所发明"③。体例仿司马迁《史记》纪传体，载列国诸臣"凡一百三十有四人"④。郑昂《春秋臣传》30卷，"以人类事，凡二百十五人，附而

---

① 刘知几. 史通通释：卷十四：申左［M］. 浦起龙, 通释. 王煦华, 整理. 上海：上海古籍出版社, 2009：390-393.
② 晁公武《郡斋读书志》、陈振孙《直斋书录解题》《宋史·艺文志》、朱彝尊《经义考》皆著录五十一卷，今存《四库全书》本实为三十卷，四库馆臣推测"殆三五字形相近，撰写误欤？"
③ 陈振孙. 直斋书录解题：卷三［M］. 上海：上海古籍出版社, 2015：62.
④ 晁公武. 郡斋读书志：卷三［M］. 孙猛, 校正. 上海：上海古籍出版社, 2011：122.

名者又三十九也"①，朱彝尊《经义考》有著录"已佚"。沈括《春秋左氏纪传》②，"取丘明所著二书用司马迁《史记》法，君臣各为纪传，凡欲观某国之治乱，某人之臧否，其行事本末毕陈于前，不复错见旁出，可省翻阅之勤。或事同而辞异者，皆两存之，又因以得文章繁简之度。虽编削附离，尚多不满人意，然亦可谓有其志矣"③。程公说《春秋分纪》90卷，今存，见《四库全书》。《经义考》引张萱曰："宋淳祐间克斋程公说编，以圣经为本，而事则按《左氏》，间取《公》《谷》及先儒论辩，以证其诬，至于论述，大纲悉本孟子，而微辞多取之程、胡二氏，复以己意为新注。又仿司马迁《史记》为年表九卷，世谱七卷，名谱二卷，书二十有六卷，周天王纪二卷，鲁及列国世家二十六卷，附庸诸小国及四裔十有三卷，凡九十卷。"④ 四库馆臣称：该书"条理分明，叙述典赡"，"诚读《春秋》者之总汇也"⑤ 这些都是用纪传体来改编《春秋》经传。

有改编为国别体的，如周武仲《春秋左传编类》30卷，朱彝尊《经义考》注曰"佚"。《经义考》引杨时作《墓志》曰："公常病《春秋左氏传》叙事隔涉年月，学者不得其统，于是创新，诠次其事，各列于诸国，傅易览焉。"⑥ 徐得之《春秋左氏国纪》20卷，朱彝尊《经义考》注曰"佚"。《经义考》引陈傅良序曰："徐子所为《左氏国纪》曷可少哉？余读《国纪》，周平、桓之际，王室尝有事于四方，其大若置曲沃伯为侯，诗人美焉，而经不著……学者诚得《国纪》，伏而读之，因其类居而稽之经，某国事若干，某事书，某事不书，较然明矣，于是致疑，疑而思，思则有得矣，徐子殆有功于《左氏》者也。"⑦ 李琪《春秋王霸列国世纪编》3卷，今存，有《通志堂经解》本和《四库全书》本。该书"以诸国为纲，而以《春秋》所载事迹类编为目。前有序，后有论断。第一卷为王朝及霸国，霸国之中黜秦穆、楚庄，而存宋襄，又于晋文以下，列

---

① 朱彝尊. 经义考：卷一八一：引王应麟语 [M]. 四部备要：第12册. 北京：中华书局，1989：935.
② 《宋史·艺文志》著录为50卷，《文献通考》著录为30卷，朱彝尊撰《经义考》时已注曰"佚"。
③ 朱彝尊. 经义考：卷一八三：引李熹语 [M]. 四部备要：第12册. 北京：中华书局，1989：944.
④ 朱彝尊. 经义考：卷一九〇 [M]. 四部备要：第12册. 北京：中华书局，1989：977.
⑤ 永瑢，等. 四库全书总目：卷二十七：春秋分纪 [M]. 北京：中华书局，1965：222.
⑥ 朱彝尊. 经义考：卷一八四 [M]. 四部备要：第12册. 北京：中华书局，1989：947.
⑦ 朱彝尊. 经义考：卷一八八：引陈傅良序 [M]. 四部备要：第12册. 北京：中华书局，1989：968.

自襄至定十君，而特附以鲁。二卷为周同姓之国，而特附以三恪。三卷皆周异姓之国，而列秦、楚、吴、越于诸小国后。"① 李琪自序云："琪少窃妄意，叙东周十有四王之统，合齐晋十有三霸之目，举诸侯数十大国之系，皆世为之纪，不失全经之文，略备各代之实。每纪之后，序其事变之由，得失之异，参诸传之纪载，以明经之所书，虽若详而不遗于事，岂能精而有合于理，初学问津，或有取焉。"②

有改编为纪事本末体的，如章冲《春秋左传类事始末》，序云：

> 始冲少时，侍石林叶先生为学，先生作《春秋谳》《考》《传》，使冲执《左氏》之书，从旁备检阅。《左氏》传事不传义，每载一事必先经以发其端，或后经以终其旨。有越二三君数十年而后备，近者抑或十数年；有一人而数事所关，有一事而先后若异。君臣之名字，有数语之间而称谓不同。间见错出，常病其不属，如游群玉之府，虽珩璜圭璧璀璨可爱，然不以汇聚，骤焉观之，莫名其物。冲窃谓左氏之为丘明与受经于仲尼，其是否固有能辨之者，若夫文章富艳，广记备言之工，学者掇其英精，会其离析，各备其事之本末，则所当尽心焉者。古今人用力于是书，亦云多矣，而为之事类者未之见也。冲因先生日阅以熟，乃得原始要终，裙撼推迁，各从其类。有当省文，颇多裁损。亦有裂句摘字，联累而成文者。二百四十二年之间，小大之事，靡不采取，约而不烦，一览尽见。又总记其灾异力役之数，时君之政，战阵之法，与夫器物之名，并系于后，读之者不烦参考，而毕陈于目前。③

章冲师从《春秋》学名家叶梦得，深于《左传》学，所撰《春秋左传类事始末》以事类编排，改编《左传》，原始要终。四库馆臣称："冲但以事类裒集，遂变经义为史裁，于笔削之文，渺不相涉。"④

有改编为类书体的，如叶清臣《春秋纂类》10卷，《经义考》注曰"佚"。《经义考》卷一七九引《中兴书目》云："天禧中，叶清臣取《左氏传》，随事

---

① 永瑢，等．四库全书总目：卷二十七：春秋王霸列国世纪编［M］．北京：中华书局，1965：223．
② 朱彝尊．经义考：卷一九一：引李琪自序［M］．四部备要：第12册．北京：中华书局，1989：981．
③ 朱彝尊．经义考：卷一八八：引章冲《春秋左传类事始末》自序［M］．四部备要：第12册．北京：中华书局，1989：966．
④ 永瑢，等．四库全书总目：卷四十九：春秋左氏传事类始末［M］．北京：中华书局，1965：437．

类编为二十六门，凡十卷，名《春秋纂类》。"吕祖谦《左传类编》六卷，《经义考》注曰"佚"，今有《四部丛刊续编》本。《经义考》引张萱语曰："中分十九则，曰周、曰齐、曰晋、曰楚、曰吴越、曰戎狄、曰附庸，皆列国行事；曰诸侯制度、曰风俗、曰礼、曰氏族、曰官制、曰财用、曰刑、曰兵制、曰地理、曰春秋前事，自唐虞以来《左氏》所引典故；曰论议，则《左氏传》中论议之文也。"① 这是一部分类摘编《左传》内容的改编之作，属于类书形式。

甚至还有改编为图、谱、表的，如杨彦龄《左氏春秋年表》2卷，《经义考》注曰"佚"。杨提《春秋地谱》12卷，《经义考》注曰"佚"。沈括《春秋机括》，《宋史·艺文志》著录2卷，《玉海》著录3卷。税安礼《春秋列国图说》，又名《春秋列国指掌图说》，仅1卷。韩璜《春秋人表》1卷，《经义考》注曰"佚"。环中《左氏二十国年表》1卷、《春秋列国臣子表》10卷，《经义考》均注曰"佚"。邓名世《春秋四谱》6卷，《经义考》注曰"佚"。张洽《春秋历代郡县地理沿革表》27卷，《目录》2卷，《经义考》注曰"佚"。

其次，《春秋》义法影响下的史学著述别开生面。两宋《春秋》学相当发达，对历史编纂学产生了深刻影响，有学者认为："'春秋精神'，不仅是宋代史学家主要的思想食粮，而且还是他们借史笔以传'圣人之意'的最高境界。纵观宋代史学，几乎所有有影响的史学家史著，都与《春秋》经学有着内在的联系。"② 大凡宋朝有影响的史学家史著，几乎都受到《春秋》经学的影响，是有道理的。"正史类"著作如欧阳修独撰的《新五代史》和参撰的《新唐书》；"编年类"著作如尹洙的《五代春秋》、孙甫的《唐史记》、司马光的《资治通鉴》、朱熹的《资治通鉴纲目》；"史评类"著作如孙甫的《唐史论断》、范祖禹的《唐鉴》、胡寅的《读史管见》，等等，都是宋朝极富影响力又与《春秋》学关系甚密的史学著作。贾贵荣先生曾撰文分析说："宋代史学是中国史学史上繁荣昌盛的时期之一，也是受《春秋》影响比较典型和强烈的时期。欧阳修公开声明所修《新五代史》是学孔子、仿《春秋》而作；司马光作《资治通鉴》亦是明仿《左传》而实继《春秋》；范祖禹、孙甫效法《春秋》更进一步；朱熹的《通鉴纲目》学《春秋》达到顶峰。"③

尹洙深于《春秋》，所撰《五代春秋》师法《春秋》叙事之简质、效仿

---

① 朱彝尊．经义考：卷一八七：引张萱语[M]．四部备要：第12册．北京：中华书局，1989：962．
② 王东．宋代史学与《春秋》经学——兼论宋代史学的理学化趋势[J]．河北学刊，1988（6）．
③ 贾贵荣．《春秋》经与北宋史学[J]．中国史研究，1990（1）．

《春秋》用字之谨严。全书仅2卷，不足3000字，却记载了梁、唐、晋、汉、周五代十三帝的史事，兼记载十国的兴亡大事，崇尚简约，婉而成章。字斟句酌，模仿《春秋》之用字，在遣词用字中蕴含对事件性质、人物善恶的看法，颇得《春秋》神韵。清朝史学家邵晋涵，曾将《五代春秋》与《旧五代史》相比较，称《旧五代史》"叙事详核"，但"帝纪未免冗烦"，而《五代春秋》则"书法谨严，欧阳史（《新五代史》）帝纪所仿也"。指出："论者多病其（《五代春秋》）太简，然于十国兴废大事必书，视欧阳史之不载于纪者，为得史法矣。"① 四库馆臣称赞其"笔削颇为不苟，多得谨严之遗意，知其《春秋》之学深矣"②。

孙甫的《唐史记》是针对《旧唐书》"烦冗遗略，多失体法"而重修的编年体唐史。陈振孙《直斋书录解题》云："甫以《唐书》烦冗遗略，多失体法，乃修为《唐史》，用编年体。"③ 孙甫认为："《尚书》《春秋》记治乱虽异，其于劝戒，则大意同也。后之为史者，欲明治乱之本，谨戒劝之道，不师《尚书》《春秋》之意，何以为法？"他批评司马迁修《史记》"破编年体，创为纪传，盖务便于记事也……于治乱之本、劝戒之道，则乱杂而不明矣"。故而仰师《春秋》之意，撰成《唐史记》，弃纪传，用编年。④ 孙甫又撰成《唐史论断》，"每言唐君臣行事，以推见当时治乱，若身履其间，而听者晓然，如目见之。时人言：'终日读史，不如一日听孙论也。'"⑤ 疏叙事、谨鉴戒，其自序云："叙事不无疏略，然于劝戒之义谨之矣。劝戒之切而意远者，著论以明焉。欲人君览之，人臣观之，备知致治之因，召乱之自，邪正之效，焕然若绘画于目前，善者从之，不善者戒之，治道可以常兴，而乱本可以预弭也。论九十二首，观者无忽，不止唐之安危，常为世鉴矣。"⑥ 同时"正帝统，黜僭号"，论曰："武后僭帝号，唐史臣修实录，撰国史者，皆为立纪，系事于帝王之年，列伪国于有唐之史，名体大乱，史法大失矣……武后改年，皆是妄作，今起嗣圣，继以景龙，武后所改，但存其名，备征它事，而不以表年言，所以正帝统，而黜僭

---

① 邵晋涵．南江文钞：卷五：五代史记提要[M]．续修四库全书本．上海：上海古籍出版社，2002．
② 永瑢，等．四库全书总目：卷四十八：五代春秋[M]．北京：中华书局，1965：431．
③ 陈振孙．直斋书录解题：卷四[M]．上海：上海古籍出版社，2015：116．
④ 孙甫．唐史论断：序[M]．丛书集成初编（合订本），北京：中华书局，2010．
⑤ 脱脱，等．宋史：卷二百九十五：孙甫传[M]．北京：中华书局，1985：9841-9842．
⑥ 孙甫．唐史论断：序[M]．丛书集成初编（合订本），北京：中华书局，2010．

号也。"①

司马光的《资治通鉴》，"因丘明编年之体，仿荀悦简要之文"，全面继承和发展了《春秋》经传的编纂思想、编纂方法和叙事技巧。一是时间断限上上继《左传》，是一部承袭《左传》的编年体通史。二是继承和发展了《左传》编年叙事、排比史事的方法。三是继承和发展了《左传》言事相兼的优点。四是继承和发展了《左传》的史论特色。②《资治通鉴》功臣胡三省一语道破："《通鉴》之作，实接《春秋》《左氏》后也。"③五是继承了《春秋》的经世之旨。所谓"专取关国家盛衰，系生民休戚，善可为法，恶可为戒者，为编年一书"④。六是继承了《春秋》"尽而不汙"的直书笔法。"不诬事实，仅于至公。"⑤著名通鉴学学者张煦侯先生认为："《通鉴》殆纯以左氏为师"，其时间本位、作者意识本位、人物附载、重要文字附载、政制附载、杂事附载，"六者皆受法于《左传》，且有明证。故司马氏者，纂纪年之大宗，为左氏之肖子者也。"⑥又云："欲观通鉴史学，当区分五事言之：一曰《春秋》之意；二曰《左传》之法；三曰儒家之宗旨；四曰本朝之背景；五曰著者之特见。"⑦这是确论。

朱熹的《资治通鉴纲目》，"纲仿《春秋》而参取群史之良，目仿《左氏》而稽合诸儒之粹。至于大经大法，则一本于圣人之述作，使明君贤辅有以昭其功，乱臣贼子无所逃其罪，而凡古今难制之变，难断之疑，皆得参验稽决，以合于天理之正，人心之安，而后世权谋术数利害苟且之私一毫无得参焉，则是继《春秋》而作，未有若此书之盛者也"⑧。既点出了《资治通鉴纲目》的编纂特点是"纲仿《春秋》而参取群史之良，目仿《左氏》而稽合诸儒之粹"，又指出了其思想资源是"至于大经大法，则一本于圣人之述作"。通览《资治通鉴纲目》全书，其继《春秋》微旨以论辩正统，法《春秋》义例以褒贬善恶，仿

---

① 孙甫．唐史论断：卷上 中宗：不称武后年名[M]．丛书集成初编本（合订本）：北京：中华书局，2010.
② 详见本书"下编"第一章第四节《资治通鉴》：'因丘明编年之体，仿荀悦简要之文'"．
③ 司马光．资治通鉴：卷首：胡三省新注资治通鉴序[M]．北京：中华书局，1956：24.
④ 司马光．资治通鉴：卷末：进资治通鉴表[M]．北京：中华书局，1956：9607.
⑤ 司马光．资治通鉴：卷六九：魏纪一：文帝黄初二年[M]．北京：中华书局，1956：2187.
⑥ 张煦侯．通鉴学[M]．北京：北京联合出版公司，2019：120-127.
⑦ 张煦侯．通鉴学[M]．北京：北京联合出版公司，2019：114-115.
⑧ 李庐子．宋温陵刻本资治通鉴纲目后序[M]//朱子全书．上海：上海古籍出版社，2002：3505.

《春秋》笔法以直载史事等。①

　　欧阳修独撰的《新五代史》和参撰的《新唐书》，其"义例褒贬，仰师《春秋》"，更是唯"圣人之义""《春秋》之法"是从。苏辙《欧阳文忠公神道碑》云："（欧阳修）尝奉诏撰《唐本纪·表·志》，撰《五代史》，二书《本纪》法严而词约，多取《春秋》遗意。"② 二书在行文上师法《春秋》，崇尚简净；在褒贬上仿效《春秋》，重视义例；在旨趣上涵化《春秋》大义，匡正世教人心。欧阳发《先公事迹》云："先公既奉敕撰《唐书·纪·表·志》，有自撰《五代史》七十四卷，其作《本纪》，用春秋之法，虽司马迁、班固皆不及也……其于《五代史》，尤所留心，褒贬善恶，为法精密，发论必以'呜呼'，曰'此乱世之书也'。其论曰：'昔孔子作《春秋》，因乱世而立治法，余述《本纪》，以治法而正乱君。'此其志也。"③ 欧阳修《答李淑内翰书》云："（《五代史记》）诠次去取，须有义例；议论褒贬，此岂易当？"④《四库全书总目》释曰："大致褒贬祖《春秋》，故义例谨严。"⑤ 清代史学家赵翼是这样称赞二书的："不阅《旧唐书》，不知《新唐书》之综核也。不阅读薛史，不知欧史之简严也。欧史不惟文章洁净，直追《史记》，而以《春秋》书法寓褒贬于纪传之中，则虽《史记》亦不及也。"⑥ 当然，事物往往是辩证的，欧阳修仰师《春秋》，崇尚简净，带来了二书的谨严，但也造成了二书史料上的缺憾，诚如章学诚所云："欧阳之病，在逐文字而略于事实，其有佳处，则本纪笔削深得《春秋》法度，实马、班以来所不能及。"⑦ 钱大昕也批评说："欧阳公《五代史》，自谓窃取《春秋》之义，然其病正在乎学《春秋》。"⑧

　　范祖禹之《唐鉴》、胡寅之《读史管见》，是史学评类著作，也深受《春秋》学的浸染。《唐鉴》取《春秋》之义法以撰史、论史，集编年与史评于一体，黜篡国窃位，严夷夏之辨。其言曰："天下者，唐之天下也，武氏岂得而间

---

① 可参见本书"下编"第一章第六节"纲目体及朱熹的历史编纂学思想"。
② 欧阳修.欧阳修全集：附录卷三［M］.北京：中国书店，1986：116.
③ 欧阳修.欧阳修全集：附录卷二［M］.北京：中国书店，1986：116.
④ 欧阳修.欧阳修全集：答李淑内翰书［M］.北京：中国书店，1986：116.
⑤ 永瑢，等.四库全书总目：卷四十六：新五代史记［M］.北京：中华书局，1965：411.
⑥ 赵翼.廿二史劄记校证：卷二十一：欧史书法谨严［M］.北京：中华书局，1984：460.
⑦ 章学诚.文史通义新编新注：卷七：外篇一：史学义例上［M］.仓修良，编注.杭州：浙江古籍出版社，2005：422.
⑧ 钱大昕.十驾斋养新录：卷六：五代史［M］.上海：上海书店出版社，2011：130.

之？故臣复系嗣圣之年，黜武氏之号，以为母后祸乱之戒，窃取《春秋》之义，虽获罪于君子而不辞也。"① 又曰："太宗以万乘之主，而兼为夷狄之君，不耻其名而受其佞，事不师古，不足为后世法也"，痛斥"自汉以女嫁匈奴，而后世习为故常，结昏戎狄，不以为耻"②，秉承《春秋》攘夷大义，力陈夷夏之辨。而胡寅深受父亲胡安国的影响，深得《春秋》之义，其所撰《读史管见》："用《春秋》经旨尚论详评，是是非非，治乱善恶，如白黑之可辨。后人能法治而戒乱，移善而去恶，人君则可以保天下、安兆民而为明君，人臣则能致其身、尽臣节而为良臣，士庶人则可以不陷于不义而保其家于天地间，岂小补云乎哉？"③

可见，两宋《春秋》学与历史编纂学（甚至整个史学）关系之甚密、交融之深广、影响之空前，是其他朝代无法比拟的。

六、清朝《春秋》学与历史编纂学

元明时期，《春秋》学承续两宋余绪，然总体呈衰落趋势，元朝尚能守宋朝的旧规旧制，明朝却完全走向了空疏，《春秋》学的发展无足可观。

至清朝，《春秋》学再次崛起。清人治学，往往贯通经史。考据是清朝学者治史的基本方法，其考史方法的缜密与完备，就渊源于汉学治经的方法。清初，经由顾炎武、阎若璩、胡渭等人的倡导和实践，考史方法日密，治经之法逐渐被运用于包括史学在内的各个学科领域。乾嘉之际，学者多兼通经史，以治经方法治史，张之洞曾云："由小学治经学者，其经学可信。由经学入史学者，其史学可信。"④ 揭示了清朝史学家治学的路径和方法。正是在这样的背景下，《春秋》学再度崛起，前期以左传学为主体，后期以公羊学复兴为主流。《春秋》学经由前期注重文本的校勘、训诂、考证，到后期经世功能的再度弘扬，呈现出强劲的发展势头。

在历史编纂学上，与宋人重《春秋》褒贬、重正统论、重《春秋》义例不同，清朝学者重史实、轻义例，反对以《春秋》笔法、以正统论著史。故而纷纷从史学角度重新整理《春秋》经传，出现了《春秋》经传的史学改编、史学

---

① 范祖禹. 唐鉴: 卷七: 德宗中, 西安: 三秦出版社, 2003: 105.
② 范祖禹. 唐鉴: 卷二: 太宗上, 西安: 三秦出版社, 2003: 35.
③ 胡寅. 读史管见: 附胡大壮读史管见序 [M]. 四库全书存目丛书. 济南: 齐鲁书社, 1997: 758.
④ 张之洞. 书目答问: 附二: 国朝著述诸家姓名略序 [M] // 书目答问二种. 北京: 生活·读书·新知三联书店, 1998: 265.

考证、史学解读等。

第一，《春秋》经传的史学改编。虽数量上不及两宋，但其成绩却很突出。改编为纪事本末体的，如马骕《左传事纬》12卷、附录8卷，全书贯通春秋史事，是马骕长期研究《左传》的心血结晶。他将《左传》所记史实编写成历史事件108篇，成为一部以纪事本末体裁叙述春秋时代历史的通史。每篇之后加有评论，见解精辟，启人思考。四库臣馆称："骕作是书，必谓《左氏》义例在《公》《谷》之上，是亦偏好之言。然骕于《左氏》实能融会贯通，故所论具有条理，其图表亦皆考证精详。可以知专门之学与涉猎者相去远矣。"① 又如高士奇《左传纪事本末》53卷，以宋人章冲的《春秋左传事类始末》为基础，加以补充扩展而成。全书以春秋时期各国诸侯为中心，在每个国家之内，把重大事件标目成篇，一篇一卷。广泛参考了《公羊传》《谷梁传》《国语》《史记》以及其他史经著述和先秦两汉有关典籍的记载，写成"补逸""考异""辩误""考证""发明"。凡杂取三代秦汉之书与《左传》相表里者以补《左传》之逸，称"补逸"；凡"与《左氏》异同迥别者，并存其说，以备参伍"，称"考异"；凡"有踳驳不伦，传闻失实者，为厘辨之"，称"辩误"；对记载"有证据者，并存其说，以备参伍"，称"考证"；对加进了作者自己意见的称"发明"。② 每卷之后又以"臣士奇曰"发表评论，概括篇旨。

改编为表、谱的，如顾栋高《春秋大事表》50卷、《春秋舆图》1卷、附录1卷。内容上，此书不但对春秋学进行了重新探讨和总结，而且重地理；体例上，此书表、图与论相结合，也兼具纪事本末体的特点。《四库全书总目》称："是书以《春秋》列国诸事，比而为表：曰《时令》、曰《朔闰》、曰《长历拾遗》、曰《疆域》、曰《爵姓存灭》、曰《列国地理犬牙相错》、曰《都邑》、曰《山川》、曰《险要》、曰《官制》、曰《姓氏》、曰《世系》、曰《刑赏》、曰《田赋》、曰《吉礼》、曰《凶礼》、曰《宾礼》、曰《军礼》、曰《嘉礼》、曰《王迹拾遗》、曰《鲁政下逮》、曰《晋中军》、曰《楚令尹》、曰《宋执政》、曰《郑执政》、曰《争盟》、曰《交兵》、曰《城筑》、曰《四裔》、曰《天文》、曰《五刑》、曰《三传异同》、曰《阙文》、曰《吞灭》、曰《乱贼》、曰《兵谋》、曰《引据》、曰《杜注正讹》、曰《人物》、曰《列女》。其《险要表》后附以《地形口号》，《五礼表》后附以《五礼源流口号》。《舆图》则用朱字、墨字以分别古今地名。《附录》则皆诸表序并表中所未及者，又为辩论以订旧说之

---

① 永瑢，等.四库全书总目：卷二十九：左传事纬[M].北京：中华书局，1965：237.
② 高士奇.左传纪事本末：凡例[M].北京：中华书局，2019：5.

讹。凡百三十一篇。""栋高事事表之，亦未免繁碎。至参以七言歌括，于著书之体亦乖。然条理详明，考证典核，较公说书（即宋程公说《春秋分纪》）实为过之。其辩论诸篇，皆引据博洽，议论精确，多发前人所未发，亦非公说所可及。"① 这是一部研究春秋史的皇皇巨著。又如孙和鼎《春秋名系汇谱》、陈厚耀《春秋世族谱》等，是整理经传的世族世谱著作。四库馆臣称：陈厚耀《春秋世族谱》"于《经》《传》所载之人只称官爵及字者，悉胪采无遗，实为顾本所未及"②。

第二，《春秋》经传的史学考证。从史学角度对《春秋》经传进行考证，在清朝取得了辉煌成绩，著作如林。清前期王夫之《春秋稗疏》2卷、顾炎武《左传杜解补正》3卷、俞汝言《春秋四传纠正》1卷、江永《春秋地理考实》4卷；清中后期吴派《春秋》学中惠栋的《春秋左传补注》6卷、沈彤的《春秋左传小疏》1卷、王鸣韶的《春秋三传考》、朱大韶的《春秋传礼征》10卷、洪亮吉的《春秋左传诂》20卷，皖派《春秋》学中马宗琏的《春秋左传补注》3卷、《公羊补注》1卷、《谷梁传疏证》1卷、王引之的《经义述闻》《春秋名字解诂》、刘文淇等《左传旧注疏证》，扬州学派中阮元的《左传校勘记》36卷、《公羊传校勘记》11卷、《谷梁传校勘记》12卷、焦循的《春秋左传补疏》5卷，常州学派中庄述祖的《春秋补注》1卷、《谷梁考异》1卷、庄有可的《春秋注解》16卷、刘逢禄的《春秋左传考证》2卷，等等，都是从史学角度考证《春秋》经传的重要著述。试举例如下：

王夫之《春秋稗疏》，主要考证《春秋》书法、典制及地理。"是编论《春秋》书法及仪象典制之类仅十之一，而考证地理者居十之九。"③ 其论多简明确凿，体现了王夫之治学的求实精神。

顾炎武《左传杜解补正》，是清代第一部补正杜注之作，也是以考据学研究《左传》的滥觞。此书广引前人著述及利用金石、天文、地理等学科成果，讲求实证，对清朝《春秋》学乃至整个学术都有极大影响。《四库全书总目》评论说："是书以杜预《左传集解》时有阙失，贾逵、服虔之《注》、乐逊之《春秋序义》今又不传，于是博稽载籍，作为此书"，"推求文义，研究诂训，亦多得《左氏》之意"，"炎武甚重杜《解》，而又能弥缝其阙失，可谓扫除门户，能持

---

① 永瑢，等. 四库全书总目：卷二十九：春秋大事表［M］. 北京：中华书局，1965：240，241.
② 永瑢，等. 四库全书总目：卷二十九：春秋世族谱［M］. 北京：中华书局，1965：240.
③ 永瑢，等. 四库全书总目：卷二十九：春秋稗疏［M］. 北京：中华书局，1965：235.

是非之平矣"。①

俞汝言《春秋四传纠正》，纠集《左传》《公羊》《谷梁》之失误，析为六大类，其《自序》云："为六端以该之，一曰尊圣而忘其僭，二曰执理而近于迂，三曰尚异而邻于凿，四曰臆测而涉于诬，五曰称美而失情实，六曰摘瑕而伤锲刻。六者之弊去而后可以读《春秋》矣。"②所纠大多平正通达，近于史实情理，故四库馆臣称："大抵皆立义正大，持论简明，一卷之书，篇帙无几，而言皆治《春秋》者之药石。"③

惠栋的《春秋左传补注》，援引旧训，以补杜预《左传集解》之遗。《自序》云："栋少习是书，长闻庭训，每谓杜氏解经，颇多违误。因刺取经传，附以先世遗闻，广为《补注》六卷，用以博异说，祛俗议。宗韦、郑之遗，前修不掩；效乐、刘之意，有失必规。"④

洪亮吉《春秋左传诂》，是乾嘉学者对《春秋》《左传》作训诂考证的主要代表作。旨在破杜立汉、"存《春秋左传》之古学"，即主要利用汉魏遗说来匡正杜注，力图恢复《春秋左传》汉学的本来面目，匡正杜《注》，补充注解。

第三，《春秋》经传意蕴的史学解读。这类著述甚多，不胜枚举。其中，代表官方意旨，"御纂"或"钦定"的有《日讲春秋解义》64卷、《钦定春秋传说汇纂》38卷、《御纂春秋直解》等。《日讲春秋解义》是经筵讲义性质的著述，汇辑了康熙经筵诸讲官的《春秋》讲义，旨在阐述"经世之大法，传心之要典"（康熙御制序），明于王道，而略于章句训诂。《四库全书总目》称："是编因宋儒进御旧体，以阐发微言。每条先列《左氏》之事迹，而不取其浮夸。次明《公》《穀》之义例，而不取其穿凿。反覆演绎，大旨归本于王道，允足明圣经之书法，而探帝学之本原。圣祖仁皇帝、世宗宪皇帝圣圣相承，郑重分明，以成此一编，岂非以经世之枢要，具在斯乎？"⑤《钦定春秋传说汇纂》则汇集先儒众说，注重章句训诂，阐明古学，探求孔子笔削之义。二书"虽然学术价值不大，却以特殊的政治地位影响了清朝前期的治学风气，使这一时期的

---

① 永瑢，等.四库全书总目：卷二十九：左传杜解补正［M］.北京：中华书局，1965：235.
② 俞汝言.春秋四传纠正：自序［M］.四库全书本，上海：上海古籍出版社，1990：387.
③ 永瑢，等.四库全书总目：卷二十九：春秋四传纠正［M］.北京：中华书局，1965：236.
④ 惠栋.春秋左传补注：自序［M］.四库全书本，上海古籍出版社，1990：122.
⑤ 永瑢，等.四库全书总目：卷二十九：日讲春秋解义［M］.北京：中华书局，1965：234.

《春秋》经传学体现了浓厚的官学色彩"①，左右了当时《春秋》学发展的方向和态势。《御纂春秋直解》"大旨在发明尼山本义而铲除种种迂曲之说，故赐名曰《直解》"，"是编恭承训示，务斟酌情理之平，以求圣《经》之微意。凡诸家所说穿凿破碎者悉斥不采，而笔削大义愈以炳然。学者恭读御纂《春秋传说汇纂》以辨订其是非，复恭读是编以融会其精要，《春秋》之学已更无余蕴矣"②。

非官方意旨的解读著作繁多，如王夫之《春秋家说》3 卷、《春秋世论》5 卷、《续春秋左氏传博议》2 卷、俞汝言《春秋平议》12 卷、朱鹤龄《春秋集说》22 卷、毛奇龄《春秋毛氏传》36 卷、惠士奇《春秋说》15 卷、刘逢禄《公羊何氏释例》10 卷、龚自珍《春秋决事比》6 卷、魏源《董子春秋发微》7 卷、柳兴恩《谷梁大义述》30 卷、钟文烝《谷梁补注》24 卷、廖平《谷梁春秋古义疏》11 卷、康有为《新学伪经考》《春秋董氏学》等，难以一一列述。

上述所见，受清朝征实学风的影响，学者多在《春秋》经传文本的训诂、校勘、考证上下功夫，以治经方法治史，形成了众多从史学角度重新整理《春秋》经传的著述。

此外，清朝经史关系的论述也格外引人注目，经史关系之辨甚至贯穿清朝史学思想发展的始终，"六经皆史"在这时真正获得了系统而全面的理论阐发，使"六经皆史"说具有重要的理论意义和现实意义。经学与史学的关系、《春秋》学与历史编纂学的关系，由此也可见一斑。

---

① 沈玉成，刘宁：春秋左传学史稿 [M]．南京：江苏古籍出版社，1992：260．
② 永瑢，等．四库全书总目：卷二十九：御纂春秋直解 [M]．北京：中华书局，1965：235．

第二章

从前四史看纪传体编纂观念的变化

纪传体，是一种以记人物活动为中心的史书体，这是一种中国独有的史书体裁，被誉为中国古代三大史书体裁之一（编年、纪传、纪事本末）。

纪传体史书以司马迁《史记》和班固《汉书》为宗，历代修纂未曾中断，形成了纪传体史籍系统，仅"正史"就积数24部（即"二十四史"，还有"二十五史""二十六史"之说），在中国史学史上享有崇高的地位，在全面反映中国历史和传统文化方面具有最大的典型性。纪传体文献是我国宝贵的史学遗产，其重要的史料价值和蕴含其间的丰富史学思想，是我国民族史学特点的重要体现。

第一节 《史记》：司马迁的"通变"思想与一家之言

司马迁（前145或前135—约前90），是我国古代一位集史学家、文学家和思想家于一身的文化巨人，所著《史记》开创了纪传体通史的恢宏气象，奠定了中国史学独立的基础。"通古今之变"的"通变"思想和"成一家之言"的创作宗旨，是司马迁撰写《史记》的最高原则和目的，是司马迁史学思想的核心部分。白寿彝先生指出："'究天人之际，通古今之变，成一家之言'。这三句话的意思就是说，《史记》的写作目的是研究'天'和'人'之间的关系，把从古到今历史上的发展变化大势搞清楚，成为司马迁一家之言。现在看来，司马迁自我评价的这十五个字还是比较全面的，它既表达了司马迁写《史记》时的目的要求，也概括了《史记》这部书在史学上的贡献，是对《史记》这部书的最好评价。"[①]

一、"通古今之变"的"通变"思想

司马迁的"通变"思想可以从多方面来认识，比如空间上的"究天人之

[①] 白寿彝. 史记新论 [M] //史学遗产六讲. 北京：北京出版社，2004：133.

际",时间上的"通古今之变",体例上的"五体合一",内容和思想上的"厥协六经异传,整齐百家杂语",方法上的"原始察终""见盛观衰""详变略渐""承弊通变"等,完全可视为司马迁的史学方法论。

(一)"究天人之际"

"究天人之际"就是研究天与人的关系。这是司马迁撰《史记》的重要宗旨之一,也是司马迁对纪传体史书编纂的要求。今天来看,天人关系是十分简单的事情,但在古代却是上层建筑领域的一个重大问题。天能支配人事,这一观念是维护统治权的理论基础,属于统治阶级的官方哲学。西汉大儒董仲舒通过对以往各种天人感应思想的系统总结,构建了一个系统的天人感应理论体系。一方面鼓吹"君权神授论",神化君权;另一方面又为限制君权而尊天,以天降灾异来告诫人间君主。"言天道而归于人道"的天人感应理论,为汉代思想家们津津乐道。司马迁曾学《公羊传》于董仲舒,接受了董仲舒的大一统思想,但反对老师的"道之大原出于天"的神学思想,以"究天人之际"作为《史记》撰述的重要宗旨,具有划时代的革命性意义。《史记》创立了以记人物为中心的纪传体,表明了对人事记载的重视。综观《史记》全书,司马迁通过对天人关系的探究,表现出了明显的重人事的思想,同时由于时代和学术渊源的关系,也流露出了一定的天命王权思想。

司马迁云:"昔虞、夏之兴,积善累功数十年,德洽百姓,摄行政事,考之于天,然后在位。汤、武之王,乃由契、后稷修仁行义十余世。不期而会孟津八百诸侯,犹以为未可,其后乃放弑。秦起襄公,章于文、缪、献、孝之后,稍以蚕食六国,百有余载,至始皇乃能并冠带之伦。以德若彼,用力如此,盖一统若斯之难也。"① 肯定了夏、商、周、秦之所以能统治天下,都是修仁行义、积德用武的结果,是人在起作用而不是天意。《史记·项羽本纪》对项羽英雄一世深寄赞颂之情,但对项羽兵败垓下、乌江自刎前所说的"此天之亡我,非战之罪也",则进行了尖锐地评判,说项羽"自矜功伐,奋其私智而不师古,谓霸王之业,欲以力征经营天下,五年卒亡其国,身死动城,尚不觉寤而不自责,过矣。乃引'天亡我,非用兵之罪也',岂不谬哉!"项羽由胜而败,不从自身所作所为去总结原因,吸取教训,而用"天亡我"来推卸自己的失误和责任,是十分荒谬的。这里,包含了对"天道"的否定。转而重视探讨"人事"在历史上的重要作用,以《项羽本纪》和《高祖本纪》合观,可见项羽和刘邦

---

① 司马迁. 史记:卷十六:秦楚之际月表[M]. 点校本二十四史修订本. 北京:中华书局,2013:915-916.

在人心、人谋等方面的得失导致了双方的成败。在司马迁笔下，项羽气势凌人，战无不胜，但到处烧杀、屠城、坑杀民众，失去民心；刘邦近似地痞流氓，毛病很多，但入关中，约法三章、搜罗豪杰、安民抚民，民心所向。项羽不善用人，也不信任人，不会团结属下；刘邦不但善于用人，而且敢于任用人和团结人。事实说明，项羽的失败和刘邦的以弱胜强，不是天意而在人谋。司马迁甚至认为："君子用而小人退"是"国之将兴"的征兆，"贤人隐，乱臣贵"则是"国之将亡"的迹象。① 把得失成败、安危存亡归于人事，"天道"在司马迁那里已经没有它的位置。

司马迁有时也讲"天""天命""受命"等，但他所说的"天命""受命"与他所讲的"时""势"是同义，指时代条件、历史条件，不能仅从字面上去理解。如《秦楚之际月表》中说汉高祖能称帝"岂非天哉！岂非天哉！非大圣孰能当此受命而帝者乎？"就是此意。白寿彝先生分析说："从字面上看来，这是在称颂天，认为汉的天下是天命。但具体分析起来，这和旧观点不同。'天命''受命'是指历史条件。司马迁首先交代了秦代禁令繁多，严重束缚了人民的手脚，为农民起义提供了历史条件。然后写秦亡汉兴的发展过程：第一阶段是陈涉发难；第二阶段是项羽推翻秦朝，即'虐戾灭秦，自项氏'。但项羽不得人心，灭了秦也不能建立他的统治；刘邦正是在这种条件下，才得'拨乱诛暴，平定海内'，做了皇帝。司马迁把这个历史条件叙述了以后，才说：'岂非天哉！岂非天哉！'可见，'天哉'就是历史条件的配合。没有这样的历史条件，汉高祖是不能成功的。"② 《外戚世家》讲"人能弘道，无如命何"，认为人能把"道"发扬光大，但对"命"却没有办法。这里的"命"也是指历史条件。他不仅强调了人的力量之巨大，而且指出了历史条件的重要性。只有二者配合得很好，才能有所成就；反之，则可能失败。《魏世家》太史公曰："天方令秦平海内"，显然也是指"时"与"势"。历史上的杰出人物之所以能够成就伟业，就在于他们不仅自身努力，而且能因"势"利导，趁"时"（"势"）而起，顺应了历史条件，顺应了历史发展的趋势。

司马迁的思想中也流露出一定的天命王权思想，主要表现在其接受了今文经学家的"圣人无父感天而生"说。"圣人无父感天而生"说源于《诗经》，经《诗传》、公羊家的大力宣扬后，成为汉代今文经学家的一种天命王权思想。司

---

① 司马迁. 史记：卷五十：楚元王世家 [M]. 点校本二十四史修订本. 北京：中华书局，2013：2403.
② 白寿彝. 史记新论 [M] // 史学遗产六讲. 北京：北京出版社，2004：157-158.

马迁《史记》也有这种思想反映。如《史记·殷本纪》云："殷契，母曰简狄，有娀氏之女，为帝喾次妃。三人行浴，见玄鸟堕其卵，简狄取吞之，因孕，生契。"认为商的始祖契是他的母亲简狄吞卵有孕而生。又说周的始祖后稷也是其母姜原履巨人迹有孕而生。《周本纪》云："周后稷，名弃。其母有邰氏女，曰姜原。姜原为帝喾元妃。姜原出野，见巨人迹，心忻然说，欲践之，践之而身动如孕者。居期而生子，以为不祥，弃之隘巷，马牛过者皆辟不践；徙置之林中，适会山林多人，迁之；而弃渠中冰上，飞鸟以其翼覆荐之。姜原以为神，遂收养长之。初欲弃之，因名曰弃。"这就是一种天命史观。司马迁把历史上商、周、秦、汉的开国，都看成上天的旨意。上天不仅赋予圣王以肉体，而且赋予其治理万民的至高权利。甚至汉王朝之所以能够建立，也是取决于刘邦是龙种。这种天命王权思想，是司马迁史学思想的局限性。

需要注意的是，司马迁既讲"圣人无父感天而生"，又讲"圣人有父"。《五帝本纪》中明确记载黄帝乃少典之子，也阐明了其他四帝以及大禹的血缘关系，认为"自黄帝至舜、禹，皆同姓而异其国号"，这样一来，黄帝之后的帝王都是黄帝的后代。《史记·三代世表》列出商朝世系："黄帝生玄嚣，玄嚣生蟜极，蟜极生高辛，高辛生卨，卨为殷祖"；周朝世系："黄帝生玄嚣，玄嚣生蟜极，蟜极生高辛，高辛生后稷，为周祖。"这里提出了一个"圣人以黄帝为共祖"的思想。

总之，司马迁"究天人之际"思想的重点在"重人事"上，司马迁重人心、重人谋，甚至包括《平准书》《货殖列传》等经济专篇，也是专从社会经济角度论述人事，并与"通古今之变"紧紧联系在一起。

(二)"通古今之变"

"通古今之变"，其外在形式是时间上的古今贯通、上下贯通，《史记》所记上起黄帝下至汉武帝，上下 3000 年的历史，是一个不断变化的历史。但更重要的是，司马迁要通过"天人"（天道与人事）与"古今"（历史和现实）两个方面，来探求历代兴衰成败的经验教训。在"天人关系"上，强调的是"人事"；而在"古今关系"上，突出的是一个"变"字。司马迁提出："居今之世，志古之道，所以自镜也，未必尽同"①，"《司马法》所从来尚矣，太公、孙、吴、王子能绍而明之，切近世，极人变"，"作《平准书》以观事变"，甚至要"略协古今之变"。考察历代"王迹所兴，原始察终"，作 12 本纪，以

---

① 司马迁. 史记：卷十八：高祖功臣侯者年表序[M]. 点校本二十四史修订本. 北京：中华书局，2013：1044.

"见盛观衰，论考之行事"。"并时异世，年差不明"，作 10 表，以统贯"古今之变"。如《三代世表》"纪黄帝以来讫共和"，《十二诸侯年表》"自共和讫孔子"，《六国年表》起周元王讫秦二世，"著诸所闻兴坏之端"，《秦楚之际月表》起秦二世至汉高祖五年。各表年代衔接、前后贯通。"天人之际，承弊通变"，作八书。世家、列传又与本纪纵横相连，通过世系变化、人物活动来反映古今之变等。① 一部《史记》写出了"时势之变""兴亡之变""成败之变""穷达之变"等，充分反映了司马迁"极人变""观事变""略协古今之变""志古自镜""述往思来"的"通变"思想。白寿彝先生说："从《史记》的通体编纂上可以看出，司马迁的心目中有一个古今演变的大势，眉目分明。"② 瞿林东先生认为：司马迁从历史编纂上提出"通古今之变"的撰述目标，这在中国史学发展史上是第一次，包含了这样一些历史认识和撰述方法：在观察历史的视野上，着眼于贯通古今和历史进程的连续性，这样，历史才不会被人为地割断；在考察王朝兴亡上，着眼于治国安邦的兴衰得失经验；在考察典章制度上，着眼于"承敝通变"，即典章制度、社会风气和物质生活的发展演变；在资料搜求和处理上，"厥协六经异传，整齐百家杂语"，着眼于融会贯通和创新发展；在人物记载上，除王侯、皇帝、大臣、封君外，着重为"扶义俶傥，不令己失时，立功名于天下"者立传，是着眼于社会各阶层人物在历史发展中的作用。③ 此后，"通古今之变"成为中国史学发展中的一个重要传统。

（三）"五体合一"

"五体合一"，是体例上的贯通和变化。《史记》含 12 本纪、10 表、8 书、30 世家、70 列传，五体虽各有所本，非司马迁所始创，但司马迁借鉴《世本》体系，将先秦各种处于萌芽中的史体加以改造加工，归于一书，使之相互配合、各尽其用，成为一个完整的有机体，从不同的角度来反映社会生活的全貌，则是司马迁的首创，充分反映了司马迁对历史发展的辩证认识。清人赵翼说："司马迁参酌古今，发凡起例，创为全史，本纪以序帝王，世家以记侯国，十表以系时事，八书以详制度，列传以志人物。然后一代君臣政事，贤否得失，总汇于一编之中。自此例一定，历代作史者，遂不能出其范围，信史学家之极则也。"④ 此言极是。《史记》五体不仅自成体系，而且浑然一体。其中，纪、表、

---

① 司马迁．史记：卷一百三十：太史公自序［M］．点校本二十四史修订本．北京：中华书局，2013：3999.
② 白寿彝．史记新论［M］//史学遗产六讲．北京：北京出版社，2004：171.
③ 瞿林东．历史·现实·人生——史学的沉思［M］．杭州：浙江人民出版社，1994：61.
④ 赵翼．廿二史劄记校证：卷一：各史例目异同［M］．北京：中华书局，1984：3.

书是全书的纲领。"本纪"提挈全书，其以王朝为次，用编年方法记述历代国家大事；"表"以时间为主，是联系纪、传的桥梁，用表格形式记载了各个时期重大历史事件发生的时间，以表明历史发展线索；"书"以制度为主，详记历朝典章制度的沿革发展。"世家"和"列传"则是对本纪、表、书所作的具体注释、补充和演绎。"五体合一"、融会贯通。这样的体例安排，使《史记》记事纵贯横通，包罗万象。纵贯，即《史记》上起黄帝，下穷汉武帝，贯通古今3000年，从中"稽其成败兴坏之理"；横通，即《史记》诸体并述，内容极其广博。从地域上讲，详述中国本土史事，兼及周边邻国和少数民族政权；从记述事类来看，上至天文，下至地理，中及人类社会的政治、经济、军事、民族、文化、外交、科技、宗教、民俗，甚至动植物，应有尽有，无所不包；从记载的历史人物看，上至帝王、将相、贵族、皇妃国戚、宦吏，下至文人、学者、刺客、隐逸人物、列女乃至农工商贾等各类人物，涉及面相当广泛。《史记》确立了纪传体文献以"纪、传、表、志"网络式的方式驾驭史料，多角度、多层次、全方位揭示社会历史的格局。诚如刘知几评论："《史记》者，纪以包举大端，传以委曲细事，表以谱列年爵，志以总括遗漏，逮于天文、地理、国典、朝章，显隐必该，洪纤靡失。"① 而且司马迁既用五体来反映历史内容，又不受五体形式的限制，强调灵活变通，形式为内容服务。比如本纪为帝王的"专传"，项羽兵败自杀，从未登基称帝，而《史记》为其立《项羽本纪》。吕太后有母后之尊，但非帝王，《史记》也设了《吕太后本纪》；世家为诸国侯王、皇亲国戚、功臣元勋的"专传"，却又例外地为孔子、陈胜设立了《孔子世家》《陈涉世家》。这些做法，无不体现出司马迁的"通变"思想。

（四）"厥协六经异传，整齐百家杂语"

"厥协六经异传，整齐百家杂语"，这是内容上的融合贯通和思想上的综合创造，也是司马迁对所著《史记》学术渊源的简明概括。"厥协"，即综合、汲取之意；"整齐"，即别裁、订正、排比。司马迁所厥协的"六经异传"，包括《周易》《诗经》《尚书》《士礼》《大戴礼记》等典籍和《春秋》经传；所整齐的"百家杂语"，包括《孟子》、《庄子》、《韩非子》、《淮南子》、陆贾《新语》、贾谊《新书》等战国秦汉诸子之作，《世本》《国语》《战国策》《秦记》等汉以前的史书，屈原、宋玉、贾谊、司马相如等人的辞赋，大量的兵书、神话、医经、天文、方技、术数等著作，甚至当时皇家档案和其他各种典籍记

---

① 刘知几.史通通释：卷二：二体［M］.浦起龙，通释.王煦华，整理.上海：上海古籍出版社，2009：25.

载等。

所谓"厥协六经异传，整齐百家杂语"，是指司马迁对汉代以前各种典籍资料进行综合、整理，融会贯通，批判继承其合理真实的历史记载，汲取"六经异传"和"百家杂语"中的学术思想理论，在此基础上构建自己"一家之言"的学术体系。换言之，"六经异传"和"百家杂语"不仅是司马迁写作《史记》最重要的资料，而且是《史记》的两大学术渊源。比如，《史记》的《五帝本纪》取材于《尚书·尧典》和《大戴礼记》中的《五帝德》《帝系姓》，《夏本纪》取材于《尚书》中的《禹贡》《皋陶谟》《甘誓》，《殷本纪》《周本纪》多取材于《尚书》《诗经》《国语》等。《史记》中春秋时期的史料多取材于《春秋》及"三传"，尤其是《左传》。写春秋战国时期的人物传记主要取材于《礼记》《战国策》，写楚汉之际的历史取材于《楚汉春秋》，写汉朝当代史则主要取自皇家档案和司马迁亲闻亲见、实地考察等。张大可先生表列《史记》所载司马迁所见书，计为：六经及其训解书23种、诸子百家及方技书53种、历史地理及汉室档案23种、文学书7种，合计106种。① 司马迁从"史料"到"思想"都对汉代以前的各种典籍进行了综合、整理、批判、借鉴，正是在这种"厥协六经异传，整齐百家杂语"的基础上，才成就了司马迁的"一家之言"。吴怀祺先生指出："司马氏父子两代的努力，形成了具有特色的'一家之言'，一是对诸子学的总结，即对六家学术的批评与吸收，包括对儒家经籍的融会，以及对西汉思想家的思想的吸收；二是对以前的史书的总结；三是从当时的天文等自然知识中获得营养。"②

（五）"通变"的史学方法

司马迁"通变"史学思想在方法上的具体体现是"原始察终""见盛观衰""详变略渐""承弊通变"等。

所谓"原始察终"，就是要对历史追溯其原始，查究其终结，把握历史演变的全过程来看它的原因、经过、发展和结果。司马迁又称其为"综其始终""谨其终始""咸表终始"等。③ 这种方法要求人们要把历史当作一个整体和过程来加以考察，以把握历史发展变化的各种因果关系。《史记》撰述的整体构思充分体现了"原始察终"的原则。"十二本纪"考察王迹的兴衰，通过对黄帝以来历史发展大势的记述，集中表述了一种德政和力政转换的思想。"十表"比较明

---

① 张大可. 论史记取材 [J]. 甘肃社会科学，1983（5）：67-70.
② 吴怀祺. 中国史学思想史 [M]. 北京：商务印书馆，2007：81.
③ 分别见《史记》之《十二诸侯年表序》《高祖功臣候者年表序》《惠景间候年表序》等。

确地将历史划分为上古、近古和今世三个阶段和五帝三王、东周、战国、秦汉之际、汉兴以来5个时期。分开来看，各表表述的是一个历史时期的历史变化及其特点，如《三代世表》《十二诸侯年表》《六国年表》《秦楚之际月表》；合起来看，"十表"整体反映了自黄帝以来3000年历史发展变化之大势。"八书"记述了历代典章制度的演进情况、"三十世家"和"七十列传"则主要叙述了各类历史人物在历史变易过程中所起的作用。《史记》对具体历史的评述也贯彻了"原始察终"的方法。如《六国年表序》认为，秦虽多暴短祚，"然世异变，成功大"，对于秦史的评述应该要察其终始。《秦楚之际月表序》则对秦形成一统天下之势的过程做出了整体考察，其序曰："秦起襄公，章于文、缪、献、孝之后，稍以蚕食六国，百有余载，至始皇乃能并冠带之伦。"在诸篇表、书的序文中，司马迁都反复强调了要用"原始察终"的方法来考察历史。如《高祖功臣侯者年表》和《惠景间侯者年表》的序文说明了司马迁作此二表的目的是"谨其终始，表其文""咸表终始，当世仁义成功之著者也"。《天官书》云："为天数者，必通三五。终始古今，深观时变，察其精粗，则天官备矣。"《平准书》则云："一质一文，终始之变也"。《史记》全书就是在贯通的考察中和终始的叙述中揭示了历史的规律与法则。

所谓"见盛观衰"，就是于兴旺中见其衰，即在兴旺的表象背后看到它转衰的迹象。强调注意考察历史发展的盛衰之变，因为历史发展往往盛中有衰，衰中有盛。"见盛观衰"一方面肯定历史变易是一种盛衰之变；另一方面，当事物发展至兴盛之时，必须注意考察其向衰败的方向转变的可能性。我们常说的"居安思危""见微知著"就是这个道理。司马迁认为，历史的变易不仅是一种终始之变，还是一种盛衰之变。所以，需要用"见盛观衰"的观点或方法来考察历史的变易及其特点。以本纪为例，《五帝本纪》和夏、商、周三王本纪，其实表述的就是上古圣王盛德政治的兴衰过程。而《秦本纪》与《秦始皇本纪》合观，则秦之由割据一方的诸侯到一统天下再到二世而亡的由弱小到强盛再到灭亡的全过程清楚历然。《十二诸侯年表》集中概述了各诸侯势力此消彼长、更替称霸的全过程。当然，历史盛衰之变有时是很复杂的，《史记》所记从春秋到战国的历史发展，就是一个错综复杂的兴衰变易过程，有早期周王室的不断衰败和诸侯国势力的迅速崛起的盛衰之变，又有稍后各诸侯国势力此消彼长的盛衰之变。后一种盛衰之变的最终结果是秦的一统天下和各诸侯国的被灭。因此，诸侯国之间的盛衰之变，其实又蕴含着一种秦国与各诸侯国之间的盛衰之变。可见，时势、兴亡、成败、穷达之变贯穿《史记》全书，是司马迁考察历史的原则和方法，也是司马迁对史书撰写提出的要求。

下编　中国古代历史编纂学思想

所谓"详变略渐",就是详载变革之世而略述升平之世。司马迁《史记》从"变"的观点出发,以"详今略古"和"详变略渐"的原则着重写出了古今变革的历史。《史记》全书130篇,上下贯通近3000年的历史。而五帝三代2000多年的古代史只写了五帝、夏、殷、周、秦五个"本纪",三代、十二诸侯两个"年表",伯夷、管晏、老子韩非、司马穰苴、孙子、伍子胥、仲尼弟子等7个人物"列传",共14篇。兼及古代史的篇目有"书"7篇,"世家"12篇,以及5个民族史传。总计写古代史的篇目为34篇,10余万字。可是仅百年汉史就占了62个专篇,兼及汉史者13篇,共75篇,篇幅过了半数。司马迁"详今略古",重视近现代史的借鉴作用。统观全书,《史记》特详四个阶段的历史:西周建国史,战国之世的变化历史,秦汉之际的变革历史,汉武帝建元、元封之间的变革历史。这四段变革历史加起来不到300年,仅占近3000年历史的十分之一,而篇幅却超过了四分之三。也就是说,《史记》叙3000年历史,526500字,而变革之世的300年历史就占了近40万字的篇幅。司马迁这样做的目的,就是突出了一个"变"字,因为"变"才是历史的永恒主题,变革的历史,才更值得总结和借鉴,所以要"通古今之变"。可见,司马迁的心中确实"有一个古今演变的大势,眉目分明"。坚守"详今略古"和"详变略渐"的原则,使历史的叙述重点突现、波澜起伏、言简意深、"辞约而事举",这正是司马迁"通古今之变"的目的:"居今之世,志古之道,所以自镜也",着眼于现世和未来,以古为鉴。[1]

所谓"承弊通变",是指主动顺应历史趋势而主动进行的变革。司马迁认为,在社会历史的变化中起作用的是人,故十分重视人事的作用,一部《史记》即着重写出了历史盛衰变动中人事的突出作用。但人的作用的发挥不能不受到具体历史条件的制约。前述司马迁认为"变"才是历史永恒的主题,是事物的必然属性,正所谓"物盛而衰,固其变也"。他吸收了《易》学、道家学术中的富有辩证法因素的"通变"思想,借以考察社会的运动。他说:"是以物盛则衰,时极而转,一质一文,终始之变也。《禹贡》九州,各因其土地所宜,人民所多少而纳职焉。汤武承弊易变,使民不倦,各兢兢所以为治,而稍陵迟衰微。"[2] 又说:"夏之政忠。忠之敝,小人以野,故殷人承之以敬。敬之敝,小人以鬼,故周人承之以文。文之敝,小人以僿,故救僿莫若以忠。三王之道若

---

[1] 本目多参据张大可《司马迁怎样写历史》,刊于《红河学院学报》2007年第6期。
[2] 司马迁. 史记:卷三十:平准书[M]. 点校本二十四史修订本. 北京:中华书局,2013:1730.

331

循环，终而复始。周秦之间，可谓文敝矣。秦政不改，反酷刑法，岂不缪乎？故汉兴，承敝易变，使人不倦，得天统矣。"① 司马迁强调社会历史发展到一定阶段就会产生变动，即"物盛而衰"，"时极而转"，人事作用的积极发挥就在于主动"承敝易变"。"周失之弱，秦失之强，不变之患也"，都是不能主动"承敝易变"的结果。而"汤武承弊易变"，故能"使民不倦"，西汉"承敝易变"，故能"使民不倦，得天统也"。显然，司马迁的这种思想受到了《周易》的启示。② 当然，"变"必须针对具体的"敝"而进行。吴怀祺先生曾指出："'敝'有不同的'弊'，因此，'变'也有不同内容的'变'。根据前代的具体的弊，进行变革，不可拘于一定的成规，这是承敝易变很重要的又一个方面。"③ 故夏、商、周之"忠""敬""文"，各有自己的长处，也免不了各有自己的短处，这是后代"变"的依据，但后代在"变"的过程中又总是不经意地铸成了自己的短处，有待更下一代来解救。如此循环不已，终而复始，是为历史。司马迁认为，时至周朝末年，文敝已深，秦始皇不以忠来解救，反而酷其刑法，所以二世而亡。汉兴易变，以忠救文，人既不倦，复得天统，所以能够拨乱反正，长治久安。司马迁善于从历史发展的盛衰变化总结经验，指出社会变革的必要性和重要性，强调"承敝易变""因弊而变"的自觉性、主动性，这也是司马迁"通变"史学思想的重要内涵。

"通变"的史学思想，体现了司马迁的整体观、辩证观、系统观和发展观，是司马迁对史学研究和著述的基本要求，是司马迁史学思想的灵魂所在。

二、"成一家之言"的创作宗旨

白寿彝先生认为："《史记》以前的历史书，就我们现在所能见到的来说，都谈不上是'成一家之言'的。《史记》作为一部历史书，在'成一家之言'方面是个创举。"司马迁的"成一家之言"表现为这样几点：一是《史记》综合古今典籍及其他资料，创造出一部通史；二是综合古今学术，辨别源流得失；三是综合已有的史体，创立新的史书体裁；四是《史记》"继春秋，述往事，思来者"。④ "成一家之言"，是指司马迁的撰述旨趣和人生抱负，同时也是对史书

---

① 司马迁. 史记：卷八：高祖本纪［M］. 点校本二十四史修订本. 北京：中华书局，2013：489-490.
② 《周易·系辞下》云："神农氏没，黄帝尧舜氏作，通其变，使民不倦。神而化之，使民宜之。易穷则变，变则通，通则久。"
③ 吴怀祺. 中国史学思想通史：总论先秦卷［M］. 合肥：黄山书社，2005：97.
④ 白寿彝. 史记新论［M］//史学遗产六讲. 北京：北京出版社，2004：183-204.

撰著的至高追求。司马迁在两篇重要的文章中着重谈到这一问题。

《报任安书》云：

> 网罗天下放失旧闻，考之行事，稽其成败兴坏之理，凡百三十篇，亦欲以究天人之际，通古今之变，成一家之言。①

《太史公自序》云：

> 网罗天下放失旧闻，王迹所兴，原始察终，见盛观衰，论考之行事，略推三代，录秦汉，上记轩辕，下至于兹，著十二本纪，既科条之矣。并时异世，年差不明，作十表。礼乐损益，律历改易，兵权山川鬼神，天人之际，承敝通变，作八书。二十八宿环北辰，三十辐共一毂，运行无穷，辅拂股肱之臣配焉，忠信行道，以奉主上，作三十世家。扶义俶傥，不令己失时，立功名于天下，作七十列传。凡百三十篇，五十二万六千五百字，为《太史公书》。序略，以拾遗补艺，成一家之言，厥协六经异传，整齐百家杂语，藏之名山，副在京师，俟后世圣人君子。②

前一段话，侧重从《史记》撰述的指导思想上立言；后一段话，着重交代《史记》的具体编纂情况。这两段话，表明了《史记》的创作宗旨和编纂体系，把"一家之言"的内容和表述形式揭示得十分清楚。析而论之，其一，司马迁要总结古往今来的一切人间社会历史，"稽其成败兴坏之理"，穷探治乱兴衰的规律及根源；其二，要"网罗天下放失旧闻""厥协六经异传，整齐百家杂语"，融会贯通百家学说，创造出新的学术体系；其三，要探讨天道与人事、往古与现今的关系，探求治政的兴衰得失之经验教训，发表一家之言；其四，重视人在社会发展中的作用，确立以人为中心的述史体系；其五，"拾遗补艺，成一家之言"，即立志继《春秋》，成一家之言。可见，撰成有自己独立思想体系的史著，这只是司马迁"成一家之言"的一个重要方面。力图使史学摆脱附于经学的附庸地位，成为意识形态领域里卓然自立的门类，才是司马迁的宏大志向和追求，也才是司马迁"成一家之言"的真正本质。毫无疑问，《史记》奠定了中国史学独立的基础，规范了中国古代史学研究的对象、范围，创立了中国封建史学的基本研究方法，推动了中国古代史学理论体系的发展，在中国史学优良传统的形成和发展中产生了重大而深远的影响。梁启超评论说：

---

① 班固. 汉书：卷六十二：司马迁传［M］. 北京：中华书局，1962：2735.
② 司马迁. 史记：卷一百三十：太史公自序［M］. 点校本二十四史修订本. 北京：中华书局，2013：3999.

《史记》自是中国第一部史书。但吾侪最当注意者："为作史而作史"。不过近世史学家之新观念。从前史学家作史，大率别有一"趋史的"目的，而借史事为其手段。此在各国旧史皆然，而中国为尤甚也。司马迁实当《春秋》家大师董仲舒之受业弟子，其作《史记》盖窃比《春秋》。故其《自序》首引仲舒所述孔子之言曰："我欲载之空言，不如见之于行事之深切著明也。"《春秋》旨趣如此，则窃比《春秋》之《史记》可知。故迁《报任安书》云："欲以究天人之际，通古今之变，成一家之言。"《自序》亦云："略以拾遗补艺，成一家之言，厥协六经异传，整齐百家杂语，藏之名山，副在京师，俟后世圣人君子。"由此观之，其著书最大目的，乃在发表司马迁一家之言，与荀子著《荀子》、董仲舒著《春秋繁露》，性质正同。不过其"一家之言"乃借史的形式以发表耳。故仅以近世史的观念读《史记》，非能知《史记》者也。①

梁启超认为司马迁的《史记》"是中国第一部史书"，其著书的最大目的在于借史事以发表"一家之言"，不是单纯的"为作史而作史"。《史记》和荀子之《荀子》、董仲舒之《春秋繁露》，性质一样，都是借史言志。

近人常乃惪在《历史哲学论丛》（商务印书馆，1944）中进一步阐释说："中国历史学家中懂得史学的意义的恐怕只有司马迁一人，他的《史记》是'欲以究天人之际，通古今之变'的一家言，所以他的《史记》，并不是单纯的事实记录，而是和儒、道、墨、法诸家著作同等的系统哲学，不过他不用抽象的玄想，而用实际的事实材料，来建筑他的一家之学，比周秦诸子更进步，可惜后来的历史学家无人能够懂得他的意思，所以尽管出了许多模仿的"正史"、别史，而却没有一部配得上称为一家言的。"吴怀祺先生更为明确地指出："司马迁的'一家之言'，是在融汇百家之学的基础上形成的……史之成家应该从司马迁始。在中国，史学真正成为'家'，成为一门独立的学问，应该从司马迁开始……从内容到形式，从思想到风格，都反映了《史记》标志了史学成为一门独立学科。"②

司马迁到底要成什么样的"一家之言"，前两段引述已有述及。但真正将司马迁"成家"和"立言"思想表现得淋漓尽致的，则是他与好友壶遂一问一答的两段讨论，为便于准确理解，详引如下：

---

① 梁启超．要籍解题及其读法：史记［M］//梁启超．国学要籍研读法四种．北京：国家图书馆出版社，2008：182.
② 吴怀祺．中国史学思想史［M］．北京：商务印书馆，2007：89-90.

太史公曰："先人有言：'自周公卒五百岁而有孔子。孔子卒后至于今五百岁，有能绍明世，正《易传》，继《春秋》，本《诗》《书》《礼》《乐》之际？'意在斯乎！意在斯乎！小子何敢让焉。"

上大夫壶遂曰："昔孔子何为而作《春秋》哉？"太史公曰："余闻董生曰：'周道衰废，孔子为鲁司寇，诸侯害之，大夫壅之。孔子知言之不用，道之不行也，是非242年之中，以为天下仪表，贬天子，退诸侯，讨大夫，以达王事而已矣。'子曰：'我欲载之空言，不如见之于行事之深切著明也。'夫《春秋》，上明三王之道，下辨人事之纪，别嫌疑，明是非，定犹豫，善善恶恶，贤贤贱不肖，存亡国，继绝世，补敝起废，王道之大者也。《易》著天地阴阳四时五行，故长于变；《礼》经纪人伦，故长于行；《书》记先王之事，故长于政；《诗》记山川溪谷禽兽草木牝牡雌雄，故长于风；《乐》乐所以立，故长于和；《春秋》辨是非，故长于治人。是故《礼》以节人，《乐》以发和，《书》以道事，《诗》以达意，《易》以道化，《春秋》以道义。拨乱世反之正，莫近于《春秋》。《春秋》文成数万，其指数千。万物之散聚皆在《春秋》。《春秋》之中，弑君三十六，亡国五十二，诸侯奔走不得保其社稷者不可胜数。察其所以，皆失其本已。故《易》曰'失之毫厘，差以千里'。故曰'臣弑君，子弑父，非一旦一夕之故也，其渐久矣'。故有国者不可以不知《春秋》，前有谗而弗见，后有贼而不知。为人臣者不可以不知《春秋》，守经事而不知其宜，遭变事而不知其权。为人君父而不通于《春秋》之义者，必蒙首恶之名。为人臣子而不通于《春秋》之义者，必陷篡弑之诛，死罪之名。其实皆以为善，为之不知其义，被之空言而不敢辞。夫不通礼义之旨，至于君不君，臣不臣，父不父，子不子。夫君不君则犯，臣不臣则诛，父不父则无道，子不子则不孝。此四行者，天下之大过也。以天下之大过予之，则受而弗敢辞。故《春秋》者，礼义之大宗也。夫礼禁未然之前，法施已然之后；法之所为用者易见，而礼之所为禁者难知。"

壶遂曰："孔子之时，上无明君，下不得任用，故作《春秋》，垂空文以断礼义，当一王之法。今夫子上遇明天子，下得守职，万事既具，咸各序其宜，夫子所论，欲以何明？"

太史公曰："唯唯，否否，不然。余闻之先人曰：'伏羲至纯厚，作易八卦。尧舜之盛，《尚书》载之，礼乐作焉。汤武之隆，诗人歌之。《春秋》采善贬恶，推三代之德，褒周室，非独刺讥而已也。'·汉兴以来，至明天子，获符瑞，封禅，改正朔，易服色，受命于穆清，泽流罔极，海外殊俗，重译款塞，请来献见者，不可胜道。臣下百官力诵圣德，犹不能宣尽其意。且士贤能而不用，有国者之耻；主上明圣而德不布闻，有司之过也。且余尝掌其官，废明圣盛德不载，灭功臣世家贤大夫之业不述，堕先人所言，罪莫大焉。余所谓述故事，整齐其世传，非所谓作也，而君比之于《春秋》，谬矣。"

于是论次其文。①

第一问："从前孔子为什么要作《春秋》？"司马迁借回答孔子修《春秋》而表明自己的著书志向——继《春秋》之事业，成一家之言。司马迁高度评价了孔子作《春秋》的重要意义，第一，认为《春秋》明世教，是"王道之大者也"。司马迁借董仲舒之言立论，以一种谦逊的姿态来表明自己的意见，言之有据。董仲舒认为孔子退而著《春秋》，是想通过对242年中时事的褒贬来表明看法，作为天下的法则。正如孔子所说：与其空言论道，还不如记载历史事件，因事见义，更确切明显。孔子借史事以议论治国之道，通达周王之事。故司马迁感叹："夫《春秋》，上明三王之道，下辨人事之纪，别嫌疑，明是非，定犹豫，善善恶恶，贤贤贱不肖，存亡国，继绝世，补敝起废，王道之大者也。"这也正是司马迁撰述《史记》的理想。第二，认为《春秋》是"拨乱反正"的治国之书，即《易》明变化，《礼》讲人伦，《书》表政事，《诗》表风俗，《乐》论和爱，《春秋》辨是非。"六经"从不同的角度教化人民，陶冶性情，为治国服务，所以"六经"都是治国之书。司马迁讲"《春秋》辨是非，故长于治人"；"《春秋》以道义"；"拨乱世反之正，莫近于《春秋》"等，志在表明《史记》的写作在于"正《易传》，继《春秋》，本《诗》《书》《礼》《乐》之际"，不单是为了写历史而写历史，而是撰成一部和"六经"一样重要的思想著作。第三，认为《春秋》是"礼义之大宗"。认为《春秋》这部书，字数有几万，事例有数千，万事万物分散或聚合的道理都包含在里面。只有熟读《春秋》，才能懂得为君、为臣、为父、为子的道德，才能防患于未然，促进社会和谐。所以，《春秋》这部书是礼义的源泉和归宿。司马迁回答壶遂的第一问，是借论孔子修《春秋》以明志，表明自己意在继《春秋》之事业，创一代之大典，"成一家之言"。

第二问："先生要效法《春秋》有所论著，是想阐明些什么呢？"壶遂认为，孔子之时，上无圣明之君，下面的人得不到任用，所以孔子才作《春秋》，

---

① 司马迁. 史记：卷一百三十：太史公自序［M］. 点校本二十四史修订本. 北京：中华书局，2013：3974-3978.

留下议论来裁断礼义之分,作为统一的王法。而如今,先生上遇圣明的天子,下面得以尽职,万事俱备,都各得其所,先生却想论著,到底想阐明些什么呢?这里,壶遂表面上问司马迁为什么要写《史记》、要写些什么,实际上是借此委婉地警告司马迁:孔子作《春秋》,是因为当时世衰道微,处于乱世之中;而现在效法《春秋》著书,岂不是把今天的太平盛世当作乱世了吗?针对壶遂的发问和担心,司马迁表示:孔子作《春秋》,其作用是扬善、抑恶,使乱臣贼子惧。自己著《史记》,无非是要记载圣主明君功德,记载功臣、世家、贤大夫们的功业,完成先人(父亲)的遗愿。否则,自己担任史官就太失职了,罪过就太大了。司马迁的回答,表明自己要继承以《春秋》为典范的传统史学思想,撰著"惩恶劝善"的史著,自称"余所谓述故事,整齐其世传,非所谓作也,而君比之《春秋》,谬矣"。这既表明司马迁的谨慎和自谦,又表明司马迁效法孔子"述而不作",更道出司马迁所著《史记》与《春秋》的不同。就此,张大可先生指出:司马迁"不仅引《春秋》以自重,而且是继《春秋》创一代大典,是不能等同于《春秋》的。从司马迁答壶遂问的论述中,可以看出,司马迁十分推崇孔子作《春秋》的精神、态度,效法《春秋》采善贬恶以当一王之法,维护大一统,但司马迁所创《史记》从编纂方法到内容体制,完全不同于《春秋》。《春秋》以事为中心编年,《史记》以人物为中心创纪传;《春秋》笔削贵一字褒贬,《史记》互见对比见义;《春秋》讳饰,《史记》实录。从内容到形式,《史记》均超过了《春秋》,司马迁比孔子更具有卓绝的史识和历史观"[①]。

综上,"通变"的史学思想和"一家之言"的创作宗旨,是司马迁撰写历史的最高原则和目的,是司马迁历史编纂学思想和观念的集中体现,深深影响了历代纪传体史书的编纂。

第二节 《汉书》:班固的皇朝意识与"断代为书"

班固(32—92)是东汉伟大的史学家,他沿袭了司马迁开创的纪传体,撰成《汉书》,但其编纂观念和思想与司马迁大有不同,尤其突出地表现为班固的皇朝意识和"宣汉"思想。正是在这一思想指导下,班固断汉为书,包举一代,突出了皇朝史的地位。或者说,编纂形式的"断汉为书"完全是出于"宣汉"

---

① 张大可,田志勇.司马迁与史记学[M].西安:陕西人民教育出版社,2006:138.

的政治需要。

一、皇朝意识与"宣汉"思想

班固史学带有浓厚的二重性特征，这既是受父亲班彪二重性史学的影响，更是东汉初年的时代要求所致。东汉初年，刘氏政权失而复得，引发了统治者们对这种政权更替的思考，如何巩固失而复得的刘氏政权，是统治者最为关心的问题。一方面，需要认真总结历史的经验和教训，为现实政权的统治提供历史借鉴，发挥好史学的求真功能。另一方面，又必须对刘氏政权的合法性做出说明，以维护统治的长治久安。史学家班固生当其时，所著《汉书》即表现出了这两方面的要求，这就是"宣汉"思想与"实录"精神。

班固父子以五德始终说为依据，反复申言"刘氏承尧之祚""唐据火德，而汉绍之""汉绍尧运，以建帝业"等，目的是在政治上突出刘汉皇朝的历史地位。二人所不同的是，班彪所撰《史记后传》65篇，意在续司马迁之《史记》，正如郑樵所言："且善学司马迁者，莫如班彪，彪续迁书，自孝武至于后汉。欲令后人之续己，如之己之续迁。"① 班彪续写《史记》，撰《史记后传》，并无另行断限之意。而班固则将尊汉思想变成了历史撰述中的具体实践，使《汉书》"起元高祖，终于孝平、王莽之诛，十有二世，二百三十年"②，只为突出西汉一朝的历史。这种思想，恰是秦汉大一统以来，皇朝意识不断增强在历史撰述上的突出反映，是班固撰写《汉书》的基本指导思想。

《史记》问世后，不少学者纷纷仿效《史记》续撰史书，百年间，竟有17位学者从事《史记》的续作，即褚少孙、刘向、刘歆、冯商、卫衡（即阳城衡）、扬雄、史岑（即史孝山）、梁审、肆仁、晋冯、段肃（又作殷肃）、金丹、冯衍、韦融、萧奋、刘恂、班彪③，但班固认为，以往的这些历史撰述不足以宣扬大汉之德。西汉皇朝是班固心目中最强盛的皇朝，远非孔子和儒家们所推崇的周王朝所能相比。遗憾的是，《史记》及褚少孙、班彪十余人的《史记》续

---

① 郑樵．通志：总序［M］．北京：中华书局，1987：1.
② 班固．汉书：卷一百下：叙传［M］．北京：中华书局，1962：4235.
③ 刘知几．史通通释：卷二十：古今"正史"［M］．浦起龙，通释．王煦华，整理．上海：上海古籍出版社，2009：314.

作,都没有很好记载西汉的历史。① 班固认为《史记》将其"编于百王之末,厕于秦、项之列",更贬低了汉皇朝的历史地位。所以,班固要断汉为史,来凸显西汉大一统皇朝的历史。他说:"固以为唐虞三代,《诗》《书》所及,世有典籍,故虽尧舜之盛,必有典谟之篇,然后扬名于后世,冠德于百王,故曰'巍巍乎其有成功,焕乎其有文章也!'汉绍尧运,以建帝业,至于六世,史臣乃追述功德,私作本纪,编于百王之末,厕于秦、项之列。太初以后,阙而不录,故探纂前记,缀辑所闻,以述《汉书》……"② 明确阐述了其断汉为史的原因。班固认为,即使如儒家心目中的尧、舜盛世时代,也必须依靠典籍,才能使其"扬名于后世,冠德于百王"。而"汉绍尧运",其功业超越以往任何一个时代,更需要史学家们详为记载,以宣扬汉皇朝的丰功伟绩和历史地位。鉴于以往的历史撰述却未能肩负起"宣汉"的历史重任,所以他要断汉为史著《汉书》,自觉担当"宣汉"的历史重任。

出于"宣汉"的需要,班固极力鼓吹君权神授、彰显大汉功德,甚至在《汉书·高帝纪》赞中考出了一个具体而又系统的"汉绍尧运"的刘氏家族的世系来。赞曰:"《春秋》晋史蔡墨有言,陶唐氏既衰,其后有刘累,学扰龙,事孔甲,范氏其后也。而大夫范宣子亦曰:'祖自虞以上为陶唐氏,在夏为御龙氏,在商为豕韦氏,在周为唐杜氏,晋主夏盟为范氏。'范氏为晋士师,鲁文公世奔秦。后归于晋,其处者为刘氏。刘向云战国时刘氏自秦获于魏。秦灭魏,迁大梁,都于丰,故周市说雍齿曰:'丰,故梁徙也。'是以颂高祖云:'汉帝本系,出自唐帝。降及于周,在秦作刘。涉魏而东,遂为丰公。'丰公,盖太上皇父。其迁日浅,坟墓在丰鲜焉。及高祖即位,置祠祀官,则有秦、晋、梁、荆之巫,世祠天地,缀之以祀,岂不信哉!由是推之,汉承尧运,德祚已盛,断蛇著符,旗帜上赤,协于火德,自然之应,得天统矣。"有学者认为,这并非班固所杜撰,而是依据《左传》的记载得来的。《左传》所载,又是刘歆借助整理《左传》之机编造出来。③ 这些所为,都是为实现"宣汉"的目的。

班固"宣汉"的理论主要源于董仲舒的天人感应之说。在《汉书》中,他大量收录董仲舒的言论,系统地论述其天人感应理论。《汉书·董仲舒传》完整

---

① 这些学者所做的工作只限于"续作",修修补补而已,既没有很好地记载西汉一朝的历史,也没有意识到要构建一个新的史书编纂体系。故除褚少孙补作因附于《史记》文本之后并以"褚先生曰"标注而得以流传,班彪续作的一些内容因纳于《汉书》而得以保存外,其他续作早已湮没无闻。
② 班固. 汉书:卷一百下:叙传[M]. 北京:中华书局,1962:4235.
③ 吴怀祺. 中国史学思想通史:秦汉卷[M]. 合肥:黄山书社,2005:400-405.

地收录了董仲舒的《天人三策》《贤良对策》等言论,而《史记》中董仲舒的传记极为简略。① 按理,董仲舒与司马迁是师徒关系,且二人关系密切,司马迁也很尊重老师,《史记》中董仲舒应该有详细的载述。但迁、固两人对董仲舒记载的一简一详,形成了鲜明对比,恰恰反映了二人对待天人感应之说的态度。班固为突出董仲舒的地位,不仅单列《董仲舒传》,而且全录董氏的《贤良对策》《天人三策》,将董仲舒的理论视为儒学正宗,所谓"汉兴,承秦灭绝之后,……董仲舒治《公羊春秋》,始推阴阳,为儒者宗"②。称赞董仲舒"身修国治,致仕县车,下帷覃思,论道属书,谠言访对,为世纯儒"③。吴怀祺先生认为:"董仲舒的天人相关的理论,成为班固的'宣汉'的基调"④。如《高帝纪》赞云:"汉承尧运,德祚已盛,断蛇著符,旗帜上赤,协于火德,自然之应,得天统矣。"《史记》有《项羽本纪》《陈涉世家》,被班固合并后降为《陈涉项籍传》,目的只在"宣汉"。《太史公自序》引董仲舒言说明孔子作《春秋》之意时,讲道:"以为天下仪表,贬天子,退诸侯,讨大夫,以达王事而已矣。"⑤ 然而到《汉书·司马迁传》那里,"贬天子"一句被删去,"退诸侯"改为"贬诸侯"。这既遵循了汉明帝所嘱咐的"颂述功德"之意,又合于班固明哲保身的处世方式。此外,《汉书》中屡述"我汉道""我明德""我四海"等语,亦都反映了班固"尊汉""汉宣"的思想。

诚然,皇朝意识和"宣汉"思想是班固撰《汉书》的指导思想,在《汉书》中力求最大限度地宣扬汉代丰功伟业,但班固并非无原则地褒扬,而是以历史事实为依据,如实记载,实事求是地宣扬汉代的进步,对汉代的弊端仍直书不隐,不为汉讳,使《汉书》成为具有"实录"精神的一代信史。

首先,班固借评《史记》以寄托自己的志向。班固称赞司马迁治学勤奋,学识渊博,"其言秦汉,详矣",认为《史记》之所以能将上下数千年历史熔于一炉,是与司马迁治学勤奋,学识渊博分不开的。司马迁"涉猎者广博,贯穿经传,驰骋古今,上下数千载间,斯以勤矣";称赞《史记》网罗宏富,充分肯定了《史记》的史料价值和撰述原则,认为司马迁"博物洽闻";称赞《史记》

---

① 司马迁. 史记:卷一百二十一:儒林列传[M]. 点校本二十四史修订本. 北京:中华书局,2013:3772-3773.
② 班固. 汉书:卷二十七:五行志[M]. 北京:中华书局,1962:1317.
③ 班固. 汉书:卷一百下:叙传[M]. 北京:中华书局,1962:4255.
④ 吴怀祺. 中国史学思想史[M]. 北京:商务印书馆,2007:121.
⑤ 司马迁. 史记:卷一百三十:太史公自序[M]. 点校本二十四史修订本. 北京:中华书局,2013:3975.

是"实录"之作,"然自刘向、扬雄博及群书,皆称迁有良史之材,服其善序事理,辨而不华,质而不俚,其文直,其事核,不虚美,不隐恶,故谓之实录"。① 班固既称赞司马迁有"良史之材",又称赞《史记》是"实录",尊司马迁和《史记》为楷模。班固对司马迁及其《史记》的评价,无疑是要表明他对《汉书》的根本要求。

其次,《汉书》不为汉讳,秉笔直书,如揭露封建统治阶级的奢侈无度和穷凶极恶。《王贡两龚鲍传》通过详细记载贡禹的上元帝奏言,借贡禹之口而对统治者的奢侈腐朽进行大胆的揭露。在该奏言中,贡禹历数了自古以来宫廷置宫女之制,如实指出自武帝以后汉帝"取女皆大过度"。而上行则下效,"群臣亦随故事""豪富吏民畜歌者至数十人",结果导致"内多怨女,外多旷夫"的现象出现,社会风俗因此而败坏。《景十三王传》则就西汉诸侯王的穷凶极恶做了如实记载。该传记载了江都易王刘建不但肆意淫乱,还草菅人命,"建游章台宫,令四女子乘小船,建以足蹈覆其船,四人皆溺,二人死。后游雷波,天大风,建使郎二人乘小船入波中。船覆,两郎溺,攀船,乍见乍没。建临观大笑,令皆死"。又纵狼杀人,或将人幽闭饿死,如此者"凡杀不辜三十五人"。又如广川王刘去也是个嗜杀成性之徒。他杀人的手段极其狠毒,像割股、剥皮、肢解等,都是他惯用的杀人手段。对于这样一个悖虐之徒,议者皆主张治其罪,然而天子却"不忍治王于法"。班固总结说"汉兴,至于孝平,诸侯王以百数,率多骄淫失道"②。

当然,西汉统治阶级的暴虐,并不仅仅局限于诸侯王。对汉皇朝土地兼并的严重性和老百姓的困苦生活,班固也做了如实记载。西汉统治前期,土地兼并现象就比较突出,《汉书·食货志上》中记录董仲舒论汉代土地兼并的言论,董仲舒主张"限民名田,以澹不足,塞并兼之路"。随着西汉后期封建统治危机的不断加深,土地兼并情况日益严重,一些有见识的大臣又重新提出限田的主张。汉哀帝时的大臣师丹就认为"今累世承平,豪富吏民訾数钜万,而贫弱俞困"。要改变这种局面,必须改革政治,实行限田。③ 汉哀帝刚即位不久就下诏:"诸侯王、列侯、公主、吏二千石及豪富民多畜奴婢,田宅亡限,与民争利,百姓失职,重困不足。其议限列。"④ 班固甚至对"文景盛世"时期的一些

---

① 班固. 汉书:卷六十二:司马迁传[M]. 北京:中华书局,1962:2737-2738.
② 班固. 汉书:卷五十三:景十三王传[M]. 北京:中华书局,1962:2415-2416,2436.
③ 班固. 汉书:卷二十四:食货志上[M]. 北京:中华书局,1962:1137,1142.
④ 班固. 汉书:卷十一:哀帝纪[M]. 北京:中华书局,1962:336.

弊政同样直言不讳。如在《贾邹枚路传》中就记载了贾山作《至言》，对汉文帝居功而荒政提出批评："今功业方就，名闻方昭，四方乡风，今从豪俊之臣，方正之士，直与之日日猎射，击兔伐狐，以伤大业，绝天下之望，臣窃悼之。《诗经》曰：'靡不有初，鲜克有终'。"并进一步指出汉文帝时期的统治如同寝于未燃的积薪之上，形势已是岌岌可危了。在《治安策》中，贾谊认为当时的国势已是"可为痛哭者一，可为流涕者二，可为长太息者六"① 等。

班固以"宣汉"自任，大宣汉德，突出汉皇朝的历史地位，又力求以历史事实为依据，如实记录汉朝历史，这恰是班固历史编纂学思想的二重性反映。吴怀祺先生指出："一个史学家愿不愿意真实地记载历史和他能不能真实地反映历史，在史学史上并不总是一致的。从这样的角度来审视班固的史学，可以看出这样一个情形，当他着意进行'宣汉'时，他往往是夸大历史繁荣和兴盛的一面，有意或无意地进行曲解或辩解……但从总体上看，《汉书》是一部具有实录精神的史书，继承了《史记》的传统。"②

二、"断汉为书"与"上下洽通"

班固撰《汉书》时，沿用《史记》体例，又对其做了精心的组织和改进，使纪传体体例更加严密整齐，纪、传、表、志的基本形式成为定制，成为后世史官修史的楷模。更为重要的是，班固为了突出当朝，更多地反映本朝的利益，适应当时的政治需要，一改《史记》通史的做法而"断代为书"，以西汉皇朝兴衰为断限，突出了皇朝史的地位，内容恢宏、结构严谨。这样做具有便于著述、便于阅读、便于更好地体现统治者的意图，确实达到了"宣汉"的目的。因此《汉书》一出，很快受到社会广泛认同，学术地位直线上升。由此而后，历代仿效，"二十六史"中，纪传体断代史几乎成了"正史"的同义词。以致在古代史坛形成了"国史以纪传为准，纪传以断代为宗"的局面，足见班固首创纪传体断代史（皇朝史）的卓著功绩。清朝史学家章学诚评论说："迁《史》不可为定法，固《书》因迁之体，而为一成之义例，遂后世不祧之宗焉。"③

但班固撰述《汉书》所奉行的一个基本原则便是"综其行事，旁贯《五经》，上下洽通"④。所谓"上下洽通"，是指《汉书》记载既要做到博洽，又要

---

① 班固．汉书：卷四十八：贾谊传［M］．北京：中华书局，1962：2230．
② 吴怀祺．中国史学思想史［M］．北京：商务印书馆，2007：125．
③ 章学诚．文史通义校注：卷一：书教下［M］．叶瑛，校注．北京：中华书局，1994：50．
④ 班固．汉书：卷一百下：叙传［M］．北京：中华书局，1962：4235．

做到贯通。

"博洽",是指《汉书》以恢宏的角度去把握西汉社会的整体面貌,《汉书》"十志"集中体现了这方面的要求。"十志"在《史记》"八书"的基础上加以发展、扩充、完善,"十志"对于西汉典章制度的叙述,主要围绕政治制度、经济制度和思想文化三个方面进行。

政治典制的记载,主要有《礼乐志》《刑法志》《郊祀志》《地理志》和《沟洫志》。其中《礼乐志》论述了礼乐对于封建政治的重要作用;《刑法志》是《汉书》新创的典志,着重对政治治理中仁德与刑法之间的关系进行了探讨;《郊祀志》是脱胎于《史记》的《封禅书》,主要是记载帝王祭天祀祖及其他庆典活动和宗教活动;《地理志》为班固所创造,叙述了古今的地理沿革和西汉一代的行政区划、户籍人口、风土民情和各地物产情况;《沟洫志》是改造《史记》的《河渠书》而成的,作为一个农业国度,水利无疑是一种大政。

经济典制方面,有《食货志》及与之相匹配的《货志传》。《食货志》开篇云:"《洪范》八政,一曰食,二曰货。"① 以《洪范》为指导思想,将作为国计民生主体的"食"和"货"分为上下两篇来加以记述,"食"记农业为要,"货"记手工业及社会经贸情况为主。《食货志》的撰写奉行近详远略的原则,对西汉一代的农业和手工业经济状况、经贸活动和经济思想都做了详细的叙述,其中还收录了反映汉人经济思想的不少重要文献,如贾谊的《论积贮疏》《谏除盗铸钱令》、晁错的《论贵粟疏》和董仲舒的《限民名田疏》等。

在思想文化典制方面,主要有《艺文志》《律历志》《天文志》和《五行志》,以及《儒林传》和一些学者传记,也是反映文化典制的重要材料。《艺文志》辨章学术、考镜源流,对目录学的贡献不可忽视;《律历志》主要在刘歆《钟律书》和《三统历谱》的基础上删改而成的,记载的内容主要是数、律、度量衡和历法;《天文志》主要记录了先秦至汉朝天象的变化和人们的天文学成果,既有科学的一面,也有神学的一面;《五行志》为班固所创,主要记载自古以来天象与人事的参验情况,依据则是董仲舒、刘向、刘歆等人的天人感应说。

《汉书》"十志"全面反映了西汉社会生活各个方面的变化,确实贯穿了班固的"博洽"原则,很好地继承了司马迁的传统,丰富和发展了司马迁《史记》的"八书"。

《汉书》的"博洽"还表现为注重收载文章诗赋等,如在帝纪中收录了许多重要的诏令原文,在传记中收录大量涉关政治、经济、军事、文化方面的奏

---

① 班固. 汉书:卷二十四:食货去 [M]. 北京:中华书局,1962:1117.

疏、对策、著作、书信、诗文等。如《陆贾传》，增载《治安策》；《晁错传》，增载《教太子》一疏、《言兵事》一疏、《募民徙塞下》等疏；《公孙弘传》，载其《献良策》；《董仲舒传》，载其《天人三策》。"十志"中也收载有重要的历史文献，如《沟洫志》，载贾让的《治河三策》；《食货志》，载贾谊的《论积贮疏》、晁错的《论贵粟疏》及董仲舒的《限民名田疏》等。这些保存了丰富的原始史料，故范晔称《汉书》"文赡而事详"。①

"贯通"，则指《汉书》似断而不断，断中有通，虽然断代为史，但往往根据实际需要突破汉代的限制。《汉书》"纪""传""表""志"都体现了这种贯通意识，其中的"表"和"志"体现得最为突出。如《异姓诸侯王表》记载了自虞夏以来至汉初的整个历史发展过程中，异姓诸侯王的兴起、发展和至汉初的最终被消灭的情况，全面系统地揭橥异姓诸侯王的兴衰之史；《诸侯王表》记载的主要是周至汉诸侯王的兴衰变化情况，使得人们对于自周至汉诸侯王势力的消长变化有一个清晰的了解；《百官公卿表》着重记载了自伏羲、神农、黄帝以来直到汉代的官职变化情况，同时还对历代官职变化之因及变化的影响也做了论述；《古今人表》为《汉书》首创，该表将自伏羲至汉代各式人物分成九等，其目的是"显善昭恶，劝戒后人"②。"十志"则以贯通古今的方式记载了各种典章制度的兴起与沿革情况。如《律历志》记载了自太昊至东汉的历法运用情况；《礼乐志》通过记载自周至东汉初年礼乐制度的演变，说明礼乐制度对于教化天下的重要作用；《刑法志》系统介绍了自古至汉刑法制度的具体演变情况；《食货志》记载了自古以来至王莽时期的农业、手工业及社会经贸情况；《郊祀志》主要记载了历代帝王的祭祀等庆典及宗教活动；《天文志》系统记述了先秦至汉朝的天象变化和天文学发展的历史；《五行志》详细记载了自古以来天象与人事的参验情况；《地理志》不但对汉代行政区划、户籍人口、风土民情和物产情况做了系统介绍，还详细记述了古今地理的沿革情况；《沟洫志》实际上是一部关于夏禹以来的水利兴修的历史；《艺文志》则是一部汉朝以前的思想文化史。可见，《汉书》并不是就朝代典制而写汉代典制，而是把汉朝的典章制度置于历代典章制度发展演变的历史进程中来书写，更有利于人们了解历代典章制度的发展脉络和变易情况。"十志"贯通古今的叙事方式，是后世《通典》《文献通考》等典章制度通史的开端。

综上，班固有强烈的皇朝意识和"宣汉"思想，是其撰写《汉书》的理论

---

① 范晔. 后汉书：卷四十：班固传［M］. 北京：中华书局，1965：1359.
② 班固. 汉书：卷二十：古今人表［M］. 北京：中华书局，1962：861.

指导,"断汉为书"是"宣汉"政治需要的必然选择。"宣汉"与"实录"并存、寓通于断,使《汉书》更好地满足了封建大一统王朝的需要,成为历代"正史"修撰的范本。故《汉书》的主要成就在编纂方法上,而不是在思想观念方面。

第三节 《三国志》:陈寿的全局意识与人物品第

《三国志》是一部纪传体断代分国史,成书于西晋前期,比范晔《后汉书》早一百多年,作者为魏晋之际著名的史学家陈寿(233—197)。陈寿既继承了《史记》《汉书》的传统,又根据三国历史实际进行了创新,反映出陈寿总揽三国历史的全局意识和注重人物品评的编纂特点。[①]

一、总揽三国的全局意识

《三国志》之前,《史记》创立了纪传体通史,《汉书》"断代为书"而开纪传体断代史之先河,它们都以维护统一的中央集权的制度为中心。然而,三国时期,魏、蜀、吴三国分立分治,如何总揽和统括三国史事,是陈寿撰述三国史时面临的难题。为此,陈寿继承了《史记》《汉书》的做法,又吸取国别史的经验,在编撰体例上进行了新的尝试,即分立魏、蜀、吴三书,依次编纂,著成纪传体断代分国史《三国志》65卷,丰富和发展了纪传史的编纂体例。

第一,断限上的相对统一与区别对待。断限问题,是史书编纂时首先会碰到的问题。《三国志》分魏、蜀、吴三书编次,《魏书》30卷、《蜀书》15卷、《吴书》20卷。三书曾各自为书,单独流传,但统称《三国志》,是一部统一的三国史。作为一部统一的三国史,上限当断自何时,颇费神伤,一般认为,三国史应从黄初元年(220)曹丕称帝写起。但无论断自曹丕称帝,还是断自刘备、孙权称帝,都不妥当,难以如实记述客观历史过程。因为三国鼎立局面的形成,始于黄巾起义失败后军阀混战开始之时。陈寿对此做过认真的追踪考察,将上限划定为汉灵帝中平年间。

《魏书》从汉献帝六年(189)写起,首立《武帝纪》,以灵帝驾崩,天子即位,董卓立献帝,杀天后及弘农王,故"太祖至陈留,散家财,合义兵,将

[①] 本节中所引《三国志》均引自中华书局标点本《三国志》1982年版。凡正文中注明具体篇目者,不再一一作页下注。

以诛（董）卓。冬十二月，始起兵于己吾，是岁中平六年也"。曹魏起家，就是从曹操起兵讨伐董卓开始。又《三少帝纪》陈留王奂（魏元帝）咸熙二年（265）"十二月壬戌，天禄永终，历数在晋……禅位于晋嗣王"。由此可知《魏书》记事上起汉灵帝中平六年，下讫魏元帝咸熙二年。

《蜀书》在《先主传》《后主传》之前，先列《刘二牧传》，记载刘焉、刘璋的事迹，言："焉睹灵帝政治衰缺，王室多故，乃建议言：'刺史、太守，货赂为官，割剥百姓，以致离叛。可选清名重臣以为牧伯，镇安方夏'。"遂以监军使者领益州牧，统西川、巴蜀之地。刘二牧（刘焉、刘璋）与刘二主（先主、后主）家系、身世虽不同，但兴起实迹前后相连，也未被曹操所兼并，故置于二主之前，冠于《蜀书》开篇，表明《蜀书》记事起于汉灵帝末年。《后主传》云景耀六年魏命征西将军邓艾等数道并攻，炎兴元年（263）"邓艾破卫将军诸葛瞻于绵竹……诸围守悉被后主敕，然后降下。艾使后主止其故宫，身往造焉。资严未发，明年春正月，艾见收……"知其下限断在炎兴元年。

《吴书》首立《孙坚传》载：中平元年（183）"拜坚别部司马"，又以中平年间孙坚破虏、讨贼有功，故于中平三年（186）"汉朝录前后功，封坚乌孙程侯"，知《吴书》记事起于中平年间。孙皓归降时，晋已建立15年，本应归入晋国史，但陈寿"原其始而察其终"，将吴国史事记到吴主天纪四年（晋武帝太康元年，公元280）。

上述所见，陈寿记载三国史事时，充分尊重客观历史，在断限上既相对统一又略有区别，上限划定在汉灵帝中平年间，下限则分别止于265年（《魏书》）、264年（《蜀书》）、280年（《吴书》）。统一要求和灵活处理相结合，尊重历史实际，这样有利于把三国鼎立的客观历史叙述清楚。

第二，记述上的统一眼光和三书分立。三国时期，魏、蜀、吴割据天下，是三个各自独立、互不统属的政权，而且都说各自是土德代汉，都想证明自己是合法的正统政权。陈寿在处理三国关系时，既没有以魏为正统而视蜀、吴为伪朝，也没有以蜀为正统而贬抑魏、蜀，他将三国史事囊括于《三国志》一书中，对三国历史做了全局安排，把魏、蜀、吴当作三个独立的国家，各自独立成书，尊重三国分立的事实。其中《魏书》30卷，帝纪4卷、列传26卷；《蜀书》15卷，只有传，没有纪；《吴书》20卷，也只有传，没有纪。《蜀书》称刘备、刘禅父子为"先主""后主"，不称"帝"，并在刘备、刘禅传之前先列《刘二牧传》，记载刘焉、刘璋的事迹。而《先主传》《后主传》的记述方法，用的仍是"本纪"的方法，有自己的年号，编年记事。又有《二主妃子传》，记载先主甘后、穆后，后主敬哀张后、张后，及先主庶子刘永、刘理和后主太子刘睿等的事迹。这种书法，表明陈寿已将蜀国和魏国作同等处理；同样，《吴书》无纪，君主称"吴王""吴主""嗣主"，甚至有直称其名的，但记述方法仍用"本纪"的方法。《吴书》也有《妃嫔传》，对帝后只称夫人，如吴主权谢夫人、权徐夫人、权步夫人等。陈寿用统一的眼光来记述三国史事，使《三国志》有合有分，可分可合。合则为一整体，纪魏而传蜀、吴；分则各成系统，各为正朔，各有纲纪。然而，陈寿纪魏而传蜀、吴的做法，颇遭后人议论，褒贬不一，或批评陈寿"尊魏为正统"，或称赞陈寿"创前人未有之例"等。

《三国志》之所以打破旧有的纪传体史学传统，魏、蜀、吴三书分立，纪魏而传蜀、吴，完全是由三国历史的特殊性所决定的，是充分尊重三国分立分治的历史事实的表现。从表面上看，陈寿纪魏而传蜀、吴，在形式上是迎合了当局争正统的政治需要，以魏帝立本纪，表明有过汉—魏—晋这个统绪，这与陈寿作为晋朝史臣的身份有关，若不帝魏，西晋政权的建立就没有合法依据；而就实质而言，三国鼎立时期曹魏处于主导地位，纪魏而传蜀、吴符合当时的情况，因而是历史真实的一种反映。同时，陈寿看待三国持一种平等的史观，蜀、吴之主虽名传，但实为纪，与帝魏同质，历代史学家，多有论定。刘知几曾批评这种写法"未达纪传之情"，但仍指出："陈寿《三国志》，载孙、刘二帝，其实纪也，而呼之曰传。"① 清朝著名史学家何焯进一步发挥说："蜀、吴之主均曰传，然皆编年纪事，于史学家之例，实亦纪也。"② 无疑是纪传体史书发展中的一种创例。

换言之，从宏观上看，《三国志》全书65卷，前4卷"魏帝纪"是全书的纲领，记载了三国时期的历史大事，后61卷为"传"，是补充演绎"魏帝纪"。这样处理，反映了魏国在三国时期错综复杂的斗争中，始终处于支配地位的历史实际。从微观上看，魏、蜀、吴三书各自成书，各记其年号，都蕴含有纪和传、纲与目的关系，反映了魏、蜀、吴三国各自独立、互不统属的客观事实。从实际记载看，《三国志》在三书中各以本国年号纪年，又注意到以魏国纪年贯穿三书，给人以整体、全局的观念。称谓上也如此，曹操，《魏书》称太祖，在其他二书中称曹公。刘备，《蜀书》称先主，在其他二书中直称其名。孙权，《吴书》称"吴王"，其他二书则一概称名。陈寿对魏、蜀、吴三国历史地位的这种认识和撰写，说明在他的思想中三个国家不存在主属关系，没有正、伪之

---

① 刘知几. 史通通释：卷二：列传[M]. 浦起龙, 通释. 王煦华, 整理. 上海：上海古籍出版社，2009：42.

② 何焯. 义门读书记：卷二十七：三国志：蜀志[M]. 北京：中华书局，2006.

别。纪魏而传蜀、吴，乃纪实而已，非论者所说的"尊魏为正统"。陈寿将三国史事囊括于《三国志》一书中，首次在一部"正史"中叙述了三个皇朝的史事，不仅从全局上反映了三国历史，而且充分显示了三国鼎立的事实，无疑是历史编纂的一大创造，表现了史学家陈寿驾驭历史的高超史才。

第三，忠于史实，并存三方观点。当时，魏、蜀、吴三国之间政治交往、军事接触十分频繁，在三国的联系和交往中各方取什么态度，如何来记载，也是需要认真思考的问题。陈寿的做法是：让三方各自发表意见，保留各方的观点。

如记公元228年（魏明帝太和二年、蜀后主建兴六年）春诸葛亮首出祁山，《魏书·明帝纪》曰："蜀大将诸葛亮寇边。"《蜀书·后主传》则云："亮出攻祁山"。

记公元231年（魏明帝太和五年、蜀后主建兴九年）春诸葛亮四出祁山，《魏书·明帝纪》曰："诸葛亮寇天水。"《蜀书·后主传》则云："亮复出军围祁山"。

记公元262年（魏陈留王景元三年、蜀后主景耀五年）蜀、魏侯和之战，《魏书·三少帝纪·陈留王纪》曰："冬十月，蜀大将姜维寇洮阳，镇西将军邓艾拒之，破维于侯和，维遁走。"《蜀书·后主传》则云："姜维复率众出侯和，为邓艾拒所破，还住沓中。"

可见，记魏、蜀之间的同一事，在魏言"寇""遁走"，在蜀言"攻""围""还住"，双方的观点和态度，十分清楚。

又如，记224年（魏文帝黄初五年、吴主权黄武三年）吴与魏断交，《魏书·文帝纪》云："孙权复叛。"《吴书·吴主传》黄武元年称："至后年乃绝。"

记公元234年（魏明帝青龙二年、吴主权嘉禾三年）孙权围合肥新城不克而退，《魏书·明帝纪》云："权遁走。"《吴书·吴主传》称："权退还。"

同记一件事，在魏言"叛""遁走"，在吴称"绝""退还"，双方态度鲜明。

再如，记公元222年（蜀先主章武二年、吴主权黄武元年）蜀、吴猇亭之战，《蜀书·先主传》云："先主自猇亭还秭归。"《吴书·吴主传》称："刘备奔走。"

同记猇亭之战，在蜀言"还"，在吴言"奔走"。

上述事实说明，陈寿撰写《三国志》有一种全局意识，不偏袒某一方，而是用三方声音说话，保留各自观点和立场，从而使三国史的记载更显真实，更趋客观公正。

第四，权衡轻重，详主略次。《三国志》编纂上还有一个重要特点是在叙述上详主略次，凡涉关两国或三国关系的重大历史事件，陈寿即采取详主略次的编纂方法。如：

刘备斩夏侯渊。《蜀书·先主传》建安二十四年载曰："先主命黄忠乘高鼓噪攻之，大破渊军，斩渊及曹公所署益州刺史赵颙等。"《黄忠传》也有详记。而《魏书·武帝纪》同年下则曰："夏侯渊与刘备战于阳平，为备所杀"；《夏侯渊传》仅有"渊分所将兵半助（张）郃，为备所袭，渊遂战死"，都为略记。

蜀败街亭。《魏书·明帝纪》太和二年载曰："蜀大将诸葛亮寇边，天水、安南、安定三郡吏民叛应亮。遣大将军曹真都督关右，并进兵。右将军张郃击亮于街亭，大破之。亮败走，三郡平……"记载较详细。《张郃传》也有详细记载。而《蜀书·后主传》不书；《诸葛亮传》及《马谡传》虽有记述，但仅述及其败因而已，极其简略。

蜀败于猇亭。《吴书·吴主传》黄武元年载曰："陆逊部将军宋谦等攻蜀五屯，皆破之，斩其将。三月，鄱阳言黄龙见。蜀军分据险地，前后五十余营，逊随轻重以兵应拒，自正月至闰月，大破之，临阵所斩及投兵降首数万人。刘备奔走，仅以身免。"记载详细。《陆逊传》记载更详，不赘引。而《蜀书·先主传》章武二年下仅有简略载述，曰："陆议大破先主军于猇亭，将军冯习、张南等皆没。先主自猇亭还秭归，收合离散兵，遂弃船舫，由步道还鱼复。"

赤壁之战，事关重大，奠定了三分天下的局面，魏、蜀、吴三书不可不记，但详略不同，尤能见出陈寿编纂历史的全局意识。《魏书·武帝纪》建安十三年下仅载："公至赤壁，与备战，不利。于是大疫，吏士多死者，乃引军还"寥寥数语。《魏书·郭嘉传》载："后太祖征荆州还，于巴丘遇疾疫，烧船，叹曰：'郭奉孝在，不使孤至此。'"《蜀书·先主传》载："先主遣诸葛亮自结于孙权，权遣周瑜、程普等水军数万，与先主并力，与曹公战于赤壁，大破之，焚其舟船。先主与吴军水陆并进，追到南郡，时又疾疫，北军多死，曹公引归。"《吴书·吴主传》："备进住夏口，使诸葛亮诣权，权遣周瑜、程普等行。是时曹公新得表众，形势甚盛。诸议者皆望风畏惧，多劝权迎之。惟瑜、肃执拒之议，意与权同。瑜、普为左右督，各领万人，与备俱进，遇于赤壁，大破曹公军。公烧其余船引退，士卒饥疫，死者大半。备、瑜等复追至南郡。"比较而言，《魏书》记载简略，且有所讳饰。《蜀书》《吴书》记载详尽又各有侧重。赤壁之战，孙、刘联军拒曹，以吴为主力，故对赤壁之战记载最详最具体的是《吴书》中的《周瑜传》，曰："时刘备为曹公所破，欲引南渡江，与鲁肃遇于当阳，遂共图计，因进住夏口，遣诸葛亮诣权。权遂遣瑜及程普等与备并力逆曹公,遇于赤壁。时曹公军众已有疾病,初一交战,公军败退,引次江北。瑜等在南岸。瑜部将黄盖曰:'今寇众我寡,难与持久。然观操军船舰,首尾相接,可烧而走也。'乃取蒙冲斗舰数十艘,实以薪草,膏油灌其中,裹以帷幕,上建牙旗,先书报曹公,欺以欲降。又豫备走舸,各系大船后,因引次俱前。曹公军吏士皆延颈观望,指言盖降。盖放诸船,同时发火。时风盛猛,悉延烧岸上营落。顷之,烟炎张天,人马烧溺死者甚众,军遂败退,还保南郡。备与瑜等复共追。"可见,《三国志》对赤壁之战的记载,以《吴书》《蜀书》详而《魏书》略,吴、蜀相较,又以《吴书》详而《蜀书》略,《吴书》之中又以《周瑜传》详而《吴主传》略。这就表明:在整个赤壁之战的战役中,周瑜与刘备才是战争的主角,所以《吴书·周瑜传》和《蜀书·先主传》对战争过程记载详细、具体,而程普、鲁肃、诸葛亮等人的传记中,对战役的过程都没有多少记载,《程普传》更是以一笔带过。说明在赤壁之战中,统率吴军的主角是周瑜而非程普。赤壁之战记载的详略处理,充分反映了陈寿详主略次、隐彼彰此的全局意识。

《三国志》中的此类例子不胜枚举,陈寿记载魏、蜀、吴三国历史时详主略次、详彼略此的全局处理,既能客观地反映三国历史,又能使史著高简爽洁。故"时人称其善叙事,有良史之才"①。刘熙载评论《三国志》"练核事情,每下一字一句,极有斤两"②。

总之,陈寿编纂三国历史时有全局意识和总体安排,断限上的统一划定和区别对待,编纂上的纪魏而传蜀、吴,但又各记年号,蜀、吴传名而纪实,叙述上的详主略次、隐彼彰此,使一部《三国志》可分可合、能分能合。分而读之,可以分别站在魏人、蜀人、吴人的立场,读出《魏书》《蜀书》《吴书》中的那份亲近感;合而观之,三书详略互见、短长相济,完整记载了三国历史。

二、人物品第的突出特点

重视人物品评是陈寿编撰《三国志》的重要思想和特色,一部《三国志》,涉及人物众多,而陈寿对所涉及人物几乎无不评论,颇为讲究。

第一,内容上以局量才识和风度容貌论人。白寿彝先生认为,陈寿重视从局量才识和风度容貌上论人。如评论曹操"明略最优","可谓非常之人,超世

---

① 房玄龄,等.晋书:卷八十二:陈寿传[M].北京:中华书局,1974:2137.
② 刘熙载.艺概注稿:卷一:文概[M].袁津琥,校注.北京:中华书局,2009:89.

之杰矣"①；评论刘备"弘毅宽厚，知人待士，盖有高祖之风，英雄之器焉"，但"机权干略，不逮魏武，是以基宇亦狭"②；评论孙权"屈身忍辱，任才尚计，有句践之奇英，人之杰矣，故能自擅江表，成鼎峙之业"③。这些都是着眼于个人局量才识的评价。陈寿对三国人物还做了各种名目的品题。如说刘备是英雄，曹操是人杰，孙策、孙权是英杰，诸葛亮、周瑜、鲁肃是奇才，庞统是高俊，程昱、郭嘉、董昭是奇士，董和、刘巴是令士，和洽、常林是美士，徐邈、胡质是彦士，王粲、秦宓是才士，陈震、董允、薛综是良臣，关羽、张飞、程普、黄盖是虎臣，张辽、乐进是良将。此外，还有忠贞、抗节、高雅、公直等名目，也都是从局量才识角度来品评人物的。

陈寿还重视以风度容貌论人。如说袁绍"姿貌威容"，刘表"长八尺余，姿貌甚伟"，臧洪"体貌魁梧，有异于人"，公孙瓒"有姿仪，大音声"，管宁"长八尺，美须眉"，彭羕"容貌甚伟"，崔琰"声姿高畅，眉目疏朗，须长四尺，甚有威重"，孙策"美姿颜"，孙权"形貌奇伟，骨体不恒"，张昭"容貌矜严，有威风"，周瑜"长壮有姿貌"，黄盖"姿貌严毅"，诸葛亮"少有逸群之才，英霸之气，身长八尺，容貌甚伟"等④，都是侧重从风度容貌角度品评人物。

《三国志》重视人物品第的编纂特点，与魏晋南北朝时期门阀世族兴盛、人们重视品评人物和清谈分不开，也与陈寿本人担任巴西郡中正的经历有关，"中正"一职，本身就是一个品第人物并照例由"著姓士族"担任的官职。《三国志》虽以取材审慎、文字简净著称，但陈寿仍然不忘以中正官的口吻品评人物，论载士人的品行气度和为人处世的经验教训，甚至把人物的才干智略视为事业成败唯一原因。故时人称其"辞多劝诫，明乎得失，有益风化"⑤，确实如此。

第二，形式上有直接评价和间接评价。《三国志》长于品第人物，就形式而言，主要有直接评价和间接评价。直接评价往往有"评曰"二字作为引词，直接对传主发表评论；间接评价则蕴含在人物传记的记述之中，边叙边评，或寓评于叙。直接评价往往是对传主的一种总结性的评价；间接评价则多为对传主某方面的评价。

直接评价一般涉及传主生平行为、思想品行、功德业绩等方面的总体的总

---

① 陈寿. 三国志：卷一：魏书：武帝纪［M］. 北京：中华书局，1982：55.
② 陈寿. 三国志：卷三十二：蜀书：先主传［M］. 北京：中华书局，1982：892.
③ 陈寿. 三国志：卷四十七：吴书：吴主传［M］. 北京：中华书局，1982：1149.
④ 白寿彝. 白寿彝史学论集（下）［M］. 北京：北京师范大学出版社，1994：917-918.
⑤ 房玄龄，等. 晋书：卷八十二：陈寿传［M］. 北京：中华书局，1974：2137.

结评价，如《魏书·武帝纪》："评曰：汉末，天下大乱，雄豪并起，而袁绍虎视四州，强盛莫敌。太祖运筹演谋，鞭挞宇内，揽申、商之法术，该韩、白之奇策，官方授材，各因其器，矫情任算，不念旧恶，终能总御皇机，克成洪业者，惟其明略最优也。抑可谓非常之人，超世之杰矣。"《蜀书·后主传》："评曰：后主任贤相则为循理之君，惑阉坚则为昏暗之后，传曰'素丝无常，唯所染之'，信矣哉！礼，国君继体，逾年改元，而章武之三年，则革称建兴，考之古义，体理为违。又国不置史，注记无官，是以行事多遗，灾异靡书。诸葛亮虽达于为政，凡此之类，犹有未周焉。然经载十二而年名不易，军旅屡兴而赦不妄下，不亦卓乎！自亮没后，兹制渐亏，优劣著矣。"《蜀书·诸葛亮传》："评曰：诸葛亮之为相国也，抚百姓，示仪轨，约官职，从权制，开诚心，布公道；尽忠益时者虽雠必赏，犯法怠慢者虽亲必罚，服罪输情者虽重必释，游辞巧饰者虽轻必戮；善无微而不赏，恶无纤而不贬；庶事精练，物理其本，循名责实，虚伪不齿；终于邦域之内，咸畏而爱之，刑政虽峻而无怨者，以其用心平而劝戒明也。可谓识治之良才，管、萧之亚匹矣。然连年动众，未能成功，盖应变将略，非其所长欤！"《吴书·孙坚传》："评曰：孙坚勇挚刚毅，孤微发迹，导温戮卓，山陵杜塞，有忠壮之烈。策英气杰济，猛锐冠世，览奇取异，志陵中夏。然皆轻佻果躁，陨身致败。且割据江东，策之基兆也。而权尊崇未至，子止侯爵，于义俭矣。"《吴书·吴主传》："评曰：孙权屈身忍辱，任才尚计，有句践之奇英，人之杰矣。故能自擅江表，以成鼎峙之业。然性多嫌忌，果于杀戮，暨臻末年，弥以滋甚。至于谗说殄行，胤嗣废毙，岂所谓贻厥孙谋以燕翼子者哉？其后枝叶凌迟，遂致覆国，未必不由此也。"陈寿善于抓住传主的主要特点进行评价，以"评曰"二字做提示，直截了当、语言精练、平实公允。

间接评价通常是在叙述传主生平事迹的过程中有感而发，专就某一点或某一方面做出评价，类似夹叙夹议。如《武帝纪》称"太祖少机警，有权数，而任侠放荡，不治行业，故世人未之奇也"，评价曹操少时聪明豪爽的性格。《董卓传》称其"法令苛酷，爱憎淫刑，更相被诬，冤死者千数。百姓嗷嗷，道路以目"，揭示出董卓的凶残本质。《袁术传》称其"奢淫肆欲，征敛无度，百姓苦之"，直指袁术横征暴敛、穷奢极欲的本性。《步骘传》称其"性宽弘得众，喜怒不形于声色，而内外肃然"，真实反映了步骘沉着稳重、宽宏大度的个性特征。《先主传》称刘备"少言语，善下人，喜怒不形于色。好交结豪侠，年少争附之"，揭示了刘备宽宏大度、知人待士的风范。又如《诸葛亮传》称亮"于治戎为长，奇谋为短，理民之干，优于将略"；《顾劭传》说顾劭"博览书传，好乐人伦";《崔林传》称其"为政推诚,简存大体";《邓芝传》言邓芝"赏罚明断,善恤卒伍";《孙峻传》称其"骄矜险害,多所刑杀,百姓嚣然"等,都能抓住传主某一方面的个性才情进行评价。

值得重视的是,陈寿还常引时人的评论来对传主进行评价。如《臧洪传》引张超语,称臧洪为"海内奇士"。《曹仁传》引陈矫语,称曹仁为"真天人"。《崔琰传》引曹操语,称赞崔琰"有伯夷之风,史鱼之直"。《先主传》引曹操语,称"今天下英雄,唯使君与操耳。本初之徒,不足数也"。《费祎传》引孙权语,称其为"天下淑德"。

陈寿对人物的评价深入浅出、刻画深刻,说服力极强,正说明陈寿善于驾驭史料,善于收集与利用史料,善于运用语言和评价技巧等,足证陈寿既有高超的史才,又有高明的史识。

第三,方法上归纳评价与比较评价相结合。陈寿长于人物品评,在方法上主要采用归纳法和比较法评价。

归纳法的运用,首先,体现在合传的设立上,陈寿将所载人物区分归类,把同类人物合传记述,如《董二袁刘传》把董卓、袁绍、袁术、刘表视为同一类人物而合传记载;《二公孙陶四张传》把公孙瓒、公孙度、陶谦、张杨、张燕、张绣(绣)、张鲁作为同一类人物合传记载;《诸夏侯曹传》把夏侯惇、夏侯渊、曹仁、曹洪、曹休、曹真、夏侯尚等作为曹魏政权中的中坚和支柱而合传记载;《关张马黄赵传》把关羽、张飞、马超、黄忠、赵云视为蜀国政权的虎臣猛将而合传记载,等等。其次,在合传中,陈寿往往以"评曰"形式直接对同类人物的特点进行归纳总结,如《董二袁刘传》评曰:"袁绍、刘表,咸有威容、器观,知名当世。表跨蹈汉南,绍鹰扬河朔,然皆外宽内忌,好谋无决,有才而不能用,闻善而不能纳,废嫡立庶,舍礼崇爱,至于后嗣颠蹙,社稷倾覆,非不幸也",集中对袁绍、刘表的共性做了概括。《诸夏侯曹传》:"评曰:夏侯、曹氏,世为婚姻,故惇、渊、仁、洪、休、尚、真等并以亲旧肺腑,贵重于时,左右勋业,咸有效劳。"《关张马黄赵传》:"评曰:关羽、张飞皆称万人之敌,为世虎臣。羽报效曹公,飞义释严颜,并有国士之风。"《周瑜鲁肃吕蒙传》评曰:"周瑜、鲁肃建独断之明,出众人之表,实奇才也。"《吴范刘惇赵达传》:"评曰:三子各于其述精矣,其用思妙矣,然君子等役心神,宜于大者远者,是以有识之士,舍彼而取此也。"都对人物的共性做了概括和评价。在《三国志》中,陈寿大量运用归纳的方法来品评人物。

比较法的运用,在《三国志》的人物评价中也十分普遍。比较法是科学研究的主要手段,要认识事物就得区别事物,而要区别事物就得比较事物,没有比较就不能鉴别，就谈不上对客观事物的认识。无论认识其共性或个性，都只有将一事物与其他事物相比较才有可能。陈寿善于运用比较法品评人物，这不仅奠定了上述归纳法的基础，而且有利于更深入地对比揭示人物的个性特征。如《董二袁刘传》："评曰：董卓狼戾贼忍，暴虐不仁，自书契已来，殆未之有也。袁术奢淫放肆，荣不终己，自取之也。"既把董卓、袁术作为同一类人物作评价，又以比较法揭示二人的区别。《陆逊传》："评曰：刘备天下称雄，一世所惮，陆逊春秋方壮，威名未著，摧而克之，罔不如志。"这是将陆逊与刘备进行比较。陈寿除了对同时代人进行比较外，还对不同时代的人物进行比较，如《三少帝纪》"评曰：古者以天下为公，唯贤是与。后代世位，立子以适；若适嗣不继，则宜取旁亲明德，若汉之文、宣者，斯不易之常准也。明帝既不能然，情系私爱，抚养婴孩，传以大器，托付不专，必参枝族，终于曹爽诛夷，齐王替位。高贵公才慧夙成，好问尚辞，盖亦文帝之风流也；然轻躁忿肆，自蹈大祸。陈留王恭己南面，宰辅统政，仰遵前式，揖让而禅，遂飨封大国，作宾于晋，比之山阳，班宠有加焉"，将古代与后代做比较，将曹魏末代皇帝陈留王曹奂与东汉末代皇帝禅魏后被封为山阳公的刘协进行比较。《董二袁刘传》评曰："昔项羽背范增之谋，以丧其王业；绍之杀田丰，乃甚于羽远矣！"将专横的袁绍与刚愎自用的西楚霸王项羽作比较。《诸葛亮传》称诸葛亮"可谓识治之良才，管、萧之亚匹矣"，则是将诸葛亮与春秋时齐国政治家管仲、汉初政治家萧何进行比较。这样例子在《三国志》中还有很多。

历史人物评价，是一个重要的史学理论问题，如何公允地做出评价，《三国志》给我们提供了重要的启示。《三国志》重视人物品第的编纂特色和方法，不仅体现了魏晋时期的世族风尚，更表现了陈寿重视人事的思想和卓越的史才。吴怀祺先生曾指出："《三国志》的历史人物评价，多数是没有神意的说教。陈寿的品评，带有魏晋清谈的风格，这种突出人物的个性的评价，重视人物的才能、品德、风貌，强调了人事在历史的兴衰中的作用，这在史学思想上是进步的表现。"[①]

陈寿《三国志》重视人物品第，善于评价历史人物，尤其能够结合历史大势来评价历史人物，使人物评价比较客观公允，并非刘咸炘所说的陈寿不能"发明一代之风势"。《三国志》的这一思想和特色，在历史编纂学上具有承上启下的积极意义，其影响是不可忽视的。当然，陈寿评价历史人物偏重道德评价，坚持儒家伦理标准，过分看重人物的性格、品质、风度、风貌，是有其局

---

① 吴怀祺. 中国史学思想史［M］. 北京：商务印书馆，2007：175.

限性的。

综上所述,《三国志》虽有局限和不足,但仍掩不住陈寿的睿智和识见,其总揽三国的全局意识、品评人物的突出特色,无不显示出陈寿高明的史识和非凡的史才。三国时期的历史和人物之所以在历代百姓中广为流传,引为鉴戒,当与此关系密切。

第四节　《后汉书》：范晔的类例思想与整体史观

范晔（398—445）生活于东晋、南朝刘宋之际,是南朝刘宋时期著名史学家,一生的重大成就是撰写了"前四史"之一的《后汉书》。他继承了《史记》《汉书》的纪传体体例,又有新的变化。范晔著史,注重"自得",他发展了"以类相从"的类例思想,重视汲取前人之长,又于书中首创文苑、宦者、独行、逸民、方术、列女、党锢等类传,全面展示了东汉一朝的社会历史全貌。所著《后汉书》文辞优美,笔势"纵放",综括东汉皇朝兴衰,并对影响东汉历史的重大问题提出了独到的认识。"以类相从"的类例思想和"正一代得失"的整体史观,是范晔编纂学思想的极好体现。

一、"以类相从"的类例思想

"以类相从"的类例思想,并非始自范晔,司马迁《史记》、班固《汉书》都已有体现,尤其是类传的设立。司马迁的《史记》撰有循吏、儒林、酷吏、游侠、佞幸、滑稽、日者、龟策、货殖、刺客10组类传,概括了深广的社会内容;班固《汉书》撰有循吏、儒林、酷吏、外戚、游侠、佞幸、货殖7种类传,删去了《史记》中滑稽、日者、龟策、刺客4传,新增《外戚》。

范晔《后汉书》既继承《史记》《汉书》的撰述传统,又结合东汉特定社会历史进行了创新,继承了《史记》《汉书》中的循吏、儒林、酷吏等传,删去了二书中的游侠、滑稽、货殖、外戚等传,新增文苑、宦者、独行、逸民、方术、列女、党锢7种类传。《后汉书》总计有类传10种,既有对前史的继承,又有不同于前史的诸多创新。瞿林东先生认为:"范晔《后汉书》类传以及它的民族传,向人们显示了广阔的社会视野与深邃的历史视野……大致说来,党锢、循吏、酷吏、宦者等传是反映政治方面的错综复杂的情况,儒林、文苑两传是反映思想、文化方面的发展趋势,方术、独行、逸民、列女是反映社会风气方面的特点。"① 以新创的党锢、宦者、文苑、独行、方术、逸民、列女 7 个类传看，深刻揭示了东汉特定的历史特点和社会风貌，表现了范晔的撰述思想和旨趣。《党锢列传》的设立，反映了东汉末年发生的党锢之祸，详细记载了这场旷日持久并对东汉后期政治产生重大影响的事件，详述其始末和缘由，为 21 人立了传，并在序、论中发表了评论，表彰了党人的"气节"，表明了作者的态度；《宦者列传》的设立，反映了东汉宦官专权的严重局面，范晔叙述了宦官专权的始末，批判了宦官贪婪、横暴的恶行，揭露了东汉一朝宦官乱国的严重后果，探讨了宦官得势的原因；《文苑列传》的设立，反映了东汉一代"文富篇盛"的事实，范晔"以文传人"，专为文学家立传，突出了文学家的历史地位和作用，文学家在"正史"中从此有了自己的传记，此传与《儒林列传》（为经学家立传）合观，恰好比较集中地记述了东汉时期思想文化方面有突出贡献的历史人物；《独行列传》的设立，专记那些"成名立方"的"一介之夫"，揭示了那些"特立卓行"而步入仕途的庶族知识分子的艰辛仕途；《方术列传》记载医巫卜筮和神仙怪异之士，在一定程度上反映了东汉谶纬迷信神学的盛行情况，范晔指出：汉武帝好方术，王莽用符命，光武帝好谶言，以致社会风气败坏，"尚奇文，贵异数，不乏于时"②；《逸民列传》记载那些"志意修""道义重"，隐居山林而不愿做官的人；《列女列传》反映了东汉时代妇女们的事迹，记载那些"才行尤高秀者"，为鲍宣妻、班昭、蔡文姬等 17 位女性作传，这是范晔的一大创举，肯定了女性的历史地位，所谓"贤妃助国君之政，哲妇隆家人之道，高士弘清淳之风，贞女亮明白之节，则其徽美未殊也，而世典咸漏焉"③。但后世史学家将列女传改为《烈女传》，为宣扬封建三纲五常的贞妇烈女树碑立传，改变了范晔的初衷，这与范晔的史识相去甚远。

以上这些类传的创立，不仅集中体现了范晔"以类相从"的类例思想，而且深刻地反映了东汉的时代特点和社会风尚，对中国古代历史编纂学的发展影响深远，后世历代史书对此多有继承。如"宦者"（阉官传、宦官传）的设立，后世有《魏书》《旧唐书》《新唐书》《新五代史》《宋史》《辽史》《金史》《元史》《明史》《新元史》10 家；"文苑"（文学传、义艺传）的设立，后世有《晋书》《南齐书》《梁书》《陈书》《魏书》《南史》《北史》《隋书》《旧唐书》《新唐书》《新五代史》《宋史》《辽史》《金史》《明史》《清史稿》16 家；"独

---

① 白寿彝. 中国史学史：第三卷：魏晋南北朝隋唐时期：中国古代史学的发展 [M]. 上海：上海人民出版社，2006：63.
② 范晔. 后汉书：卷七十二：方求列传 [M]. 北京：中华书局，1965：2705.
③ 范晔. 后汉书：卷八十：列女传 [M]. 北京：中华书局，1965：2781.

行"(卓行传、一行传)的设立,有《新唐书》《新五代史》《宋史》《辽史》4家;"方术"(方技传、艺术传)的设立,有《晋书》《魏书》《北齐书》《周书》《北史》《隋书》《旧唐书》《新唐书》《宋史》《辽史》《金史》《元史》《明史》《新元史》《清史稿》15家;"逸民"(隐逸、高逸、处士、义士、逸士传)的设立,有《晋书》《宋书》《南齐书》《梁书》《魏书》《南史》《北史》《隋书》《旧唐书》《新唐书》《宋史》《金史》《元史》《明史》《新元史》《清史稿》16家;"列女"(烈女传)的设立,有《晋书》《魏书》《北史》《隋书》《旧唐书》《新唐书》《宋史》《辽史》《金史》《元史》《明史》《新元史》《清史稿》13家。

《后汉书》的列传部分也体现着"以类相从"的编写特色。范晔在撰写人物传记时,同卷人物不分时代先后,按类编写,或以"治行卓著",或以"深于经学",或以"著书恬于荣利",或以"和光取荣,人品相似",或以"立功绝域",或以"仗节能直谏",或以"明于天文",等等。如卓茂本在云台图像内(汉明帝永平年中,追感光武功臣,乃图画二十八将于南宫云台),乃与鲁恭、魏霸、刘宽等同卷,"以其皆以治行著也"。郭伋、杜诗、孔奋、张堪、廉范,皆国初人;王堂、苏章,皆安帝时人;羊续、贾琮、陆康,皆桓、灵时人,而同为一卷,"亦以其治行卓著也"。张纯,国初人;郑康成,汉末人,而亦同卷,"以其深于经学也"。王充,国初人;王符、仲长统,汉末人,而亦同卷,"以其皆著书恬于荣利也",都是东汉朴素的唯物主义思想家。邓彪、张禹、徐防、胡广等同卷,"以其皆和光取荣,人品相似也"。班超、梁慬同卷,"以其立功绝域也"。杨终、李法、翟酺、应奉同卷,"以其文学也"。杜根、刘陶、李云同卷,"记其皆仗节能直谏也"。苏竟、杨厚、郎𫖮、襄楷同卷,"以其皆明于天文,能以之规切时政也",又如郭泰、符融、许劭三人合传,以其清高有人伦而知名当时;刘平、赵孝、淳于恭、江革、刘般、周磐、赵咨等人合传,以其皆有孝行,等等,都是"以类相从"的人物传记,脉络清晰,颇便读者了解,又隐含着著者的撰述思想。

"同事者用类叙法",也值得重视。赵翼指出:"《卓茂传》叙当时与茂俱不仕莽者:孔休、蔡勋、刘宣、龚胜、鲍宣等五人;《来历传》叙同谏废太子者:祋讽、刘玮、薛皓、闾邱弘、陈光、赵代、施延、朱伥、第五颉、曹成、李尤、张敬、龚调、孔显、徐崇、乐阐、郑安世等十七人,此等既不能各立一传,而其事可传,又不忍没其姓氏,故立一人传,而同事者用类叙法,尽附见于此一人传内，亦见其简而该也。"① 把涉关同一件事的人物，用类叙法合在一起写，附于一人传内，既可避免孤立叙事、主次不分，又可防止冗长、繁杂，甚至叙事上的遗漏。

《后汉书》的《本纪》部分开创了《皇后纪》和附记的义例，也隐含"类例"思想。此前《史记》《汉书》都设吕后纪，因刘邦死后，惠帝继立，在位7年，但国家实权却一直掌握在吕后手中，惠帝徒有虚名。故司马迁撰《吕太后本纪》，将惠帝事附于其中，而不单独为惠帝立纪；班固虽在《高后纪》前立《惠帝纪》，而仅为名分而已。除吕后外，《史记》《汉书》将后妃统归外戚。范晔则将后妃全部入本纪，称《皇后纪》，② 有其新意和创造，他说："东京皇统屡绝，权归女主，外立者四帝，临朝者六后，莫不定策帷帟，委事父兄，贪孩童以久其政，抑明贤以专其威。"③ 因"权归女主"，故范晔将后妃列为本纪。东汉"权归女主"的情况十分突出，在14个皇帝中，从汉章帝刘炟以后的11个皇帝，有9个是皇太后所拥立，这些皇帝多为年幼小孩，故皇太后得以临朝称制，有的甚至称制终身，如和熹邓太后。汉和帝刘肇27岁病死，皇后邓氏拥立刚生百余日的刘隆为帝，尊皇后为皇太后，临朝称制。不到一年殇帝死，由邓太后定策，立年仅13岁的刘祜为帝，是为安帝，仍由邓太后临朝听政。到汉安帝永宁二年（121），太后去世，安帝才得以亲政。邓太后称制终身，在位掌权达20年之久。在东汉一代14个皇帝中，从汉章帝以后的11个皇帝，即位时没有一个达到20岁，年龄最大的是汉废帝刘辩，即位时年17岁，最小的如汉殇帝刘隆，出生仅几个月。在东汉196年的统治当中，大权在握的皇帝只有汉光武帝、汉明帝、汉章帝3个，共60多年；从和帝到献帝的137年中，多为皇太后临朝称制，掌控国家大权。故范晔把皇后从外戚传独立出来而设《皇后纪》，将皇后、皇太后的事迹集中叙述，旨在如实地反映东汉一朝多"权归女

---

① 赵翼. 廿二史劄记校证：卷四：后汉书编次订正 [M]. 北京：中华书局，1984：81.
② 据《晋书》卷四十四《华峤传》记载，峤于西晋中曾撰《汉后书》97卷，计《帝纪》12卷，《皇后纪》2卷，《十典》10卷，《传》70卷，三谱、序传、目录3卷。《传》中说："峤以皇后配天作合，肖史作《外戚传》以继末编，非其义也，故易为《皇后纪》，以次帝纪。"华氏所撰《汉后书》今虽不传，但据《华峤传》所叙说，他应当是最先将后妃全部入本纪的。又据《史记·外戚世家》标题之下，唐司马贞《史记索隐》注云："外戚，纪后妃也。后族亦代有封爵故也。《汉书》则编之列传之中。王隐则谓之'纪'，而在列传之首也。"王隐是东晋人，曾著《晋书》87卷。他将后妃入本纪，但详情不得而知。两晋史学家撰史时都将后妃入本纪，却是共同的特点。但范晔立《皇后纪》与两晋史学家"以皇后配天作合"之主旨有别，其见识的高下很明显。
③ 范晔. 后汉书：卷十：皇后纪序 [M]. 北京：中华书局，1965：401.

主"这一突出的政治现象。与此相关的是"附记义例",因东汉皇帝多幼主即位,无事迹可记,故多将幼帝附记于其他纪传之中,如殇帝刘隆,即位时还在襁褓之中,在位仅有一年时间,无事迹可记,便附记于《和帝纪》中;又如汉冲帝刘炳、汉质帝刘缵,都是在位短暂又未及亲政的幼帝,便都附在《顺帝纪》中。《后汉书》中《皇后纪》的设立和"附记义例"的运用,既反映了范晔据实记事的求实态度,又体现了范晔"以类相从"的撰述思想,是《后汉书》编纂特色的重要方面。

二、"正一代得失"的整体史观

范晔治史的基本特点是"因事就卷内发论,以正一代得失","因事就卷内发论"是手段,"正一代得失"是目的。他说自己"欲遍作诸志,《前汉》所有者悉令备。虽事不必多,且使见文得尽。又欲因事就卷内发论,以正一代得失"①。"因事就卷内发论"的具体表现形式为序、论、赞,散见于《后汉书》各篇卷。这种形式,古已有之,如《左传》之"君子曰"、《史记》之"太史公曰"等,范晔之后,又有进一步发展。刘知几总结说:"班固曰赞,荀悦曰论,《东观》曰序,谢承曰诠,陈寿曰评,王隐曰议,何法盛曰述,扬雄曰撰,刘昺曰奏,袁宏、裴子野自显姓名,皇甫谧、葛洪列其所号。史官所撰,通称史臣。其名万殊,其义一揆。必取便于时者,则总归论赞焉。"② 在历代史籍中,或冠于篇首,通论全篇之主旨、凡例,称"序""叙""序论""序例"等;或置于篇末,总结全篇、发表议论和见解,如"君子曰""评曰""赞曰"等。范晔《后汉书》不仅篇首有"序",而且篇末还有"论"和"赞",因事就卷而发,精意纷呈,在"二十四史"中颇具特色,范晔对此也颇为自得,说:"赞自是吾文之杰思,殆无一字空设,奇变不穷,同合异体,乃自不知所以称之。此书行,故应有赏音者。纪、传例为举其大略耳,诸细意甚多。自古体大而思精,未有此也。"③

总计《后汉书》全书,有"序"25篇,其中总序18篇,即《皇后纪》《刘赵淳于江刘周赵列传》《光武十王列传》《孝明八王列传》《周黄徐姜申屠列传》《章帝八王列传》《党锢列传》《循吏列传》《酷吏列传》《宦者列传》《儒林列

---

① 范晔. 后汉书:卷末:狱中与诸甥侄书[M]. 北京:中华书局,1965:2.
② 刘知几. 史通通释:卷四:论赞[M]. 浦起龙,通释. 王煦华,整理. 上海:上海古籍出版社,2009:75.
③ 范晔. 后汉书:卷末:狱中与诸甥侄书[M]. 北京:中华书局,1965:2.

传》《独行列传》《方术列传》《逸民列传》《列女传》《东夷列传》《西羌列传》《西域列传》18篇每篇有一总序；小序7篇，即《儒林列传》中《易》《书》《诗》《礼》《春秋》五经学术各有一小序，《南蛮西南夷列传》中南蛮、西南夷各有一小序。这些"序"或提挈篇旨，或叙述原委，尤其《儒林列传》中五经学术各设一小序，总论各经学术之大略、派别流衍、兴衰更替等，寓断于通，确实"细意甚多"；又在类传中新增《党锢列传》《宦者列传》《独行列传》《方术列传》《逸民列传》《列女列传》，以及在纪中立《皇后纪》等，充分展示了时代特色，而这些新增类目的"序"更是前所未有，颇具"精意深旨"。

《后汉书》有"论"110篇。除《刘赵淳于江刘周赵传》《文苑列传》《循吏列传》《独行列传》《列女传》5篇无论外，其余纪、传每篇都有论，但形式灵活多样，或一人一事一论，或数人数事合论，或通篇总论。如《皇后纪》不仅篇末有总论，而且光武郭皇后、和熹邓皇后又单独有论；《隗嚣公孙述列传》两人各单独为论；《宗室四王三侯列传》中唯齐武王縯有论；《李王邓来列传》中李通、来歙各单独有论；《邓寇列传》中邓禹、寇恂各单独有论；《吴盖陈臧列传》中吴汉、臧宫各单独有论；《耿弇列传》中耿弇、耿恭各单独为论；《铫期王霸祭遵列传》中唯附传之祭肜有论；《任李万邳刘耿列传》中唯邳肜有论；《窦融列传》中窦融、窦宪各单独有论；《卓鲁魏刘列传》中唯卓茂有论；《伏侯宋蔡冯赵牟韦列传》中仅宋弘有论；《宣张二王杜郭吴承郑赵列传》中宣秉、张湛、王丹、王良合为一论，而杜林单独一论；《申屠刚鲍永郅恽列传》中唯鲍永有论；《郎顗襄楷列传》中郎顗、襄楷合有一论；《郭杜孔张廉王苏羊贾陆列传》中有张堪、廉范合为一论；《樊宏阴识列传》中唯附载之樊重有论；《朱冯虞郑周列传》中朱浮、周章各有一论；《梁统列传》中仅梁商有论；《张曹郑列传》中曹褒、郑玄各有一论；《郑范陈贾张列传》中郑兴、贾逵合为一论；《桓荣丁鸿列传》中桓荣事有一论，桓荣、桓典又合为一论，丁鸿一论；《班彪列传》中班彪、班固各为一论；《第五钟离宋寒列传》中第五伦独为一论，钟离、寒朗合为一论；《光武十王列传》中仅东平宪王有论；《朱乐何列传》中朱穆独为一论，乐恢、何敞合为一论；《袁张韩周列传》中只有袁安有论；《郭陈列传》中郭躬、陈宠各为一论；《杨李翟应霍爰徐列传》中翟酺、应奉、应劭、爰延、徐璆合为一论；《周黄徐姜申屠列传》中唯黄宪有论；《张王种陈列传》中有张皓、王龚合论；《杜栾刘李刘谢列传》中唯李云有论；《虞傅盖臧列传》中唯臧洪有论；《荀韩钟陈列传》中荀淑、陈寔各有一论；《吴延史卢赵列传》中吴祐、延笃、史弼合为一论，卢植独为一论；《皇甫张段列传》中皇甫规、张奂合为一论；《郑孔荀列传》中孔融、荀彧各为一论；《刘虞公孙瓒陶谦列传》

中刘虞、公孙瓒合为一论;《刘焉袁术吕布列传》中刘焉、袁术各为一论;《方术列传》中唯樊英有论;《逸民列传》中唯高凤有论。余皆通篇总为一论。

《后汉书》有"赞"90篇,即纪、列传每篇一赞,而且四字一句,整齐押韵,有提要钩玄、画龙点睛的重要功用。白寿彝先生称其赞"写得很凝练""时有新意""富于变化",自《光武帝纪》至《献帝纪》:"这九赞合起来看,简直是一篇用韵语写的东汉政治史略。"①

范晔《后汉书》文辞优美、简洁流畅,其序、论、赞皆为精心撰就,因事而发,或评人,或论事,尤其能辩证考察,寓通于断,见解独具。有学者认为:这充分体现了范晔治史的"自觉意识",即范晔明确认定史籍中应该有"著述及评论"两部分,将"著述及评论"同等视为评定良史的内容;认识到史籍之序论赞应该是评论,应该有自己的精意深旨;提出了"因事就卷内发论,以正一代得失"的评论方式及评论主题;开创了"笔势纵放,奇变不穷,同合异体"的序论赞评史体式。② 用"自觉意识"来总结范晔序、论、赞是比较恰切的。在与司马迁、班固等史书论赞的比较中尤能体现这一特色。

范晔"因事就卷内发论"并非仅仅就事论事,而是有着十分明确的目的,即"正一代得失"。"正一代得失"至少有两层含义:一是表明了范晔作史论史的目的和社会责任感、历史责任感,即总结和批判东汉一代的历史以资借鉴的撰述思想;二是体现了范晔治史的整体观、"通变"观。

范晔对东汉的政治得失、社会特点、东汉盛行的儒学、谶纬、名士清议之风等当时的重大问题都有系统的载述和客观精当的评析。如范晔论"明帝善刑理,法令分明。日宴坐朝,幽枉必达。内外无幸曲之私,在上无矜大之色。断狱得情,号居前代十二,故后之言事者,莫不先建武、永平之政"。又批评明帝"惨狱""苛切",于"弘人之度未优"③。他认为"章帝素知人厌明帝苛切,事从宽厚。感陈宠之义,除惨狱之科。深元元之爱,著胎养之令……平徭简赋,而人赖其庆。又体之以忠恕,文之以礼乐……在位十三年,郡国所上符瑞,合于图书者数百千所"④。赞扬章帝实行政治教化,"事从宽厚",减轻负担,保持了社会的安定和发展。论和帝一朝"自中兴以后,逮于永元,虽颇有驰张,而俱存不扰,是以齐民岁增,辟土世广。偏师出塞,则漠北地空;都护西指,则

---

① 白寿彝. 中国史学史论集[M]. 北京:中华书局,1999:144.
② 王春淑. 范晔《后汉书》序论赞评析[J]. 四川师范大学学报,1998(4):99-106.
③ 范晔. 后汉书:卷二:明帝纪后论[M]. 北京:中华书局,1965:124,125.
④ 范晔. 后汉书:卷三:章帝纪后论[M]. 北京:中华书局,1965:159.

通译四万。岂其道远三代，术长前世？将服叛去来，自有数也"①。认为和帝统治时期虽有缺损，但得前世余润，也小有成绩。又如《中兴二十八将论》指出：光武帝深谋远虑，对功臣崇以爵禄，将政事委于吏职，避免了西汉初分离动荡、诛杀功臣的弊端，而且广开入仕之路，启用一般士人，满足了封建国家对人才的需求。所论颇有见地。《王充王符仲长统传》载录王符《潜夫论》五篇、仲长统《昌言》3篇，是探讨东汉政治得失的名作，传末附有范晔约600字的总论，评述了二人政论的得失，在更高的层次上体现了其"正一代得失"的宗旨。

外戚专权和宦官乱政是东汉政治上的重大问题，范晔做了系统考察和评论，他说："永元之际，天子幼弱，太后临朝，窦氏凭盛戚之权，将有吕、霍之变。幸汉德未衰，大臣方忠，袁（安）、任（隗）二公正色立朝，乐（恢）、何（敞）之徒抗议柱下，故能挟幼主之断，剿奸回之逼。不然，国家危矣。"②又说："汉世外戚，自东、西京十有余族，非徒豪横盈极，自取灾故，必于贻衅后主，以至颠败者"，"恩非已结，而权已先之；情疏礼重，而枉性图之；来宠方授，地既害之；隙开势谢，谗亦胜之。"③把外戚专权的表现和原因分析得十分透彻。范晔认为，外戚与宦官之间相互依存又冲突激烈，"和帝即祚幼弱，而窦宪兄弟专总权威，内外臣僚，莫由亲接，所与居者，唯阉宦而已"。明帝以后，宦官"委用渐大，而其员稍增"。邓后以女主临政，"万机殷远，朝臣国议，无由参断帷幄，称制下令，不出房闱之间，不得不委用刑人，寄之国命。"揭示了天子幼弱、女后临朝和宦官专权、宦官势力发展之间深刻内在联系。④

《后汉书》虽是断代史，但其序、论、赞往往穷原竟委，考察和评析史事的由来发展、结局、规律和经验教训，寓通于断，体现出"通变"、整体的批评观。如《党锢列传》序云："自武帝以后，崇尚儒学，怀经协术，所在雾会，至有石渠分争之论，党同伐异之说，守文之徒，盛于时矣。"析党人形成之远因。"逮桓、灵之间，主荒政谬，国命委于阉寺，士子羞与为伍，故匹夫抗愤，处士横议，遂乃激扬名声，互相题拂，品核公卿，裁量执政，婞直之风，于斯行矣。"论党人急剧发展之背景。其后叙东汉末期两次党狱的经过及黄巾军起、天子畏惧，遂赦党人，然已"朝野崩离，纲纪文章荡然矣"⑤。此明党锢之后果，入情入理，切中时弊。又如《宦者列传》序历叙宦官之始置、宦官人员及爵位

---

① 范晔.后汉书：卷四：和帝纪后论［M］.北京：中华书局，1965：195.
② 范晔.后汉书：卷四十三：朱乐何列传论［M］.北京：中华书局，1965：1487-1488.
③ 范晔.后汉书：卷十六：邓寇列传论［M］.北京：中华书局，1965：619.
④ 范晔.后汉书：卷七十八：宦者列传序［M］.北京：中华书局，1965：2509.
⑤ 范晔.后汉书：卷六十七：党先固列传［M］.北京：中华书局，1965：2185，2189.

的演变发展、东汉末年宦官专权极盛的背景、宦官专权的后果等,贯通古今,是一篇很好的宦官发展简史。

范晔善于从整体上准确把握朝代的时代特征,实现了"正一代得失"的目的,又体现出宏观、"通变"的批评旨趣。诚如瞿林东先生所指出:范晔"《后汉书·循吏列传》以下各传诸序、论,有一个共同的特点,即纵向论历史演变,横向评得失利害,以陈述史事为目的,以总结经验为归宿,有吞吐古今之志,无矫揉造作之意,此即其'笔势纵放'之由来"[①]。

第五节 纪传体编纂观念的演变

中国素有"易代修史"的优良传统,自西汉《史记》问世,到清朝《明史》修成,历经1800余年,逐渐形成了世界上独一无二的二十四部"正史"系列。它们承载着中华民族演进的历程,是中国史学遗产中最为重要的组成部分,享有纪传体"全史"之美誉。若增以《新元史》和《清史稿》则成"二十六史",前后经历了2000多年的历史。这是一个值得深入研究的独特的文化现象。

纵贯古今、代代相承的纪传体史书的编纂,在总的体裁方面没有多大变化,但其内部体例结构、修纂思想却时时在变化。纵观历代纪传体史书的修纂,其编纂观念的发展轨迹大体如下。

一、"通古今之变"与"述往思来"

《史记》是"二十四史"之首,司马迁撰写《史记》的指导思想和目的有三条极为重要:其一,"究天人之际,通古今之变,成一家之言";其二,"网罗天下放失旧闻,略考其行事,综其始终,稽其成败兴衰之纪";其三,"述往事,思来者"。这三条对后人认识历史和撰写史书都具有深刻的启示和影响。

其中,"通古今之变"的"通变"思想是司马迁编纂思想的主旨和核心。这一思想贯穿《史记》全书的各个组成部分。他说:

> 周罗天下放失旧闻,王迹所兴,原始察终,见盛观衰,论考之行事,略推三代,录秦汉,上记轩辕,下至于兹,著十二本纪,既科条之矣。并时异世,年差不明,作十表。礼乐损益,律历改易,兵权山川鬼神,天人之际,承敝通变,作八书。二十八宿环北辰,三十辐共一毂,运行无穷,

---

[①] 瞿林东.中国史学史纲[J].北京:北京出版社,1999:249..

辅拂股肱之臣配焉，忠信行道，以奉主上，作三十世家。扶义俶傥，不令己失时，立功名于天下，作七十列传。凡百三十篇，五十二万六千五百字，为太史公书。序略，以拾遗补艺，成一家之言，厥协六经异传，整齐百家杂语，藏之名山，副在京师，俟后世圣人君子。①

可见，司马迁《史记》作12本纪，意在考察历代"王迹所兴，原始察终"，以"见盛观衰，论考之行事"。《五帝本纪》叙功德光芒万丈、千秋万代称颂的五帝，作为"古今之变"的开端。《夏本纪》《殷本纪》《周本纪》"推三代之德，褒周室"。以《秦本纪》记统一天下的漫长岁月，表明秦统一天下前后的"王迹"。以《秦始皇本纪》记秦兼并六国、统一天下后的暴虐和秦朝的速亡。以《项羽本纪》记楚亡汉兴再建统一。以高祖、吕太后、孝文帝、孝景帝、孝武帝5篇本纪，从"汉兴，承敝易变"到孝文"德至盛也"，再到孝武"物盛而衰，固其变也"，反映汉初70余年"王迹"的发展轨迹。"十二本纪"编年记正朔，与"十表"互为经纬，划分古今历史为三段：上古史，含五帝、夏、殷、周4本纪；近古史，含秦、秦始皇、项羽3本纪；今世史，含汉高祖、吕太后、孝文帝、孝景帝、孝武帝5本纪。"十二本纪"勾勒出了3000年历史发展的轮廓，司马迁作"十表"，用以反映历史发展的线索和阶段性，他说："并时异世，年差不明"，故作十表，以统贯"古今之变"。"十表"紧接"本纪"，二者互为表里，篇目按年代顺序排列，"十二本纪"以王朝为体系，反映朝代变迁的大势，"十表"则打破王朝体系，以时代的变革来划分历史发展阶段，② 即上古史表，包括《三代世表》《十二诸侯年表》。近古史表，包括《六国年表》《秦楚之际月表》。今世史表，包括《汉兴以来诸侯王年表》《高祖功臣侯者年表》《惠景间侯者年表》《建元以来侯者年表》《建元已来王子侯者年表》《汉兴以来将相名臣年表》。《三代世表》"纪黄帝以来讫共和"，反映积德累善得天下的古朴时代；《十二诸侯年表》"自共和讫孔子"，反映王权衰落的霸政时代；《六国年表》起周元王讫秦二世，"著诸所闻兴坏之端"，反映暴力征伐得天下的战国时代；《秦楚之际月表》起陈涉发难迄刘邦称帝；汉兴以来各表，分类表出，离析大一统的今世时代。各表年代衔接、前后贯通；"天人之际，承弊通变"，作八书；世家、列传又与本纪纵横相连，通过世系变化、人物活动来反映古今之变等。整部《史记》，处处贯穿了司马迁"通古今之变"的"通变"

---

① 司马迁. 史记：卷一百三十：太史公自序［M］. 点校本二十四史修订本. 北京：中华书局，2013：3999.
② 司马迁选择了历史上的大事变即共和、孔子卒、秦亡、陈涉起义、刘邦称帝等作为分期断限的标志，以突出历史之"变"，反映了其"通古今之变"的杰出思想。

思想。①

司马迁还提出，要继《春秋》，"述往事，思来者"，"稽其成败兴坏之理"，首次将"往事"与"时事"做了区分。这里的"述"与"思"，便是司马迁的修史要求和治史目的，前提是"述"，落脚点在"思"，在"述"中表达"思"，旨在"成一家之言"，垂示来者，为后王立法。

"通古今之变""述往思来"，是《史记》编纂思想的核心主旨，是司马迁自觉提出的修史要求和修史目的。《史记》的出现，开创了中国史学发展的新时代。

二、"网罗一代"与"述叙汉德"

由《史记》到《汉书》，体裁、体例变化不大，但编纂观念却发生了重大变化，即由《史记》的"通古今之变""述往思来"变为《汉书》的"网罗一代""述叙汉德"。班固批评司马迁《史记》把西汉"编于百王之末，厕于秦、项之列"，无法突出西汉一代的帝业、功德。他认为"汉绍尧运，以建帝业"，故变通史为断代，变"述往思来"为"述叙汉德"，调整和规范了纪传体体例，开创了纪传史编纂的新格局，成为后世编纂皇朝史的范本。班固坦言：

> 固以为唐虞三代，《诗》《书》所及，世有典籍，故虽尧舜之盛，必有典谟之篇，然后扬名于后世，冠德于百王，故曰"巍巍乎其有成功，焕乎其有文章也！"汉绍尧运，以建帝业，至于六世，史臣乃追述功德，私作本纪，编于百王之末，厕于秦、项之列。太初以后，阙而不录，故探纂前记，缀辑所闻，以述《汉书》。……综其行事，旁贯《五经》，上下洽通，为春秋考纪、表、志、传，凡百篇。②

班固居父丧期间整理其父班彪遗稿《史记后传》，"潜精研思，欲就其业"。因有人告其"私改作国史"，被系于京兆狱。其弟班超上书申辩，具言班固著述之意。汉明帝阅其所撰史草，召诣校书部，为兰台令史，与撰《世祖本纪》。迁为郎，典校秘书，又撰王莽末年、东汉初年史事，得列传、载记28篇奏上，后来成为《东观汉记》的一部分。随后，汉明帝复命其"终成前所著书"③。从此，班固"专笃志于博学，以著述为业"④，一改父亲遗稿《史记后传》的通史性质，"断汉为书"，专以西汉皇朝的兴衰为断限，突出了皇朝史的地位。

在此期间，班固有感于《尧典》颂尧之德，而"作《典引》篇，述叙汉

---

① 详见本书"下编"第二章第一节"《史记》：司马迁的通变思想与一家之言"。
② 班固. 汉书：卷一百下：叙传 [M]. 北京：中华书局，1962：4235.
③ 范晔. 后汉书：卷四十上：班彪列传 [M]. 北京：中华书局，1965：1333-1334.
④ 班固. 汉书：卷一百下：叙传 [M]. 北京：中华书局，1962：4225.

德",提出了一个刘氏皇朝的天授系统,其辞有云:

  太极之原,两仪始分,烟烟煴煴,有沈有奥,有浮有清。沈浮交错,庶类混成。肇命人主,五德初始,同于草昧,玄混之中。逾绳越契,寂寥而亡诏者,《系》不得而缀也。厥有氏号,绍天阐绎者,莫不开元于大昊皇初之首,上哉夐乎,其书犹可得而修也。亚斯之世,通变神化,函光而未曜。

  若夫上稽乾则,降承龙翼,而炳诸《典谟》,以冠德卓踪者,莫崇乎陶唐。陶唐舍胤而禅有虞,虞亦命夏后,梭契熙载,越成汤武。股肱既周,天乃归功元首,将授汉刘。①

自陶唐之后,帝王统绪依次为舜虞、夏禹、成汤和武王,而继周之后,天命"将授汉刘",即汉得天下乃是天意。所谓"典引",李贤注:"典谓《尧典》,引犹续也。汉承尧后,故述汉德以续《尧典》。"②《典引》之作,其旨趣与班固断代为《汉书》如出一辙。故曰:"汉承尧运,德祚已盛……得天统矣。"③其甚至认为连汉朝的制度也是早就由"先命玄圣"所制定的,"俾其承三季之荒末,值亢龙之灾孽,悬象暗而恒文乖,彝伦教而旧章缺。故先命玄圣,使缀学立制,宏亮洪业,表相祖宗,赞扬迪哲,备哉灿烂,真神明之式也"④。

《汉书》"网罗一代""述叙汉德"的编纂观念,反映了班固强烈的皇朝意识和鲜明的正统思想,恰恰符合封建皇朝统治者的政治需要,因而《汉书》一经问世即受到了统治者的欢迎,成为历代"正史"编修的楷模。刘知几称:"如《汉书》者,究西都之首末,穷刘氏之废兴,包举一代,撰成一书。言皆精炼,事甚该密,故学者寻讨,易为其功。自尔迄今,无改斯道。"⑤隋唐之际,"《汉书》学"成为专门之学,学习、研究《汉书》蔚然成风,盛况空前,"至于专门受业,遂与《五经》相亚"⑥。明代学者徐中行称:"历代之宗《汉书》,至宋尤为盛。"⑦因此,三国、后汉、宋、齐、魏、梁、陈、北齐、周,乃至元、明,各史的编修,几乎都奉行了《汉书》"继统""述德"的理念。但在奉行"继统""述德"理念的同时,从隋唐开始,纪传体编纂观念又有了一些新的变化。

---

① 范晔. 后汉书:卷四十:班固传[M]. 北京:中华书局,1965:1375-1376.
② 范晔. 后汉书:卷四十:班固传[M]. 北京:中华书局,1965:1376.
③ 班固. 汉书:卷一:高帝纪赞[M]. 北京:中华书局,1962:82.
④ 范晔. 后汉书:卷四十:班固传[M]. 北京:中华书局,1965:1376.
⑤ 刘知几. 史通通释:卷一:六家[M]. 浦起龙,通释. 王煦华,整理. 上海:上海古籍出版社,2009:20-21.
⑥ 刘知几. 史通通释:卷十二:古今"正史"[M]. 浦起龙,通释. 王煦华,整理. 上海:上海古籍出版社,2009:314.
⑦ 凌志隆. 史记评林:卷首:史记评林序[M]. 天津:天津古籍出版社,1998:30.

三、"修史取鉴"与"治心治世"

瞿林东先生曾总结隋唐时期的史学说:"隋唐五代时期,史学在发展中出现了几个新的重要转折。第一个转折,是皇家正式设立了专门的修史机构——史馆,完善了修史制度,开展大规模的官修史书活动,并取得了第二个转折,即史学家自觉意识的增强,史学批评趋于成熟,史学发展进入了更富于理性特色的阶段。第三个转折,是明确提出了史学的经世致用目的,深化了对史学社会功能的认识。第四个转折,是通史著作的复兴和新的史书体裁的出现。第五个转折,是历史笔记的勃兴。这几个新的重要转折,从不同的方面反映了这个时期的社会面貌和史学特点,并对后来的史学发展产生了很大的影响。"[1] 从纪传体编纂观念的变化看,这些新的重要转折均具有重要意义,值得重视。

第一个转折,反映了皇朝统治者历史意识和史学意识的增强,由此加强了对史学阵地的控制,推动官修史书的发展,尤其是纪传体史书的编纂。隋文帝曾"以魏收所撰书,褒贬失实,平绘为《中兴书》,事不伦序",命魏澹"别成《魏史》"。而魏澹所撰《魏书》"以西魏为真,东魏为伪",隋文帝"览而善之"[2]。又于开皇十三年(593)下诏:"人间有撰集国史,臧否人物者,皆令禁绝。"[3] 这是皇家垄断修史的开始,私人修史从此逐步受到限制。隋朝统治者对皇朝史《汉书》的推崇,又带来了"《汉书》学"的兴盛。紧接其后的唐朝统治者,历史意识和史学意识更加强烈,唐高祖武德四年(621),令狐德棻上书建议修撰梁、陈、魏、齐、周、隋"六代史",提出:"近代已来,多无正史","如文史不存,何以贻鉴今古?"唐高祖甚为重视,于武德五年(622)颁发《命萧瑀等修六代史诏》,诏曰:"史官记事……惩恶劝善,多识前古,贻鉴将来。"[4] 此次诏修"六代史",虽未得结果,却为唐代史学发展奠定了思想基础。贞观三年(629),唐太宗设史馆于禁中(皇宫之中),由宰相监修史书,确立了官修史书制度,亲自抓修史工作。同时诏修梁、陈、齐、周、隋五代史,贞观十年(636)"五代史"即告成。贞观十七年(643)又命褚遂良监修《五代史志》,至高宗显庆元年(656)成书。贞观二十年(646)唐太宗鉴于此前晋史"但十有八家,虽存记注;而才非良史,事亏实录",又下达《修晋书诏》,"令修

---

[1] 瞿林东. 中国简明史学史 [M]. 上海: 上海人民出版社, 2005: 42.
[2] 魏徵, 等. 隋书: 卷五十八: 魏澹传 [M]. 点校本二十四史修订本. 北京: 中华书局, 2019: 1594-1598.
[3] 魏徵, 等. 隋书: 卷二: 高祖纪下 [M]. 点校本二十四史修订本. 北京: 中华书局, 2019: 42.
[4] 刘昫, 等. 旧唐书: 卷七十三: 令狐德棻传 [M]. 北京: 中华书局, 1975: 2597.

国史所更撰《晋书》",在诏书中说:"不出岩廊,神交千祀之外;穆然旒纩,临睨九皇之表。是知右史序言,由斯不昧;左官诠事,历兹未远。发挥文字之本,通达书契之源:大矣哉,盖史籍之为用也。"① 充分肯定了史官、史书的巨大作用。贞观二十二年(648)《晋书》修成。这些修史作为,反映了统治者的史学意识和政治家的史学自觉。② 唐朝还有李延寿私人撰修、官方认可的《南史》《北史》。这一系列辉煌史学成就的取得,是与"修史取鉴"的编纂思想分不开的。贞观十年(636),当唐太宗看到史臣们数年之间即撰成《梁书》《陈书》《北齐书》《周书》《隋书》("五代史")时,难以抑制内心的喜悦,高兴地说:

  朕睹前代史书,彰善瘅恶,足为将来之戒。秦始皇奢淫无度,志存隐恶,焚书坑儒,用缄谈者之口。隋炀帝虽好文儒,尤疾学者,前世史籍竟无所成,数代之事殆将泯绝。朕意则不然,将欲览前王之得失,为在身之龟镜。公辈以数年之间,勒成五代之史,深副朕怀,极可嘉尚。③

"览前王之得失,为在身之龟镜",正是唐太宗史学自觉在政治实践中的体现,通过修史为"在身"提供历史借鉴,这恰是促成"贞观之治"的重要因素之一。唐太宗还提出过著名的"三镜说":"夫以铜为镜,可以正衣冠。以古为镜,可以知兴替。以人为镜,可以明得失。朕常保此三镜,以防己过。""以古为镜"同样体现了唐太宗深刻的史学意识和史学自觉,反映了"修史取鉴"的思想。魏徵在《隋书》修成后第二年上《论时政第三疏》,对"修史取鉴"的思想有更为明确具体的总结,他说:

  (隋之灭亡)在于安不思危,治不念乱,存不虑亡之所致也。……鉴国之安危,必取于亡国。……臣愿当今之动静,思隋氏以为鉴,则存亡治乱,可得而知。若能思其所以危,则安矣;思其所以乱,则治矣;思其所以亡,则存矣。④

魏徵认为"安不思危,治不念乱,存不虑亡",终致隋朝覆灭,从这些教训

---

① 周绍良. 全唐文新编 [M]. 长春:吉林文史出版社,2000:79-80.
② 可参见瞿林东《一个政治家的史学自觉——略论唐太宗和历史学》(《山西师范大学学报》2003年第4期)。瞿林东先生认为,这里说的"史学自觉",至少包括两层含义。第一层含义是:对史学的功用有深刻的认识,并能以这种认识运用于一定的社会实践。第二层含义是:对史学活动给予关注,并在史学工作上做出积极的努力以至于作出相应的(直接的或间接的)贡献。一个人具备了这两层含义的要求,可谓之"史学自觉"。在中国古代的政治家中,唐太宗是一位"史学自觉"的突出代表。
③ 王钦若,等. 册府元龟:卷五百五十四:国史部:恩奖 [M]. 北京:中华书局,1960:6657.
④ 刘昫. 旧唐书:卷七十一:魏徵传 [M]. 北京:中华书局,1975:2554-2561.

中正可求得本朝的安、治、存，修史、取鉴、求治，被有机地结合起来，这是中国古代史学的一个重要传统。

第二个转折和第三个转折，反映了史学家自觉意识的增强和对史学工作的自觉总结，同样透出"修史取鉴"的思想。唐朝著名史学批评家刘知几（661—721）明确指出："向使世无竹帛，时缺史官，虽尧、舜之与桀、纣，伊、周之与莽、卓，夷、惠之与跖、蹻，商、冒之与曾、闵，俱一从物化。坟土未干，则善恶不分，妍媸永灭者矣。"如果世上没有史官和史书，那么历史上出现过的任何人物一旦死去，坟土未干，就会"善恶不分，妍媸永灭"。反之，"苟史官不绝，竹帛长存，则其人已亡，杳成空寂，而其事如在，皎同星汉。用使后之学者，坐披囊箧，而神交万古，不出户庭，而穷览千载，见贤而思齐，见不贤而内自省。若乃《春秋》成而逆子惧，南史至而贼臣书，其记事载言也则如彼，其劝善惩恶也又如此。由斯而言，则史之为用，其利甚博，乃生人之急务，为国家之要道。有国有家者，其可缺之哉！"① 刘知几把史学的功用提到了"生人之急务""国家之要道"的高度来认识，认为"有国有家者"都不可或缺，深化了对史学社会功能的认识。

"以史为鉴"并非始自唐朝，周文王有"殷鉴不远，在夏后之世"之说，周公有"不可不监（鉴）于有夏，亦不可不监于有殷"之论，② 司马迁提出"述往事，思来者"的著史旨趣等。但唐朝把"修史取鉴"的思想认识推到一个前所未有的高度，深深影响了后世史书的编纂，此后在纪传史、编年史、典制史、本末史等各类史书的编纂中都有突出反映。唐杜佑撰《通典》，"实采群言，征诸人事，将施有政"③，《进通典表》云："至于往昔是非，可为来今龟镜。"④ 北宋司马光修撰《资治通鉴》旨在"穷探治乱之迹，上助圣明之鉴"，《进资治通鉴表》云："监（鉴）前世之兴衰，考当今之得失，嘉善矜恶，取是舍非。"⑤ 元胡三省云："夫道无不在，散于事为之间。因事之得失成败，可以知道之万世无弊，史可少欤？"⑥ 清人王夫之云："所贵乎史者，述往以为来者师"⑦，"得可资，失亦可资也；同可资，异亦可资也。"⑧ "修史取鉴"成为史

---

① 刘知几. 史通通释：卷十一：史官建置[M]. 浦起龙，通释. 王煦华，整理. 上海：上海古籍出版社，2009：280-281.
② 尚书·召诰[M]. 上海：上海古籍出版社，2015：173.
③ 杜佑. 通典：自序[M]. 北京：中华书局，2016：1.
④ 杜佑. 通典：卷首：进通典表[M]. 北京：中华书局，2016：1.
⑤ 司马光. 资治通鉴：卷末：进资治通鉴表[M]. 北京：中华书局，1956：9608.
⑥ 司马光. 资治通鉴：卷首：胡三省新注资治通鉴序[M]. 北京：中华书局，1956：24.
⑦ 王夫之. 读通鉴论：卷六：光武[M]. 北京：中华书局，1998：135.
⑧ 王夫之. 读通鉴论：卷末：叙论四[M]. 北京：中华书局，1998：956.

学家纂修史书的共识。

除"修史取鉴"之外,从中唐起,还存在一种重要的修史思想,即"治心治世"。这种思想的凸显,与唐王朝由盛转衰有关。唐朝中期,长达8年的安史之乱使唐朝各种社会矛盾由隐而显,纷纷暴露出来,盛世唐朝从此开始走上下坡路,伴随着政治上的危机而出现了思想危机,如何巩固皇朝统治、恢复盛世,成为当时的时代主题。面对现实政治危机,统治集团不得不重新寻找治理之道,于是,"言理(治)道者众"的现象便应运而生了。人们再次找到《春秋》作为"治世安邦"的思想武器,企图通过"寓褒贬"来"治心",借"治心"以求得"治世"。随之,史学功用、修史观念也在悄然发生变化。"以史治心、治心以治世的主张,不仅丝毫不触动'为国家者',反而能够维护其既得利益和已经取得的统治地位,因而总是为统治集团所提倡。在当时,不仅思想领域,就是朝廷上下,大都以这种观念看待历史、要求修史……史学惩恶劝善的功用,渐渐转变为治心以治世。随之,史学对象便由探讨治乱兴衰、引以为戒,转而注重伦理道德的内心自省,探寻帝王的心术修养,踏上'欲尊德性,而空言义理'的漫长历程,长时间影响着此后史学的健康发展。"[1] 这种史学功用的转换,直接影响修史思想的变化。其中,是非善恶标准、良史观念、直笔传统等,就深受其影响。

关于是非善恶的标准,唐宪宗时李翱在回答皇甫湜时已有明确的答案:

> 用仲尼褒贬之心,取天下公是公非以为本。群党之所谓是者,仆未必以为是;群党之所谓非者,仆未必以为非。使仆书成而传,则富贵而功德不著者,未必声名于后;贫贱而道德全者,未必不煊赫于无穷。韩退之所谓"诛奸谀于既死,发潜德之幽光",是翱心也。[2]

显然,"公是公非"的标准、"治心治世"的标准,合于"仲尼褒贬之心""圣人之心",带来了《春秋》学的兴起。与此相适应,在"良史"观念上,皇甫湜提出:

> 湜以为合圣人之经者,以心不以迹;得良史之体者,在适不在同。编年、纪传,系于时之所宜,才之所长者耳,何常之有!夫是非与圣人同辨,善恶得天下之中,不虚美,不隐恶,则为纪、为传、为编年,是皆良史也。

皇甫湜一方面强调"得良史之体者,在适不在同",注重实质,不重形式,应予肯定;另一方面,仍然固守"是非与圣人同辨,善恶得天下之中",即以圣

---

[1] 谢保成.隋唐五代史学[M].北京:商务印书馆,2007:222-223.
[2] 董皓,等.全唐文:卷六三五:李翱答皇甫湜[M].上海:上海古籍出版社,1995.

人心中的是非、善恶作为是非、善恶的标准。故而又说："今之作者，苟能遵纪传之体制，同《春秋》之是非，文敌迁、固，直如南、董，亦无上矣。舍源而事流，弃意而征迹，虽服仲尼之服，手握绝麟之笔，等古人之章句，署王正之月日，谓之好古则可矣，顾其书何如哉！"① 视"《春秋》之是非"为"良史"的最高标准，因为"圣人之心"也即《春秋》之旨，孔子曰："知我者其惟《春秋》乎！罪我者其惟《春秋》乎！"②

"治心以治世"的功用和修史思想的深刻变化，影响及于宋朝。宋朝编修纪传体史书或改写前代史，无不受其影响。如欧阳修《新唐书》《新五代史》"其为纪一用《春秋》法"，"多取《春秋》遗意"，修史思想被逐渐引导到以伦理纲常褒贬是非、品评史事的方向上去。史学愈加依附于君王，服从于权力，作为权势附庸的史学，渐渐成为史学的"正宗"。③ 这是不争的事实。④ 从唐朝设馆修史起，纪传体编纂便走上了程式化的轨道，且越陷越深。而"修史取鉴"、史以"治心治世"编纂观念的变化和强调，则又使纪传史纂修日趋伦理化。

四、"辨明正统"

由宋至元，纪传体编纂观念出现了强烈的"正统"之争。"正统"，是指统治政权或王朝对前代统绪的正当继承。"正统"之争，本为政治行为，但却深深影响史学，成为中国史学上不可忽视的正统之辨。在中国古代，大凡国家分离、政权对峙之时，"正统"之争便越突显出来。如三国鼎立，南北朝对峙，北宋与辽（契丹）对峙，南宋与金、元并存等，到底谁为"正统"，往往争相通过编纂史书来做出说明。关于"正统"之论，历代学者论述尤多，当代著名学者饶宗颐先生著有《中国史学上之正统论》，可资参考。饶先生认为："中国史学上

---

① 以上均引见董皓，等. 全唐文：卷六三五：皇甫湜编年纪传论 [M]. 上海：上海古籍出版社，1995.
② 孟子：滕文公下 [M] // 杨伯峻. 孟子译注. 北京：中华书局，2006：155.
③ 谢保成. 隋唐五代史学 [M]. 北京：商务印书馆，2007：227-228.
④ 《新唐书》卷四后论："昔者孔子作《春秋》而乱臣贼子惧，其于杀君篡国之主，皆不黜绝之，岂以其盗而有之者，莫大之罪也，不没其实，所以著其大恶而不隐欤？自司马迁、班固皆作《高后纪》，吕氏虽非篡汉，而盗执其国政，遂不敢没其实，岂其得圣人之意欤？抑亦偶合于《春秋》之法也。唐之旧史因之，列武后于本纪，盖其所从来远矣。"陈师锡《五代史记序》曰："五代距今百有余年，故老遗俗，往往垂绝，无能道说者，史官秉笔之士，或文采不足以耀无穷，道学不足以继述作，使五十有余年间，废兴存亡之迹，奸臣贼子之罪，忠臣义士之节，不传于后世，来者无所考焉。惟庐陵欧阳公，慨然以自任，盖潜心累年而后成书，其事迹实录，详于旧记，而褒贬义例，仰师《春秋》。"

371

之正统说，其理论之主要依据有二：一为采用邹衍之五德运转说，计其年次，以定正闰；唐人自王勃以后，《五行应运历》《正闰位历》等书，以至宋初宋庠之《纪元通谱》，皆属此一系统，宋儒则深辟其谬，惟《唐书王勃传》但存其端倪而已。另一为依据《公羊传》加以推衍，皇甫湜揭'大一统所以正天下之位，一天下之心'。欧公继之，标'居正''一统'二义。由是统之意义，由时间转为空间，渐离公羊之本旨。然对后来影响至大。"①

宋朝正统观，继续和发展了中唐以来兴起的《春秋》学，突出《春秋》学"尊王攘夷"的"大一统"微旨，如尹洙强调"天地有常位，运历有常数，社稷有常主，民人有常奉"②。而欧阳修之正统论在宋代最具代表性，欧阳修的三篇《正统论》系统阐发他的正统观，核心即是"尊王"的"大一统"，所谓"臣愚因以为正统，王者所以一民而临天下"③。"《传》曰：'君子大居正。'又曰：'王者大一统。'正者，所以正天下之不正也。统者，所以合天下之不一也。由不正与不一，然后正统之论作。"④ 同时，提出历史上正统的"三绝三续"："故正统之序，上自尧舜，历夏、商、周、秦、汉而绝。晋得之而又绝。隋、唐得之而又绝。自尧、舜以来，三绝而复续。惟有绝而有续，然后是非公、予夺当，而正统明。"⑤ 反复强调"居正""一统"，认为"大宋之兴，统一天下，与尧、舜、三代无异"⑥。在欧阳修看来，五代之首后梁，既不能言"正统"，也不能称"伪"，"于正统则宜绝，于其国则不得为'伪'"，故在《新五代史》中五代之君皆入"本纪"。⑦ 谢保成认为："欧阳修之所以不'伪'后梁，其用意可谓至深。梁、唐、晋、汉、周乃至北宋，个个都是'篡位'得来的，如果

---

① 饶宗颐. 中国史学上之正统论［M］. 上海：上海远东出版社，1996：74-75.
② 尹洙. 河南先生文集：卷三：河南府请解投赟南北正统论［M］. 四部丛刊本. 上海：上海商务印书馆 1929：1a.
③ 欧阳修. 欧阳文忠公全集：卷一六：正统论序论［M］. 四部备要（第74册）北京：中华书局，1989：97上.
④ 欧阳修. 欧阳文忠公全集：卷一六：正统论上［M］. 四部备要（第74册）北京：中华书局，1989：97下.
⑤ 欧阳修. 欧阳文忠公全集：卷一六：正统论下［M］. 四部备要（第74册）北京：中华书局，1989：98上下.
⑥ 欧阳修. 欧阳文忠公全集：卷一六：正统论序论［M］. 四部备要（第74册）北京：中华书局，1989：97下.
⑦ 《新五代史》卷二《梁太祖本纪》后论云："天下之恶梁久矣！自后唐以来，皆以为伪也。至予论次五代，独不伪梁，而议者或讥予大失《春秋》之旨，以谓'梁负大恶，当加诛绝，而反进之，是奖篡也，非《春秋》之志也。'"

'伪'后梁，那么后唐、后晋、后汉、后周乃至北宋，又将何以为'正'？"[1] 欧阳修之正统论，直接成为其编纂《新唐书》《新五代史》的指导思想。

元朝修成了《辽史》《金史》《宋史》三部"正史"，三史的纂修宗旨，几乎就是"争正统"。元朝是中国历史上少数族入主中原后建立起的"大一统"皇朝，元世祖即位之初，翰林学士承旨王鹗提出修辽、金二史的建议："自古帝王得失兴废，班班可考者，以有史在。""宁可亡人之国，不可亡人之史。若史馆不立，后世亦不知有今日。"元世祖"甚重其言，命国史附修辽、金二史"[2]，设立了修史机构。元灭南宋后，又不断有纂修辽、金、宋三史的措施，但终因"正统"之争、义例未定，"六十余年，岁月因循，造物有待"[3]，未见成效。

元朝"正统"之争特别激烈，早在蒙古灭金之后，北方学者就曾聚会讨论辽、金、宋"正统"问题，意见不一。其中，修端（也作谢端）《辩辽宋金正统》乃集诸人之论辩而成。主张以宋为"正统"，以辽、金入载记，认为宜用《晋书》体例，西晋、东晋入本纪，外族政权入载记。宋承唐、五代为正统，辽、金为外族据一方，如刘聪、石勒、苻坚、姚袭等入载记。修端认为：

> 辽自唐末保有北方，又非篡夺，复承晋统，加之数世名位远兼五季，与前宋相次而终，当为北史。宋太祖受周禅，平江南，收西蜀，白沟迤南悉臣于宋，传至靖康，当为宋史。金太祖破辽克宋，帝有中原百余年，当为北史。自建炎之后，中国非宋所有，宜为南宋史。[4]

修端的这一主张，"以南北史例看待辽、金、北宋与南宋，将辽、金、宋摆在完全平等的位置，显然与北宋以来中原政权的法统观念相背离，即便在辽、金长期统治下的北方，也因传统观念的影响而大有持不同意见者。待到元朝统一南北之后，'正统'问题就更加敏感了。作为第一次以少数族建立的一统政权，究竟以前面哪个朝代为正统？所承继的究竟是哪个朝代的统绪？以宋为正统，辽、金为载记，则失去少数民族的基本立场；以辽、金为北史，宋分为宋史、南宋史，为传统观念所不容，必然引起数量众多的汉族官员的抗争"[5]。

此外，王祎提出"绝统说"：

---

[1] 谢保成. 中国史学史 [M]. 北京：商务印书馆，2006：769.
[2] 苏天爵. 元朝名臣事略：卷十二：内翰王文康公 [M]. 丛书集成初编本. 上海：商务印书馆，1936：197.
[3] 脱脱，等. 辽史：附录：进辽史表 [M]. 北京：中华书局，1974：1555.
[4] 修端. 辩辽宋金正统 [A] // 苏天爵. 元文类：卷四五 [M]. 北京：商务印书馆，1958：651.
[5] 谢保成. 中国史学史 [M]. 北京：商务印书馆，2006：771-772.

>宋有天下，居其正，合于一，而其统乃复续，故自建隆元年复得其正统。至于靖康之乱，南北分裂，金虽据有中原，不可谓居天下之正；宋既南渡，不可谓合天下于一。其事适类于魏、蜀、吴、东晋、后魏之际，是非难明，而正统于是又绝矣。自辽并于金，而金又并于元，及元又并南宋，然后居天下之正，合天下于一，而复正其统。①

视北宋为正统，而南宋与金对峙为统绪断绝，到元并天下才又"复其正统"，把"居天下之正，合天下于一"看作正统，这与欧阳修的正统观如出一辙，并无实质新意，也未得到时人认可。

因"正统"之争无定论，"继统"问题无法解决，导致辽、金、宋三史的纂修长期无进展。直到元朝后期元顺帝至正三年（1343）三月，右丞相脱脱等人再次奏请纂修辽、金、宋三史，顺帝随即下达纂修三史的诏书，三史修纂才取得了实质性的进展。脱脱等人遵《修三史诏》要求，制定了《三史凡例》，成为三史修纂的指导思想，全文如下：

>一、帝纪：三国各史书法，准《史记》《西汉书》《新唐书》。各国称号等事，准《南》《北》史。
>
>二、志：各史所载，取其重者作志。
>
>三、表：表与志同。
>
>四、列传：后妃，宗室，外戚，群臣，杂传。人臣有大功者，虽父子各传。余以类相从，或数人共一传。三国所书事有与本朝相关涉者，当稟。金、宋死节之臣，皆合立传，不须避忌。其余该载不尽，从总裁官与修史官临文详议。
>
>五、疑事传疑，信事传信，准《春秋》。②

其中，第一条解决了长期争论的"正统"问题；第二、三条回答了志、表的原则；第四条规定了列传的范围，指出了撰写中可能遇到的重大问题；第五条提出了遵循撰写信史的传统。奉行"三国各与正统"，元顺帝至正三年（1343）四月，三史同时开修，很快陆续撰成，《辽史》成于次年三月，《金史》成于次年十一月，《宋史》成于至正五年（1345）十月。

辽、金、宋三朝"正史"虽告成，但"正统"之争却并未告终。"先是诸

---

① 王袆.王忠文公集：卷一：正统论［M］.丛书集成初编本.上海：商务印书馆，1936：9.
② 脱脱，等.辽史：附录：三史凡例［M］.北京：中华书局，1974：1557.

儒议论三国（辽、金、宋）正统久不决，至是脱脱独断曰：三国各与正统，各系其年号，议者遂息，然君子终以为非。"① 就在《宋史》修成当年，杨维桢作《三史正统辨表》上之，以"史有成书，而正统未有所归"，论证元应继宋，力主以宋为"正统"。他以《春秋》公羊学及朱熹《资治通鉴纲目》为据进行论辩："稽之千古，证之于今。况当世祖命伯颜平江南之时，式应宋祖命曹彬下江南之岁，亲传诏旨，有过唐不及汉之言；确定统宗，有继宋不继辽之禅。故臣维桢敢痛排浮议，力建公言，挈大宋之编年，包辽、金之记载，置之上所，用成一代可鉴之书。"又以"天理人心"为标准划分正闰："正统之说，何自而起乎？起于夏后传国，汤武革世，皆出于天命人心之公也。统出于天命人心之公，则三代而下，历数之相仍者，可以妄归于人乎？故正统之义，立于圣人之经，以扶万世之纲常。"提出了区分正闰应遵守的新原则："道统者，治统之所在也""道统不在辽、金而在宋，在宋而后及于我朝"。批评"今日堂堂大国，林林巨儒，议事为律，吐辞为经，而正统大笔不自竖立，又阙之以遗将来，不以贻千载《纲目》君子之笑为厚耻，吾又不知负儒名于我元者，何施眉目以诵孔子之遗经乎？"② 可谓言之咄咄。《明史·文苑·杨维桢传》记载："会修辽、金、宋三史成，维桢著《正统辨》千余言，总裁官欧阳元功读且叹曰：'百年后，公论定于此矣。'"，"正统"之争仍在继续，明朝关于《宋史》的改编，清朝关于《宋史》《元史》的改编，也都渗透着"争正统"的纂修宗旨。明朝嘉靖十五年（1536），世宗以"元修《宋史》，统序失正，编纂也未尽善"，命大学士李时等重修，由此引发了明清之际改编宋史之风。如明有王洙《宋史质》100卷、柯维骐《宋史新编》200卷、王惟俭《宋史记》250卷，或"会三史为一，而以宋为正，辽、金与宋之交聘、交兵，及其卒、其立，附载本纪，仍详君臣行事为传，列于外国，与西夏同，庶几《春秋》外夷狄之义云"③。或"会三史为一，而以宋为正统，辽、金列于外国传，以尊中国；嬴国二王升于帝纪，以存宋统；正亡国诸叛臣之名，以明伦；升道学于循吏，以重道"④。或"远取子长，近法永叔"⑤。清则有钱士升《南宋书》68卷、陈黄中《宋史稿》219卷、陆心源《宋史翼》40卷。关于元史的改编，康熙年间，邵远平以"《元史》本

---

① 权衡. 庚申外史：卷上 [M]. 学海类编：第3册. 扬州：广陵书社，2007：1234.
② 陶宗仪. 南村辍耕录：卷三：正统辨 [M]. 济南：齐鲁书社，2007：35-39.
③ 王洙. 宋史质：卷首：凡例 [M]. 四库全书存目丛书本，济南：齐鲁书社，1997：1.
④ 焦竑. 国朝献征录：卷三二：柯希斋维骐传 [M]. 续修四库全书本. 上海：上海古籍出版社，2002：601.
⑤ 王惟俭. 宋史记：卷首：凡例 [M]. "民国"十一年溪山书屋刻本：1.

文，既不分类，又不依时，夏侯倒置，不得其解"，乃"取本史为梗概，而广搜诸家之纂辑，以正其事之舛忤、辞之繁复、人之乖错、义之驳杂，而于有关治道、有神心学者，增其缺略，润饰大观"①，成《元史类编》42卷；道光年间，魏源以"史书之芜蔓疏漏，亦未有甚于元者"，遂"发愤重修"②，成《元史新编》95卷，等等，元史改编之风延至民国年间。

五、"国可灭，史不可灭"

宋元明清之际，"正统"之辩不息，而"灭国"之事屡出，自北宋徽宗、钦宗被虏，至元顺帝弃京城北奔，短短241年中，出现了金灭北宋（1127）、元灭金（1234）、元灭南宋（1279）、明灭元（1368）四次"灭国"大事。真可谓"武力并征天下"。在这样的背景下，纪传体编纂观念又一次出现了新的重大变异。谢保成先生指出："当'灭国'已成为不争的历史事实，喊了上千年的'兴灭国，继绝世'，既没有带来多少'中兴'，更没有再造什么'辉煌'，作为亡国遗民，面对灭国的现实，复杂的内心世界与现实的社会生活交错，生出'国灭史不灭'的理念，希望通过写史来保留对昔日的追忆。"此其一。其二，"新建皇朝，特别是金、元两个少数民族政权进入中原之后，迫切需要从先前的中原皇朝学习为政之道。了解被其所灭之国的文物制度、思想文化，需要通过修史来加以总结，这是提出'灭人国，不可灭人史'的又一原因"。其三，"自以杨维桢为代表的'治统'即'道统'观念体系提出以后，谁掌控天下，谁即为'正统'，因而修'被灭之国'史，便成为'灭人之国'者显示其'正统'地位的一种文化标志。如果从更高的一个层面考察，'国可灭，史不可灭'的'史'字被赋予了'文化'的含义。金、元'灭人之国'，均是以少数族采用武力征服手段达到的。在中原地区建立政权后，如果完全摒弃先前的文明，必然造成文化断层，出现文化断档，无法治理人口数量大大超过金、元的两宋遗民。而其唯一可行的办法就是维系两宋的文化承传，特别是南宋盛行的理学思想。'国可灭，史不可灭'，在这里演绎为'国可灭，文化传统不可灭'，修史逐渐成为文化承传的一种重要手段"。所以，自南宋末以来，"国可灭，史不可灭"逐渐成为社会上下普遍接受的一种理念，并为朝廷所认可。③ 谢先生所论深入透辟。

---

① 邵远平．元史类编：卷首：凡例［M］．台北：文海出版社，1984：1．
② 魏源．元史新编：卷首：凡例［M］．扬州：江苏广陵古籍刻印社，1990：1．
③ 谢保成．中国史学史［M］．北京：商务印书馆，2006：792-793．

前引元世祖即位之初，翰林学士王鹗曾提出"宁可亡人之国，不可亡人之史。若史馆不立，后世亦不知有今日"，建议修辽、金二史。元灭南宋时，董文炳率军入临安，对奉元世祖诏招宋士而至临安的翰林学士李槃说："国可灭，史不可灭。宋十六主有天下三百余年，其太史所记具在史馆，宜悉收以备典礼。"于是，"乃得宋史及诸注记五千余册，归之国史院"①。强调元初虽灭人之国，却不灭人之史。董文炳不仅是元朝平宋的功臣，也是保存宋史文献的功臣。元修辽、金、宋三史时，有进书表云："窃惟汉高帝入关，任萧何而收秦籍；唐太宗即祚，命魏徵以作《隋书》。盖历数归真主之朝，而简编载前代之事，国可灭史不可灭，善吾师恶亦吾师。"②

明初修《元史》，"国灭，史不可灭"的观念更加强烈，李善长进表曰："伏以纪一代以为书，史法相沿于迁、固；考前王之成宪，周家有监于夏、殷。盖因以往之废兴，用作将来之法戒……钦惟皇帝陛下奉天承运，济世安民。建万世之丕图，绍百王之正统……金言实既亡而名亦随亡，独谓国可灭而史不当灭。特诏遗逸之士，欲求论议之公。文辞勿致于艰深，事迹务令于明白。苟善恶了然在目，庶劝惩有益于人。"③

清初修《明史》，如同明初修《元史》一样，深具"国可灭，史不可灭"的意图。黄宗羲追述谈迁作《国榷》，"国灭而史亦随灭，普天心痛"，"当是时，人士身经丧乱，多欲追叙缘因，以显来世"。④ 又云："明室之亡，分国鲛人，纪年鬼窟，较之前代干戈，久无条序。其从亡之士，章皇草泽之民，不无危苦之词。以余所见者，石斋、次野、介子、霞丹、希声、苍水、澹归十余家，无关受命之笔，然故国之铿尔，不可不谓之史也。"⑤

《张廷玉上明史表》曰：

> 集百年之定论，裒一代之旧闻，历纂辑于兴朝，毕校绌于兹日。垂光册府，焕采书林。窃惟论道首在尊经，纪事必归揽史。兴衰有自，七十二君之迹何称；法戒攸关，二十一史之编具在。继咸五登三之治，心源不隔于邃初；开万方一统之模，典制必参诸近世……观人文以化天下，鉴物惟

---

① 宋濂，等. 元史：卷一五六：董文炳传 [M]. 北京：中华书局，1976：3672.
② 脱脱，等. 金史：附录：进金史表 [M]. 北京：中华书局，1975：2899.
③ 宋濂，等. 元史：卷末：进元史表 [M]. 北京：中华书局，1976：4673-4674.
④ 黄宗羲. 南雷文定：卷七：谈孺木墓表 [M]. 四部备要本，北京：中华书局，1935：55.
⑤ 黄宗羲. 撰杖集：万履安先生诗序 [M]. 四部丛刊本. 上海：商务印书馆，1929：196.

公；考礼乐以等百王，折衷必当……冠百王而首出，因革可征百世之常；迈千祀以前驱，政教远追千古而上矣。①

认为前史之修，不仅可以了解兴衰有自的历史，而且可以学习借鉴千古百王为政之道，甚至可以借修史以安抚前朝遗老故旧。《明史》之修渗透着"国灭，史不可灭"的浓烈情怀。

纵观历代纪传体史书之修纂，体裁不变，但情况不一、得失各异。尤其是其内部体例结构、编纂观念变化甚大。

就体例结构而言，如《汉书》取消"世家"、《晋书》创设"载记"；《后汉书》增设"逸民传""列女传"等，《晋》增设"忠义传""孝友传"，《新五代史》增设"家人传""义儿传"，《宋史》增设"道学传"，《明史》增设"流贼传""土司传"；《宋书》增设"符瑞志"、《魏书》增设"释老志"、《新唐书》增设"兵志"、《辽史》增设"营卫志"等，这种体例结构的变革既是史学家个人思想的反映，更是时代特点和时代需要的体现，在更深的层次上则表明了史学同社会的密切关系。

在修纂思想上，"通古今之变"的"通变"思想和"成一家之言"的创作宗旨，是司马迁撰写《史记》的最高原则和目的。班固《汉书》承迁而作又有新创，断汉为史，"续统""述德"，突出了皇朝史的地位，反映了班固浓烈的皇朝意识和"宣汉"思想。陈寿《三国志》继承了《史记》《汉书》传统，又根据三国历史实际进行了创新，统揽三国历史，注重人物品评。范晔撰《后汉书》，又有新的变化，注重"自得"，发展了"以类相从"的类例思想；笔势"纵放"，突出了"正一代得失"的整体史观。隋唐以后，修纂思想又相继出现了修史取鉴、治心治世、强调正统、国灭史不灭等新特点。

这些变化，与社会发展密切相关，更与统治者的政治需要紧密相连。纪传体编纂观念的变化，正鲜明体现着中国古代史学的二重性特征。历史最终如何被"过滤"为史学，并以史书为载体传诸后世，历代纪传史的编纂给予了我们很多启示。

---

① 张廷玉，等. 明史：卷末：张廷玉上明史表［M］. 北京：中华书局，1974：8624-8626.

第三章

典制体编纂观念的进步

第一节 《通典》:"统括史志,会通古今"

《通典》是唐朝中后期杰出的政治家和史学家杜佑的倾心之作,这是中国古代最早系统叙述历代经济、政治、文化等典章制度的一部通史,它的问世,开创了一种新的史书编纂形式——典制体,在中国史坛产生了深远影响。从历史编纂学上看,"征诸人事,将施有政"的撰述宗旨和"统括史志,会通古今""以类相从,举其始终"的编纂思想,尤为值得重视。

一、"征诸人事,将施有政"

杜佑出身于仕宦之家,以父亲的军功而荫补入仕,从地方官做起,直至宰相,历玄宗、肃宗、代宗、德宗、顺宗、宪宗六朝。在德宗、顺宗、宪宗三朝,位居宰辅,兼理盐铁等事,风风雨雨,宦途60年,为人、做官"以富国安人为己任"。他所生活的时代,正值安史之乱前后,是唐王朝由盛而衰的转折时期。他不仅目睹了开元、天宝的盛世,更经历了安史之乱的大动荡及由此造成的藩镇割据、政治衰败、财政窘迫等。丰富的政治经历和人生阅历,使他开始自觉地从政治得失的角度去探求历史变动的原因,逐步认识到政治成败与采取各项制度得当与否有着密切的关系。他指出"往昔是非,可为来今龟鉴"①,试图从总结历代典章制度的利弊得失与沿革入手,以改革弊政,寻求"富国安民之术",为施政提供有益的借鉴。《通典·自序》开宗明义,表明了作者的这种撰述宗旨:"佑少常读书,而性且蒙固,不达术数之艺,不好章句之学。所纂《通典》,实采群言,征诸人事,将施有政。"撰述《通典》,是要通过"征诸人事"达到"将施有政"的目的。他将历史撰述与政治统治相结合,具有重要的意义

---

① 刘昫.旧唐书:卷一百四十七:杜佑传[M].北京:中华书局,1975:3983.

和价值。

唐德宗贞元十七年（801），杜佑历36年之功，完成了我国第一部典章制度通史巨著《通典》。因在淮南任上，特派专人到长安向唐德宗献书，其《进通典表》云：

> 臣闻太上立德，不可庶几；其次立功，遂行当代；其次立言，见志后学。由是往哲，递相祖述，将施有政，用乂邦家。臣本以门资，幼登官序，仕非游艺，才不逮人，徒怀自强，颇玩坟籍。虽履历叨幸，或职剧务殷，窃惜光阴，未尝轻废。夫《孝经》《尚书》《毛诗》《周易》《三传》，皆父子君臣之要道，十伦五教之宏纲，如日月之下临，天地之大德，百王是式，终古攸遵。然多记言，罕存法制，愚管窥测，莫达高深，辄肆荒虚，诚为臆度。每念懵学，莫探政经，略观历代众贤著论，多陈粜失之弊，或阙匡拯之方。臣既庸浅，宁详损益，未原其始，莫畅其终。尚赖周氏典礼，秦皇荡灭不尽，纵有繁杂，且用准绳。至于往昔是非，可为来今龟鉴，布在方册，亦粗研寻。自顷纂修，年逾三纪，识寡思拙，心昧词芜。图籍实多，事目非少，将谓功毕，有愧乖疏，固不足发挥大猷，但竭愚尽虑而已。书凡九门，计贰百卷，不敢不具上献，庶明鄙志所之，尘渎圣聪，兢惶无措。①

在这篇进书表中，杜佑叙述了撰写本书的情况，充分肯定了经书是"要道""宏纲"，又批评经书多记空言、"罕存法制"，同时批评历代著论"多陈粜失之弊，或阙匡拯之方"。表明"往昔是非，可为来今龟鉴"的重要，这正是撰写《通典》时所贯彻的指导思想和原则。

时人李翰深得《通典》这一旨趣，为之作序云：

> 儒家者流，博而寡要，劳而少功，何哉？其患在于习之不精，知之不明，入而不得其门，行而不由其道。何以征之？夫《五经》群史之书，大不过本天地，设君臣，明十伦五教之义，陈政刑赏罚之柄，述礼乐制度之统，究治乱兴亡之由。立邦之道，尽于此矣。非此典者，谓之无益世教，则圣人不书，学者不览，惧人冗烦而无所从也。先师宣尼，祖述尧舜，宪章文武，七十子之徒，宣明大义，三代之道，百世可师。而诸子云云，猥复制作，由其门则其教已备，反其道则其人可诛。而学者以多阅为广见，以异端为博闻，是非纷然，塞胸满腹，颟洞茫昧，而无条贯。或举其中而

---

① 刘昫．旧唐书：卷一百四十七：杜佑传［M］．北京：中华书局，1975：3983.

不知其本，原其始而不要其终。高谈有余，待问则泥。虽驱驰百家，日诵万字，学弥广而志弥惑，闻愈多而识愈疑，此所以勤苦而难成，殆非君子进德修业之意也。今《通典》之作，昭昭乎其警学者之群迷欤！以为君子致用，在乎经邦，经邦在乎立事，立事在乎师古，师古在乎随时。必参今古之宜，穷始终之要，始可以度其古，终可以行于今，问而辨之，端如贯珠，举而行之，审如中鹄。夫然，故施于文学，可为通儒；施于政事，可建皇极。故采《五经》群史，上自黄帝，至于我唐天宝之末，每事以类相从，举其始终，历代沿革废置及当时群士论议得失，靡不条载，附之于事。如人支脉，散缀于体。凡有八门，勒成二百卷，号曰《通典》。

李翰认为，"五经"群史之书，"立邦之道，尽于此矣"。而学者们多追求广见博闻，高谈阔论，往往"学弥广而志弥惑，闻愈多而识愈疑"。《通典》与此迥然不同，旨在"经邦""致用"，《通典》所谓"师古"是为了"随时"，"随时"是为了"立事"，"立事"在于"经邦"；所谓"度其古"是为了"行于今"，"问而辨之，端如贯珠"，是要落实到"举而行之，审如中鹄"，所以"施于文学，可为通儒；施于政事，可建皇极"。这就把历史撰述与经邦致用之间的关系做了精辟论述。真可谓"颇详旨趣，而为之序"也。

《通典》记事上起传说中的黄帝、尧舜，至唐玄宗天宝末年，有的地方还以附注的形式写入唐代宗、德宗时期的有关史实。全书200卷，共分食货、选举、职官、礼、乐、兵、刑、州郡、边防九门，每门下又分若干子目。《食货典》讲经济制度，内容包括土地所有制形态的变迁、租税、货币制度的沿革、户口的盛衰、盐铁的管理、杂税的兴起等；《选举》《职官》《刑法》是讲政治制度，详细阐述了历代官吏的选拔、考课制度和官制、法制的沿革演变；《礼》《乐》讲礼乐；《兵》却不讲兵制，而是关于兵法方面的一部理论专著；《州郡》讲地理沿革；《边防》讲周边少数民族与外域国家的起落兴衰始末。每一门下面，大略以朝代先后为序，每一朝代，又以时间先后为序。《通典》一书各部分内容都反映着杜佑"经邦""致用"的思想，如"教化之本在乎足衣食"的经济思想和编次上以"食货为首"撰述意图；"凡为国之本，资乎人甿；人之利害，系乎官政"[1] 的人才思想；"省吏员""用有才"[2]的吏治思想；"善用"刑罚，"病

---

[1] 杜佑. 通典：卷十八：选举六 [M]. 北京：中华书局，2016：456.
[2] 杜佑. 通典：卷四十：职官二二 [M]. 北京：中华书局，2016：1107-1108.

斟酌以意，变更屡作"①的法治思想；"古之中华，多类今之夷狄"②的民族思想；"强本弱枝""凡兵以奇胜，皆因机而发"③的军事思想等等。为使《通典》更好地发挥"经邦""致用"的作用，贞元十九年（803），杜佑又辑录《通典》要点，将200卷的《通典》摘要而成《理道要诀》10卷，用以"详古今之要，酌时宜之可行"。④

二、"统括史志，会通古今"

《通典》的出现，打破了历史编纂学上编年、纪传二体独尊的格局，开创了一种全新的史书编纂形式——典制体，后经马端临等人的发扬光大，成为我国历史编纂学上能与纪传、编年、纪事本末并称的四大史书体裁之一。

《通典》主要取材于历代正史的"书志"。《通典》之前，历代典章制度主要依靠"正史"中的"书志"记载下来，如司马迁《史记》首创"八书"，记载礼、乐、律、历、天官、封禅、河渠、平准等相关内容；班固《汉书》作"十志"，备录律历、礼乐、刑法、食货、郊祀、天文、五行、地理、沟洫、艺文各项典制。但《史记》以下纪传体史书，基本是断代史，记载各朝典章制度的"书志"，多限于一代，更有7部"正史"缺"书志"，很难看出历代典制的沿革变化。唐开元年间，刘知几的儿子刘秩编成《政典》35卷，以《周礼》六官的体例分类撰述，记载历代的政治制度，为当时的人们所称许。这一时期，还有《唐六典》记及制度的沿革。但都未能很好地反映历代典章制度的因革变化。杜佑认为其"条目未尽"，内容狭隘，故早就有志重撰新著。⑤他凭借长期担任中央和地方的要职，熟悉有关政治、经济各方面的典章制度，以及有着丰富的行政经验的有利条件，将历代"正史"书志融会贯通，撰成《通典》一书，成为典章制度的通史。既适应了政治需要，也顺应了史学发展的客观要求，开创了一种新的史体。

杜佑编纂《通典》的指导思想和原则是"统括史志，会通古今"。他对历

---

① 杜佑.通典：卷一百六十三：刑典序[M].北京：中华书局，2016：4189.
② 杜佑.通典：卷一百八十五：边防序[M].北京：中华书局，2016：4979.
③ 杜佑.通典：卷一百四十八：兵典序[M].北京：中华书局，2016：3782.
④ 王应麟.玉海：卷五十一：杜佑进《理道要诀》表[M].扬州：广陵书社，2017.
⑤ 《旧唐书》卷一百四十七《杜佑传》云："开元末，刘秩采经史百家之言，取《周礼》六官所职，撰分门书三十五卷，号曰《政典》，大为时贤称赏，房琯以为才过刘更生。佑得其书，寻味厥旨，以为条目未尽，因而广之，加以《开元礼》《乐》，书成二百卷，号曰《通典》。"

代"正史"中的"书志"详做分析,从经世致用的主旨出发,抛弃了与"经邦""致用"关系不大的天文、历法等诸门,选定食货、选举、职官、礼、乐、兵、刑、州郡、边防九门为基本内容。名目上或因袭旧志,或自作新创,但内容无不广采"五经群史"加以补缀,成就了完备的典制体通史。换言之,典制体史书是由纪传体史书的"书志"发展而来的。《通典》的编纂,正是纪传体"书志"的扩大和发展,是书志从纪传体中分离出来、成为一种独立的史书体裁的结果。清朝史学理论家章学诚从古代通史撰述的角度对《通典》的成就做了这样的评价:

> 梁武帝以迁、故而下断代为书,于是上起三皇,下迄梁代,撰为《通史》一编,欲以包罗众史。史籍标"通",此滥觞也。嗣是而后,源流渐别。总古今之学术,而纪传一规乎史迁,郑樵《通志》作焉。统前史之书志,而撰述取法乎官礼,杜佑《通典》作焉。合纪传之互文,而编次总括乎荀、袁,司马光《资治通鉴》作焉。汇公私之述作,而铨录略仿乎孔、萧,裴潾《太和通选》作焉。此四子者,或存"正史"之规,或正编年之的,或以典故为纪纲,或以词章存文献,史部之通,于斯为极盛也。①

这里,章学诚指出了《通典》"统前史之书志""取法乎官礼""以典故为纪纲"的编纂特点,肯定了《通典》在通史撰述上的崇高地位,将《通典》与《资治通鉴》《通志》和《太和通选》并称为通史"四子",誉为通史"极盛"之作的代表。

近人梁启超进一步指出:

> 纪传体中有志书一门,盖导源于《尚书》,而旨趣在专纪文物制度,此又与吾侪所要求之新史较为接近者也。然兹事所贵在会通古今,观其沿革。各史既断代为书,乃发生两种困难:苟不追叙前代,则源委不明;追叙太多,则繁复取厌。况各史非皆有志,有志之史,其篇目亦互相出入,遇所阙遗,见斯滞矣。于是乎有统括史志之必要。其卓然成一创作以应此要求者,则唐杜佑之《通典》也。②

梁启超的话,清楚地说明了典制体通史产生的历史条件及杜佑的创新精神。

---

① 章学诚. 文史通义校注:卷四:内篇四:释通 [M]. 叶瑛, 校注. 北京:中华书局, 1994:373.
② 梁启超. 中国历史研究法:过去之中国史学界 [M]//饮冰室合集(专集73). 北京:中华书局,1989:21.

他强调典制体史书"贵在会通古今，观其沿革"，指出杜佑《通典》恰是"统括史志""会通古今""卓然成一创作"的历史巨著。

杜佑《通典》很好地继承和发扬了司马迁《史记》"通古今之变"的思想，"以典故为纪纲"，"统括史志"又"会通古今"，把"通"作为自己撰史的一个基本立意，"通"与"典"结合，开创了通史编纂的新局面。杜佑自云："酌古之要，通今之宜"①，撰写《通典》是为了斟酌历代典章制度之要，以通今日之时宜。在其思想认识中，古今是打通的，而"通"的目的，则是适应今日之用。他认为，古今制度是相因相承的，"在昔制置，事皆相因"②；同时又是随时代的变化而变革的，"古今既异，形势亦殊"③，"随时立制，遇弊变通"④。制度的沿革变化，"皆贵适时"⑤，"适时"的原则是"随时拯弊，因物利用"⑥。正是在这样的编纂思想指导下，《通典》对历代典章制度的记载无不探本溯源，条贯古今，明其原委，诚如李翰《通典》序云："必参古今之宜，穷始终之要，始可以度其古，终可以行于今。"故"其书大传于时，礼乐刑政之源，千载如指掌，大为士君子所称"⑦。在历史编纂学上有其特殊地位。《四库全书总目》称："其博取五经群史及汉魏六朝人文集、奏疏之有裨得失者，每事以类相从，凡历代沿革，悉为记载，详而不烦，简而有要，元元本本，皆为有用之实学，非徒资记问者可比。考唐以前之掌故者，兹编其渊海矣……宋郑樵作《通志》，与马端临作《文献通考》，悉以是书为蓝本。然郑多泛杂无归，马或详略失当，均不及是书之精核也。"⑧

三、"以类相从，举其始终"

前引"颇详旨趣，而为之序"的李翰指出：《通典》"采《五经》群史，上自黄帝，至于我唐天宝之末，每事以类相从，举其始终，历代沿革废置及当时群士论议得失，靡不条载，附之于事"。这正是《通典》在内容上和体裁上的显著特点，以典章制度为中心，分门立目，以类相从，叙其始终。

---

① 杜佑．通典：卷十二：食货：后论［M］．北京：中华书局，2016：295．
② 杜佑．通典：卷三十一：职官 王侯总叙［M］．北京：中华书局，2016：848．
③ 杜佑．通典：卷一百七十四：州郡 后论［M］．北京：中华书局，2016：4564．
④ 杜佑．通典：卷四十：职官 后论［M］．北京：中华书局，2016：1109．
⑤ 《通典》卷五十八《礼·后论》云："详观三代制度，或沿或革不同，皆贵适时。"
⑥ 杜佑．通典：卷一百八十五：边防 序［M］．北京：中华书局，2016：4999．
⑦ 刘昫．旧唐书：卷一百四十七：杜佑传［M］．北京：中华书局，1975：3983．
⑧ 永瑢，等．四库全书总目：卷八十一：通典［M］．北京：中华书局，1965：694．

《通典》一书明确将历代典章制度分为九大门类，即食货、选举、职官、礼、乐、兵、刑、州郡、边防九门。门下分若干子目，子目之下再分细目。如《食货典》凡十二卷：（1）田制上；（2）田制下，水利田，屯田；（3）乡党，土断，版籍并附；（4）赋税上；（5）赋税中；（6）赋税下；（7）历代盛衰户口，丁中；（8）钱币上；（9）钱币下；（10）漕运，盐铁；（11）鬻爵，榷酤，算缗，杂税、平准均输附；（12）轻重平籴，常平，义仓。其中，"田制下"又分唐、周、秦、汉、后汉、晋、宋、后魏各代；"轻重平籴，常平，义仓"下又分周、战国、汉、后汉、晋、宋、齐、后魏、北齐、后周、隋等。条分缕析，结构严谨，形成了一个严密的逻辑体系。

按《旧唐书·杜佑传》载，《通典》"分门"（每事以类相从）以叙典制沿革的编纂特点源自刘秩《政典》。本传说："初，开元末，刘秩采经史百家之言，取《周礼》六官所职，撰分门书三十五卷，号曰《政典》，大为时贤称赏，房琯以为才过刘更生（即刘知几，刘秩之父）。佑得其书，寻味厥旨，以为条目未尽，因而广之，加以《开元礼乐》，书成二百卷，号曰《通典》。"①

《通典》编纂受到刘秩《政典》的启发和影响，应当无疑。但《通典》更多的是受历代"正史""书志"的启发和影响，清朝史学家章学诚和近人梁启超都分别指出过这一点，所谓"统前史之书志，而撰述取法乎官礼""统括史志""会通古今"（已详前述）。

王鸣盛曾批评杜佑说："既以刘秩书为蓝本，乃自序中只字不及；复袭取官书，攘为己有。以佑之事力，撰集非难，而又取之他人者若是之多，则此书之成，亦可云易也。"② 他认为《通典》"以刘秩书为蓝本……取之他人者若是之多"，所以成书较易，但在《通典·自序》中"只字不及"，未免"攘为己有"。自序中的"只字不及"和王鸣盛的批评，实际上恰好证明对《通典》编纂影响最大的不是《政典》，而是历代"正史""书志"。历代"正史""书志"详述历代典章制度，自司马迁《史记》创"八书"以来，即采取分门叙述的形式，将历代"正史""书志"通而观之，就是一门门的典制专史。从这一点上看，《通典》"每事以类相从，举其始终"的编纂思想和特点，主要是取法于历代"正史""书志"。瞿林东先生也曾指出："《通典》的立分门固然会受到《政典》的启发，但他在更大程度上是受到历代"正史"书志的启发。换言之，与

---

① 刘昫．旧唐书：卷一百四十七：杜佑传 [M]．北京：中华书局，1975：3982.
② 王鸣盛．十七史商榷：卷九十：杜佑作通典 [M]．上海：上海书店出版社，2005：817.

其说《通典》源于《政典》，毋宁说它源于历代"正史"书志。"① 王鸣盛的说法值得商榷，说 200 卷之皇皇巨制《通典》大量抄袭仅有 35 卷的《政典》，本身就叫人难以置信。再者，刘秩《政典》"取《周礼》六官所职"，以职官为中心；而杜佑《通典》"取法官礼"，以制度为中心，按照典制类别编写。这也说明《通典》分门的编纂思想和特点，主要还是取法于历代"正史""书志"体。

但《通典》与"书志"相比又有很大不同，其一，《通典》不列律历、天文、五行、祥瑞、舆服等内容；其二，《通典》增加了选举、兵、边防等门类。这两个变化的出现，是因为杜佑更注重那些跟社会经济、政治、军事有直接关系的内容，是他贯彻自己确定的宗旨"征诸人事"的结果。② 更加突出了《通典》"将施有政"、经邦致用的撰述旨趣与特点。

《通典》在历史编纂学上有其重要的地位，但作为第一部典制体通史，也存在着一些缺陷。马端临继《通典》之后编纂《文献通考》，肯定《通典》"纲领宏大，考订该洽"，又认为"然时有古今，述有详略，则夫节目之间未为明备，而去取之际颇欠精审，不无遗憾焉"③。从历史编纂来看，最突出的问题是《礼典》过于繁复，全书 200 卷，《礼典》100 卷，占去了二分之一的篇幅，其中"沿革礼"65 卷、"开元礼"35 卷，甚至几乎把一整部《大唐开元礼》全部抄录了进来，繁复琐碎。这固然与当时的社会风尚有关，但在今天看来，《礼典》在全书中价值最低。当然，作为一部开创性的著作，存在着一些不足是难免的，不宜过于苛刻前贤。

第二节 《通志》："会通之义，自得之书"

梁启超曾云："中国史学的成立与发展，最有关系的有三人：一、刘知几；二、郑樵；三、章学诚……我们要研究中国史学的发展和成立，不能不研究此三人。此三人的见解，无论谁都值得我们专门研究。"④ 又说："批评史书者，

---

① 白寿彝. 中国史学史：第三卷：魏晋南北朝隋唐时期·中国古代史学的发展 [M]. 上海：上海人民出版社，2006：296.
② 白寿彝. 中国史学史：第三卷：魏晋南北朝隋唐时期·中国古代史学的发展 [M]. 上海：上海人民出版社，2006：297.
③ 马端临. 文献通考：自序 [M]. 北京：中华书局，2018：2.
④ 梁启超. 中国历史研究法补编·史学史的做法 [M]//饮冰室合集（专集99）. 北京：中华书局，1989：161-162.

质言之，则所批评即为历史研究法之一部分，而史学所赖以建设也。自有史学以来二千年间，得三人焉：在唐则刘知几，其学说在《史通》；在宋则郑樵，其学说在《通志·总序》及《艺文略》《校雠略》《图谱略》；在清则章学诚，其学说在《文史通义》"①。梁启超将郑樵与刘知几、章学诚并称中国史学成立和发展最有关系的三人，并称为中国古代三大史学批评（或称史书批评）家，足见其在中国史学发展史上的崇高地位。郑樵平生著述80余种，为中国的文化事业做出了巨大贡献。其中，《通志》一书是继《史记》之后的又一部纪传体通史。全书200卷，分纪、传、略（志）、谱（表）、世家、载记六部分。贯穿"会通之义"，追求"自得之书"，保存资料珍贵，史学思想别具特色。《通志》中专门记载历代典章制度沿革变化的"二十略"成就最高，集中体现了郑樵史学的创作特点，是全书的精华，以致《通志》与《通典》《文献通考》被并称"三通"。故此以"二十略"为中心，将《通志》归并典制史一并论述。

一、"会通之义大矣哉"

"会通"是郑樵史学思想的核心内涵，包括融会贯通天下学说而成一家之言，以及把历史看成贯通古今的联系和变化的过程。郑樵反复讲要"同天下之文""集天下之书为一书""极古今之变"等。《通志·总序》开篇便云："百川异趋，必会于海，然后九州无浸淫之患；万国殊途，必通诸夏，然后八荒无壅滞之忧：会通之义大矣哉！"②《上宰相书》中也称："天下之理，不可以不会；古今之道，不可以不通。会通之义大矣哉！"③反复指出了"会通"之重要。

"会通"思想是郑樵编纂《通志》的指导思想，也是郑樵评史的基本标准。在《上宰相书》中他明确表明自己的编纂之旨：

> 史学家据一代之史，不能通前代之史；本一书而修，不能会天下之书而修，故后代与前代之事不相因依。又诸家之书散落人间，靡所底定，安得为成书乎！樵前年所献之书，以为水不会于海则为滥水，途不通于夏则为穷途。论会通之义，以为宋中兴之后不可无修书之文。修书之本不可不据仲尼、司马迁会通之法……其书上自羲皇，下逮五代，集天下之书为一

---

① 梁启超. 中国历史研究法：过去之中国史学界［M］//饮冰室合集（专集73）. 北京：中华书局，1989：24.
② 郑樵. 通志：总序［M］. 北京：中华书局，1987：1.
③ 郑樵. 夹漈遗稿：卷三：上宰相书［M］//吴怀祺. 郑樵研究. 厦门：厦门大学出版社，2010：168.

书，惟虚言之书不在所用。虽曰继马迁之作，凡例殊途，经纬异制，自有成法，不蹈前修。①

《通志》内容广泛，全书自始至终贯穿着"会通"的思想。如纪传部分，改变了历代断代史彼此不相因、相互有重复的弊端，汇总《史记》以下至《隋书》历代纪传史共计15部，兼采《尚书》《左传》《国语》《说苑》《荀子》等诸多史书资料，互为补充、择善而从、前后贯通。又如典制部分，或依据前史，如礼、职官、选举、刑法、食货五略，多出自《通典》。或参照前史而加以综合、继承、发展，如天文、地理、器服、乐、艺文、灾祥六略。或新创立目，如氏族、六书、七音、都邑、谥、校雠、图谱、金石、昆虫草木九略。"二十略"极好地体现了郑樵"总天下之大学术而条其纲目"的"旁通"，各略又贯彻着穷原竟委的"纵通"原则。

《通志·总序》则进一步阐述了其以"会通之法"编纂《通志》的具体做法：

> 古者纪年，别系之书，谓之谱。太史公改而为表。今复表为谱，率从旧也……今之所谱，自春秋之前称世，谓"世谱"；春秋之后称年，谓之"年谱"……今之所谱，即太史公法，既简且明，循环无滞。
>
> 臣之二十略，皆臣自有所得，不用旧史之文。纪传者，编年纪事之实迹，自有成规，不为智而增，不为愚而减。故于纪传，即其旧文，从而损益。若纪有制诏之辞，传有书疏之章，入之正书，则据实事，置之别录，则见类例。《唐书》《五代史》，皆本朝大臣所修，微臣所不敢议，故纪传迄隋。若礼乐刑政，务存因革，故引而至唐云。②

以"会通"来衡评历代史学家和史著，郑樵认为只有孔子和司马迁最懂"会通之义"，所谓"自书契以来，立言者虽多，惟仲尼以天纵之圣，故总《诗》《书》《礼》《乐》而会于一手，然后能同天下之文；贯二帝、三王而通为一家，然后能极古今之变。是以其道光明，百世之上，百世之下不能及"。③ 因为孔子深悉"会通之义"，故能"同天下之文""极古今之变"。所以，孔子的学术"百世之上，百世之下不能及"，表现了对孔子的极度推崇。

而在孔子之后，郑樵最为推崇司马迁，认为"六经"之后，只有司马迁的

---

① 郑樵.夹漈遗稿：卷三：上宰相书［M］//吴怀祺.郑樵研究.厦门：厦门大学出版社，2010：168.
② 郑樵.通志：总序［M］.北京：中华书局，1987：3.
③ 郑樵.通志：总序［M］.北京：中华书局，1987：1.

《史记》算得上真正的著作。他说："逮建元、元封之后，司马氏父子出焉。司马氏世司典籍，工于制作，故能上稽仲尼之意，会《诗》《书》《左传》《国语》《世本》《战国策》《楚汉春秋》之言，通黄帝、尧、舜至于秦汉之世，勒成一书，分为五体。本纪纪年，世家传代，表以正历，书以类事，传以著人，使百代而下，史官不能易其法，学者不能舍其书。六经之后，惟有此作。"他认为司马迁融汇历代史著、贯通古今历史，创立了五体合一的纪传体，成为历代史官、学者效法学习的典范，以致"百代而下，史官不能易其法，学者不能舍其书"。在郑樵看来，《史记》虽存在"博不足"和"雅不足"的缺陷，但仍是"六经"之后最重要的著作，所谓"自《春秋》之后，惟有《史记》擅制作之规模"。所以，他坚决主张"修书之本不可不据仲尼、司马迁会通之法"。

为此，郑樵对未能遵循"会通"之义的史学家及史著多有批评，其中对班固和《汉书》的批评最多也最严厉。他说："不幸班固非其人，遂失会通之旨。司马氏之门户，自此衰矣！班固者，浮华之士也，全无学术，专事剽窃"，"由其断汉为书，是致周、秦不相因，古今成间隔"。其认为《汉书》关于汉武帝以前的材料是"尽窃迁书"，自昭帝至平帝的历史记载则"资于贾逵、刘歆"，而最终的完成又得力于班昭；《汉书》中最糟糕的是《古今人表》，乃"出固之胸中者"；《汉书》中最出彩的是《艺文志》，实际上这是出自刘向、刘歆的《七略》，"若班氏步步趋趋不离于《七略》，未见其失也；间有《七略》所无，而班氏杂出者，则踬矣"。他还批评班固宣扬"汉绍尧运"是无稽之谈，批评班固"无独断之学，惟依缘他人以成门户"，等等。他感叹"迁法既失，固弊日深"，"自班固以断代为史，无复相因之义，虽有仲尼之圣，亦莫知其损益。会通之道，自此失矣。语其同也，则纪而复纪，一帝而有数纪；传而复传，一人而有数传。天文者，千古不易之象，而世世作《天文志》；《洪范》五行者，一家之书，而世世序《五行传》。如此之类，岂胜繁文！语其异也，则前王不列于后王，后事不接于前事；郡县各为区域，而昧迁革之源；礼乐自为更张，遂成殊俗之政。如此之类，岂胜断缏"①。郑樵以"会通"为标准而作的种种批评，既有积极意义之处，也有言过其实之偏，包括对司马迁的批评也都是正误参半，但充分表明了郑樵"会通"的编纂思想和批评标准。

要之，郑樵"会通"的编纂思想和批评标准，强调史书撰写要汇总、综合各种历史文献资料，融会贯通，要求"大著述者，必深于博雅，而尽见天下之书"；强调史书撰写要重古今之相因、极古今之变化，揭示古今历史的联系和变

---

① 以上引文均见郑樵. 通志：总序 [M]. 北京：中华书局，1987：1-4.

化,甚至强调史书撰写要"会天下之理""会天下之道"。这在历史编纂学上和史学批评史上都有积极的意义,《通志》的撰述成功,就是对司马迁通史撰述与会通精神的继承和发展。

二、"史册以详文该事,无待美刺"

郑樵倡言实学,主张通过各种途径尤其是通过实际调查以获取真知,用以丰富历史撰述,或者订"正史"书记载的讹误,更好地发挥史学的社会作用。

他主张著书立说要讲求实用价值、注重实用。他说:"夫史者,国之大典也,而当职之人不知留意于宪章,徒相尚于言语,正犹当家之妇,不事饔飧,专鼓唇舌,纵然得胜,岂能肥家?"① 他把史书视为"国之大典",认为必须讲求实用。反对史书不求实用,而专在语言上下功夫,认为这就如同不会操持家务,只会说三道四、与别人斗嘴的主妇,即使斗嘴得胜亦毫无益处!主张修史必须"留意于宪章",揭示典章制度古今发展变化,供治国安邦之鉴。同时,史书中应当有"图谱","今总天下之书、古今之学术而条其所以为图谱之用者,十有六。一曰天文,二曰地理,三曰宫室,四曰器用,五曰车旗,六曰衣裳,七曰坛兆,八曰都邑,九曰城筑,十曰田里,十一曰会计,十二曰法制,十三曰班爵,十四曰古今,十五曰名物,十六曰书。凡此十六类者,有书无图不可用也"②。他认为这些学问都不能缺少图谱,并指出:"天下之事,不务行而务说,不用图谱可也。若欲成天下之事业,未有无图谱而可行于世者。"③ "图谱之学不传,则实学尽化为虚文矣。"④

郑樵批评"务以欺人"之"妄学"和"务以欺天"的"妖学",认为"秉史笔者,皆准《春秋》,专事褒贬"的做法是不可取。他指出:"《春秋》主在法制,亦不在褒贬。"⑤ "凡说《春秋》者,皆谓孔子寓褒贬于一字之间,以阴中时人,使人不可晓解。'三传'唱之于前,诸儒从之于后,尽推己意而诬以圣人之意,此之谓欺人之学。"⑥ 他揭露了任情褒贬者的用心在于"尽推己意",所谓"春秋笔法"全是这样的人所附会的。郑樵早年作《春秋传》,削去三家

---

① 郑樵.通志:总序[M].北京:中华书局,1987:2.
② 郑樵.通志卷七十二:图谱略:明用[M].北京:中华书局,1987:837-838.
③ 郑樵.通志:卷七十二:图谱略:索象[M].北京:中华书局,1987:837.
④ 郑樵.通志:卷七十二:图谱略:原学[M].北京:中华书局,1987:837.
⑤ 郑樵.夹漈遗稿:卷二:寄方礼部书[M]//吴怀祺.郑樵研究.厦门:厦门大学出版社,2010:162.
⑥ 郑樵.通志:卷七十四:灾祥略:序[M].北京:中华书局,1987:853.

褒贬之说，"以杜其妄"。瞿林东先生指出："他的这个认识，在史学理论和史学批评上，反映出严肃的求实精神。"① 郑樵要求史官修史要实事求是，如实反映历史，反对主观好恶、任情褒贬，认为"曹魏指吴、蜀为寇，北朝指东晋为僭，南谓北为索虏，北谓南为岛夷"，《齐史》称"谋人之国"的梁军为"义军"，《隋书》称"伐人之君"的唐兵为"义兵"，《晋史》"党晋而不有魏"，《齐史》"党齐而不有宋"等都是错误的做法。"房玄龄董史册，故房彦谦擅美名；虞世南预修书，故虞荔虞寄有嘉传"的做法更为不妥。郑樵感慨"似此之类，历世有之。伤风败义，莫大乎此"，强调"史册以详文该事，善恶已彰，无待美刺"②，要求史学家真实记载史事，如实反映历史，防止空发议论、主观褒贬。

郑樵重视文献的考订和辨伪工作。汉朝学者褚少孙将司马迁《史记》的撰述原则概括为"信以传信，疑以传疑"。《通志》的撰写，很好地继承和贯彻了"传信存疑"的原则。郑樵对历代史事中有疑难问题的事都加上按语，考辨订误。如关于三王之事，按语说："三王之事，盖已久已，臣之所志，在于传信，其有传疑者，则降而书之，以备记载云。"③ 如考武王伐商年代，他说："《泰誓》之序曰：十有一年，武王伐商。其书曰：十有三年，大会于孟津。《洪范》亦曰：十有三祀，王访于箕子。则知武王伐商在十三年。有《泰誓序》之讹，以三为一，致后之说者纷纷也。"④ 像这样存疑辨疑的按语在《通志》中还有很多。

郑樵强调要注重对金石文物、鸟兽草木等实际知识的研究，重视实践。他认为金石文物经久不变，是考订文献的最好的佐证。如在《通志·隐逸传》中，郑樵便根据出土文物，考证汉初"四皓"圈公等人姓名，纠正了后人误"圈"为"园"之谬等。他认为金石文物可用来稽考古代史事，鸟兽草木亦能反映社会历史真相，无疑扩大了历史研究的领域，亦开拓了人们研究历史的视野，值得重视。他说："大抵儒生家多不识田野之物，农圃人又不识《诗》《书》之旨，二者无由参合，遂使鸟兽草木之学不传。"⑤ 他指出了书斋学问的弊端。他针对时人所谓"读百遍，理自见"的论调而批驳道："乃若天文、地理、车舆、

---

① 瞿林东.中国史学史纲[M].北京：北京出版社，1999：465.
② 郑樵.通志：总序[M].北京：中华书局，1987：2.
③ 郑樵.通志：卷一：三皇纪第一：按语[M].北京：中华书局，1987：31.
④ 郑樵.通志：卷三：三王纪第三下：按语[M].北京：中华书局，1987：48.
⑤ 郑樵.通志：卷七十五：昆虫草木略序[M].北京：中华书局，1987：865.

器服、草木、虫鱼、鸟兽之名，不学问，虽读千回万复，亦无由识也。"① 他强调求知和治学的身体力行、理论与实践的结合。他说："语言之理易推，名物之状难识。农圃之人识田野之物，而不达《诗》《书》之旨。儒生达《诗》《书》之旨，而不识田野之物。五方之名本殊，万物之形不一。必广览动植，洞见幽潜，通鸟兽之清状，察草木之精神，然后参之载籍，明其品汇。"② 他为了写《天文略》而常常是手持《步天歌》观察星象，"长诵一句，凝目一星，不三数夜，一天星斗，尽在胸中矣"③。注重将书本知识的学习与实际考察相结合。他为了写《昆虫草木略序》而"结茅夹漈山中，与田夫野老往来，与夜鹤晓猿杂处，不问飞潜动植，皆欲穷究性情"④。他常常亲自到田间向老农求教，深入深山掌握动植物的实际知识，探究动物的习性。这种重视实践，从实践中探求真知的精神，无疑也是对司马迁"读万卷书，行万里路"治学精神的很好继承和弘扬，是值得借鉴的。

郑樵反对义理之学、辞章之学，认为宋朝"学者操穷理尽性之说，以虚无为宗，实学置而不问"⑤。这造成了学术上重辞章、讲义理的空疏学风盛行。郑樵对此极为反感，指出："义理之学尚攻击，辞章之学务雕搜。耽义理者，则以辞章之士不逮渊源；玩辞章者，则以义理之士为无文采。要之，辞章虽富，如朝霞晚照，徒焜耀人耳目；义理虽深，如空谷寻声，靡所底止。二者殊途而同归，是皆从事于语言之末，而非为实学也。"⑥ 这里，郑樵把实学作为和义理之学、辞章之学相对立的学风提出来，具有重要的理论意义。

三、"一家之言，自得之书"

郑樵主张："凡著书者，虽采前人之书，必自成一家言。"⑦ 他反对因袭前人，追求"自得"之学。曾云："其书（《通志》）上自羲皇，下逮五代，集天下之书为一书，惟虚言之书不在所用。虽曰继马迁之作，凡例殊途，经纬异制，

---

① 郑樵. 夹漈遗稿：卷二：寄方礼部书[M]//吴怀祺. 郑樵研究. 厦门：厦门大学出版社，2010：162.
② 郑樵. 通志：总序[M]. 北京：中华书局，1987：3.
③ 郑樵. 通志：卷三十八：天文略：序[M]. 北京：中华书局，1987：525.
④ 郑樵. 通志：卷七十五：昆虫草木略：序[M]. 北京：中华书局，1987：865.
⑤ 郑樵. 通志：卷七十五：昆虫草木略：序[M]. 北京：中华书局，1987：865.
⑥ 郑樵. 通志：卷七十二：图谱略：原学[M]. 北京：中华书局，1987：837.
⑦ 郑樵. 通志：总序[M]. 北京：中华书局，1987：1.

自有成法，不蹈前修。"① 司马迁著《史记》，志在"究天人之际，通古今之变，成一家之言"。郑樵《通志》仿《史记》而作，继承了司马迁的思想，强调"自得之功""自有成法""自成一家言"，旨在打破前人修史"经既苟且，史又荒唐"的局面，力图开创一种全新的学术风气。在《上宰相书》中，他论述道：

> 为修书自是一家，作文自是一家。修书之人必能文，能文之人未必能修书，若之何后世皆以文人修书。

> 天文之赋万物也，皆不同形，故人心不同犹人面。凡赋物不同形，然后为造化之妙；修书不同体，然后为自得之工。仲尼取虞、夏、商、周、秦、晋之书为一书。每书之篇语言既殊，体制亦异。及乎《春秋》，则又异于《书》矣。袭书《春秋》之作者，司马迁也，又与二书不同体，以其自成一家言，始为自得之书。后之史学家初无所得，自同于马迁。马迁之书，迁之面也，假迁之面而为己之面，可乎？使迁不作，则班、范以来皆无作矣。②

这里，郑樵将"修书"与"作文"做了区别，强调"修书"当重创造，应有"自得之功"，认为《春秋》异于《尚书》，《史记》更不同于《尚书》《春秋》二书，这是史书变化发展的表现。《史记》虽继《春秋》而作，却自成一家，是"自得之书"。但后世史学家仿照《史记》撰史，仅仅是模仿而已，只是表面上的形似，而没有"自得之功"。郑樵以事实论述了"自得之功""成一家言"对历史研究和撰述的重要。

郑樵所纂《通志》就是"自成一家言"的巨著，该书分纪、传、略（志）、谱（表）、世家、载记六部分，各部分内容都有所本，但对史料的抉择取舍相当严谨，特别"二十略"为全书之精华，最能体现出郑樵的"会通""自得"思想。他说："臣今总天下之大学术而条其纲目，名之曰略，凡二十略。百代之宪章，学者之能事，尽于此矣！"③ 此并非虚言。章学诚在《文史通义》之《释通》《申郑》《答客问》诸篇，盛赞郑樵"别识心裁""自为经纬""发凡起例"，成一家之言。《申郑》篇云："郑樵生千载而后，慨然有见于古人著述之源，而知作者之旨，不徒以词采为文、考据为学也。于是遂欲匡'正史'迁，

---

① 郑樵. 夹漈遗稿：卷二：上宰相书 [M] // 吴怀祺. 郑樵研究. 厦门：厦门大学出版社，2010：168.

② 郑樵. 夹漈遗稿：卷三：上宰相书 [M] // 吴怀祺. 郑樵研究. 厦门：厦门大学出版社，2010：167.

③ 郑樵. 通志：总序 [M]. 北京：中华书局，1987：2.

益以博雅；贬损班固，议其因袭，而独取三千年来，遗文故册，运以别识心裁，盖承通史学家风，自为经纬，成一家言者也。学者少见多怪，不究其发凡起例，绝识旷论，所以斟酌群言，为史学要删，而徒摘其援据之疏略，裁剪之未定者，纷纷攻击，势若不共戴天，古人复起，奚足当吹剑之一哄乎？"《释通》篇云："《通志》精要，在于义例。盖一家之言，诸子之学识，而寓于诸史之规矩，原不以考据见长也。后人议其疏陋，非也。"郑樵在自己的史学实践中追求自得之功、独断之学，在批评其他史著时也以"自得"为标准，如他批评班固"全无学术，专事剽窃""初无独断之学，惟依缘他人以成门户"，而"范晔、陈寿之徒继踵，率皆轻薄无行"等便是其例。

总之，郑樵在历史编纂学上力主"会通之义"、追求"自得之书"、倡言实学、注重实用的思想，值得重视和借鉴。但由于郑樵个人的偏爱，造成他思想上的偏激和失误。他力主写通史，反对写断代史，故而对撰写断代史的史学家及其史著进行了毫不留情的批判，有时甚至不顾事实而放言抨击，在一定程度上犯了"爱憎由己，高下在心"的错误。因此，对郑樵的认识，当采取辩证的态度。

第三节 《通考》："变通张弛之故"

《文献通考》（以下简称《通考》）是元朝初年著名历史学家马端临撰写的一部典章制度史，这是继杜佑《通典》之后又一部典制体通史，在中国古代史学史上占有重要的地位。从历史编纂学上看，马端临不仅继承了自杜佑以来重视"会通"和社会经济的思想，而且扩大了典制体史书的门类，不仅注重历史发展的贯通变化，而且注重探寻历史发展的"变通张弛之故"。

一、"会通因仍之道"

"会通"，是中国史学的优良传统。马端临撰述《通考》，所遵循的原则也是"会通"。司马迁《史记》的"通古今之变"、杜佑《通典》的"统括史志，会通古今"、司马光《资治通鉴》的"贯通古今"及郑樵《通志》的"会通之义"，无不对马端临产生重要影响。而马端临的"会通"思想则进一步发展了前人的认识。

马端临在《通考·自序》中说：

《诗》《书》《春秋》之后，惟太史公号称良史，作为纪、传、书、表，纪、传以述理乱兴衰，八书以述典章经制，后之执笔操简牍者，卒不易其体。然自班孟坚而后，断代为史，无会通因仍之道，读者病之。

至司马温公作《通鉴》，取千三百余年之事迹，十七史之纪述，萃为一书，然后学者开卷之余，古今咸在。然公之书详于理乱兴衰，而略于典章经制，非公之智有所不逮也，编简浩如烟埃，著述自有体要，其势不能以两得也。

窃尝以为理乱兴衰，不相因者也，晋之得国异乎汉，隋之丧邦殊乎唐，代各有史，自足以该一代之始终，无以参稽互察为也。典章经制，实相因者也，殷因夏，周因殷，继周者之损益，百世可知，圣人盖已预言之矣。

这里，马端临表达了这样几层意思：其一，由于班固《汉书》断代为史，导致古今成间隔，失去了司马迁的"会通因仍之道"。其二，司马光作《资治通鉴》，贯通古今，发扬了司马迁的"会通"之道，使学者开卷之余，古今咸在。遗憾的是"详于理乱兴衰，而略于典章经制"，即《资治通鉴》会通时，详写了古今"事迹"而不是"典章经制"。其三，指出"理乱兴衰，不相因者也""典章经制，实相因者也"。这实是在说明《通考》的撰述，就是要探明历代典章经制的"相因"之义。

马端临认为："唐杜歧公始作《通典》，肇自上古，以至唐之天宝，凡历代因革之故，粲然可考……天宝以后，盖阙焉。有如杜书纲领宏大，考订该洽，固无以议为也；然时有古今，述有详略，则夫节目之间，未为明备，而去取之际，颇欠精审，不无遗憾焉。"[①] 一方面，称赞《通典》能考"历代因革之故"，又指出因时代的局限而未能叙唐天宝以后的典制；另一方面，称赞《通典》"纲领宏大，考订该洽"，又批评《通典》于"节目之间，未为明备，而去取之际，颇欠精审"。马端临之所以要撰写《通考》，就是要弥补《通典》所存在的上述两方面的遗憾。也就是说，马端临撰写《通考》，一是要弥补《资治通鉴》"详于理乱兴衰，而略于典章经制"的遗憾，侧重考察历代典章制度的沿革变迁；二是要续作《通典》，弥补《通典》于典章制度"未为明备""颇欠精审"之处。

首先，继《通典》而续撰典章制度通史，探讨典章制度的"会通因仍之道"，但其续作并不是接着《通典》往后写，只详唐天宝以后典制，而是由古而今，上下贯通，始自上古时期，终于宋宁宗嘉定末年。"融会错综，原始要终"，

---

① 以上引文均见马端临. 文献通考：自序［M］. 北京：中华书局，2018：1-2.

详叙历代典章制度及其时代特点,揭示历代典章制度的沿革变迁,探讨其中的"因仍之道"。使上下数千年的典制融贯于《通考》一书,比《通典》多记了约470年。而且书中每一"考",都遵循贯通的思想去写作,力图考察每一项典章制度的因革损益及其时代特点。如"作田赋考第一,叙历代因田制赋之规,而以水利、屯田、官田附焉,凡七卷";"作户口考第三,叙历代户口之数与其赋役,而以奴婢、占役附焉。凡二卷";"作职役考第四,叙历代役法之详,而以复除附焉。凡二卷";"作征榷考第五,首叙历代征商之法,盐铁始于齐,则次之;榷酤始于汉,榷茶始于唐,则又次之;杂征敛者,若津渡、间架之属,以至汉之告缗,唐之率贷,宋之经、总制钱,皆衰世一切之法也,又次之。凡六卷"等,都是本着贯通的原则写就。又如"作学校考第十,叙历代学校之制,及祠祭褒赠先圣先师之首末,幸学养老之仪,而郡国乡党之学附见焉。凡七卷"①。其详细叙述了自虞舜设立上庠、下庠之教到宋朝官学与书院的兴盛的历代学校教育情况,其中对太学的出现、学舍的建立等一些重要教育制度的出现予以了特别的关注,对隋唐时期的外国留学风潮做了记述,这简直就是一部简明而完整的宋朝及其以前的古代教育简史,甚至最后一考《四裔考》,也是本着会通的思想来考察和研究历代各民族与中原华夏的关系。他认为:昔先王疆理天下,制立五服,所谓蛮夷戎狄,其在要、荒之内,九州之中者,则被之声教。唐、虞、三代之际,不可得其详。《春秋》所载,夷,指莱夷;戎,指山戎、北戎、陆浑、赤驹等;狄,指赤狄、白狄、皋落、鲜虞等。当时有与华夏交错之地,"故不容不有以制服而羁縻之"。至于沙漠之地、瘴海之外,"固未尝穷兵黩武",并不一定要设郡县于其地。到"秦始皇既并六国,始北却匈奴,南取百粤。至汉武帝时,东并朝鲜,西收甘、凉,南辟交趾、珠厓,北斥朔方、河南,以至车师、大宛、夜郎、昆明之属,俱遣信使,赍重贿,招来而羁置之,俾得通于上国,窥其广大,割齐民以附夷狄,弊所恃以事无用。自是之后,世谨梯航,历代载记所叙,其风气之差殊、习俗之诡异,可考而索,至其世代传授之详,则固不能以备知也。作《四裔考》第二十四。凡二十五卷"②。说明作《四裔考》的缘由,十分重视自古至唐宋时期历代对边疆少数民族的政策和关系。

其次,《通考》继承了《通典》"立分门"的思想,进一步拓展了典制体史书的门类。马端临认为杜佑《通典》于"节目之间,未为明备",故在《通典》的基础上,调整和增加了典制体史书的门类。《通典》共设食货、选举、职官、

---

① 马端临. 文献通考:自序 [M]. 北京:中华书局,2018:4-9.
② 马端临. 文献通考:自序 [M]. 北京:中华书局,2018:22.

礼、乐、兵、刑、州郡、边防九大门类，《通考》则增设至24门，其中田赋、钱币、户口、职役、征榷、市籴、土贡、国用、选举、学校、职官、郊社、宗庙、王礼、乐、兵、刑、舆地、四裔19门，属于继承和离析《通典》门类而成，而经籍、帝系、封建、象纬、物异5门则为马端临新创设。马端临之所以要如此作调整和增设，理由很明确，他说：

> 盖古者因田制赋，赋乃米粟之属，非可析之于田制之外也。古者任土作贡，贡乃包篚之属，非可杂之于税法之中也。乃若叙选举则秀、孝与铨选不分，叙典礼则经文与传注相洦，叙兵则尽遗赋调之规而姑及成败之迹，诸如此类，宁免小疵。至于天文、五行、艺文，历代史各有志，而《通典》无述焉。马、班二史各有诸侯王、列侯表，范晔《东汉书》以后无之，然历代封建王侯未尝废也。王溥作唐及五代会要，首立帝系一门，以叙各帝历年之久近，传授之始末，次及后妃、皇子、公主之名氏封爵，后之编会要者仿之，而唐以前则无其书。凡是二者，盖历代之统纪，典章系焉，而杜书亦复不及，则亦未为集著述之大成也。①

针对《通典》的《食货典》《选举典》《礼典》《兵典》等存在问题而做调整和离析；针对"天文、五行、艺文，历代各有志，而《通典》无述焉"，马端临补撰了象纬、物异、经籍三考；针对《史记》《汉书》都作诸侯王列侯表，范晔《后汉书》以后纪传体史书则欠缺，只有王溥的《唐会要》和《五代会要》首立"帝系"一门，"而杜书亦复不及"，故增设帝系、封建二考。马端临还说："窃伏自念：业绍箕裘，家藏坟索，插架之收储，趋庭之问答，其于文献盖庶几焉。尝恐一旦散轶失坠，无以属来哲，是以忘其固陋，辄加考评，旁搜远绍，门分汇别……俱效《通典》之成规。自天宝以前，则增益其事迹之所未备，离析其门类之所未详；自天宝以后，至宋嘉定之末，则续而成之。曰经籍，曰帝系，曰封建，曰象纬，曰物异，则《通典》元未有论述，而采摭诸书以成之者也。"② 经马端临的新增、细分，《通考》在编纂结构上更趋完备，反映社会历史更加全面了。因此，《通考》在思想上、内容上和体例上都比《通典》和《通志》显得更加完善。

总之，《通考》共设二十四考，对于中唐以前至上古的典章制度，以《通典》为基础做了补充、扩写。对于中唐以后的历代典章制度，又以二十四考来

---

① 马端临. 文献通考：自序［M］. 北京：中华书局，2018：2.
② 马端临. 文献通考：自序［M］. 北京：中华书局，2018：2-3.

汇聚文献、贯通史事。马端临主张"时有古今,述有详略",故在具体撰述中采取"详今略古"的撰述原则,全书虽贯通古今,却重在宋朝,极好地体现了"经邦稽古"的撰述旨趣。综观全书,宋朝内容占一半以上篇幅,而且《通考》所记宋代典制内容,很多都为元人所修《宋史》诸志所未及,具有极高的史料价值。

二、"变通张弛之故"

马端临"会通因仍之道"的落脚点是探寻"变通张弛之故"。他继承郑樵的"会通之义",批评班固以后的断代为史,"无会通因仍之道,读者病之",指出:"爰自秦汉以至唐宋,礼乐兵刑之制,赋敛选举之规,以至官名之更张,地理之沿革,虽其终不能以尽同,而其初亦不能遽异。如汉之朝仪官制,本秦规也。唐之府卫租庸,本周制也。其变通张弛之故,非融会错综,原始要终而推寻之,固未易言也。"① 也就是说,他所撰《通考》,不但要详细记载历代典章制度,探究历代典章制度的沿革变迁,而且要探明其间的"变通张弛之故",即其发展变化的原因。

典章制度相因相承、古今相通,但相通之中又有变化发展。研究典章制度,既要看到前后发展的继承性,更要重视寻求其"变通"的原因,为此,"非融合错综,原始要终而推寻之不可"②,即要综合考察典章制度的起源、变化、结果整个全过程,加以融会贯通,推导其发展的趋势,找到其变化的真正原因。如果说杜佑《通典》、郑樵《通志》对典章制度的记载只是求其上下贯通,那么马端临的《通考》则是要找到其贯通发展的原因何在。这正是马端临对前人"会通"思想的发展。白寿彝先生曾指出:

> 郑樵的会通说,在于使人们从断代史中解放出来,从断代史走到通史,要人们从复杂事例中依类找出头绪来,这是一种基于归纳法而寻找历史规律的初步要求。但他提出来的历史记载的时代相续只是历史编纂学上的史书体裁问题,不能解决历史问题。他提出来的类例,主要是关于文献学的问题,很少是对于历史本身进行研究。马端临不但把郑樵提出来的"会通"运用于历史编纂学、文献学问题的处理上,而且运用于历史问题的研究上。换言之,在"类"的概念之外,还提出了一个"故"的概念。……可见马

---

① 马端临. 文献通考: 自序 [M]. 北京: 中华书局, 2018: 1.
② 这与司马迁著《史记》时提出"通古今之变",强调"原始察终,见盛观衰"是一致的。

端临并不满足于历史记载的时代相续的类例，而更注意的是历代典章经制变通张弛的原因（"故"），在整齐故事以外，进行融会错综、原始要终的研究。①

马端临著《通考》，在形式上类似《通典》的地方不少，但其目的是在于研究历代制度"变通张弛之故"，这是和杜佑有很大的区别的。总之，无论在书的结构上，在从内容比重所体现的作者兴趣上以及作者著书的出发点上，马端临都显示了他不同于他的前辈，而在历史重大问题的研究上要求更向前迈进。②

从《通考》的具体内容来看，充分体现了马端临推寻"变通张弛之故"的思想。如他论及商鞅和杨炎变革时说：

> 三代井田之良法坏于鞅，唐租庸调之良法坏于炎。二人之事，君子所羞称也。而后之为国者莫不一遵其法，一或变之，则反至于烦扰无稽，而国与民俱受其病，则以古今异宜故也。③

在郑樵看来，商鞅、杨炎的变革虽有许多弊病，但他们的变革符合历史发展的形势，顺之者昌，逆之者殃。强调"古今异宜"，是历史发展的客观形势使然。《通考·田赋考》三论杨炎两税法又说：

> 陆宣公又言："先王制赋入，必以丁夫为本，无求于力分之外，无贷于力分之内。故不以务稼增其税，不以辍稼减其租，则播种多。不以殖产厚其征，不以流寓免其调，则地著固。不以饰励重其役，不以窭怠蠲其庸，则功力勤。如是，故人安其居，尽其力。"此虽名言，然物之不齐，物之情也。均是人也，而才艺有智愚之不同；均营生也，而时运有屯亨之或异；盖有起穷约而能自致千金，其余力且足以及他人者；亦有蒙故业而不能保一簪，一身犹以为累者，虽圣人，不能比而同之也。然则以田定赋，以家之厚薄为科敛之轻重，虽非盛世事，而救时之策，不容不然，未宜遽非也。

一个"不容不然"，即指出了这是客观历史发展的必然。

又如《通考·职役考》二论雇役说：

> 其所以必行雇役者，盖虽不能使充役之无费，然官自任雇募之责，则

---

① 白寿彝. 中国史学史论集 [M]. 北京：中华书局，1999：265.
② 白寿彝. 中国史学史论集 [M]. 北京：中华书局，1999：250.
③ 马端临. 文献通考：自序 [M]. 北京：中华书局，2018：4.

其役与民不同,而横费可以省。虽不能使官吏之不贪,然民既出雇募之费,则其身与官无预,而贪毒无所施。此其相与防闲之术虽去古义远甚,然救时之良策,亦不容不如此。

以"不容不如此",指出了实行"雇役"之必然性。

马端临在论述史事时,常说到"古今异宜""不容不然""不容不如此",均指必然性。"从这些话看来,马端临所要推寻的'故',是要研究历史发展的客观形势的,是要根据历史发展的客观条件来分析史事的,这是马端临追寻历史规律的又一重要观点。"①《通考》在对典章制度的论述中,均体现了"变通"及探寻"变通之故"的思想。

综上可见,马端临继承了杜佑、郑樵"通变""会通"的思想,研究历代典制,探讨"变通张弛之故",试图从中寻找历史演变的轨迹及根源,显然其理论认识要远胜杜佑、郑樵。从杜佑的"酌古之要,通今之宜"②,到郑樵的"会通之义,自得之书",再到马端临的探讨"变通张弛之故",恰好反映了典制体史书编纂观念的发展进步。③

三、"叙事为文,论事为献,窃注己意"

马端临研究典章制度"会通因仍之道",探寻其"变通张弛之故"的具体方法是:"叙事为文,论事为献,窃注己意"。其云曰:

> 凡叙事,则本之经史,而参之以历代会要,以及百家传记之书,信而有征者从之,乖异传疑者不录,所谓"文"也。凡论事,则先取当时臣僚之奏疏,次及近代诸儒之评论,以至名流之燕谈,稗官之纪录。凡一语一言,可以订典故之得失,证史传之是非者,则采而录之,所谓"献"也。其载诸史传之纪录而可疑者,稽诸先儒之论辩而未当者,研精覃思,悠然有得,则窃注己意,附其后焉。④

这里,所谓"文"就是叙事,所谓"献"就是当时的论事,所谓"注"就是作者的考释。这正是马端临编纂《通考》的三个基本原则。他将"文""献""注"三者有机结合,融会贯通,共同为探求典章制度"变通张弛之故"服务。

---

① 白寿彝.中国史学史论集[M].北京:中华书局,1999:258-259.
② 杜佑.通典:卷十二:食货:后论[M].北京:中华书局,2016:295.
③ 谢保成先生认为:"马端临提出探寻'变通张弛之故',将历史主体意识推向一个新的更高的层次。"见谢保成著《中国史学史》,商务印书馆2006年第164页。
④ 马端临.文献通考:自序[M].北京:中华书局,2018:3.

"文"，重在广泛收集史料，大凡经史、历代会要、百家传记等，都必须收集、阅读和参考，原则是"信而有征者从之，乖异传疑者不录"；"献"，重在收集名人评论，包括当时臣僚的奏疏、近代诸儒的评论，以及名流的闲谈、稗官的记录等，原则是"凡一语一言，可以订典故之得失，证史传之是非者，则采而录之"，附录在具体史事下面；"注"，即作者自家的议论和见解，是马端临针对"史传纪录而可疑者"和"先儒之论辩而未当者"而发表的议论与见解。所有议论与见解都是作者"研精覃思"之心得，反映了作者对历史的新见解。

在表现形式上，为了区别"文""献""注"，凡是叙事之文，一律顶格书写；凡论事之文，遇臣僚之奏疏低一格书写。诸儒之议论则低两格书写，通常标出"某人曰"，其父之言则标出"先公曰"等；考释之文则一律与诸儒议论平列，但附于文尾。这样一来，使文、献、注三部分眉目清晰，井井有条，不相混淆，十分便于读者观览。文、献、注的编纂方法和原则，使叙事变得灵活、自由、明了而又井然有序，这是典制体史书在编纂方法上的一大进步。这种编写方法，受到了学者们的重视，后世模仿者不乏其人，近代陈垣先生的《通鉴胡注表微》即成功地沿用了这种方法。

综上所述，马端临所撰《通考》贯彻的是"会通"的思想，核心是探寻典章制度的"变通张弛之故"，并通过"叙事为文，论事为献，窃注己意"的编纂方法和原则，来实现对历代典章经制变通张弛原因的揭示。《通考》在中国史学史尤其是典制史的编纂上具有突出的地位。故《四库全书总目》评论说："大抵门类既多，卷繁帙重，未免取彼失此。然其条分缕析，使稽古者可以案类而考。又其所载宋制最详，多《宋史》各志所未备，案语亦多能贯穿古今，折衷至当。虽稍逊《通典》之简严，而详赡实为过之，非郑樵《通志》所及也。"①历代学者也多认为，《通典》以精密见称，《通考》以博通见长，各有独到之处，应互相参证而不可偏废。

第四节 "三通"与典制史的发展

一、"三通"与典制通史

《通典》《通志》和《文献通考》三书都以贯通古今为主旨，又都以"通"

---

① 永瑢，等.四库全书总目：卷八十一：文献通考［M］.北京：中华书局，1965：697.

贯名，故后人合而称之为"三通"。"三通"在中国古代史籍中占有非常重要的地位。

《通典》是"三通"之首，为唐朝杜佑所撰，成书于贞元十七年（801），此书全面开创了典制体史书体裁的规模，是我国第一部系统记载历代典章制度的通史巨著。全书记载了上起传说中的黄帝，下至唐玄宗，间及肃宗、代宗以至德宗时典章制度的沿革流变，共200卷。分九大门类，即《食货典》12卷、《选举典》6卷、《职官典》22卷、《礼典》100卷、《乐典》7卷、《兵典》15卷、《刑法典》8卷、《州郡典》14卷、《边防典》16卷。每门之下又细分若干小类，如《食货典》门又分《田制》《赋税》《历代盛衰户口》等十余个小类。每一小类中的正文内容则依朝代顺序记述。九大门类按事物分类，记载不同的典章制度。其编排次序十分严谨，集中反映了杜佑的编纂思想和政治观点。序云：

> 理道之先在乎行教化，教化之本在乎足衣食。《易》称聚人曰财。《洪范》八政，一曰食，二曰货。《管子》曰："仓廪实而知礼节，衣食足知荣辱。"夫子曰："既富而教。"斯之谓矣。夫行教化在乎设职官，设职官在乎审官才，审官才在乎精选举，制礼以端其俗，立乐以和其心，此先哲王致治之大方也。故职官设然后兴礼乐焉，教化隳然后用刑罚焉，列州郡俾分领焉，置边防遏戎敌焉。是以食货为之首，选举次之，职官又次之，礼又次之，乐又次之，刑又次之，州郡又次之，边防末之。①

由此可见，《通典》一书结构严谨、层次分明，九类之间有很强的内在联系，形成一个新的逻辑结构：从经济基础到上层建筑；从选举到任官；从礼乐教化到暴力刑法；从中央朝廷到地方行政；从汉族到边疆各族。这种安排，不但反映了杜佑对当时社会结构及其内在联系的基本认识，也清楚地表明了杜佑编纂此书的用意：将食货、选举、职官置于前，表明国家的经济措施、选官制度、政府机构三者至关重要；使礼、乐、兵、刑居其中，说明礼乐是维护统治需要的文治，兵刑是维护统治需要的武治，一文一武，一软一硬，都是不可或缺的；以州郡、边防殿于后，则又表明全国的行政区划及四方邻国，无不关乎国家的稳定和安全。杜佑以这样的逻辑结构编排全书，使"览之者庶知篇第之旨"②，"不仅建立起一个认识社会结构的全新体系，而且成为历史编纂学上的

---

① 杜佑. 通典：卷一：序［M］. 北京：中华书局，2016：1.
② 杜佑. 通典：卷一：序［M］. 北京：中华书局，2016：1.

一大创举"①，体现出杜佑卓越的见识。

《通典》成书360年后，即南宋绍兴三十一年（1161），著名史学家郑樵完成了《通志》，上奏朝廷。

《通志》本为纪传体史书，郑樵撰此书的目的，是要在纪传体通史撰述上恢复司马迁"通古今之变"的优良传统。全书200卷，含帝纪18卷、年谱4卷、略52卷、世家3卷、载记8卷、列传115卷（内附后妃传2卷，附于帝纪之后；宗室传8卷，附于同姓世家之后；四夷传7卷，附于载记之后；其他列传98卷）。记事起于三皇，讫于隋末，诸略所记涉及唐代。郑樵反复强调"会通之义""会通之旨""会通之道"，其主旨在于：一是重视古今"相因之义"，意在贯通历史的联系；二是重视历代损益，意在揭示古今历史的变化。② 其中，《通志》"二十略"专门记载历代典章制度沿革变化，集中体现了郑樵史学创作特点，是全书的精华。郑樵自序云："总天下之大学术而条其纲目，名之曰略，凡二十略，百代之宪章，学者之能事，尽于此矣！"③ 这一编纂原则充分体现了郑樵"会通"的思想。"二十略"，通常称《通志略》，总共52卷，占全书的四分之一，分别是：《氏族略》6卷、《六书略》5卷、《七音略》2卷、《天文略》2卷、《地理略》1卷、《都邑略》1卷、《礼略》4卷、《谥略》1卷、《器服略》2卷、《乐略》2卷、《职官略》7卷、《选举略》2卷、《刑法略》1卷、《食货略》2卷、《艺文略》8卷、《校雠略》1卷、《图谱略》1卷、《金石略》1卷、《灾祥略》1卷、《昆虫草木略》2卷，包括了学术史、制度史、社会史等方面的内容。因记载历代典章制度的"二十略"在全书中成就最高，是郑樵用力最勤最得意的地方，故历代将《通志》视为典制通史。

郑樵自谓："二十略"中除礼、职官、选举、刑法、食货五略由"汉唐诸儒所得而闻"，其余十五略则"汉唐诸儒所不得而闻"。又说："臣之《二十略》，皆臣自有所得，不用旧史之文。"④ 仔细分析"二十略"，大致可以分为三类：第一类是立目与内容都依据旧史，即郑樵所说"汉唐诸儒所得而闻"的五略——礼、职官、选举、刑法、食货。第二类是立目参照旧史，但内容有所创新，即天文、地理、器服、乐、艺文、灾祥六略。比如《艺文略》，名称与纪传体《艺文志》相同，但是它的分类方法和著录内容范围却不一样。郑樵说："观

---

① 谢保成. 中国史学史 [M]. 北京：商务印书馆, 2006：145-146.
② 瞿林东. 中国史学史纲 [M]. 北京：北京出版社, 1999：459.
③ 郑樵. 通志：总序 [M]. 北京：中华书局, 1987：2.
④ 郑樵. 通志：总序 [M]. 北京：中华书局, 1987：3.

《群书会记》则知樵之《艺文志》异乎诸史之《艺文》。"①《艺文略》是在郑樵的《群书会记》一书的基础上改编而成,分类著录了宋朝以前的典籍。《艺文略》贯穿了郑樵的"会通之义",不是著录一代藏书,也不是著录一代著作,而是"纪百代之有无","广古今而无遗"的通史《艺文志》,共著录文献10912部,110972卷。而且突破了旧史的分类方法,重新建立起一个分类体系,将典籍分为12大类:"总古今有无之书为之区别,凡十二类:经类第一,礼类第二,乐类第三,小学类第四,史类第五,诸子类第六,星数类第七,五行类第八,艺术类第九,医方类第十,类书类第十一,文类第十二","总十二类,百家,四百二十二种,朱紫分矣。散四百二十二种书可以穷百家之学,敛百家之学可以明十二类之所归。"②郑樵对典籍分类的意义和作用有着独到精深的认识。第三类是从立目到内容均属郑樵自创,包括氏族、六书、七音、都邑、谥、校雠、图谱、金石、昆虫草木九略。这是《通典》及前代纪传体书志部分所没有的。其中,《氏族略》记载上古姓氏来源的氏族谱系之学,区分姓氏由来为32类,提出了研究中国姓氏沿革的基本原理;《都邑略》记载上古至隋历代建都的地点、位置、形胜、选择该地建都的原因、得失及各个域外国家的地理位置;《昆虫草木略》仿《尔雅》体例,搜求各种方言异名,汇释草木虫鱼的名称,今天属于生物学的范畴。这三略无疑是受到唐朝刘知几的启发。③《六书略》《七音略》是关于文字、音韵的学问;《谥略》则论述古代210种谥法;《校雠略》《图谱略》《金石略》属文献学著作,《校雠略》明确提出了目录学的作用在于"辨章学术,考竟源流",《图谱略》指出了图表与书籍的相互作用,《金石略》说明了直接史料的珍贵。"二十略"充分显示了郑樵的创新精神和创造意识,《四库全书总目》对其给予了高度评价,"其平生之精力,全帙之菁华,惟在二十略而已"④。这正是历代习惯将《通志》与典制体通史《通典》《文献通考》合而并称"三通"的缘由所在。

"三通"的最后一部是元人马端临的《文献通考》,此书成书于元大德十一年(1307),距《通志》问世(1161)约150年。

---

① 郑樵. 夹漈遗稿:卷三:上宰相书[M]. 丛书集成初编(合订本),北京:中华书局,2010.
② 郑樵. 通志:卷七十一:校雠略:编次必谨类例六篇[M]. 北京:中华书局,1987:831.
③ 刘知几《史通·书志》云:"盖可以为志者,其道有三焉:一曰都邑志,二曰氏族志,三曰方物志。"
④ 永瑢,等. 四库全书总目:卷五十:通志[M]. 北京:中华书局,1965:448.

马端临（约1254—1323），字贵与，号竹洲，江西饶州乐平（江西乐平县）永善乡人。生于世代官宦之家。其父马廷鸾曾任枢密院和国史院编修官，实录院检讨官。宋度宗咸淳五年（1269），马廷鸾任右丞相兼枢密使，参与朝政。正值南宋朝廷内忧外患之秋，又深受贾似道排挤，马廷鸾不堪忍受，于咸淳八年辞去相职。南宋灭亡后，深抱亡国之痛，隐居不仕，在家"读书课子"。马廷鸾学问渊博，著作丰富（大都散佚）。他长期担任史职，博览史馆藏书，为《文献通考》的编写提供了有利条件。今本《文献通考》中的20余条"先公曰"即是明证。马端临深受家庭熏陶，无意仕途，随父家居潜读，史学造诣精深。父亲去世后，受地方官之聘，出任慈湖书院、柯山书院山长，又曾做台州儒学教授。大约从至元二十二年（1285）前后开始写作《文献通考》，"用心二十余年"，成宗大德十一年（1307）成书。10年后，朝廷派"道行之士"王寿衍巡访江南，发现了此书，呈献朝廷。元英宗至治二年（1322）正式刊行于世。

马端临撰《文献通考》有着明确的指导思想，一是主张"会通因仍之道"；二是探寻"变通张弛之故"；三是"叙事为文，论事为献，窃注己意"。《文献通考·自序》对此有详细阐述：

> 考制度，审宪章，博闻而强识之，固通儒事也。《诗》《书》《春秋》之后，惟太史公号称良史，作为纪、传、书、表。纪传以述理乱兴衰，八书以述典章经制。后之执笔操简牍者，卒不易其体。然自班孟坚而后，断代为史，无会通因仍之道，读者病之。至司马温公作《通鉴》，取千三百年之事迹，十七史之纪述，萃为一书；然后学者开卷之余，古今咸在。然公之书，详于理乱兴衰，而略于典章经制，非公之智有所不逮也，编简浩如烟埃，著述自有体要，其势不能以两得也。

> 窃尝以为理乱兴衰，不相因者也，晋之得国异于汉、隋之丧邦殊于唐，代各有史，自足以该一代之始终，无以参稽互察为也。典章经制，实相因者也。殷因夏，周因殷，继周者之损益，百世可知，圣人盖已预言之矣。爰自秦汉以至唐宋，礼乐兵刑之制，赋敛选举之规，以至官名之更张，地理之沿革，虽终不能以尽同，而其初亦不能以遽异。如汉之朝仪官制，本秦规也；唐之府卫租庸，本周制也。其变通张弛之故，非融会错综，原始要终而推寻之，固未易言也。其不相因者，犹有温公之成书，而其本相因者，顾无其书，独非后学之所宜究心乎！

> 唐杜岐公始作《通典》，肇自上古，以至唐之天宝，凡历代因革之故，粲然可考。其后宋白尝续其书至周显德。近代魏了翁又作《国朝通典》。然

宋之书成，而传习者少。魏尝属稿而未成书。今行于世者，独杜公之书耳，天宝以后盖阙焉。有如杜书，纲领宏大，考订该洽，固无以议为也。然时有古今，述有详略，则夫节目之间，未为明备，而去取之际，颇欠精审，不无遗憾焉。①

马端临撰写《文献通考》的目的，一是要弥补《资治通鉴》"详于理乱兴衰，而略于典章经制"的遗憾，侧重考察历代典章制度的沿革变迁；二是要续作《通典》，弥补《通典》于典章制度"未为明备""颇欠精审"之处。

《文献通考》是继《通典》之后的又一部典制体通史巨著。详细记载了上古至宋宁宗嘉定末年的各种典章制度的沿革变化。全书348卷，共分24门：《田赋考》7卷，《钱币考》2卷，《户口考》2卷，《职役考》2卷，《征榷考》6卷，《市籴考》2卷，《土贡考》1卷，《国用考》5卷，《选举考》12卷，《学校考》7卷，《职官考》21卷，《郊社考》23卷，《宗庙考》15卷，《王礼考》22卷，《乐考》21卷，《兵考》13卷，《刑考》12卷，《经籍考》76卷，《帝系考》10卷，《封建考》18卷，《象纬考》17卷，《物异考》20卷，《舆地考》9卷，《四裔考》25卷。其中《田赋考》等十九门，依《通典》旧例，"离析其门类之所未备"，详加增补而成。反映了马端临重视继承又勇于创新的精神。如《通典·食货典》一门记经济制度，《通考》则分为《田赋考》《钱币考》《户口考》《职役考》《征榷考》《市籴考》《土贡考》《国用考》八门，内容更充实，突出地反映了马端临重视经济对政治统治的作用；《经籍考》《帝系考》《封建考》《象纬考》《物异考》五门，则是《通典》所无、马端临新创的内容。通过马端临的离析、新增，大大拓展了典制体通史内容的范围，更加全面地反映了历代典章制度的沿革变迁。其编纂方法也别树一帜，马端临在继承《通典》的基础上，构建了一套文、献、注三位一体的编纂原则，使全书结构紧密，条贯分明，浑然一体。即"凡叙事，则本之经史，而参之以历代会要，以及百家传记之书，信而有征者从之，乖异传疑者不录，所谓文也。凡论事，则先取当时臣僚之奏疏，次及近代诸儒之评论，以至名流之燕谈，稗官之记录，凡一话一言，可以订典故之得失，证史传之是非者，则采而录之，所谓献也。其载诸史传之纪录而可疑，稽诸先儒之论辨而未当者，研精覃思，悠然有得，则窃以己意附其后焉。命其书曰《文献通考》"。②

---

① 马端临. 文献通考：自序［M］. 北京：中华书局，2018：1-2.
② 马端临. 文献通考：自序［M］. 北京：中华书局，2018：3.

《通典》《通志》《文献通考》合称为"三通"。① "三通"的要旨在于：

其一，注重"通变"，进而探讨"变通张弛之故"。杜佑撰写《通典》，强调要"酌古之要，通今之宜"，要"详古今之要，酌时宜之可行"；郑樵《通志》突出强调"会通"观念，认为"会通之义大矣哉！""天下之理，不可以不会；古今之道，不可以不通"。"会"指"集天下之书为一书"，"通"指贯通古今而成一家，从而达到"极古今之变"的目的；马端临《文献通考》继承了郑樵的"会通"思想，并进而提出要探讨历史发展的"变通张弛之故"，强调要"融会错综，原始要终"，努力探寻历史变化发展的真正原因和去向。这与司马迁著《史记》，强调"通古今之变"，提出"原始察终，见盛观衰"的基本思想是一脉相承的。从杜佑的"酌古通今"，到郑樵的"会通之义"，再到马端临的推寻"变通张弛之故"，恰好反映了典制体通史编纂观念的发展变化。

其二，反对空言著述，重视"实学"。《通典》重实际，讲实效，杜佑"不达术数之艺，不好章句之学"，而尤重典章制度，主张"理道不录空言"，认真探讨"礼乐刑政"，以研究"政理"的具体措施，通过"征诸人事"，达到"将施有政"的目的；郑樵《通志》倡言"实学"，反对空谈义理，对当时的"义理之学"和"辞章之学"均提出了尖锐批评。郑樵指出："义理之学尚攻击，辞章之学务雕搜。耽义理者，则以辞章之士为不达渊源；玩辞章者，则以义理之士为无文采。要之，辞章虽富，如朝霞晚照，徒耀人耳目；义理虽深，如空谷寻声，靡所底止。"② 认为"二者殊途而同归，是皆从事于语言之末，而非为实学也"③。认为北宋以来的理学家"皆操穷理尽性之说，而以虚无为宗，至于实学，则置而不问"④，流弊极深；马端临《文献通考》强调"实证"，指出：史学家生于千百载之后，而欲讨论千百载之前，"非史传之实录俱存，何以稽考？"如果文献不足，则"虽圣人亦不能臆为之说也"。他编撰《文献通考》的重点在"考制度，审宪章"，采取"信而有证者从之，乖异传疑者不录"的原则，"凡一语一言，可以订典故之得失，证史传之是非者，则采而录之"⑤。贯彻的是求真求实的精神。

《通典》《通志》《文献通考》都名"通"，都以"举其始终""会通古今"

---

① 严格地讲，《通典》《文献通考》是记载典章制度的典制体通史，而《通志》则是纪传体通史。"三通"之称自有其合理之处，又有不恰当的地方。
② 郑樵. 通志：卷七十五：昆虫草木略：序 [M]. 北京：中华书局，1987：865.
③ 郑樵. 通志：卷七十二：图谱略：原学 [M]. 北京：中华书局，1987：837.
④ 郑樵. 通志：卷七十五：昆虫草木略：序 [M]. 北京：中华书局，1987：865.
⑤ 马端临. 文献通考：自序 [M]. 北京：中华书局，2018：3.

407

为主旨,都讲求"实学",都是记载典章制度为主的史著,故自清朝始,人们便将《通典》《通志》《文献通考》合称为"三通"。到乾隆年间甚至设立了"三通馆",仿照"三通"体例,编纂典章制度史,先修成"续三通",即《续通典》《续通志》《续文献通考》,便有了"六通"之称,断限至明末。不久,又撰成"清三通",即《皇朝通典》《皇朝通志》《皇朝文献通考》[①],有了"九通"的称呼,断限至乾隆年间。清末民初,刘锦藻(1854—1929)独立著成《续皇朝文献通考》400卷,续接乾隆至清末的内容,是为"十通"。从此,形成了一个上起传说时代的黄帝、下至清末的贯通古今的典制体通史体系,是研究中国古代史尤其是历代典制史不可缺少的重要文献。

二、典制断代史:会典和会要

几乎与典制通史《通典》同时,还产生了典制体断代史。典制体断代史,是指专记一代或一定时期典章制度的专书。断代典制史又有会要、会典之分。从中唐至清朝,会要、会典修纂形成了系列,保存了宝贵而丰富的典制资料。通常,一般私人所撰者称会要,而官修者多为会典,二者在编排上、价值上也稍有不同。

会要体史书,是依典制类别分类编排史料而成,始于唐朝苏冕《会要》,"冕缵国朝政事,撰《会要》四十卷,行于时"。[②] 记唐高祖至德宗历朝典制及相关行事。唐宣宗时,命崔铉监修、杨绍复等续编德宗以后事,成《续会要》40卷。北宋初,王溥又在苏、崔二书基础上再续唐宣宗至唐末之事,撰成《新编唐会要》(后世省称《唐会要》),共100卷,分为15类514目,同时还编成《五代会要》30卷。宋代专设"会要所"主修会要,共修成会要10部2198卷(《宋史·艺文志》),可惜均毁于明朝战火。今存《宋会要辑稿》,是清代学者徐松从《永乐大典》中辑出整理而成,大体能见宋朝的典制和要政,尤其有关经济方面的资料十分丰富。元朝文宗时撰有《皇朝经世大典》880卷,也在明朝亡佚。明清两代,尤重前代会要的补作,计有明朝徐天麟《西汉会要》70卷、《东汉会要》40卷,董说《七国考》(《战国会要》)14卷;清朝姚彦渠《春秋会要》4卷,孙楷《秦会要》26卷,杨晨《三国会要》22卷,龙文彬《明会要》80卷,朱铭盘《晋会要》《南朝宋会要》《南朝齐会要》《南朝梁会要》《南朝陈会要》等。由春秋以降直到明末,也形成了一个代代相承上下贯通

---

① 清朝灭亡后,改"皇朝"为"清朝",称《清朝通典》《清朝通志》《清朝文献通考》。
② 刘昫. 旧唐书:卷一百八十九下:苏弁传[M]. 北京:中华书局,1975:4977.

的会要体史书体系，保存了大量史料，尤其是当代人所修的当代会要更是价值珍贵，因其成书于"正史"之前，许多史实多为"正史"所未载。后人补撰的前代会要，价值虽较当代会要有所逊色，但其"损益废置之序，离合因革之原，不待广询博考，一开卷而尽见。"① 颇便使用，其价值也不容忽视。

  会典体史书，是按设官分职的分类方法来编排史料，即把一代之典制分别记在各有关官衔之下，侧重制度法令而很少述及历史事实。会典体创始于唐玄宗时期官修的《唐六典》，这是一部仿《周礼》之体例而修成的官制专著，以唐开元时期的内外官制建置为目，追溯了各种官职的历代置废沿革，记载了丰富的典制资料，开创了以设官分职为纲来记述一代典章经制的史书体裁，厘然有序，检索方便。《唐六典》之后，元英宗时修成《元典章》，记世祖至英宗五朝的典制；明朝多次撰修而成《明会典》；清朝先后五次官修《清会典》等。这些会典史书基本上是当时有关典制原始文件的汇编，史料价值较高。但因其纯系官场之作，侧重制度法令而不叙史实，其价值远不如会要。

  断代典制史会要、会典，可与"十通"等典制通史互为补充，完整而系统地反映历代典章制度的沿革变迁，是典制之府库，都是研究我国古代历朝典章制度的重要文献。

---

① 王应麟. 玉海：卷五十一 [M]. 台北：大化书局，1977：1024.

第四章

纪事本末体史书的编纂观念

　　纪事本末体,是以记载事件始末为中心的史书体。这种体裁正式确立于南宋袁枢所撰《通鉴纪事本末》,但追其源头,则始于先秦。自袁枢《通鉴纪事本末》问世后,出现了承作不断的局面,与编年体、纪传体一样能自成系统,具有由远而近地反映中国古代历史的突出作用,被誉为中国古代三大史书体裁之一。

　　纪事本末体的"纪"即"记","纪事"即为记叙史事,"本末"即始末、原委。这种史书编纂形式将所记载内容分门别类,排比组合,标立题目,每事各详首尾,按年月顺序详述其发生、发展及结果,故称"纪事本末体"。纪事本末体或"一书备诸事之始末",或"一书具一事之始末",与编年体、纪传体、典制体一样,也具有非常悠久的历史。

第一节　《通鉴纪事本末》:"区别其事而贯通之"

　　《通鉴纪事本末》是南宋史学家袁枢编撰的我国第一部纪事本末体史书。袁枢,字机仲,宋建州建安(今福建建瓯)人。生于南宋高宗绍兴元年(1131),卒于宁宗开禧元年(1205),其撰《通鉴纪事本末》的指导思想与司马光编纂《资治通鉴》是一致的。

　　司马光编纂《资治通鉴》,旨在"叙国家之兴衰,著生民之休戚","穷探治乱之迹,上助圣明之鉴"。他在《进资治通鉴表》中说:"独于前史,粗尝尽心,自幼至老,嗜之不厌。每患迁、固以来,文字繁多,自布衣之士,读之不遍,况于人主,日有万机,何暇周览!臣常不自揆,欲删削冗长,举撮机要,专取关国家盛衰,系生民休戚,善可为法,恶可为戒者,为编年一书。使先后有伦,精粗不杂,私家力薄,无由可成。"[①] 司马光及其合作者,广泛参阅300余种"正史"、杂史等,历19年之功,修成《资治通鉴》。全书上起战国,下讫

---

① 司马光.资治通鉴:进资治通鉴表[M].北京:中华书局,1956:9607.

后周，年经事纬，共记载了15个朝代1362年的兴衰荣辱。全书约300万字，求实考信，贯通古今，内容丰富，思想博大精深，是我国古代编年体史书的最高成就和集大成之作。

袁枢自幼喜诵司马光的《资治通鉴》，但常"苦其浩博"，"乃自出新意"。当年司马光因感叹史籍浩繁，致使"诸生历年莫能尽其篇第，毕世不暇举其大略"①，编纂了《资治通鉴》。相对于各类繁杂的史籍而言，《资治通鉴》无疑是一部简化了的优秀通史著作。但《资治通鉴》长达294卷，仍是一部皇皇巨制，后人读起来常感到"如山之峨，如海之茫"②。故袁枢秉承司马光编撰《资治通鉴》"穷探治乱之迹，上助圣明之鉴""叙国家之盛衰，著生民之休戚，使观者自择其善恶得失以为劝戒"之意，按"司马公之微旨"，将《资治通鉴》所记内容由按年编排改为按事编排，以历史事件为中心重新归类列目，一事一篇，每事各详起讫，自为标题，每篇各编年月，自为首尾。于淳熙元年（1174）撰成《通鉴纪事本末》，次年即刻版印行。《通鉴纪事本末》一出，即弥补了编年、纪传、典制三种史书体裁的不足，在史书编纂上别开一新途——纪事本末体。

袁枢因"喜诵《通鉴》，苦其浩博"，故"区别其事而贯通之"③，这不仅是该书的成因，更是该书的编纂方法和编纂思想。时人杨万里、吕祖谦、朱熹等常与袁枢讨论学术问题，交往较多，深知袁枢的用心，《通鉴纪事本末》成书后，他们分别作过序或跋，对其"区别其事而贯通之"的编纂思想给予了充分肯定。杨万里与袁枢最为知好，其序云：

> 初，予与子袁子同为太学官，子袁子录也，予博士也，志同志，行同行，言同言也。后一年，子袁子分教严陵，后一年，予出守临漳，相见于严陵，相劳苦，相乐，且相懋以学。子袁子因出书一编，盖《通鉴》之本末也。予读之，大抵搴事之成以后于其萌，提事之微以先于其明，其情匿而泄，其故悠而约，其作窔而撅，其究遐而迩，其治乱存亡，盖病之源，医之方也。
>
> 予每读《通鉴》之书，见其事之肇于斯，则惜其事之不竟于斯，盖事以年隔，年以事析，遭其初莫绎其终，揽其终莫志其初，如山之峨，如海之茫，盖编年系日，其体然也。……

---

① 刘恕. 资治通鉴外纪：序[M]. 四库全书本，上海：上海古籍出版社，1990：659.
② 袁枢. 通鉴纪事本末：杨万里通鉴纪事本末叙[M]. 北京：中华书局，2015：1.
③ 脱脱，等. 宋史：卷三百八十九：袁枢传[M]. 北京：中华书局，1985：11934.

> 有国者不可无此书，前有奸而不察，后有邪而不悟；学者不可无此书，进有行而无征，退有蓄而无宗。此书也，其入《通鉴》之户欤！①

杨万里批评《资治通鉴》事以年隔，年以事析，赞扬《通鉴纪事本末》所记史事本末俱具、清晰明了，"悠而约""窕而摭""邈而迩"，对于治乱存亡来说，不仅可以知"病之源"，而且可以得"医之方"，视袁书为是研治《资治通鉴》之门户。

吕祖谦也十分推崇袁书，跋曰：

> 《通鉴》之行，百年矣，综理经纬，学者鲜或知之，习其读而不识其纲，则所同病也。今袁子掇其体大者，区别终始，使司马公之微旨，自是可考……若袁子之纪本末，亦自其昔年玩绎参订，本之以经术，验之以世故，广之以四方贤士大夫之议论，而后部居条流，较然易见矣。②

吕祖谦认为，袁书不仅"掇其体大者，区别终始"，事具本末，而且充分演绎了司马光的"微旨"，有益于"治道"。

朱熹《跋通鉴纪事本末》又云：

> 自汉以来为史者，一用太史公纪传之法，此意固不复讲，至司马温公受诏纂述《资治通鉴》，然后千三百六十二年之事，编年系日，如指诸掌，虽托始于三晋之侯，而追本其原，起于智伯，上系左氏之卒章，实相受授。伟哉书乎！自汉以来，未始有也！然一事之首尾，或散出于数十百年之间，不相缀属，读者病之。今建安袁君机仲，乃以暇日作为此书，以便学者，其部居门目，始终离合之间，又皆曲有微意，于以错综温公之书，其亦《国语》之流矣。或乃病其于古无初，而区别之外，无发明者，顾第弗深考耳。机仲以摹本见寄，熹始得而读之，为之抚卷太息，因记其后如此，以晓观者。③

朱熹推许《资治通鉴》"编年系日"，使一千三百六十二年之史事，"如指诸掌"，但又批评其"一事之首尾，或散出于数十百年之间，不相缀属"。而赞扬《通鉴纪事本末》错综温公之书，纠正了《资治通鉴》的弊端，而且"其部

---

① 杨万里. 诚斋集：卷七十八：袁机仲通鉴本末序 [M]. 四部丛刊本，上海：上海书店，1985：106-116.
② 吕祖谦. 吕东莱文集. 书袁机仲国录通鉴纪事本末后 [M]. 北京：中华书局，1985.
③ 朱熹. 晦庵先生朱文公文集：卷八十一：跋通鉴纪事本末 [M]//朱子全书. 上海：上海古籍出版社，2002：3827-3828.

居门目,始终离合之间,又皆曲有微意",十分便于阅读。以致"熹始得而读之,为之抚卷太息"。

时人杨万里、吕祖谦、朱熹的序或跋,分析了袁枢编纂《通鉴纪事本末》的缘由,揭示了袁枢"区别其事而贯通之"的编纂思想之内涵。综合起来看,有这样几点值得重视:一是"尽事之本末"。《通鉴纪事本末》全书42卷,把《资治通鉴》正文294卷的史料归并为239个专题(另附相关事项66项),从卷一"三家分晋"开始,至卷四十二"世宗征淮南"止,按时间顺序排列。每个题目自成一个单元,题目下详细叙述一件大事的始末经过,由此而开创了一种崭新的史书体裁,丰富了史书的编纂形式,丰富了我国传统史学内容。二是阐扬"司马公之微旨"。一方面袁书进呈之后颇得孝宗之赞赏,本传载:"参知政事龚茂良得其书,奏于上,孝宗读而嘉叹,以赐东宫及分赐江上诸帅,且令熟读,曰:'治道尽在是矣'。"[1] 另一方面,杨、吕、朱三子书序、跋中反复提到"提事之微以先于其明""其治乱存亡,盖病之源,医之方也""有国者不可无此书""学者不可无此书""本之以经术,验之以世故""部居条流,较然易见""其部居门目,始终离合之间,又皆曲有微意"之类的评价,[2] 足证袁枢的著书旨趣与"有益治道"有关。三是"以便学者"。袁枢编纂此书,缘于编年体史书在阅读上的缺失,为读者阅读《资治通鉴》提供了方便。故书成之后,袁枢的好友杨万里视之为"入《资治通鉴》之户欤",感慨"今读子袁子此书,如生乎其时,亲见乎其事,使人喜,使人悲,使人鼓舞。未既,而继之以叹且泣也!"吕祖谦认为"司马公之微旨,自是可考"。朱熹认为此书之作,"以便学者"。近人刘咸炘亦认为:"自六家二体之论出,人皆沿之,若五星、五岳之不可增减矣。不意至宋,乃有异物出焉,曰袁枢之《纪事本末》,彼不过分钞《通鉴》,以便观览,而不觉于六家二体之外,别为一体。然而便于学者,继作者遂多。"[3]《通鉴纪事本末》"以便观览"的特色,也正是袁书编纂的目的。

这里需要稍加辨析的是,刘咸炘所言"袁枢之《纪事本末》,彼不过分钞《通鉴》","而不觉于六家二体之外,别为一体",似乎袁枢本无创新之意,也没有编纂上的思考,纯属抄书而已。虽然承认袁书"别为一体",但从根本上则否认了袁枢编纂此书时的自觉意识,这与"区别其事而贯通之"的编纂思想是

---

[1] 脱脱,等. 宋史:卷三百八十九:袁枢传[M]. 北京:中华书局,1985:11934.
[2] 杨万里. 诚斋集:卷七十八:袁机仲通鉴本末序[M]. 四部丛刊本. 上海:上海书店,1985:119.
[3] 刘咸炘. 刘咸炘学术论集(史学编下)[M]. 黄曙辉,编校. 桂林:广西师范大学出版社,2007:367.

有出入的。而刘咸炘的这种认识，则是秉承了章学诚、梁启超的思想，章学诚一方面极度推崇"纪事本末体"，赞其"文省于纪传，事豁于编年"，"体圆用神"，另一方面则云"在袁氏初无其意，且其学亦未足与此，书亦不尽合于所称"①。梁启超对袁书也极为推嘉，他在批评编年体史书本质总不能离账簿式、前因后果难寻、翻检费力的同时，称赞"枢钞通鉴，以事为起讫；千六百余年之书，约之为二百三十有九事。其始亦不过感翻检之苦痛，为自己研究此书谋一方便耳。及其既成，则于斯界别辟一蹊径焉"，"盖纪传体以人为主，编年体以年为主，而纪事本末体以事为主。夫欲求史迹之原因结果以为鉴往知来之用，非以事为主不可。故纪事本末体，于吾侪之理想的新史最相近，抑亦旧史界进化之极轨也"。②梁称赞袁枢开"新史的路径"，"不愧为新史的开山"③，充分肯定了袁枢的"创制"之功和《通鉴纪事本末》的"谨严精粹"。但又云："善钞书可以成创作，荀悦《汉纪》后，又见之于袁枢之《通鉴纪事本末》。"④ 袁枢不过是"善钞书"而已。从章学诚的"在袁氏初无其意"，到梁启超的"善钞书可以成创作"，再到刘咸炘的袁枢"不过分钞《通鉴》"，一脉相承，都在强调袁枢不过为读《资治通鉴》而抄书，本无创作之意，只是在无意间抄出了"纪事本末体"。

  应该说，袁枢在抄书之初即是本着"区别其事而贯通之"进行的，是有条理、有目的的，也有自己的构想。只是袁枢最初并未将其与"体"联系起来，而是出于阅读《资治通鉴》的方便。就像当年荀悦为让汉献帝重读《汉书》而以编年进行重编，成《汉纪》；司马光因欲重读《史记》以下之17史，又以荀悦之例重编史籍，成《资治通鉴》。袁枢也是为了重读《资治通鉴》而进行了一番重编工作，形成了《通鉴纪事本末》，最初的动机仅此而已。但实际编纂工作则是严格按"区别其事而贯通之"而进行的，这不仅是袁枢的编纂方法，也是袁枢编纂《通鉴纪事本末》的指导思想。倘若袁枢"初无其意"，那么他如何能把编年史中的分散叙事重新组合为以"事"为中心的集中叙事，使叙事变得有条不紊、首尾连贯、头绪分明呢？倘若袁枢没有对《资治通鉴》的深入阅

---

① 章学诚. 文史通义校注：卷一：书教下 [M]. 叶瑛，校注. 北京：中华书局，1994：52.
② 梁启超. 中国历史研究法：过去之中国史学界 [M] //饮冰室合集（专集73）. 北京：中华书局，1989：20.
③ 梁启超. 中国历史研究法补编：史学史的做法 [M] //饮冰室合集（专集99）. 北京：中华书局，1989：160.
④ 梁启超. 中国历史研究法：过去之中国史学界 [M] //饮冰室合集（专集73）. 北京：中华书局，1989：20.

读和理解，没有深入的思考和构想，他又如何进行挑选、重编和拟定标题呢？可见，章学诚的"初无其意"、梁启超的"善钞书"、刘咸炘的"不过分钞《通鉴》"等说，在一定程度上抹杀了袁枢的创造性，是缺乏依据和理由的。故《四库全书总目》评论说：袁枢，本末体之首创者也。唐以前，史例不过编年、纪传。"然纪传之法，或一事而复见数篇，宾主莫辨；编年之法，或一事而隔数卷，首尾难稽。枢乃自出新意，因司马光《资治通鉴》区别门目，以类排纂。每事各详起讫，自为标题。每篇各编年月，自为首尾。始于三家之分晋，终于周世宗之征淮南。包括数千年事迹，经纬明晰，节目详具。前后始末，一览了然。遂使纪传、编年贯通为一，实前古之所未有也。……其后如陈邦瞻、谷应泰等，递有沿仿。而包括条贯，不漏不冗，则皆出是书下焉。"①

与袁枢《通鉴纪事本末》几乎同时，孝宗淳熙十二年，类似著作又出现了，即章冲的《春秋左传事类始末》（以下简称《事类始末》）。此书今仍存，《四库全书》及《通志堂经解》中均有收录。章冲以《左传》为取材对象，以标题来贯穿全书，打散原书重新编排，以鲁十二公加以划分，每公之下，又按年依次类聚史事，每事一篇，自为起讫，汇列了上自鲁隐公元年"郑伯克段"，下终鲁哀公二十七年"越子盟于平阳"和"晋荀瑶伐郑"，共357件大事。而且书末设有附录，附载灾异、力役、时政、列国兴废、器物等事。此书事目设置比袁书更细，名称则直称"事类始末"。类同袁书，也是改编编年体史书而成。故《四库全书荟要》提要称此书"踵枢之义例而作"。

> 冲颇究心于《左传》，取诸国事迹，排比年月，各以类从，使节目相乘，首尾完具……枢排纂《资治通鉴》，创纪事本末之例，使端绪分明，易于循览，此书刊于淳熙丙申。冲作是书亦同斯体。据《自序》刊于淳熙乙巳，在枢书之后九年，殆踵枢之义例而作。虽篇帙无多，不及枢书之淹博，其有裨学者则一也。惟《通鉴》本属史学家，枢不过理其端绪。《春秋》一书，经则比事属词，义多互发；传文则或先经以始事，或后经以终义，或依经以辨理，或错经以合异。丝牵绳贯，脉络潜通。冲但以事类衰集，遂变经义为史裁，于笔削之文，渺不相涉。旧列经部，未见其然。今与枢书同隶史类，庶称其实焉。②

---

① 永瑢，等．四库全书总目：卷四十九：通鉴纪事本末 [M]．北京：中华书局，1965：437．
② 永瑢，等．四库全书总目：卷四十九：春秋左传事类始末 [M]．北京：中华书局，1965：437-438．

《春秋左传事类始末》共有5卷，其编纂方法和编纂思想类同袁书，故四库馆臣称"踵枢之义例而作"。编纂缘由也一致，袁枢因苦《资治通鉴》"浩博"，难以披览，故作《通鉴纪事本末》；章冲也因不满《左传》记事分散、经传错综复杂而重编《春秋左传事类始末》。章氏自序云："左氏传事不传义，每载一事，或先经以发其端，或后经以终其旨。有越二三君数十年而后备，近者抑或十数年。有二人而数事有关，有一事而先后若异。君臣之名字有数语之间而称谓不同，间见错出，常病其不属。"①《四库全书荟要》提要云：

  《左传》随经隶事，体本编年，又加以先经、后经、错经诸例，端绪弥为纷繁，读者碎难融贯，冲作是书，一如袁枢《通鉴纪事本末》之体，连贯排比，使一事自为起讫，虽无关经义，而颇便检寻。自冲以后编录左氏书者，或以国分，或以人分，或以事分，凡数十家而未已，虽体例小殊，其源皆自冲发也。

章冲的《春秋左传事类始末》，体例一如袁枢《通鉴纪事本末》，事目设置更细，"颇便检寻"。但又不免为一些意义不大的事件标立题目，以致一年之中往往事件标题无数，显得过于琐碎，在史识与经世旨趣上，显然不如袁枢。这也正是后世再编《左传事纬》（马骕）和《左传纪事本末》（高士奇）的原因所在。

总之，南宋孝宗朝出现的《通鉴纪事本末》与《春秋左传事类始末》，所遵循的都是"区别其事而贯通之"的编纂思想，都是为了阅读编年史的方便而进行重新编纂，把以"年"为主的分散性叙事改编成以"事"为主的集中叙事。动机虽出于阅读的方便，实际上却开创了一种新的史书体裁形式。

第二节 《宋史纪事本末》："论次宋事而比之"

一、"类总其萃，年系其时"

《通鉴纪事本末》问世之后，在南宋理宗时期，曾出现过一部重要的纪事本末体，这就是杨仲良踵继袁枢之书，以李焘之《续资治通鉴长编》为主要依据，兼采他书而撰成的《续资治通鉴长编纪事本末》150卷。全书主要是以北宋一

---

① 以上引文均见钦定．四库全书荟要：卷一一九七：春秋左传事类始末［M］．台北：世界书局，1998：174．

代为叙事断限,从太祖至钦宗,将北宋九朝史事分门别类,析为事目410条,目中又有子目70条。因杨仲良乃南宋时人,故其书之著录亦有题为《皇宋通鉴长编纪事本末》《皇宋纪事本末》《皇朝纪事本末》。杨书继承了袁书之体,专记南宋一代,其形式则以帝纪为序,依次为太祖7卷、太宗7卷、真宗14卷、仁宗24卷、英宗4卷、神宗34卷、哲宗26卷、徽宗28卷、钦宗6卷;每帝之下,再系以事件标题,分目类同章冲《春秋左传事类始末》,故缺失也同章书,过于琐碎。

姚勉曾为《续资治通鉴长编纪事本末》作序,对该书赞美有加,认为该书主要取材《续资治通鉴长编》,但对《续资治通鉴长编》"辞剪其浮""事举其要""类总其萃,年系其时",做到了"挈提以纲而纪载以目,经综而纬列,璧合而珠连"。这样一来,"使读之者可以便览观,可以备遗忘,可以识伦类,可以纪岁月,可以旁通而曲畅,可以本具而末举,其有益于学者大矣",尤其对该书的编纂方法给予了高度评价。其序曰:

> 司马《通鉴》一书有节本,有《举要历》,有袁氏《本末》,有朱夫子《纲目》。今此书之节要,辞剪其浮,即司马《通鉴》之自节本也;此书之标题,事举其要,即司马《通鉴》之《举要历》也;类总其萃,年系其时,袁氏之《本末》也;挈提以纲,纪载以目,即朱夫子之《纲目》也。一书而诸体备焉,用心亦勤矣。①

在姚勉看来,杨书广泛汲取了司马光《资治通鉴》节本和《通鉴举要历》、袁枢《通鉴纪事本末》和朱熹《资治通鉴纲目》的优点,可谓"一书而诸体备焉"。其基本特征是"类总其萃,年系其时",即仍然以事件为中心来叙事。其中尤其注重对纲目体长处的借鉴,增多了事目,并在事目下再设部分子目。如《皇宋通鉴长编纪事本末·神宗皇帝》(卷五十七至卷九十),设置事目达34条。其中在卷八十八和八十九"青苗法"中,又含子目8条。事目设置细密是该书的最大特色,也是该书的缺陷所在。同时,杨仲良在事目设置上还承袭了李焘《续资治通鉴长编》"是元祐,非熙丰"的编修宗旨,如该书卷六十一事目为"吕惠卿奸邪"和"李定奸恶";卷六十三和六十四事目分别为"王安石毁去正臣"与"王安石专用小人";卷九十五至九十八事目分别为"用旧臣"(上、下)和"逐小人"(上、下)等,都显示出他"是元祐,非熙丰"的理念,甚至比李焘《续资治通鉴长编》更为直接和鲜明。由于杨仲良吸收、融合了众体之长,

---

① 姚勉.雪坡集:卷三八[M].四库全书本,上海:上海古籍出版社,1990:262-263.

又鲜明地体现了李焘《续资治通鉴长编》"是元祐，非熙丰"的编修宗旨，故其书在编纂方法和史料方面都具有不可忽视的价值。遗憾的是，《四库全书》未收录此书，《四库全书总目》亦未见著录，故此书影响不大，后世知之甚少。

二、"论次宋事而比之"

袁枢《通鉴纪事本末》问世后，开创了新史书编纂形式，对后世影响甚大，明朝万历年间，有学者名冯琦（1557—1602），欲接续《通鉴纪事本末》而撰《宋史纪事本末》，但未完稿即去世；另有时人南京侍御史沈越编有《事纪》一书，内容、体例与冯书相仿。此后，冯稿归其弟子御史刘曰梧，沈稿则为应天府府丞徐申所得，刘、徐二人共同商定将二书书稿俱交付陈邦瞻，由陈氏增续订补，于是，陈邦瞻在二书之基础上完成了《宋史纪事本末》，故今传之万历本《宋史纪事本末》除了陈邦瞻自序之文外，尚有刘曰梧之序与徐申之后序。①

陈邦瞻（1589—1623）是明朝历史学家。《明史》本传载："字德远，高安人。万历二十六年进士。授南京大理寺评事。历南京吏部郎中，出为浙江参政。进福建按察使，迁右布政使。改补河南，分理彰德诸府。开水田千顷，建滏阳书院，集诸生讲习。士民祠祀之。就改左布政使，以右副都御史巡抚陕西。……天启二年……兼户、工二部侍郎，专理军需。明年卒官，诏赠尚书。邦瞻好学，敦风节。服官三十年，吏议不及。"② 陈邦瞻学识渊博，尤精史学。无论先秦两汉、诸子百家，稗官野史，小说，他都旁搜博览。在从政之余，积极从事史学编撰，其宗旨是"征往而训来，考世而定治"③。《宋史纪事本末》于万历三十二年（1604）着手编纂，历时一年左右而成书。

此书虽在冯、沈二书的基础上完成，但大多为陈邦瞻所编纂，其自序云"凡不佞所增辑几十七"，本于冯琦与沈越者仅占十分之三。《宋史纪事本末》的最大特色是"论次宋事而比之，以续袁氏通鉴之编者也"④。恪守袁枢体例，分条记事。但此前的纪事本末体史书，基本都是改编一部编年体史书而成，而陈氏此书则继承袁书的编纂方法，第一次改编一部纪传体史书《宋史》而成。

---

① 详见陈邦瞻《宋史纪事本末》"附录一""附录二""附录三"，中华书局1977年版。
② 张廷玉，等．明史：卷二百四十：陈邦瞻传［M］．北京：中华书局，1974：6277-6278.
③ 陈邦瞻．宋史纪事本末：附录一：宋史纪事本末叙［M］．北京：中华书局，1977：1191.
④ 陈邦瞻．宋史纪事本末：附录一：宋史纪事本末叙［M］．北京：中华书局，1977：1191.

宋朝史书，一向浩博，而《宋史》尤为芜杂，在"二十四史"中卷帙最大，但《宋史纪事本末》能以简驭繁，以较少的篇幅，按历史事件把大量的史料加以剪裁、整理和集中，陈邦瞻将496卷的《宋史》归纳概括出109个专题，编为28卷，约60万字，充分体现了"前后始末，一览了然"的特色。故《四库全书总目》称颂道："大抵本于琦者十之三，出于邦瞻者十之七。自太祖代周，迄文、谢之死，凡分一百九目。于一代兴废治乱之迹，梗概略具。袁枢义例，最为赅博，其镕铸贯串，亦极精密。邦瞻能墨守不变，故铨叙颇有条理。诸史之中，《宋史》最为芜秽，不似《资治通鉴》本有脉络可寻。此书部列区分，使一一就绪，其书虽亚于枢，其寻绎之功，乃视枢为倍矣。"① 故曰"读《通鉴》者不可无袁枢之书，读《宋史》者，亦不可无此一编也"。

另外，此书除记载宋朝历史的大概轮廓和重大事件外，于治河、茶盐、典制、学术思想等都有专题叙述，甚至记载了金和蒙古早期的历史情况，如《治河》《营田之议》《茶盐榷罢》。《道学崇黜》《北方诸儒之学》《太祖建隆以来诸政》《礼乐议》《正雅乐》《学校科举之制》《元丰官制》《建炎绍兴诸政》《公田之置》《蒙古诸帝之立》《蒙古立国之制》等，与袁枢原本仅详于理乱兴衰一路有别。"故曰：世变未及，则治不得不相为因，善因者鉴其所以得与其所以失；有微，有明，有成，有萌，有先，有后；则是编者，夫亦足以观矣。"② 这表明了其对纪事本末体的发展和创新。当然，这也与袁书取材于编年体史书而陈书取材于纪传体史书有关。③

可见，陈邦瞻《宋史纪事本末》本着"论次宋事而比之"的指导思想，进一步发展了纪事本末体。一是一改取材于编年体史书的做法，第一次取材于纪传体史书。取材范围更加开阔，使纪事本末体史书的编纂显得更加灵活。从其内容上看，此书主要依据《宋史》，又参考了《辽史》《金史》《元史》；二是扩大了纪事本末体史书的记事范围，不单记载重大历史事件，而是兼及典制、学术思想等，使纪事本末体史书的记事更加全面。

---

① 永瑢，等．四库全书总目：卷四十九：宋史纪事本末［M］．北京：中华书局，1965：439．
② 陈邦瞻．宋史纪事本末：附录一：宋史纪事本末叙［M］．北京：中华书局，1977：1192．
③ 四库馆臣对此有异议，云："惟是书中纪事既兼及辽、金两朝，当时南北分疆，未能统一，自当称《宋辽金三史纪事》，方于体例无乖，乃专用'宋史'标名，殊涉偏见。至《元史纪事本末》，邦瞻已别有成书，此内如《蒙古诸帝之立》《蒙古立国之制》诸篇，皆专纪元初事实，即应析归《元纪》之中，使其首尾相接，乃以临安未破，一概列在《宋编》，尤失于限断。"见《四库全书总目》卷四十九"《宋史纪事本末》提要"。

《宋史纪事本末》刊行后，陈邦瞻又续编《元史纪事本末》，用时也一年左右，于万历三十四年完稿，自序云：

> 先是侍御斗阳刘公既刻《宋史纪事本末》告成事，复以京兆徐公之言，致不佞中曰："元实代宋，又我朝之所代也，其事尤近，不可无述，子其实重图之。"不佞敬诺，遂取《元史》稍稍次第其本末，删繁就约，略细举钜，无何，有成帙。①

此书主要取材于《元史》，"删繁就约，略细举钜"而成，实为《宋史纪事本末》之继作，编纂体例和方法一如前书，此书的最大特色在于"元代推步之法、科举学校之制，以及漕运河渠诸大政，措置极详。邦瞻于此数端，纪载颇为明晰。其他治乱之迹，亦尚能撮举大概，揽其指要。固未尝不可以资考镜也"②。全书27卷，其中《科举学校之制》《郊议》《庙祀之制》《律合之定》《运漕》《治河》《官制之定》《尚书省之复》《诸儒出处学问之粹》《郭守敬授时历》等类，已占十篇，甚至涉及宗教情况（《佛教之崇》），具有重要的参考价值。但正因为如此，此书在元朝兴衰大事的叙述上，反而有疏略和语焉不详。故四库馆臣称此书："未能及《宋史纪事》之赅博""是一代兴废之大纲，皆没而不著。"③ 这是有道理的。

第三节　《明史纪事本末》："广稽博采，勒成一编"

一、"广稽博采，勒成一编"

如果说此前的纪事本末体史书都属抄书而成，或抄编年史，或抄纪传史，或杂抄众史，完全是由其他史书中转化出的话，那么《明史纪事本末》则非抄书而成，而是广泛收集资料，自主编纂成书，正所谓"广稽博采，勒成一编"。

《明史纪事本末》，又作《明鉴纪事本末》或《明朝纪事本末》，乾隆年间

---

① 陈邦瞻. 元史纪事本末. 附录二：元宋史纪事本末序［M］. 北京：中华书局，1979：225.
② 永瑢，等. 四库全书总目：卷四十九：元史纪事本末［M］. 北京：中华书局，1965：439.
③ 永瑢，等. 四库全书总目：卷四十九：元史纪事本末［M］. 北京：中华书局，1965：439.

著录于《四库全书》后，始通行今名。此书是清初一部重要的纪事本末体史书，取材广泛，体例成熟，成书早于《明史》80多年，对《明史》的修撰有很高的参考价值，对研究明代历史具有重要的史料价值。

《明史纪事本末》为清朝谷应泰所撰。谷应泰（1620—1690），字赓虞，号霖苍，直隶顺天府丰润（今河北丰润区）人。顺治四年（1647）进士，历任户部主事、员外郎、浙江提学佥事等职。其雅好经史，"夙有网罗百代之志"①，故出任浙江提督学政之始（顺治十三年二月），即广邀两浙名士，着手编撰有关明朝史书。谷氏推崇纪事本末体，于顺治十五年（1658）冬撰成《明史纪事本末》，历时两年。全书80卷，近200万言，将明朝300年历史分成80个专题，每题一卷，自为起讫，条理分明，篇后并附论赞。从其所用时间之短、各篇章采用史料之不尽相同等多方面看，实际编纂者不止谷氏一人，学界对此多有讨论。②

《明史纪事本末》不再是脱胎于某种史书的附属之作，而是作者广集众家之长，博采各种资料，精心组织编纂而成的具有独立学术价值和史料价值的史书。编纂的指导思想是"广稽博采，勒成一编"。台湾学者李纪祥先生就直接指出：

> 此前的纪事本末书仅仅是以之为一种为"阅读"而存在的编辑方法，现在则因《明史纪事本末》的出现，而改为"写作"意图而存在，将纪事本末提升到了"史体"的层次。因此，在入清以后，不论是在史部目录书上，吾人可以看到纪事本末已脱离"编年类"或"杂史类"而自为一类；或者是官方、私人之间对于纪事本末的讨论，已由史类而进一步到史体成立的讨论，赞成的或是反对的意见，皆已反映出对纪事本末家的重视程度，绝非史部中其他类别所能比拟，这可由《总目提要》对"纪事本末类"一经成立便安置于史部第三类，仅次于纪传与编年之后，即可看出。③

这是从纪事本末体史书编纂的目的和史体发展的视角做出的分析。纪事本末体史书到《明史纪事本末》出现，确实已经从附庸中解放出来，已经真正成熟，宣告独立。故《明史纪事本末》在纪事本末体史书的发展中地位极其特殊。

---

① 谷应泰. 明史纪事本末：傅以渐明史纪事本末序［M］. 北京：中华书局，2015：1.
② 可参见赵铁寒《关于〈明史纪事本末〉的一段公案——"国立""中央"〈明史纪事本末〉跟张岱、谈迁、徐倬、陆圻等人关系的初步整理》，载《国立中央图书馆》新第2卷1期（1968年）；陈锦忠《〈明史纪事本末〉的作者与史源，载《史原》1974年第5期；陈祖武《〈明史纪事本末〉杂识》，载《文史》第31辑（1989年）；徐泓《〈明史纪事本末〉的史源、作者及其编纂水平》，载《史学史研究》2004年第1期等。
③ 李纪祥. 时间·历史·叙事［M］. 兰州：兰州大学出版社，2004：172.

"记有明一代大事，首尾条贯，最为详备。"① 这是晚明史专家谢国桢先生对《明史纪事本末》的称赞。谷应泰在自序中阐明了其选择本末体来编纂明史的缘由和旨趣。他说：

>《通鉴纪事本末》者，创自建安袁枢，而北海冯琦继之。其法以事类相比附，使读者审理乱之大趋，迹政治之得失，首尾毕具，分部就班，较之盲左之编年，则包举而该浃，比之班、马之传志，则简练而隐括，盖史外之别例，而温公之素臣也。沿及明代，迄无成书，搜厘条贯，盖其难哉。余谬承学政之役，兼值右文之朝，夙夜兢兢，广稽博采，勒成一编，以补前史。②

谷应泰十分推崇袁枢《通鉴纪事本末》的编纂方法（"以事类相比附"），赞赏袁枢"审理乱之大趋，迹政治之得失"的著述宗旨，又感叹"沿及明代，迄无成书"，故才有意"广稽博采，勒成一编"，以补前史。所撰《明史纪事本末》一书，按纪事本末之体撰成，专记有明一代历史，专题记事，因事命篇，各成卷帙。全书以年代先后为序，起自朱元璋起兵，终于明朝灭亡，对明朝十六朝之重大史事，均予囊括尽数。如前15卷自《太祖起兵》至《削夺诸藩》，主要记载元亡明兴的历史，包括明太祖起兵反元的征战历程、建国奠基的种种措施、在位期间的重大史事等；紧接着的《燕王起兵》《建文逊国》两篇，则集中记载建文帝与燕王朱棣之间的皇权之争的历史；《开设贵州》《设立三卫》《亲征漠北》等篇，则主要记载永乐一朝史实。而且所记内容不仅限于政治、军事、典章制度等，举凡漕运（卷二十四《河漕转运》）、河工（卷二十五《治水江南》、卷三十四《河决之患》）、矿监及税使（卷六十五《矿税之弊》）、历法（卷七十三《修明历法》）、礼制（卷五十《大礼议》、卷五十一《更定祀典》）、民族关系（卷二十一《亲征漠北》、卷二十二《安南叛服》、卷六十《俺答封贡》）等，均有涉及。范围广泛，涵盖了明代历史的主要方面，使有明一朝历史的发展演进清楚历然。

同时，谷应泰对涉关明代历史发展的重大历史事件，不惜浓墨重彩，详细加以重点记载。如卷二十九《王振用事》、卷三十七《汪直用事》、卷四十三《刘瑾用事》、卷七十一《魏忠贤乱政》、卷七十四《宦侍误国》，详述宦官专权；又如卷二十三《平山东盗》、卷三十一《平浙闽盗》、卷四十六《平蜀盗》、

---

① 谢国桢. 晚明史籍考［M］. 台北：艺文印书馆，1968：95.
② 谷应泰. 明史纪事本末：自序［M］. 北京：中华书局，2015：1.

卷四十八《平南赣盗》、卷七十五《中原群盗》、卷七十七《张献忠之乱》、卷七十八《李自成之乱》等，共用15个专题、全书五分之一的篇幅，详尽记载农民起义问题。

正因《明史纪事本末》"广稽博采，勒成一编"，故四库馆臣评价其"排比纂次，详略得中，首尾秩然，于一代事迹，极为淹贯"①。当代学者陈祖武先生也认为，《明史纪事本末》"把握了明代历史的基本方面，足以从总体上反映一代治乱兴衰的全貌"②。

二、"各附论断，曲折详尽"

《明史纪事本末》还有丰富的史论和深刻的历史见解。"每篇后各附论断，皆仿《晋书》之体，以骈偶行文，而遣词抑扬，隶事亲切，尤为曲折详尽。"③谷应泰借鉴以往编年体、纪传体史书中"君子曰""太史公曰""史臣曰"等做法，在每篇之后直接冠以"谷应泰曰"发论。④ 每每广征博引，纵横古今，比较得失，引以为戒。这是对纪事本末体的重要发展。

如论太祖起兵：

> 谷应泰曰：明太祖之起兵濠梁也，鼓其朝锐，所向披靡，六年之间，北取滁、和，南收姑孰，金陵一下，天物克基，虽曰神运，盖亦有人事焉……
>
> 观其救民涂炭，除暴去苛，纵还妇女，不贪玉帛，纳陶安之说，进冯国用之谋，是其仁也。褒嘉靳义，礼葬福寿，赴子兴之难，纵野先之去，是其义也。克太平而延见名士，入金陵而抚慰父老，是其礼也。还军降定远，移师救六合，借天语以拒鸩毒，环宿卫以定反侧，是其智也。击还牙于黄墩，麾遇春于采石，坐叱元使者，不奉韩林尔，是其勇也。嗟乎！濠城之起，始于揭竿，乃能规模宏敞，有兹不世出之略，是则五德既备，百神自呵，而术数之家沾沾以休征福应为王者受命之符，则但知其得天，而

---

① 永瑢，等．四库全书总目：卷四十九：明史纪事本末类［M］．北京：中华书局，1965：443．
② 陈祖武．《明史纪事本末》杂识［J］．文史，1989（31）：112．
③ 永瑢，等．四库全书总目：卷四十九：明史纪事本末类［M］．北京：中华书局，1965：443．
④ 全书除卷六十六《东林党议》以"倪元璐曰"引倪元璐奏疏为论，卷六十八《三案》以"给事中罗维华上言'梃击''红丸''移宫'三案略曰"引上疏为论。余皆以"谷应泰曰"发论。

不考其顺人，良足哂也。

认为太祖起兵，非但天运，更在人为，仁、义、礼、智、勇均备，故"乃能规模宏敞，有兹不世出之略"。继而引古证今，说明"人事""人才"的重要。

> 虽然，尤有异者，风云之聚，杖策来归，心膂爪牙，笃生江介。徐达、汤和起于同里，朱文正、李文忠兴自戚属，李善长、冯国用近出定远，邓愈、胡大海即在虹县，常遇春怀远之雄，廖永安巢湖之杰，一时功臣，人如基布，地皆错壤，岂高祖从龙，多由丰沛，萧王佐命，半属南阳，天生真人，固若类聚而扶掖之者耶！然而帷幄善谋，汗马著烈，君臣之间，相需鱼水，岂尽地脉使然哉，人材良足多也。①

再如评论明代宦官专权问题，先历数明中期以后宦官专权愈演愈烈的事实：

> 谷应泰曰：有明百余载，海内乂安，朝野蒙业，太阿潜移，刑人执柄，中官之祸屡作。至宪宗命汪直设西厂，喟然废书叹曰：嗟乎！法之凉也，国制乱矣。夫千寻之木，必有坏枝；径尺之璧，必有微瑕。故黈纩塞听，垂旒蔽明，山泽纳污，国君含诟。

继而追述中国古代宦官为祸现象的历史：

> 国武好言人过，君子知其见杀；隋文苛细绳下，识者陋其贻谋。乃欲刺事暮夜，诇人床第，方言巷语，竟入宸听；瓜蔓枝连，立成大狱。不知竹箭钩距，贤吏薄之，谓其行衰俗恶。况以万乘之尊，行攻讦之智乎？而且委柄匪人，寄权近寺，招致奸民，显行系械。其始也，李膺破柱，将同呼天。因而权归北寺，狱奏黄门，祸发清流，惨同白马。继也，姜桂皆锄，脂韦成习，呈身宫掖，屈膝私人，中官势成，而主上孤立矣。

最后以古今对比的方式，揭示明代后期君主的为政缺失，深入剖析了历史上宦官专权对封建王朝所产生的巨大腐蚀和破坏作用，达到了以史为鉴的目的。

> 宪宗躬法桓、灵，养奸甫、节。卿贰大臣，直皆收问；局司近侍，直得更张。槛车逮治，南署空曹；缇骑行边，北门不守。明世中人，多窃宠灵，亦未有显掣利器，授人断割如宪宗者。昔高皇帝罢锦衣卫狱，焚其械具，垂示子孙，刑人于世，以明大公，勿幽置禁闼，委命奄孽也。西厂继

---

① 以上引文均见谷应泰. 明史纪事本末：卷一：太祖起兵［M］. 北京：中华书局，2015：11-12.

罢，弊不复革，瑾读直书，魏倾善类。至怀宗手平内乱，晚年东厂，罗捕无遗。商鞅治秦，道无偶语；元济窃蔡，火不夜燃。斯亦酷吏哀痛之风，衰国乱亡之渐也。①

在全书丰富的史论中，往往蕴含其深刻的历史见解，如在《平徐鸿儒》篇中，谷应泰在评论农民起义起因时，认为"孽不自生，衅由人作……俗敝则轻于为非，民贫则去而为盗，固然其无足怪"②，认识到"官逼民反"这一封建社会的普遍现象。在《李自成之乱》篇中，又总结出"国以民为本，民以食为天，故曰积贮者，天下之大命也"③ 的思想观点等，都体现了作者的深刻见解和强烈的历史忧患意识。这些特点，与中国古代经世致用史学传统的影响分不开，更与作者生活时代的社会特点和学术风气密切相关。批判明末空疏的学风，强调经世致用，是清初学术的一个重要特征。

总之，从《通鉴纪事本末》到《明史纪事本末》，反映了纪事本末体史书从改编编年体史书到改编纪传体史书，再到直接收集材料编纂本末史的发展轨迹，是纪事本末体逐渐发展和独立的过程，而《明史纪事本末》的编纂成书，标志着纪事本末体作为一种史书体的成熟、完善。

第四节 "因事命篇"与"尽事之本末"

纪事本末体史书的最重要特点是"因事命篇"和"尽事之本末"，这是纪事本末体史书自创立之日起就确立起来的核心编纂思想。南宋史学家袁枢撰《通鉴纪事本末》，为抄录《资治通鉴》原文而成，但改按编年叙事为按、以事件为中心叙事，因事命篇，标立题目，每事详其发生、发展和结局，创立了以事件为中心的纪事本末体，成为与传统纪传体、编年体鼎足而立的中国古代三大史书体裁。《通鉴纪事本末》的成功，即在于其"因事命篇"和"尽事之本末"的编纂思想和编纂特点。

自《通鉴纪事本末》问世后，凡撰本末史者，皆以"因事命篇"和"尽事之本末"为准则，只是其中的"事"在含义上有了变化，袁枢《通鉴纪事本

---

① 谷应泰. 明史纪事本末：卷三十七：汪直用事［M］. 北京：中华书局，2015：559-560.
② 谷应泰. 明史纪事本末：卷七十：平 徐鸿儒［M］. 北京：中华书局，2015：1130.
③ 谷应泰. 明史纪事本末：卷七十八：李自成之乱［M］. 北京：中华书局，2015：1365.

末》中的239个事目，全是"事件"之义，标题中"平""乱""叛""逆""变""篡""讨""伐"等用字特多，说明其尤详治乱之世的重大历史事件；明朝陈邦瞻的《宋史纪事本末》《元史纪事本末》，则不单是记载重大历史事件，"事"之含义已拓展到典制、思想等，使纪事本末体史书的记事更加全面。清朝马骕的《绎史》，更是将"人物"和"学术思想"明确纳入纪事本末史记载范畴，在内容上既详载各代治乱兴替及其规律，又详载诸子百家之学说和典章制度之沿革变化，反映了社会生活的各个侧面，如《荀子著书》《韩非刑名之学》等，可见，马骕《绎史》中"事"之含义涉及面更广了。

清朝著名史学批评章学诚对纪事本末体史书"因事命篇"和"尽事之本末"的编纂思想与编纂特点有追本溯源的理论探讨，尤其值得重视。章学诚认为，《尚书》是史书之初祖，其体圆而神，"因事命篇，本无成法"。故撰《书教》三篇，详作论述。章氏云：

> 《尚书》《春秋》皆圣人之典也。《尚书》无定法而《春秋》有成例，故《尚书》之支裔折入《春秋》，而《尚书》无嗣音。有成例者易循，而无定法者难继，此人之所知也。……史氏继《春秋》而有作，莫如马、班，马则近于圆而神，班则近于方以智也。
>
> 《尚书》一变而为左氏之《春秋》，《尚书》无成法而左氏有定例，以纬经也；左氏一变而为史迁之纪传，左氏依年月，而迁书分类例，以搜逸也；迁书一变而班氏之断代，迁书通变化，而班氏守绳墨，以示包括也。就形貌而言，迁书远异左氏，而班史近同迁书，盖左氏体直，自为编年之祖，而马、班曲备，皆为纪传之祖也。推精微而言，则迁书之去左氏也近，而班史之去迁书也远，盖迁书体圆用神，多得《尚书》之遗，班氏体方用智，多得官礼之意也。……
>
> 按本末之为体也，因事命篇，不为常格，非深知古今大体，天下经纶，不能网罗隐括，无遗无滥。文省于纪传，事豁于编年，决断去取，体圆用神，斯真《尚书》之遗也。在袁氏初无其意，且其学亦未足与此，书亦不尽合于所称，故历代著录诸家，次其书于杂史，自属纂录之家便观览耳。但即其成法，沉思冥索，加以神明变化，则古史之原，隐然可见。一书有作者甚浅而观者甚深，此类是也。①

---

① 章学诚．文史通义校注：卷一：书教下［M］．叶瑛，校注．北京：中华书局，1994：49-52．

这里，章学诚指出《尚书》之体并未如刘知几《史通·六家》所云"其体久废"，而是析入《春秋》，深深地影响马、班之纪传体，更是深深地影响了纪事本末体。《尚书》的精义是"因事命篇""体圆用神"，"本末之为体"的核心也是"因事命篇""体圆用神"，是故"斯真《尚书》之遗""古史之原，隐然可见"也。章学诚将"因事命篇"之义与纪事本末体很好地联系起来，准确揭示了纪事本末体史书的编纂思想和编纂特点，肯定了此类史书"文省于纪传，事豁于编年"的优势。他还说："夫史为纪事之书，事万变而不齐，史文屈曲而适如其事，则必因事命篇，不为常例所拘，而后能起讫自如，无一言之或遗而或溢也。"①

章学诚甚至主张按纪事本末体"因事命篇""尽事之本末"的做法来改造编年体和纪传体。他说：

>《尚书》为史文之别具，如用左氏之例而合于编年，即传也。以《尚书》之义为《春秋》之传，则左氏不致以文殉例，而浮文之刊落者多矣。以《尚书》之义，为迁《史》之传，则八书三十世家，不必分类，皆可仿左氏而统名曰传。或考典章制作，或叙人事终始，或究一人之行，或合同类之事，或录一时之言，或著一代之文，因事命篇，以纬本纪。则较之左氏冀经，可无局于年月后先之累；较之迁《史》之分列，可无歧出互见之烦。文省而事益加明，例简而义益加精，岂非文质之适宜，古今之中道欤！②

所谓"以《尚书》之义为《春秋》之传"，"以《尚书》之义为迁《史》之传"，就是要按"因事命篇"之义来改革编年史、纪传史。他还交代道："至于创立新裁，疏别条目，较古今之述作，定一书之规模，别具《圆通》之篇，此不具言。"③ 革新史书体裁的方案在《圆通》篇中详述，可惜此篇不存（拟为章氏欲写而未成之作），难以详知，但从《书教》《释通》《申郑》《史篇别录例议》《与邵二云论修宋史书》诸篇中，仍能窥其"圆通之体"的大要。章学诚说：

---

① 章学诚.文史通义校注：卷一：书教下［M］.叶瑛，校注.北京：中华书局，1994：52.
② 章学诚.文史通义校注：卷一：书教下［M］.叶瑛，校注.北京：中华书局，1994：52-53.
③ 章学诚.文史通义校注：卷一：书教下［M］.叶瑛，校注.北京：中华书局，1994：53.

夫《通鉴》为史节之最粗,而《纪事本末》又为《通鉴》之纲纪奴仆;仆尝以为此不足为史学,而止可为史纂史钞者也。然神奇可化腐臭,腐臭亦化为神奇,《纪事本末》本无深意,而因事命题,不为成法,则引而申之,扩而充之,遂觉体圆用神,《尚书》神圣制作,数千年来可仰望而不可接者,至于可以仰追。岂非穷变通久自有其会,纪传流弊至于极尽,而天诱仆衷,为从此百千年后史学开蚕丛乎!今仍纪传之体而参本末之法,增图谱之例而删书志之名,发凡起例,别具《圆通》之篇,推论甚精,造次难尽,须俟脱稿,便当续上奉郢质也。①

章学诚创立新体裁的设想大略有三部分:其一,本纪,是编年记大事。其二,纪事本末,是因事命篇,按专题记事。其中囊括纪传体原有的传、书志。其三,图谱,即图表,补充本末体难以表述的史事。核心仍然是纪事本末体"因事命篇""尽事之本末"的思想。这与章学诚推崇纪事本末体有关。

辩证地看,"因事命篇""尽事之本末",既是纪事本末体的优势和特点,也是纪事本末体的缺憾和不足。纪事本末体史书"因事命篇",编排灵活,"较少受到体例的局限,有广阔的容量来容纳诸多史事,使形式和内容更便于协调一致;只要取舍适当,就能使史书内容丰满而形式不显得臃肿"。② 纪事本末体史书"尽事之本末",简约清楚。以事件为主线,详其始末,大大简化了复杂的历史现象,使之一目了然、眉目清楚,从根本上克服了纪传体彼此错陈、编年体前后隔越的弊端,使读者"如生乎其时,亲见乎其事,使人喜,使人悲,使人鼓舞未既,而继之以叹且泣也"③,以致梁启超称"纪事本末体于吾侪之理想的新史最为相近,抑亦旧史界进化之极轨也"④。纪事本末体史书重点突出,能够包举历代重大历史事件,又按历史事件的发展顺序记事,连贯完整,语无重出,确实更接近近现代章节体史书。故章学诚、梁启超等人均十分推崇纪事本末体。

但纪事本末体史书难免存在记事彼此孤立、割断事件间的联系等弊端。将历史区分为一个个独立的事件,往往只记某事的发展原委,不记事件之间的联系和作用,事与事之间彼此孤立,不利于读者把握整个历史发展的线索和规律,

---

① 章学诚. 文史通义新编新注:外篇三:与邵二云论修宋史书[M]. 仓修良,编注. 杭州:浙江古籍出版社,2005:371.
② 瞿林东. 文省于纪传,事豁于编年——说说纪事本末体史书[J]. 书品,1993(3).
③ 袁枢. 通鉴纪事本末:杨万里通鉴纪事本末叙[M]. 北京:中华书局,2015:1.
④ 梁启超. 中国历史研究法:过去之中国史学界[M]//饮冰室合集(专集73). 北京:中华书局,1989:20.

难以形成有机的整体概念。如《资治通鉴》写出了1300多年的历史发展线索和轮廓，而《通鉴纪事本末》仅选记239件史事，各事之间相对独立、缺乏历史联系。这是纪事本末体史书的一个致命弱点。而且纪事本末体史书"因事命篇"，一般侧重于政治和军事范围，相对集中，但忽视了社会经济和典章制度的重要作用。如袁枢《通鉴纪事本末》所记事件，绝大部分都是军事和政治事件，属于经济方面的仅两条：唐朝的《奸臣聚敛》和《两税之弊》。典章经制更是没有记载。后世《宋史纪事本末》《元史纪事本末》《明史纪事本末》等虽有所改进，仍未能从根本上改观。所以，尽管章学诚推崇纪事本末体"文省于纪传，事豁于编年"，兼有二体之长，又克服了二体之短，但终不可能取代编年、纪传二体，而只能与之并行。难怪梁启超一面称赞纪事本末体为"旧史界进化之极轨也"，一面又指出纪事本末体"仅以一事为起讫，事与事之间不生联络；且社会活动状态，原不仅在区区数件大事，纪事纵极精善，犹是得肉遗血，得骨遗髓也"①。

---

① 梁启超.中国历史研究法：史之改造［M］//饮冰室合集（专集73）.北京：中华书局，1989：34.

第五章

学案体与黄宗羲的编纂学思想

第一节 学案体的创立

学案体是以专记学派的承传流衍为特色的史书体。它采用以人物为中心分立学案的编纂体例写成，属于学术史之范畴。"学案"之"学"，指学者、学派、学术；"案"即案语，含评论、考订等。陈祖武先生指出：这种史籍"始而述一家一派源流，继之汇合诸多学术流派为一编，遂由一家一派之学术史，而演为一代乃至数百年众多学派的学术史"①。又云："所谓学案，就其字义而言，意即学术公案。'公案'本佛门禅宗语，已故佛学大师吕澂先生释之为'档案、资料'，至为允当。明中叶以后，理学中人以'学案'题名著述，实先得吕先生之心。顾名思义，学案体史籍以学者论学资料的辑录为主体，合其生平传略及学术总论为一堂，据以反映一个学者、一个学派乃至一个时代的学术风貌，从而具备了晚近所谓学术史的意义。"②

学案体渊源久远，先秦诸子之述学，汉唐纪传体史籍的诞生和发展，佛家禅宗史灯录的风行，都可视为学案体的源头。梁启超在《中国近三百年学术史》中指出："旧史中之儒林传、艺文志，颇言各时代学术渊源流别，实学术史之雏形。然在正史中仅为极微弱之附庸而已。唐宋以还，佛教大昌，于是有《佛祖通载》《传灯录》等书，谓为宗史也可，谓为学术史也可。其后儒家渐渐仿效，于是有朱晦翁《伊洛渊源录》一类书。"③

南宋朱熹所著《伊洛渊源录》，凡14卷，全书以首倡道学的"二程"（程颢、程颐）为中心，立足于纪传体史籍的传统，并博采佛家诸僧传之所长，尤

---

① 陈祖武. 关于中国学案史研究 [J]. 传统文化与现代化，1996（1）：46.
② 陈祖武. 我与中国学案史 [J]. 文史知识，1996（5）：8.
③ 梁启超. 中国近三百年学术史：清代学者整理旧学之总成绩（三）[M]. 北京：东方出版社，1996：359-360.

其是禅宗灯录、宗史之类结撰而成，梳理了道学源流，开启了史书编纂的新途径。①

朱熹编纂此书的目的，是要为理学正本清源，树"二程"之学为理学正宗，说明其上承孔孟之道的历史统续。故其书注重理学源流的辨析，注重理学家学术师承关系的考证。朱熹之后，仿照之作时有所出，并最终使学案体史籍由涓涓细流汇为大川。尤其黄宗羲的《明儒学案》，独辟蹊径，开创了一个三段式的学案体结构，即卷首冠以总论，扼要介绍该学派的学术宗旨、特点、成员及渊源关系；继而载案主传略，叙其生平、主要学术观点并加以评说；随后选编案主学术资料，节录案主的主要著作或语录。三段分行，浑然一体，全书分立17个学案，记载202位明代学者的生平、学行和思想，基本上反映了明代学术思想发展的脉络，从而使中国学案体史书的编纂趋于完善和定型，至此，学案体已成为一种独立的史书体。此后，仿《明儒学案》之作应运而生，著述不断，使学案体史书自成体系、蔚为大观。进入20世纪后，又被章节体学术史取而代之，形成了新的学术史编纂范式。②

第二节　黄宗羲的历史编纂学思想

黄宗羲的《明儒学案》，使中国学案体史书的编纂趋于完善和定型，使学案体真正成为一种独立的史书体。黄所著《明儒学案》和《宋元学案》是清初总结学术史的集大成之作，蕴含着黄宗羲丰富的历史编纂思想。③

一、"学有宗旨"

"学有宗旨"，是《明儒学案》编纂的重要旨趣，他希望借此编以阐述有明一代学术思想史上各派学术的宗旨。他说：

> 大凡学有宗旨，是其人之得力处，亦是学者之入门处。天下之义理无

---

① 有学者认为：朱熹所著《伊洛渊源录》以"道统"说为主旨，同时直接移植禅宗灯录而成，姑且名之为"道录体"。此书不仅率先开创了道录体学术研究，而且还标志着中国学术史研究专著问世的意义。见梅新林、俞樟华．中国学术史研究的主要体式与成果［J］．浙江师范大学学报，2009（1）．
② 详见本书"中编"第五章第三节"学案体"。
③ 吴怀祺先生《中国史学思想史》（商务印书馆，2007）第十章第三节对此有深入论析，本节在具体论述中多有参据。

穷，苟非定以一二字，如何约之，使其在我。故讲学而无宗旨，即有嘉言，是无头绪之乱丝也。学者而不能得其人之宗旨，即读其书，亦如张骞初至大夏，不能得月氏要领也。是编分别宗旨，如灯取影。杜牧之曰："丸之走盘，横斜圆直，不尽可知。其必可知者，是知丸不能出于盘也。"夫宗旨亦若是而已矣。①

"宗旨"二字，最为关键，是学术史研究的核心与灵魂，常说"纲举目张"，"宗旨"就是学问之纲，就是学术与学术史研究之纲。在黄宗羲看来，讲学要有宗旨，否则，即使有嘉言，也是"无头绪之乱丝"；读书也要领会其宗旨，否则，便不能得其门而入。要把握前人的学术宗旨，重要的是把握其"得力处"，因为这也是研究者的"入门处"。他就是本着"学有宗旨"的精神撰述《明儒学案》和认识有明一代学术思想的。

为了更好地把握前人的学术宗旨，《明儒学案》在具体写作上每一个学案的结构都由三个部分组成，即序、传记、资料选辑。其中的"序"，叙述学派的学术变迁、师承关系、学术地位及学派影响等，旨在理清学派的渊源与脉络。如《泰州学案》开篇便云：

阳明先生之学，有泰州、龙溪而风行天下，亦因泰州、龙溪而渐失其传。泰州、龙溪时时不满其师说，益启瞿昙之秘而归之师，盖跻阳明而为禅矣。然龙溪之后，力量无过于龙溪者，又得江右为之救正，故不至十分决裂。泰州之后，其人多能以赤手搏龙蛇，传至颜山农、何心隐一派，遂复非名教所能羁络矣。②

扼要精到，以点睛之笔写出了王学变动的趋势，完全合乎晚明思想史的实际。以致如今学者论及晚明学术时，几乎无不引证黄宗羲的这一精辟论述。

"传记"部分，重在叙述学派各案主的经历行事、学术观点及其宗旨，旨在明了各案主的学术思想与治学方法，在行文中间有案语，以突出案主的学术精神。

"资料选辑"部分，包括学派各案主的论著和语录等，主要是围绕着案主的学术宗旨去纂要钩玄其史料，以进一步突出案主的学术精神。黄宗羲说："每见钞先儒语录者，荟撮数条，不知去取之意谓何。其人一生之精神未尝透露，如

---

① 黄宗羲. 明儒学案：发凡 [M]. 北京：中华书局，1985：14.
② 黄宗羲. 明儒学案：卷三十二：泰州学案一 [M]. 北京：中华书局，1985：703.

何见其学术？是编皆从全集纂要钩玄，未尝袭前人之旧本也。"①

二、"一本而万殊"

黄宗羲强调"学要有宗旨，但不可有门户"，反对学术定于一尊，提倡"一本而万殊"的多元学术史观；反对"倚门傍户，依样葫芦""以水济水"的陈陈相因，主张"学贵自得"，尊重"一偏之见"甚至"相反之论"。他说：

> 盈天地间皆心也，人与天地万物为一体，故穷天地万物之理，即在吾心之中。后之学者，错会前贤之意，以为此理悬空于天地万物之间，吾从而穷之，不几于义外乎？此处一差，则万殊不能归一。夫苟工夫著到，不离此心，则万殊总为一致。学术之不同，正以见道体之无尽也。奈何今之君子，必欲出于一途，剿其成说，以衡量古今，稍有异同，即诋之为离经畔道，时风众势，不免为黄芽白苇之归耳。夫道犹海也，江、淮、河、汉以至泾、渭蹄涔，莫不昼夜曲折以趋之，其各自为水者，至于海而为一水矣！②

《明儒学案·凡例》又云：

> 学问之道，以各人自用得著者为真，凡倚门傍户，依样葫芦者，非流俗之士则经生之业也。此编所列，有一偏之见，有相反之论，学者于其不同处，正宜着眼理会，所谓一本而万殊也。以水济水，岂是学问！

黄宗羲认为，学术研究就如同百川归海，应该允许各家各派的存在，而不应该将不同学派与学术说成"离经畔道"。黄宗羲在编纂实际中实践了自己的认识，如《明儒学案》尊崇王阳明及其王学是其重要特色，这一方面是因为黄宗羲师从刘宗周，而刘宗周是王门后学，《明儒学案》重视"师承""师说"，强调师门学术宗旨；更因为王学是有明一代风靡一时的显学，理应在学术史著作中充分反映其学派及其学术思想。故《明儒学案》从卷十《姚江学案》起，至卷三十六《泰州学案》止，以26卷之篇幅详述阳明学术及其传衍，表明其学近承刘宗周、远宗王阳明。但《明儒学案》尊崇王学，却并不贬抑与王学相对的朱学，如该书首列《崇仁学案》，具体叙述明代前期朱学人物吴与弼的学术思想，视他为有明一代学术的开山祖，并具体叙述了从吴与弼到陈献章再到王阳明的学术流变过程。又如，《诸儒学案》分别为罗钦顺、王廷相、吕坤立传；

---

① 黄宗羲.明儒学案：发凡[M].北京：中华书局，1985：14.
② 黄宗羲.明儒学案：序[M].北京：中华书局，1985：7.

《宋元学案》为叶适、陈亮分别设立《水心学案》《龙川学案》，为王安石立《荆公新学案》，为苏洵和苏轼、苏辙父子立《苏氏蜀学案》等。这些都体现了黄宗羲反对学术定于一尊的学术胸襟与宏大气度。

三、"分源别派，宗旨历然"

"分源别派"，梳理学脉，阐明学术传承和发展的历史，是编纂《明儒学案》和《宋元学案》的重要旨趣。《明儒学案·自序》云："羲为《明儒学案》，上下诸先生深浅各得，醇疵互见，要皆功力所至，竭其心之万殊者而后成家，未尝以懵懂精神冒人糟粕。于是为之分源别派，使其宗旨历然。"[①] 又云：

> 有明事功文章，未必能越前代，至于讲学，余妄谓过之。诸先生学不一途，师门宗旨，或析之为数家，终身学术，每久之而一变。二氏之学，程、朱辟之，未必廓如，而明儒身入其中，轩豁呈露。用医家倒仓之法，二氏之葛藤，无乃为焦芽乎？诸先生不肯以朦瞳精袖冒人糟粕，虽浅深详略之不同，要不可谓无见于道者也。余于是分其宗旨，别其源流，与同门姜定庵、董无休操其大要，以著于篇，听学者从而自择。[②]

梳理学脉主要包括两个层次的问题。一是同一位思想家本身思想发展的脉络。每一位思想家的精神世界都是无限丰富的，都是"竭其心之万殊而后成家"，其思想有一个发展的过程，这就需要把其思想发展的脉络讲清楚。如王阳明，"其学凡三变而始得其门"，而"学成之后，又有……三变"[③]，就是一个很明显的例子。二是同一学术流派或思想流派发展演变的脉络，更需要下一番辨章学术、考镜源流的功夫，才能"别其源流"，使其"宗旨历然"而"学脉一贯"，使人清晰地看出学术思想发展的内在理路。

从总体上看，《明儒学案》和《宋元学案》系统地总结了宋明理学发展的全过程，认为北宋初胡瑗、孙复开义理说经之风，倡"明体达用之学"于苏湖、齐鲁，是为宋明理学之开端。北宋中期，周、张、二程阐发"性道微言"，弘扬孔孟正学，创立濂、洛、关学，奠定理学的基础。及至南宋，朱熹集二程洛学之大成，陆九渊以"发明本心"为宗旨，别立心学一派，理学自此分野。入元，朱陆合流，陆学逐渐式微，而朱学凸显。爰至明初，朱学居于统治地位，而陈献章则承陆学之余绪，开启明代心学之先河。明朝中期，王阳明继起，集陆九

---

① 黄宗羲. 黄宗羲全集：第7册 [M]. 杭州：浙江古籍出版社，1992：4.
② 黄宗羲. 明儒学案：序 [M]. 北京：中华书局，1985：7-8.
③ 黄宗羲. 明儒学案：卷十：姚江学案 [M]. 北京：中华书局，1985：180.

渊以来心学之大成，王学遂风靡一时，传人遍及大江南北，故有浙中、江右、南中、楚中、北方、粤闽诸王门之分，而以江右王门得王学之正传。晚明，王学因其末流袭空"蹈虚""清谈孔孟"而溺于禅释。东林朱学奋起，尊朱黜王。刘宗周创立蕺山学派，力矫王学末流之弊，遂成为明朝王学之殿军。

从具体的理学家及其学派来看，《明儒学案》和《宋元学案》系统地理清了宋明理学家的思想脉络，尤其对周程学统、朱陆学统、永嘉学统、明初朱学学统和明中王学学统的清理和辨析最具特色，认为周程诸子，学宗孔孟，然周子"闻道甚早"，为"二程"所师承。论学统，"二程"学有渊源，但又有独自的创获，"不尽由于周子"①。朱熹学不名一师，师事李侗之前，曾奉父命师事崇安胡宪、刘勉之、刘子翚"三先生"，而以师事胡宪为时最长，"得道"则始自刘勉之。② 论其学统，可上溯程门谢良佐。陆九渊学无师承，"兄弟自为师友，和而不同"③。论其学统，可上溯程门谢良佐，而王苹、林季仲、张九成、林光朝"皆其前茅"④，故朱陆学统同源，与洛学一脉相承。永嘉学统，始于宋神宗元丰年间的"太九先生"。初传洛学，又兼传关学。至南宋，薛季宣"主礼乐制度，以求见之事功"⑤，遂开启永嘉功利学派之先河，至叶适竟成为与朱陆鼎足的永嘉学派。明初理学，同出朱学，分为两支：江西吴与弼的崇仁朱学和山西薛瑄的河东朱学。论学统，吴、薛二子均无直接师承，而"一禀宋人成说"⑥，"大抵恪守紫阳家法"⑦，但学风异趣：吴与弼治学重"涵养"，门人陈献章发挥师说，远绍陆学余绪，从而开启明代心学之先河；薛瑄治学重"践履"，"多兢兢检点言行间"⑧，其传人恪守师说，理论上无大建树。阳明"学凡三变而始得其门"：始泛滥于词章，继而服膺程朱理学，后又出入于佛老，终于

---

① 黄宗羲, 全祖望. 宋元学案: 卷十二: 濂溪学案下 [M]. 北京: 中华书局, 2013: 521-524.
② 黄宗羲, 全祖望. 宋元学案: 卷四十三: 刘胡诸儒学案 [M]. 北京: 中华书局, 2013: 1395.
③ 黄宗羲, 全祖望. 宋元学案: 卷五十七: 梭山复斋学案 [M]. 北京: 中华书局, 2013: 1869.
④ 黄宗羲, 全祖望. 宋元学案: 卷五十八: 象山学案序录 [M]. 北京: 中华书局, 2013: 1884.
⑤ 黄宗羲, 全祖望. 宋元学案: 卷五十二: 艮斋学案序录 [M]. 北京: 中华书局, 2013: 1690.
⑥ 黄宗羲. 明儒学案: 卷一: 崇仁学案序 [M]. 北京: 中华书局, 1985: 14.
⑦ 黄宗羲. 明儒学案: 卷首: 莫晋序 [M]. 北京: 中华书局, 1985: 12.
⑧ 黄宗羲. 明儒学案: 卷首: 师说: 薛敬轩瑄 [M]. 北京: 中华书局, 1985: 3.

通过"龙场悟道"转向心学。① 故论王学学统，有由程朱而返陆学的转变过程。经此清理和辨析，宋明理学的学术脉络清晰历然。②

综上所述，《明儒学案》和《宋元学案》是学案体学术史巨著，标志着学案体学术史的最终确立，学案体的三大要素均已完备：一是设学案以明"学脉"，即每一个学案记述一个学派（若干独立而又有内在逻辑联系的学案群），使之足以展现出一代学术思想史的全貌与发展线索；二是写案语以示宗旨，即每一学派均有一个小序，对这一学派做简明的介绍，对学者的生平、师承、宗旨、思想演变也都有一段简要说明，最突出的是对各学派、学者宗旨的揭示；三是选精粹以明原著，即撷取最能体现学派或学者个性的著作中的精粹，摘编而成，以见原著之精华。这三个要素互为犄角，使学案体构成了为实现特定目标而组成的有机整体，既能展示历史上各学派、学者的独特个性，又能显示不同学派、学者之间的因革损益情况，更有映现出一代学术思想史发展线索的功能。③《明儒学案》和《宋元学案》在中国历史编纂学的发展史上具有十分重要的意义。

---

① 黄宗羲. 明儒学案：卷十：姚江学案 [M]. 北京：中华书局，1985：180.
② 卢钟锋. 中国传统学术史 [M]. 郑州：河南人民出版社，1998：366-368.
③ 朱义禄. 论学案体 [J]. 哈尔滨工业大学学报（社会科学版），1999（1）：111-112.

第六章

史注、史考、史论中的历史编纂观念

前述编年体、纪传体、典制体、纪事本末体、学案体史著及其史学家的修史实践，集中反映了史学家在史书体裁、体例上的创新精神及其编纂观念，而史注、史考、史论等史著则不同程度地反映了史学家对史学工作的反省、对历史编纂学的理论总结和理论创新。

第一节 经世致用的治史宗旨

古代史学家讲求"以史为鉴""以史为法""以史立言"①，形成了史学的"借鉴""垂训""传世"功能，构成了传统史学的主要目的和功能。

一、"明道"与"救世"

明末清初的著名思想家、史学家顾炎武有着更为强烈的经世致用史学思想。顾炎武自少年起，"尤留心当世之故，实录奏报，手自抄节；经世要务，一一讲求"②。他的三大奇书《日知录》《天下郡国利病书》《肇域志》都是经世致用的著作。"他说做学问的目的全在经世致用。"③ 顾炎武主张为学当以"明道""救世"为己任，认为"文须有益于天下"，他说："文之不可绝于天地间者，曰明道也，纪政事也，察民隐也，乐道人之善也。若此者，有益于天下，有益于将来，多一篇，多一篇之益矣。若夫怪力乱神之事，无稽之言，剿袭之说，谀佞之文，若此者，有损于己，无益于人，多一篇，多一篇之损矣。"④ 又说：

---

① 刘家和. 古代中国与世界——一个古史研究者的思考 [M]. 武汉：武汉出版社，1995：254.
② 顾炎武. 日知录集释：潘耒原序 [M]. 黄汝成，集释. 长沙：岳麓书社，1994：1.
③ 梁启超. 明清之交中国思想界及其代表人物 [M] // 饮冰室合集. 文集41. 北京：中华书局，1989：32.
④ 顾炎武. 日知录集释：卷十九：文须有益于天下 [M]. 黄汝成，集释. 长沙：岳麓书社，1994：474.

"君子之为学，以明道也，以救世也。徒以诗文而已，所谓'雕虫篆刻'，亦何益哉！"① 他批评明末学风空疏，空谈心性、不务实学："刘、石乱华，本于清谈之流祸，人人知之。孰知今日之清谈，有甚于前代者，昔之清谈谈老、庄，今之清谈谈孔、孟。未得其精而已遗其粗，未究其本而先辞其末。不习六艺之文，不考百王之典，不综当代之务，举夫子论学、论政之大端一切不问，而曰一贯，曰无言，以明心见性之空言，代修己治人之实学，股肱惰而万事荒，爪牙亡而四国乱，神州荡覆，宗社丘墟。昔王衍妙善玄言，自比子贡，及为石勒所杀，将死，顾而言曰：'呜呼，吾曹虽不如古人，向若祖尚虚浮，戮力以匡天下，犹不可至今日。'今之君子得不愧乎其言！"② 顾炎武重视实学，认为明朝灭亡的主要原因就是明末泛滥的空洞无物的心学。他讲求史学经世致用，就是为了借鉴历史上的经验和教训。顾炎武的治史实践，充分体现了其史学"经世""训今"的思想，他因"感四国之多虞，耻经生之寡术"而作《天下郡国利病书》《肇域志》；而《日知录》之作，则"意在拨乱涤污，法古用夏，启多闻于来学，待一治于后王"③"平生之志与业皆在其中"④"欲明学术，正人心，拨乱世以兴太平之事"⑤。顾炎武治学的突出特点就是强调经世致用。

二、"述往以为来者师"

与顾炎武、黄宗羲并称明末清初三大家的王夫之，也强调史学的宗旨在于经世致用，他说："所贵乎史者，述往以为来者师也。为史者，记载徒繁，而经世之大略不著，后人欲得其得失之枢机以效法之，无由也。"即史学的目的在于"述往以为来者师"，故应该重点记载"经世之大略""得失之枢机"。他批评班固、荀悦等人只为修史而修史，不重视总结历史经验教训："徒为藻悦之文，而无意于天下之略也，后起者其何征焉？"⑥ 批评那种只求闻见而不重经世的治史

---

① 顾炎武. 顾亭林文集：卷四：与人书十五 [M]. 四部备要：第 84 册. 北京：中华书局，1989：112.
② 顾炎武. 日知录集释：卷七：夫子之言性与天道 [M]. 黄汝成，集释. 长沙：岳麓书社，1994：240.
③ 顾炎武. 顾亭林文集：卷六：与杨雪臣 [M]. 四部备要：第 84 册：北京：中华书局，1989：135.
④ 顾炎武. 顾亭林文集：卷三：与友人论门人书 [M]. 四部备要：第 84 册：北京：中华书局，1989：97.
⑤ 顾炎武. 日知录集释：卷首：初刻自序 [M]. 黄汝成，集释. 长沙：岳麓书社，1994：2.
⑥ 王夫之. 读通鉴论：卷六：光武 [M]. 北京：中华书局，1975：350-353.

者不过"览往代之治而快然,览往代之乱而愀然,知其有以致治而治,则称说其美;知其有以召乱而乱,则诟厉其恶。言已终,卷已掩,好恶之情已竭,颓然若忘,临事而仍用其故心"①。他十分推崇司马光《资治通鉴》的经世功用和成就,以表明自己所恪守的史学经世的思想。他说:"旨深哉!司马氏之名是编也。曰'资治'者,非知治知乱而已也,所以为力行求治之资也。""夫治之所资,法之所著也……得可资,失亦可资也;同可资,异亦可资也。故治之所资,惟在一心,而史特其鉴也。""故论鉴者,于其得也,而必推其所以得;于其失也,而必推其所以失。其得也,必思易其迹而何以亦得;其失也,必思就其偏而何以救失;乃可为治之资。""君道在焉,国是在焉,民情在焉,边防在焉,臣谊在焉,臣节在焉,士之行己以无辱者在焉,学之守正而不陂者在焉。虽扼穷独处,而可以自淑,可以诲人,可以知道而乐,故曰'通'也。"所以,一部《资治通鉴》可以使"鉴之者明,通之也广,资之也深,人自取之,而治身治世、肆应而不穷"②。他通过评论《资治通鉴》进而表明自己强烈的经世致用思想。王夫之还反对崇虚堕实,主张敦实崇质,认为"因名以劝实,因文以全质,而天下欢欣鼓舞于敦实崇质之中,以不荡其心",即防止"尽弃其质以浮荡于虚名"③。黜虚返实也是王夫之史学经世思想的重要表现。

三、"古方今病辙相循"

清朝考证大家赵翼,文史兼通,其治史之旨,即以史为鉴,为现实服务。《廿二史劄记》开篇"小引"云:"此编多就正史纪、传、表、志中参互勘校,其有抵牾处,自见辄摘出,以俟博雅君子订正焉。至古今风会之递变,政事之屡更,有关于治乱兴衰之故者,亦随所见附著之。自唯中岁归田,遭时承平,得优游林下,寝馈于文史以送老,书生之幸多矣。或以比顾亭林《日知录》,谓身虽不仕,而其言可用者,则吾岂敢。"④ 这道出了其治史的旨趣。他虽自谦不敢比拟顾炎武,实则表明自己是顾炎武经世学风的继承者。顾炎武于清初倡导经世致用和重视考据之学,批判明朝士人"束书不观,游谈无根",主张治史当总结兴亡治乱之教训、匡救现实社会之弊病。而在百余年后赵翼所处的乾嘉时代,"避席畏闻文字狱,著书都为稻粱谋"⑤,考据之风盛行,经世传统废弃,

---

① 王夫之. 读通鉴论:卷末:叙论四 [M]. 北京:中华书局,1975:2552.
② 王夫之. 读通鉴论:卷末:叙论四 [M]. 北京:中华书局,1975:2551-2555.
③ 王夫之. 读通鉴论:卷十:三国 [M]. 北京:中华书局,1975:717-718.
④ 赵翼. 廿二史劄记校证:小引 [M]. 北京:中华书局,1984:1.
⑤ 龚自珍. 龚自珍全集:第九辑:咏史 [M]. 北京:中华书局,1975:471.

故赵翼以"经世致用"学风自任，关注现实，忧国忧民，力图通过研究历史以找寻解决现实问题的良方。诗云："历历兴衰史册陈，古方今病辙相循。时当暇豫谁忧国，事到艰难已乏人。九仞山才倾篑土，一杯水岂救车薪！书生把卷偏多感，剪烛徬徨到响晨。"① 又云："一事无成两鬓霜，聊凭阅史遣年光。敢从棋谱论新局，略仿医经载古方。千载文章宁汝数，十年辛苦为谁忙？只应纸上空谈在，留享他时酱瓿香。"② 以"古方"来治"今病"，借研制历史以探求治国良方，经世思想甚烈。

在《廿二史劄记》中，赵翼始终抓住那些历史上有关治乱兴衰的重大问题详作分析评论，揭示其产生的原因，阐明其经验和教训，重视军事地理的研究，重视有关国计民生经济问题的探讨等。其关于治理黄河的见解，更是这一思想的突出例证。赵翼总结了前人治河的经验和教训，认为前人治河并非真正的治理，而是"防"和"救"，严厉批评了"岁岁修防，年年堵筑"的治河政策，指出其无异于"头痛医头，脚痛医脚，病终不去"。"无论遇有溃决，所费不赀，即一二年偶获流，而岁修仍不下数十万，以五十年计算，正不知几千百万。与其以如许金钱，空掷于横流，何如为此经久无患之计乎！"他提出了彻底解决黄河决口的方案，即"南北两河，互相更换"，"每五十年一换"，认为这才是"万世无患之长策"。③ 在重考据、轻经世的乾嘉时期，赵翼却表现出如此强烈的经世致用思想，是十分少见且难得的。与其学术交往甚密的钱大昕高度评价说："所撰《瓯北诗集》《陔余丛考》，久已传播士林，纸贵都市矣。今春访予于吴门，复出近刻《廿二史劄记》三十六卷见示。读之窃叹其记诵之博、义例之精、论议之和平、识见之宏远，洵儒者有体有用之学，可坐而言，可起而行者也。"④ 此话虽是评价赵翼而发，但也表明钱大昕认同赵翼史学经世的基本观念。赵翼的另一学术知交李保泰也赞叹道："方先生属稿时，每得与闻绪论，及今始溃于成，窃获从编校之役，反复卒读之。嗟乎！自士大夫沉湎于举业，局促于薄书，依违于格令，遇国家有大措置，民生有大兴建，茫然不识其沿革之由，利病之故，与夫维护补救之方。虽使能辨黄初之伪年，收兰台之坠简，于

---

① 赵翼. 瓯北集：卷四十二：读史 [M] //清代诗文集汇编. 上海：上海古籍出版社，2010：410.
② 赵翼. 瓯北集：卷四十一：再题廿二史劄记 [M] //清代诗文集汇编. 上海：上海古籍出版社，2010：403.
③ 赵翼. 廿二史劄记校证：卷三十：贾鲁治河 [M]. 北京：中华书局，1984：716.
④ 赵翼. 廿二史劄记校证：附录：钱大昕序 [M]. 北京：中华书局，1984：985.

以称博雅、备故实足矣,乌足以当经世之大业哉!"① 总之,赵翼重视考察历代社会演变、古今风云变化、时势发展趋势,有不少议论关乎"天下之情变,古今之得失"。诸如《武帝三大将皆由女宠》《魏晋禅代不同》《南朝多以寒人掌机要》《唐代宦官之祸》《宋初严惩赃吏》《金考察官吏》《元诸帝多由大臣拥立》《明乡官虐民之害》等篇。由于赵翼曾在地方为官,使他对社会风气、对民众生活有着更深入的了解,对政治得失与社会兴亡有更多的认识。因此,他在《廿二史劄记》中往往以"气运""天人关系""治乱兴衰""民心所愿"等为线索,总结历史经验,探究历史发展的趋势和规律,无不鲜明地体现出史学经世的思想。

四、"纪一代之政事,以垂训于无穷"

四库馆臣具有鲜明的"经世致用"思想,清修《四库全书》时,四库馆臣对采入《四库全书》的书籍和一些未采入的书籍(存目)均分类编写了内容提要,集为《四库全书总目》。《四库全书总目》是中国古代规模最为宏大、体制最为完善、编制最为出色的一部目录学著作,也是一部重要的学术批评著作。余嘉锡有言:"今《四库提要》叙作者之爵里,评典籍之源流,别白是非,旁通曲证,使瑕瑜不掩,淄淹以别,持比向、歆,殆无多让。至于剖析条流,斟酌古今,辨彰学术,高挹群言,尤非尧臣、晁公武等所能望其项背。故曰自《别录》以来才有此书,非过论也。故衣被天下,沾溉靡穷。嘉道以后通儒辈出,莫不资其津逮,奉作指南,功既钜矣,用亦弘矣。"② 在《四库全书》编纂过程中,纂修官每校阅一种书籍,便作提要一篇,以详作者爵里、版本源流、典籍要旨甚至考订文字得失等,对先秦以来至清朝的各种著作进行了的介绍和评议,蕴涵着四库馆臣的学术批评思想。其中,以史为鉴、垂训无穷的"经世致用"思想便是《四库全书总目》评判史学家和史著高下的一个基本尺度。其凡例云:"圣贤之学,主于明体以达用。凡不可见诸实事者,皆属卮言。儒者著书,务为高论,阴阳太极,累牍连篇,斯已不切人事矣。至于论九河则欲修禹迹,考六典则欲复周官,封建、井田,动称三代,而不揆时势之不可行……凡斯之类,并辟其异说,黜彼空言,庶读者知致远经方,务求为有用之学。"③《四库全书总目》又云:"一代得失之林,即千古政治之鉴也。""盖敷陈之得失,足昭法

---

① 赵翼. 廿二史劄记校证: 附录: 李保泰序 [M]. 北京: 中华书局, 1984: 887.
② 余嘉锡. 四库提要辨证: 序录 [M]. 昆明: 云南人民出版社, 2004: 45.
③ 永瑢, 等. 四库全书总目: 卷首: 凡例 [M]. 北京: 中华书局, 1965: 18.

戒。而时代既近，殷鉴尤明。将推溯胜国之所以亡，与昭代之所以兴者，以垂训于无穷，故重其事也。"① 对历代得失兴亡的记载和研究，为古今政治家"展现了千姿百态的政治样式"，"提供了更为多样的行动的可能性"，"扩展他们对重大政治事件本质的理解力"。②《四库全书总目》对史学的经世功能十分重视，所谓"史者纪一代之政事，其他皆在所轻"③。故称赞《贞观政要》记载了唐太宗的"良法善政"，表彰《稽古录》"于历代兴衰治乱之故，反复开陈，靡不洞中得失"，认为"洵有国有家之炯鉴，有裨于治道者甚深"④，等等。

《四库全书总目》追述周时绘桀纣于明堂四门，乡射时设封国国君之像，屏风上绘上"纣醉踞妲己，作长夜之乐"图，认为都是"借彼前车，示其覆辙，俾后来以此思惧"，强调"防微杜渐，虑远深思""著前代乱亡之所自，以昭示无穷"，主张学习《尚书》"殷鉴不远，在夏后之世"、《诗·大雅》"仪监于殷"、汉高祖命陆贾作《新语》以"著秦之所以失，与我之所以得"的思想，提出"盖时代弥近，资考镜者弥切也"⑤，都反映了《四库全书总目》"以史为鉴，垂训无穷"的自觉意识。

本着"时代既近，殷鉴尤明""时代弥近，资考镜者弥切"的认识，《四库全书总目》十分重视介绍和评价记载明朝史事的史著。如认为《明史》新创阉党传、流贼传、土司传等具有很好的借鉴、经世意识。"列传从旧例者十三，创新例者三：曰阉党、曰流贼、曰土司。盖貂珰之祸，虽汉唐以下皆有，而士大夫趋势附膻，则惟明人为最夥，其流毒天下亦至酷，别为一传，所以著乱亡之源，不但示斧钺之诛也。闯、献二寇，至于亡明，剿抚之失，足为炯鉴，非他小丑之比，也非割据群雄之比，故别立之。至于土司，古谓'羁縻州'也，不外不内，衅隙易萌，大抵多建置于元，而滋蔓于明，控驭之道，与牧民殊，与御敌国又殊，故自为一类焉。"⑥ 这些都可以给清朝统治者提供有借鉴意义的经验教训。评价明朝监察御史李天麟巡按湖广时所作《楚台记事》"猥杂烦琐，与书吏簿籍无异"，"其载赆馈贺仪，银数多寡，以官阶大小为准，可见当时苞苴

---

① 永瑢，等. 四库全书总目：卷五十五：钦定明臣奏议[M]. 北京：中华书局，1965：502，503.

② 见斯普朗格《政治思想史的收获》，转引自石田一良. 文化史学：理论与方法[M]. 杭州：浙江人民出版社，1989：133.

③ 永瑢，等. 四库全书总目：卷五十：明术[M]. 北京：中华书局，1965：456.

④ 永瑢，等. 四库全书总目：卷五十一：贞观政要·卷四十七：稽古录[M]. 北京：中华书局，1965：463，422.

⑤ 永瑢，等. 四库全书总目：卷八十二：明宫史[M]. 北京：中华书局，1965：705.

⑥ 永瑢，等. 四库全书总目：卷四十六：明史[M]. 北京：中华书局，1965：416.

陋习。而公然载之简牍，毫无顾惮，尤足征明政之不纲也"①。对收入《四库全书》的《明宫史》，《四库全书总目》指出："其书叙述当时宫殿、楼台、服食、宴乐及宫闱诸杂事，大抵冗碎猥鄙，不足据为典要"，实际内容价值不大，但却有重要的"殷鉴"意义，"盖历代奄寺之权，惟明为最重。历代奄寺之祸，亦惟明为最深。二百余年之中，盗持魁柄，浊乱朝纲，卒至宗社邱墟，生灵涂炭，实为汉唐元所未有。迨其末造，久假不归，视威福自专如其固有，遂肆无忌惮。笔之于书，故迹其致亡之道，虽亦多端，要以宠任貂珰，为病本之所在也。然其人可诛，其事乃足为炯鉴"②。同理，《四库全书》之所以收入明朝大臣的奏章集《钦定明臣奏议》，是因为此书集中反映了明朝的庙堂风气，也有很好的借鉴意义。曰："考有明一代，惟太祖以大略雄才，混一海内。一再传后，风气渐移，朝论所趋，大致乃与南宋等。故二百余年之中，士大夫所敷陈者，君子置国政而论君事心，一札动至千万言，有如策论之体。小人舍公事而争私党，一事或至数十疏，全为讦讼之词。迨其末流，弥增诡薄。非为小人牟利，即君子亦不过争名。台谏哄于朝，道学哗于野。人知其边防吏治之日坏，不知其所以坏者，由阁臣奄竖为之奥援。人知其阁臣奄竖之日讧，不知其所以讧者由门户朋党为之煽构。盖宋人之弊，犹不过议论多而成功少。明人之弊，则直以议论亡国而已矣。"③ 上举诸例，都充分反映了《总目》所蕴含的"以史为鉴，垂训无穷"的自觉意识，体现出了鲜明的"经世致用"思想，是通过评论史书而对史书撰写提出的要求。

六、"切于实用，为经世之学"

王鸣盛力主治史当有益于社会，服务于社会。他说："凡天下一切学问，皆应以根据切实，详简合宜，内关伦纪，外系治乱，方足传后。掇拾鬼琐，滕架空虚，欲以哗世取名，有识者厌薄之。"他曾批评"三刘氏作《刊误》，而昆山吴仁杰斗南又作《刊误补遗》，是当为《刊误补》矣。今予于吴氏再为饶舌，则又当为《刊误补补遗》矣。辗转驳难，纸墨益多，岂不无谓而可笑！人生世上，何苦吃饱闲饭，作闲磕牙！"④ 他认为后人治《汉书》辗转驳难，浪费纸墨，做了许多可笑的无用功，赞扬杜佑《通典》和李吉甫《元和郡县志》辞尚

---

① 永瑢，等.四库全书总目：卷八十：楚台记事［M］.北京：中华书局，1965：691.
② 永瑢，等.四库全书总目：卷八十二：明宫史［M］.北京：中华书局，1965：705.
③ 永瑢，等.四库全书总目：卷五十五：钦定明臣奏议［M］.北京：中华书局，1965：502-503.
④ 王鸣盛.十七史商榷：卷七：刊误补遗［M］.上海：上海书店出版社，2005：49.

提要，切于实用，为经世之学。批评李延寿"《南史》意在以删削见长，乃所删者往往皆有关民生疾苦、国计利害……李延寿胸中本不知有经国养民远图，故去取如此"①。王鸣盛强烈的"经世致用"治史意识于此可见一斑。钱大昕评价道：王鸣盛"撰《十七史商榷》百卷，主于校勘本文，补正讹脱，审事迹之虚实，辨纪传之异同。于舆地职官、名物，每致详焉，独不喜褒贬人物，以为空言无益实用也"②。这既肯定了王鸣盛"经世致用"的治史思想，又表明自己具有同样的主张。钱大昕指出："儒者之学，在乎明体以致用。《诗》《书》执礼，皆经世之言也。《论语》二十篇，《孟子》七篇，论政者居其半。当时师弟子所讲求者，无非持身处世、辞受取与之节，而性与天道，虽大贤犹不得而闻。儒者之务实用而不尚空谈如此。"③ 主张为学当讲求用世之学，即"益当讲求经济，务为有体有用之学"④，反对学术研究脱离社会实际。

汪中一方面主张学术经世，坦言"尝推《六经》之旨，以合于世用"⑤，"中尝有志于用世，而耻为无用之学。故于古今制度沿革，民生利弊之事，皆博问而切究之，以待一日之遇。下至百工小道，学一术以自托，平日则自食其力，而可以养其廉耻，即有饥馑流散之患，亦足以卫其生，何苦耗心劳力，饰虚词以求悦世人哉！"⑥ 强调学贵实用。另一方面主张从政致用，要求"居官莅事，必求其实用，毋使文法俗吏，得以妄訾儒者。至于犯颜敢谏，仗节死义，则必常持斯志，以成吴浩然之气。此小心缜密之久，恒足以有为也"⑦。经世致用之思想十分突出。

崔述着眼于历史的考信求实，著《考信录》，期于世所用。其云"自读诸经、《孟子》以来，见其言皆平实，切于日用，用之修身治国，无一不效。如布帛菽粟，可饱可暖，皆人所不能须臾离者。至于世儒所谈心性之学，其言皆若甚高，而求之于用，殊无所当。正如五色彩纸，为衣可以美观，如用以御寒蔽

---

① 王鸣盛．十七史商榷：卷六十：宋书有关民事语多为南史删去 [M]．上海：上海书店出版社，2005：477．
② 钱大昕．潜研堂集：卷四十八：西沚先生墓志铭 [M]．上海：上海古籍出版社，2010：235．
③ 钱大昕．潜研堂集：卷二十五：世纬序 [M]．上海：上海古籍出版社，2010：235．
④ 钱大昕．潜研堂集：卷二十三：河南乡试录序 [M]．上海：上海古籍出版社，2010：208．
⑤ 汪中．述学校笺：别录：与巡抚毕侍郎书 [M]．李金松，校注．北京：中华书局，2014．
⑥ 汪中．述学校笺：别录：与朱武曹书 [M]．李金松，校注．北京：中华书局，2014．
⑦ 汪中．述学校笺：别录：与刘端临书 [M]．李金松，校注．北京：中华书局，2014．

体，则无益也"。崔述批评明朝以来学者空谈心性，不切实用，甚至认为治诗也当以致用为宗旨，"世之谈诗者甚众，其高者争于体格之升降，其下者争于面貌之仿佛，贵唐，贵宋，贵初、盛，贵中、晚，贵建安、正始，贵元嘉、永明，其言不可车载斗量，然皆非余所知。余独爱顾宁人之言，谓诗当求有用于世，为最得风雅之旨归"①。

第二节 鉴往训今的史学功用

一、"总括前踪，贻诲来世"

"鉴往训今"的史学功用论，是与"经世致用"的治史宗旨密切联系的。在这一问题上，裴松之提出了"总括前踪，贻诲来世"的认识。他在《上三国志注表》中说："臣闻智周则万理自宾，鉴远则物无遗照。虽尽性穷微，深不可识，至于绪余所寄，则必接乎粗迹。是以体备之量，犹曰好察迩言。畜德之厚，在于多识往行。伏惟陛下道该渊极，神超妙物，晖光日新，郁哉弥盛。虽一贯坟典，怡心玄赜，犹复降怀近代，博观兴废。将以总括前踪，贻诲来世。"② 这集中反映了裴松之对史学社会功能的认识。在裴松之看来，一个人能思虑周备，则万事之理自然有序；悬镜高远，则所照之物尽显无遗。一个人对于历史的认识，即便尽性探微，也未必能识其中奥秘，但一定能从其连绵发展的启示中窥见其大致规律。因此，欲取得周备的见识，还需听取周围的嘉言美谈；要培养厚道的德行，还应多认识前人的历史及经验。所以，对陛下提出治国的建议：您虽然一贯关注文化典籍，醉心于探究玄理，但更应关注近代史事，广泛考察历代历朝的兴衰得失，以求得对历史发展大势的综合认识，以此垂留后世，启迪教育后人。裴松之把史学的社会功用同提高帝王的素质修养和治国措施密切结合在一起。

裴松之的史学鉴戒论，已经结合魏晋南北朝时期的社会发展特点和史学发展情况，从思想史的角度对史学社会性质和作用提出了新的认识，颇具理论探讨和哲学思辨的色彩。其"智周""鉴远"的思想，说明多识前言往行可以提高人的智慧、可以修养人的道德，即形成"体备之量"、达到"畜德之厚"。由

---

① 崔述. 知非集：卷首：自序［M］//崔东壁遗书. 北京：国家图书馆出版社，2018：1.
② 裴松之. 上三国志注表［M］//陈寿. 三国志. 北京：中华书局，1982：1471.

此引出对当权者的提示，希望他们"降怀近代，博观兴废"，以收取"总括前踪，贻海来世"的社会功效。宋文帝命裴松之注《三国志》的意义即在于此，是这一时期统治者希望借鉴古来治国安邦的经验教训，并通过著史来确定自己的统治地位和历史地位的反映。"总括前踪，贻海来世"也就成了裴松之注《三国志》的指导思想，对史书编纂极具启示意义。

二、"居今识古，其载籍乎"

刘勰发展了裴松之的认识，提出"居今识古，其载籍乎"，认为历史一旦成为过去，而且经过了久远的年代，人们想要了解它、认识它，必须依据历代史籍的记载。《文心雕龙·史传》开篇即云："开辟草昧，岁纪绵邈，居今识古，其载籍乎！"即开天辟地时人们处在蒙昧状态，年代很悠远了，生活在今天的我们要认识古代的情况，只有靠史书的记载。刘勰认为史学著作备载前言往事，可以使人们认识了解"岁纪绵邈"的自然和社会的历史。他把史籍看成人们认识客观历史的重要途径，这已经包含了把历史同史学区别开来的认识，早在1500多年前刘勰就提出这样的认识，这在"说明史学的作用及其重要性上，是有理论意义和现实意义的"①。通过史学可以把历史与现实联系起来，更好地发挥史学为现实服务的功能。为此，刘勰对南北朝以前的史学进行了较全面的总结。

第一，勾勒史学发展源流。刘勰云："轩辕之世，史有仓颉，主文之职，其来久矣。"认为轩辕黄帝之世就有了史职，已经很久远了。这实上承《说文解字》《汉书》等说，下启刘知几"盖史之建官，其来尚矣。昔轩辕氏受命，仓颉、沮诵实居其职"②。有了史官，也就了记事的主体，即"史载笔"，史官带着笔来记事。"左史记言，右史记事"，从而开始有了史书的流传，"言经则《尚书》，事经则《春秋》"。到了周朝，周公制定官制礼法，颁布历法，"贯四时以联事"，记事更加方便，不仅周王室有史官，而且"诸侯建邦，各有国史，彰善瘅恶，树之风声"，"百国春秋"的局面形成。至孔子，"闵王道之缺，伤斯文之坠"，"于是就太师以正《雅》《颂》，因鲁史以修《春秋》"，《春秋》成为当时最有名的一部编年体史书。而左丘明又"原始要终，创为传体"。《左传》的出现，使编年体史书体裁最终确立了。所以，刘勰总结说："史肇轩黄，

---

① 瞿林东. 史学的沉思 [M]. 杭州：浙江人民出版社，1994：27.
② 史通通释：卷十一：史官建置 [M]. 刘知几，撰. 浦起龙，通释. 上海：上海古籍出版社，2009：281.

体备周孔。"① 刘知几也云:"斯则史官之作,肇自黄帝,备于周室。"②

战国时代,"史职犹存。秦并七王,而战国有《策》"。汉代,陆贾取法古代,"作《楚汉春秋》";司马谈"执简"作史,"子长(司马迁)继志","比尧称典""法孔题经""取式《吕览》",创作了《史记》,创立了新的史书体裁——纪传体,丰富了史书的表现形式,对后世产生了深远的影响,以至"述者宗焉"。这与汉代注意总结历史经验教训、重视修史关系甚密。"班固述汉,因循前业";东汉纪传,"发源《东观》";"史汉以下,莫有准的"。③

刘勰扼要勾勒了我国史学产生发展的基本脉络,尤其重点叙述了史的含义、史的产生和发展、史书体裁的产生和演变等,被人们认为是一部小型的史学发展史,对后世影响甚大,刘知几《史通》之《史官建置》《古今正史》篇的撰写就深受其影响。

第二,概评古今史著得失。《文心雕龙·史传》全篇1394字,所评史著从《尚书》《春秋》至邓粲《晋纪》共25种(因时光久逝,已亡佚过半),尤其着重论述了《春秋》《左传》《史记》《汉书》等史籍,皆言简意明,突出地反映了刘勰的史学见解。于《尚书》,认为是记言的经书,"唐虞流于典谟,商夏被于诰誓"④。其中,《尧典》《金縢》等篇记一人或一事的始末,章学诚称纪事本末体史书"文省于纪传,事豁于编年……斯真《尚书》之遗也"⑤。于《春秋》,称其"举得失以表黜陟,征存亡以标劝戒;褒见一字,贵逾轩冕;贬在片言,诛深斧钺。然睿旨幽隐,经文婉约",指出孔子修《春秋》有黜陟、劝戒、褒贬的用意,但记事过于简略。于《左传》,指出左丘明与孔子是同时代人,"实得微言,乃原始要终,创为传体。传者,转也;转受经旨,以授于后。实圣文之羽翮,记籍之冠冕也"。于《战国策》,仅指出其"录而弗叙,故即简而为名也"。于《史记》,称其"取式《吕览》","本纪以述皇王,列传以总侯伯,八书以铺政体,十表以谱年爵","人始区分,详而易览,述着宗焉","实录无

---

① 刘勰. 文心雕龙注·史传第十六 [M]. 周振甫, 注. 北京: 人民文学出版社, 1981: 169-172.
② 刘知几. 史通通释: 卷十一: 史官建置 [M]. 浦起龙, 通释. 上海: 上海古籍出版社, 2009: 281.
③ 刘勰. 文心雕龙注: 史传第十六 [M]. 周振甫, 注. 北京: 人民文学出版社, 1981: 169-171.
④ 刘勰. 文心雕龙注: 史传第十六 [M]. 周振甫, 注. 北京: 人民文学出版社, 1981: 169.
⑤ 章学诚. 文史通义校注: 卷一: 书教下 [M]. 叶瑛, 校注. 北京: 中华书局, 1994: 51-52.

隐""博雅弘辩",但又"爱奇反经""条例踳落"。于《汉书》,称"其《十志》该富,赞序弘丽,儒雅彬彬,信有遗味","宗经矩圣""端绪丰赡",又批评其"因循前业,观司马迁之辞,思实过半","遗亲攘美""征贿鬻笔"。于后汉史,批评"袁张所制(袁崧《后汉书》和张莹《后汉南记》),偏驳不伦;薛谢之作(薛莹《汉后记》和谢沈《后汉书》),疏谬少信"。推司马彪《续汉书》"详实"、华峤《汉后书》"准当"。于三国史,认为各家记载"或激抗难征,或疏阔寡要",只有"陈寿三志,文质辨洽,荀张比之于迁固,非妄誉也。"于晋史,批评诸家"未备""不终""莫有准的",推干宝《晋纪》"审正得序"、孙盛《晋阳秋》"约举为能"。

针对所述各种史籍的诸多谬误和缺憾,刘勰还进一步分析了史著讹滥的原因。他说,"若夫追述远代,代远多伪",因为"俗皆爱奇,莫顾实理。传闻而欲伟其事,录远而欲详其迹。于是弃同即异,穿凿傍说,旧史所无,我书则传。此讹滥之本源,而述远之巨蠹也"①。

第三,探析编年、纪传二体优劣。编年、纪传二体是中国古代最重要的两种史书体裁,更是魏晋以前影响最大的两种体裁。编年体以《春秋》《左传》为正宗,纪传体以《史记》《汉书》为典范。刘勰《文心雕龙·史传》篇即以它们为代表,首次对编年、纪传二体进行了系统精辟的评论。② 于编年体,认为"《春秋》经传,举例发凡","左氏缀事,附经间出,于文为约","创为传体""转受经旨","记籍之冠冕也",对编年体给予了很高的评价,同时指出其有"氏族难明""岁远则同异难密,事积则起讫易疏"等缺点。于纪传体,刘勰认为其"人始区分,详而易览,述者宗焉",避免了编年体"氏族难明"等缺点,但又失于重复和偏颇,"或有同归一事,而数人分功,两记而失于重复,偏举而病于不周"等。③ 刘勰对编年、纪传二体优缺点的把握比较准确。这种认识被刘知几在《史通》中直接继承并大加发挥,《史通》先以《二体》篇详细评述编年、纪传二体的优劣,大大发挥《文心雕龙·史传》篇的观点;继以《本纪》《世家》《列传》《表历》《书志》《序例》《题目》《断限》《编次》《称谓》

---

① 刘勰.文心雕龙注:史传第十六[M].周振甫,注.北京:人民文学出版社,1981:169-172.
② 在此之前,范晔《后汉书》有云:"《春秋》者,文既总略,好失事形,今之拟作,所以为短;纪传者,史班之所变也,网罗一代,事义周悉,适之后学,此焉为优,故继而述之。"但未做深论,二体各自的优缺难明。
③ 刘勰.文心雕龙注:史传第十六[M].周振甫,注.北京:人民文学出版社,1981:169-171.

等诸篇，详细阐述纪传体的体例特点；又以《言语》《浮词》《叙事》《杂说》等篇，或隐或显地尊奉《春秋》《左传》为准绳，尤其称《左传》为"叙事之最""著述罕闻，古今卓绝"，并以《申左》一篇详申左氏之"三长"。

刘勰的史学总结和反思，对历史编纂学实践和理论探索影响深远。

三、"夫史书之作，鉴往所以训今"

顾炎武从事史学研究的目的是十分明确的，即经世致用，已如前述。他提出了"引古筹今""鉴往所以训今"[1] 的思想。他说："必有体国经野之心，而后可以登山临水；必有济世安民之识，而后可以考论古今。"[2]他之所以要"考论古今"，目的就是"济世安民"，解决现实中的种种问题。其积20余年之苦心编纂而成的《天下郡国利病书》和《肇域志》，就是"感四国之多虞，耻经生之寡术"的有所为之作。[3] 他重视古今关系，强调古为今用，即"引古筹今，亦吾儒经世之用"[4]，"夫史书之作，鉴往所以训今"，认为只有学习历史，才能知晓历史上治乱兴衰的经验教训，进而懂得治国安邦之道，即"目击世趋，方知治乱之关必在人心风俗，而所以转移人心，整顿风俗，则教化纪纲为不可阙矣。百年必世养之而不足，一朝一夕败之而有余"[5]。其主张把普及史学作为培养人才的重要手段，所谓"人苟遍读五经，略通史鉴，天下之事自可洞然"[6]。在《生员论》中特别指出：当时生员最严重的问题之一，就是不懂古今历史，无以为用，"合天下之生员，县以三百计，不下五十万人。而所以教之者，仅场屋之文。然求其成文者，数十人不得一；通经知古今，可为天子用者，数千人不得一也"。为此，他提出了改革科举制度的方略，即"必选夫五经兼通者而后充之，又课之以二十一史与当世之务，而后升之……如此而国有实用之人，邑

---

[1] 顾炎武. 顾亭林文集：卷六：答徐甥公肃书 [M]. 四部备要：第84册. 北京：中华书局，1989：134.
[2] 顾炎武. 历代宅京记：卷首：徐文元序 [M]. 北京：中华书局，2020：1.
[3] 顾炎武. 顾亭林文集：卷六：天下郡国利病书序 [M]. 四部备要：第84册. 北京：中华书局，1989：131.
[4] 顾炎武. 顾亭林文集：卷四：与人书八 [M]. 四部备要：第84册. 北京：中华书局，1989：110.
[5] 顾炎武. 顾亭林文集：卷四：与人书九 [M]. 四部备要：第84册. 北京：中华书局，1989：110.
[6] 顾炎武. 顾亭林文集：卷六：与杨雪臣 [M]. 四部备要：第84册. 北京：中华书局，1989：135.

有通经之士，其人材必盛于今日也"①。"苟以时文之功，用之于经史及当世之务，则必有聪明俊杰，通达治体之士起于其间矣。"② 他认为通经、知古今、晓时务的人才，方可成为国家有用之才，也才是科举考试应该选拔的人才。他把通晓经史并熟悉世务作为人才培养的基本要求。

王夫之提出"所贵乎史者，述往事以为来者师也"，要求史书要重点记载"经世之大略"和"得失之枢机"，这样史学才能真正发挥借鉴功能，人们才能真正汲取历史的经验和教训（已见前述），与顾炎武的认识是一致的。

四、"以古为师，师其是而已"

在对待古与今、古人与今人的关系上，钱大昕主张"师其是""从其胜""从其是"的态度。钱大昕强调历史研究和撰述必须充分尊重和继承前人的成果，他在评论臧琳《经义杂识》时说："实事求是，别白精审，而未尝驰骋其辞轻诋先哲"，"以古为师，师其是而已矣。"③ "师其是"之"是"，是指正确的优秀的东西，即钱大昕强调不要轻易肯定或否定前人的结论，不要盲目批评或指责前人的学术成果，而应当学习、借鉴和继承前人成果中的优秀成分。施丁先生认为："这个'是'，不是今人理解的规律性，而是为人、为学、为政之道，要求今人学习历史文化传统中优良的东西"，并进一步分析说："对待古今，历来有两种不良倾向：一是崇古、美古，把古代说成黄金时代，把古人美化为圣贤；一是轻古、丑古，把古代古人说成愚昧、野蛮，一无是处。两者都不是尊重历史的态度。正确的态度，应该是历史主义，实事求是，考察其历史是非，学古人之优，师古人之是……钱氏博古而不忘今，既不肆意地蔑古或崇古，也不盲目地信古和师古，强调'必求其是'，师古之'是'。"④ 这一分析十分准确。

钱大昕主张"后儒之说胜于古，从其胜者，不必强从古可也；一儒之说而先后异，从其是焉者可也"⑤，主张"议论须平允，词气须谦和"，认为"一事

---

① 顾炎武．顾亭林文集：卷一：生员论上［M］．四部备要：第84册．北京：中华书局，1989：80．
② 顾炎武．顾亭林文集：卷一：生员论中［M］．四部备要：第84册．北京：中华书局，1989：81-82．
③ 钱大昕．潜研堂集：卷二十四：臧玉林经义杂识序［M］．上海：上海古籍出版社，2010：219．
④ 施丁．钱大昕"实事求是"史学（下篇）［J］．求是学刊，2001（4）：98．
⑤ 钱大昕．潜研堂集：卷九：答问六［M］．上海：上海古籍出版社，2010：77．

之失，无妨全体之善"。① 这是一种坚持真理、求实存真的科学态度。他甚至认为，对待古人的失误，也需要采取历史主义的态度，设身处地地为古人着想，不要去苛求古人，他说："今之学者，读古人书，多訾古人之失……人固不能无失，然试易地以处，平心而度之，吾无一失乎？"② 他强调"易地以处，平心而度之"。钱大昕十分反对目空前贤、自以为是的态度和做法，要求开展批评要与人为善、心存厚道、平等讨论。

钱大昕"师其是""从其胜"，"易地以处""平心度之"的史学批评态度和著史实践，在古代史学批评史和历史编纂学上具有重要的理论意义。

五、"居今之世，志古之道"

王鸣盛反对泥古守旧，主张"学问之道，当观其会通。知今不知古，俗儒之陋也；知古不知今，迂儒之癖也。心存稽古，用乃随时，并行而不悖，是谓通儒。古不可泥，今不可徇。古学随时而变，此势所必至，圣人亦不能背时而复古。是以古学不可不知也，如用之，则从今，从众也。从今，适合时代，从众，适应人情"③。一方面反对盲目崇古，主张史学研究须立足于现实；另一方面强调借鉴前人经验教训，服务现实社会。他认为"居今日而言古，唐以前书是也"④，称赞范晔《后汉书》中"《党锢传》首总叙说两汉风俗之变，上下四百年间，了如指掌。下之风俗，成于上之好尚，此可为百世龟鉴。蔚宗言之切至如此，读之能激发人！"⑤ 王鸣盛撰有《通古今》篇，辨析古与今、历史与现实的关系，更见"鉴往训今"的史学意识。其言曰：

> 儿子诸生嗣获曰：《隋书·经籍志》叙首云："经籍也者，其用为大矣。不疾而速，不术而至。今之所以知古，后之所以知今，其斯之谓也。"案：许氏《说文》自序云："文字者，经艺之本，王政之始。前人所以垂后，后人所以识古。故曰本立而道生。"《隋书》本此。《北史·江式传》延昌三年，式表曰："文字者，六籍之宗，王教之始。前人所以垂今，后人所以识

---

① 钱大昕.潜研堂集：卷三十五：答王西庄书[M].上海：上海古籍出版社，2010：346.
② 钱大昕.潜研堂集：卷十七：弈喻[M].上海：上海古籍出版社，2010：164.
③ 王鸣盛.十七史商榷：卷八十二：唐以前音学诸书[M].上海：上海书店出版社，2005：724.
④ 王鸣盛.十七史商榷：卷八十二：唐律[M].上海：上海书店出版社，2005：726.
⑤ 王鸣盛.十七史商榷：卷三十八：党锢传总叙[M].上海：上海书店出版社，2005：266.

古。"又《高允传》允答景穆帝曰:"史籍,帝王之实录,将来之炯戒。今之所以观往,后之所以知今。"语亦同。韩昌黎诗:"人不通古今,牛马而襟裾。"欲通古今,赖有字,亦赖有史。故字不可不识,史不可不读。①

章学诚也强调:学者当"居今之世,志古之道"。他在论方志修纂时指出:"盖古今宫室异宜,学者求于文辞而不得其解,则图阙而书亦从而废置矣。后之视今,亦犹今之视古。城邑衙廨,坛壝祠庙,典章制度,社稷民人所由重也。不为慎著其图,则后人观志,亦不知所向往矣。迁、固以还,史无建置之图;是则元、成而后,明堂太庙,所以纷纷多异说也。"② 为了鉴往训今,必须重视古代典章制度和名物制度。又云:"好古之士,于残金泐石,攻鞠款识,不遗余力;而齐物家言,则三代法物,不难等于过眼云烟。二者极相拂也,而其实交相为用。盖器用玩好,皆外物也,物传于古而珍之,古犹今也。以其古人所尝寓意焉,即其物可以想见其人。好古之士,所谓珍而重之是也。徒徇古物可珍,而不知其所以珍,齐物之家所以欲人略迹而论心,亦是也。"③要求学者既要看到古今历史之相互联系,又不能忽视古今时代的差异,不能把"古"与"今"等同起来。重要的是要从历史中获取借鉴,弄清过往的历史,把握住今天和认清未来的走向。所以,他反对盲目崇古,主张立足现实,古为今用。他认为三代实行井田制度,乡闾相望,聚族同居;后世社会情况变了,不可能再模拟古人同居。"九世同居,前人以为美谈,洵足尚矣。然三代封建井田之制,皆以分别为义。至于王者合姓缀食,乡闾守望相助,分而未始不合也。时势殊异,封建、井田必不可行。人事不齐,同居亦有不可终合之势。与其慕虚名而处实患,则莫如师其意而不袭其迹矣……夫师古而得其意,固胜乎泥古而被其毒也。"④他反对照搬照抄地学习古人,不知变通,强调必须因时制宜,学习古人重在"师其意而不袭其迹",否则,便是只知"好古"而昧于"知时"的人,"凡学古而得其貌同心异,皆但知有古,而忘己所处境者也"⑤。章学诚这种重视历史学习而不拘泥于历史,尊重传统又不拘泥于传统的思想颇具辩证法因素。把古

---

① 王鸣盛. 十七史商榷:卷六十七:通古今 [M]. 上海:上海书店出版社,2005:563.
② 章学诚. 文史通义新编新注:外篇五:永清县志:建置图序例 [M]. 仓修良,编注. 杭州:浙江古籍出版社,2005:963.
③ 章学诚. 章氏遗书:卷二十八:冯孟亭先生奉砚图记 [M]. 湖州:吴兴刘氏嘉业堂,1922:18.
④ 章学诚. 文史通义新编新注:内篇六:同居 [M]. 仓修良,编注. 杭州:浙江古籍出版社,2005:342.
⑤ 章学诚. 文史通义新编新注:外篇三:与邵二云论文 [M]. 仓修良,编注. 杭州:浙江古籍出版社,2005:668.

与今、历史与现实的关系认识推进到了一个很高的理论高度。

第三节 直笔求真的撰述原则

史学要真正发挥"经世致用""鉴往训今"的作用，就必须真实可靠。故史学家在注史、评史、论史、考史时普遍提出了"直笔求真"的撰史原则。

一、"辞胜而违实，固君子所不取"

魏晋时期，一方面著史之风盛行，史著如林，另一方面"讹滥"之作不少。裴松之在注《三国志》时，既强调"众色成文，兼采为味""务在周悉"，又要求取材审慎，做到真实可靠、足以取信。他批评当时史书普遍存在"各记所闻，竞欲称扬本国容美，各取其功"的现象①，指出陈寿著史时有回护倾向，如写官渡之战，"绍众十余万"，而操军"兵不满万，伤者十二三"，力量悬殊而曹军大胜。裴氏条列史料进行了驳斥，斥之为"非其实录"，揭示了陈寿"欲以少见奇"以夸大曹操战绩的用心。②

裴松之提出："凡记言之体，当使若出其口，辞胜而违实，固君子所不取，况复不胜，而徒长虚妄哉！"③ 对于一切虚妄之书"正足以诬罔视听，疑误后生矣，实史籍之罪人，达学之所不取者也"④。"辞胜而违实，固君子所不取""诬罔视听，实史籍之罪人"，这正是裴松之所坚守的著史原则。他在注中大力称赞直书其事、真实可信的史书。如针对王允指责司马迁《史记》为"谤书"而指出："史迁纪传，博有奇功于世，而云王允谓孝武应早杀迁，此非识者之言，但迁为不隐孝武之失，直书其事耳，何之谤有乎？"⑤ 并表扬当代史学家阎缵之史"该微通物，有良史风。为天下补缀遗脱，敢以所闻列于篇左。皆从受之于大人先哲，足以取信者，冀免虚妄之讥云尔"⑥，总体上评价陈寿《三国志》"铨叙

---

① 陈寿．三国志：卷五十四：吴书：鲁肃传注［M］．北京：中华书局，1959：1269．
② 陈寿．三国志：卷一：魏书：武帝纪注［M］．北京：中华书局，1959：20．
③ 陈寿．三国志：卷二十二：魏书：陈群传附陈泰传注［M］．北京：中华书局，1959：642．
④ 陈寿．三国志：卷六：魏书：袁绍传注［M］．北京：中华书局，1959：206．
⑤ 陈寿．三国志：卷六：魏书：董卓传注［M］．北京：中华书局，1959：180．
⑥ 陈寿．三国志：卷二十九：魏书：方技传注［M］．北京：中华书局，1959：828．

可观，事多审正，诚游览之苑囿，近世之嘉史"等。① 同时，他极力批评史学家和史书"自造史事""生意改之""附益推演""言不审的""照抄误传"等，如注《魏书·武帝纪》时批评孙盛"史之记言，既多润色，故前载所述有非实者矣，后之作者又生意改之，于失实也，不亦弥远乎！凡孙盛制书，多用《左氏》以易旧文，如此者非一。嗟乎，后之学者将何取信哉！"注《魏书·王凌传》时批习凿齿《汉晋春秋》所记"皆前史所不载，而犹出自习氏，且自制言治体不似于昔，疑悉凿齿所自造者也"。注《魏书·文昭甄皇后传》时批评王沉《魏书》"崇饰虚文，皆难以实论"。注《蜀书·诸葛亮传》时批评郭冲之史"举引皆虚"。注《蜀书·庞统传》时批评其"推演之辞，近为流宕"。注《蜀书·董允传》时批评"习氏之言为不审的也"等。甚至批评陈寿《三国志》的虚妄、回护、失当，如注《魏书·武帝纪》时批评陈寿"欲以少见奇，非其实录也"。注《蜀书·诸葛亮传》时批评陈寿"引虚记以为言也"。关于孙刘联盟一事，陈寿在《鲁肃传》中说首议者为鲁肃，在《诸葛亮传》中又说是诸葛亮，裴松之在注《吴书·鲁肃传》时批评道："今此二书，同出一人，而舛互若此，非载述之体也。"著名史学史专家杨翼骧认为："裴氏对于陈氏缺点的批评，可分为三种：一是记事的不当，一是编纂的不当，一是评论的不当"②。

鉴于魏晋南北朝时期，随着门阀制度的兴盛，谱牒之学甚为发达，各种族谱、家谱、家传、碑铭、墓志应运而出，然各种假冒失实之作也充斥其中，对此，裴氏指出：不可全信，必须进行认真分析。他甚至上书皇帝，对碑铭墓志的性质和作用、入铭的对象和条件、铭志撰写的态度和品德等做了全面阐述论证，一方面主张严禁私立碑铭，一方面提出要以撰写史的态度来撰铭志，以保证其真实可信。③ 这种认识是超前的。北宋大儒曾巩曾提出"铭志之著于世，义近于史"，强调铭志撰写贵在"公且是"，这实是对裴松之这一思想的进一步发挥。

与直书实录原则相呼应，裴松之在注中广泛运用了"分析考证"的方法，涉及事件的时间、经过、结果，人物的生平、出身、仕途，地名的变更，文字的错误等，内容十分广阔，无不旁征博引、全力加以考证。其分析考证的方法总体上可以分为两大类，即"正其谬误""条列异同"。所谓"正其谬误"，是指凡确知陈寿原文有误处，则广泛征引资料加以纠正。如《吴书·孙策传》载

---

① 陈寿. 三国志：裴松之上三国志注表［M］. 北京：中华书局，1959：1471.
② 杨翼骧. 裴松之与《三国志注》［J］. 历史教学，1963（2）：39.
③ 沈约. 宋书：卷六十四：裴松之传［M］. 北京：中华书局，1974：1699.

"孙坚以初平三年卒"。裴注曰："本传云孙坚以初平三年卒,策以建安五年卒,策死时年二十六,计坚之亡,策应十八,而此表云十七,则为不符。张璠《汉纪》及《吴历》并以坚初平二年死,此为是而本传误也。"伍野春统计《三国志注》共有141则考证①,或根据有关人物行年的活动考证史实,或根据有关人物的年龄考证史实,或根据人物的职官考证史实,或利用社会调查所得考证史实,等等。所谓"条列异同",是指凡同记一件事,不同材料记载有异,情节有出入,甚至完全相反,不能考清辨明者,则以存异方式处理,留待备考,并注明"未详""未详其故""未详孰是"等字样,即裴松之所言"或同说一事而辞有乖杂,或出事本异,疑不能判,并皆抄内以备异闻"。②

杨翼骧认为,裴松之对待史料的态度是非常慎重的,他将裴松之对史料的审查归纳为以下几项:碑铭及家传不可轻信;作者妄加修饰之言不符事实;自相歧异的记载必有讹误;孤立的记载不足置信;敌国传闻之言不可轻信。③

二、"良史直笔,万代一准"

刘勰力主史学家撰史必须持公正、严谨的态度,据实直书。他说"文疑则阙,贵信史也",提出了"析理居正"的"素心"说,强调"良史直笔,万代一准"。

刘勰主张"文疑则阙,贵信史也"④,对暂时无法确证的材料,只能存而不书或者存而不论。这是一种科学严谨的态度和方法,也是刘勰的撰史原则和批评标准。他说司马迁"实录无隐",司马彪"详实",华峤"准当",赞扬古代董狐、南史氏之"直",斥责班固"因循前业""遗亲攘美""徵贿鬻笔",批评袁崧、张莹"偏驳不伦",薛莹、谢承"疏谬少信"⑤,都反映了其"据实直书"的修史态度。

更为重要的是,刘勰在《文心雕龙·史传》篇中提出了"素心"说,"析理居正,唯素心乎"。所谓"素心",范文澜说:"素心,犹言公心耳。"⑥ 周振

---

① 杨耀坤,伍野春. 陈寿裴松之评传 [M]. 南京:南京大学出版社,2007:268.
② 陈寿. 三国志:裴松之上三国志注表 [M]. 北京:中华书局,1959:1471.
③ 杨翼骧. 裴松之与《三国志注》[J]. 历史教学,1963 (2):45.
④ 刘勰. 文心雕龙注:史传第十六 [M]. 周振甫,注. 北京:人民文学出版社,1981:171.
⑤ 刘勰. 文心雕龙注:史传第十六 [M]. 周振甫,注. 北京:人民文学出版社,1981:170-172.
⑥ 刘勰. 文心雕龙注:史传 [M]. 范文澜,注. 北京:人民出版社,1958:306.

甫也释曰："犹公心，言心无偏私。"①"素心"是一种公正之心，指史学家撰史要能摆脱权贵的干预和个人情感的影响，以达到"析理居正"的目的。所谓"析理居正"，金毓黻引刘勰《文心雕龙·史传》所言解释说："析理"即作史要"贯乎百氏，被之千载，表徵盛衰，殷鉴兴废"；"居正"指"一代之制，共日月而长存；王霸之迹，并天地而久大"②。李珍进一步阐发说："'素心'在理论上的内涵，包括据'理'与据'事'直书两个层面的内容。即要具备'素心'，就既要有道德伦理的精粹修养，做到严格依'理'修史，同时又以'文直事核'作为判断其是否具备良史之材的标准。这里的据'事'直书，表现为史学家服从史实，据'理'直书则表现为史学家在理性分析基础上，对史实的超越与驾驭。二者相辅相成，互为表里。"③ 可以认为，"素心"说是刘勰关于史学家主体修养探讨的重要成果，涵盖了他"依经附圣"的撰史原则和"据实直书"的修史态度。诚如刘勰自云："若乃尊贤隐讳，固尼父之圣旨，盖纤瑕不能玷瑾瑜也；奸慝惩戒，实良史之直笔，农夫见莠，其必锄也；若斯之科，亦万代一准焉。"④ 在他的眼里，"尊贤隐讳"和"奸慝惩戒"都是直笔的表现。作为探讨史学家主体修养的重要思想成果，"素心"说对后世有长远的影响，开启了刘知几的"直书"论和章学诚的"史德"论等。⑤

三、"据事直书，则是非互见"

顾炎武把"据事直书"视为作史的根本准则，他说："崇祯帝批讲官李明睿之疏曰：'纂修《实录》之法，惟在据事直书，则是非互见。'大哉王言！其万世作史之准绳乎！"⑥把"据事直书"视为"万世作史之准绳"。他要求作史必须掌握丰富的资料，实事求是地从事史学研究，反对曲笔作史。比如写志状，就需要掌握传主个人的全部情况，他说："志状在文章家为史之流，上之史官，

---

① 刘勰. 文心雕龙注释：史传第十六[M]. 周振甫，注. 北京：人民文学出版社，1981：181.
② 金毓黻.《文心雕龙·史传篇》疏证[M]//中华文史论丛：第一辑，上海：上海古籍出版社，1979.
③ 李珍."素心"与"史德"[J]. 史学理论研究，2000（2）.
④ 刘勰. 文心雕龙注释：史传第十六[M]. 周振甫，注. 北京：人民文学出版社，1981：172.
⑤ 详见刘知几《史通》中的《直书》《曲笔》《史官建置》诸篇和《文史通义》的《史德》篇等。
⑥ 顾炎武. 日知录集释：卷十八：三朝要典[M]. 黄汝成，集释. 长沙：岳麓书社，1994：646.

传之后人，为史之本。史以记事，亦以载言。故不读其人一生所著之文，不可以作；其人生而在公卿大臣之位者，不悉一朝之大事，不可以作；其人生而在曹署之位者，不悉一司之掌故，不可以作；其人生而在监司守令之位者，不悉一方之地形土俗，因革利病，不可以作，今之人未通乎此，而妄为人作志；史学家又不考而承用之，是以抵牾不合。子曰：'盖有不知而作之者。'其谓是与？"① 又如写国史，更要求掌握丰富的历史资料，并对资料进行认真地辨别审核，"且如《要典》一书，其言未必尽非，而其意别有所为，继此之为书者犹是也。此国论之所以未平，百世之下难乎其信史也"②。不掌握丰富的史料，不据事直书，就不可能留下信史传世。

基于此，顾炎武反对以"正统"观念歪曲历史，主张年号的书写应当从实；反对"门户之见"，主张"两造异同之论，一切存之"；反对以主观好恶取舍史实、褒贬历史等。

关于正统观念，顾炎武认为：

> 正统之论，始于习凿齿，不过帝汉而伪魏、吴二国耳。自编年之书出，而疑于年号之无所从，而其论乃纷纭矣。夫年号与正朔自不相关，故周平王四十九年，而孔子则书之为鲁隐公之元年，何也？《春秋》，鲁史也，据其国之人所称而书之，故元年也。晋之《乘》存，则必以是年为鄂侯之二年矣。楚之《梼杌》存，则必以是年为武王之十九年矣……如《三国志》则汉人传中自用汉年号，魏人传中自用魏年号，吴人传中自用吴年号。推之南北朝。五代、辽、金并各自用其年号，此之谓从实。且王莽篡汉，而班固作传，其于始建国、天凤、地皇之号，一一用以纪年，盖不得不以纪年，非帝之也。后人作书，乃以编年为一大事，而论世之学疏矣。③

顾炎武指出：以正统观念作为书写历史的指导思想，必然导致对史实的歪曲。他严厉批评朱熹治史，主于"正统"，违背史实，如不书武则天年号而用唐中宗年号，把只有一年的唐中宗嗣圣纪元写成21年等。他指责朱熹想用正统观念来"诛乱臣，讨贼子"，体现"《春秋》惩劝之法"，其结果只能违背"从实"的原则，导致"论世之学疏"的结果。他主张从实而书，就像记载三国历史，

---

① 顾炎武. 日知录集释：卷十九：志状不可妄作 [M]. 黄汝成，集释. 长沙：岳麓书社，1994：691-692.
② 顾炎武. 日知录集释：卷十八：三朝要典 [M]. 黄汝成，集释. 长沙：岳麓书社，1994：646.
③ 顾炎武. 日知录集释：卷二十：年号当从实书 [M]. 黄汝成，集释. 长沙：岳麓书社，1994：713-714.

写蜀汉就用汉年号，写魏就用魏年号，写吴就用吴年号。推而广之，南北朝、五代、辽、金，也都如此，各自用其年号，这就是从实而书。

关于门户之见，顾炎武指出：

> 门户之人，其立言之指各有所借，章奏之文互有是非。作史者两收而并存之，则后之君子如执镜以照物，无所逃其形矣。偏心之辈，谬加笔削，于此之党，则存其是者，去其非者；于彼之党，则存其非者，去其是者，于是言者之情隐，而单辞得以胜之。①

他反对以门户偏见去剪裁历史，反对以党派偏见去歪曲历史，认为这是造成"国论之所以未平、百世之下难乎其信史"的根本原因。他主张史学家应该超越门户或党派的私心和偏见，"从实"而书，示人以信史，坚持"据事直书"的"万世作史之准绳"。

顾炎武称《春秋》是"阙疑之书"，他说：

> 孔子曰："吾犹及史之阙文也。"史之阙文，圣人不敢益也……以圣人之明，千岁之日至可坐而致，岂难考历布算以补其阙，而夫子不敢也，况于史文之误而无从取正者乎，况于列国之事得之传闻不登于史策者乎。左氏之书，成之者非一人，录之者非一世，可谓富矣，而夫子当时未必见也。史之所不书，则虽圣人有所不知焉者。且春秋，鲁国之史也，即使历聘之余，必闻其政，遂可以百二十国之宝书增入本国之记注乎。若乃改葬惠公之类，不书者，旧史之所无也。曹大夫、宋大夫、司马、司城之不名者，阙也。郑伯髡顽、楚子麇、齐侯阳生之实弑而书卒者，传闻不胜简书，是以从旧史之文也。左氏出于获麟之后，网罗浩博，实夫子之所未见。乃后之儒者似谓已有此书，夫子据而笔削之。即左氏之解经，于所不合者亦多曲为之说；而经生之论遂以圣人所不知为讳。是以新说愈多，而是非靡定。故今人学《春秋》之言皆郢书燕说，而夫子之不能逆料者也。子不云乎："多闻阙疑，慎言其余。"岂特告子张乎，修《春秋》之法亦不过此。《春秋》因鲁史而修者也，《左氏传》采列国之史而作者也。故所书晋事，自文公主夏盟，政交于中国，则以列国之史参之，而一从周正，自惠公以前，则间用夏正。其不出于一人明矣。其谓赠仲子为子氏，未薨；平王崩，为

---

① 顾炎武. 日知录集释：卷十八：三朝要典［M］. 黄汝成，集释. 长沙：岳麓书社，1994：646.

赴以庚戌；陈侯鲍卒，为再赴：似皆揣摩而为之说。①

传统观点认为，《春秋》隐含丰富的"微言大义"，什么当书、什么不当书，以及如何书，都极为讲究。顾炎武认为并非如此，某些史事之所以不书，是因为"圣人有所不知焉"，或者"旧史所无"（缺乏文献记载）。某些人名之所以不书，也因缺乏文献依据、难以确考，不得不"阙也"。郑伯髡顽、楚子麇、齐侯阳生等诸侯王被弑而书"卒"，则是因为其被弑之事得自传闻，缺乏凭证，故姑且"从旧史之文"而书之。总之，孔子修《春秋》只是"据实"直书，并没有任何微言大义。他反对缺乏事实依据的"曲为之说"，致使"是非靡定"。他认为孔子作《春秋》的方法不外乎"多闻阙疑，慎言其余"8个字而已。顾炎武严肃批评了孟子以来治《春秋》者所杜撰的"《春秋》笔削大义微言"的传统，力图证明《春秋》本为一部"阙疑之书"，是"据事直书"的纪实之书。"孔子生于昭、定、哀之世，文、宣、成、襄则所闻也；隐、桓、庄、闵、僖则所传闻也。国史所载策书之文，或有不备，孔子得据其所见以补之。至于所闻则远矣，所传闻则又远矣。虽得之于闻，必将参互以求其信，信则书之，疑则阙之，此其所以为异辞也。"②"信则书之，疑则阙之"，同样是今天史书撰述应当坚守的原则。

王鸣盛重视"直笔求真"的撰史原则，反对"驰骋议论"的治史作风，强调作史贵"能得其实"，认为"凡著述，空际掉弄，提倡驰骋，愈多愈乱人意。纪载实事，以备参考，虽多不甚可憎"③。主张客观公正地记载史事，反对脱离事实而任意主观褒贬。他说："凡所贵乎史者，但欲使善恶事迹炳著于天下后世而已，他奚恤焉！"④ 史学家需要做的是把历史上的善恶事迹记载和考证清楚，把真相告知天下、告知后人，后人自然能从中看到善恶、明辨是非、获得借鉴。因此，史学家著史应当直书其事，不能"驰骋议论"，不能把著书当作褒贬历史的工具或手段，即"大抵史学家所记典制有得有失，读史者不必横生意见，驰骋议论，以明法戒也。但当考其典制之实，俾数千百年建置沿革，了如指掌。

---

① 顾炎武. 日知录集释：卷四：三春秋阙疑之书[M]. 黄汝成，集释. 长沙：岳麓书社，1994：111-113.
② 顾炎武. 日知录集释：卷四：所见异辞[M]. 黄汝成，集释. 长沙：岳麓书社，1994：158.
③ 王鸣盛. 十七史商榷：卷二十九：刘昭李贤注[M]. 上海：上海书店出版社，2005：203.
④ 王鸣盛. 十七史商榷：卷七十六：昭哀二纪独详[M]. 上海：上海书店出版社，2005：664.

而或宜法，或宜戒，待人之自择焉可矣。其事迹则有美有恶，读史者亦不必强立文法，擅加与夺，以为褒贬也。但当考其事迹之实，俾年经事纬，部居州次，纪载之异同，见闻之离合，一一条析无疑，而若者可褒，若者可贬，听诸天下之公论焉可矣。书生胸臆，每患迂愚，即使考之已详，而议论褒贬，犹恐未当，况其考之未确者哉！盖学问之道，求于虚不如求于实，议论褒贬，皆虚文耳。作史者之所记录，读史者之所考核，总期于能得其实而已矣，外此又何多求邪！"①

四、"美恶不掩，各从其实"

钱大昕继承和发扬了中国史学上的"直书"和"实录"传统，提出了"美恶不掩，各从其实"的撰史原则。他说，"史学家以不虚美、不隐恶为良，美恶不掩，各从其实"，即史学家记事应当善恶并记，如实记载，是什么就记什么，唯其如此，史书才能"传信后世"。他赞扬："子长史笔独嶙峋，一字何曾奖褒贬？"《史记》"美恶不掩，各从其实，何名为谤？"② 表扬"延寿直笔，胜于思廉远矣"③。他指出"史非一家之书，实千载之书。祛其疑，乃能坚其信；指其瑕，益以见其美"，"惟有实事求是，护惜古人苦心，可与海内共白"。④ 故对于那些暂时弄不清的史实，应当取"阙疑"的态度，他所作《元史氏族表》即是"取谱系可考者列之，疑者阙之"⑤ 的作品，具有很高学术价值。钱大昕认为，只有求得史实的真实，史学著作才能经得起实践的检验，才能给后人提供借鉴，史学也才能表现出自身的价值来。因此，他反对门户之见、反对任意褒贬，批评所谓"春秋笔法"，批判正统理论，都充分体现了其求真精神。

钱大昕严厉批评那些为争门户而肆意褒贬历史的人，认为其"胸无万卷书，臆决唱声，自夸心得，纵其笔锋，亦足取快一时，而沟浍之盈，涸可立待。小夫惊而舌挢，识者笑且齿冷，此固难以入作者之林矣。亦有涉猎今古，闻见奥博，而性情偏僻，喜与前哲相龃龉，说经必抵郑、服，论学先薄程、朱，虽一

---

① 王鸣盛. 十七史商榷：序 [M]. 上海：上海书店出版社，2005：1.
② 钱大昕. 潜研堂集：卷二十四：史记志疑序 [M]. 上海：上海古籍出版社，2010：222.
③ 钱大昕. 廿二史考异：卷二十七：高祖纪下 [M]. 上海：上海古籍出版社，2004：456.
④ 钱大昕. 廿二史考异：序 [M]. 上海：上海古籍出版社，2004：1.
⑤ 钱大昕. 元史氏族表：自序 [M]. 北京：中华书局，1991：1.

孔之明非无可取，而其强词以求胜者，特出于门户之私，未可谓之善读书也"①。他认为史学家的职责"主于善恶必书，但使记事悉从其实，则万世之下，是非自不能掩，奚庸别为褒贬之词！"② 他主张把历史事实记载或考证清楚，是非善恶则当由后人自己判断，无须史学家主观议论褒贬。他激烈批评欧阳修、朱熹等人任情褒贬的作风，他说："《春秋》之法……书薨卒无异辞，所谓直书而善恶自见也。欧公修《唐书》……独于《宰相表》中，有书薨、书卒、书死之别，欲以示善善恶恶之旨，然科条既殊，争端斯启。书死者固为巨奸，书薨者不皆忠党，予夺之际，已无定论。紫阳《纲目》，颇取欧公之法，而设例益繁。或去其官，或削其爵，或夺其谥。书法偶有不齐，后人复以己意揣之，而读史之家几同于刑部之决狱矣。"③ 他还考证朱熹对吕惠卿和秦观的不同议论，认为"朱文公意尊洛学，故于苏氏门人有意贬抑，此门户之见，非是非之公也"④。他认为元朝史学家因推崇道学而颠倒是非，对宋代史弥远和韩侂胄评价不实，"推原其故，则以侂胄禁伪学，而弥远弛其禁也……史臣徒以门户之见上下其手，可谓无识矣"⑤。钱大昕激励批评任意褒贬的做法，认为这种做法于史学有害无益。

但钱大昕并不是反对一切议论褒贬，他反对的是没有历史依据的任意议论。他在深刻剖析《春秋》史法义例的基础上指出："《春秋》，褒善贬恶之书也。其褒贬奈何？直书其事，使人之善恶无所隐而已矣。"《春秋》是一部直书其事的史书，褒贬就在直书之中。"《春秋》之例，书崩，书薨，书卒，而不书死。死者，庶人之称，庶人不得见于史，故未有书死者。此古今史学家之通例，非褒贬之所在，圣人不能以意改之也。"在钱大昕看来，书崩、书薨、书卒，只是一种史法义例，体现的只是一种等级观念，天子死书崩，诸侯死书薨，大夫死书卒，乃"以其位为之等"⑥，不存在什么主观的褒贬，是遵循了史学家"求真纪实"的原则而已。因为"史者，纪实之书也。当时称之，吾从而夺之，非实也；当时无之，吾强而名之，亦非实也"。钱大昕主张："学问乃千秋事，订讹

---

① 钱大昕. 潜研堂集：卷二十五：严久能娱亲雅言序 [M]. 上海：上海古籍出版社，2010：236.
② 钱大昕. 潜研堂集：卷十八：续通志列传总序 [M]. 上海：上海古籍出版社，2010：168.
③ 钱大昕. 廿二史考异：卷四十六：宰相表 [M]. 上海：上海古籍出版社，2004：706.
④ 钱大昕. 十驾斋养新录：卷七：宋儒议论之偏 [M]. 上海：上海书店出版社，2011.
⑤ 钱大昕. 廿二史考异：卷八十：宋史十四：史弥远传 [M]. 上海：上海古籍出版社，2004：1108.
⑥ 钱大昕. 潜研堂集：卷二：春秋论 [M]. 上海：上海古籍出版社，2010：24.

规过，非以訾毁前人，实以嘉惠后学。但议论须平允，词气须谦和，一事之失，无妨全体之善。不可效宋儒所云，一有差失，则余无足观耳。"① 只有尊重客观历史事实，才能做到议论公允、褒贬恰当、评价全面。

正是从史书的"求真""纪实"出发，钱大昕反对正统理论，认为在历史编纂中有意地区分正闰，严重影响了史书记事的真实性，比如唐中宗在位仅仅一年，而在某些史学家的笔下，"自二年至于二十一年"用的竟然都是唐中宗的"嗣圣"年号，以体现唐中宗的"正统"而贬斥武则天改变"唐统"的不合法。钱大昕指出：朱熹《通鉴纲目》是这种"书法"的始作俑者，这种做法不合"史法"。自古以来，多有通过攘夺而立国者。倘若这些人一旦登上王位，"统一"了"寰宇"，"则不得不纯以天子之制予之"，亦即必须承认"立国"这个事实而采用立国者的年号。"要其篡夺之恶自不可掩，不系乎年号之大书与否也。若云绌其年号以贬之，则书其年号者，即为褒之也，如晋，如隋，又何褒焉？武氏之恶极矣，后世小夫、妇人无不丑之，不待绌其纪元而后乱臣贼子惧也。纪嗣圣之年，不能不纪武氏之篡，唐祚之中绝，非后人之比得而存之也。"史学家记事应当承认"事实"而不能放纵感情。立国是一个事实，善恶的评价则是另一回事。承认其立国而采用其年号，这是承认历史上曾经发生的"事实"，却并不是承认立国者的"恶行"。立国者的"篡夺之恶"自可以用其他的方法来表达。②

五、"编订史事，未可聊尔命笔"

秉笔直书、求真求实，是赵翼所恪守的治史原则。他提出："编订史事，未可聊尔命笔""文直事核，所以称良史也"。他认为史书编纂不能草率行事，不能急于求成，"统计迁作《史记》，前后共十八年。况（任）安死后，迁尚未亡，必更有删订改削之功，盖书之成凡二十有余年也……李延寿作南北史凡十七年，欧阳修、宋子京修《新唐书》，亦十七年。司马温公作《资治通鉴》凡十九年。迁作史之岁月更有过之。合班固作史之岁月并观之，可知编订史事，未可聊尔命笔矣。元末修宋辽金三史，不过三年。明初修《元史》，两次设局，不过一年，毋怪乎草率荒谬，为史学家最劣也"③。强调治史著史的严谨、求

---

① 钱大昕. 潜研堂集：卷三十五：答王西庄书[M]. 上海：上海古籍出版社，2010：342-343.
② 钱大昕. 潜研堂集：卷二：春秋论二[M]. 上海：上海古籍出版社，2010：26.
③ 赵翼. 廿二史劄记校证：卷一：司马迁作史年岁[M]. 北京：中华书局，1984：1-2.

实、认真负责,"未可聊尔命笔"。赞扬"《南史》于《陈书》虽无甚增删,然如《衡阳王传》,直书其为文帝所害;《始兴王伯茂传》,直书其为宣帝所害;《刘师知传》,直书其害梁敬帝之事,使奸恶不能藏匿,此最有功于《陈书》"①。他赞扬"欧史博采群言,旁参互证,则真伪见而是非得其真,故所书事实,所纪月日,多有与旧史不合,卷帙虽不及薛史之半,而订正之功倍之,文直事核,所以称良史也"②。

与此同时,赵翼批评"自《三国志·魏纪》创为回护之法,历代本纪遂皆尊以为式,延及《旧唐书》《旧五代史》,犹皆遵之"③,尤其是集中批评了历代正史的曲笔回护现象,仅看《廿二史劄记》所列条目便可十分清楚,如"三国志多回护""陈书多避讳""魏书多曲笔""新唐书多回护""薛史书法回护处""宋史各传回护处""元史回护处"等。"自陈寿作魏本纪,多所回护……竟成一定书法,以后宋、齐、梁、陈诸书,悉奉为成式,直以为作史之法固应如是。"④

赵翼还进一步指出了正史曲笔回护的原因,一是迫于政治压力和客观处境而有意回护。如陈寿"修书在晋时,故于魏、晋革易之处,不得不多所回护。而魏之承汉,与晋之承魏,一也,既欲为晋回护,不得不先为魏回护"⑤。范晔《后汉书》"修书于宋,已隔两朝,可以据事直书,固其所置之时不同,然史法究应如是也"⑥。二是照抄照搬,缺乏认真考证。"元修《宋史》,度宗以前,多本之宋朝国史,而宋国史又多据各家事状碑铭,编缀成篇。故是非有不可尽信者。""宋人之家传、表志、行状,以及言行录、笔谈、遗事之类,流传于世者甚多,皆子弟门生所以标榜其父师者,自必扬其善而讳其恶。遇有功处,辄迁就以分其美。有罪则隐约其词以避之。宋时修国史者,即据以立传。元人修史,又不暇参互考证,而悉仍其旧,毋怪乎是非失当也。"⑦《旧五代史》内容丰富,

---

① 赵翼. 廿二史劄记校证:卷十一:南史与陈书歧互处[M]. 北京:中华书局,1984:230.
② 赵翼. 廿二史劄记校证:卷二十一:欧史不专据薛史旧本[M]. 北京:中华书局,1984:460.
③ 赵翼. 廿二史劄记校证:卷六:后汉书三国志书法不同处[M]. 北京:中华书局,1984:119.
④ 赵翼. 廿二史劄记校证:卷六:三国志多回护[M]. 北京:中华书局,1984:122.
⑤ 赵翼. 廿二史劄记校证:卷六:三国志书法[M]. 北京:中华书局,1984:121.
⑥ 赵翼. 廿二史劄记校证:卷六:后汉书三国志书法不同处[M]. 北京:中华书局,1984:119.
⑦ 赵翼. 廿二史劄记校证:卷二十三:宋史各传回护处[M]. 北京:中华书局,1984:501.

但"全据各朝实录,不复参考事之真伪"。"五代修唐书,虽史籍已散失,然代宗以前尚有纪传,而庾传美得自蜀中者,亦尚有九朝实录,今细阅旧书文义,知此数朝纪传多钞实录、国史原文也。凡史修于易代之后,考覆既确,未有不据事直书,若实录、国史修于本朝,必多回护。观旧书回护之多,可见其全用实录、国史,而不暇订正也。"① 他坚决反对不加考证、率尔操觚的著史行为,充分显示了赵翼追求历史真实、秉笔直书的治史精神。

尤为难得的是,赵翼评论史学坚持实事求是,既不迷信前人,也不贬抑后人,力求客观公允,如他在评价朱熹学术时说:"《四书》经朱子作注之后,固已至当不易;然后人又有别出见解,稍与朱注异而其理亦优者,固不妨两存之,要唯其是而已!"② 又如在评价宋金议和时,提出史学批评应当参以"时势",审时度势,他说:"义理之说,与时势之论,往往不能相符,则有不可全执义理者。盖义理必参之以时势,乃为真义理也。宋遭金人之害,掳二帝,陷中原,为臣子者固当日夜以复仇雪耻为念,此义理之说也。然以屡败积弱之余,当百战方张之寇,风鹤方惊,盗贼满野,金兵南下,航海犹惧其追,幸而饱掠北归,不复南牧,诸将得以剿抚寇贼,措设军府,江淮以南,粗可自立。而欲乘此偏安甫定之时,即长驱北指,使强敌畏威,还土疆而归帝后,虽三尺童子,知其不能也。"③ 他强调史学批评必须结合历史事实,方能得出公允的结论。钱大昕认为其"持论斟酌时势,不蹈袭前人,亦不有心立异,于诸史审定曲直,不掩其失,而亦乐道其长"④。

六、"考而后信"

崔述大力提倡"征实"的治史学风。他在《考信录提要·释例》说:"大抵文人学士多好议论古人得失,而不考其事之虚实,余独谓虚实明而后得失或可不爽。故今为《考信录》,专以辨其虚实为先务,而论得失者次之,以正本清源之意也。"⑤ 他把学术的精华集中在"考"和"信"两字,讲求的是"考而

---

① 赵翼. 廿二史劄记校证:卷十六:旧唐书前半全用实录国史旧本[M]. 北京:中华书局,1984:345.
② 赵翼. 陔余丛考:卷四:四书别解数条[M]. 石家庄:河北人民出版社,1990:63.
③ 赵翼. 廿二史劄记校证:卷二十六:和议[M]. 北京:中华书局,1984:552.
④ 赵翼. 廿二史劄记校证:附录:钱大昕序[M]. 北京:中华书局,1984:886.
⑤ 崔述. 考信录提要:卷上:释例[M]. 顾颉刚,编订. 上海:上海古籍出版社,1983:14.

后信"。他指出："事实者，义理之根柢，苟事实多疏，安望义理之反当乎！"①极力反对宋明以来史学中存在的空谈义理、驰骋其说、不顾史实的不良学风。针对后人对孔子及《春秋》的议论褒贬、有悖实际，崔述感叹："先儒高谈性命，竟未有考辨孔子之事迹者，以致沿讹踵谬，而人不复知有圣人之真……学者日读孔子之书而不知其为人，不能考其先后，辨其真伪，伪学乱经而不知，邪说诬圣而不觉，是亦圣道之一憾也！"②崔述认为："鲁之《春秋》本据周礼以书时事，但自东迁以后，时异势殊，盟会擅于诸侯，政事专于大夫，一切战争、弑夺之事，皆成周盛时所未尝有者。秉笔者苦于无例可循，而其识亦未必足以及之，则其书法不合于周礼者，当亦不少。是以孔子取而修之，正君臣之分，严内外之防，尊卑有经，公私而别，然后二百四十年中，善不待褒而自见，恶不待贬而自明，大义凛然，功罪莫能逃者。故曰'孔子成《春秋》而乱臣贼子惧'耳，非以其专黜陟为足惧也。惜乎后之儒者过于求深，而往往反失其本来之意也！"③力主以"征实""考信"的态度治史、著史，是今人应当学习和遵循的。

《四库全书总目》中所蕴含的"征实""求真"思想不容忽视。四库馆臣认为："史之为道，撰述欲其简，考证则欲其详。莫简于《春秋》，莫详于《左传》。《鲁史》所录，具载一事之始末，圣人观其始末，得其是非，而后能定以一字之褒贬。此作史之资考证也。丘明录以为传，后人观其始末，得其是非，而后能知一字之所以褒贬。此读史之资考证也。苟无事迹，虽圣人不能作《春秋》。苟不知其事迹，虽以圣人读《春秋》，不知所以褒贬。"④强调史学家撰史之前必须对史料进行认真的甄别考证，去伪存真，以真实可靠的史料来著史，褒贬允当，方可流芳后世。因此，四库馆臣一方面极力批评考证不详的史书，另一方面又高度赞誉考证精详的史著，如称赞薛居正《旧五代史》记事翔赡，考订确实，史料价值高。批评"欧阳修《五代史》(《新五代史》) 义存褒贬，而考证则往往疏舛"⑤。称赞裴松之《三国志注》"所注杂引诸书，亦时下己意。

---

① 崔述. 洙泗考信余录：卷三：左子[M]. 丛书集成初编本. 上海：商务印书馆，1937：53.
② 崔述. 洙泗考信录：卷四：遗型[M]. 丛书集成初编本. 上海：商务印书馆，1937：103.
③ 崔述. 洙泗考信录：卷四：归鲁下[M]. 丛书集成初编本. 上海：商务印书馆，1937：82-83.
④ 永瑢，等. 四库全书总目：卷四十五：史部总叙[M]. 北京：中华书局，1965：397.
⑤ 永瑢，等. 四库全书总目：卷四十六：五代史记纂误[M]. 北京：中华书局，1965：412.

综其大致，约有六端：一曰引诸家之论以辨是非，一曰参诸书之说以核讹异，一曰传所有之事详其委曲，一曰传所无之事补其阙佚，一曰传所有之人详其生平，一曰传所无之人附以同类"①。批评《晋书》"其所采择，忽正典而取小说"，"颠倒舛迕，竟不及检"，"正史之中，惟此书及《宋史》后人纷纷改撰，其亦有由矣"。但因之前的18家晋史都已失传，"考晋事者舍此无由，故历代存之不废耳"②。称赞萧子显撰《南齐书》"纪建元创业诸事，载沈攸之书于《张敬儿传》，述颜灵宝语于《王敬则传》。直书无隐，尚不失是非之公"。又批评《南齐书》"《高帝纪》载王蕴之抚刀、袁粲之郊饮，连缀琐事，殊乖纪体。至《列传》尤为冗杂"③等。四库馆臣注重史实考证，讲求史料丰博，主张征实可信，力争撰写"求真"的史学著作，是值得重视的。

第四节 博采慎择的取材标准

广泛搜集史料，是史书编撰的重要前提和基础，历代史学家在注史、论史、考史时就此提出了"博采慎择"的取材原则。

一、"众色成文，兼采为味"

裴松之提出了"众色成文，兼采为味"的主张。魏晋南北朝时期史学获得了长足发展，史学家人才辈出，史书数量多、种类多、私人修史多，史学取得了独立地位，史料的丰富和分类的精密为史料的搜集整理提供了便利，也给史料的选择和处理提出了难题。对此，裴松之云："窃惟缋事以众色成文，蜜蜂以兼采为味，故能使绚素有章，甘逾本质。"他认为绘画用多种色彩成文，才能使画面斑斓绚丽；蜜蜂兼采多种花粉酿蜜，才能成为甘甜美味。史学家著史也必须博采广搜各方面的史料，才能写出翔实可靠的史著，其注《三国志》便是如此，所谓"臣奉旨寻详，务在周悉。上搜旧闻，傍摭遗逸"。④ 他做了大量搜集、鉴别、剪裁工作。其一，博采群书。裴注引书多达229种，不仅种类多，而且门类多，其中经部28种，史部152种（含正史18种、古史12种、杂史12

---

① 永瑢，等. 四库全书总目：卷四十五：三国志［M］. 北京：中华书局，1965：403.
② 永瑢，等. 四库全书总目：卷四十五：晋书［M］. 北京：中华书局，1965：405.
③ 永瑢，等. 四库全书总目：卷四十五：南齐书［M］. 北京：中华书局，1965：406.
④ 裴松之. 上三国志注表［M］//陈寿. 三国志. 北京：中华书局，1982：1471.

种、起居注3种、载记1种、旧事2种、职官4种、仪注1种、刑法4种、杂传68种、地理6种、谱系18种、簿录3种），子部27种，集部22种。① 引用资料相当丰富，从而保存了许多珍贵的史料。其二，广记各种调查资料。裴松之不仅继承了司马迁读万卷书的思想，也继承了司马迁行万里路的精神。裴注记载了许多自己或他人的调查资料。如《魏书·三少帝纪注》载："臣松之昔从征西至洛阳，历观旧物，见《典论》石在太学者尚存，而庙门外无之。问诸长老，云晋初受禅，即用魏庙，移此石于太学，非两处立也。"《魏书·仓慈传注》载："汉桓帝立老子庙于苦县之赖乡，画孔子像于壁，（孔）畴为陈祖，立孔子碑于像前，今见存。"《蜀书·诸葛亮传注》载："（徐）庶后数年病卒，有碑在彭城，今犹存焉。"《吴书·吴主传注》载："臣松之闻孙怡者，东州人，非（孙）权之宗也。"这些材料今天看来都是珍贵的文献。其三，存异备考。裴松之对于同为一事而记载各异，疑不能判者，往往将各种记载条列注中，以备异闻，留待后人进一步考证。此举多遭后人非议，如刘知几讥其"喜聚异同，不加刊定，恣其击难，坐长烦芜"②。陈振孙批评其"鸠集传记，增广异文，大抵本书固率略，而注又繁芜"③。《四库全书总目》也认为："其中往往嗜奇爱博，颇伤芜杂。"④ 实际上，"存异备考"的做法一方面充分体现了裴松之求实存真的精神和治学严谨的态度；另一方面保存了丰富的资料，为后人继续深入研究三国历史提供极大便利；同时，还提供了一种注史的方法范例，迄今仍被学界不断采用。

尤为值得重视的是，裴松之《三国志注》开创了补阙体的史注体式，这是一种完全不同于传统史注的新注。补阙体是以史料的补充、史实的考订和见解的阐发为主，兼及音义训诂。裴氏奉诏注《三国志》，认为"寿书诠叙可观，事多审正，诚游览之苑囿，近世之嘉史，然失在于略，时有所脱漏"，故广采天下能见之书，对寿书作了"信而有征"的详注，"其书所不载，事宜存录者，则罔不毕取，以补其阙；或同说一事而辞有乖杂，或出事本异，疑不能判，并皆抄内，以备异闻；若乃纰缪显然，言不附理，则随违矫正，以惩其妄；其时事当否及寿之小失，颇以愚有所论辩"⑤。条其异同、补其阙漏、疏其详略、正其谬

---

① 杨耀坤，伍野春. 陈寿裴松之评传［M］. 南京：南京大学出版社，1998：250-260.
② 刘知几. 史通通释：卷五：补注［M］. 浦起龙，通释. 王煦华，整理. 上海：上海古籍出版社，2009：123.
③ 陈振孙. 直斋书录解题：卷四：三国志［M］. 上海：上海古籍出版社，2015：100.
④ 永瑢，等. 四库全书总目：卷四十五：三国志［M］. 北京：中华书局，1965：403.
⑤ 陈寿. 三国志：裴松之上三国志注表［M］. 北京：中华书局，1982：1471.

误、详其论辩。开补阙体史注之新风，创史注式史学批评之方式，在史界产生了巨大影响。其后刘孝标《世说新语注》、郦道元《水经注》、裴骃《史记集解》、胡三省《资治通鉴注》、陶岳《五代史补》、彭元瑞和刘凤诰《五代史记补注》、近人吴士鉴《晋书斠注》等多所效法和继承，足堪重视。

补阙体史注以补充材料兼发评论为主，最富史学价值，裴松之所言"补阙""备异"是重在史料的归类、整理和史实的补充；而"惩妄""论辩"则是对史料的考证、对史事的议论、对历史人物的品评等，属于裴松之所作的自注。逯耀东认为，这些自注都是裴松之汇集材料，经过考证与分析以后提出的见解。归纳裴松之的自注，可分为史料的考证、史学著作的批评、史事与历史人物的臧否，以及对陈寿著作所引用当时有关的论议、表奏的音义训解。多以"臣松之案"与"臣松之以为"出现，"臣松之案"是裴氏引用其他材料所做的考证或解释，"臣松之以为"则是裴氏对史事的议论以及对历史人物所做的品评。①《四库全书总目》对此有极高评价。柳诒徵认为"裴氏之书，兼史注史评二者之长"②，十分确当。补阙体史注的开创及其对注疏体史注发展的影响，最能体现"博采善择"的取材原则。

二、"搜采诸书，详加折衷"

唐朝刘知几十分强调"博采善择"，认为《左传》《史记》《汉书》之所以"能取信一时，擅名千载"，成为千古名著，都是博采史料的缘故。③ 但"博采"是为"善择"服务的，"多闻，择其善者而从之"，"学者博闻，盖在择之而已"。④ 必须对博采而来的史料"别加研核"，"练其得失，明其真伪"⑤，择善而从，才能真正成就信史。

钱大昕在考证历代正史过程中，批评许多史书因采获史料不博而造成遗漏和错误甚多，他指出："自古史官之患，在于不博。而《辽史》尤其牵率之甚者。予在京师久，往往见辽时石刻文物制度，颇多可采，未尝不追咎欧阳、张、

---

① 逯耀东. 魏晋史学的思想和社会基础 [M]. 北京：中华书局，2006：247-148.
② 柳诒徵. 三国志裴注义例 [J]. 重庆：国立中央大学文史哲季刊，1945，2（1）：65.
③ 刘知几. 史通通释：卷五：采撰 [M]. 浦起龙，通释. 王煦华，整理. 上海：上海古籍出版社，2009：106.
④ 刘知几. 史通通释：卷十：杂述 [M]. 浦起龙，通释. 王煦华，整理. 上海：上海古籍出版社，2009：257.
⑤ 刘知几. 史通通释：卷五：采撰 [M]. 浦起龙，通释. 王煦华，整理. 上海：上海古籍出版社，2009：108.

揭诸公之草草也采获",① 强调史学家撰史必须广收博采,方能保证史书的质量和水平,甚至认为史学家应"先通官制,次精舆地,次辨氏,否则涉笔便误"。② 他说:"读史而不谙舆地,譬犹瞽之无相也",故"仆于舆地之学,留心廿余年";③"修史者不通官制,故涉笔便误。"④ 他批评"延寿似未通南北朝官制,故诸传删省,多未得其要领";⑤"谱系之学,史学也","作史不明此义,于是有一人而两传,……有非其族而强合之,……有纫昆弟弟为祖孙","氏族之不讲,触处皆成窒碍。"⑥ 钱大昕还将这一思想贯彻在自己的治史实践中,在参修《续通志》时强调:"史臣载笔,或囿于闻见,采访弗该;或怵于权势,予夺失当。将欲补亡订误,必当博涉群书",举凡正史、编年、别史、典故、杂传、碑刻、文集、地理方志、稗官小说等,都应在采择之列,"今搜采诸书,详加折衷,其可征信者,则增入正文,其当两存者,则附之分注。若史文舛讹,加以驳正者,皆必依据古书,非敢自逞臆见"。⑦ 他总纂《鄞县志》时,"博稽载籍,参以采访,赋役营伍,征诸吏牍,人物事迹核诸乡评","志中取材,或据历代正史,或采地理书,或引旧志,或名公诗文集,或稗官小说,或家传志状",以及"公署赋税、户口、兵制诸门,皆据公文案牍"。⑧

同样,钱大昕也认为,史书撰写光"博采"还不行,还必须对博采之史料"详加折衷",做到"慎择""善择"。他批评《后汉书·方术列传》"多采鄙俗小说,未及厘正"⑨。批评李延寿作《南史》《北史》时虽收采广博,但未能做到慎取,故错误甚多,"延寿好采它书,而不察事理之有无,其失往往如此"⑩。

---

① 钱大昕.潜研堂集·卷十八·记琉璃厂李公墓铭[M].上海:上海古籍出版社,2010:170.
② 钱大昕.廿二史考异:卷四十:外戚传[M].上海:上海古籍出版社,2004:646.
③ 钱大昕.潜研堂集:卷三十五:与徐中圃书[M].上海:上海古籍出版社,2010:338.
④ 钱大昕.廿二史考异:卷八十八:地理志一[M].上海:上海古籍出版社,2004:1231.
⑤ 钱大昕.廿二史考异:卷三十六:王琨传[M].上海:上海古籍出版社,2004:581.
⑥ 钱大昕.潜研堂集:卷二十四:二十四史同姓录序[M].上海:上海古籍出版社,2010:227.
⑦ 钱大昕.潜研堂集:卷十八:传后 续通志列传总叙[M].上海:上海书店出版社,2010:168.
⑧ 钱大维,钱大昕总纂.鄞县志:凡例[M].乾隆五十三年刻本。
⑨ 钱大昕.廿二史考异:卷十二:后汉书三:方术传下[M].上海:上海古籍出版社,2004:233.
⑩ 钱大昕.廿二史考异:卷三十七:南史三:武帝诸子传[M].上海:上海古籍出版社,2004:596.

他批评"《晋史》好采小说,此传(《贾充传》)芜累尤多甚"①等,指出"史学家立传,往往征采家传碑志,事迹多文饰不可信"②,"小说家附会之说,不尽足信"③等,特别强调在应用族谱家乘、碑文墓志、稗官野史、杂传小说等时,一定要慎重抉择。钱大昕所著《廿二史考异》《十驾斋养新录》《元史氏族表》《元史艺文志》等都是堪称取材宏富、考订精审的著作,真正做到了"博采慎择"。

三、"捉住一时代之特别重要问题,罗列其资料而比论之"

赵翼治史善于"捉住一时代之特别重要问题,罗列其资料而比论之"④,这是梁启超对赵翼治史特点的概括。赵翼善于抓住历朝历代有关治乱兴衰的重大问题,罗列事实,分析评论,揭示其产生的原因,探索其发展和演变的规律,说明其经验教训。这不能不说是赵翼"博采善择"的结果。如两汉的外戚、宦官、党禁、经学;魏晋南北朝的世族、选举、清谈;唐朝的女祸、宦官、藩镇、杂税;五代的军士、枢密、藩镇、武人、幕僚、滥刑;宋朝的弊政、议和;辽、金、元的制度和风习;明代的刑狱、朋党、吏治、流贼等重大问题,无不原始察终、详加分析评论。所论范围广阔,涉及从汉初到明末的重大社会事件、社会制度、社会现象等,议论宏深,识见高明。

仅魏晋六朝,《廿二史劄记》就论列了"三国之主用人各不同""魏晋禅代不同""八王之乱""九品中正""六朝清谈之习""南朝多以寒人掌机要""宋齐多荒主""齐制典签之权太重""江左氏族无功臣"等,均是这一时期的关键性问题。如在"九品中正"条中,赵翼论证了实行九品中正制的缘起、发展、积极意义及其流弊,并探析了九品中正制行之数百年而不改的原因——"盖当时执权者即中正高品之人,各自顾其门户,固不肯变法,且习俗已久,自帝王以及士庶皆视为固然,而无可如何也"⑤。赵氏所论,可补史书记载之缺。在"南朝多以寒人掌机要"条中,赵翼指出:"至宋、齐、梁、陈诸君,则无论贤

---

① 钱大昕. 廿二史考异:卷二十一:晋书四:贾充传 [M]. 上海:上海古籍出版社,2004:365.
② 钱大昕. 十驾斋养新录:卷九:汪世显传不可信 [M]. 上海:上海书店出版社,2011:180.
③ 钱大昕. 廿二史考异:卷五十六:唐书十六:方技传 [M]. 上海:上海古籍出版社,2004:815.
④ 梁启超. 中国近三百年学术史:清代学者整理旧学之总成绩(三)[M]. 北京:东方出版社,1996:355.
⑤ 赵翼. 廿二史劄记校证:卷八:九品中正 [M]. 北京:中华书局,1984:167.

否,皆威福自己,不肯假权于大臣。而其时高门大族,门户已成,令、仆、三司,可安流平进,不屑竭智尽心,以邀恩宠;且风流相尚,罕以物务关怀,人主遂不能籍以集事,于是不得不用寒人。人寒则希荣切而宣力勤,便于驱策,不觉倚之为心膂。"① 揭示了南朝时期的政治特点和趋势,寒门庶族取代门阀世族掌握了朝中大权,"皇帝专制,寒人掌权,士族无事"。

再看五代时期,《廿二史劄记》论列了"五代诸帝多由军士拥立""五代枢密使之权最重""五代姑息藩镇""五代藩郡皆用武人""五代幕僚之祸""五代滥刑"等,揭示出五代分裂割据、军阀混战、武人专横、朝代更迭频繁的社会特点。在"五代诸帝多由军士拥立"条中,赵翼考订了唐明宗、唐废帝、周太祖、宋太祖由军士拥立为帝的过程,指出这种由军士拥立帝王"相沿为故事",是唐中叶以后藩镇骄兵势力发展的结果。在"五代幕僚之祸"条中,赵翼指出,尽管五代之初藩镇争相招揽士人,"然藩镇皆武夫,恃权任气,又往往凌蔑文人,或至非理戕害。郑准为荆南成汭书记,以语不合解职去,汭怒,潜使人杀之于途。是时诸侯方重书记,已肆虐如此,此外副使、判官之类,更何论矣……由是观之,士之生于是时者,絷手绊足,动触罗网,不知何以全生"②。在"五代滥刑"条中,赵翼谴责"五代乱世,本无刑章,视人命如草芥,动以族诛为事……不问罪之轻重,理之是非,但云有犯,即处极刑,枉滥之家,莫敢上诉,军吏因之为奸,嫁祸胁人,不可胜数",举凡腰斩、断舌、决口、断筋、折足等等无所不有。"毒痛四海,殃及万方","而民之生于是时,不知如何措手足也"。③

上述所见,赵翼治史具有宏观的视野和理论高度,他往往能抓住历史上的重大问题而探讨其根源、分析其始末,辨明其是非、阐明其规律,以达到以史为鉴、经世致用的目的。诚如梁启超所云:"彼不喜专论一人之贤否、一事之是非,惟捉住一时代之特别重要问题,罗列其资料而比论之,古人所谓'属辞比事'也。"④ 陈其泰先生进一步指出:赵翼"以独具的识力,另辟蹊径,注重从宏观角度探求历史时势的变化和盛衰之故,每能把大量分散材料加以综合,从

---

① 赵翼. 廿二史劄记校证:卷八:南朝多以寒人掌机要 [M]. 北京:中华书局,1984:173.
② 赵翼. 廿二史劄记校证:卷二十二:五代幕僚之祸 [M]. 北京:中华书局,1984:476.
③ 赵翼. 廿二史劄记校证:卷二十二:五代滥刑 [M]. 北京:中华书局,1984:478-479.
④ 梁启超. 中国近三百年学术史:清代学者整理旧学之总成绩(三)[M]. 北京:东方出版社,

471

而揭示出一个朝代具有特别意义的问题,分析其对社会产生的正面影响或负面作用。此类条目从形式上看是札记,实际内容却有如今日一篇篇极有分量的论文。"① 这些正可见赵翼"博采善择"之主张和充分运用。

第五节 辞达为上的表述要求

一、"辞主乎达,不论其繁与简"

顾炎武认为,一部优秀的历史著作,首要的是"据事直书"、真实可信,这是史学发挥经世致用功用的关键。而在史书的语言表述上,顾炎武认为关键是做到"辞达",即表述明确、清楚,反对仅以繁简来论史书的好坏,这是一种实事求是的辩证的认识态度。他说:"辞主乎达,不论其繁与简也,繁简之论兴,而文亡矣,《史记》之繁处必胜于《汉书》之简处,《新唐书》之简也,不简于事而简于文,其所以病也。"② 固然,中国古代史学具有"尚简"的优良传统,刘知几主张"叙事为先,简要为主",提倡"文尚简要,语恶烦芜"③,但顾炎武认为,语言的繁简,不能刻意追求,当遵从历史表述的需要,该简则简,当繁则繁,关键在"辞达"。他在《日知录》中专辟《文章繁简》一篇详作讨论,提出"辞主乎达,不主乎简""辞主乎达,不论其繁与简"的主张。他引刘器之的话论证说:"刘器之曰:'《新唐书》叙事好简略其辞,故其事多郁而不明。此作史之病也。且文章岂有繁简邪?昔人之论,谓如风行水上,自然成文。若不出于自然,而有意于繁简,则失之矣'。当日《进唐书表》云:'其事则增于前,其文则省于旧'。《新唐书》所以不及古人者,其病正在此两句也。"④ 他认为《新唐书》叙事好简略其词,造成许多事实记载不清楚,"其事则增于前,其文则省于旧"不是《新唐书》的优点,恰恰是其弊病所在。

顾炎武的"辞达"主张,一方面反对一味求简,认为只顾"求简"往往导

---

① 陈其泰. 史学与民族精神[M]. 北京:学苑出版社,1999:408.
② 顾炎武. 日知录集释:卷十九:文章繁简[M]. 黄汝成,集释. 长沙:岳麓书社,1994:686.
③ 刘知几. 史通通释:卷六:叙事[M]. 浦起龙,通释. 王煦华,整理. 上海:上海古籍出版社,2009:48,156.
④ 顾炎武. 日知录集释:卷十九:文章繁简[M]. 黄汝成,集释. 长沙:岳麓书社,1994:687.

致叙事不明确、记载不清楚等毛病。他反复比较新、旧《唐书》,认为"《旧唐书》虽颇涉繁芜,然事迹明白,首尾该赡,亦自可观"①。他举例说:②

《旧唐书·高宗纪》:"乾封元年春正月戊辰朔,上祀昊天上帝于泰山,以高祖、大宗配飨。己巳,升山行封禅之礼。庚午,禅于社首。"是以朔日祭天于山下,明日登封,又明日禅社首,次序甚明。《新书》改云:"正月戊辰封于泰山,庚午禅于社首。"是以祭天、封山二事并为一事,而系于戊辰之日,文虽简而事不核矣。

《太宗长孙后传》:"安业之罪,万死无赦,然不慈于妾,天下知之。"改曰:"安业罪死无赦,然向遇妾不以慈,户知之。"意虽不异,而"户知之"三字殊不成文。

《旧唐书·皇甫镈传》附柳泌事云:"泌系京兆府狱,吏叱之曰:'何苦作此虚矫?'泌曰:'吾本无心,是李道古教我,且云寿四百岁。'府吏防虞周密,恐其隐化。及解衣就诛,一无变异。"语虽烦而叙事则明。《新书》但云:"皆道古教我。解衣即刑,卒无它异。"去其中间语,则"它异"二字何所本邪?

《旧唐书·郑綮传》:"昭宗谓有蕴蓄,就常奏班簿侧注云:'郑綮可礼部侍郎、平章事。'中书胥吏诣其家参谒,启笑曰:'诸君大误,使天下人皆不识字,宰相不及郑五也。'胥吏曰:'出自圣旨特恩,来日制下。'綮抗其手曰:'万一如此,笑杀他人。'明日果制下。"《新书》改曰:"俄闻制诏下,叹曰:'万一,然笑杀天下人。'"制已下矣,何万一之有?

正因为《新唐书》一味追求简,反而带来叙事不明、记载不清、难以理解等弊病。顾炎武特别指出:"《新唐书》志,欧阳永叔所作,颇有裁断,文亦明达。而列传出宋子京之手,则简而不明。二手高下,迥为不侔矣。"对宋祁所作部分尤为不满。

另一方面,顾炎武又反对烦琐其辞,而是主张该详则详,当略则略,所谓"史学家之文,例无重出。若不得已而重出,则当斟酌彼此,有详有略,斯谓之简"③。他主张"文不贵多",指出"二汉文人所著绝少,史于其传末每云:所

---

① 顾炎武. 日知录集释:卷二十六:旧唐书[M]. 黄汝成,集释. 长沙:岳麓书社,1994:910.
② 顾炎武. 日知录集释:卷二十六:新唐书[M]. 黄汝成,集释. 长沙:岳麓书社,1994:910-914.
③ 以上引见顾炎武. 日知录集释:卷二十六:新唐书[M]. 黄汝成,集释. 长沙:岳麓书社,1994:911-912.

473

著凡若干篇。惟董仲舒至百三十篇，而其余不过五六十篇，或十数篇，或三四篇。史之录其数，盖称之，非少之也。乃今人著作则以多为富，夫多则必不能工，即工亦必不皆有用于世，其不传宜矣"。比如"秦延君说《尧典》篇目两字之说十余万言，但说'曰若稽古'三万言，此颜之推《家训》所谓邺下谚云'博士买驴，书券三纸，未有驴字'者也"。是一种非常不足取的文风。故曰："文以少而盛，以多而衰。以二汉言之，东都之文多于西京，而文衰矣。以三代言之，春秋以降之文多于《六经》，而文衰矣。《记》曰：'天下无道，则言有枝叶。'"①

总体上，顾炎武主张史著语言表述当繁则繁，当简则简，以表达清楚、明白、准确为原则，即"辞达"而已，繁简得当。"若不出于自然，而有意于繁简，则失之矣。"② 顾炎武的论述颇具辩证法的思想因素，在历史编纂学上有积极的理论意义。

二、"增其所当增，省其所当省"

钱大昕继承了刘知几、顾炎武二人的思想，主张史文表述应"繁简有度"，认为"文有繁有简，繁者不可减之使少，犹简者不可增之使多。《左氏》之繁，胜于《公》《谷》之简，《史记》《汉书》互有繁简。谓文未有繁而能工者，非通论也"③，他批评《旧唐书》说："旧史本纪，前后繁简不均。睿宗以前，文简而有法；明皇、肃、代以后，其文渐繁；懿、僖、昭、哀四朝，冗杂滋甚……盖唐初五朝国史，经吴兢、韦述诸人之手，笔削谨严。中叶以后，柳芳、令狐峘辈，虽非史才，而叙事尚为完备；宣、懿而后，既无实录可稽，史官采访，意在多求，故卷帙滋繁，而事迹之矛盾益甚也。"④ 他赞同《进新唐书表》"其事则增于前，其文则省于旧"之说，并进一步指出："事增非难，增其所当增，勿增其所不当增之为难。文省非难，省其所可省，勿省其所不可省之为难。班孟坚之与《史记》，事增而文亦增，增其所当增也。陈承祚之于《魏略》，文省而事亦省，省其所可省也。"他认为李延寿《南史》《北史》"事增文省二者兼而

---

① 顾炎武. 日知录集释：卷十九：文不贵多 [M]. 黄汝成，集释. 长沙：岳麓书社，1994：674-676.
② 顾炎武. 日知录集释：卷十九：文章繁简 [M]. 黄汝成，集释. 长沙：岳麓书社，1984：687.
③ 钱大昕. 潜研堂集：卷三十三：与友人书 [M]. 上海：上海古籍出版社，2010：327.
④ 钱大昕. 廿二史考异：卷五十七：旧唐书一：高祖纪 [M]. 上海：上海古籍出版社，2004：827.

有之"，但又徒增许多荒诞不实之事，如"临川王宏私通武帝女""陈后主通萧摩诃之妻""辛德源与裴让之相爱，兼有龙阳之重"等，甚不足取。① 他批评《宋史》一是繁冗杂芜、"连篇累牍"。二是缺略严重，"世人读《宋史》者，多病其繁芜，予独病其缺略。缺略之患，甚于繁芜"，如《艺文志》"前后重出者"甚众，而脱漏更是"不胜枚举"②。

钱大昕一方面批评历代正史中繁简不当、繁简不得法的现象，另一方面又在自己的史籍修纂实践中贯彻了"繁简有度"的思想，他参修《续通志》时"于文之简者，访旧闻以裨其遗；文之繁者，芟冗词以举其要……虽则取材正史，不徒袭用旧文"③。

如何做到"繁简得当"，增其所当增，省其所当省？钱大昕认为，一是要重视关乎国计民生的大事和人物的记载。"事之无关法戒，人之无足重轻者，削删节之。又史以纪治忽之迹，非取词章之工。如魏徵、陆贽之《论事》，刘贲之《对策》，皆经国名言，所宜备录。至韩愈《进学解》《平淮西碑》，柳宗元《贞符》《与许孟容书》之类，文虽工而无裨于政治，亦可从删"④。二是史文繁简要与史法义例相一致。"古人著书，简而有法，好学深思之士，当寻其义例所在，不可轻下雌黄"⑤；本纪、列传各有其例，各有要求，哪些当书于本纪，哪些当书于列传，自有讲究，如若违背，便会自乱其例，繁简失当。三是反对官修史书，坚持一家之言。因为史官往往缺乏史才，务博而不知裁汰，又迫于时限、互相牵制、意见杂陈等，往往草草收局，未及认真加工润色等，都会导致史文繁简不当。

刘知几、顾炎武、钱大昕等学者在史书语言表述上的认识是客观公允的。刘知几主"烦省合理"，顾炎武倡"辞主乎达，不论其繁与简"，钱大昕讲"文有繁有简，繁者不可减之使少，犹之简者不可增之使多""增其所当增，省其所可省"等，都贯彻了一个明确的思想，即"繁简有度""辞达为上"，尤其值得重视。近人梁启超主张史著要"简洁""飞动"，做到"章无剩句，句无剩字"、生动感人、百读不厌；当代著名史学家白寿彝先生强调史著表述要明白、准确、

---

① 钱大昕. 潜研堂集：卷二十八：跋南北史［M］. 上海：上海古籍出版社，2010：268.
② 钱大昕. 潜研堂集：卷二十九：跋三山志［M］. 上海：上海古籍出版社，2010：284.
③ 钱大昕. 潜研堂集：卷十八：续通志列传总序［M］. 上海：上海古籍出版社，2010：168.
④ 钱大昕. 潜研堂集：卷十八：续通志列传总序［M］. 上海：上海古籍出版社，2010：167-168.
⑤ 钱大昕. 十驾斋养新录：卷四：说文连上篆字为句［M］. 上海：上海书店出版社，2011：58.

凝练，皆同此理。

第六节 谨严灵活的书法义例

重视史书的书法义例，在我国是古已有之的传统，孔子修《春秋》的"发凡言例""属辞比事"；西晋杜预《春秋经传集解》归纳《春秋》有"五例"（微而显、志而晦、婉而成章、尽而不汙、惩恶而劝善）、《左传》有"三体"（旧例、变例、非例）；荀悦《汉纪》序称："夫立典有五志：一曰达道义，二曰章法式，三曰通古今，四曰著功勋，五曰表贤能"；刘知几云："史之有例，犹国之有法。国之无法，则上下靡定；史之无例，则是非无准"，[①] 把书法义例看得同国家大法一样重要。

历代史注、史考、史论著作中蕴含了史学家对书法义例的丰富认识，最可贵的是主张书法义例"谨严灵活"，许多史学家在这方面都提出了积极的见解。

钱大昕十分强调史书书法义例的重要性，其考史多从史书的书法义例着手。钱大昕认为，史法义例必须谨严，这是正确表达史事和帮助读者更好地认识历史的要求。他批评《晋书》为嵇康、阮籍立传是"自乱其例"，"嵇、阮殁于魏世，又非佐晋创业……系之晋史，义例安在？"[②] 反对《晋书》将十六国中一些首领之妻列入《列女传》，认为这是"立传不伦"[③]。批评《新唐书》把柳亨附于其曾孙《柳泽传》中，并附柳泽从祖柳范、柳奭二人，不合史法。"史学家之有附传，如列国之附庸，年代以后从前，亲属以卑从附尊，斯为得之。泽仕开元时，而范、奭乃太宗、高宗朝臣，先后殊乖剌矣。若以奭与褚遂良、韩瑗、来济同篇，而以范附之，或取范事入《权万纪传》，乃合史法。"[④] 考证《宋史》李处耘传、尤袤传不合修史法度等，钱大昕对历代正史中史法义例不严谨者均进行了严厉批评，有积极的理论意义。但有些批评也有局限，如所谓《列女传》"立传不伦"的认识。

[①] 刘知几. 史通通释：卷四：序例[M]. 浦起龙, 通释. 王煦华, 整理. 上海：上海古籍出版社, 2009：81.

[②] 钱大昕. 廿二史考异：卷二十一：晋书四：阮籍传[M]. 上海：上海古籍出版社, 2004：367.

[③] 钱大昕. 十驾斋养新录：卷六：列女[M]. 上海：上海书店出版社, 2011：122.

[④] 钱大昕. 廿二史考异：卷四十一：唐书一：列传第三十七[M]. 上海：上海古籍出版社, 2004：656.

钱大昕一方面强调史法义例须谨严，另一方面又主张史书撰写不能拘泥于史法义例。如刘知几曾批评《史记》立《项羽本纪》《陈涉世家》是"名实无准""再三乖谬"，钱大昕对此进行了有力驳斥，他说："太史公作十二本纪，以秦、项列于周、汉之间，后人于秦始皇无异言，而于《项羽本纪》则怪之。刘知几谓羽僭盗，不当称王，此未达乎史公之旨者也。"① 他认为司马迁这样做正是尊重历史事实的表现，秦汉之际，"政由羽出，号为霸王，位虽不终，近古以来未尝有也"②，项羽虽未称帝，却是当时的最高当权者，"楚虽先亡，覆秦之社稷者，楚也！……秦亡之后，主天下命者，非楚而何？"③ 又如针对不少史学家批评李延寿《南史》《北史》叙事但以世家类叙、不以朝代为断限，不合史法，钱大昕指出：李延寿能依时代特点变通体例，不为朝代所拘，自有高明之处，"延寿既合四代为一书，若更有区别，则破碎非体，又必补叙家世，词益繁费。且当时本重门第，类而次之，善恶自不相掩，愚以为甚得《史记》合传之意，未可轻议其失"④。李延寿这样做有利于厘清每个高门士族的兴衰历史，更好地突出了南北朝时期的历史特点。可见，钱大昕主张义例严谨又反对拘泥于义例，这有别于刘知几的"求名责实""循名责实"的做法，又暗合于章学诚"史不拘例""因事命篇"的方法和原则，在历史编纂学上具有重要的意义和价值。

赵翼在《廿二史劄记》中考察历代正史编纂，多着眼于其体例的优劣，既充分肯定了历代正史的优点和贡献，又毫不留情地指正历代正史的缺失、错误。《廿二史劄记》中的"司马迁作史年岁""班固作史年岁""各史例目异同""《汉书》多载有用之文""《汉书》增传""《汉书》增事迹""《后汉书》编次订正""《三国志》书事得实处""《三国志》立传繁简不同处""陈寿论诸葛亮""《晋书》""宋齐书带叙法""《齐书》书法用意处""《齐书》类叙法最善""《新唐书》本纪书法""《新书》立传独详处""《新书》详载章疏""薛史亦有直笔""欧史书法谨严""欧史传赞不苟作""《宋史》事最详""《辽史》立表最善""《元史》列传详记日月""《明史》立传多存大体"等，是赵翼对

---

① 钱大昕. 十驾斋养新录余录：卷中：太史公李延寿 [M]. 上海：上海书店出版社，2011：409.
② 司马迁. 史记：卷七：项羽本纪 [M]. 点校本二十四史修订本. 北京：中华书局，2014.
③ 钱大昕. 潜研堂集：卷三十四：与梁耀北论史记书 [M]. 上海：上海古籍出版社，2010：336.
④ 钱大昕. 潜研堂集：卷十二：答问九 [M]. 上海：上海古籍出版社，2010：115.

历代正史的体裁、体例、取材、内容、书法、义例等方面优点的总结和表彰。

反之,《廿二史劄记》中的"《史记》自相歧互处""《史》《汉》互有得失""《后汉书》间有疏漏处""《三国志》多回护""《三国志》误处""《宋书》纪魏事多误""《梁书》编撰失检处""《陈书》多避讳""《南史》过求简净之失""《南史》误处""《南史》增《梁书》琐言碎事""《魏书》多曲笔""《新唐书》互异处""《新唐书》误处""薛史失检查处""欧史失去检处""《宋史》各传回护处""各传附会处""《宋史》各传错谬处""《宋史》列传又有遗漏者""《宋史》排次失当处""《宋史》缺传""《金史》失当处""《辽》《金》二史各有疏漏处""《金史》避讳处""《金史》误处""《金史》纪传不相符处""《宋》《金》二史传闻之误""《元史》自相歧互处""《元史》回护处""《元史》人名不划一"等,则是赵翼对历代正史在体裁体例、书法义例等方面存在的缺失、错误、曲笔、回护等进行了实事求是、严肃认真地揭露和批判。

具体到某部史书,赵翼也总是既肯定史书的成就,又明确指出史书的不足。如评论陈寿《三国志》,一方面批评陈寿创回护之法,造成历史记载失实,对后世史学家产生了消极影响,并分析了《三国志》多回护的历史原因和现实原因(见"《三国志》多回护""《三国志》误处");另一方面又充分肯定《三国志》剪裁斟酌"自有下笔不苟者"、文笔"简净"、"叙事善于位置"等(见"《三国志》书事得实处""《三国志》立传繁简不同处"等)。又如评论《旧五代史》,指出"薛史第据各朝实录,故成之易,而记载或有沿袭失实之处"[1],"薛史全据各朝实录,而不复参考事之真伪,此欧史之所以作也"[2],对薛居正照抄"实录"多处失实严厉批评;同时,又在"薛史亦有直笔"条中指出:"薛史虽多回护处,然是非亦有不废公道者。列传诸臣多与居正同仕前朝,否则其子孙有与居正同官于宋者,赵延寿子廷赞,仕宋为庐、延等州节度使,而《延寿传》不讳其背晋附辽,求为辽太子之事。"[3] 赞扬薛居正不违背史德、秉笔直书的精神,称"此薛史之终不可没也"。再如评论欧阳修《新五代史》,认为"欧史博采群言,旁参互证""是非得其真""文直

---

[1] 赵翼. 廿二史劄记校证:卷二十一:欧史不专据薛史旧本[M]. 北京:中华书局,1984:460.
[2] 赵翼. 廿二史劄记校证:卷二十一:薛史书法回护处[M]. 北京:中华书局,1984:457.
[3] 赵翼. 廿二史劄记校证:卷二十一:薛史书亦有直笔[M]. 北京:中华书局,1984:458.

事核，所以称良史也"①。"欧史本纪书法，一字不苟也。其列传亦有折衷至当者。"②"不阅《旧唐书》，不知《新唐书》之综核也。不阅薛史，不知欧史之简严也"，"欧史不惟文笔洁净，直追《史记》，而以《春秋》书法寓褒贬于纪传之中，则虽《史记》亦不及也"③ 等，称欧阳修为"良史"，对欧阳修《新五代史》的体例、取材、文笔等倍加赞赏；又批评欧史多有失检处，如"唐昭宗之被弑也，《李彦威传》则云梁祖遣敬翔至洛，与彦威等谋弑之，《李振传》又云梁祖遣振至洛，与彦威等谋弑之，此必有一误"，"《梁本纪》书朱友谦叛，杀同州节度使程全晖。而《程全晖传》则云全晖奔京师，是纪传两不符合。薛史则纪传皆称奔京师，当不误也"，这是指出记载上的自相矛盾之处。"例以历仕数朝者入《杂传》，专仕一朝者入某朝传。氏叔琮、李彦威、李振、韦震皆只仕梁一朝，何以不入梁传，而入《杂传》？元行钦先事刘守光，继降唐，何以反不入《杂传》，而列于《唐臣传》？此不免自乱其例也"④，这是指出体例上的混杂不一。

赵翼的评论充满辩证意识，是赵翼开展史学批评的基本态度和基本方法，这种态度和方法可以避免评价中的偏颇，有利于对评价事物形成全面、客观的认识。赵翼对历代正史的评论恰恰反映了他对史书书法义例的至高要求——"谨严灵活"，在历史编纂学上的理论意义不言而喻。

王鸣盛主张史书记事应根据具体历史事实情况而做灵活变通，不可千篇一律。所谓"史学家之例，原无一定，要足以载事实，明劝戒足矣"⑤。他反对史学家一味讲求书法而不顾记事实际的做法，认为这种做法只会造成记事不明。他说："凡作史者，美恶必宜别卷，所以类族辨物，使薰莸异器，阅者一览便可知。"⑥ 然而，历代史学家因过于讲求书法而导致记事不明者不计其数。王鸣盛认为，就连《史记》《汉书》这等名著在体例上也存在一定问题。《新唐书》更

---

① 赵翼．廿二史劄记校证：卷二十一：欧史不专据薛史旧本［M］．北京：中华书局，1984：460.
② 赵翼．廿二史劄记校证：卷二十一：欧史书法谨严［M］．北京：中华书局，1984：461.
③ 赵翼．廿二史劄记校证：卷二十一：欧史书法谨严［M］．北京：中华书局，1984：460.
④ 赵翼．廿二史劄记校证：卷二十一：欧史失检处［M］．北京：中华书局，1984：463.
⑤ 王鸣盛．十七史商榷：卷五十一：奸臣叛臣逆臣［M］．上海：上海古籍出版社，2005：381.
⑥ 王鸣盛．十七史商榷：卷八十四：美恶宜别卷［M］．上海：上海古籍出版社，2005：740.

是书法体例混乱，"杀无罪则书其官，杀某人而其人罪不至死则不书官，罪当杀则曰某人伏诛，此《新书》例也。然如《昭纪》景福二年，以杜让能之忠而去其官，但书'杀'，其下又云'及户部侍郎杜弘徽'，何以弘徽官，让能不官乎？又如天复三年正月戊申，杀左右神策军护军中尉韩全海等，全海之死，有罪乎？无罪乎？若云有罪，滔天逆贼朱全忠与奸臣崔胤比而劫帝杀之，以孤帝之势耳，不可以有罪而去其官也。若云无罪，以宦寺劫迁天子，其罪莫大焉，不可以为无罪而存其官也。所云例者，不将穷而遁乎！不据事直书以著其实，而舞文出入，强立多例，高下其手，故多所抵牾"①。他坚决反对不顾事实具体情况而只讲求书法义例甚至任意褒贬的做法，体现出了实事求是、灵活变化的书法义例追求。

《四库全书总目》极为重视史书撰述的书法义例，甚至提出"史学要领，体例为先"。因为体例是著述的内部组织结构和表现形式，关系到著述的质量、传播和社会影响。一部史著，如果体例混乱、部次失当，即便史料再详实、考证再精审，人们也无法通过它而很好地理解和把握史事，甚至有可能歪曲史事，史著的价值和意义必然大打折扣。《四库全书总目》一再强调，史学家撰史应该注重体例，认为一切优秀的史著都是讲究体例的。《四库全书总目》指出："总括一代掌故，则体贵简要；专录一官之职守，则义取博赅。言各有当，故详略迥不同也。"②又说："史书该一朝之事，总其大纲；私记载一方之事，具在细目。体例固各不同尔。"③荀悦鉴于班固《汉书》文繁难省，不便习学，而仿《左传》体例，成编年体《汉纪》。《四库全书总目》称赞其"词约事详，论辩多美"④。洛阳兴建佛教寺塔始于东汉明帝时，至魏太和十七年（493），魏孝文帝迁都洛阳，笃信佛法，佛寺最多时达1367所。然经永熙之乱，"城郭崩毁，庙塔丘墟"。东魏孝静帝武定五年（547），杨衒之因公役重游洛阳，感念兴废，作《洛阳伽蓝记》以追叙故迹，《四库全书总目》称其"以城内及四门之外，分叙五篇。叙次之先后，以东面三门、南面三门、北面三门，各署其新旧之名，以提纲领。体例绝为明晰，其文秾丽秀逸，烦而不厌，可与郦道元《水经注》肩随。其兼叙尔朱荣等变乱之事，委曲详尽，多足与史传参证。其他古迹艺文

---

① 王鸣盛.十七史商榷：卷七十六：新书杀某之例[M].上海：上海古籍出版社，2005：657.
② 永瑢，等.四库全书总目：卷七十九：太常续考[M].北京：中华书局，1965：685.
③ 永瑢，等.四库全书总目：卷五十四：北楼日记[M].北京：中华书局，1965：486.
④ 永瑢，等.四库全书总目：卷四十七：汉纪[M].北京：中华书局，1965：419.

及外国土风道里，采摭繁富亦足以广异闻"①。宋人倪思作《班马异同》，比较《史记》《汉书》的书法和内容之异同，《四库全书总目》赞其"二书互勘，长短较然，于史学颇为有功……遂为创例耳"②。司马光撰《资治通鉴》，《四库全书总目》称其"网罗宏富，体大思精，为前古之所未有"③。司马光又作《资治通鉴考异》30卷，以明材料取舍之由，《四库全书总目》称曰："修史之家，未有自撰一书，明所以去取之故者。有之，实自光始"，故"其例最善"④。宋人袁枢又鉴于编年体"一事而隔越数卷，首尾难稽"，而纪传体"一事而复见数篇，宾主莫辨"的缺陷，乃作《通鉴纪事本末》，揭事为题，聚类而条分，首尾详备。《四库全书总目》称赞其"去取剪裁，义例极为精密"。"数千年事迹经纬明晰，节目详具。前后始末，一览了然。遂使纪传、编年贯通为一，实前古之所未见也。"⑤《四库全书总目》还称赞宋人王应麟《通鉴地理通释》"征引浩博，考核明确，而叙列朝分据战攻，尤一一得其要领，于史学最为有功"⑥；元人胡三省《资治通鉴释文辨误》"援据精核，多足为读史者启发之助，所云音训之学，因文见义，各有攸当，不可滞于一隅；又云晋、宋、齐、梁、陈之疆里不可释唐之疆里。其言实足千古注书之法"⑦；司马光《稽古录》"于历代兴衰治乱之故，反复开陈，靡不洞中得失。洵有国有家炯鉴，有裨于治道者甚深。故虽非洛学之派，朱子亦不能不重之，足见其不可磨灭矣"⑧；宋人尹洙《五代春秋》"笔削颇为不苟，多得谨严之遗意，知其《春秋》之学深矣"；⑨《金史》"经营已久，与宋、辽二史取办仓卒者不同，故其首尾完密，条例整齐，约而不疏，赡而不芜，在三史之中，独为最善"⑩等，充分表彰了体例谨严的史学著作。

同时，《四库全书总目》对体例紊乱、编次不当的史学著作也进行了严肃批

---

① 永瑢，等．四库全书总目：卷七十：洛阳伽蓝记[M]．北京：中华书局，1965：619.
② 永瑢，等．四库全书总目：卷四十五：班马异同[M]．北京：中华书局，1965：401.
③ 永瑢，等．四库全书总目：卷四十七：资治通鉴[M]．北京：中华书局，1965：420.
④ 永瑢，等．四库全书总目：卷四十七：资治通鉴考异[M]．北京：中华书局，1965：421-422.
⑤ 永瑢，等．四库全书总目：卷四十九：通鉴纪事本末[M]．北京：中华书局，1965：437.
⑥ 永瑢，等．四库全书总目：卷四十七：通鉴地理通释[M]．北京：中华书局，1965：421.
⑦ 永瑢，等．四库全书总目：卷四十七：资治通鉴释文辨误[M]．北京：中华书局，1965：421.
⑧ 永瑢，等．四库全书总目：卷四十七：稽古录[M]．北京：中华书局，1965：422.
⑨ 永瑢，等．四库全书总目：卷四十八：五代春秋[M]．北京：中华书局，1965：432.
⑩ 永瑢，等．四库全书总目：卷四十六：金史[M]．北京：中华书局，1965：414.

评。如批评裴松之《三国志注》"往往嗜奇爱博，颇伤芜杂""或详或略，或有或无，亦颇为例不纯"①；批评《南齐书》的《高帝纪》《祥瑞志》"牵于时尚，未能厘正"，《高帝纪》"载王蕴之抚刀，袁粲之郊饮，连缀琐事，殊乖纪体"，"列传尤为冗杂"②；批评魏收《魏书》"叙事详赡，而条例未密，多为魏澹所驳正"③；批评李延寿《北史》在体例上"以姓为类，分类无法""参错混淆""体例舛杂"④ 等。《四库全书总目》还作凡例20则，阐明《四库全书总目》编纂的目的、原则、方法、特点及类目设置的依据等，都是重视体例的具体表现。

上述所见，历代史学家多强调史书编纂必须体例严谨，但又反对拘泥于体例，力主谨严灵活。

---

① 永瑢，等. 四库全书总目：卷四十五：三国志［M］. 北京：中华书局，1965：403，404.
② 永瑢，等. 四库全书总目：卷四十五：南齐书［M］. 北京：中华书局，1965：406.
③ 永瑢，等. 四库全书总目：卷四十五：魏书［M］. 北京：中华书局，1965：407.
④ 永瑢，等. 四库全书总目：卷四十六：北史［M］. 北京：中华书局，1965：409.

下编 中国古代历史编纂学思想

第七章

刘知几的历史编纂学思想

刘知几（661—721），字子玄，人称刘子玄，徐州彭城（今江苏徐州）人。生于唐高宗龙朔元年（661），卒于唐玄宗开元九年（721），是盛唐时代著名的史学家，一生经历了唐高宗、武则天、唐中宗、唐睿宗、唐玄宗5个皇帝，而主要生活在武则天时代。

刘知几所撰《史通》是我国第一部史学理论著作，也是我国历史上第一部史学史，首次对初唐以前史学进行了全面而详细的总结和批评①，涉及史学的方方面面，蕴含着丰富的史学批评思想，在中国史学发展史上占有重要的地位，有着深远的影响。梁启超说："自有左丘明、司马迁、班固、荀悦、杜佑、司马光、袁枢诸人，然后中国始有史；自有刘知几、郑樵、章学诚，然后中国始有史学矣。"② 可见其地位和影响。

《史通》分内、外篇，以内篇为主、外篇为辅。③ "内篇"主要讲历史编纂学，是《史通》的主要内容、主要贡献，有系统，各篇之间有内在联系。"外篇"主要讲史官和史书的沿革，杂评过去史书的优劣得失，无系统，各篇之间缺乏联系。《史通》突出地反映了刘知几的历史编纂学思想和史学批评思想。

第一节 "辨其指归，殚其体统"

"辨其指归，殚其体统"，是刘知几撰写《史通》的目的。《史通·原序》云："自惟历事二主，从宦两京，遍居司籍之曹，久处载言之职。昔马融三入东观，汉代称荣；张华再典史官，晋朝称美。嗟予小子，兼而有之。是用职思其忧，不遑启处。尝以载削余暇，商榷史篇，下笔不休，遂盈筐箧。于是区分类

---

① 过去人们认为刘知几可与王充、刘勰相媲美。即王充的《论衡》是对哲学作了总结，刘勰的《文心雕龙》是对文学作了总结，而刘知几的《史通》则是对史学作了总结。
② 梁启超.中国历史研究法：过去之中国史学界[M]//饮冰室合集（专集73）.北京：中华书局，1989：25.
③ 古人著书常分内篇、外篇，并以内篇为主、外篇为辅。刘知几《史通》也是这样。

483

聚，编而次之。"①《自叙》篇又云："其于史传也，尝欲自班、马已降，讫于姚、李、令狐、颜、孔诸书，莫不因其旧义，普加厘革。"这里，刘知几表达了自己的志向和撰写《史通》的任务，即"商榷史篇""普加厘革"，要把司马迁、班固以来直到当代学者姚思廉、李延寿、令狐德棻、颜师古、孔颖达等人撰写的史书，按照《春秋》的原则和方法，全部加以厘定和评论。而"商榷史篇""厘定群籍"的目的是"辨其指归，殚其体统"，即辨明史学的目的和功能、阐述撰史的方法和原则。这便是常说的"史义"和"史法"。《史通》之撰写就是为了明史义、探史法，刘知几说："若《史通》之为书也，盖伤当时载笔之士，其义不纯。思欲辨其指归，殚其体统。夫其书虽以史为主，而余波所及，上穷王道，下掞人伦，总括万殊，包吞千有。自《法言》已降，迄于《文心》而往，固以纳诸胸中，曾不蒂芥者矣。夫其为义也，有与夺焉，有褒贬焉，有鉴诫焉，有讽刺焉。其为贯穿者深矣，其为网罗者密矣，其所商略者远矣，其所发明者多矣。"②因为当时修史之人不遵古法、为例不纯，所以要用《史通》来辨明史义、阐明史法。而《史通》一书虽以讨论史学问题为主，却广泛涉及其他理论问题，探讨了治国经邦之道，阐发了人伦道德准则，囊括了社会、历史、人生各种问题，涵盖了古今治道的方方面面。从扬雄的《法言》到刘勰的《文心雕龙》的各种理论认识均已融会贯通。与夺、褒贬、鉴诫、讽刺，无不融贯书中，使《史通》具有深刻的批判意识、翔实的批评内容、深远的批评意义、丰富的新见解新认识。"犹冀知音君子，时有观焉"③，希望志同道合的学者，经常翻翻这本书。

因为社会上存在"为义不纯"，所以才要"辨其指归，殚其体统"，这表明了史学家刘知几具有深刻的史学意识和深沉的社会责任感。这里的"义"，既指体统，也包括指归。当然，体统与指归（史法与史义），显然是指归在先、体统随后，指归不纯，必然带来体统不纯，没有离开史义的史法。《史通》一书中批评史书或史学家"有乖名实""名实无准""善恶不分""掩恶""虚美""鉴无定识"等，都说明体统不纯乃根源于是非不分、史义不明。《史通》全书现存49篇，无一篇不是围绕"辨其指归，殚其体统"而具体展开论述的。

---

① 刘知几. 史通通释：原序［M］. 浦起龙，通释. 王煦华，整理. 上海：上海古籍出版社，2009：1.
② 刘知几. 史通通释：卷十：自叙［M］. 浦起龙，通释. 王煦华，整理. 上海：上海古籍出版社，2009 浦起龙，通释. 王煦华，整理. 269-271.
③ 刘知几. 史通通释：卷十：自叙［M］. 浦起龙，通释. 王煦华，整理. 上海：上海古籍出版社，2009：271.

第二节 "多讥往哲,喜述前非"

"多讥往哲,喜述前非",是刘知几本人对《史通》史学批评特点的概括。《史通》共20卷,原为52篇,今存49篇,连同自注,计近10万字,分为内、外篇。"内篇"10卷36篇,另有体统、纰缪、弛张三篇亡佚,仅存篇目,主要讲历史编纂学。"外篇"10卷13篇,主要讲史官建置和史书的沿革,杂评过去史书的优劣得失。

"多讥往哲,喜述前非",是《史通》一书最大的特点。作为我国历史上第一部史学评论专著,《史通》对初唐以前的史学家、史著、史学方法、史学活动、史学观念等进行了全面批判总结,阐发了丰富的史学理论。以史学家而言,刘知几对上自被尊为圣人的孔子,下至几乎与自己同时代的史学家共计260多人提出了批评,这些史学家包括圣人孔子、亚圣孟子,历代著名史学家司马迁、班固、陈寿、范晔等,以及众多的一般史学家;就史著而论,《史通》涉及从《尚书》《春秋》直到唐朝的历史著作342部,对每一部著作都有精到的分析评论,尤其对《尚书》《春秋》《左传》《史记》《汉书》等名著的批评详尽透彻。如《疑古》篇共提出10个疑问,其中2个针对《论语》、8个针对《尚书》,10个问题无一例外都是指陈其记载不实。在《惑经》篇,刘知几又指出《春秋》"其所未谕者有十二""其所虚美者五焉",同样批评记载不实。《六家》篇是对六家流别及其史著的考鉴评析。《二体》篇是对编年体、纪传体著作优长和短缺的探析。《申左》篇是对"《左氏》之义有三长,而二传之义有五短"[①] 的申辩。《古今正史》篇是对历代编年体、纪传体史著的逐一评述等,《史通》通篇是对历代史学家和史著评论。从内容上看,《史通》所论包括史书内容、撰述方法、体裁体例、文字表述、撰述原则、史学功能、史学家修养、史学批评范畴、史学批评方法等诸多内容。

《史通》现存49篇的基本内容大体可概括为五方面:一是厘清史学发展之历史。其中,《六家》《二体》,从史书的内容和形式上阐述史学的起源;《史官设置》《古今正史》勾勒史学发展大势,《杂述》篇概括史学的多途发展。二是讨论史书表现形式的基本理论,以纪传体史书的结构、体例为主,包括《载言》

---

① 刘知几. 史通通释:卷十四:申左[M]. 浦起龙,通释. 王煦华,整理. 上海:上海古籍出版社,2009:390.

《本纪》《世家》《列传》《表历》《书志》《论赞》《序例》《题目》《断限》《编次》《称谓》《序传》等篇。三是关于史书编撰方法和文字表述要求的理论，包括《采撰》《载文》《补注》《因习》《邑里》《言语》《浮词》《叙事》《核才》《烦省》等篇。四是关于历史认识和撰述原则的理论，包括《品藻》《直书》《曲笔》《鉴识》《探赜》《模拟》《书事》《人物》《点烦》（对《叙事》的补充）等篇。五是阐说作者经历、撰述旨趣和史学社会功用，包括《辨职》《自叙》《忤时》三篇。① 总体上看，《史通》第一次对中国史学做了比较全面而详细的总结。虽主要在历史编纂学方面，但涉及历史学的方方面面。

"多讥往哲，喜述前非"的批评实践，体现了刘知几实事求是的批判精神，反映了刘知几对以往史学的深入思考，蕴涵着刘知几丰富而深刻的理论认识。清代黄叔琳《史通训故补》评论其"上下数千年，贯穿数万卷。心细而眼明，舌长而笔辣"②，准确揭示了刘知几的史学批判精神和《史通》的史学批评特点。可概括为四点：其一，批评尖锐。如对现实中的史馆弊端进行了深刻揭露，对许多史学家不真实的记载予以毫不留情地痛斥，甚至骂一些史学家为"奸贼""凶人"等。其二，评论有据。所有评论都不是无中生有，而是篇篇有实例，都是从读书思考中总结出来的认识。其三，兼指得失。刘知几取"兼善忘私"的态度，不感情用事，对史学家、史著既充分肯定和褒扬其功绩，又批评和指出其错误，哪怕《尚书》《春秋》《左传》也不例外。故有人形容刘知几为史学界的法官，似"老吏断狱"。其四，借批评而阐发理论。一部近10万言的《史通》，表面上看是在评断具体的史学家、史著，实则通过对以往史学的总结性批评而提出了自己的明确主张，论述了许多重要的理论问题，确实做到了"其所商略者远矣，其所发明者多矣"。

第三节 "六家二体"

"六家二体"，是刘知几关于史书体裁体例的理论。《六家》篇云："古往今来，质文递变，诸史之作，不恒厥体。权而为论，其流有六：一曰《尚书》家，二曰《春秋》家，三曰《左传》家，四曰《国语》家，五曰《史记》家，六曰

---

① 参见瞿林东. 中国史学史纲［M］. 北京：北京出版社，1999：312；瞿林东. 中国简明史学史［M］. 上海：上海人民出版社，2005：45.
② 黄叔琳. 史通训故补：序［M］//郭孔延，王惟俭，黄叔琳. 史通评释史通训故史通训故补. 上海：上海古籍出版社，2006：430.

《汉书》家。"认为古代史学是发展变化的，史书体裁是不断演进的，他把古代史籍分为记言体（《尚书》家）、记事体（《春秋》家）、编年体（《左传》家）、国别体（《国语》家）、通代纪传体（《史记》家）、断代纪传体（《汉书》家）六家，并一一考镜其源流发展、宗旨意趣和利弊得失，他说，"考兹六家，商榷千载，盖史之流品，亦穷于此矣"，认为六家已经穷尽了古往今来的史籍。但又指出："朴散淳销，时移世异，《尚书》等四家，其体久废；所可祖述者，唯《左氏》及《汉书》二家而已。"① 于是专立《二体》详为讨论。

"二体"是指编年体和纪传体，《二体》篇全面比较了编年体和纪传体的优劣长短，认为编年体具有"系日月而为次，列时岁以相续，中国外夷，同年共世，莫不备载其事，形于目前。理尽一言，语无重出"等优点，又有"论其细也，则纤芥无遗；语其粗也，则丘山是弃"等缺点；纪传体具有"显隐必该，洪纤靡失"的长处，又有"同为一事，分在数篇，断续相离，前后屡出""编次同类，不求年月"等不足。所以，"班、荀二体，角力争先，欲废其一，固亦难矣"，"各有其美"，当"并行于世"。"后来继作，相与因循，假有改张，变其名目，区域有限，孰能逾此！"② 历代历史著述都不能超出"二体"③。《史通》一书又着重对"二体"中的纪传体之体例和结构做了深入细致的剖析。

此外，刘知几认为在"家""体"之外存在一个"流"的问题，《杂述》云："爰及近古，斯道渐烦，史氏流别，殊途并骛，榷而为论，其流有十焉：一曰偏记，二曰小录，三曰逸事，四曰琐言，五曰郡书，六曰家史，七曰别传，八曰杂记，九曰地理书，十曰都邑簿。"即"六家""二体"演变发展到近古，主要是在魏晋南北朝时期，又出现了"十流"。在刘知几关于史籍的分类中，还有正史、杂史之分，他视"六家""二体"为正史，而对于近古出现的"十流"

---

① 刘知几. 史通通释：卷一：六家［M］. 浦起龙，通释. 王煦华，整理. 上海：上海古籍出版社，2009：1，22.
② 刘知几. 史通通释：卷二：二体［M］. 浦起龙，通释. 王煦华，整理. 上海：上海古籍出版社，2009：24-27.
③ "二体"，指编年体和纪传体当是无疑。但关于"二体"的代表著作，刘知几有不同的说法。《六家》云："所可祖述者，唯左氏及《汉书》二家而已"，是指编年体之《左传》和纪传体断代史《汉书》。《二体》云："既而丘明传《春秋》，子长著《史记》，载笔之体，于斯备矣。"是指以《左传》为代表的编年体和以《史记》为代表的纪传体，认为二书的出现，标志着史书编纂体裁的完备。《二体》又云："班、荀二体，角力争先，欲废其一，固亦难矣。后来作者，不出二途。"则又指班固《汉书》为代表的断代纪传体和荀悦《汉纪》为代表的断代编年体。这种矛盾反映了刘知几在区分"六家""二体"时的含混。

487

则视为"史氏流别",归入杂史,并肯定其"能与正史参行""斯道渐烦"①,确实在用发展变易的眼光来看待史体变化,充分体现了刘知几的"通变"意识。

总体上看,《史通》以《六家》《二体》两篇冠盖全书,说明"六家二体"说在刘知几的史学理论中占有崇高的地位。清朝学者浦起龙说"《六家》举史体之大全,《二体》定史学家之正用"②,"此四字刘氏创发之,千古史局不能越"③。刘知几的"六家二体"说,有重要的理论意义。首先,由"六家"而"二体",再到"十流",集中反映了刘知几的"通识"观念、"通变"思想,他看到了时代进步对史书体裁体例发展变化的影响。其次,"六家""二体""十流",构成了《史通》在宏观方面的史书体裁体例的理论体系。再次,"六家二体"实际上蕴含了刘知几"经史同源"的重要思想认识。刘知几以"六家""二体"论史,可见《尚书》《春秋》《左传》这些著作不仅是经书,也是史书。他甚至直接说:"夫《尚书》者,七经之冠冕,百氏之襟袖。"④ "昔《尚书》记言,《春秋》记事,以日月为远近,年世为前后,用使阅之者雁行鱼贯,皎然可寻。至马迁始错综成篇,区分类聚,班固踵武,仍加祖述。"⑤《尚书》《春秋》既是经学之源,又是史学之源,《史记》《汉书》就是从《尚书》《春秋》那里发展而来的。无论刘知几视经书为史书之一家一体,还是把经书看作史学的源头,都明白无误地告诉人们这样一个客观存在的事实:史学不再是经学的附庸,已经从经学中独立出来,成为与经学并行的学科。这充分体现了刘知几实事求是的治学态度和敢于创新的理论勇气,对后世经史关系理论的深入探讨有着重要影响。当然,刘知几将唐朝以前的史书体裁体例笼统地归入"六家""二体",一方面太过于武断和绝对,"六家""二体"实难涵盖史体之大全;另一方面,分类上比较含混,分类标准也不统一,比如《春秋》《左传》都是编年体,却被各自分为一家。《史记》《汉书》都是纪传体,也被各归其类,有按事类分、按体裁分、按体例分等不同标准。

---

① 刘知几. 史通通释:卷十:杂述 [M]. 浦起龙, 通释. 王煦华, 整理. 上海:上海古籍出版社, 2009:253.
② 刘知几. 史通通释:卷十:二体 [M]. 浦起龙, 通释. 王煦华, 整理. 上海:上海古籍出版社, 2009:27.
③ 刘知几. 史通通释:卷首:史通通释举要 [M]. 浦起龙, 通释. 王煦华, 整理. 上海:上海古籍出版社, 2009:1.
④ 刘知几. 史通通释:卷四:断限 [M]. 浦起龙, 通释. 王煦华, 整理. 上海:上海古籍出版社, 2009:90.
⑤ 刘知几. 史通通释:卷四:编次 [M]. 浦起龙, 通释. 王煦华, 整理. 上海:上海古籍出版社, 2009:94.

第四节 "五志三科"

"五志三科",是刘知几关于史书撰述内容的理论,这是对东汉荀悦和晋朝干宝关于"立典有五志"的继承和发展。东汉末期的史学家荀悦提出:"夫立典有五志:一曰达道义,二曰彰法式,三曰通古今,四曰著功勋,五曰表贤能。于是天人之实、事物之宜,粲然显著,罔不备矣。"① 即要求史书要阐发封建道德礼仪;要记述先帝事业、纲纪法式,以显扬封建秩序;要总结古今治乱兴衰之经验教训;要表彰统治者的功德业绩;要记载模范人物,树立典型楷模。这一认识,名为谈史书内容,实则更偏重讲史学家的撰述思想和撰述之社会目的,具有很强的理论色彩。

晋朝史学家干宝发展了荀悦的"五志",认为"体国经野之言则书之,用兵征伐之权则书之,忠臣、烈士、孝子、贞妇之节则书之,文诰专对之辞则书之,才力技艺殊异则书之",即史书要有助于治国安邦的意见和建议,有利于用兵打仗的权变计谋,忠臣、烈士、孝子、贞妇的气节,有关国家法令、文诰及使节应对之词,各行业优秀的人物等都要记载下来,认识上比荀悦之论更为具体、更为明确。

刘知几综合和继承荀悦、干宝关于"立典有五志"之论,提出还应"广以三科"。他说:"于是采二家之所议,征五志之所取,盖记言之所网罗,书事之所总括,粗得于兹矣。然必谓故无遗恨,犹恐未尽者乎?今更广以三科,用增前目:一曰叙沿革,二曰明罪恶,三曰旌怪异。何者?礼仪用舍,节文升降则书之;君臣邪僻,国家丧乱则书之;幽明感应,祸福萌兆则书之。"即史书内容在"五志"的基础上,应该增加"三科":叙沿革、明罪恶、旌怪异,即记载国家的典章法令与礼仪制度的沿革,记载君臣的奸邪佞僻与国家的动荡败亡,记载神灵感应与灾祸祥瑞等。"于是以此三科,参诸五志,则史氏所载,庶几无阙。求诸笔削,何莫由斯?"② 将"三科"同"五志"结合起来,史官所记述的内容就不会有缺漏了,撰写史书必须从这些方面入手。显然"三科"中除神灵感应、灾祸祥瑞"一科"外,其余"二科"的内容有其积极意义。刘知几以

---

① 荀悦. 汉纪:卷一:高祖皇帝纪[M]//两汉纪. 北京:中华书局,2002:1.
② 以上引文见刘知几. 史通通释:卷八:书事[M]. 浦起龙,通释. 王煦华,整理. 上海:上海古籍出版社,2009:212-213.

"五志三科"来概括史书撰述的内容,这既表现了刘知几的远见卓识,对史书的内容提出了更广泛的认识,又反映出刘知几难以超脱封建等级名分的束缚。

第五节 "博采善择"

"博采善择",是刘知几关于历史撰述方法的理论。他认为,撰写历史著作必须"博采",做到"征求异说,采摭群言",这样才能成"一家之言","传诸不朽",流传千古。就像"珍裘以众腋成温,广厦以群材合构"一样,珍贵的裘皮大衣,需要无数狐狸的腋毛缝制而成;宽广的高楼大厦,需要众多的材料建造。刘知几具体举例说:"观夫丘明受《经》立《传》,广包诸国,盖当时有《周志》《晋乘》《楚杌》等篇,遂乃聚而编之,混成一录。向使专凭鲁策,独询孔氏,何以能殚见洽闻,若斯之博也?"《左传》之所以能够广包各国史事,记载详细,是因为当时有《周志》《晋乘》《楚杌》等各国历史资料供左丘明广泛搜采。如果没有这些史书,左丘明仅凭鲁国档案资料,即使他可以向孔子请教学习,也难使《左传》如此广博恰切。同样,《史记》《汉书》之所以"能取信一时,擅名千载",成为千古名著,是因为"马迁《史记》,采《世本》《国语》《战国策》《楚汉春秋》。至班固《汉书》,则全同太史。自太初已后,又杂引刘氏《新序》《说苑》《七略》之辞",都是博采史料的缘故。①

然而,光有"博采"还不行,还必须"善择"。他说:"多闻,择其善者而从之","学者博闻,盖在择之而已"。② 对于博采而来的史料必须"别加研核""练其得失,明其真伪",择善而从。曰:"夫郡国之记,谱牒之书,务欲矜其州里,夸其氏族。读之者安可不练其得失,明其真伪者乎?至如'江东五俊',始自《会稽典录》,'颍川八龙',出于《荀氏家传》,而修晋、汉史者,皆征彼虚誉,定为实录。苟不加以研核,何以详其是非?又讹言难信,传闻多失,至如曾参杀人,不疑盗嫂,翟义不死,诸葛犹存,此皆得之于行路,传之于众口,倘无明白,其谁曰不然。故蜀相毙于渭滨,《晋书》称呕血而死;魏君崩于马圈,《齐史》云中矢而亡;沈炯骂书,河北以为王伟;魏收草檄,关西谓之邢邵。夫同说一事,而分为两家,盖言之者彼此有殊,故书之者是非无定。"如果

---

① 刘知几. 史通通释:卷五:采撰[M]. 浦起龙,通释. 王煦华,整理. 上海:上海古籍出版社,2009:106.
② 刘知几. 史通通释:卷十:杂述[M]. 浦起龙,通释. 王煦华,整理. 上海:上海古籍出版社,2009:257.

不认真鉴别、辨明真伪、择善而用，许多讹言、传闻、鬼怪、虚美之辞，就会被当作实录而用，导致"是非无定"，更何况"古今路阻，视听壤隔，而谈者或以前为后，或以有为无，泾、渭一乱，莫之能辨。而后来穿凿，喜出异同，不凭国史，别讯流俗"①，所以，"慎择""善择"实在太重要了。史学家撰史，首先必须"博采"，其次要"择善而从"，二者缺一不可。"博采"是基础，无博采便无善择；"善择"是关键，无善择，博采就失去了方向，就难以写出信史来。"只有把博采同慎采结合起来，才能'取信一时，擅名千载'。"②

第六节 "叙事为先，简要为主"

"叙事为先，简要为主"，是刘知几关于史书文字表述的理论。《叙事》开篇云："夫史之称美者，以叙事为先。"刘知几认为，一部优秀的历史著作，首先要做到清清楚楚、明明白白地记述历史事实。这是最起码最基本的要求。在他看来，五经、三史就是这方面的典范著作。"昔圣人之述作也，上自《尧典》，下终获麟，是为属词比事之言，疏通知远之旨。子夏曰：'《书》之论事也，昭昭然若日月之代明。'扬雄有云：'说事者莫辨乎《书》，说理者莫辨乎《春秋》。'然则意复深奥，诰训成义，微显阐幽，婉而成章，虽殊途异辙，亦各有美焉。谅以师范亿载，规模万古，为述者之冠冕，实后来之龟镜。既而马迁《史记》，班固《汉书》，继圣而作，抑其次也。故世之学者，皆先曰《五经》，次云《三史》，经史之目，于此分焉。"③《尚书》论述史事，清晰明白，如同日月普照大地；论述史事没有比《尚书》更明晰，阐述史理没有比《春秋》更透彻的。所以，可以"师范亿载，规模万古，为述者之冠冕，实后来之龟镜"，《史记》《汉书》等都是以《尚书》《春秋》为榜样写成的。

但是，仅把史事叙述清楚，还算不上优秀的历史著作，优秀的历史著作还必须具有简明扼要的特点，即"简要为主"。故云："夫国史之美者，以叙事为工；而叙事之工者，以简要为主。"要如"《尚书》发踪，所载务于寡事，《春秋》变体，其言贵于省文"，记事务在简要，贵在节省文字，以最少的文字去反

---

① 刘知几. 史通通释：卷五：采撰[M]. 浦起龙，通释. 王煦华，整理. 上海：上海古籍出版社，2009：108-109.
② 瞿林东. 中国史学史纲[M]. 北京：北京出版社，1999：74.
③ 刘知几. 史通通释：卷六：叙事[M]. 浦起龙，通释. 王煦华，整理. 上海：上海古籍出版社，2009：152-153.

映丰富的史实。"文约而事丰，此述作之尤美者也"，文字简练而记事丰富，才是最优秀的历史著作。刘知几批评两汉到三国时期，史书的文字日益繁芜。晋朝以后，情况更为严重，"寻其冗句，摘其烦词，一行之间，必谬增数字；尺纸之内，恒虚费数行。未聚蚊成雷，群轻折轴，况于章句不节，言词莫限，载之兼两，曷足道哉？"烦词、冗句数不胜数，弄得"文非文，史非史"[1]，文章不像文章，史书不像史书。

怎样才能做到叙事简要？《叙事》篇这样总结道：

> 盖叙事之体，其别有四：有直纪其才行者，有唯书其事迹者，有因言语而可知者，有假赞论而自见者。至如《古文尚书》称帝尧之德，标以"允恭克让"；《春秋左传》言子太叔之状，目以"美秀而文"。所称如此，更无他说，所谓直纪其才行者。又如《左氏》载申生为骊姬所谮，自缢而亡；班史称纪信为项籍所围，代君而死。此则不言其节操，而忠孝自彰，所谓唯书其事迹者。又如《尚书》称武王之罪纣也，其誓曰："焚炙忠良，刳剔孕妇。"《左传》记随会之论楚也，其词曰："荜辂蓝缕，以启山林。"此则才行事迹，莫不阙如，而言有关涉，事便显露，所谓因言语而可知者。又如《史记·卫青传》后，太史公曰："苏建尝责大将军不荐贤待士。"《汉书·孝文纪》末，其赞曰："吴王诈病不朝，赐以几杖。"此则传之与纪，并所不书，而史臣发言，别出其事，所谓假赞论而自见者。然则才行、事迹、言语、赞论，凡此四者，皆不相须。若兼而毕书，则其费尤广。但自古经史，通多此类。能获免者，盖十无一二。

这里，刘知几用具体实例阐说了叙事的四种方式——直接记述人物的才能与德行、只记载人物事迹、借精彩的言论来表达史事、借论赞而补充史事，并指出这四种形式也不能面面俱到，必须灵活运用，否则仍然难免文字繁芜之弊。

刘知几还指出：简要"贵于省文"，省文之法有二："一曰省句，二曰省字。""省句为易，省字为难，洞识此心，始可言史矣。苟句尽余剩，字皆重复，史之烦芜，职由于此"；"夫叙事者，或虚益散辞，广加闲说，必取其所要，不过一言一句耳"。语不在多而在精，简洁精练，没有多余的句子，没有多余的文字。

刘知几还在更深的层次上提出了简要的要求，即"用晦之道"。他说："章

---

[1] 刘知几. 史通通释：卷六：叙事[M]. 浦起龙, 通释. 王煦华, 整理. 上海：上海古籍出版社, 2009：156.

句之言，有显有晦。显也者，繁词缛说，理尽于篇中；晦也者，省字约文，事溢于句外。然则晦之将显，优劣不同，较可知矣。夫能略小存大，举重明轻，一言而巨细咸该，片语而洪纤靡漏，此皆用晦之道也。"他区别了"显"与"晦"，阐述了用晦的意义及其与叙事简要的关系。赞扬《史记》《汉书》以前的史学家"言虽简略，理皆要害，故能疏而不遗，俭而无阙。譬如用奇兵者，持一当百，能全克敌之功也"；批评西晋以下的史学家"才乏俊颖，思多昏滞，费词既甚，叙事才周，亦犹售铁钱者，以两当一，方成贸迁之价也"①，值得重视。

第七节　"直书"与"曲笔"

"直书与曲笔"，是刘知几关于史书撰述原则的理论。刘知几"贵直贱曲"，《史通》专辟《直书》《曲笔》二篇详作论析。他说，"良史以实录直书为贵"，"善恶必书，斯为实录"②，明确指出"善恶必书"才称得上是实录，而只有"实录直书"才称得上是良史。在刘知几看来，史书要发挥借鉴、垂训作用，直书不隐是不可或缺的。他说："史之为务，申以劝诫，树之风声。其有贼臣逆子，淫君乱主，苟直书其事，不掩其瑕，则秽迹彰于一朝，恶名被于千载，言之若是，吁可畏乎。"赞扬"如董狐之书法不隐，赵盾之为法受屈，彼我无忤，行之不疑，然后能成其良直，擅名今古"③，批评被历代尊为经书的《尚书》《春秋》所记含混不清、虚妄不实、自相矛盾，不可全信，甚至批评被尊为圣人的孔子存在"饰智矜愚"、为尊者讳、为贤者讳的情况，进而批评千百年来人们迷信圣人，随声附和，造成"美者因其美而美之，虽有其恶，不加毁也，恶者因其恶而恶之，虽有其美，不加誉也"的结果。④感叹直书实录之"难"，"若齐史之书崔弑，马迁之述汉非，韦昭仗正于吴朝，崔浩犯讳于魏国，或身膏斧钺，取笑当时；或书填坑窖，无闻后代。夫世事如此，而责史臣不能申其强项

---

① 以上引文均见刘知几. 史通通释：卷六：叙事［M］. 浦起龙, 通释. 王煦华, 整理. 上海：上海古籍出版社，2009：156-163.
② 刘知几. 史通通释：卷十四：惑经［M］. 浦起龙, 通释. 王煦华, 整理. 上海：上海古籍出版社，2009：381, 374.
③ 刘知几. 史通通释：卷七：直书［M］. 浦起龙, 通释. 王煦华, 整理. 上海：上海古籍出版社，2009：179.
④ 刘知几. 史通通释：卷十三：疑古［M］. 浦起龙, 通释. 王煦华, 整理. 上海：上海古籍出版社，2009：353.

之风，励其匪躬之节，盖亦难矣"①。

尽管刘知几感叹"世途之多隘""实录之难遇"，但仍然坚持"事皆不谬，言必近真"②。他所主张的"直书"，一方面，要求史学家要能摆脱权贵的干扰，独立撰史，"烈士徇名，壮夫重气，宁为兰摧玉折，不作瓦砾长存。若南、董之仗气直书，不避强御；韦、崔之肆情奋笔，无所阿容"③。刘知几还以正直、良直、直词、直道、审实等概念来阐释直书，"正直""直道"强调史学家人品，"良直"着眼于后人的评价，"直词"是就史文而言，"审实"是就史料的真实而言，这些都是"直书"的表现。另一方面，要求史学家要摆脱个人主观情感的干扰，写出客观真实的历史，"不虚美、不隐恶"，做到"爱而知其丑，憎而知其善，善恶必书，斯为实录"，如"明镜之照物也，妍媸必露，不以毛嫱之面或有疵瑕，而寝其鉴也；虚空之传响也，清浊必闻，不以绵驹之歌时有误曲，而辍其应也"。④

"曲笔"则是指史学家曲从权贵或个人情感而修史。刘知几《曲笔》篇中对曲笔现象做了认真批评，认为"史之不直，代有其书"，"其有舞词弄札，饰非文过，若王隐、虞预毁辱相凌，子野、休文释纷相谢。用舍由乎臆说，威福行乎笔端，斯乃作者之丑行，人伦所同疾也。亦有事每凭虚，词多乌有：或假人之美，藉为私惠；或诬人之恶，持报己仇。若王沈《魏录》滥述贬甄之诏，陆机《晋史》虚张拒葛之锋，班固受金而始书，陈寿借米而方传"。刘知几对这些曲笔现象深恶痛绝，斥之为"记言之奸贼，载笔之凶人"，认为将这些曲笔之徒拉到市朝示众，投畀豺虎之口都不为过。他用"舞词""臆说""不直""谀言""谤议""妄说""诬书""曲词"等概念来论曲笔，认为"盖史之为用也，记功司过，彰善瘅恶，得失一朝，荣辱千载"，必须真实客观地记载历史，如果"苟循私忿，忘夫至公"，是写不出信史来的，遗憾的是"古来唯闻以直笔见诛，不闻以曲词获罪。是以隐侯《宋书》多妄，萧武知而勿尤；伯起《魏史》不平，齐宣览而无谴。故令史臣得爱憎由己，高下在心，进不惮于公宪，退无愧于私室，欲求实录，不亦难乎？呜呼！此亦有国家者所宜惩革也"。曲笔容易直

---

① 刘知几．史通通释：卷七：直书［M］．浦起龙，通释．王煦华，整理．上海：上海古籍出版社，2009：179．

② 刘知几．史通通释：卷六：言语［M］．浦起龙，通释．王煦华，整理．上海：上海古籍出版社，2009：142．

③ 刘知几．史通通释：卷七：直书［M］．浦起龙，通释．王煦华，整理．上海：上海古籍出版社，2009：180．

④ 刘知几．史通通释：卷十四：惑经［M］．浦起龙，通释．王煦华，整理．上海：上海古籍出版社，2009：374．

书难，历代无不充斥着曲笔现象，"爱憎由己，高下在心！"刘知几追根溯源，大胆指出：曲笔恶例始自孔子，"盖子为父隐，直在其中，《论语》之顺也；略外别内，掩恶扬善，《春秋》之义也。自兹已降，率由旧章"①。而曲笔的原因是多方面的，一是历代统治者多讳疾忌医、扬善隐恶，以致"世多趋邪而弃正，不践君子之迹，而行由小人者"，"宁顺从以保吉，不违忤以受害"，感叹"夫世事如此，而责史臣不能申其强项之风，励其匪躬之节，盖亦难矣"。② 二是一些史官史学家为了谋财、谋位、谋名而混淆真伪、曲笔附和。"案《后汉书·更始传》称其懦弱也，其初即位，南面立，朝群臣，羞愧流汗，刮席不敢视。夫以圣公身在微贱，已能结客报仇，避难绿林，名为豪杰。安有贵为人主，而反至于斯者乎？将作者曲笔阿时，独成光武之美；谀言媚主，用雪伯升之怨也。"③ 三是史学家个人修养的局限。史才须有三长，但社会上"罕见其人"，导致史学家难以"辨其利害，明其善恶"，"鉴无定识"，不能对历史做出正确的结论。刘知几对曲笔原因的分析具有重要的理论意义。

刘知几"贵直贱曲""实录直书"的精神和理论，在中国史学发展上影响深远，受到了学者的普遍重视，浦起龙认为《史通》有"良秽、简芜、核直、夸浮之辨"，"斥饰崇质"，"知几论史，黜饰崇真"。④ 傅振伦先生认为："盖知几主张撰述史书，贵为实录""知几既以史之所贵，在于写真，求为实录，因力倡叙事以时事为转移，时言记事、史德、阙疑诸说，更有史识良难之叹"。⑤ 许冠三认为：《史通》"以现代史学概念条陈其义理系统，分由史料学、撰述论、史评说三层展露其实录准绳"，"知几史学理论之本核，端在实录直书四字。盖《史通》四十九篇，实无一篇不以'明镜之照物'之直书为依归，无一篇不以'据事直书'之实录为准。全书八万九千字，无一字不在讲究'善恶毕彰，真伪尽露'"。⑥ 施丁先生认为："实录论是刘知几基本的史学理论。这个理论，不仅包括史料学、撰述论史评说三个层面，而且包括有历史文学、史学评论、史学家素质等方面；就

---

① 刘知几．史通通释：卷七：曲笔［M］．浦起龙，通释．王煦华，整理．上海：上海古籍出版社，2009：183，185，182．
② 刘知几．史通通释：卷七：直书［M］．浦起龙，通释．王煦华，整理．上海：上海古籍出版社，2009：179．
③ 刘知几．史通通释：卷七：曲笔［M］．浦起龙，通释．王煦华，整理．上海：上海古籍出版社，2009：183．
④ 详见浦起龙《史通通释·序》及《史通通释·杂说中》。
⑤ 傅振伦．刘知几年谱［M］．北京：中华书局，1963：104．
⑥ 许冠三．刘知几实录史学［M］．香港：香港中文大学出版社，1983：3．

是刘知几的史学观点与方法，也与其实录论有内在的密切的联系。"①

需要注意的是，由于刘知几深受"名教"影响，一方面"贵直贱曲"，一方面又笃信"子为父隐，直在其中"，具有很大的局限性。对此，应予实事求是的评价。

第八节 "史才三长"

"史才三长"，是刘知几关于史学家修养的理论。《史通》里没有明确提出史学家三长的话，但在其评论史书、史事、史学的过程中无不贯穿着"三长"的认识，"史才三长"的思想实际贯穿《史通》全篇，是刘知几史学理论的灵魂和精髓。刘知几的史才论，见新旧两《唐书》本传和《唐会要》卷六十三所记，颇为人所熟知，以《旧唐书》本传所记较为详细，引述如下。

> 礼部尚书郑惟忠尝问子玄曰："自古以来，文士多而史才少，何也？"对曰："史才须有三长，世无其人，故史才少也。三长：谓才也、学也、识也。夫有学而无才，亦犹有良田百顷，黄金满籯，而使愚者营生，终不能至于货殖者矣。如有才而无学，亦犹思兼匠石，巧若公输，而家无楩楠斧斤，终不果成其宫室者矣。犹须好是正直，善恶必书，使骄主贼臣所以知惧，此则为虎傅翼，善无可加，所向无敌者矣。脱苟非其才，不可叨居史任。自夐古已来，能应斯目者，罕见其人。"时人以为知言。②

"才"是组织史料和表达的能力，包括对文献的驾驭能力，对史书体裁、体例运用的能力和文字表述能力等；"学"是指读书搜集史料的学问，学识渊博；"识"是见解，对史事的见解、鉴别判断能力，尤其强调"好是正直，善恶必书"。刘知几的"史识"已经隐含了"德"的内涵。

刘知几认为，作为一个优秀的史学家，才、学、识"三长"缺一不可。如果一个史学家掌握了丰富的历史知识、具有了渊博的学问（"学"），却缺乏运用这些知识和学问来研究历史的能力（"才"），是不可能撰写出有价值的历史著作的，就好像有了良田百顷、黄金满筐，却交给一个愚笨的人去经营管理，始终不可能生财。反之，如果一个史学家具有很强的能力（"才"），却缺乏必

---

① 施丁. 刘知几"实录"论［J］. 史学理论研究，2003（4）：67.
② 刘昫，等. 旧唐书：卷一百零二：刘子玄传［M］. 北京：中华书局，1975：3173.

要的历史知识和学问（"学"），也没有办法写出有价值的历史著作，就好像一个思维敏捷、技艺高超得像能工巧匠公输班一样的人，没有材料和工具，他也不可能建造房屋。同样，当一个史学家拥有渊博的学问（"学"）且具有很强的能力（"才"），但如果缺乏"好是正直，善恶必书"的治史精神（"识"），也不可能成就真实可信的历史著作。刘知幾把才、学、识三者结合成一个整体看待，在中国史学发展史上是前无古人的。

刘知幾的"三长"论，影响深远，其影响所及，甚至超出了史学范围。清代诗人、诗歌评论家袁枚（1716—1798）就曾说："作史三长：才、学、识，缺一不可。余谓诗亦如之，而识最为先。非识，则才与学俱误用矣。"① 现代著名哲学家冯友兰著《中国哲学小史》，自序云："历稽载籍，良史必有三长：才、学、识。学者，史料精熟也；识者，选材精当也；才者，文笔精妙也。著小史者，意在通俗，不易展其学，而其识其才，较之学术巨著尤为需要。"②

清朝章学诚提出"史德"来补充和丰富了刘知幾的"史学三长"论的内涵，形成"史学四长说"；近代梁启超在《中国历史研究法补编》一书中专辟《史学家的四长》，从理论上和方法上对"史学家的四长"做了详细论述，赋予了新的意义和新的解释。才、学、识、德，是今天治史者当认真学习和借鉴、高度重视并自觉进行修炼的。

第九节　"生人之急务，国家之要道"

"生人之急务，为国家之要道"，是刘知幾关于史学功用的理论认识。他在《直书》《曲笔》《辨职》《自叙》《史官建置》等篇都讲到史学功用问题。《直书》云"史之为务，申以劝诫，树之风声"；《曲笔》讲"盖史之为用也，记功司过，彰善瘅恶，得失一朝，荣辱千载"，而尤其在《辨职》《史官建置》篇论述最详。他认为："向使世无竹帛，时缺史官，虽尧、舜之与桀、纣，伊、周之与莽、卓，夷、惠之与跖、蹻，商、冒之与曾、闵，俱一从物化。坟土未干，则善恶不分，妍媸永灭者矣。"假如历来没有史书也缺史官，那么即使像尧、舜这样的历史人物死了以后，"坟土未干"，就会"善恶不分，妍媸（美丑）永

---

① 袁枚. 随园诗话：卷三［M］. 杭州：浙江古籍出版社，2016：47.
② 见冯友兰. 中国哲学简史：自序［M］. 涂又光，译. 北京：北京大学出版社，2013：1. 该书原版为英文，名《中国哲学小史》，译为中文出版时为避免与1933年商务印书馆曾出版的《中国哲学小史》重名，更名为《中国哲学简史》。

灭"了。反之,"苟史官不绝,竹帛长存,则其人已亡,杳成空寂,而其事如在,皎同星汉。用使后之学者,坐披囊箧,而神交万古,不出户庭,而穷览千载,见贤而思齐,见不贤而内自省。若乃《春秋》成而贼子惧,南史至而贼臣书,其记事载言也则如彼,其劝善惩恶也又如此。由斯而言,则史之为用,其利甚博,乃生人之急务,为国家之要道"①。刘知几除了讲到史官、史书(竹帛)的客观作用外,还着重讲到了后人在学习研究史书过程中可以"神交万古""穷览千载",达到认识客观历史的目的;更为重要的是,从中受到教育和启示,产生"思齐"和"内自省"的愿望与行动。尤为难得的是,刘知几把史学的功用提到了"生人之急务""国家之要道"的高度来认识,已经超出他自己所说的"劝善惩恶"的范围了。

《辨职》又云:"史之为务,厥途有三焉。何则?彰善瘅恶,不避强御,若晋之董狐、齐之南史,此其上也。编次勒成,郁为不朽,若鲁之丘明、汉之子长,此其次也。高才博学,名重一时,若周之史佚、楚之倚相,此其下也。苟三者并阙,复何为者哉!"指出了史学功用的三个层次,即"彰善瘅恶,不避强御"是最高的层次,是一种崇高的献身精神;"编次勒成,郁为不朽"是第二个层次,使历史著作传世不朽,产生长久的历史影响;"高才博学,名重一时"是第三个层次,即史学家要在所处的时代发挥积极的社会作用。这既反映了史学对社会的多重作用,又充分显示了刘知几的史学价值观。

第十节 "求实录"与"扬名教"

"求实录",是要求史学研究要真切地反映历史实际;"扬名教",是要求史学研究要符合名教原则。刘知几在《史通》中一方面反复强调史学家和史著要"审实""故实""摭实""寻其实"等,批评史学家和史著的"失实""不实";另一方面又要求史学必须"激扬名教",从而构成了刘知几历史编纂学思想的二重性特征和史学批评的双重原则。

"据事直书,实录无隐"是中国古代史学的优良传统。先秦时期中国史学家著史精神的最高境界是"南董风范"。司马迁《史记》问世后,以其严谨求实、敢于坚持真理、"不虚美,不隐恶"的治史精神和原则,赢得了历代学者的赞誉

---

① 刘知几. 史通通释: 卷十一: 史官建置[M]. 浦起龙, 通释. 王煦华, 整理. 上海: 上海古籍出版社, 2009: 280-281.

和推崇，视《史记》为实录之典范，在中国史坛上确立了"实录崇《史记》"的重要史学批评标尺和史学审美尺度。① 历代史学家如刘向、扬雄、班固、张辅、范晔、刘勰、刘知几、郑樵、章学诚等对"实录"精神倍加赞赏和极力倡导，使"直笔实录"之传统代代相承，影响至今。《史通》全书贯穿着"求实录"的基本精神，是刘知几评论历代史学家、史著和其他史学问题的重要标准，也是刘知几对史书编纂的要求。刘知几的"实录"原则，表现在多个方面。

一是贵直贱曲。既要求史学家能摆脱权贵的干扰，独立撰史，"烈士徇名，壮夫重气，宁为兰摧玉折，不作瓦砾长存。若南、董之仗气直书，不避强御；韦、崔之肆情奋笔，无所阿容"②，又要求史学家要摆脱个人主观情感的干扰，写出客观真实的历史，"不虚美、不隐恶"，做到"爱而知其丑，憎而知其善，善恶必书，斯为实录"，反对史学家曲从权贵或个人情感而修史，认为"苟循私忿，忘夫至公"③，写不出信史来。

二是疑古惑经。刘知几"多讥往哲，喜述前非"，对古人和经典进行了批判，体现了一种不盲目崇拜古代、不迷信圣人和经典的批判精神。在《疑古》篇指出《尚书》《论语》记事的十大疑问，可概括为两类，即评价失当（第一、五、六、七、八、九、十条），记史不实（第二、三、四条）。④ 在《惑经》篇则指出孔子和《春秋》"其所未谕者有十二""其虚美者有五焉"，甚至直言"五经立言，千载犹仰；求其先后，理甚相乖"。⑤

三是批评史馆制度。刘知几长期供职史馆，但因"守兹介直，不附奸回"，一直受到压抑，直至去世。他深知史馆制度之弊，对史馆制度做了严肃的批评。一则反对官修史书、主张私人撰史，认为"古之国史，皆出自一家"，"咸能立言不朽，藏诸名山。未闻籍以众功，方云绝笔"。⑥ 二则谴责监修无才、史官媚俗阿时。他说："大抵监史为难，斯乃尤之尤者……凡居斯职者，必恩幸贵臣，

---

① 白云．史学审美——略论中国古代史学批评的重要标尺［J］．淮阴师院学报，1999（2）：39.
② 刘知几．史通通释：卷七：直书［M］．浦起龙，通释．王煦华，整理．上海：上海古籍出版社，2009：180.
③ 刘知几．史通通释·卷十四：惑经［M］．浦起龙，通释．王煦华，整理．上海：上海古籍出版社，2009：374.
④ 刘知几．史通通释：卷十三：疑古［M］．浦起龙，通释．王煦华，整理．上海：上海古籍出版社，2009：352-367.
⑤ 刘知几．史通通释：卷十四：惑经［M］．浦起龙，通释．王煦华，整理．上海：上海古籍出版社，2009：369-386.
⑥ 刘知几．史通通释：卷二十：忤时［M］．浦起龙，通释．王煦华，整理．上海：上海古籍出版社，2009：557，554.

凡庸贱品，饱食安步，坐啸画诺，若斯而已矣。夫人既不知善之为善，则亦不知恶之为恶。故凡所引进，皆非其才，或以势利见升，或以干祈致擢。"① 史官则多"趋竞之士，尤喜居于史职，至于措辞下笔者，十无一二焉"②，"或当官卒岁，竟无刊述，而人莫之知也；或辄不自揆，轻弄笔端，而人莫之见也。"③ "既而书成缮写，则署名同献；爵赏既行，则攘袂争受。"④ 三则直陈史馆修史"五不可"："每欲记一事，载一言，皆搁笔相视，含毫不断。故首白可期，则汗青无日"；史料缺乏，难以成书；"士多如林"、志大才疏；"十羊九牧，其令难行；一国三公，适从何在？"；"监之者既不指授，修之者又无遵奉，用使争学苟且，务相推避，坐变炎凉，徒延岁月"，⑤ 认为设馆修史难以做到"秉笔直书"，不可能求得"实录史学"。

四是反对文人修史。刘知几主张史书的语言应朴实、准确，以保证历史记述的真实性，反对文人修史，严厉谴责魏晋以来笼罩史坛的浮华文风。他认为：文人修史往往"喻过其体，词没其义，繁华而失实，流宕而忘返，无裨劝奖，有长奸诈"⑥。如"大唐修《晋书》，作者皆当代词人，远弃史、班，近宗徐、庾。夫以饰彼轻薄之句，而编为史籍之文，无异加粉黛于壮夫，服绮纨于高士者矣"⑦，弊端甚多。他着重分析了魏、晋以来，文人修史"其失有五：一曰虚设，二曰厚颜，三曰假手，四曰自戾，五曰一概"。或"徒有其文，竟无其事"，或饰非文过，信口雌黄，或以文士辞人代修诏敕："读其诏、诰，则勋、华再出"，或"愚智生于倏忽，是非变于俄顷，帝心不一，皇鉴无恒"，或"人事屡变，而文理无易"，"善之与恶，其说不殊"。"考兹五失，以寻文义，虽事皆形似，而言必凭虚。夫镂冰为璧，不可得而用也；画地为饼，不可得而食之。是

---

① 刘知几. 史通通释：卷十：辨职［M］. 浦起龙，通释. 王煦华，整理. 上海：上海古籍出版社，2009：262-263.
② 刘知几. 史通通释：卷十一：史官建置［M］. 浦起龙，通释. 王煦华，整理. 上海：上海古籍出版社，2009：302.
③ 刘知几. 史通通释：卷十：辨职［M］. 浦起龙，通释. 王煦华，整理. 上海：上海古籍出版社，2009：263.
④ 刘知几. 史通通释：卷十一：史官建置［M］. 浦起龙，通释. 王煦华，整理. 上海：上海古籍出版社，2009：302.
⑤ 刘知几. 史通通释：卷二十：忤时［M］. 浦起龙，通释. 王煦华，整理. 上海：上海古籍出版社，2009：555-556.
⑥ 刘知几. 史通通释：卷五：载文［M］. 浦起龙，通释. 王煦华，整理. 上海：上海古籍出版社，2009：114-115.
⑦ 刘知几. 史通通释：卷四：论赞［M］. 浦起龙，通释. 王煦华，整理. 上海：上海古籍出版社，2009：76.

以行之于世，则上下相蒙，传之于后，则示人不信"，他批评"世之作者，不复之察，聚彼虚说，编而次之，创自起居，成于国史；连章疏录，一字无废，非复史书，更成文集"，赞赏"王劭撰《齐》《隋》二史，其所取也，文皆诣实，理多可信；至于悠悠饰词，皆之不取。此实得去邪从正之理，捐华撷实之义也"①。"华而失实，过莫大焉"，在当时的历史背景下，刘知几反对文人修史的积极意义和作用显而易见。而且刘知几不但反对文人修史，还正确揭示了文与史的相互关系，更加难能可贵。刘知几认为史书应当做到"辩而不华，质而不俚""文质而事核""文而不丽，质而非野"②。

为了真正求得"实录"，刘知几还提出了"据事直书，兼善忘私"的原则、"博采善择"的原则、"详近略远"的原则，以及"才学识"的史才标准等，涉及史料的搜集整理、史书的编纂、史学家修养等多方面（见前述）。可见，"好是正直，善恶必书"的实录精神是《史通》一书的基本精神，是其编纂思想的一个重要方面，也是刘知几最根本的史识和评论史学的基本原则。

但刘知几在《史通》中一方面强调秉笔直书、实录无隐，提倡"宁为兰摧玉折、不作瓦砾长存"，表现出了强烈的实录精神；另一方面认为袒护君亲、为君亲隐讳在情理之中，不应受到指责。所谓"臣子所书，君父是党，虽事乖正直，而理合名教"③。"肇有人伦，是称家国。父父子子，君君臣臣，亲疏既辨，等差有别。盖子为父隐，直在其中，《论语》之顺也；略外别内，掩恶扬善，《春秋》之义也。""史氏有事涉君亲，必言多隐讳，虽直道不足，而名教存焉。"④ 笃信"名教""激扬名教"，是刘知几《史通》所体现出来的又一史学批评原则，也是其编纂思想的另一面反映。刘氏认为"臣子所书，君父是党"虽从表面上看是曲笔，不符合"实录"原则，但因其符合君臣父子之间的伦理道德，实际上是正直行为，是特殊意义上的直笔。"求实录"与"扬名教"在维护封建统治这一根本目的上取得了一致。这就不难理解为什么刘知几一方面提倡直书、反对曲笔，另一方面又允许为君亲隐讳、推奉名教。

"求名责实"是刘知几"扬名教"的重要表现。刘知几将中国古代哲学的

---

① 刘知几. 史通通释：卷五：载文[M]. 浦起龙，通释. 王煦华，整理. 上海：上海古籍出版社，2009：115，114，116，117.
② 刘知几. 史通通解：卷六：叙事，卷七：鉴识[M]. 浦起龙，通释. 王煦华，整理. 上海：上海古籍出版社，2009：152，191.
③ 刘知几. 史通通释：卷十四：惑经[M]. 浦起龙，通释. 王煦华，整理. 上海：上海古籍出版社，2009：377.
④ 刘知几. 史通通释：卷七：曲笔[M]. 浦起龙，通释. 王煦华，整理. 上海：上海古籍出版社，2009：182，183.

重要范畴"名与实"引入史学批评,用以揭示史书体例与内容、名称与实际的关系,提出"名以定体,为实之宾,苟失其途,有乖至理"的理论,认为实是第一位的,名是第二位的,名由实来决定,这无疑是正确的,对我国史学发展有着重要的理论贡献。一是强调"名实相允",要求体例严整划一,对规范史书体例、规范史书编纂有积极意义。二是纠正了史籍中名实不副的现象,如批评《吕氏春秋》(吕不韦)、《楚汉春秋》(陆贾)"惟次篇章,不系时月,此乃子书杂记,而皆号曰春秋",以及《魏略》《梁史》"巨细毕载,芜累甚多,而俱榜之以略"都是"名实不副"。又批评"班固撰《人表》,以古今为目。寻其所载也,皆自秦而往,非汉之事。古诚有之,今则安在?"① 这些都是可取的。但在实际操作中,刘知几又往往以"求名责实""考名责实""循名责实"作为考察史学发展和评论史学的基本方法,凡事总是先定其名,再责其实,即总是先确立一个标准,界定其内涵、性质,然后再以此为尺度去衡量评论对象,检验其是否名副其实,拘守类例、拘泥于成法,缺少灵活变通,强求事实迁就概念,强调规范却规范得过头而走向僵死教条的境地是不足取的。如评论本纪,认为"列天子行事,以本纪名篇","盖纪之为体,犹《春秋》之经,系日月以成岁时,书君上以显国统","纪者,既以编年为主,唯叙天子一人",以此衡量司马迁《史记》说:"按姬自后稷至于西伯,嬴自伯翳至于庄王,爵乃诸侯,而名隶本纪","此尤可怪也";项羽"霸王者,即当时诸侯。诸侯而称本纪,求名责实,再三乖缪"②。评论世家,认为"世家之为义也,岂不以开国承家,世代相续?"而"陈胜起自群盗,称王六月而死,子孙不嗣,社稷靡闻,无世可传,无家可宅,而以世家为称",是"名实无准",等等。③ 刘知几批评司马迁自乱其例、名实无准,说明其并未真正理解司马迁的本义。司马迁这样做是以历史实际为根据的,正表现了司马迁不唯名、不拘泥于定体而强调变通的思想。而刘知几却囿于定名,不知变通,是有悖于自己提出的"名以定体,为实之宾"的理论的。又如评论《尚书》,认为《尚书》是记言体,但《禹贡》"惟言地理",《洪范》"总述灾祥",《顾命》"都陈丧礼"等,都是"为例不纯"。④

---

① 刘知几. 史通通释:卷四:题目[M]. 浦起龙,通释. 王煦华,整理. 上海:上海古籍出版社,2009:85.
② 刘知几. 史通通释:卷二:本纪[M]. 浦起龙,通释. 王煦华,整理. 上海:上海古籍出版社,2009:33-35.
③ 刘知几. 史通通释:卷二:世家[M]. 浦起龙,通释. 王煦华,整理. 上海:上海古籍出版社,2009:38.
④ 刘知几. 史通通释:卷一:六家[M]. 浦起龙,通释. 王煦华,整理. 上海:上海古籍出版社,2009:2.

刘知几《史通》在评论列传、表历、书志、论赞、序例、题目、断限、编次、称谓等时也运用了"求名责实"的方法，先定其名，再责其实，运用得广泛而熟练。

刘知几"求名责实""循名责实"等评论方法，强调史书体裁、体例和史书编撰的严整、规范，是一种比较成熟的评论方法，揭示了史籍中名实不副之弊，对正确处理史学编撰中名与实、体例与内容的关系是有贡献的，这是其优点。但在实践中拘泥于成例，不知灵活变通，迂腐、教条，却是其缺点，影响了史学的健康发展。他认为：本纪唯叙天子一人，诸侯为世家，列传录人臣，相互之间不可越逾，这实际上是他对天子、诸侯、人臣名分的区别。他说："司马迁之记诸国也，其编次之本，与本纪不殊。"为什么要列天子于本纪，而归诸侯于世家呢？"盖欲抑彼诸侯，异乎天子，故假以他称，名为世家"①，是为了崇天子而抑诸侯，显示天子和诸侯尊卑地位的不同。换言之，本纪与世家的根本区别不在于体例方面，而在于等级名分之别。基于此，刘知几反对司马迁把项羽列入本纪，"假使羽窃帝名，正可抑同群盗"，也不可列入本纪，② 完全是出于维护封建名教。同样，刘知几反对司马迁立《陈涉世家》，认为陈胜不是开国承家之君，不是世代相续的诸侯；批评司马迁的记载中"三晋之与田氏，自未为君而前，齿列陪臣，屈身藩后，而前后一统，俱归世家。使君臣相杂，升降失序"，名分紊乱，等级不明。③ 但刘知几又赞同为不是诸侯的孔子立《孔子世家》，足见其维护封建名教思想之浓烈。

刘知几浓重的封建名教思想还表现在其对史书内容的把握上，他兼采荀悦和干宝"立典有五志"之论，又提出"今更广以三科"。这一方面表明了刘知几的远见卓识，对史书的内容提出了更广泛的认识；另一方面也深刻地反映了刘知几难以超脱封建等级名分的束缚。

可见，刘知几在《史通》中一方面力倡秉笔直书，确保"实录史学"；另一方面又主张"激扬名教"，笃信"子为父隐，直在其中"。"求实录"与"扬名教"构成了刘知几历史编纂学思想的二重性特征和史学批评的双重原则。

---

① 刘知几. 史通通释：卷二：世家[M]. 浦起龙，通释. 王煦华，整理. 上海：上海古籍出版社，2009：37.
② 刘知几. 史通通释：卷二：本纪[M]. 浦起龙，通释. 王煦华，整理. 上海：上海古籍出版社，2009：34.
③ 刘知几. 史通通释：卷二：世家[M]. 浦起龙，通释. 王煦华，整理. 上海：上海古籍出版社，2009：38.

第八章

章学诚的历史编纂学思想

　　章学诚（1738—1801）是清朝乾嘉时期杰出的史学理论家，但因其终身追求史学义例和校雠心法，强调经世致用，反对烦琐考据，其史学思想不被当时的学术主流所认同，备受冷落。他一生流离奔波，生活坎坷，靠编校史籍和替地方官吏撰修方志为生，经常是"江湖疲于奔走……撰著于车尘马足之间"①。然其于史学情有独钟，孜孜以求，成就卓著。自言"吾于史学，盖有天授，自信发凡起例，多为后世开山"②。章学诚去世100年后，其史学地位不断提高，国内外研究章学诚的成果不断涌现。尤其所著《文史通义》《校雠通义》在史学理论上均有重大贡献，自云"拙著《文史通义》，中间议论开辟，实有不得已而发挥，为千古史学辟其榛芜"③，受到了中外学者的充分肯定。章学诚主张"史学经世"，倡言"六经皆史"，提出了"史法"与"史意"、"记注"与"撰述"、"史德"与"文德"、"通史学家风"、"别识心裁"、"因事命篇"、"志乃史体"等重要史学理论问题和范畴，把中国古代史学理论的发展推到了最高峰，在历史编纂学思想上有突出的贡献。

---

① 《文史通义新编新注》外篇三《与邵二云论学》，第665页。《文史通义》通行版本主要有两种：一是章学诚次子华绂于道光十二年（1832）编定的"大梁本"；一是1922年吴兴嘉业堂主人刘承干刊刻的《章氏遗书》本。两种版本相差很大，在内篇的排列次序及分卷上，"大梁本"为5卷，《章氏遗书》本为6卷；在所收篇目上，《章氏遗书》本比"大梁本"多出《礼教》《书朱陆篇后》《所见》《士习》《书坊刻诗话后》《同居》《感赋》《杂说》8篇，而少《妇学篇书后》。在外篇编排及内容上，两种版本都是3卷，但所收内容完全不同，"大梁本"所收是论述方志之文；《章氏遗书》本所收则为"驳议序跋书说"。新中国成立后出版的整理本，或依"大梁本"，或依《章氏遗书》本。由于两个版本内容差异太大，于学习和研究章学诚思想有许多不便。今人仓修良先生有鉴于此，以30年之功而成《文史通义新编》（上海古籍出版社，1993），而后又为该书作"新注"，出版了《文史通义新编新注》（浙江古籍出版社，2005），可视为《文史通义》的全本或"新编本"。本章所引《文史通义》即主要参据仓修良先生的《文史通义新编新注》本。
② 章学诚.文史通义新编新注：外篇三：家书二[M].仓修良，编注.杭州：浙江古籍出版社，2005：817.
③ 章学诚.文史通义新编新注：外篇三：与汪龙庄书[M].仓修良，编注.杭州：浙江古籍出版社，2005：693.

第一节 "史学所以经世"

"史学经世",是章学诚的治史目的论,其论贯穿整部《文史通义》。"经世"思想,是中国史学的古老传统,孔子之时,"世微道衰,邪说暴行有作,臣弑其君者有之,子弑其父者有之。孔子惧,作《春秋》","孔子成《春秋》而乱臣贼子惧"①。司马迁著《史记》,要"稽其成败兴衰之纪""述往事,思来者"②。唐朝令狐德棻向唐高祖提出撰写前朝正史建议云:"如文史不存,何以贻鉴今古?"③唐高祖李渊于次年下《修六代史诏》:"史官纪事……惩恶劝善,多识前古,贻鉴将来。"贞观十年(636)唐太宗看到史臣撰成《梁书》《陈书》《北齐书》《周书》《隋书》(合称"五代史")时高兴地说:"朕睹前代之史书,彰善瘅恶,足为将来之戒……将欲览前王之得失,为在身之龟镜。公辈数年之间,勒成五代之史,深副朕怀,极可嘉尚。"④唐人杜佑撰《通典》,"实采群言,征诸人事,将施有政"⑤。北宋司马光主编《资治通鉴》,"鉴前世之兴衰,考当今之得失,嘉善矜恶,取是舍非","专取关国家盛衰,系生民休戚,善可为法,恶可为戒者"⑥。范祖禹著《唐鉴》,概说唐朝"兴废治乱之由",指出"其治未尝不由君子,其乱未尝不由小人"⑦。宋人孙甫认为:"夫史之纪事,莫大乎治乱。君令于上,臣行于下,臣谋于前,君纳于后。事臧则成,否则败。成则治之本,败则乱之由。此当谨记之。"⑧清人王夫之云:"所贵乎史者,述往以为来者师",历史上的"得可资,失亦可资;同可资,异亦可资也"⑨ 等,都充分反映了中国史学"经世致用"的思想传统。章学诚继承了中国史学的这一优良传统,针对当时学界务考据和尚空言两种不良倾向,强调"史学所以经

---

① 孟子·滕文公下[M]//杨伯峻.孟子译注.北京:中华书局,2006:165.
② 司马迁.史记:卷一百三十:太史公自序[M].点校本二十四史修订本.北京:中华书局,2013:3978.
③ 刘昫,等.旧唐书:卷七十三:令狐德棻传[M].北京:中华书局,1975:2597.
④ 王钦若.册府元龟:卷五百五十四:国史部:选任[M].北京:中华书局,1960:6650.
⑤ 杜佑.通典:卷一:序[M].北京:中华书局,2016:1.
⑥ 司马光.资治通鉴:进资治通鉴表[M].北京:中华书局,1956:9607,9608.
⑦ 范祖禹.唐鉴:序[M].西安:三秦出版社,2003:1.
⑧ 孙甫.唐史论断:序[M].丛书集成初编(合订本),北京:中华书局,2010:1.
⑨ 王夫之.读通鉴论:卷末:叙论四[M].北京:中华书局,1975:2553.

世"，力图补偏救弊，端正学风。

　　章学诚说："史学所以经世，固非空言著述也。且如六经，同出于孔子，先儒以为其功莫大于《春秋》，正以切合当时人事耳。后之言著述者，舍今而求古，舍人事而言性天，则吾不得而知之矣。学者不知斯义，不足言史学也。"① 所谓"舍今而求古"，是指专事考据；所谓"舍人事而言性天"，是指空言性理。章学诚批评二者不懂什么是史学，都不是史学。此举直指乾嘉时代学术界的时弊，反映了时代的要求。

　　乾嘉时期，存在实证史学思潮（"汉学"）和义理史学思潮（"宋学"）之争，各行其是，互相诋毁，斗争激烈。"汉学"务实学，以考据为特点；"宋学"尚心性，以议论为特征。务实学者，往往脱离实际、烦琐考证；尚心性者，不免空谈性理、不切人事。章学诚对汉学、宋学各执一端提出了严肃批评，他说："学问之途，有流有别，尚考证者薄词章，索义理者略征实，随其性之所近，而各标独得，则服、郑训诂，韩、欧文章，程、朱语录，固已角犄鼎峙，而不能相下。必欲各分门户，交相讥议，则义理入于虚无，考证徒为糟粕，文章只为玩物，汉唐以来，楚失齐得，至今嚣嚣，有未易临决者。惟自通人论之则不然，考证即以实此义理，则文章乃所以达之具。是非有异，何为纷然？"② 反对门户之见，主张"学者不可无宗旨，而必不可有门户"③。章学诚撰著《文史通义》，强调"史学所以经世"，目的就是要挽救当时的学风。他说："学诚从事于文史校雠，盖将有所发明……惟世俗风尚，必有所偏。达人显贵之所主持，聪明才隽之所奔赴，其中流弊必不在少。载笔之士不思救挽，无为贵著述矣。"④ 这里的"达人显贵之所主持"，是指当时朝廷提倡的"宋学"；"聪明才隽之所奔赴"，是指当时学者崇尚的"汉学"。针对学者埋头于故纸堆，闭口不言现实，章学诚批评"近日考订之学，正患不求其义，而执形迹之末，铢黍较量，小有同异，即嚣然纷争，而不知古人之真不在是也"⑤，"古人之考索，将

---

① 章学诚. 文史通义新编新注：内篇二：浙东学术[M]. 仓修良，编注. 杭州：浙江古籍出版社，2005：122.
② 章学诚. 文史通义新编新注：外篇三：与族孙汝楠论学书[M]. 仓修良，编注. 杭州：浙江古籍出版社，2005：799-800.
③ 章学诚. 文史通义新编新注：内篇二：浙东学术[M]. 仓修良，编注. 杭州：浙江古籍出版社，2005：121.
④ 章学诚. 文史通义新编新注：外篇三：上辛楣宫詹书[M]. 仓修良，编注. 杭州：浙江古籍出版社，2005：657.
⑤ 章学诚. 文史通义新编新注：外篇二：说文字原课本书后[M]. 仓修良，编注. 杭州：浙江古籍出版社，2005：579.

以有所为也,旁通曲证,比事引义,所以求折中也。今则无所为而竞言考索"①。他反对专事考索,强调治史须有明确的宗旨,认为"世之人学无所得,而徒竞于文辞,貌为秦、汉、唐、宋诸家,斤斤求得一似,因以作者自鸣;其或乘时之趋,搜剔古人名义异同,辨别音训字画,得其一二疑似,侈然命为古人之学,而考其归然,茫然莫辨"②,会把学术研究引入歧途,批评当时学者只重考证,贪多务博、炫耀自己、博取虚名,"近来学者,喜求征实,每见残碑断石,余文剩字,不关于正义者,往往藉以考古制度,补史缺遗,斯固善矣。因是行文,贪多务得,明知赘余非要,却为有益后世,推求不惮辞费。是不特文无体要,抑思居今世而欲备后世考征,正如董泽矢材,可胜曁乎?"无异于"画蛇添足"。③"近日学者风气,征实太多,发挥太少,有如桑蚕食叶而不能抽丝"④,只知考据搜集史料,而不能阐发己见;只知堆砌材料,不问有用无用,往往陷入考据而难以自拔。他说:"有贱儒者,不知学问之为己,而骛博以炫人焉。其为学也,泛无所主,以谓一物不知,儒者所耻,故不可以有择也。其为考索也,不求其理之当,而但欲征引之富,以谓非是不足以折人之口也。其为纂述也,不顾其说之安,而必欲赅而俱存,以谓刘歆有言:'与其过而废也,毋宁过而存之。'此说良所允也。此其为术,蠢愚笨拙,而其为说,亦窒戾不通之至矣。"⑤

同样的,针对义理史学家治史的弊端,章学诚也提出了严肃批评。他说:"天人性命之学,不可以空言讲也,故司马迁本董氏天人性命之说而为经世之书。儒者欲尊德性,而空言义理以为功,此宋学之所以见讥于大雅也。夫子曰:'我欲托之空言,不如见诸行事之深切著明也。'此《春秋》之所以经世也。圣如孔子,言为天铎,犹且不以空言制胜,况他人乎!故善言天人性命,未有不切于人事者。三代学术,知有史而不知有经,切人事也。后人贯经术,以其即

---

① 章学诚. 文史通义新编新注:内篇六:博杂 [M]. 仓修良,编注. 杭州:浙江古籍出版社,2005:340.
② 章学诚. 章氏遗书:卷二十一:叶鹤涂文集叙 [M]. 北京:文物出版社,1982.
③ 章学诚. 文史通义新编新注:内篇二:古文十弊 [M]. 仓修良,编注. 杭州:浙江古籍出版社,2005:152.
④ 章学诚. 文史通义新编新注:外篇三:与汪龙庄书 [M]. 仓修良,编注. 杭州:浙江古籍出版社,2005:693.
⑤ 章学诚. 文史通义新编新注:内篇六:博杂 [M]. 仓修良,编注. 杭州:浙江古籍出版社,2005:339.

三代之史耳。近儒谈经，似于人事之外别有所谓义理矣。"① 自古治史不能离事而言理，不能不关注现实，不能不为社会服务，孔子《春秋》就是经世之作。而"宋学"则"空言义理以为功"，脱离史实而主观褒贬。"宋儒专门说理，天人性命，理气精微，辨别渺茫，推求铢黍，能发前人所未发。然离经而各自为书，至于异同之争，门户之别，后生末学，各守一典，而不能相通，于是流弊滋多，而六经简明易直，古人因事寓理之旨，不可得而知矣。"② 章学诚指出："天人性命之理，经传备矣。经传非一人之言，而宗旨未尝不一者，其理著于事物，而不托于空言也。师儒释理以示后学，惟著之于事物，则无门户之争矣。理，譬则水也。事物，譬则器也。器有大小浅深，水如量以注之，无盈缺也。今欲以水注器者，姑置其器，而论水之挹注盈虚，与夫量空测实之理，争辨穷年，未有已也，而器固已无用矣。"③ 对宋学舍事而言理、治史而不谈致用、舍器而求道的学风，深表痛绝。宋儒之学，"第其流弊，则于学问、文章、经济、事功之外，别见有所谓'道'耳。以'道'名学，而外轻经济事功，内轻学问文章，则守陋自是，枵腹空谈性天，无怪通儒耻言宋学矣"④。

正是为了纠正"汉学"务考据和"宋学"尚空言之偏，章学诚极力倡导"文章经世之业，立言亦期有补于世，否则古人称述已厌其多，岂容更益简编，撑床叠架为哉！"⑤ "学问之于身心，犹饥寒之于衣食也。"⑥ "学问经世，文章垂训，如医师之药石偏枯，亦视世之寡有者而已矣。""史学所以经世，固非空言著述也。"而一个史学家要真正做到不趋风气，使学问文章能够很好地发挥"致用"的社会作用，关键在于史识。有史识，有鉴别判断能力，才可能知偏纠弊，才可以无欺于世，端正世道人心。否则，就会趋风赶潮，争名夺利，于事无补，即"学问文章，聪明才辨，不足以持世，所以持世者，存乎识也。所贵乎识者，非特能持风尚之偏而已也，知其所偏之中，亦有不得而废者焉。非特

---

① 章学诚．文史通义新编新注：内篇二：浙东学术［M］．仓修良，编注．杭州：浙江古籍出版社，2005：121．
② 章学诚．文史通义新编新注：外篇二：四书释理序［M］．仓修良，编注．杭州：浙江古籍出版社，2005：535．
③ 章学诚．文史通义新编新注：内篇二：朱陆［M］．仓修良，编注．杭州：浙江古籍出版社，2005：126．
④ 章学诚．文史通义新编新注：外篇三：家书五［M］．仓修良，编注．杭州：浙江古籍出版社，2005：822．
⑤ 章学诚．文史通义新编新注：外篇三：与史余村［M］．仓修良，编注．杭州：浙江古籍出版社，2005：686．
⑥ 章学诚．文史通义新编新注：内篇六：假年［M］．仓修良，编注．杭州：浙江古籍出版社，2005：337．

下编　中国古代历史编纂学思想

能用独擅之长而已也,知己所擅之长,亦有不足以该者焉。不得而废者,严于去伪,(风尚所趋,不过一偏,惟伪托者,并其偏得亦为所害。)而慎于治偏,(真有得者,但治其偏足矣。)则可以无弊矣。不足以该者,阙所不知,而善推能者;无有其人,则自明所短,而悬以待之,(人各有能有不能,充类至尽,圣人有所不能,庸何伤乎?今之伪趋逐势者,无足责矣。其间有所得者,遇非己之所长,则强不知为知,否则大言欺人,以谓此外皆不足道。夫道大如天,彼不见天者,曾何足论。己处门内,偶然见天,而谓门外之天皆不足道,有是理乎?曾见其人,未暇数责。)亦可以无欺于世矣。夫道公而我独私之,不仁也。风尚所趋,循环往复,不可力胜,乃我不能持道之平,亦入循环往复之中,而思以力胜,不智也。不仁不智,不足以言学也。不足言学,而嚣嚣言学者乃纷纷也"①。

诚然,章学诚的目的只是救弊纠偏,而不是矫枉过正,更不是以一种倾向代替另一种倾向。他指出了考据之风的流弊,但并未因此而彻底否定历史考据,相反对考据求真务实的一面给予了积极肯定。他说:"考索之家,亦不易易,大而《礼》辨郊社,细若《雅》注虫鱼,是亦专门之业,不可忽也……近代学问如戴东原,未易易矣;其所考订与所发挥,文笔清坚,足达其所见……要之,文字易翻空,学须摭实。今之学者,虽趋风气,兢尚考订,多非心得;然知求实而不蹈虚,犹愈于掉虚文而不复知实学也。"② 又说:"且未尝不知诸通人所得,亦自不易,不敢以时趋之中不无伪托,而并其真有得者亦忽之也。"③ 他抨击宋学末流以"空言义理以为功",又认为"讲求文辞,亦不宜略去宋学,但不可坠入理障,蹈前人之流弊耳。五子遗书、诸家语录,其中精言名理,可以补经传之缺,而意义亦譬如周、秦诸子者,往往有之,以其辞太无文,是以学者厌之,以此见文之不可以已也。但当摘其警策,不妨千百之中存其十一,不特有益身心,即行文之助,亦不少也"④。这是一种实事求是的治学态度,这与其强调考订、辞章、义理都应当重视而不可偏废是一致的,反映了章学诚求真、重意、致用三者兼备的史学经世思想,是值得后人认真借鉴和继承的。

---

① 以上引文见章学诚.文史通义新编新注:内篇四:说林[M].仓修良,编注.杭州:浙江古籍出版社,2005:228-229.
② 章学诚.文史通义新编新注:外篇三:答沈枫墀论学[M].仓修良,编注.杭州:浙江古籍出版社,2005:714-715.
③ 章学诚.文史通义新编新注:外篇三:家书二[M].仓修良,编注.杭州:浙江古籍出版社,2005:817.
④ 章学诚.文史通义新编新注:外篇三:家书五[M].仓修良,编注.杭州:浙江古籍出版社,2005:822.

第二节 "六经皆史"

与"史学所以经世"紧密联系，章学诚《文史通义》开篇便言"六经皆史也"，而后反复论说"六经皆史""六经皆器""六经皆先王之政典""六经皆先王得位行道"等观点。"六经皆史"成为贯穿章学诚整个史学理论体系的一个重要命题。但"六经皆史"说并不始于章学诚，其源头可追溯至先秦《庄子》之《天道》《天运》诸篇，而后汉朝刘向、刘歆父子，隋朝王通，唐朝刘知几，宋代刘恕、苏洵、王应麟，元人郝经、刘因，明人何良俊、王阳明、王世贞、胡应麟、李贽，清代钱谦益、顾炎武、全祖望、钱大昕等人，都先后谈到"经史不分""经即史""五经皆史""六经皆史"等。

《庄子·天运》云："夫六经，先王之陈迹也。"① 《汉书·艺文志》云："古之王者世有史官。君举必书，所以慎言行，昭法式也。左史记言，右史记事，事为《春秋》，言为《尚书》，帝王靡不同之。"② 隋人王通认为：《书》备帝王之制；《诗》显兴衰之由；《春秋》明邪正之迹。《书》《诗》《春秋》三经"同出于史"③。唐朝刘知几依据事实将《尚书》《春秋》作为史之源流，含有经史同源的思想。④ 宋人刘恕认为："古有史而无经，《尚书》《春秋》皆史也；《诗》《易》者，先王所传之言；《礼》者，先王所立之法，皆史也。"视"六经"为史，已有"六经皆史"的意味。⑤ 元人郝经指出："古无经史之分。孔子定六经，而经之名始立，未始有史之分也。六经自有史耳，故《易》即史之理也；《书》，史之辞也；《诗》，史之政也；《春秋》，史之断也；《礼》《乐》，经纬于其间矣，何有于异哉！至于司马迁父子为《史记》，而经史始分矣。其后遂

---

① 钱钟书认为"是则以六经当存遗迹之书，乃道家常言，六经皆史之旨，实肇端于此"。见钱钟书《谈艺录》"八六 章实斋与随园"附说二十"六经皆史"，中华书局1984年第265页。
② 此为班固袭刘向、刘歆父子《七略》《别录》之义，章学诚对此亦极为赞赏。钱穆认为"六经皆史"出于《汉书·艺文志》之"诸子皆出于王官之说"论，此亦为刘向、刘歆父子所创，见钱穆《中国史学名著》，北京：生活·读书·新知三联书店2000年。
③ 王通. 文中子：中说：王道 [M]. 南京：凤凰出版社，2018：1.
④ 刘知几. 史通通释：卷一：六家 [M]. 浦起龙，通释. 王煦华，整理. 上海：上海古籍出版社，2009：1.
⑤ 袁枚. 随园笔记：卷二十四：古有史无 [M]. 续修四库全书本. 上海：上海古籍出版社，2002：361.

有经学、有史学，学者始二矣。"① 这已经较为全面具体地论述了"六经皆史"。明朝王阳明认为："五经亦只是史，史所以明善恶、示训诫。善可以为训者，时存其迹以示法；恶可以为诫者，存其诫而削其事以杜奸。"② 王世贞认为："盈天地间无非史而已……六经，史之言理者也。"③ 李贽明确提出："经史一也。史而不经，则为秽史矣，何以垂借鉴乎？经而不史，则为说白话矣，何以彰事实乎？故《春秋》一经，春秋一时之史也。《诗经》《书经》，二帝三王以来之史也。而《易经》则又示人以经之所自出，史之所自来，为道屡迁，变易匪常，不可以一定执也。故谓六经皆史可也。"④ 毫无疑问，经史关系之论渊源久远，历代学者的论说对章学诚都有积极影响。

章学诚正是继承了前人的思想，针对时弊，重申这一命题，赋予"六经皆史"以新的含义，使之成为其"史学经世"的核心思想。

其一，"六经"是先王之政典，是保存先王制度的史书。章学诚认为"六经皆史也。古人不著书，古人未尝离事而言理，六经皆先王之政典也。或曰：《诗》《书》《礼》《乐》《春秋》，则既闻命矣。《易》以道阴阳，愿闻所以为政典，而与史同科之义焉。曰：闻诸夫子之言矣。夫《易》开物成务，冒天下之道。知来藏往，吉凶与民同患。其道盖包政教典章之所不及矣。象天法地，是兴神物，以前民用。其教盖出政教典章之先矣"⑤。即"六经"所记为古人的政教典章，是当时制法行政的历史记录，而非孔子留给后人的载道之书。章学诚在《校雠通义》卷一《原道》篇也进行了具体解说："后世文字，必溯源于六艺；六艺非孔氏之书，乃周官之旧典也。《易》掌太卜，《书》藏外史，《礼》在宗伯，《乐》隶司乐，《诗》领于太师，《春秋》存乎国史。夫子自谓'述而不作'，明乎官司失守，而师弟子之传业，于是判焉。""六经"不是孔子个人著作，而是当时的国家典章及档案，由太卜、外史等分掌保存，"六经"是史书。

其二，古代无经史之别，故无"六经"之名。"古无经史之别，六艺皆掌之史官，不特《尚书》与《春秋》也。今六艺以圣训而尊，初非以其体用不入史

---

① 郝经.陵川集：卷十九：经史［M］.四库全书本：第1192册：台北：台湾商务印书馆，1986：208-209.
② 王阳明.王阳明全集：卷一：传习录上［M］.上海：上海古籍出版社，2018：11.
③ 王世贞.艺苑卮言：卷一［M］.续修四库全书本.上海：上海古籍出版社，2002：445.
④ 李贽.焚书：卷五：经史相为表里［M］.北京：中华书局，1975：214.
⑤ 章学诚.文史通义新编新注：内篇一：易教上［M］.仓修良，编注.杭州：浙江古籍出版社，2005：1.

也。而经部之所以浩繁，则因训诂解义音训而多，若六艺本书，即是诸史根源，岂可离哉！"① "三代以前，《诗》《书》六艺，未尝不以教人，非如后世尊奉六经，别为儒学一门而专称为载道之书者。"② 即"六经"被视为专门的载道之书，是后世儒者所为，在三代以前，根本没有经史之分，"六经"不过是由史官执掌的教人行事之书。

其三，"六经"乃周公制作的政典，孔子不过依"政典"而加以整理和阐发。"六艺存周公之旧典，夫子未尝著述也。"③ "六经初不为尊称，义取经纶为世法耳，六艺皆周公之政典，故立为经。夫子之圣，非逊周公，而《论语》诸篇不称经者，以其非政典也。后儒因所尊而尊之，分部隶经，以为传固翼经者耳。"④ "事有实据而理无定形。故夫子之述六经，皆取先王典章，未尝离事而著理。后儒以圣师言行为世法，则亦命其书为经，此事理之当然也。"⑤

其四，"三代学术，知有史而不知有经，切人事也"⑥，即三代的学术没有"六经"之说，后世所谓"六经"之书不过是"切人事"之史而已。"若夫六经，皆先王得位行道，经纬世宙之迹，而非托于空言。故以夫子之圣，犹且述而不作。如其不知妄作，不特有拟圣之嫌，抑且蹈于僭窃王章之罪也，可不慎欤！"⑦ "古之所谓经，乃三代盛时，典章法度见于政教行事之实，而非圣人有意作为文字以传后世也。"⑧

其五，"经"之名仅为区别传注罢了。"六经不言经，三传不言传，犹人各有我而不容我其我也。依经而有传，对人而有我，是经传人我之名，起于势之不得已，而非其质本尔也……夫子之时，犹不名经也。逮夫子既殁，微言绝而

---

① 章学诚. 文史通义新编新注：外篇一：论修史籍考要略 [M]. 仓修良，编注. 杭州：浙江古籍出版社，2005：433.
② 章学诚. 文史通义新编新注：内篇二：原道中 [M]. 仓修良，编注. 杭州：浙江古籍出版社，2005：101.
③ 章学诚. 文史通义新编新注：内篇一：诗教上 [M]. 仓修良，编注. 杭州：浙江古籍出版社，2005：47.
④ 章学诚. 文史通义新编新注：内篇一：经解下 [M]. 仓修良，编注. 杭州：浙江古籍出版社，2005：87.
⑤ 章学诚. 文史通义新编新注：内篇一：经解中 [M]. 仓修良，编注. 杭州：浙江古籍出版社，2005：80.
⑥ 章学诚. 文史通义新编新注：内篇二：浙东学术 [M]. 仓修良，编注. 杭州：浙江古籍出版社，2005：121.
⑦ 章学诚. 文史通义新编新注：内篇一：易教上 [M]. 仓修良，编注. 杭州：浙江古籍出版社，2005：2.
⑧ 章学诚. 文史通义新编新注：内篇一：经解上 [M]. 仓修良，编注. 杭州：浙江古籍出版社，2005：77.

大义将乖,于是弟子门人,各以所见、所闻、所传闻者,或取简毕,或授口耳,录其文而起义。左氏《春秋》,子夏《丧服》诸篇,皆名为传,而前代逸文不出于六艺者,称述皆谓之传,如孟子所对汤武及文王之囿是也。则因传而有经之名,犹之因子而立父之号矣。"又"当时诸子著书,往往自分经传,如撰辑《管子》者之分别经言,《墨子》亦有《经》篇,《韩非》则有《储说》经传,盖亦因时立义,自以其说相经纬尔,非有所拟而僭其名也。经同尊称,其义亦取综要,非如后世之严也。圣如夫子,而不必为经。诸子有经,以贯其传,其义各有攸当也。后世著录之家,因文字之繁多,不尽关于纲纪,于是取先圣之微言,与群经之羽翼,皆称为经"①。起初并无"经"之名称,后世学者为了帮助人们理解三代典章制度而对其进行解释说明,为区别二者的不同,遂将前者称为经,而将解释说明者称为传,"因传而有经之名"。诸子之书也然,所不同者,是同一书中以一篇解释另一篇,或者下段解释上一段,仍然把前者称为经,把后者称为传。②

其六,著述必以史学为归,史学则源于《春秋》。"古人著述,必以史学为归","古文必推叙事,叙事实出史学,其源本于《春秋》'比事属辞',左、史、班、陈,家学源源,甚于汉廷经师之授受。马曰'好学深思,心知其意';班曰'纬六经,缀道纲,函雅故,通古今'者。《春秋》家学,递相祖述,虽沈约、魏收之徒,去之甚远;而别识心裁,时有得其仿佛。""盖六艺之教,通于后世有三:《春秋》流为史学;《官礼》诸记流为诸子论议;《诗》教流为辞章辞命。其它《乐》亡而入于《诗》《礼》;《书》亡而入于《春秋》;《易》学亦入官礼,而诸子家言,源委自可考也。"③ 章学诚从史学源头上来说明经与史的关系,提出了史学源于《春秋》的论断。他还进一步指出:"古无私门之著述,六经皆史也。后世袭用而莫之或废者,惟《春秋》《诗》《礼》三家之流别耳。纪传正史,《春秋》之流别也;掌故典要,《官礼》之流别也;文征诸选,《风诗》之流别也……马《史》班《书》以来,已演《春秋》之绪矣;刘氏《政典》,杜氏《通典》,始演《官礼》之绪焉;吕氏《文鉴》,苏氏《文类》,

---

① 章学诚.文史通义新编新注:内篇一:经解上[M].仓修良,编注.杭州:浙江古籍出版社,2005:76-77.
② 章学诚这里所言当指《管子》一书中的《牧民》与《牧民解》、《形势》与《形势解》、《立政》与《立政九则解》、《明法》与《版法解》,《墨子》一书中的《经上》与《经说上》、《经下》与《经说下》,是同书之中以一篇解释另一篇;而《韩非子》中的《内储》上下、《外储说左》上下、《外储说右》上下,则是同篇中下段对上段的解释。
③ 章学诚.文史通义新编新注:外篇三:上朱大司马论文[M].仓修良,编注.杭州:浙江古籍出版社,2005:767-768.

始演《风诗》之绪焉。并取括代为书，互相资证，无空言也。"① 认为中国史学史上重要的纪传体、典制体、文征体分别源于《春秋》《周礼》和《诗经》。

可见，章学诚不是"六经皆史"的首创者，却是"六经皆史"论的集大成者，系统而全面地论证了经史关系。

更为重要的是，章学诚赋予"六经皆史"说以新的含义，使"六经皆史"说具有重要的理论意义和现实意义。

第一，丰富了"六经皆史"的"史"之内涵。即"六经皆史"之"史"既有史料的内涵，又有史著的内涵。一方面，"古之所谓经，乃三代盛时，典章法度见于政教行事之实，而非圣人有意作为文字以传后世"②。"六经"成于三代，为当时之简，是据事直书的结果，三代有史官而无史学家，史官不过"官师守其典章，史臣录其职载"③，故"六经"只是记注，即"先王政典"，是当时的档案资料而已，具有史料的价值。另一方面，自孔子删订"六经"以言志，"六经"即有了取舍，取舍的标准便是孔子的"道"，"六经"即成为体现孔子之道的古代先王的"经世之作"。所谓"先圣先王之道不可见，六经即其器之可见者也。后人不见先王，当据可守之器而思不可见之道，故表彰先王政教与夫官司典守所示人"④，"若夫六经，皆先王得位行道，经纬世宙之迹，而非托于空言"⑤。在章学诚看来，孔子删订"六经"后，"六经"即成为"存道""明道""训后世"的重要史著。诚如仓修良先生所总结："章氏'六经皆史'论是针对着空谈性命的宋学和专务考索的汉学两种不良学风提出的。因此，'六经皆史'的'史'，既具有'历史资料'的'史'的含义，用以矫正宋学空谈义理的弊病；又具有'经世致用'的'史'的内容，以此反对乾嘉考据学派闭口不谈义理的不正之风"，为历史研究、史料搜集开辟了广阔的天地。⑥

第二，指陈时弊，端正学风，为阐发经世致用的史学思想提供了理论依据。

---

① 章学诚. 文史通义新编新注：外篇四：方志立三书议[M]. 仓修良，编注. 杭州：浙江古籍出版社，2005：827-828.
② 章学诚. 文史通义新编新注：内篇一：经解上[M]. 仓修良，编注. 杭州：浙江古籍出版社，2005：77.
③ 章学诚. 文史通义新编新注：内篇一：诗教上[M]. 仓修良，编注. 杭州：浙江古籍出版社，2005：47.
④ 章学诚. 文史通义新编新注：内篇二：原道中[M]. 仓修良，编注. 杭州：浙江古籍出版社，2005：101.
⑤ 章学诚. 文史通义新编新注：内篇一：易教上[M]. 仓修良，编注. 杭州：浙江古籍出版社，2005：2.
⑥ 仓修良，叶建华. 章学诚评传[M]. 南京：南京大学出版社，199：174.

章学诚主张"史学所以经世",倡言"六经皆史",一方面反对汉学的流弊,另一方面批评宋学的空谈。章学诚所处的乾嘉时代,考据之风盛行,人们埋首于故纸堆,不问现实。同时,宋学末流又以空谈性命道理为务,脱离实际。在这种特殊的历史背景下,章学诚大倡"六经皆史"说,从古代学术的源头说起,将斗争锋芒直指向空谈性命的宋学和务求考索的汉学,详细论证了史学经世致用的必然性和必要性,具有强烈的现实意义。他批评汉学往往舍本逐末,满足于为古人著作拾遗补阙,"误以檗绩补苴谓足尽天下之能事"①;揭露宋学多"空言义理以为功""守陋自是""空谈性天"等。在章学诚的史学理论体系中,"史学经世"与"六经皆史"互为表里,"六经皆史"为其经世致用的史学思想提供了理论依据。

第三,拓展了史学研究的范围,提高了史学的地位,丰富了我国古代史学理论。章学诚不仅从史学的源头上论证了"六经"是三代政教典章的历史记录,强调"六经"切于人事、经史合一,认为"古人之于经史,何尝有彼疆此界,妄分孰轻孰重哉!……《通义》所争,但求古人大体,初不知有经史门户之见也"②,"六经"成为当然的史学研究对象。章学诚甚至认为,"盈天地间,凡涉著作之林皆是史学。'六经'特圣人取此六种之史以垂训耳;子集诸家,其源皆出于史"③。诸子百家、世间一切著作都是史学。这就大大拓宽了史学研究的范围,提高了史学的地位。章学诚的"六经皆史"说还从思想上说明了中国古代学术文化的思想渊源,吴怀祺先生即认为,"中国的史学思想的主要思潮,溯源探流,都可以追寻到'六经'那里。'六经'的每一部经书中不是孤立地、简单地阐述一种见解,反映一种历史意识;情况比较复杂,但每一部经书,相对地说,比较集中地表达了一种历史见解,一种历史观点",即"《尚书》突出的是历史盛衰总结的意识;《周易》明显体现出'通变'的历史见解;《周礼》反映出来值得重视的是政教礼治的观念;《诗经》在歌颂先王、总结历史盛衰的同时,又突出一种文化风俗史的观念;《春秋》引人注目的是一种历史编纂思想","只是从这个意义上,我们完全有理由说《六经》都是史"④。如此,则章学诚

---

① 章学诚.文史通义新编新注:内篇二:博约中[M].仓修良,编注.杭州:浙江古籍出版社,2005:118.
② 章学诚.文史通义新编新注:外篇三:上朱中堂世叔[M].仓修良,编注.杭州:浙江古籍出版社,2005:760.
③ 章学诚.文史通义新编新注:外篇三:报孙渊如书[M].仓修良,编注.杭州:浙江古籍出版社,2005:721.
④ 吴怀祺.中国史学思想史[M].合肥:安徽人民出版社,1996:15-16.

"六经皆史"说无疑又丰富了我国古代史学理论。

第三节 "史法"与"史意"

"史法",即史书的编纂方法,包括史料搜集、分析、整理、运用的方法及史著的撰写方法等,主要表现为史书的体裁和体例。"史意",即蕴涵于史学著作中的史学家的思想和认识,包括史学家的撰述宗旨及其对历史本质规律的认识等。"史法"与"史意"表达了历史撰述活动中外在的表现形式与内在的历史认识之间的辩证关系。这一对范畴的含义,在中国史学上都有一个不断丰富发展的过程。

章学诚是在总结中国古代史学重"义"思想传统的基础上提出"史法"与"史意"这一对史学理论范畴的。所撰《文史通义》,顾名思义,其目的在于"义"(或曰"意")。他说:"郑樵有史识而未有史学,曾巩具史学而不具史法,刘知几得史法而不得史意,此予《文史通义》所为作也。"① 表明自己作《文史通义》的宗旨就是要讲明史学的精神——"史意",强调"史所贵者,义也"。② 他很自负地认为:"吾于史学,盖有天授,自信发凡起例,多为后世开山。而人乃拟吾于刘知几。不知刘言史法,吾言史意;刘议馆局纂修,吾议一家著述。截然两途,不相入也。"③ 这道出了刘知几与章学诚二人史学理论的异趣。

刘知几重"史法",《史通》一书,重点就是探讨历史编纂学。章学诚重"史意",《文史通义》即是为此而作。然而,刘知几也强调为史之"义"与为史之"志"。其退而私撰《史通》,目的是"以见其志""辨其指归,殚其体统";④ 章学诚则由"史法"而求"史意",论锋所及,离不开"史法"。"史法"与"史意",不是"截然两途",而是唇齿相依、互为表里。

章学诚的"史法"论,主要表现在对古代特别是刘知几以来历史编纂学理

---

① 章学诚. 文史通义新编新注:外篇四:和州志·志隅自叙[M]. 仓修良,编注. 杭州:浙江古籍出版社,2005:887.
② 章学诚. 文史通义新编新注:内篇五:史德[M]. 仓修良,编注. 杭州:浙江古籍出版社,2005:265.
③ 章学诚. 文史通义新编新注:外篇三:家书二[M]. 仓修良,编注. 杭州:浙江古籍出版社,2005:818.
④ 刘知几. 史通通释:卷十:自叙[M]. 浦起龙,通释. 王煦华,整理. 上海:上海古籍出版社,2009:271.

论和实践的总结与发展。首先，章学诚以发展的眼光来看待古今史书体裁的演变，体现了一种"通变"的思想。他说："历法久则必差，推步后而愈密，前人所以论司天也；而史学亦复类此。《尚书》变而为《春秋》，则因事命篇，不为常例者，得从比事属辞为稍密矣。《左》《国》变而为纪传，则年经事纬，不能旁通者，得从类别区分为益密矣。"以历法年久就会不精确，来比喻史书体裁当随社会变化而不断发展与更新。又说："《尚书》一变而为左氏之《春秋》，《尚书》无成法，而左氏有定例，以经纬也；左氏一变而为史迁之纪传，左氏依年月，而迁书分类例，以搜逸也；迁书一变而为班氏之断代，迁书通变化，而班氏守绳墨，以示包括也。就形貌而言，迁书远异左氏，而班史近同迁书，盖左氏体直，自为编年之祖，而马、班曲备，皆为纪传之祖也。推精微而言，则迁书之去左氏也近，而班史之去迁书也远；盖迁书体圆用神，多得《尚书》之遗；班氏体方用智，多得官礼之意也。"① 这总结了《尚书》以来到班固作《汉书》历代史书体裁的发展变化，突出了史书体裁变化的规律及其特点，体现了章学诚反对"守绳墨"、提倡"知变通"的进步思想。

其次，章学诚重点对纪传体、编年体和纪事本末体三大史书体裁进行了评述与总结。对于纪传体，他说："纪传之书，类例易求而大势难贯。刘知几谓一事分书，或著事详某传，或标互见某篇，不胜繁琐，以为弊也。不知马、班创例，已不能周，后史相沿，皆其显而易见者耳。""类例易求而大势难贯"，一语点破了纪传体的优点和不足。又云："纪传之初，盖分编年之事实，而区之以类者也。类则事有适从，而寻求便宜，故相沿不废。而纪传一体，遂超编年而为史氏之大宗焉。"②指出了纪传体吸收了编年体的优点，克服了编年体的缺点，反而超出了编年体史书，显示出了强大的生命力。而纪传体内部，"迁《史》不可为定法，固《书》因迁之体，而为一成之义例，遂为后世不祧之宗焉"③。章学诚揭示了纪传体史书发展的辩证关系。对于编年体，章学诚说，"编年之史，能径而不能曲，凡人与事之有年可纪有事相触者，虽细如芥子必书；其无言可纪与无事相值者，虽巨如泰山不得载也"，指出编年体因受按年月记事的体例所限，多有史实遗漏的弊端，故为后起之纪传体所超出，纪传体"实为三代以后

---

① 章学诚. 文史通义新编新注：内篇一：书教下 [M]. 仓修良，编注. 杭州：浙江古籍出版社，2005：37，36.
② 章学诚. 文史通义新编新注：外篇一：史篇别录例议 [M]. 仓修良，编注. 杭州：浙江古籍出版社，2005：426，428.
③ 章学诚. 文史通义新编新注：内篇一：书教下 [M]. 仓修良，编注. 杭州：浙江古籍出版社，2005：37.

之良法"。他又肯定宋朝以后编年体史书克服了自身缺陷，弥补了纪传体的不足，使编年体体例臻于完善。曰："今之编年，则又合纪传之类，从而齐之以年者也。"① 也揭示了编年体史书发展的辩证关系。三大史体中的纪事本末体，是章学诚最为满意的体裁，他说："按本末之为体也，因事命篇，不为常格，非深知古今大体，天下经纶，不能网罗隐括，无遗无滥。文省于纪传，事豁于编年，决断去取，体圆用神，斯真《尚书》之遗也。"章学诚认为，南宋袁枢创立的这种新史体实具有化腐朽为神奇之功。"神奇化臭腐，臭腐复化为神奇……司马《通鉴》病纪传之分，而合之以编年。袁枢《纪事本末》又病《通鉴》之合，而分之以事类。"②"马、班以下，代演《春秋》于纪传矣。《通鉴》取纪传之分，而合之一编年。纪事本末又取《通鉴》之合，而分之以事类，而因事命篇，不为常例，转得《尚书》之遗法。所谓事经屡变而反其初，贲饰所为受以剥，剥穷所为受以复也。"③ 章学诚综合考察了编年、纪传和纪事本末三大史体之间的相互关系，提出了"神奇化臭腐，臭腐复化为神奇"的重要思想，揭示了中国史书体裁之间存在着互补和辩证发展的演变规律，即各种史书体裁是在否定之否定的辩证发展过程中不断进步和完善的。这是章学诚对中国古代历史编纂学理论的重要贡献。

第三，章学诚提出了创建新史体的构想。④ 章学诚说："纪传流弊至于极尽，而天诱仆衷，为从此百千年后史学开蚕丛乎！今仍纪传之体而参本末之法；增图谱之例，而删书志之名，发凡起例，别具《圆通》篇，推论甚精，造次难尽，须俟脱稿。"⑤ 又说："以《尚书》之义，为《春秋》之传，则左氏不致以文徇例，而浮文之刊落者多矣。以《尚书》之义，为迁《史》之传，则八书三十世家，不必分类，皆可仿左氏统名曰传。或考典章制作，或叙人事终始，或究一人之行，或合同类之事，或录一时之言，或著一代之文，因事命篇，以纬本纪。则较之左氏翼经，可无局于年月后先之累；较之迁《史》之分列，可无

---

① 章学诚. 文史通义新编新注：外篇一：史篇别录例议 [M]. 仓修良，编注. 杭州：浙江古籍出版社，2005：428-430.
② 章学诚. 文史通义新编新注：内篇一：书教下 [M]. 仓修良，编注. 杭州：浙江古籍出版社，2005：38.
③ 章学诚. 文史通义新编新注：外篇四：方志立三书议 [M]. 仓修良，编注. 杭州：浙江古籍出版社，2005：831.
④ 白云. 刘知几与章学诚历史编纂学思想的比较 [J]. 蒙自师范高等专科学报，2002（5）：22-24.
⑤ 章学诚. 文史通义新编新注：外篇三：与邵二云论修宋史书 [M]. 仓修良，编注. 杭州：浙江古籍出版社，2005：672.

歧出互见之烦。文省而事益加明,例简而义益加精,岂非文质之适宜,古今之中道欤? 至于人名事类,合于本末之中,难于稽检,则别编为表,以经纬之;天象地形,舆服仪器,非可本末该之,且亦难以文字著者,别绘为图,以表明之。盖通《尚书》《春秋》之本原,而拯马《史》、班《书》之流弊,其道莫过于此。"① 章学诚设想的史书体裁包括纪、传、表、图几部分,且以"本纪为经,而诸体为纬"②,是一种新综合体。其中,"纪"为一代史事之大纲,"史有本纪,为一史之纲维"③,"本纪只当式法《春秋》,上备天道,下系人事而止。即帝王一己之事,不关大书特笔例者,皆不当以入纪","帝王之事,于本纪外,必当别为列传,冠于后妃、宗室诸传之首"④。"传"是对纪的补充和演绎,凡典章、事件始末、人物言行、论著等均可入传,"因事命篇,以纬本纪",即按照纪事本末体的做法来作"传"。"图""表"是章学诚新史体中的重要组成部分,"图象为无言之史,谱牒为无文之书,相辅而行,虽阙一而不可者也"⑤。"史不立表,而世次年月,犹可补缀于文辞;史不立图,而形状名象,必不可旁求于文字。"⑥ 章学诚还提出要"定著别录一编",标举一代的大事,并将本书中的有关篇名附注其下,"冠于全书之首""次于本书目录之后","俾览者如振衣之得领,张网之挈纲",这样一来,"纪传苦于篇分,别录联而合之,分者不终散矣;编年苦于年合,别录分而著之,合者不终混矣"⑦,避免了纪传"篇分"而编年"年合"的弊端,而且章学诚曾经想用这种新体构想来改编《宋史》,可惜未成。

可见,章学诚不仅重"史意",也很重视"史法"。当然,二者相较,章学诚更重"史意",故强调"刘言史法,吾言史意"。

章学诚的"史意"论,贯串《文史通义》全书,是构成章学诚史学思想体

---

① 章学诚. 文史通义新编新注:内篇一:书教下 [M]. 仓修良,编注. 杭州:浙江古籍出版社,2005:39.
② 章学诚. 文史通义新编新注:外篇五:永清县志舆地图序例 [M]. 仓修良,编注. 杭州:浙江古籍出版社,2005:960.
③ 章学诚. 文史通义新编新注:外篇一:淮南子洪保辨 [M]. 仓修良,编注. 杭州:浙江古籍出版社,2005:371.
④ 章学诚. 章氏遗书:外篇三:丙辰札记 [M]. 湖州:吴兴刘氏嘉业堂,1922:62.
⑤ 章学诚. 文史通义新编新注:外篇四:和州志舆地图序例 [M]. 仓修良,编注. 杭州:浙江古籍出版社,2005:905.
⑥ 章学诚. 文史通义新编新注:外篇五:永清县志舆地图序例 [M]. 仓修良,编注. 杭州:浙江古籍出版社,2005:960.
⑦ 章学诚. 文史通义新编新注:外篇一:史篇别录例议 [M]. 仓修良,编注. 杭州:浙江古籍出版社,2005:428.

系的最基本的理论，也是章学诚史学思想体系中最富哲理性的内容。唐朝刘知几《史通》一书，对"史法"进行了系统、全面、深入的理论总结。然而，史学要"经世"，则不能不知"史意"，不能不从理论上阐明史学的重要性。这是中国古代史学发展的必然要求，也是时代的客观要求。

"史意"，是贯串《文史通义》全书的主旨，章学诚往往从不同的角度来阐发"史意"的重要性，说明其是"史氏之宗旨"。他说："史所贵者，义也；而所具者，事也；所凭者，文也。"① "作史贵知其意，非同于掌故，仅求事文之末也。夫子曰：'我欲托之空言，不如见诸行事之深切著明也。'此则为史氏之宗旨也。苟足取其义而明其志，而事次文篇，未尝分居立言之功也"，"夫子因鲁史而作《春秋》，孟子曰：'其事齐桓、晋文，其文则史'，孔子自谓窃取其义焉耳。载笔之士，有志《春秋》之业，固将惟义之求，其事与文，所以籍为存义之资也"。② 他认为，史之根本在"义"，史书的"事"与"文"不过是表现"义"、承载"义"的途径和形式。"史意"是章学诚史学思想之灵魂，这是章学诚对中国史学传统的认识和当代史学现状思考之后发出的感慨。在《文史通义》的许多篇章中，章学诚重"史意"的思想还有比较集中的论述。③

内篇二《原道下》云："义理不可空言也，博学以实之，文章以达之，三者合于一。"

内篇三《质性》云："无当于古人之要道，所谓似之而非也。学者将求大义于古人，而不于此致辨焉，则始于乱三而六者，究且因三伪而亡三德矣。"

内篇四《申郑》云："孔子作《春秋》，盖曰其事则齐桓、晋文，其文则史，其义则孔子自谓有取乎尔。夫事即后世考据家之所尚也，文即后世词章家之所重也，然夫子所取，不在彼而在此。则史学家著述之道，岂可不求义意所归乎？自迁、固而后，史学家既无别识心裁，所求者徒在其事其文。惟郑樵稍有志乎求义，而缀学之徒，嚻然起而争之。"

内篇四《答客问上》云："史之大原，本乎《春秋》。《春秋》之义，昭乎笔削。笔削之义，不仅事具始末，文成规矩已也。以夫子'义则窃取'

---

① 章学诚. 文史通义新编新注：内篇五：史德 [M]. 仓修良，编注. 杭州：浙江古籍出版社，2005：265.
② 章学诚. 文史通义新编新注：内篇四：言公上 [M]. 仓修良，编注. 杭州：浙江古籍出版社，2005：202.
③ 以下所引各篇均见章学诚. 文史通义新编新注 [M]. 仓修良，编注. 杭州：浙江古籍出版社，2005.

之旨观之，固将纲纪天下，推明大道。所以通古今之变，而成一家之言者，必有详人之所略，异人之所同，重人之所轻，而忽人之所谨，绳墨之所不可得而拘，类例之所不可得而泥，而后微茫杪忽之际，有以独断于一心。及其书之成也，自然可以参天地而质鬼神，契前修而俟后圣，此家学之所以可贵也。"

内篇五《史德》云："史之义出于天，而史之文不能不藉人力以成之。"

外篇四《方志立三书议》云："孟子曰：其事，其文，其义，《春秋》之所取也。即簿牍之事而润以尔雅之文，而断之以义，国史、方志，皆《春秋》之流别也。譬之人身，事者其骨，文者其肤，义者其精神也。断之以义，而书始成家。书必成家，而后有典有法，可诵可识，乃能传世而行远。故曰：志者，志也，欲其经久而可记也。"

外篇四《和州志前志列传序例上》云："古者史官各有成法，辞文旨远，存乎其人。孟子所谓其文则史，孔子以谓义则窃取，明乎史官法度不可易，而义意为圣人所独裁。然则良史善书，亦必有道矣。"

外篇六《为张吉甫司马撰大名县志序》云："志者，志也。其事、其文之外，必有义焉，史学家著作之微旨也。"

……

上述可见，章学诚的"史意"包含这样一些基本内涵：其一，"史意"论并非章氏所独创，而是对中国古代史学重"义"传统的总结、继承和理论概括。孔子修《春秋》的"史义"，司马迁的"成一家之言"，郑樵的"别识心裁""惟义之求"等都是章学诚"史意"论的思想基础。"史义"的提出虽在孔子之时，但直到章学诚才真正对它进行了理论总结。其二，"史意"的核心内涵是"纲纪天下，推明大道"，即史学家的理论和思想观点，强调"通古今之变而成一家之言""独断于一心""书必成家"等，将"史意"论与史学"经世"有机结合在一起。其三，认为事、文、义三者缺一不可，但尤重"义"，乃"史学家著作之微旨也"，即"事者其骨，文者其肤，义者其精神也"，将"史意"比作人之"精神"（"灵魂"），把"史义"看得最为重要。他强调史学家著史应"贵知其意""求意义所归""断之以义""惟义之求"。瞿林东先生认为，章学诚所说的"史意"，大致可作这样的理解："一是明大道，二是主通变，三是贵独创，四是重家法。其中贯串着尊重传统而又不拘泥于传统的创新精神，而

'别识心裁''独断于一心'正是这个思想的核心。"①

章学诚对"史法"与"史意"的抽象概括和理论揭示，对于准确把握中国古代史学发展史，具有重要的理论价值。

第四节 "记注"与"撰述"

章学诚对人们将他比作刘知几而不以为然，坦言："刘言史法，吾言史意，刘议馆局纂修，吾议一家著述，截然两途，不相入也"②，强调"作史贵知其意"，反复论述"作史之意""别识心裁"，申明"史意"不同于史识、史学、史法，是一种更高的境界即史学宗旨，撰述《文史通义》的目的即阐明"史意"③，进而以"史意"为标准，从史书的性质和作用上将古代史籍概括为"记注"（又称"比类"）和"撰述"（又称"著述"）两大类，论述了二者的区别和联系及不同的社会作用，目的仍然是在强调史学"明道""经世"的功能。他说："古人一事必具数家之学，著述与比类两家，其大要也。班氏撰《汉书》，为一家著述也，刘歆、贾护之《汉纪》，其比类也。司马撰《通鉴》，为一家著述也，二刘、范氏之《续资治通鉴长编》，其比类也。两家本自相因而不相妨害。拙刻《书教》篇中所谓圆神方智，亦此意也。"④ 刘知几也说过类似的话："夫为史之道，其流有二。何者？书事记言，出自当时之简；勒成删定，归于后来之笔。然则当时草创者，资乎博闻实录，若董狐、南史是也。后来经始者，贵乎俊识通才，若班固、陈寿是也"⑤，"当时之简"，类似章学诚之"记注"；"后来之笔"，即章学诚之"撰述"。前者即今之资料汇编，后者则是成一家之言的著作。但刘知几未作进一步论述。

明朝学者谈允厚也云："纂辑之事与著作不同，编年之书与纪传有异。著作者，出一人独得之见，以自成一家之言，则规裁易定；纂辑者，聚百家杂出之

---

① 瞿林东. 中国古代史学批评纵横 [M]. 北京：中华书局，1994：57-58.
② 章学诚. 文史通义新编新注：外篇三：家书二 [M]. 仓修良，编注. 杭州：浙江古籍出版社，2005：818.
③ 章学诚. 文史通义新编新注：外篇四：和州志. 志隅自叙 [M]. 仓修良，编注. 杭州：浙江古籍出版社，2005：886.
④ 章学诚. 文史通义新编新注：外篇三：报黄大俞先生 [M]. 仓修良，编注. 杭州：浙江古籍出版社，2005：663.
⑤ 刘知几. 史通通释：卷十一：史官建置 [M]. 浦起龙，通释. 王煦华，整理. 上海：上海古籍出版社，2009：301.

文，以网络百代之事，则笔削难施。"① 他明确提出了纂辑与著作的区别，强调著作要有独得之见，自成一家之言；纂辑要搜罗宏富，囊括百代之事，甚至还得出纂辑难于著述的结论，有些偏颇。

章学诚的认识，较刘知几、谈允厚更为成熟和完善，不仅明确区分了二者，而且详细阐论了"记注"与"撰述"的性质、任务、特点及其相互关系等，他说："《易》曰：'著之德圆而神，卦之德方以智。'间尝窃取其义，以概古今之载籍，撰述欲其圆而神，记注欲其方以智也。夫智以藏往，神以知来，记注欲往事之不忘，撰述欲来者之兴起，故记注藏往似智，而撰述知来拟神也。藏往欲其赅备无遗，故体有一定，而其德为方；知来欲其决择去取，故例不拘常，而其德为圆。"② 以"方智""圆神"来说明两类史籍的性质和基本要求，揭示出"记注"的特点在于保存资料，故其贵博取广搜，赅备无遗；"撰述"的特点在于史义，即史学理论和史学思想，故贵抉择去取。章学诚所说的"方"，是指体例的严整有序，使之能够储存、容纳尽可能完备的历史知识；"圆"，是指体例上的灵活变化，使之能够充分反映史学家的历史认识。记注体"方"是"藏往之学"，撰述例"圆"是"知来之学"，这是章学诚对中国古代历史编纂学功能的认识。章学诚还以"方智""圆神"去认识中国古代史学的发展变化，得出了"神奇化臭腐，臭腐复化神奇"的理论，"有所得者即神奇，无所得者即臭腐"，认为"事屡变而复初，文饰穷而反质，天下自然之理也"③。极富辩证认识，这在中国历史上还是第一次。正如瞿林东先生所说：章学诚以圆神、方智定史学之两大门宗"提出了他的独到的总结中国史学发展的方法论，是他在史学理论上的创新之见"④。章学诚认为"记注"与"撰述"这"两家本自相因而不相妨害"，是相互依存、相互促进的，"神以知来，学者之才识是也；知以藏往，学者之记诵也。才识类火日之外景，记诵类金水之内景也；故才识可以资益于人，而记诵能受于人，不能授之于人也。然记诵可以生才识，而才识不能生记诵"⑤，两者性质不同，作用也不一样，但"知来之学"（撰述）必须

---

① 严衍. 资治通鉴补：卷首：谈允厚资治通鉴补后序 [M]. 续修四库全书本，上海古籍出版社，2002：512.
② 章学诚. 文史通义新编新注：内篇一：书教下 [M]. 仓修良，编注. 杭州：浙江古籍出版社，2005：36.
③ 章学诚. 文史通义新编新注：内篇四：说林，内篇一：书教下 [M]. 仓修良，编注. 杭州：浙江古籍出版社，2005：224，38.
④ 瞿林东. 中国史学史纲 [M]. 北京：北京出版社，1999：721-722.
⑤ 章学诚. 文史通义新编新注：内篇六：杂说 [M]. 仓修良，编注. 杭州：浙江古籍出版社，2005：352.

以"藏往之学"（记注）为基础，"著述譬之韩信用兵，而比类譬之萧何转饷，二者固缺一而不可"①，史料的纂辑和史学著作，二者缺一不可，这种认识和评价是辩证的。在章学诚看来，记注与撰述之分途，原本三代古制，"三代以上，记注有成法，而撰述无定名；三代以下，撰述有定名，而记注无成法。夫记注无成法，则取材也难；撰述有定名，则成书也易"②。所谓"成法"是指三代已有详备的记注制度，所谓"定名"是指"一定之例"（体裁体例）。③ 章学诚认为：只有记注制度详备了，才可能比较客观全面地完成记录时事的任务，撰述也才可能不受义例所拘而"因事命篇"。记注是撰述的基础，撰述是记注的发展和结果，二者密不可分。

章学诚还以"功力"和"学问"来比喻"记注"和"撰述"的关系，他说：

> 近人则不解文章，但言学问。而所谓学问者，乃是功力，非学问也。功力之与学问，实相似而不同。记诵名数，搜剔遗逸，排纂门类，考订异同，途辙多端，实皆学者求知所用功力尔！即于数者之中，能得其所以然，因而上阐古人精微，下启后人津逮，其中隐微可独喻，而难为他人言者，乃学问也。今人误执古人功力以为学问，毋怪学问之纷纷矣。文章必本学问不待言矣，而学问中之功力，万变不同，《尔雅》注虫鱼，固可求学问，读书观大意，亦未始不可求学问，但要中有自得之实耳。中有自得之实，则从入之途，或疏或密，皆可入门，圣门如颜、曾、赐、商，未能一辙。而今之误执功力为学问者，但趋风气，本无心得，直谓舍彼区区掇拾，即无所谓学，亦夏虫之见矣。④

章学诚认为，"功力"和"学问"是两个不同层次的学术修养，"功力"是

---

① 章学诚. 文史通义新编新注：外篇三：报黄大俞先生［M］. 仓修良，编注. 杭州：浙江古籍出版社，2005：663.
② 章学诚. 文史通义新编新注：内篇一：书教上［M］. 仓修良，编注. 杭州：浙江古籍出版社，2005：20.
③ 《文史通义·书教上》云："《周官》三百六十，具天下之纤析矣。然法具于官，而官守其书，观于六卿联事之义……汉至元、成之间，典籍可谓备矣。"又："盖《官礼》制密，而后记注有成法；记注有成法，而后撰述可以无定名。以谓纤悉委备，有司具有成书，而吾特举其重且大者，笔而著之，以示帝王经世之大略；而典、谟、训诰、贡、范、官、刑之属，详略去取，惟意所命，不必著为一定之例焉，斯《尚书》之所以经世也。"
④ 章学诚. 文史通义新编新注：外篇三：又与正甫论文［M］. 仓修良，编注. 杭州：浙江古籍出版社，2005：807.

基本功，包括文字考订、史料辨伪、史实考证等，而"学问"则须有个人独特的学术见解、撰述心得。方圆求备，比类纂辑，只是治史的功力；而隐微独喻，著述成家，才是治史的学问。换言之，记注乃功力，著述乃学问。治学必须具备功力，没有功力，就无法达到学问的境界。但功力终究只是求得学问的一种手段而已，并不是学问本身。他反对人们视功力为学问，指出："世士以博稽言史，则史考也；以文笔言史，则史选也；以故实言史，则史纂也；以议论言史，则史评也；以体裁言史，则史例也。唐、宋至今，积学之士不过史纂、史考、史例，能文之士不过史选、史评，古人所为史学，则未之闻矣。"[①] 只有独断于一心、通古今之变、垂之后世的历史著述，才是真正的史学，其核心即是史意。如果只限于考订史实、显露文采，而不注重"史意"的追求，终究只能是史纂、史考之类的资料汇编。章学诚关于"记注"与"撰述"的区分及二者辩证关系的论述，在史学批评史上具有重要贡献，对当今历史编纂学理论研究和实践仍有重要的启示和借鉴意义。

第五节 "史德"与"文德"

章学诚在《文史通义》中专辟《史德》与《文德》二篇，提出了"史德"论和"文德"论，一文一史，互为表里，实则兼及文、史，专谈文史学家的修养问题。

所谓"史德"，是章学诚在前人基础上特别是刘知几"史才三长"论的基础上提出来的关于史学家修养的理论。重视史学家自身修养的传统在中国史学史上十分久远，先秦孔子强调"书法不隐"的"良史"标准，两汉司马迁《史记》被称为"不虚美，不隐恶"的"实录"典范，魏晋刘勰提出"析理居正"的"素心"说，《隋书·经籍志》强调"博闻强识，疏通知远"的史官标准，唐朝刘知几明确提出才、学、识的"史才三长"论，在史识中强调"好是正直，善恶必书"，明朝胡应麟的公心、直笔"二善"说等，都为章学诚的"史德"论提供了思想基础。刘知几没有提出"史德"，但在讲"史识"时强调"好是正直，善恶必书"，已经具有"史德"的内涵，章学诚也认为史德与史识有密切联系，所以说"能具史识者，必知史德"。而《史德》篇则对这一史学家修养

[①] 章学诚.文史通义新编新注：外篇三：上朱大司马论文[M].仓修良，编注.杭州：浙江古籍出版社，2005：767.

理论作了系统阐发。章学诚说：

> 才、学、识，三者得一不易，而兼三尤难，千古多文人而少良史，职是故也。昔者刘氏子玄，盖以是说谓足尽其理矣。虽然，史所贵者义也，而所具者事也，所凭者文也。孟子曰："其事则齐桓、晋文，其文则史，义则夫子自谓窃取之矣。"非识无以断义，非才无以善其文，非学无以练其事，三者固各有所近也，其中固有似之而非者也。记诵以为学也，辞采以为才也，击断以为识也，非良史之才、学、识也。虽刘氏之所谓才、学、识，犹未足以尽其理也。夫刘氏以谓有学无识，如愚估（贾）操金，不解贸化，推此说以证刘氏之指，不过欲于记诵之间，知所决择，以成文理耳。故曰：古人史取成家，退处士而进奸雄，排死节而饰主阙，亦曰一家之道然也。此犹文士之识，非史识也。能具史识者，必知史德。德者何？谓著书者之心术也。夫秽史者所以自秽，谤书者所以自谤，素行为人所羞，文辞何足取重。魏收之矫诬，沈约之阴恶，读其书者，先不信其人，其患未至于甚也。所患夫心术者，谓其有君子之心而所养未底于粹也。夫有君子之心而所养未粹，大贤以下所不能免也。此而犹患于心术，自非夫子之《春秋》，不足当也。以此责人，不亦难乎？是亦不然也。盖欲为良史者，当慎辨于天人之际，尽其天而不益以人也。尽其天而不益以人，虽未能至，苟允知之，亦足以称著述者之心术矣。而文史之儒，竞言才、学、识，而不知辨心术以议史德，乌乎可哉？①

章学诚所论，包含这样一些重要认识：其一，肯定刘知几才、学、识"三长"是史学家应该具备的很高的修养，得一不易，兼三尤难，这是"千古多文人而少良史"的主要原因，刘知几之言已"足尽其理矣"。其二，把史学家修养中的"才""学""识"与历史著作中的"事""文""义"联系起来，强调"史学家文字，原不责其尽出于己，但要学足该之，才足运之，而识足断之尔"。其三，指出刘知几所谓才、学、识"三长"不过是"记诵""辞采""击断"而已，"犹未足以尽其理"。章学诚把刘知几提出的"才""学""识"简单归为"记诵""辞采""击断"，多少有些误解。但章学诚提出了"史德"的概念，认为刘知几的"史才三长"论还不够全面，还不是一种全面的史学家修养论。作为良史，除去具备才、学、识"三长"外，还应该具有"史德"。其四，阐明

---

① 章学诚. 文史通义新编新注：内篇五：史德[M]. 仓修良，编注. 杭州：浙江古籍出版社，2005：265.

了"史德"是"著书者之心术",指出了"史德"的重要和难养。认为一般学者即使有"君子之心",其修养也很难达到纯粹的地步,而只有像孔子这样的圣人"心术"才养得纯粹,才真正具备"史德";其五,视"史德"为"良史"的基本标准,即"盖欲为良史者,当慎辨于天人之际,尽其天而不益以人也。尽其天而不益以人,虽未能至,苟允知之,亦足以称著述者之心术矣"。认真辨明主客观的关系,忠于客观事实,不掺杂个人主观偏见,能够这样努力去做的史学家即使不能完全做到客观,也"足以称著述者之心术"了。"尽其天而不益以人",要求史学家努力做到客观历史与主观叙述的统一,这是对良史的修养要求,也是评价史学家和史著的标准,在史学批评史上具有重要的理论价值。

章学诚还进一步提出了修养史德的方法,即"慎心术"和"养心术",强调"气合于理""情本于性""气贵于平""心术贵于养",反对气"违理以自用"、情"汩性以自恣""因事生感"。① 可见,章学诚提出"史德"来丰富和补充刘知几的"史才三长",其"史德"和"心术"早已超出了品德修养的范畴,上升到著述者主观认识与客观事实的统一,更加突出了"史德"在史学主体修养中的重要地位,完善和发展了中国古代关于史学家修养的理论。

所谓"文德",是章学诚提出的史学批评的方法论原则,即"临文必敬""论古必恕"。《文史通义》兼论文史而以史为主,故"文德"论文也论史,所谓"临文必敬"既指文学创作的态度,也指历史著述的态度;"论古必恕"既指文学评论的态度,也指史学评论的态度。

章学诚之前,谈"文德"者大有人在,如先秦时期讲"帝乃诞敷文德"②"君子以懿文德"③"故远人不服,则修文德以来之"④。东汉王充提出"文德之操为文""繁文丽辞,无文德之操"⑤。南北朝时期的刘勰提出"文之为德也大矣"⑥。北魏杨彦遵更有《文德论》专文,提出"古今辞人,皆负才遗行,浇薄险忌,唯邢子才、王元景、温子昇,彬彬有德素"⑦。但前人所论,或以繁文缛辞相对而言强调文章的内容(王充),或就功用而言强调道德教化(《尚书》、

---

① 章学诚. 文史通义新编新注:内篇五:史德[M]. 仓修良,编注. 杭州:浙江古籍出版社,2005:266.
② 尚书:附录:大禹谟[M]. 上海:上海古籍出版社,2015.
③ 杨天才,张善文. 周易译注:小畜·象传[M]. 北京:中华书局,2011.
④ 论语:季氏[M]//杨伯峻. 论语译注. 北京:中华书局,1980:172.
⑤ 马宗霍. 论衡校读笺识:卷二十:佚文[M]. 北京:中华书局,2010:275-276.
⑥ 刘勰. 文心雕龙注:原道第一[M]. 周振甫,注. 北京:人民文学出版社,1981:1.
⑦ 魏收. 魏书:卷八十五:文苑传:温子昇传[M]. 北京:中华书局,1974:1876-1877.

《易》、《论语》、刘勰），或直指作者的道德行为素养（杨彦遵）。这与章学诚所言"文德"大为不同，章学诚的"文德"论是指创作者和评论者的态度，与"史德"一样，关注的是"心术"问题。他说：

> 凡言义理，有前人疏而后人加密者，不可不致其思也。古人论文，惟论文辞而已矣。刘勰氏出，本陆机氏说而昌论文心；苏辙氏出，本韩愈氏说而昌论文气；可谓愈推而愈精矣。未见有论文德者，学者所宜于深省也。夫子尝言"有德必有言"，又言"修辞立其诚"，孟子尝论"知言""养气"，本乎集义，韩子亦言，"仁义之途"，"《诗》《书》之源"，皆言德也。今云未见论文德者，以古人所言，皆兼本末，包内外，犹合道德文章而一之；未尝就文辞之中言其有才，有学，有识，又有文之德也。

其中指出前人所论只是"文辞""文心""文气""道德"，未见与才、学、识相并称的"文德"。"文德"是什么呢？他说：

> 凡为古文辞者，必敬以恕。临文必敬，非修德之谓也。论古必恕，非宽容之谓也。敬非修德之谓者，气摄而不纵，纵必不能中节也。恕非宽容之谓者，能为古人设身而处地也。嗟乎！知德者鲜，知临文之不可无敬恕，则知文德矣。

即"文德"包括两方面："临文必敬""论古必恕"。"临文必敬"是指著述态度，"论古必恕"是指评论态度。"敬"则能心平气和地从事著述，"恕"则能设身处地地评论古人。这样才能使著述和评论剔除主观而趋于客观。章学诚进一步解释说：

> 韩氏论文，"迎而拒之，平心察之"。喻气于水，言为浮物。柳氏之论文也，"不敢轻心掉之"，"怠心易之"，"矜气作之"，"昏气出之"。夫诸贤论心论气，未即孔、孟之旨，及乎天人、性命之微也。然文繁而不可杀，语变而各有当。要其大旨则临文主敬，一言以蔽之矣。主敬则心平，而气有所摄，自能变化从容以合度也。夫史有三长，才、学、识也。古文辞而不由史出，是饮食不本于稼穑也。夫识生于心也，才出于气也。学也者，凝心以养气，炼识而成其才者也。心虚难恃，气浮易弛。主敬者，随时检摄于心气之间，而谨防其一往不收之流弊也。夫缉熙敬止，圣人所以成始而成终也，其为义也广矣。今为临文，检其心气，以是为文德之敬而已尔。

又说：

> 不知古人之世，不可妄论古人文辞也。知其世矣，不知古人之身处，

亦不可以遽论其文也。身之所处，固有荣辱隐显、屈伸忧乐之不齐，而言之有所为而言者，虽有子不知夫子之所谓，况生千古以后乎？圣门之论恕也，"己所不欲，勿施于人"，其道大矣。今则第为文人，论古必先设身，以是为文德之恕而已尔。①

章学诚强调"临文主敬"，这样才能"心平""气摄"，著述也才可能合乎"法度"；强调"论古必先设身"，这样才能历史地、逻辑地对待史学家及其史著，考虑史学家及其史著所处的时代背景及史学家个人际遇的影响，做到"知人论世，知势论人"，见解十分精辟。

"文德"的修炼要靠"养气"、靠平时的积累，即"文者气之所形，古之能文者，必先养气，养气之功，在于集义。读书服古，时有会心，方臆测而未及为文，即札记所见，以存于录，日有积焉，月有汇焉，久之又久，充满流动，然后发为文辞，浩乎沛然，将有不自识所以者矣。此则文章家之所谓集义而养气也"②。又说："读书广识，乃使义理充积于中，久之又久，使其胸次自有伦类，则心有主，心有主，则笔之于书，乃如火然泉达之不可已，此古人之所以为养气也。"③

可见，章学诚提出的"文德"论，旨在强调著述者和评论者在著述和评论时必须持有严肃的态度，"临文必敬""论古必恕"，端正"心术"。这在中国史学批评史和文学批评史上都有着重要的指导意义。

综上所述，章学诚提出的"史德"论和"文德"论互为表里，所谈为文史著述者和批评者应该具备的修养品德，其核心都是"心术"问题，都强调"养"的修炼之功。这是章学诚对中国史学批评史和文学批评史的重要贡献。然而，章学诚终归是封建史学家，其"史德"论、"文德"论的阐说无法摆脱时代和阶级的局限，衡量"心术"是否端正的标准是"天理""名教"，要求不怨诽君父、不违背名教，说什么"史臣不必心术偏私，但为君父大义，则于理自不容无所避就。夫子之于《春秋》不容不为君亲讳也"④。这正是章学诚"史德"论和"文德"论的局限所在，限制了其理论视野及其理论的深入发展。

---

① 以上引文均见《文史通义新编新注》内篇二《文德》，浙江古籍出版社2005年版第136—137页。
② 章学诚．文史通义新编新注：外篇二：跋香泉读书记［M］．仓修良，编注．杭州：浙江古籍出版社，2005：588.
③ 章学诚．文史通义新编新注：外篇二：徐尚之古文跋［M］．仓修良，编注．杭州：浙江古籍出版社，2005：595.
④ 章学诚．章氏遗书：外篇：卷三：丙辰札记［M］．湖州：吴兴刘氏嘉业堂，1922：24.

第六节 "通史"与"通变"

　　章学诚总结了前人关于"通"的观念的认识，发展了郑樵的"会通"之旨，形成了系统的通史观念。

　　《释通》篇考察了通史的沿革，分析通史的利弊，认为："梁武帝以迁、固而下，'断代为书'，于是上起三皇，下讫梁代，撰为《通史》一编，欲以包罗众也。史籍标通，此滥觞也。嗣是而后，源流渐别。总古今之学术，而纪传一规乎史迁，郑樵《通志》作焉（《通志》精要，在乎义例。盖一家之言，诸子之学识，而寓于诸史之规矩，原不以考据见长也。后人议其疏陋，非也）。统前史之书志，而撰述取法乎官《礼》，杜佑《通典》作焉（《通典》本刘秩《政典》）。合纪传之互文（纪传之文，互为详略），而编次总括乎荀、袁（荀悦《汉纪》三十卷，袁宏《后汉纪》三十卷，皆易纪传为编年），司马光《资治通鉴》作焉。汇公私之述作，而铨录略仿乎孔、萧（孔逭《文苑》百卷、昭明太子萧统《文选》三十卷），裴潾《太和通选》作焉。此四子者，或存正史之规（《通志》是也。自《隋志》以后，皆以纪传一类为正史），或正编年之的（《资治通鉴》），或以典故为纪纲（《通典》），或以词章存文献（《通选》），史部之通，于斯为极盛也。"《释通》篇指出秦汉以降，通史的撰述得失相间，至唐、宋而臻于极盛，尤其《通志》《通典》《资治通鉴》《通选》四家，都是精于义例、自为一体、渊源有自的通史著作。又云："载笔汇而有通史，一变而流为史钞（小史、统史之类，但节正史，并无别裁，当入史钞。向来著录入于通史，非是。史部有史钞，始于《宋史》），再变而流为策士之括类（《文献通考》之类，虽仿《通典》，而分析次比，实为类书之学。书无别识通裁，便于对策敷陈之用），三变而流为兔园之摘比（《纲鉴合纂》及《时务策括》之类），不知者习而安焉，知者鄙而斥焉，而不知出于史部之通，而亡其大原者也。"指出其间良莠杂陈，史学家或宗旨不明，或家法无求，或修养欠缺，以致源流渐失，通史式微，落入补辑纂录的类比之书。为此，章学诚详细剖析了修撰通史的利弊得失，提出了"六便""二长""三弊"的认识。他说："通史之修，其便有六：一曰免重复，二曰均类例，三曰便铨配，四曰平是非，五曰去牴牾，六曰详邻事。其长有二：一曰具剪裁，二曰立家法。其弊有三：一曰无短长，二曰仍原题，三曰忘标目"①。主张多写通史，少写断代史。

《申郑》篇将郑樵的"会通"思想概括为"通史学家风"，力张写通史，论述公允，不像郑樵那样偏激。他说："郑樵生千载而后，慨然有见于古人著述之源，而知作者之旨，不徒以词采为文，考据为学也。于是遂欲匡正史迁，益以博雅，贬损班固，讥其因袭，而独取三千年来遗文故册，运以别识心裁，盖承通史学家风，而自为经纬，成一家言者也。"赞扬郑樵别出心裁、发凡起例，继承了通史学家风。感慨"学者少见多怪，不究其发凡起例，绝识旷论，所以斟酌群言，为史学要删；而徒摘其援据之疏略，裁剪之未定者，纷纷攻击，势若不共戴天"。认为"自迁、固而后，史家既无别识心裁，所求者徒在其事其文。惟郑樵稍有志乎求义，而缀学之徒，嚣然起而争之"②。《释通》篇也称："郑氏《通志》，卓识名理，独见别裁，古人不能任其先声，后代不能出其规范。"③ 章学诚还批评刘知几混淆了通史与集史的概念。他说："刘知几六家分史，未为笃论。《史记》一家，自是通史，其家学流别，余别有专篇讨论，刘氏以事罕异闻，语多重出讥之，非也。至李氏《南北史》，乃是集史，并非通史。通史各出义例，变通亘古以来，合为一家记载，后世如郑樵《通志》之类，足以当之。集史虽合数朝，并非各溯太古，自为家学者可比。欧氏《五代史记》，与薛氏《旧史》，是其同类，与通史判若天渊者也。盖通史各溯古初，必须判别家学，自为义例，方不嫌于并列，否则诚不免复沓之嫌矣。集史原有界画，李延寿行之于前，薛欧行之于后，各为起讫，无所重复，虽一家凡例，两书可通用也，刘氏牵合为一，非其质也。"④ 强调通史必须变通古今、自为家学、自为义例，而不是把几个朝代勉强拼凑在一起了事。

在《答客问上》篇中，章学诚进一步阐述了通史的要求、通史的编纂及通史的目标等，形成了其"通古今之变而成一家之言"的思想体系。他说：

> 史之大原，本乎《春秋》。《春秋》之义，昭乎笔削。笔削之义，不仅事具始末，文成规矩已也。以夫子"义则窃取"之旨观之，固将纲纪天人，推明大道。所以通古今之变而成一家之言者，必有详人之所略，异人之所

---

① 以上引文均见章学诚. 文史通义新编新注：内篇四：释通［M］. 仓修良，编注. 杭州：浙江古籍出版社，2005：237-239.
② 章学诚. 文史通义新编新注：内篇四：申郑［M］. 仓修良，编注. 杭州：浙江古籍出版社，2005：249，250.
③ 章学诚. 文史通义新编新注：内篇四：释通［M］. 仓修良，编注. 杭州：浙江古籍出版社，2005：240.
④ 章学诚. 章氏遗书：外篇 卷三：丙辰札记［M］. 湖州：吴兴刘氏嘉业堂，1922：28.

同，重人之所轻，而忽人之所谨，绳墨之所不可得而拘，类例之所不可得而泥，而后微茫杪忽之际，有以独断于一心。及其书之成也，自然可以参天地而质鬼神，契前修而俟后圣，此家学之所以可贵也。陈、范以来，律以《春秋》之旨，则不敢谓无失矣。然其心裁别识，家学具存，纵使反唇相议，至谓迁书退处士而进奸雄，固书排忠节而饰主阙，要其离合变化，义无旁出，自足名家学而符经旨；初不尽如后代纂类之业，相与效子莫之执中，求乡愿之无刺，侈然自谓超迁轶固也。若夫君臣事迹，官司典章，王者易姓受命，综核前代，纂辑比类，以存一代之旧物，是则所谓整齐故事之业也。开局设监，集众修书，正当用其义例，守其绳墨，以待后人之论定则可矣，岂所语于专门著作之伦乎？①

这里，阐明了通史的基本要求："纲纪天人，推明大道。所以通古今之变而成一家之言者"，揭示自然界的变化与人事的关系，揭示社会历史发展、变化的规律，揭示历史古今变化的过程及历史事件的起讫原委，形成有独创见解的历史著述；通史编纂的基本方法："聚公私之记载，参百家之短长"，"旁推曲证，闻见相参，显微阐幽，折衷至当"②；通史编纂的具体方法："详人之所略，异人之所同，重人之所轻，而忽人之所谨，绳墨之所不可得而拘，类例之所不可得而泥，而后微茫杪忽之际，有以独断于一心"；通史编纂的目标："及其书之成也，自然可以参天地而质鬼神，契前修而俟后圣"③。

可见，章学诚具有相当明确而系统的"通史"观念，推崇通史，强调史学家修史必须具有会通意识，应当发扬通史学家风，自觉撰写具有卓识别裁、自成一家的历史著作。这无疑是在新的历史条件下，继承和发展了司马迁"究天人之际，通古今之变，成一家之言"的史学思想。

第七节 "志乃史体"

章学诚认为，我国方志起源很早，春秋战国时期的各国编年史如晋之《乘》、

---

① 章学诚. 文史通义新编新注：内篇四：答客问上 [M]. 仓修良，编注. 杭州：浙江古籍出版社，2005：252-253.

② 章学诚. 文史通义新编新注：外篇四：和州志列传总论 [M]. 仓修良，编注. 杭州：浙江古籍出版社，2005：925.

③ 章学诚. 文史通义新编新注：内篇四：答客问上 [M]. 仓修良，编注. 杭州：浙江古籍出版社，2005：252.

楚之《梼杌》、鲁之《春秋》，切实就是最早的方志。他说："方志之由来久矣，未有析而为三书者。今忽析而为三，何也？曰：明史学也。贾子尝言：古人治天下，至纤至析。余考之于《周官》，而知古人之于史事，未尝不至纤析也。外史掌四方之志，注谓：'若晋《乘》、鲁《春秋》、楚《梼杌》之类'，是一国之全史也"。① 所以，他认为方志是史书而不是地理书，方志是一个地方的历史，"一方之史"，其为国史所取裁。他反复指出："志乃史体"②"志属信史"③"志乃史载"④"方志为国史之要删"⑤"部府县志，一国史也"⑥"方志乃一方全史"⑦ 等。

在清朝之前，一直把方志归入舆地图经门类，视为地理专书。直到清朝，章学诚才第一次提出"志乃史体""志属信史"的重要认识，认为方志乃"封建时列国史官之遗"，"志乘为一县之书，即古者一国之史也"⑧，它既不是地理书，也不是唐宋以来的图经，而是史书中的一种，"有天下之史，有一国之史，有一家之史，有一人之史。传状志述，一人之史也；家乘谱牒，一家之史也；部府县志，一国之史也；综纪一朝，天下之史也"⑨。又说："夫家有谱，州县有志，国有史，其义一也。"⑩ 在章学诚看来，州府县志和国史一样，也都是史。所不同的是，记载范围有大小，国史记全国之事，方志记地方之事，本质上没有区别。他甚至直接批驳当时学术权威戴震不解史学，视方志为地理。

---

① 章学诚．文史通义新编新注：外篇四：方志立三书议［M］．仓修良，编注．杭州：浙江古籍出版社，2005：827.
② 章学诚．文史通义新编新注：外篇四：答甄秀才论修志第一书［M］．仓修良，编注．杭州：浙江古籍出版社，2005：841.
③ 章学诚．文史通义新编新注：外篇四：修志十议呈天门胡明府［M］．仓修良，编注．杭州：浙江古籍出版社，2005：858.
④ 章学诚．文史通义新编新注：外篇六：书武功志后［M］．仓修良，编注．杭州：浙江古籍出版社，2005：1066.
⑤ 章学诚．文史通义新编新注：外篇四：复崔荆州书［M］．仓修良，编注．杭州：浙江古籍出版社，2005：882.
⑥ 章学诚．文史通义新编新注：外篇四：州县请立志科议［M］．仓修良，编注．杭州：浙江古籍出版社，2005：836.
⑦ 章学诚．章氏遗书：卷二十八：丁巳岁暮书怀投赠宾谷转运因以志别［M］．吴兴刘氏嘉业堂刊本，1992：52.
⑧ 章学诚．文史通义新编新注：外篇五：永清县志前志列传序例［M］．仓修良，编注．杭州：浙江古籍出版社，2005：986.
⑨ 章学诚．文史通义新编新注：外篇四：州县请立志科议［M］．仓修良，编注．杭州：浙江古籍出版社，2005：836.
⑩ 章学诚．文史通义新编新注：外篇六：为张吉甫司马撰大名县志序［M］．仓修良，编注．杭州：浙江古籍出版社，2005：1041.

他说：

> 戴君经术淹贯，名久著于公卿间，而不解史学；闻余言史事，辄盛气凌之。见余《和州志例》，乃曰："此于体例，则甚古雅，然修志不贵古雅。余撰《汾州》诸志，皆从世俗，绝不异人，亦无一定义例，惟所便尔。夫志以考地理，但悉心于地理沿革，则志事已竟。侈言文献，岂所谓急务哉？"余曰："余于体例，求其是尔，非有心于求古雅也。然得其是者，未有不合于古雅者也。如云但须随俗，则世俗人皆可为之，又何须择人而后与哉？方志如古国史，本非地理专门。如云但重沿革，而文献非其所急，则但作沿革考一篇足矣，何为集众启馆，敛费以数千金，卑辞厚币，邀君远赴，旷日持久，成书且累函哉？且古今沿革，非我臆测所能为也。考沿革者，取资载籍。载籍具在，人人得而考之，虽我今日有失，后人犹得而更正也。若夫一方文献，及时不与搜罗，编次不得其法，去取或失其宜，则他日将有放失难稽，湮没无闻者矣。"①

鲜明地指出"方志如古国史，本非地理专门"，若搜罗不及时，编次不得法，去取失当，必将造成后世难以稽考，湮没无闻。

方志是史书的一种类别，故同样具有"经世致用"的重要功能，"史志之书，有裨风教者，原因传述忠孝节义，凛凛烈烈，有声有色，使百世而下，怯者勇生，贪者廉立。《史记》好侠，多写刺客畸流，犹足令人轻生增气；况天地间大节大义，纲常赖以扶持，世教赖以撑柱者乎！"② 方志更是国史修撰的重要资料依据，"方州虽小，其所承奉而施布者，吏、户、礼、兵、刑、工，无所不备，是则所谓具体而微矣。国史于是取裁，方将如《春秋》之藉资于百国宝书也"③，"比人而后有家，比家而后有国，比国而后有天下。惟分者极其详，然后合者能择善而无憾也。谱牒散而难稽，传志私而多谀；朝廷修史，必将于方志取其裁。而方志之中，则统部取于诸府，诸府取于州县，亦自下而上之道也。然则州县志书，下为谱牒传志持平，上为部府征信，实朝史之要删也"④。为

---

① 章学诚. 文史通义新编新注：外篇四：记与戴东原论修志［M］. 仓修良，编注. 杭州：浙江古籍出版社，2005：884.
② 章学诚. 文史通义新编新注：外篇四：答甄秀才论修志第一书［M］. 仓修良，编注. 杭州：浙江古籍出版社，2005：842.
③ 章学诚. 文史通义新编新注：外篇四：方志立三书议［M］. 仓修良，编注. 杭州：浙江古籍出版社，2005：829.
④ 章学诚. 文史通义新编新注：外篇四：州县请立志科议［M］. 仓修良，编注. 杭州：浙江古籍出版社，2005：836.

此，章学诚进一步提出了"方志分立三书"的修志主张，即"仿纪传正史之体而作志，仿律令典例之体而作掌故，仿《文选》《文苑》之体而作文征。三书相辅而行，阙一不可；合而为一，尤不可也"①。这样做的目的就是更好地保存资料，以备国史取裁。显然，章学诚"志乃史体"的理论和修志"分立三书"的主张在史学批评上与史书编纂上都有重要的积极意义。

---

① 章学诚.文史通义新编新注：外篇四：方志立三书议［M］.仓修良，编注.杭州：浙江古籍出版社，2005：827.

余 论

中国古代历史编纂学的二重性①

中国古代史学有着鲜明的二重性特征②，这种二重性特征在历史编纂学中有很集中的体现。史书修纂中的客观与主观、天命与人事、直书与曲笔、实录与名教等，自《春秋》起，在近3000年的历史编纂史中一以贯之，这种二重性特征构成了中国传统史学的基本属性。

一、客观与主观

从总体上说，史学的二重性，就是指史学的客观性和史学的主观性。史学既是客观的，又是主观的。因为历史本身是客观的、不可改变的，但史学家对历史的记载和编纂却带有主观性，对史实的剪裁和认识，主要取决于史学家的治史指导思想。美国历史学家卡尔·贝克尔认为："我们通常认为历史学家所做的工作就是，为了发现人们在过去所做的和所想的，所以他深入过去，探索过去，他的职责就是发现和陈述历史'事实'。""历史事实僵死地躺在记载中，不会给世界带来什么好的或坏的影响，而只有当人们，你或我，依靠真实事变的描写、印象或概念，使它们生动地再现于我们的头脑中时，它才变成历史事实，才产生影响。"③ 在历史编纂中，唯有做到主观与客观的高度统一，才可能撰就出优秀的传世久远的史学著作。

---

① "余论"曾以《中国古代历史编纂学的二重性特征》为题刊于《云南大学学报》2017年第4期，同时被中国人民大学复印资料《历史学》2017年第12期全文转载，收入本书时略有调整。
② 吴怀祺先生曾发表《论中国封建史学的二重性》(《史学理论》1987年第3期)，较早提出了这一认识，侧重从封建统治者的二重性需求探析中国封建史学的二重性特征。后又将其认识写入专著《中国史学思想史》(安徽人民出版社1996年版第383—388页)。周文玖先生受其启发，撰写了《中国传统史学的二重性》，刊于《史学理论与史学史学刊》2010卷，认为"传统史学的二重性，既与封建统治者对史学的二重性需求紧密相关，又是认识的局限性使传统史学不能突破神意史观所导致"。借鉴二位先生的认识，在此侧重从历史编纂学的角度来讨论史学的二重性。
③ 卡尔·贝克尔. 什么是历史事实 [M]//张文杰. 历史的话语——现代西方历史哲学译文集. 桂林：广西师范大学出版社，2002：282-283，288-289.

历史研究的对象是既往的事实,这种历史事实已经消逝,无法进行直接观察,也不能用实验的方式来复制、再现,但它是过去客观存在的、不以人的主观意志为转移的事实,它存在于历史学家之外,不受历史学家意志的影响。历史学家的任务就是要努力探明人类既往的发展历程并揭示其发展规律,即揭示客观真实的历史,并将其在自己的历史著作中表述出来,传达给社会,让社会芸芸众生了解和认识客观真实的过去。尽管如此,人们通过历史著述而获得的永远不可能是完全客观的完整的历史,一切史学著作,都是主观与客观的统一。究其原因,根源在于:①

第一,历史事实本身的局限。历史事实本身是历史学研究的基础,但由于时过境迁,存留下来的历史事实不可能是全部的完整的,只可能是零碎的局部的乃至片段的,而且大多是无意识留下来的。人们要开展研究工作,总离不开文字记载资料与实物资料。文字资料是靠人记录的,总有人的主观因素的加入,同客观实际相比必然有差距。更何况,有些情况是当事者永远不想让别人知道的,不会留下任何证据,更不会有文字记载。而且往往越是历史发展的关键时刻与重大问题上,越是如此。地下发掘的实物资料,虽然是客观的,是最好的历史证据,但永远是个别的局部的实物,能保存至今的遗迹遗物绝不可能是全部的,也非原貌,只能是其中的一部分,甚至是一个很小的片段,之所以能够保留下来有很大偶然性,往往也有了很大的改变。此外,历史遗迹遗物最大的缺陷是没有人、只有物,它仅仅是凝固的过去,而不是活着的过去。因为人是历史活动的主体,这些实物离开了人,也就不成其为历史。因此,人们所能获得的历史事实总是有局限的,甚至有主观因素参与的,不可能是全部真实的过去。

第二,研究者自身的素质和追求。历史学家是史学研究的主体,是史学研究的依托,研究历史和撰写史著都离不开他们。作为史学研究的主体,其自身素质的好坏、修养程度的高低,直接影响史著撰写的质量,影响史学的发展。历史学以研究人类社会的历史为任务,历史学家所编纂的历史著作即是他们对人类历史的主观认识与表述,究竟能在多大程度上反映历史的客观性,则完全取决于历史学家的水平、能力和修养。因为过去已经发生的社会历史过程永远不可能复原,"重构历史""复原历史""再现历史",都只能是妄想。历史学只

---

① 朱东安先生认为"一部好的史学著作,必然是主观与客观的高度统一",原因有三:一是它的自身,一是社会对它的评价,一是研究者自身的追求。以下几点认识多有参据。参见朱东安. 关于近代史研究的几点思考 [J]. 历史档案, 2006 (2): 39.

能最大限度地贴近历史实际，不可能原原本本地将它复原出来，更何况人们的认识与表达能力无不受到主客观上的种种限制。客观上受历史事实本身的限制，主观上则受到研究者自身理论水平、研究能力、刻苦努力的程度等的限制。古往今来，人们十分重视强调史学家的主体修养，提出了才、学、识、德的素质要求，但又能有多少史学家真正才、学、识、德兼擅呢？清朝著名史学家章学诚尚且感叹："才、学、识，三者得一不易，兼三尤难，千古多文人而少良史，职是故也。"① 所以，一部史学著作究竟能在多大程度上反映历史的真实性，这要因人而异、因书而异。

进一步说，历史学家在撰写史著时，各有自己的追求和取舍，记什么、不记什么、怎么记，完全由作者自己决定，"他（历史学家）有双重的责任，一方面发现少数有意义的事实，使它们变成历史事实；另一方面把许多不重要的事实当作非历史事实而抛弃掉"②。然而，究竟什么是"有意义的"、什么是"不重要的"，完全由历史学家来决定，不同的历史学家必然会做出不同的区分和选择，难免会带上主观成分。也就是说，在有的历史学家看来"有意义"的历史事实，在另外的历史学家看来可能是"不重要的"，反之亦然。历史记录和历史撰述总会不自觉地渗透着历史学家的知识、水平、思想、观念、情感等。"历史学家和历史事实是相互需要的。没有事实的历史学家是无根之木，是没有用处的；没有历史学家的事实则是一潭死水，毫无意义……历史是历史学家跟他的事实之间相互作用的连续不断的过程，是现在跟过去之间永无止境的问答交谈。"③

第三，社会评价的影响。社会的要求是造成史学二重性的又一个重要原因，在一定程度上可以说是决定性的原因。社会是由人组成的，而人分属于不同阶级、阶层、集团，具有不同的利益要求，并由此造成了不同的评价标准。作为人文学科的历史学，社会对它的评价本身就有二重性，即客观性和主观性。当人们评定一部史学著作的高下优劣时，不仅要判定其科学性（真实性）如何，还要看其观点是否符合自己的利益。前者是客观标准，后者则是主观标准。古往今来，为什么一些没有多少科学性甚至有害无益或害多益少的作品，能得到势要人物的推崇，取得社会上的轰动效应？根源就在于它符合一些人的政治利益。只要社会上存在着阶级、阶层，这种现象就不会消失。这不仅是由社会要

---

① 章学诚. 文史通义新编新注：内篇五：史德[M]. 仓修良，编注. 杭州：浙江古籍出版社，2005：265.
② 爱德华·卡尔. 历史是什么？[M]. 陈恒，译. 北京：商务印书馆，2007：10.
③ 爱德华·卡尔. 历史是什么？[M]. 陈恒，译. 北京：商务印书馆，2007：28.

求、史学自身的特点来决定的，也是由从事史学研究的工作人员本身的特点来决定的。因为他们也是人，人永远是社会性的，他们要生存、要发展就要适应社会、面对市场。也就是说，史学与史学工作者的生存和发展一定会受到社会现实政治的制约，这是一个不可否认的事实。

由于上述原因，任何一部历史著作都只可能是客观与主观的统一，不可能做到绝对客观，但真正有责任感的史学家应该最大可能地使自己的历史著述接近客观。诚如何兹全先生所指出的："没有一部历史著作或历史记事不是在作者主观思想指导下写出来的，也可以说没有一部历史著作或历史记事不是在作者的偏见指导下写出来的。人所能认识的只是相对真理，随着人类的开化和科学进步，人所认识的相对真理会一步步地接近绝对真理，但永远不会达到绝对真理。因此，人的认识总是有偏见的，史学家的历史著作，也总会是有偏见的。但史学家的世界观、认识论越进步，他所认识的相对真理就越一步步接近真理。史学家的思想越进步，越高明，他的著作就越会反映历史真实，越少主观偏见。史学家应当认识并承认自己的著作是有偏见的，但应努力学习改进认识客观的能力，减少偏见，接近真理"。①

二、天命与人事

中国古代历史编纂学中，天命与人事往往交织在一起，成为史学二重性特征的一个重要方面。

先秦时期，天命在人们的心目中极其重要，被视为至高无上之神。古人认为王朝兴亡、国家治乱、祸福寿夭等，无不由"天命"来决定。当时的"人"（天子）和"民"（一般人）都要受"天"的主宰。所谓"天亦惟休于前宁人"②"天生烝民"③"天亦哀于四方民"④。西周末年，人们开始对"天命"产生了怀疑，《左传》记载了春秋时宋襄公就陨石坠于宋国和"六鹢鸟退飞过宋都"的现象而发出询问："吉凶焉在？"周内史叔兴私下对人说："君失问，是阴阳之事，非吉凶所生也；吉凶由人。"⑤把陨石坠于宋国国都、六鹢鸟倒着飞，都看成自然现象，认为这跟人事吉凶完全无关。吉凶，本是由人决定的。这已包含了对"天命决定吉凶"的否定。鲁庄公三十二年，有神降于莘，虢国

---

① 何兹全. 中国古代社会：序言 [M]. 北京：北京师范大学出版社，2007：3-4.
② 见《尚书·大诰》。这里的"宁人"是指周文王。意为：上天只赞助我们的前辈文王。
③ 周振甫. 诗经译注：卷七：大雅·荡 [M]. 北京：中华书局，2002：450.
④ 尚书：召诰 [M]. 上海：上海古籍出版社，2015.
⑤ 左传：僖公十六年 [M] // 杨伯峻. 春秋左传注. 北京：中华书局，2009：368-369.

国君命人祈福,《左传》记载了史嚚对此事的评论:"虢其亡乎!吾闻之:国将兴,听于民;将亡,听于神。神,聪明正直而一者也,依人而行。"① 反映出"重人事,轻鬼神"的思想,《国语·周语上》也有类似的记载。又昭公十八年,郑人裨灶预言"郑又将火",《左传》记载了子产驳斥裨灶的话:"天道远,人道迩,非所及也,何以知之?灶焉知天道?是亦多言矣,岂不或信?"而且记载其结果"亦不复火"②。在子产眼中,天道与人事是无关的。这些记载,反映了西周以来在社会上占统治地位的天命观已经开始动摇,而人事却受到越来越多的重视。尽管如此,"天命"决定社会面貌、视天为人世间最高主宰的历史观点仍然存在。先秦史书的修纂,无不受此影响。到西汉司马迁著《史记》,提出要"究天人之际,通古今之变,成一家之言",则在历史认识上取得了划时代的重大进步。

司马迁开创了以记载人物为中心的纪传体史书编纂形式,确立了以人为中心的述史体系,充分强调人在社会历史发展的重要作用,是其重人事思想的集中表现。《史记》将论载"明主贤君忠臣死义之士"作为撰述的目的。其中,"本纪"以记帝王为中心,"世家"和"列传"则因"二十八宿环北辰,三十辐共一毂,运行无穷,辅拂股肱之臣配焉,忠信行道,以奉主上,作三十世家。扶义俶傥,不令己失时,立功名于天下,作七十列传"③。司马迁认为:夏、商、周、秦之王天下,都是修仁行义、积德用力的结果,是人为而非天意。

> 昔虞、夏之兴,积善累功数十年,德洽百姓,摄行政事,考之于天,然后在位。汤、武之王,乃由契、后稷修仁行义十余世。不期而会孟津八百诸侯,犹以为未可,其后乃放弑。秦起襄公,章于文、穆、献、孝之后,稍以蚕食六国,百有余载,至始皇乃能并冠带之伦。以德若彼,用力如此,盖一统若斯之难也。④

同样的,夏、商、周、秦的灭亡,也是人为的结果,不关天命。"桀不务德而武伤百姓,百姓弗堪"⑤,终被商汤所灭。商纣王"亲小人,远贤臣",自以

---

① 左传:庄公三十二年[M]//杨伯峻.春秋左传注.北京:中华书局,2009:252-253.
② 左传:昭公十八年[M]//杨伯峻.春秋左传注.北京:中华书局,2009:1359.
③ 司马迁.史记:卷一百三十:太史公自序[M].点校本二十四史修订本.北京:中华书局,2013:3999.
④ 司马迁.史记:卷十六:秦楚之际月表[M].点校本二十四史修订本.北京:中华书局,2013:915-916.
⑤ 司马迁.史记:卷二:夏本纪[M].点校本二十四史修订本.北京:中华书局,2013:108.

为"我生不有命在天乎!""淫乱不止"①,为周武王所灭。周厉王"暴虐侈傲",周幽王"荒淫无度",终致"周室衰微""政由方伯"。②秦王朝"以六合为家,崤、函为宫","仁义不施,而攻守之势异也",二世而亡。③对于秦亡这件大事,他肯定了陈涉的历史作用,认为"陈胜虽已死,其所置遣侯王将相竟亡秦,由涉首事也"④。

司马迁十分强调人的智谋作用,认为"君子用而小人退"是"国之将兴"的征兆,反之,"贤人隐而乱臣贵"则是"国之将亡"的迹象,"甚矣,'安危在出令,存亡在所任',诚哉是言也!"⑤把得失成败、安危存亡归于人事。司马迁对项羽英雄一世的记载和评论,更能见出其重人事、轻天道的思想。他一方面对项羽充满赞颂之情;另一方面对项羽兵败垓下、乌江自刎前所说"此天之亡我,非战之罪也"提出尖锐批评。他说:"自矜功伐,奋其私智而不师古,谓霸王之业,欲以力征经营天下,五年卒亡其国,身死东城,尚不觉寤而不自责,过矣。乃引'天亡我,非用兵之罪也',岂不谬哉!"⑥他认为项羽由胜而败,不从自身所作所为去认真找原因、吸取教训,而用"天亡我"来推卸自己的失误和责任,是十分荒谬的。

当然,司马迁有时也流露出一定的天命王权思想,如认为商的始祖契是他的母亲简狄吞卵有孕而生,说周的始祖后稷也是其母姜原履巨人迹有孕而生,把历史上商、周、秦、汉的开国都看成上天的旨意,甚至汉王朝之所以能够建立,也是取决于刘邦是个龙种,等等,带有一定的天命色彩,是司马迁史学思想的局限性。

班氏父子的史学二重性特征是一脉相承的。班彪是两汉之际著名的史学家,撰有《史记后传》《王命论》等。其史学思想的二重性倾向十分明显,其一,维护刘氏正统。王莽败亡后,天下群雄割据,班彪避难于天水,为军阀隗嚣所

---

① 司马迁.史记:卷三:殷本纪[M].点校本二十四史修订本.北京:中华书局,2013:138-139.
② 司马迁.史记:卷四:周本纪[M].点校本二十四史修订本.北京:中华书局,2013:180,186,189.
③ 司马迁.史记:卷六:秦始皇本纪[M].点校本二十四史修订本.北京:中华书局,2013:351.
④ 司马迁.史记:卷四十八:陈涉世家[M].点校本二十四史修订本.北京:中华书局,2013:2364.
⑤ 司马迁.史记:卷五十:楚元王世家[M].点校本二十四史修订本.北京:中华书局,2013:2403.
⑥ 司马迁.史记:卷七:项羽本纪[M].点校本二十四史修订本.北京:中华书局,2014:424.

器重。但班彪却规劝隗嚣归顺刘汉，他对隗嚣说，周朝之覆灭，原因在"本根既微，枝叶强大"；汉朝虽"国嗣三绝"，然"危自上起，伤不及下"，百姓仍"思仰汉德"，故理当归顺于刘汉政权。班彪还提出："汉德承尧，有灵命之符，王者兴祚，非诈力所致。"① 其二，认为刘汉复兴既是"神器有命"，又是"高祖之大略"所致。班彪在《王命论》说："刘氏承尧之祚，氏族之世，著乎《春秋》。唐据火德，而汉绍之，始起沛泽，则神母夜号，以章赤帝之符……世俗见高祖兴于布衣，不达其故，以为时遭暴乱，得奋其剑，游说之士至比天下于逐鹿，幸捷而得之，不知神器有命，不可以智力求也。"② 班彪承认"神器有命"，认为汉绍尧运早已著明于《春秋》，有汉兴之符应。同时，班彪又认为，刘汉之兴是刘邦"信诚好谋"的结果，他说：

> 信诚好谋，达于聪受，见善如不及，用人如由己，从谏如顺流，趣时如向赴；当食吐哺，纳子房之策；拔足挥洗，揖郦生之说；寤戍卒之言，断怀土之情；高四皓之名，割肌肤之爱；举韩信于行陈，收陈平于亡命，英雄陈力，群策毕举：此高祖之大略，所以成帝业也。③

即高祖的雄才大略，最终成就了刘氏的帝王之业，可见其重人事的思想也很突出。班彪还曾将高祖兴汉的原因具体归纳为五条："一曰帝尧之苗裔，二曰体貌多奇异，三曰神武有征应，四曰宽明而仁恕，五曰知人善任使。"④ 前三条属天命范畴，后二条则为人事之体现。这五条原因的归纳，正实实在在体现了班彪史学的二重性特征。

班固全面继承了班彪史学的史学思想，以"宣汉"为主旨，用神意史观来解说汉朝统绪，极力鼓吹君权神授，彰显大汉功德。但班固并非无原则地褒扬汉朝，而是以历史事实为依据，基本上做到了如实地、实事求是地宣扬汉朝的进步，对汉朝的弊端直书不隐，不为汉讳，使《汉书》成为具有实录精神的一代信史。班固称赞司马迁治学勤奋，学识渊博，有"良史之材"；称赞《史记》网罗宏富，"博物洽闻"；称赞《史记》"文直事核"，是"实录"之作等。班固借评司马迁和《史记》以寄托自己的志向，尊司马迁和《史记》为楷模。宣汉与实录恰是班固历史编纂学思想的二重性反映。

荀悦依《左传》之体改编班固《汉书》，"通比其事，例系年月"，撰成

---

① 范晔．后汉书：卷四十：班彪传［M］．北京：中华书局，1965：1324．
② 班固．汉书：卷一百：叙传［M］．北京：中华书局，1962：4208-4209．
③ 班固．汉书：卷一百：叙传［M］．北京：中华书局，1962：4211．
④ 班固．汉书：卷一百：叙传［M］．北京：中华书局，1962：4211．

《汉纪》，以"达道义、章法式、通古今、著功勋、表贤能"作为编纂《汉纪》的指导思想，所谓"立典有五志"，宣称要使"天人之际，事物之宜，粲然显著，罔不备矣"。① 细察全书，荀悦既重人事，又尊天命。他提出："大数之极虽不变，然人事之变者亦众矣。"② 即天命之大数是不能变的，而人事则存在着很多变数，不是任由天命摆布的。又说："尊天地而不渎，敬鬼神而远之，除小忌，去淫祀，绝奇怪，正人事，则妖伪之言塞而性命之理得矣。"③ 强调"尊天地""敬鬼神"，更重视"绝奇怪""正人事"。荀悦还提出了著名的"三道"之理，即"逆天之理，则神失其节，而妖神妄兴；逆地之理，则形失其节，而妖形妄生；逆中和之理，则含血失其节，而妖物妄生"。唯有"正身以应万物，则精神形气各返其本矣"④。他认为人们要想不违逆天地人之理，必须"正身"。可见其对人事的重视。

《汉纪》中不仅宣扬汉绍尧运、永得天统的天命皇权论，而且宣扬灾祥报应、天人感应思想。如《汉纪》开篇详细叙述刘歆的新五德终始说，意在宣扬"汉为尧后"。《高祖纪赞》更是系统表达了自己的天命史观，他说：

> 高祖起于布衣，奋剑而取天下，不由唐虞之禅，不阶汤武之王，龙行虎变，率从风云，征乱伐暴，廓清帝宇，八载之间，海内克定，遂何天之衢登建皇极！上古以来，书籍所载，未尝有也。非雄俊之才，宽明之略，历数所授，神祇所相，安能致功如此！夫帝王之作，必有神人之助，非德无以建业，非命无以定众。⑤

荀悦认为汉高祖之所以能成就伟大的帝王之业，原因在于"历数所授""神祇所相""神人之助"，其天命观何其鲜明。荀悦还积极鼓吹灾祥报应、天人感应，所谓"云从于龙，风从于虎，凤仪于韶，麟集于孔，应也。出于此，应于彼。善则祥，祥则福；否则眚，眚则咎。故君子应之"⑥。他认为善有善报，恶有恶报。安邦治国也是如此，"政失于此，则变见于彼，由影之象形，响之应声。是以明王见之而悟，敕身正己，省其咎，谢其过，则祸除而福生，自然之

---

① 范晔.后汉书：卷六十二：荀悦传 [M].北京：中华书局，1965：2062.
② 荀悦.汉纪：卷六：高后纪 [M]//两汉纪.北京：中华书局，2002：68.
③ 荀悦.汉纪：卷十：孝武皇帝纪一 [M]//两汉纪.北京：中华书局，2002：159.
④ 荀悦.汉纪：卷十三：孝武皇帝纪四 [M]//两汉纪.北京：中华书局，2002：227.
⑤ 荀悦.汉纪：卷四：高祖皇帝纪四 [M]//两汉纪.北京：中华书局，2002：57.
⑥ 荀悦.申鉴注校补：卷五：杂言上 [M].黄省曾，注.孙启治，校补.北京：中华书局，2012：176.

应也"①。

陈寿的《三国志》也宣扬天命皇权思想。如《魏书·武帝纪》记载曹操破袁绍之事时说："初桓帝时有黄星见于楚、宋之分。辽东殷馗善天文,言后五十岁当有真人起于梁、沛之间,其锋不可当。至是凡五十年而公破绍,天下莫敌矣。"②认为50年前黄星的出现,即是曹操破袁绍的预兆。50年后官渡之战曹操大败袁绍,"天下莫敌",正是黄星之瑞得到了验证。这一记载,暗示曹魏代汉,是天意使然。又如记载蜀称帝,在两道劝进书中列举了符瑞图谶十几项,以示天命所归;记载吴称帝,则以吴中童谣为证;记载晋代魏,则说"天禄永终,历数在晋"③,等等。陈寿总在用天命来说明朝代的兴和亡都是合理的,是不可违背的。

同时,陈寿十分强调人为的作用,如在《魏书·武帝纪》中又称:"汉末,天下大乱,雄豪并起,而袁绍虎视四州,强盛莫敌。太祖运筹演谋,鞭挞宇内,揽申、商之法术,该韩、白之奇策,官方授材,各因其器,矫情任算,不念旧恶,终能总御皇机,克成洪业者,惟其明略最优也。抑可谓非常之人,超世之杰矣。"④他认为曹操"明略最优",能"运筹演谋""总御皇机",是"非常之人,超世之杰",肯定了曹操的作用,也即肯定了人事的作用。《蜀书·诸葛亮传》是这样评论传主的:

评曰:诸葛亮之为相国也,抚百姓,示仪轨,约官职,从权制,开诚心,布公道;尽忠益时者,虽仇必赏;犯法怠慢者,虽亲必罚;服罪输情者,虽重必释;游辞巧饰者,虽轻必戮。善无微而不赏,恶无纤而不贬。庶事精练,物理其本,循名责实,虚伪不齿;终于邦域之内,咸畏而爱之。刑政虽峻而无怨者,以其用心平而劝戒明也。可谓识治之良才,管、萧之亚匹矣。然连年动众,未能成功,盖应变将略,非其所长欤!⑤

陈寿把人事在历史兴衰变化中的作用看得何其重要!整部《三国志》,重视人物品第,写出了众多栩栩如生各具特色的人物,既充分体现了魏晋之时代风貌,也充分体现了陈寿重视人事的思想。

在天命与人事关系上,范晔史学思想的二重性特征也很明显。一方面,《后

---

① 荀悦. 汉纪:卷六:高后纪 [M] //两汉纪. 北京:中华书局,2002:85.
② 陈寿. 三国志:卷一:魏书:武帝纪 [M]. 北京:中华书局,1959:22.
③ 陈寿. 三国志:卷四:魏书:三少帝纪 [M]. 北京:中华书局,1959:154.
④ 陈寿. 三国志:卷一:魏书:武帝纪 [M]. 北京:中华书局,1959:55.
⑤ 陈寿. 三国志:卷三十五:蜀书:诸葛亮传 [M]. 北京:中华书局,1965:934.

汉书·光武帝纪》在论述光武中兴时，范晔充分肯定了刘秀的人为作用，说他审时度势，与兄定谋起兵；昆阳大战，勇武建立奇功；兄长被杀后，韬光养晦；经营河北，废除王莽苛政，收降铜马（西汉末年农民起义军一支）余众；平定天下，及时与民休息；等等。很显然，光武中兴，离不开光武帝的个人作用。另一方面，范晔又将刘汉再兴归于天命。在叙述刘秀定谋起兵前，范晔特意记载了宛人李通等人"以图谶说光武"一事，其谶语曰："刘氏复起，李氏为辅。"刘秀即根据这个谶语而与李通等人起事于宛的。叙述刘秀登基前，记载了他当年在长安太学的同学强华从关中捧来一个匣子，里面装有《赤伏符》，写道："刘秀发兵捕不道，四夷云集龙斗野，四七之际火为主。"刘秀有了这个神符，也就名正言顺地当上了皇帝。甚至在《光武帝纪》赞中，大谈刘秀出生时及起兵后的各种怪异现象，如出生时赤光照室，这一年县界有嘉禾生。起兵后春陵城上有王气笼罩，道士西门君惠、李守等人说刘秀当为天子等，感叹："王者受命，信有符乎？不然，何以能乘时龙而御天哉！"足见范晔宣扬天命论，相信"王命天授"。①

唐朝统治者有很强的史学意识和历史鉴戒观念，唐高祖李渊、唐太宗李世民先后诏修史书，贞观十年（636）修成的"五代史"——《梁书》《陈书》《北齐书》《周书》《隋书》，具有浓厚的鉴戒特色，其于人事尤为重视。"五代史"强调：历史兴亡在人不在天，亡国之君亡在失民。"五代史"对天命论也有一定程度的宣扬，但更多的是从人事的角度去总结历史兴衰之因，肯定王朝的败亡在人不在天。如《北齐书》认为北齐的灭亡在于统治者"乱政淫刑"，"齐氏之败亡，盖亦由人，匪唯天道也"。《北齐书》认为北齐后主之亡，是因为他"视人如草芥，从恶如顺流"②。《梁书》认为南齐的败亡，是末代统治者"搉克聚敛，侵愁细民"所致③。魏徵等在《隋书》史论中总结出了很多历史经验，主要包括得失存亡、教化、用人，认为人心的向背决定了隋朝的兴亡。隋炀帝"骄怒之兵屡动，土木之功不息""征税百端""急令暴条""严刑峻法"等，"视亿兆为草芥，顾群臣如寇仇"，失人心终失天下。④"五代史"肯定民心、民众的重要性，从人事的角度来探讨亡国之因，这是一种进步的历史观。

可见，自唐朝始，历史编纂学中已经逐步告别了"天命"的传统影响，而

---

① 范晔. 后汉书：卷一：光武帝纪［M］. 北京：中华书局，1965：2，21，86.
② 李百药. 北齐书：卷八：后主幼主纪［M］. 北京：中华书局，1972：117，116.
③ 姚思廉. 梁书：卷五十三：良吏传序［M］. 北京：中华书局，1973：765.
④ 魏徵，等. 隋书：卷四：炀帝纪下［M］. 点校本二十四史修订本. 北京：中华书局，2019：95-96.

更加自觉地朝着"人事"的方向来认识和解释社会历史。"两宋以下,尽管宣扬'天命'决定'人事'的论点并未绝迹,但它已经失去了任何神秘的色彩而变得苍白无力了;它有时也会被人们作为一种符号而加以利用,但其作用已不在于它本身,而是被人们当作一种借用来的口号以便达到现实的目的罢了。"① 这是事实。

三、直书与曲笔

直书与曲笔,是中国古代史学的一对孪生子,是中国古代史学二重性特征的重要表现。秉笔直书,是中国史学的优良传统,为中国历代史学家所不断倡导和弘扬。但曲笔污书却也往往不绝于史,为中国历代史学家所时时警策。直书与曲笔的斗争总是伴随着中国史学的发展,其内涵也伴随中国史学的发展而不断丰富和发展,在历史编纂学中有突出反映。

直书,源于先秦时期"书法不隐"的古老传统。《左传·宣公二年》载:"大史(董狐)书曰:'赵盾弑其君'……孔子曰:'董狐,古之良史也,书法不隐。赵宣子,古之良大夫也,为法受恶。惜也,越竟乃免'。"这里,孔子提出了"良史""书法不隐"的概念,称晋国史官董狐是"古之良史",因为他能够"书法不隐"。"书法",指记事的方法原则;"不隐",即不加隐讳。从此,"书法不隐"便成了"良史"的标准,一直影响着中国古代史学的发展,是史学家提倡的一种精神境界,也是人们评价史学家的一个标准。② 司马迁《史记》即被称为"文直事核"的实录著作。③ 南朝刘勰主张"辞宗丘明,直归南、董"④;北周史学家柳虬总结说:"南史抗节,表崔杼之罪;董狐书法,明赵盾之愆。是知直笔于朝,其来久矣。"⑤ 分别提出了"直""直笔"的概念,赋予"书法不隐"以新的含义。瞿林东先生认为,"从'书法不隐'到'直笔',不只是提法的变化,而且包含着人们在史学批评之认识上的发展。'书法不隐',这是从被动的方面提出来的;'直笔'而书,这是从主动的方面提出来的,这里

---

① 瞿林东.中国史学通论[M].武汉:武汉出版社,2006:26.
② 瞿林东.中国古代史学批评纵横[M].北京:中华书局,1994:34.
③ 班固.汉书:卷六十二:司马迁传[M].北京:中华书局,1962:2738.
④ 刘勰.文心雕龙注:史传第十六[M].周振甫,注.北京:人民文学出版社,1981:172.
⑤ 见《周书》卷38《柳虬传》,中华书局1971年版第681页。此"南史抗节,表崔杼之罪"者,是指《左传》襄公二十五年记齐国崔杼派人杀死国君庄公一事。载曰:"太史曰:'崔杼弑其君'。崔子(即崔杼)杀之。其弟嗣书,而死者二人。其弟又书,乃舍之。南史氏闻太史尽死,执简以往,闻既书矣,乃还。"

就反映出来史学家主体意识方面的增强。'书法不隐',在孔子时候是对于个别史学家的称赞而提出来的;在南北朝时候人们谈论'直笔',是把它作为一种史学传统或史学家作风来看待的,这反映出从个别到一般的认识过程。这种认识上的发展,是同史学的发展,尤其是同史学领域两种作史态度的对立、斗争的发展相关联的。"①

唐朝著名史学家刘知几"贵直贱曲",在《史通》中总结了唐初以前史学发展中两种作史态度存在和对立的情况,设《直书》《曲笔》二篇专门论述,又在其他篇章中不断涉及这一问题。刘知几认为,直书就是要求史学家要能摆脱权贵的干扰,独立撰史,"宁为兰摧玉折,不作瓦砾长存。若南、董之仗气直书,不避强御;韦、崔之肆情奋笔,无所阿容",刘知几还以"正直""良直""直词""直道"等概念来阐释直书,②"正直"着眼于史学家人品,"良直"着眼于后人的评价,"直词"是就史文而言,这些都是"直书"的表现。直书还要求史学家要摆脱个人主观情感的干扰,写出客观真实的历史,"不虚美、不隐恶",做到"爱而知其丑,憎而知其善,善恶必书,斯为实录"③。受刘知几"直书""曲笔""史才三长"的影响,宋朝史学批评家吴缜提出:"夫为史之要有三:一曰事实,二曰褒贬,三曰文采,有是事而如是书,斯谓事实;因事实而寓惩劝,斯谓褒贬。事实、褒贬既得矣,必资文采以行之,夫然后成史。至于事得其实矣,而褒贬、文采则阙焉,虽未能成书,犹不失为史之意。若乃事实未明,而徒以褒贬、文采为事,则是既不成书,而又失为史之意矣。"④ 从直书与褒贬及文采的关系上论证了直书的客观性质及其在修史中的基础地位,认为"为史之意"的根本在于"事得其实","事得其实"的要求是"有是事而如是书"。强调客观过程与主观记载的统一,具有重要的理论意义和指导价值。

反之,曲笔是指史学家曲从权贵或个人情感而修史。刘知几在《曲笔》篇批评了"舞词弄札,饰非文过""用舍由乎臆说,威福行乎笔端""或假人之美,藉为私惠""或诬人之恶,持报己仇"等种种曲笔行径⑤,并作"舞词""臆说""不直""谀言""谤议""妄说""诬书""曲词"等概念来论曲笔。

---

① 瞿林东. 中国古代史学批评纵横 [M]. 北京:中华书局,1994:34-35.
② 刘知几. 史通通释:卷七:直书 [M]. 浦起龙,通释. 王煦华,整理. 上海:上海古籍出版社,2009:180.
③ 刘知几. 史通通释:卷十四:惑经 [M]. 浦起龙,通释. 王煦华,整理. 上海:上海古籍出版社,2009:374.
④ 吴缜. 新唐书纠谬:序 [M]. 四部丛刊本,上海书店,1985.
⑤ 刘知几. 史通通释:卷七:曲笔 [M]. 浦起龙,通释. 王煦华,整理. 上海:上海古籍出版社,2009:183.

"不直"是"直"的反义;"舞词""臆说""妄说"是指史学家行为上的不负责;"谀言"是阿谀奉承之言;"谤议""诬书"是指诽谤、诬蔑之词;"曲词"指歪曲、曲解之说。这些都是"曲笔"行为,认为"苟徇私忿,忘夫至公",是写不出信史来的。

值得重视的是,刘知几还指出了"直书"与"曲笔"的根源。首先,社会上"君子"与"小人"的存在是导致"直书"与"曲笔"的社会原因。他说:"夫人禀五常,士兼百行,邪正有别,曲直不同。若邪曲者,人之所贱,而小人之道也;正直者,人之所贵,而君子之德也。"社会上的人有邪正、曲直之分,小人以邪曲为道,君子以正直为贵,反映到史书撰述上,就有了"直书"与"曲笔"的差别。这有一定道理,但把邪正、曲直视为人生而有之的禀赋,则又不妥。其次,"直书"与"曲笔"的存在和对立,与史学家个人的品行修养密切相关。刘知几说:"盖列士徇名,壮夫重气,宁为兰摧玉折,不作瓦砾长存。若南、董之仗气直书,不避强御;韦、崔之肆情奋笔,无所阿容。虽周身之防有所不足,而遗芳余烈,人到于今称之。与夫王沈《魏书》,假回邪以窃位,董统《燕史》,持谄媚以偷荣,贯三光而洞九泉,曾未足喻其高下也。"史学家们之所以能做到直书不隐,是因为他们看重气节,能舍身殉名,如"齐史之书崔弑,马迁之述汉非,韦昭仗正于吴朝,崔浩犯讳于魏国"等。相反,有的史学家则为谋位、谋名、谋财、谋利而阿时媚主,或"回邪以窃位"或"谄媚以偷荣"[1],如《后汉书》记载两汉之际史事,就有曲诋更始帝、独成光武之美之嫌。他说:"案《后汉书·更始传》称其懦弱也,其初即位,南面立,朝群臣,羞愧流汗,刮席不敢视。夫以圣公生在微贱,已能结客报仇,避难绿林,名为豪杰。安有贵为人主,而反至于斯者乎?将作者曲笔阿时,独成光武之美;谀言媚主,用雪伯升之怨也。"[2] 再次,权贵对史学的干预,也是直书与曲笔的存在和对立的重要原因。他说:"世多趋邪而弃正,不践君子之迹,而行由小人者,何哉?语曰:'直如弦,死道边;曲如钩,反封侯。'故宁顺从以保吉,不违忤以受害也。"[3] 由于"权门""贵族"的干扰,"实录难求"、曲笔猖獗。另外,瞿林东先生认为,刘知几还从史学的社会作用和历史影响出发,分析了在

---

[1] 以上引文均见刘知几. 史通通释:卷七:直书[M]. 浦起龙,通释. 王煦华,整理. 上海:上海古籍出版社,2009:179-180.
[2] 刘知几. 史通通释:卷七:曲笔[M]. 浦起龙,通释. 王煦华,整理. 上海:上海古籍出版社,2009:183.
[3] 刘知几. 史通通释:卷七:直书[M]. 浦起龙,通释. 王煦华,整理. 上海:上海古籍出版社,2009:179.

历史活动中表现不同的人对史学所取的不同态度,是"直书"与"曲笔"对立现象之产生的重要社会根源。刘知几说:"盖史之为用也,记功司过,彰善瘅恶,得失一朝,荣辱千载。苟违斯法,岂曰能官。但古来唯闻以直笔见诛,不闻以曲词获罪。是以隐侯《宋书》多妄,萧武知而勿尤;伯起《魏史》不平,齐宣览而无谴。故令史臣得爱憎由己,高下在心,进不惮于公宪,退无愧于私室,欲求实录,不亦难乎?"① 即史学所特有的"记功司过,彰善瘅恶"的作用,以及它所具有的"得失一朝,荣辱千载"的历史影响,不能不使人们产生一种"言之若是,吁可畏乎"的心理。刘知几的这一概括,是从史学的历史和现实出发的,因而揭示了直书与曲笔之对立的深刻的社会根源。②

宋明之际,史学深受理学影响,在直书与曲笔的问题上,出现了"尊义理"与"重事实"的激烈争斗。程朱一派理学家和史学家坚持"义理之正",提出"经细史粗""附史于经""褒贬为务"等论说,认为只有以"义理之正"为准的,才能做到"书法不隐"。而以吴缜、司马光、郑樵为代表的史学家则力主"事得其实",把"事实"放在历史撰述的首位。明朝胡应麟在刘知几"三长"的基础上补充了"二善"——"公心""直笔",曰:"才、学、识三长,足尽史乎?未也,有公心焉,直笔焉","夫直有未尽,则心虽公犹私也;公有未尽,则笔虽直犹曲也"。③ 视"公心"为"直笔"的主观前提,"直笔"为"公心"的客观必然。至清朝,考据之风盛起,史学家重考史,主"求实",于是形成了"据事直书"与"褒贬义例"的对立。到章学诚,明确提出了"史德—心术"的理论范畴,要求史学家撰史"当慎辨于天人之际,尽其天而不益以人也"④,尊重客观历史,摒弃主观因素,力求主观与客观的统一,做到"临文必敬""论古必恕"。这就把"直书与曲笔"之存在与对立的认识推进到一个更高的理论层次。

四、实录与名教

和直书与曲笔密切相关的是实录与名教。追求实录著作,是中国古代史学的优良传统。然而,从孔子的"书法不隐"到刘知几的"直书",再到章学诚

---

① 刘知几.史通通释:卷七:曲笔[M].浦起龙,通释.王煦华,整理.上海:上海古籍出版社,2009:185.
② 瞿林东.中国古代史学批评纵横[M].北京:中华书局,1994:36-37.
③ 胡应麟.少室山房笔丛:卷十三:史书占毕[M].北京:中华书局,1958.
④ 章学诚.文史通义新编新注:内篇五·史德[M].仓修良,编注.杭州:浙江古籍出版社,2005:265.

的"史德—心术",中国传统史学一直未能超脱"名教"的桎梏。实录与名教,也是中国古代历史编纂学二重性的重要表现。

孔子的"书法",从一开始就是指礼法原则,董狐书"赵盾弑其君"并非其实,真正杀晋灵公的是赵穿而非赵盾,但赵盾身为正卿,逃跑没有出境,返回又不惩罚凶手,责任难逃,故云"赵盾弑其君"①。班彪、班固父子从历史撰述上肯定司马迁"善述序事理,辩而不华,质而不野,文质相称,盖良史之才也"②,"其文直,其事核,不虚美,不隐恶,故谓之实录"③,又批评"其是非颇缪于圣人,论大道则先黄老而后六经,序游侠则退处士而进奸雄,述货殖则崇势利而羞贱贫,此其所弊也"④。对司马迁的评价显然是从正统、名教出发的,这即成了《汉书》编纂的指导思想。刘勰主"直归南、董",又以"宗经""征圣"为尺度,"尊贤隐讳"。刘知几在《史通》中倡"直笔",又笃信"子为父隐,直在其中"⑤"臣子所书,君父是党,虽事乖正直,而理合名教"⑥。一方面反复强调史学家和史著要"审实""故实""摭实""寻其实",指责史学家和史著的"失实""不实";另一方面又要求史学必须"激扬名教",从而构成了刘知几史学批评的双重原则,具有很大的局限性。章学诚"辨心术以议史德",强调"盖欲为良史者,当慎辨于天人之际,尽其天而不益以人也"。又云"名教中之罪人,天理所诛""言婉多风,皆不背于名教"⑦,也未走出"名教"的束缚。可见,"'名教'观念在中国古代史学批评发展中有深厚的根源和长久的影响,以致成为史学批评难以逾越的藩篱……这是中国古代史学批评的局限,也是中国古代史学批评之理论发展的障碍"⑧。

名教思想在古代史书编纂中的重要表现,是以"六经"之是非为是非,以圣人之是非为准则,即把"六经"和"圣人准则"看成编纂史书的指导思想与

---

① 刘家和先生认为,董狐"所记的实际上是一种判断,按照当时的政治伦理标准来说,这样的判断是正确的"。参见刘家和. 史学、经学与思想 [M]. 北京:北京师范大学出版社,2005:16.
② 范晔. 后汉书:卷四十:班彪传 [M]. 北京:中华书局,1965:1325.
③ 班固. 汉书:卷六十二:司马迁传赞 [M]. 北京:中华书局,1962:2738.
④ 班固. 汉书:卷六十二:司马迁传赞 [M]. 北京:中华书局,1962:2737-2738.
⑤ 刘知几. 史通通释:卷七:曲笔 [M]. 浦起龙,通释. 王煦华,整理. 上海:上海古籍出版社,2009:182.
⑥ 刘知几. 史通通释:卷十四:惑经 [M]. 浦起龙,通释. 王煦华,整理. 上海:上海古籍出版社,2009:377.
⑦ 章学诚. 文史通义新编新校:内篇五:史德 [M]. 仓修良,编注. 杭州:浙江古籍出版社,2005:267.
⑧ 瞿林东. 中国古代史学批评纵横 [M]. 北京:中华书局,1994:40-41.

评论史著的标准。如班彪、班固父子对司马迁《史记》"文直事核"的肯定和"是非颇缪于圣人"的批评,就充分体现了"实录与名教"的思想,即编纂史书,有两个标准,一是如实地反映历史,二是要符合圣人之义。

荀悦以"抑百家,崇圣典"作为修史的指导思想,他引"春秋之义"为据,反对汉景帝封匈奴降臣,曰:"《春秋》之义,许夷狄者,不一而足也。若以利害由之,则以功封。其逋逃之臣,赏有差等,可无列土矣。"① 引儒家"正己正人"之义为据,评论"治道"曰:"夫要道之本,正己而已矣。平直真实者,正之主也。故德必核其真,然后授其位。"② 他引《尚书》为据,批评汉高祖"白马之盟","高皇帝刑白马而盟曰:'非刘氏不王,非有功不侯。不如约者,当天下共击之。'是教下犯上而兴兵乱之阶也;若后人不行,是盟约不行也。《书》曰:'法惟下行,不惟上行。'若以为典,未可通也"③。

范晔作《后汉书》,总是以儒家伦理为基本尺度,总结历史得失、评论人物功过,认为国家之兴盛、统治之长久无不与儒教风化、儒士德行息息相关。所谓"自光武中兴以后,干戈稍戢,专事经学,自是其风世笃焉……故人识君臣父子之纲,家知违邪归正之路"④。儒学盛行,故东汉所以兴也。范晔《后汉书》的"序""论""赞"中大量援引儒家经典来评论历史人物。如《安帝纪论》引《尚书》"唯家之索"批评其在位时邓后专权;《寇恂传论》引《左传》"喜怒以类者鲜矣"称赞寇恂"喜而不比,怒而思难",引《论语》"伯夷、叔齐不念旧恶,怨是用希"称赞寇恂也具有这种品质;《周章传论》引《论语》《公羊传》《诗经》《尚书》《孟子》等书之语,批评周章密谋废安帝、诛邓骘兄弟及邓众等宦官、废邓太后、另立平原王刘胜等。

刘勰在《文心雕龙·史传》篇中提出:"是立义选言,宜依经以树则;劝戒与夺,必附圣以居宗。然后诠评昭整,苟滥不作矣。"以"依经""附圣"作为撰史的原则、态度和史学评论的标准,即把圣人和经典视为史官的最高价值标准,因此认为《汉书》是"宗经矩圣之典"。他撰写《文心雕龙》的目的,即在于"本乎道,师乎圣,体乎经,酌乎纬"⑤,充分体现了正统思想、名教观念。

---

① 荀悦.汉纪:卷九:孝景皇帝纪[M]//两汉纪.北京:中华书局,2002:148.
② 荀悦.汉纪:卷二十二:孝元皇帝纪中[M]//两汉纪.北京:中华书局,2002:387.
③ 荀悦.汉纪:卷九:孝景皇帝纪[M]//两汉纪.北京:中华书局,2002:148.
④ 范晔.后汉书:卷七十九:儒林列传论[M].北京:中华书局,1965:2588-2589.
⑤ 刘勰.文心雕龙注释:序志第五十[M].周振甫,注.北京:人民文学出版社,1981:535.

裴松之注《三国志》，一方面倡导和实践直书其事的基本原则与精神，一方面又本《春秋》之义，隐恶讳过。他曾说："臣松之以为，《春秋》之义，内大恶讳，小恶不书。文帝之不立甄氏，及加杀害，事有明审，魏史若以为大恶邪，则宜隐而不言；若谓小恶邪，则不应假为之辞。"① 实在有悖直书其事的精神，是其名教思想的反映。

欧阳修与宋祁撰成《新唐书》，又独撰《五代史记》(《新五代史》)，不仅"二书'本纪'法严而词约，多取《春秋》遗意"②，其他各部分也借鉴了《春秋》的做法，行文上师法《春秋》，崇尚简净；褒贬上仿效《春秋》，重视义例。

司马光主编《资治通鉴》，上起战国，下终五代，"网罗宏富，体大思精，为前古之所未有"③，其指导思想便是"《春秋》之意"，著名通鉴学专家张煦侯认为："欲观通鉴史学，当区分五事言之：一曰《春秋》之意；二曰《左传》之法，三曰儒家之宗旨；四曰本朝之背景；五曰著者之特见"④。

朱熹认为"孔子修六经，要为万世标准"，朱熹历史编纂学思想的核心是"义理为重"，强调"先经后史"的治史准则和方法、"辨明正统"的编纂原则、"道本文末""文道统一"的史文表述等，都鲜明地体现出名教观念。

五、审慎看待历史编纂学的二重性

史书修纂中的"客观与主观""天命与人事""直书与曲笔""实录与名教"，集中体现了中国古代历史编纂学的二重性特征。如何看待这种二重性特征？

首先，二重性特征反映了古代统治者的二重性需要。统治者"一方面要从历史中吸取真实的经验教训，要求历史的真实，追求实录直书的精神；又一方面，要求历史著作证明自己的政权是合乎天意的，因此，通过历史的作品宣传皇权神授，这又是在主观上要求曲解历史。真实的历史和虚幻的结合在一起，就构成封建史学的二重性"⑤。出于政治统治目的的需要，封建时代的统治者总是力图使史学带有这种二重性，这是其长期存在的深层原因。

---

① 陈寿.三国志：卷五：魏书：后妃传注［M］.北京：中华书局，1959：161.
② 欧阳修.欧阳修全集：附录：卷三［M］.北京：中国书店，1986：116.
③ 永瑢，等.四库全书总目：卷四十七：资治通鉴提要［M］.北京：中华书局，1965：420.
④ 张煦侯.通鉴学［M］.北京：北京联合出版公司，2019：114-115.
⑤ 吴怀祺.中国史学思想史［M］.北京：商务印书馆，2007：443.

其次，二重性反映了史学遗产的丰富性和复杂性。吴怀祺先生指出，其一，二重性不是两个方面的简单组合。如实地记录史事和按统治者的口味解说历史，以至歪曲、虚构历史，两者统一在史学中。这两个方面又相互影响，统治者要维护统治，吸取历史教训，制约着他们不能完全置历史事实于不顾，同时，也由于此，封建时代的史学家的实录又总是有限度的，实录精神不能贯彻到底。其二，二重性能较好地说明史学遗产中精华和糟粕并存。如天命史观及正统论、名分论、历史循环论往往是连在一起的。有的讲天命，在天命论的外衣下，却又有着重论述人事作用对历史兴亡变动的意义。有的解释历史，以天命论扭曲了历史的真实面目，但又提倡写史要如实记载历史，提倡写信史。同样讲历史是循环运动的，但对某一段的历史解释又有进化的思想；按照历史的实际描绘历史的进程。有的史书毫无愧色地称为实录，而解释历史时，却露出一副神巫的面孔，把历史曲解成天意安排的行程等。其三，依据史学二重性说，可对历史典籍的价值做出较为客观的估定。如二十四史的记载，重心放在帝王将相，但把它说成"帝王的家谱"也不恰当。从史料学的角度看，二十四史记载的史实基本是可信的，基本上可以作为历史研究的依据，是具有重要的史料价值和思想价值的。故史学二重性往往又成为史学家评论前代史书的原则。其四，二重性不是凝固不变的。如在思想史上，从最初的人神混一观念、天人相合的思想，到人神相分，以及历史思想的世俗化，是人类认识的进步。回溯中世纪史学发展的历程，可以看出一种趋向，随着社会的发展，在直笔和曲笔的斗争中，在重天命和重人事的斗争中，天人相关的天命史观趋向淡化。二重性的理论，能够较好地说明古代社会的史学思想发展的根据。所以，"中国古代的史学二重性构成中国古代史学思想上的重要的特点"[①]。

再次，二重性在一定程度反映了史学求真与史学致用的辩证统一关系。史学求真，是历史学家的学术追求，是历史学家的天职。但史学求真的最终目的是致用，即将历史知识、历史经验、历史智慧等运用于现实社会实践，服务于社会现实。故有"以史为鉴""以史资政""以史蓄德""彰善瘅恶"等重要论说。刘知几认为："苟史官不绝，竹帛长存，则其人已亡，杳成空寂，而其事如在，皎同星汉。用使后之学者，坐披囊箧，而神交万古，不出户庭，而穷览千载，见贤而思齐，见不贤而内自省。若乃《春秋》成而贼子惧，南史至而贼臣书，其记事载言也则如彼，其劝善惩恶也又如此。由斯而言，则史之为用，其

[①] 吴怀祺. 中国史学思想史 [M]. 北京：商务印书馆，2007：442-450.

利甚博，乃生人之急务，为国家之要道。"① 强调史官、史书的客观作用和审美情趣，更强调史学"思齐"和"内自省"的重要教育作用，甚至视史学为"生人之急务""国家之要道"。又指出"名刊史册，自古攸难；事列《春秋》，哲人所重。笔削之士，其慎之哉！"② 以史学之"难""重""慎"强调史学的求真。刘知几把史学的求真视为史学经世的基础，无疑是正确的。宋朝学者吴缜提出了"事实""褒贬""文采"作为评论史书的批评标准，认为"事实"是一部史书的根本，强调"为史之意"的根本在于"事得其实"，认为只要做到"事得其实"，即便"褒贬""文采"有欠缺，也"不失为史之意"③。这是求真的要求。而他所说的"褒贬"，实际上是著史者的价值判断，其中包含着史学经世的思想，史书的"褒贬""文采"都要以"事实"为基础，同样强调了史学"致用"的前提是史学"求真"。中国古代历史编纂学中，"求真"和"经世"天然地结合在一起，成为中国史学的优良传统之一。史学的二重性，正反映了这种史学求真与史学致用的辩证统一关系。换言之，作为史学本质属性的"求真"和价值属性"致用"，共同作用于史学家的史著中，体现着史学家的编纂思想。史书的编纂，倘若违背了史学求真的原则，也就失去了史学经世的基础及其本来意义；反之，一味强调史学的致用功能而忽视史学的求真追求，又将使史学成为现实政治的附庸，丧失其独立品格和存在的基础。

总之，对待中国古代历史编纂学的二重性特征，当取审慎辩证的态度，对其积极意义和消极影响须做出客观的评判。

---

① 刘知几. 史通通释：卷十一：史官建置［M］. 浦起龙, 通释. 王煦华, 整理. 上海：上海古籍出版社, 2009：280-281.
② 刘知几. 史通通释：卷八：人物［M］. 浦起龙, 通释. 王煦华, 整理. 上海：上海古籍出版社, 2009：223.
③ 吴缜. 新唐书纠谬：序［M］. 四部丛刊本, 上海：上海书店, 1985：8-9.

后　记

中国史学史教学和研究是我的本业，历史编纂学研究是我长期关注的学术领域。多年来，我先后主持完成了云南省教育厅课题"中国古代史体概论"、云南省社科规划课题"中国古代历史编纂学思想研究"、教育部文科基地重大项目"中国史学思想研究"子课题"历史编纂学思想研究"等，发表了一些相关论著。本书的出版，算是对自己多年从事历史编纂学研究的一个小小总结。

在本书的出版过程中，要特别感谢光明日报出版社的张金良同志、王佳琪同志、毛文丽同志。张金良先生欣然接受了本书的申报选题，将本书选题提交出版社选题论证会，使本书选题得以顺利入选光明日报出版社"博士生导师学术文库"，他还对本书的修改完善提出了宝贵意见。王佳琪女士是本书的责任编辑，在电话、邮件、微信等的往复交流中，她认真、细致、严谨、求实的敬业精神令人感动，她纠校了本书中的不少错误，对本书的修改、校对、规范等提出了诸多建议，付出了许多心力。毛文丽同志在审读书稿中发现诸多错误，提出了修改完善的宝贵意见。在此，谨向三位致以诚挚的谢意！

还要特别感谢外校专家张婷同志！她耐心、细致地校对了书稿，指瑕纠谬甚多。

感谢刘桂娟博士帮助核校了书稿中的引文，更正了诸多错误！感谢云南省研究生优质课程建设项目、云南师范大学研究生核心课程建设项目、云南师范大学优势本科专业核心课程建设项目的经费支持，为本书出版提供了资助！

白　云
二〇二二年七月九日于昆明·一得斋